法律学の森

# イギリス憲法
〔第2版〕

戒能通厚 著

# 第2版 はしがき

　2017年6月に初版を上梓してからさほどたっていないが，この種の専門書としては比較的売れ行き好調で残部が少なくなったため，第2版を刊行することにした。歴史と現代を扱う本書では，当然のことながら現代についてはアップツーデートの情報を入れなければならないが，歴史の部分についても，最近の研究の進展によって，初版に書いたことが古くなっている部分もある。激動の現代は，本書のようなアプローチをする限り，分析の更新が求められるようである。
　第2版は，初版にあった誤植の修正を行うことに専心した。誤植は著者の責任であり，まことに申し訳なく思っている。友人や面識のない読者からも懇切なご指摘をいただいた。細部までお読みいただいたことは著者冥利に尽きることである。心から御礼申し上げたい。

＊＊＊＊＊

　次いで初版の第Ⅰ編のまえに「補論」を増補した。これはⅠ「現代の社会状況」，Ⅱ「第Ⅰ編への補論」，Ⅲ「多元的社会論と共同体」，Ⅳ「資本主義論と現代法論」から構成されている。
　Ⅰでは，初版刊行後のイギリス社会では，初版「はしがき」で言及した格差拡大がさらに拡がっている状況を分析している。EU脱退となった国民投票にもこれが影響したとされている。これに対し，緊縮政策に反対し「新しい種類の政治」を標榜する極左のコービン労働党への支持の拡がっていることを分析している。
　Ⅱでは，初版第Ⅰ編の末尾で言及したUKのEU脱退問題，その中心である「EU脱退法案」を巡る動向を紹介している。できるだけ最新の情報を加えたく努めたが，この「はしがき」執筆時点では未だ展望が見通せない。ただ国会を中心に「憲法的諸システム」が総動員されている感がある。

＊＊＊＊＊

　Ⅲの「多元的社会論と共同体」では，初版での私の分析方法に影響を与えている，社会経済史学界の変化等に言及している。Ⅳの「資本主義論と現代法論」では，法律学の状況についても，最新の情報を伝えたく，私が関わってきた学際的法律学会の民主主義科学者協会法律部会（民科）の理論動向に批判的に言及した。

＊＊＊＊＊

最後に，初版第Ⅱ編の前に「補論　イギリス憲法史の概観」という補章をおいた。Ⅰ「概観」は，第Ⅱ編の各章の前に置いた「サマリー」と重複するようであるが，全部の章を文字通り「鳥瞰」していただくようにして，「憲法史」の全体像を捉えやすくしたつもりのものものである。Ⅱ「イギリス憲法論議によせて」は，本書の初編への事実上の書評とも言える最近の愛敬浩二の論文に接し，「リプライ」として書いたものである。

　いずれにしてもかりにEU脱退の法的起点となる「1972年EU大廃止法案」が成立しても，EU法とUK法の安定的関係はしばらく訪れないであろう。

　その「予兆」を感じさせるかのように，2018年6月12日・13日の庶民院は大荒れになった。庶民院の前には，貴族院が提出した「大廃止法案ⅴ＝EU「脱退ⅴ法案に対する「貴族院の修正案」（Lords Amendment 19）があり，同時にメイ政権によって作られた「修正法案代案」（Amendment in Lieu）があった。

　前者は，貴族院の全院委員会で，個々の議員から集めた意見をもとに法案化したもので，法案前段階の「報告書段階（レポートステージ）」のレポートが https://researchbriefings.parliament.uk/ResearchBriefing/Summary/LLN-2018-0053 から参照できる。これは，非常にすぐれたものであるが，政治学・憲法学者のノートン卿等が起草に関与したものと思われる。

＊＊＊＊＊

　貴族院の修正案は，いわゆるハード・ブレグジット派以外は国会の関与が必要と納得すると思われる一定の事項について，政府がEUと交渉して得た脱退に関する合意という国際的条約相当の文書について，庶民院の「意味ある投票」meaningful vote にかけなければならない，とするものである。その投票の期限は，2018年10月31日までとされている。その事項は，雇用関係の平等保護，消費者の保護・安全・環境基準にかかわる「保留EU法」（12ページ等参照）やEU基本権憲章の維持，ヨーロッパ単一市場とその関係についての事項，アイルランドと北アイルランドの国境問題についての事項等々である。これらについて，政府がEUとの合意を国会にかけなければならないのではEUとの交渉は著しく束縛されるというので，貴族院案に賛成しないように，メイ首相は6月11日にバックベンチャーの与党議員を集めた集会（「1922年委員会」という）で熱弁を振るった。

＊＊＊＊＊

　この間に，保守党内部では，元法務長官のグリーヴ（Dominic Grieve）や元大法官のケネス・クラークが首相に激しく反対する「反乱」が起きた。労働党では，コービン党首が貴族院の修正案に賛成しないように指示を出したが，修正案に賛成し

ようとする議員が相次いだ。結局，貴族院案がかろうじて否決されたことで，法案は貴族院に戻された。貴族院ではヘイルシャム卿（Viscount Hailsham）と，庶民院で打開に動いたグリーヴ元法務長官が協議し，この「憲法的危機」回避のため，打開策が検討された。これ以外にも様々な動きがあった。そして，グリーヴが政府に提案しメイ首相が動いた方向で，この危機はひとまず回避された。

＊＊＊＊＊

具体的には，脱退条件についてのEUとUKの合意については，2018年11月30日までにそれが締結にいたらず，かつ，「大廃止法案」──庶民院による可決，貴族院の動議による承認（後述のように，以上は満たされたが）──について2019年1月31日までに女王の裁可が得られない場合（これも実現した），政府は庶民院の決議と貴族院の動議で定められたEUとの交渉の条件に従わなければならないとするものであった。ところが，条約の締結は女王大権事項であり，首相の専権ということになっているが，ポンソンビー準則という憲法的習律を成文化した2010年の「憲法改革およびガバナンス法」で，当該条約案は開催中の国会に21日間，提示されなければならないことになっていた（本書81ページ参照）。そこで，かりに「大廃止法」が成立しても，EUとUKの脱退後の関係については，同法が成立してからの交渉による「合意」が遡及的に適用される必要も生じうる。また，庶民院が，「意味ある投票」meaningful voteによって政府のEUとの交渉結果に介入しようとするのは，決して政府の専権である条約交渉を立法府である国会が制約するということを必ずしも意味しない。

要するに，「大廃止法案」が成立するということは，UKとEUの間の法的関係が脱退期日である2019年3月29日午後11時に一気に断絶することがないように，連続する法的枠組みを作るということを意味するのである。したがって，同法は，UKとEUの関係が現在の状態である *status quo* から「新たな憲法的領域」（novel constitutional territory）に徐々に移行していく過程を媒介することを意味している。「大廃止法」が正式の法として制定されても，脱退合意が締結されなければ，UKはEUの外に「真空状態」で放り出されるという状態にほかならないことになる。貴族院の修正案から始まり，政府が合意してきたことについての「意味ある投票」meaningful vote条項を明文化するのか，「中立的な合意内容の報告」にとどめるのかということをめぐって保守党の分裂状態にまで至ったこの間の論争は，こうした実際的な国益が失われていいのかという実際的な問題が解決できないという「憲法的危機」（constitutional inconsistency）の回避のためのものであったのである。政府の交渉結果である「合意」について，国会が権力分立の憲法原理に反してま

で、執行府を「指導」しようとすることの可否の問題ではない。実際にそうした了解があったかは明確ではないが、「大廃止法案」は結局、2018年6月20日に、一転して庶民院で319対303票の僅差でかろうじて可決され、貴族院がこれを了承した背景には、このようなドラマがあった。メイ政権が続くかぎり、EUとの合意をほとんど先送りした、この「大廃止法」、すなわち、2018年EU脱退法（1972年EU法廃止法）は、イギリス憲法の今後の実に危うい「転換」の起点となることは間違いない。

この顛末は、複雑であるため、メイ首相は一方でBrexit強行派のために国会の関与を否定するようなことを言い、他方、穏健な脱退を主張する派には、国会の関与を肯定するという「二枚舌」を使ったとするタブロイド紙の記事さえ、見られた。

以上については、ケンブリッジ大学のAllison YoungのUK Constitutional Law Associationへのブログ投稿論文が優れている（European Union [Withdrawal] Bill and the Meaningful Vote：Constitutional Inconsistency or Constitutional Inconvenience?）, June 20, 2018）。

＊＊＊＊＊

こうして、「大廃止法」は成立したが、今後、2018年中だけでも、6月28-29日、10月17-18日のEUサミット、来年には3月29日のイギリスのEU離脱後に設けられた移行期間があり、これも、2020年12月に終わる。UKは、2021年初めから自由にEU外の国と貿易条約を結べると目論んでいたが、この方針も、2022年までずれ込む可能性がある。また、アイルランドの国境問題の解決のためには、関税同盟に北アイルランドのみを残す、あるいは2021年末までは、UK自体のEUからの本格的離脱を先送りするなどの案があるが、EU側の対応は不明である。また、これは、貿易面のみの方策であり、「和平合意」から発したアイルランドとUKの将来的展望とは無関係である。

このように、「大廃止法」が成立したとはいえ、EUとEUの脱退条件についての合意はほぼすべてが先送りされている。10月に予想される政府の国会への報告も、再び国会の実質的承認なのか、単なる報告なのかという論争になる可能性もあり、アリソンが言うように、「新たな領域」を探る状況だというべきであろう。そして、メイ政権の崩壊、総選挙の可能性も予測される。

＊＊＊＊＊

以上のように、「大廃止法」を一時は廃案に追い込むほどの影響力を行使したのが、貴族院であった。貴族院は、かつては世襲貴族（hereditary peer）が中心で

あったが，1999年の「貴族院法」によって，世襲貴族の議席数が92議席を残し削除されたため，以降は，1958年の「一代貴族法」（Life Peerages Act）によって男女を問わず一代に限って貴族院議員として登用される一代貴族が増加してきている。一代貴族の任命は，貴族院任命委員会によってなされるが，世襲議員については92，聖職議員は26議席の定数があるのに対し，一代貴族には定数がない。2001年の第二次ブレア政権の成立後，1999年のLord Wakeham委員会，2002年のLord Cunningham委員会，そして，2008年のブラウン労働党政権下の公選第二院とする貴族院改革案をへて2012年に，保守党と自由＝民主党の連立政権による貴族院公選制法案が国会に提案されたが，与党から多数の反対が出たため，2005年総選挙後に法案採決は延期された。しかし，それも実施されることなく，それ以降，貴族院改革についての動きはない。その間，2010年に設立された上記の「貴族院任命委員会」によって，政界，官界，財界，司法界などで活躍した人物について，一代貴族の指名がなされてきた。しかし，一般に，首相の裁量の余地が大きい。総選挙時，首相退任時になされることが多い一代貴族についての叙爵も，首相が自らの党からのみでなく他党の候補も叙爵（これはすべてバロンの爵位である。王族以外の者に世襲貴族の爵位が付与されたのは，1984年のハロルド・マクミランがストックトン伯爵に叙されたのが最後である）させるという憲法習律があるが，民主的・公平性が保たれているかは，疑問視されてきた。

けれども，首相指名でなく，任命委員会によって「中立性」・「専門性」という基準で指名される「クロス・ベンチャー」と言われる議員は，ガーディアン紙の常連で左派の論客とされたアッシュによって，「皮肉にも，もっとも非民主的方法で選ばれた時代錯誤なこれらの人々が，選挙で選ばれた大衆独裁的な傾向に対し，防波堤として機能している」と評価された。「その公表された報告書も第一級のものであり，しばしば法律案をエキスパートとして精査し改善につとめてきたと」とされているのである。この「大廃止法案」への貴族院の修正案が，このクロスベンチャーによって主導されたことは明らかである。

クロス・ベンチャーは無党派であり，専門性を基準に広く人材が集められている。作家や演劇人など，また科学者，大学教授のほか著名人が任用される。現職の裁判官は任用されないが，定年退職した最高裁の裁判官などは任用され得る。一代貴族を含めて貴族院議員は最近交通費程度の実費が支給されるようになったが，原則無報酬である。

\* \* \* \* \*

二院制を維持すべきかについて，バジョットは，「民衆の熱狂」に支配されが

ちな庶民院と別に政治に専念する貴族院が存在することは，評価されるべきとしていた。現代の憲法学者でも左派の Ewing は，第二院にどのような役割を期待するのかを抜きに抽象的に公選制を論じることは意味が無いと述べ，廃止によって「空白状況」が生まれることには手立てが必要としている（Bradley & Ewing, Cnstututional and Adminstrative Law, 15th ed.pp.176-180）。

EU 脱退のレファレンダム後に，貴族院廃止論が出ているし，現在も早速に貴族院廃止の private bill が出ているが，それよりも前に貴族院は議長付きの改革委員会を設置し，その座長にバーンズ卿（Lord Burns）をすえた。

バーンズ卿は，BBC Channel 4 の元会長である。チャンネル 4 は，BBC1 と 2，ITV に次ぐ第 4 の公共放送であるが，広告収入が認められており，2012 年のロンドン・オリンピックではイギリス国内放送のホスト放送局とされた。マイノリティの映画制作支援や若者や社会的マイノリティのための番組に重点をおいていて人気があり，インターネットで日本からも視聴できる。ロイヤル・ウェディングの形式にとらわれない多人種が参加する斬新なものと評判になったヘンリー王子とメーガンの結婚式の中継は，実はこの放送局で演出された。

バーンズは，メイ首相の「脱退は脱退だ」という Hard Brexit 路線と国民投票による国論分裂という状況に着目し，2017 年クリスマス頃に貴族院について，自己改革案を練ることを思いついた。庶民院の議決にふせば，実現しないことを見越し制定法の必要性がない案を考えたのである。

固定任期制で庶民院議員が 5 年間の固定任期を持っていることと，貴族院議員は任期制でないこと，財政（金銭）法案について，庶民院に優先権があって，1911 年と 1949 年の「国会法」によって，庶民院で可決された法案が貴族院で否決されても，庶民院が連続して 2 会期続けてその法案を可決し，かつその間がまる 2 年（1949 年法で 1 年）を超えていなければ，貴族院が可決しなくても女王の裁可をえてその法案は正式の国会制定法となるとされていることに着目した。この会期制とは暦年でなく，「大廃止法」および関連法案審議を見越してのものであり，2017-2020 年まで会期を見越す可能性がでてきた。実際，固定任期との関係では，庶民院議員だけでなく首相も政権をその間，維持できることになる。この構図は，首相に強力なリーダーシップとヴィジョンがあれば，EU との離脱交渉と並行させながら脱退後の UK の法体系を整える旗艦法案であるこの「大廃止法」，つまり，1972 年の EU 法（EU 加盟のための法律）廃止法を通すことは不可能ではない。しかし，メイ首相には国民投票の結果を盾に，「大廃止法案」の根幹を譲らない硬直した姿勢しか見られなかった。

## 第 2 版 はしがき

＊＊＊＊＊

　バーンズ卿の改革案は，貴族院議員への定員制の導入，600名程度に上限を定めるキャッピングの導入である。これらは庶民院についても定数削減と定数制を導入する合意である。これを15年内に実現する。この15年間，政界から過剰の任命があったのでこれを抑制させる。政治的に中立のクロスベンチャーについては，評価が高いので，22パーセントを確保する。現在は終身制である貴族院議員に15年間という任期制を設ける。年間の任命を15名くらいとして，年間およその上限の制限に従うように調整し，退職者や病気による長欠者との調整によって定数制を確立していく……等である。これらは，貴族院の了解済みのものだから，首相にリーダーシップがあれば実現は不可能ではない。しかし，メイにはその動きは見られない。

＊＊＊＊＊

　このような混乱は，EUに残留か脱退かを二者択一で問うたレファレンダムという愚挙に由来すると言えるだろう。キャメロン元首相も，脱退か残留かのみについて，国民の意思を問い，政権への信任投票としないことの難しさ，というより不可能さを悟ったと述懐している。また，二分される意見を公平に伝えるシステムの開発と政府の中立性を確保する方策の必要を指摘している（衆院欧州各国憲法及び国民投票制度調査報告書，2017年）。

　中村民雄が述べたように，UKの憲法は，ヨーロッパ法（基本権憲章）や人権条約からの拘束によって，すでに一国憲法でなくなっている。例えば脱退によって，ヨーロッパ議会の議員選挙権を失うことは，イギリス人民の参政権剥奪となるから，政府の交渉のみによってこの権利を剥奪できないはずで，貴族院修正案が言うように国会の「意味ある投票」による確認を必要とすることになろう（中村「イギリスのEU脱退（Brexit）の法的諸問題」，比較法学50巻3号31ページ以下参照）。注視すべき見解であるが，離脱派からすれば逆の議論になる。

　このように，この脱退法案をめぐる対立は，イギリス憲法が転換しつつあることに関連しているのである。したがって，国会主権原理は，かりにEU脱退に成功しても，国内的な意味での主権概念ではもはや説明できない——すでにそのようになっているが——ものとなるであろう。その意味でも，EU脱退の成否がどうなろうと，イギリス憲法が，EU加盟前に戻ることはあり得ない状況になっている。

＊＊＊＊＊

　さて，このような「憲法理論」の新展開が求められる状況では，140ページ以

下で述べる最近の愛敬浩二による批判の検討が重要になってくる。

愛敬は，140頁に引用した上記の論文で，「コモン・ロー的論議の非開放性」に対して私が寛容であること」，「コモン・ローによる人権保障」という考え方への私の強いコミットメント」，「裁判官を含めた法専門職の自律性に対する私の評価の高さは，イギリスの左派系の公法学者の評価とは対照的である」，そして私の議論について何故にこのような評価が可能になるかについては，「イギリス憲法の理解・評価においての法専門職の「（とりわけ裁判官）の視点を特権化する一方，憲法学が分析哲学であれ，何らかの抽象理論に訴えれば，不要な政治論争を惹き起こすので，イギリス憲法の理解・評価においてそのような抽象理論は不要」と主張するケンブリッジ大学のアリソンの「歴史的憲法論」に私が好意的であることが，戒能はアリソン同様に「非開放性」に対して寛容であることの傍証になる」（168頁）と論じている。愛敬は，私の『イギリス憲法』の初版および『土地法のパラドックス』を対象にこのように批判するようであるが，愛敬がこの論文の381頁の注45で述べている点は，私がベイカーのメイトランド批判に言及している部分をアリソンのメイトランド批判と取り違え，方法論に関わるこのベイカーのメイトランドへの批判を「方法論」にかかわらないものと一方的に誤読しているものとなっている（本書482-483頁も参照）。

なおさしあたり，本書の88頁以下，190-193頁，203-204頁を参照されたい。

＊＊＊＊＊

「傍証」をも駆使した愛敬の批判は，したがって私への批判と受けとるには一定の困難がある。そこで愛敬の「イギリス憲法の複雑性を捨象した一法的憲法論と政治的憲法論という簡明な理論図式」によって「コモン・ロー立憲主義を批判し続ける」彼の方法論の根幹を批判していると彼が受け取ったためなのであろうと理解したい。同時に「憲法理論における憲法史の復権」をアリソンの「歴史的憲法論」ではない構想で描きたいという愛敬の「宣言」に期待したい。是非とも1日も早く実現してほしい。

愛敬は，憲法理論における憲法史の役割は，「憲法秩序の転換の意味を客観的に捉えた上で，その転換を理論的に正当化」することにあるという。そしてイギリス憲法についていえば，最終的には憲法制定権力が帰属すべきイギリス人民の自らの選択で，成文の憲法典の制定と違憲立法審査制の採用に向かうと期待しているように思われる。

立憲主義の「復権」と「動揺」が同時に進行している現代だからこそ「擁護に値する法的立憲主義」を探求するとともに，憲法理論の分析・整序において「党

派性」を維持する必要が強調される。日本の現実政治におけるポピュリズムの台頭に対処しようとする愛敬が，法的憲法と政治的憲法という「簡明な図式」を維持しようとしている点は理解できる。しかし，これに，「党派性」が加わると，この枠組みに入らない理論は，「党派性」というタームによって排除されるように思える（愛敬『立憲主義の復権と憲法理論』2012年，日本評論社，81頁，250頁）。この党派性から「法専門職への自律性」，その「視点の特権化」とその世界の「非開放性」が論じられると，彼の「簡明な図式」がいちじるしく，閉鎖的に感じられる。これは，水林古稀記念論集に寄せた2人の論文が，その意図を異にするからであるように思われる。"civil"がこの論集の導入概念とされていたため，私は，王権によって創出されたコモン・ロー裁判所と法律家が何故に「市民的自由」の擁護者となり得たのか，法専門職の世界の「歴史的分析」から，私は分析を始めたのであるが，これが「憲法的思考にコモン・ローを潜入させることに警戒心がない」とされることになったのであろう。裁判官の「内的世界」はベイカーが言うようにコモン・ロー法学と一体であり，現在でも法専門職養成は崩れつつるとはいえ，一定の自律性をもっている。

＊＊＊＊＊

史上はじめて女性で最高裁の長官になった，ヘイル女爵＊に象徴された2017年の裁判所の変化は，イングランド・ウェールズの首席裁判官に59歳のSir Ian Burnettが任命されたにこととあわせ，イギリスの裁判所の「閉鎖性」に対し，変化の兆候を示すものであった。ヘイルは，イギリスの上位の裁判所が男性偏重のゆがんだ構造になっていると批判し続けたこと，家族法，子供の権利や性的マイノリティの擁護等に抜きん出た判断をすることで知られている。またヨーロッパ人権条約とそれについてのストラスブールの裁判官の判断をUK裁判官はそのまま写し取った判断をするのでよく，それ以上でも以下であってもならないとしたビンガム卿の「ミラー準則」（R[Ullah] v. Special Adjudicator）に対し，それを超える人権保護に対処する判断基準によるべきと反論したことでも知られている。現在はメイ政権の「情報監視権限法」に疑念を呈している優れた裁判官である。

彼女の特性は，リーダシップであり，それにはjudicial leadershipが含まれる。なかでもコミュニティ・リーダシップは，他の追随を許さなかった。これは「内的閉鎖性」と真逆の，裁判および裁判官の活動の「外的開放性」にあるという。

＊ Brenda Hale, Baroness Hale of Richmond；バロンとその女性形バロネスを男爵と女男爵とする訳例が多い。しかし貴族院が最高裁であった時期に法律貴族になる者は爵位を持っていないかぎり，一代貴族としてはすべてバロン・バロネス

であり，男性に限るという意味は元々ない。そこで女性男爵とする「奇妙な」訳をとらず女爵と訳すことにする。なおヘイルと同時に控訴院裁判官の Jill Black が，最高裁の裁判官となった

\*　\*　\*　\*　\*

　愛敬が言うように，「イギリス憲法」が我が国の憲法研究に資する点があるのは，権利・自由をめぐる政治的・思想的状況が似ているからである。彼が「イギリス人民のため」憲法理論の精緻化を図ろうとしていると思われることと，私のささやかなイギリス憲法の歴史的分析の営みが同じ方向ではないようである。けれども，前述の「EU 脱退法案」の展開に見られるように，イギリスではこの「国難」とも言うべき状況で，国会が最大限の機能を発揮し，女王大権によって，政府単独で EU 条約上の「脱退通告」を行えるとした首相を制止したのは裁判所であった。おそらくこうした状況は，長期にわたって続くであろう。イギリス憲法研究は，憲法秩序の転換の「現状」の理論的分析により深くコミットする必要がある。そして，愛敬が展望する，「違憲審査制」のイギリスでの成立可能性を論じるためには，司法はより開かれた形で解明され，それへの正当な位置づけがなされるべきなのである。はじめから「閉鎖的」「特権化」という「党派的」レッテルで決めつけることは，私がとらない立場である。何より，多義的な「コモン・ロー」という概念を否定的に「濫用」することには大きな危惧を覚える。

　「コモン・ローの憲法論議への潜入」いう批判にもかかわらず，この国の「憲法」が混迷する状況のなかで，コモン・ローを支えた法的システムの再定位からも，イギリス憲法の再生が展望されることを信じたい。法の概念を制定法規に限定せず，法の本来のあり方を逸脱する立法や行政に関し，防波堤として作用することがあった一定の「コモン・ロー」的思考とそれに実効性を付与する救済方法の探求によって，より豊かで実効的な憲法的諸権利の保護の可能性が生じ得る。EU 脱退法が惹き起こす UK の今後には，この視点も必要となるであろう。その目的のために，本書に投入した私の問題意識を，私はなお維持することにしたい。

　　2018 年 7 月

戒 能 通 厚

# はしがき（初版）

　本書は，イギリス憲法について，歴史と現代を描いたものである。
　イギリスは，現在，2017年6月の総選挙を直前にしているが，この選挙は，テリーザ・メイ首相が率いる保守党政権のEUからの離脱交渉について，交渉にあたるメイ首相に裁量幅の大きな権限を認めるか否かが事実上の最大の争点となっている。対して二大政党の一方とされる労働党は，2015年の党首選で党内最左翼とされるジェレミー・コービン（Corbin, J.）が選ばれて以来，コービンでは政権を取ることができないとする旧「ニューレーバー」のグループ等が，再三にわたりコービンを党首の座から引きずり下ろす画策を続ける分裂状態で，メイの圧勝が大方の見方になっている。2011年の「国会（固定任期制）法」によって首相（解散についての女王大権）の解散権が廃止され，2020年5月までは総選挙が行われないことになっていた。にもかかわらず，保守党党首であるメイ首相が，庶民院で3分の2の多数決によって解散決議がなされれば解散され，総選挙が可能になるという2011年法の規定を使って早期解散，6月8日の総選挙を決断した。女王大権とされてきた庶民院解散権を廃止するについてはそれなりの理由があったが，これを事実上無効化させてしまうのも，国会主権ということになるのであろうか。
　しかし，労働党は，この総選挙に直ちに賛成した。保守党は，総選挙のマニフェストで，離脱交渉のため党派を超えた「強いブリテン」をつくるべきとするほか，この2011年法の廃止を公約している。いったん廃止された解散についての女王大権が復活するのか。つまり，固定任期を定めた，2011年法の廃止によって，自動的に解散についての女王大権，つまり，首相の助言による事実上の首相権限としての解散権を「復活」させることができるかは，再び憲法の問題となろう（Robert Craig: Zombie Prerogatives Should Remain Decently Buried: Replacing the Fixed-term Parliaments Act 2011（Part1, 2）UK Constitutional Law Association Blog）。
　UKのEU脱退通告にもかかわらず，残った27カ国の結束は固く，離脱の具体的手続きと並行して離脱後の貿易関係について協議するという道は拒否された。UK脱退後のEUとUKの貿易関係は脱退が正式に合意されてから――つまり最短で2年後以降に――交渉されるべきとされた。これに対し，メイ首相は，EUと

の自由貿易圏を何らかの形で維持することも断念するという「ハードブレグジット」という強硬姿勢で交渉に臨むという強い反発を示し，総選挙で大勝することに賭けるという決断を行った。ことに離脱するのであれば離脱までの間，EUから受ける受益に相当する600億ユーロ（約7兆3,000億円）の費用負担を求められているが，これを拒否する姿勢で交渉に臨むには強い政権基盤が必要と考えたのであろう。「弱体労働党」相手であれば，これは可能と見たとも言える。しかし，総選挙を目前としながら，この見込みは崩れつつある。

　形勢逆転は，マニフェストの効果と言われている。「少数の人びとでなく多くの人びとのために」というシンプルなタイトルで，労働党は，予想された鉄道の再国有化を基軸においた1970年代の労働党の政策への回帰を示すだけでなく，福祉国家政策を切り捨てるメイの反福祉国家政策と，緊縮財政政策に正面から対峙する具体的対案を提示した。富裕層への課税強化を掲げるとともに，「新しい種類の政治」は，まず教育政策からということで，高等教育の無償化，教育支援手当の創設，雇用の確保とキャリア支援，NHSの充実とその民営化政策を終わらせること，100万戸の公営住宅の建設，最貧困層を行き詰まらせない，緊縮でなく成長を……といった具体的政策をマニフェストに書き込んだ。

＊＊＊＊＊

　コービン党首の出現は，2015年の労働党党首選挙の時の党首選出手続きの改革に直接の要因がある。しかし，それだけではない。すなわち，2014年のスコットランド独立についてのレファレンダムに際して，スコットランド国民党が展開した中央集権的な国家構造に対する分権化および平和・反緊縮のための運動には，労働組合の活動家層と，ニューヨークの「ウォール街を占拠せよ」運動に結集したのと同様の若い人たちの分厚い集団が加わったが，この方向がなお追求されている。この運動の特徴は，ソーシアル・メディアを使いこなし，中央からの指令で動くのでない，草の根運動や多様性にあり，運動のなかから政治構造の変革を考え出すという「新しい種類の政治」を目指すところにある。党首選挙手続きは，庶民院議員の12.5パーセントの推薦を要するとした点は変わっていないが，庶民院，ヨーロッパ議会の議員，労組構成員，選挙区支部の一般党員という区分を廃止し，党員，登録支持者（3ポンドの登録料を支払い党の価値を共有する者）に党首選挙に際して議員，団体構成員等と同等に1票が与えられるというもので，これによって，議員，労組構成員，一般党員，登録支持者の区別なく党首選挙に参加できることになった。コービンは「社会主義議員連盟」内で，当選の見込みもないので，いわば順番で立候補させられた形で登場しているが，2015年5月の

総選挙でミリバンド率いる労働党が大敗した結果行われた党首選挙に立候補し，2015年9月，得票率59パーセント（これはブレアが1994年に党首に選出されたときの57パーセントを上回っていた）で圧勝した（進藤兵「私は新しい種類の政治に票を投じたのだ」『世界』2015年11月号，118-128頁参照）。

\* \* \* \* \*

　ガーディアン紙は，イギリスの土地所有の階級性を批判し続けていて時々厳しい論調の記事を載せる。2017年5月10日の同紙のAlice Martinの署名入りの記事では，今日，連合王国の固定資産総額は，その純資産の60パーセントにあたる5兆（5trillion）ポンドでこれは，1995年から1兆ポンド増になっているが，この土地その他の財産の所有者は公共投資から利益を受けていると批判する（https://www.theguardian.com/housing-network/2017/may/10/richest-people-britain-property-moguls-housing-crisis#img-1)。

　概観してみると，1894年の相続税改正で土地の優遇税制が廃止され，累進税率が導入され，1909年には土地相続税が25パーセントとなった。これを背景に，第一次大戦を経て，1921年にはイングランドの4分の1に相当する土地所有者の交代が生じたと言われる。

　けれども，土地貴族たちは手をこまぬいていたわけではない。所領の一部売却によって，海外で土地を購入するほか，債券や株式に投資する者も現れた。よく，イギリスの大土地所有者の土地は税金のがれのため信託されていると言われることがあるが，正確ではない。すなわち，売却信託（trust for sale）という継承財産設定の「正当な後継者」とされる法的手段が普及していたことに注意する必要がある。

　売却信託は，土地を売却し，その代金を信託受益者に交付することを受託者に絶対的に義務づける（この売却義務は解除されない絶対的義務である）信託による土地の譲渡方法である。この信託による受託者への土地移転があると，土地が実際に売却されなくてもequitable conversionの法理によって，その時点でその土地は売買によって得られるべき代金に転換されたと擬制され，かつ，この売却を延期することについて制限はないとされる結果，事実上これは，継承財産設定に類似のものとなる（拙著『イギリス土地所有権法研究』参照）。受託者が土地の管理を行い，受益者はその売却代金に対して権利を有すると構成されるのである。したがって，土地が土地のまま管理されている時に，受益者によるその土地の占有（エクイティの）は許されるかという問題が生じるが，実際の売却前であればそれが許されるとされるので，地主たちは，土地を他の動産等とあわせて基金的に運

用できるようになる。つまり「継承財産設定」による大土地所有の維持が困難になっても，富裕な大地主は，土地以外からの収入を得ることによって，前よりも裕福になることさえあり，より金権主義的になった例もある。こうして，土地貴族や大地主たちが，「シティの金と結婚し」，1880 年代から 1890 年代に会社社長となり，金融界に進出する者も出てくるようになる。つまり，「資産の有価証券化」'a portfolio of assets' が進んだのである（戒能「イギリス農業借地法の新展開——ポスト・「近代的土地所有権」論のために」清水誠先生追悼論集『日本社会と市民法学』，日本評論社，2013 年所収，参照）。

\* \* \* \* \*

　現状はどうか。New Statesman 11 March 2011 の Kevin Cahill 論文は，連合王国の人口の 90 パーセントは都市部に住むが，この 1 世紀と半世紀前から，すべての土地は人口の約 4.5 パーセントに過ぎない人びとが所有していて，他は土地所有とは全く無縁であった。それが，今日では，公営住宅の売却等の効果で，人口の 70 パーセントの人びとが都市化によって土地の所有と利用に関わるようになり，連合王国の都市部の 5 パーセントの土地を所有するようになったが，全部で 6,000 万エーカーのうち，たかだか 300 万エーカーにすぎない。連合王国の農地所有者の構成は上記のように激しく変動し，国内の 70 パーセントに変動が及んだ。しかし，今日，前述の理由で，土地所有者は信託上の受益者で一定の収入があるほか，年額平均 2 万 3,000 ポンドの「補助金」(subsidy) を得ているが，都市部の居住者は，土地関係税である 350 億ポンドを支払っている，と述べている。

　それでは，客観的データ面ではどうなのか。1920 年代の初めに，土地の所有・利用関係について公開性が求められ，1925 年に土地登記法（Land Registration Act）が制定された。しかし，2002 年に大法官省の土地登記所管の政務次官である Michael Wills が，自由＝民主党のサンダース議員に提出した文書は，次のように書いている。①土地登記は，土地所有についての登記ではない。②定期不動産（賃借）権と自由土地保有権についての登記である。③それは所有者のそれぞれの権原毎に保有している面積を示すものではない。④それは，土地登記所において，特定の組織または個人によって土地が所有・利用されているかが明確になるように作成されているものではない。⑤土地登記は，イングランド・ウェールズの土地の 65 パーセント，スコットランドの土地の 85 パーセント，北アイルランドのそれの 50 パーセントの権原をカバーしているにすぎない。登記が全体をカバーできていないのは，当局の怠慢であると言うより，所有者の意向を慮った法律家たちの技巧によっている。ただ，何代にもわたる大貴族の場合は，例え

ば Duke of Buclleuch（240,000 エーカー），Duke of Northumberland（131,000 エーカー），Duke of Westminster（129,000 エーカー），Prince of Wales（皇太子，141,000 エーカー）というようにはっきりしている。結論的には，ほぼ全土が強制登記制になったとはいえ，実は登記のみでは土地所有の実態は分からないのである（http://www.newstatesman.com/life-and-society/2011/03/million-acres-land-ownership）。経済学者の伊東光晴は，2016 年 6 月の EU 離脱となった国民投票の結果について，アメリカ大統領選挙におけるトランプの勝利と同様に，人民の既存政治への不信を示したものだとする言説に対し，イギリスについて論じる場合に，この国の「階級社会」，ことに，貴族層の存在の分析が欠落していると，強く批判している。EU の共通農業政策で「ヨーロッパ農業指導保証基金」（EAGGF）という域内農業保護のための拠出金の還付分について，イギリスではこれを土地所有の大きさで配分している点を指摘している。具体的には，25 万ポンド（3,400 万円）以上を配分されている者が 900 人弱，100 万ポンド（約 1 億 3,600 万円）以上を配分されている者が，50 人近くいるとする（同「問題は英国ではなく EU だ」『世界』2017 年 1 月号，137 頁参照）。

　前述のように，貴族の土地から金融への転身とともに，シティと言われるタワー（タワーブリッジ）とセントポール大聖堂に挟まれた 1.6km 四方の小さな地域は，国際的金融センターとなってニューヨークと拮抗していくようになる。UK の EU からの脱退が，ここに集中する金融機関の EU 域内の他の拠点，パリやフランクフルトなどへの移転でシティの空洞化を招くとする観測も，域内の自由往来＝フリーパスポートをシティが失うということだけに目を奪われている。しかし，シティに集中する投資銀行の利益の中心は，マーチャントバンクの業務というよりも，M&A（企業合併）や企業買収などにあり，これがシティにある法律事務所と会計事務所の数千人ものスタッフによって支えられていること，しかもその法律業務がコモンローと英語によっているという面を見落としている。パリやフランクフルトにシティのこうした機能が丸ごと移転し，シティが「空洞化」すると考えるのは単純すぎる（伊東・前掲論文 148-149 頁）。問題は，シティのよりいっそうの外国系投資銀行への系列化によって，イギリスの格差社会がさらに加速されていく面にある。

＊＊＊＊＊

　両親がオックスフォードの労働者階級の成人教育機関であるラスキン・カレッジ出身というニューキャッスル生まれのオックスフォード大学歴史学教授，セリーナ・トッドが書いた『ザ・ピープル――労働者階級の盛衰』（The People；The

Rise and Fall of the Working Class, 2015；邦訳書，近藤康裕訳，みすず書房，2016年）は，本書でもしばしば言及しているEP・トムソンの『イギリスにおける労働者階級の形成』を意識して書かれたものである．2014年の初版がヒットし，2015年のペーパーバック版が2015年に出たとき，トッドは，これに「わたしたちの現状，2011-2015年」という後記を加え，その冒頭でこの時期を「不穏の時代」と表現した．この時期は，保守党と自由＝民主党の連立政権の時代であり，EU離脱を決した国民投票の前夜であって，離脱を選択したピープルの意識を見事に予測し分析している．トッドは，『経済成長が生活の質を向上させるのでなく，それを可能にするのは経済的再配分である．イギリスでは戦後しばらくのあいだ再配分がある程度機能していたがゆえに健康的で幸福な国だった．しかし，この時代の教訓は，富と権力を再配分するのに支配階級は信用できないということである．平等な社会をつくるための，より民主的で透明性の高い方法は，わたしたちが自分たちを信頼して見つけなければならない．このことは可能である．なぜなら，わたしたちは過去にこれを成し遂げたことがあるのだから．連帯はこれまで重要な勝利をもたらしてきたし，緊縮策に対する真の代替案を提供してくれるだろう．……集団的な政治の力としての労働者階級は衰えてきているが，お互いを助け合いたいという気持ちは衰えていない．……なぜ仕事がわたしたちの生活の中心なのかと問う必要がある．わたしたちのこれだけ多くが，ほんのわずかしか達成するものがない仕事に人生の大部分を費やさなければならないのか，理由はない．事実利益に巣食って生活している10パーセントの人間のためではなく，社会のためになる意義深い仕事をわたしたちがしてはいけないという理由などありはしない．これらをふまえればわたしたちが働く時間は短くなり，家族や友人とともにくつろいだ時間を過ごすことにわたしたちのすべてがより多くの時間を使えるようになるだろう」．これは希望を語る言葉である（同邦訳書，428-429頁参照）．

　収入の不平等さをはかるジニ係数のイギリスにおける1979年の値は29だった．2010年までにその数字は36にまで上昇した．理由の一つは，人びとの10パーセントの最貧層がさらに貧しくなったからである．同時に，少数のエリートたちがいっそう多くの富を自分たちの手に集中させたからでもあった．1990年代と2000年代に実業界のリーダーたちや新聞界の大物，貴族といった10パーセントの最富裕層は，他の階層と比べて遥かに大きな収入増加を享受した．1998年にこうした人たちはイギリス全体の4分の1を超える収入を得ていた．2008年までに彼らは，3分の1を所有するようになった．その間，仕事を見つけられなかったとか，病気だった人たちだけでなく，何百万人もの年金生活者，肉体労働者，コー

ルセンターで働く人，介護施設の職員，看護師，補助教員，掃除人，オフィス労働者といった社会の半数をしめる豊かさから最も遠い人びとは，国民所得の3分の1未満で生活していた（366-367頁）。2009年に出た，リチャード・ウィルキンソンとケイト・ピケットの『平等社会』(Wilkinson, R. & K. Pickett, The Spirit Level-Why mere equal societies almost always to do better, 2009 邦訳書，坂井泰介訳『平等社会——経済成長に代わる次の目標』，東洋経済新報社）は，空前のベストセラーになったが，2人が主張したことは，経済的不平等が拡大すると不安障害や鬱病が増え，社会のすべての階級に悪影響を及ぼすということであった（同書第1章）。もはや「階級なき社会」（1990年保守党首相のジョン・メイジャーの宣言）を目指すというスローガンや，1997年のニューレーバーの勝利後，副党首のプレスコットが宣言した「今やわれわれはみな中流階級だ」は有害な幻想だったことが明らかとなったのである（トッド・前掲邦訳書366-367頁）。

『平等社会』の著者たちは，「壊れた社会」という表現を駆使しつつ次のように言う。

「ながらく進歩の大原動力だった経済成長は，富裕国では，おおむねその使命を終えつつある。……富裕国が経済成長の真の恩恵の限界に達しつつあると同時に，地球温暖化や経済開発の環境的限界からも目を背けられなくなっている。……私たちは，真に暮らしの質を高めなければならない初めての世代となった。もし経済成長がその回答でないのなら，私たちは何をなすべきだろう」と言っている（同邦訳書6頁，12頁）。

EUに様々な側面があることは事実であり，主権国家を超えた未曾有の統治構造を生み出してきた面は評価されるべきであろう。しかし，以上の「壊れた社会」を前提にすれば，EUの統一市場の拡大は，究極の「経済成長」を意味している。したがって，富裕層はますます富裕に，貧困層はますます貧困になっていくという「壊れた社会」の再生産へと向かうものとされても極論ではない。

先のマニフェストで，保守党も，労働者階級への呼びかけを行っている。つまり2017年総選挙の結果がどうであれ，イギリス社会の矛盾の姿が，法制的側面，憲法的な側面にも従来と異質なかたちで投影されていくと思われることである。それはおそらく，先の『平等社会』の著者たちが「ながらく進歩の大原動力だった経済成長は，富裕国では，おおむねその使命を終えつつある。経済成長がその回答でないのなら，私たちは何をなすべきだろう」という，新自由主義の克服，少なくともそれの克服の模索になるであろう。

\* \* \* \* \*

おそらく，統治構造の面では，第Ⅰ編で論じたように，EUからの脱退に伴うUK法へのEU法の選択的吸収とともに，固有の統治構造にも大きな変化が現れるだろう。第二院としての役割の模索を続けてきた貴族院も，変貌を迫られていくであろう。

先に，イギリス社会の階級構造を論じる場合に逸することができない貴族制に言及した。歴史的には，貴族制を支えてきた貴族院はもはや，実質的には存在しない。1999年の「貴族院法」によって，世襲貴族の大部分が排除されて以降，貴族院は，庶民院と異なる選挙制でなく，「一代貴族」制や，クロスベンチャー・非政党所属の議員によって構成されるようになった。とくに，2001年からの「貴族院任命委員会」によって議員が選出されるようになって以来，貴族院は，変貌し，その機能強化は，民主主義という面でも国会主権原理を補充する側面があるとして，肯定的な評価を得ている。しかし，公選制を経ていないという貴族院の歴史に由来するその固有の原理と，その機能強化，とりわけ国会主権原理を補完するという側面は，「宿命的」な矛盾を抱えている。機能強化されるほど，その正統性が公選制によって支えられていないという面が，桎梏になるのである。

また，「人権法」との絡みで，国会制定法の法案段階での「審査」制など，2001年からの「両院人権合同委員会」（Joint Committee on Human Rights）の存在も，司法とは異なる意味での「法令審査制」の役割を果たしていて貴重である。2017年総選挙のマニフェストでは，保守党のそれでも，1998年の人権法の廃止と，その母体である「ヨーロッパ人権条約」からの脱退は公約されていない。これらのことも，EU離脱後のUK憲法に大きな影響を及ぼしていくように思われる。

＊＊＊＊＊

本書の第Ⅰ編は，本書のために書き下ろしたものである。第Ⅱ編は，『法律時報』（日本評論社）の83巻第1号（2011年1月号）から86巻9号（2014年8月号）まで「イギリス憲法の実像――その歴史的文脈」として33回にわたって連載された論文をほぼそのまま収録したものである。

東京大学社会科学研究所という最初の職場での経験は，長々とした連載を書く際の基本的な素養を身につけさせてくれたと思っている。ことに本書で「西欧経済史学派」と呼んでいる多くの経済史学者との交流が，その都度思いだされ，この連載は，早稲田大学を定年退職後の私の「生きがい」ともなっていた。名古屋大学，早稲田大学では大学院のゼミをベースにして「近代イギリス法研究会」をつくり，多くの院生諸君と交流してきた。毎夏，合宿研究会を行うため，夏休み

はしがき（初版）

を利用した海外出張も禁欲するほどこれには没頭したが，「近代イギリス法研究会」とは，もともと恩師の内田力蔵先生がつくった研究会であり，私はイギリス法の研究にとって裁判所がいかに重要かを先生から教えられ，それを「宣教」していただけである。その先生の著作集が刊行された信山社から，本書が刊行されるのは光栄であり，恩師に後押しされたような気がしてならない。困難な出版事情のもと，本書の刊行をして下さった袖山貴社長と編集部の稲葉文子氏にお礼を申し上げたい。

＊＊＊＊＊

私の父の戒能通孝は，イギリス法についても豊富な知識を持っていた。『法律時評』，『法律講話』が，父の生誕100年を記念して，慈学社から復刻出版された。戦前への回帰を思い起こされるような現在では，戦前・戦時中と占領期に書かれた論考を『近世の成立と神権説』というタイトルで，一書にまとめ，これにルネッサンス期のフィレンツェの景観を描いた「鎖の古地図」の美しいカバーを付して，2012年に復刻された本が，とりわけ貴重である。

『戒能通孝著作集』の編集に私も参加させていただいたが，『市民の自由』を収録した『人権』の巻に次のような言葉が出てくる。

「イギリスの憲法は，イギリスの歴史自体である。だからして憲法は歴史の解釈によって変動し，ある人はまったく保守的な憲法を創造するが，他の人はまったくリベラルな憲法をつくるというふうに，ちがった憲法のあり得ることは事実であろう。だが憲法理論においてどの立場をとる人にせよ，確認された原則たる人身保護法や思想の自由などを「公共の福祉」の前に犠牲にすることはないと信ぜざれる」（『著作集』，1997年，日本評論社，第Ⅱ巻，人権，159頁）。

第二編は，「イギリスの歴史自体」である憲法を描くのが目的であった。「歴史学の存在せぬかぎり社会科学の存在は零である」と父は述べていた。第二編で「市民革命不存在」論を説く「歴史学」批判に執拗にこだわったのは，「社会科学の粋としての歴史学」の復活なくして，イギリス近代憲法の実像は解明できないと確信していたからであった。

先の復刻版『近世の成立と神権説』には印象的な記述が多い。「イギリス型，フランス型，ドイツ型資本主義，市民社会が説かれる場合にも，何故に『類型』が成立するようになったか，『類型』は人間の力によって左右できるのか，もしできないものであったとしたら，いかなる過程を通すことにより，資本主義の『類型』が作られる程に，大きな結果が出てきたのか」分析されなければ，『類型』とは所詮意味がない。「人間関係に触れない歴史」とは「静止的であり，第三者

的であり傍観者的である」。このように「宿命論的類型論」に終わらない「イギリス憲法の実像」を描きたかったのである。

　父が，くも膜下出血で倒れた後，わずかに小康を得た時期があった。そんな時，夏に避暑のため定宿にしていた別所温泉の旅館で私たち夫婦，長男の通弘と父の4人で2週間ほど過ごした。夕食後は父の「独演会」になった。古今東西あらゆる古典が登場する「高座」は実に楽しかった。実は本書に登場するエピソード的挿話にもそのときの「受け売り」がある。

　素晴らしい父であったと，今なお思う。

　本書を，通孝と母かつ子に捧げさせていただきたい。

　2017年5月30日（父の誕生日）に

戒能通厚

# 目　次

第 2 版 はしがき …………………………………………………………… iii

はしがき（初版）…………………………………………………………… ix

## 第Ⅰ編　現代イギリス憲法 …………………………………………… 1

### 補論　現代イギリス社会 ………………………………………………… 3
　　Ⅰ　現代の社会状況 ……………………………………………………… 3
　　Ⅱ　初版第Ⅰ編への補論 ………………………………………………… 7
　　Ⅲ　多元的社会論と共同体 …………………………………………… 14
　　Ⅳ　資本主義論と現代法論 …………………………………………… 17

1　はじめに ………………………………………………………………… 25
2　イギリス，イギリス憲法，ウェストミンスター・モデル ………… 26
　　2.1　概説（26）　2.2　マグナ・カルタの「再生」（31）
3　コモン・ローの救済システム ………………………………………… 49
　　3.1　はじめに（49）　3.2　ダイシー理論と執行権の概念（51）　3.3　フランクス・レポート以降（57）　3.4　憲法的習律と憲法理論の対抗（58）
4　ブレアの時代 …………………………………………………………… 59
　　4.1　ブレアの「憲法観」（59）　4.2　ブレアの憲法改革（63）
5　憲法と多元的社会との連鎖そして「シティズンシップ」………… 65
6　スカーマン卿の予言 …………………………………………………… 68
　　6.1　コモン・ローの限界とその克服の模索（68）　6.2　福祉国家の解体とそれへの対抗（73）
7　「市民権」……………………………………………………………… 75
　　7.1　市民権と福祉国家（75）　7.2　国家の撤退と行政組織（78）　7.3　司法の独立とブレア（82）　7.4　司法の「積極化」と司法の独立（84）
8　EUとの「協調」………………………………………………………… 90

8.1 EU法と究極の主権論（90）　8.2 社会権とEU法（96）　8.3 「社会的ヨーロッパ」とEU基本権憲章（99）　8.4 EUとイギリスの地方政府・自治のモデル（106）　8.5 3つの円とイギリス（109）　8.6 EU脱退の可否を問うレファレンダム（113）　8.7 最高裁判決の結論と法案提出（117）　8.8 白書の発表と「大廃止法案」（120）

　裁判所構成図 …………………………………………………………… 124
　判例の引用法 neutral citation ………………………………………… 125

# 第Ⅱ編　イギリス憲法史 …………………………………………… 127

　補論　イギリス憲法史の概観 ………………………………………… 129
　　Ⅰ　概　観 ……………………………………………………………… 129
　　Ⅱ　イギリス憲法論議によせて ……………………………………… 138

## 第1章　憲法思想の諸潮流と理論 ………………………………… 143

　1　「変化する憲法論」の史的文脈 …………………………………… 145
　2　「機能主義法学」の史的文脈 ……………………………………… 148
　3　「法と世論」の関係論 ……………………………………………… 151
　4　「政治的憲法」論の展開 …………………………………………… 155
　5　「イギリス」憲法論と「帝国」 …………………………………… 157
　　5.1 帝国と憲法（157）　5.2 「支配の代償」と帝国のイデオロギー（161）
　6　帝国の崩壊と自由論 ………………………………………………… 163
　　6.1 新自由主義の台頭（163）　6.2 労働党と社会主義（167）　6.3 イギリス没落の要因論（172）
　7　ヒューマニズム歴史観と「機能主義様式の公法学」…………… 176

## 第2章　「原型」としてのイギリス憲法と「階級論」…………… 187

　1　憲法と「法の支配」論 ……………………………………………… 189
　　1.1 裁判官と行政権（189）　1.2 トムソンと階級論（192）
　2　トーマス・ペインという存在 ……………………………………… 195
　3　階級文化と共和主義・立憲主義 …………………………………… 198

| | 4 | トムソンの「法の支配」論とブラックストーン………………… | 205 |
|---|---|---|---|
| | 5 | ブラックストーン理論の位相……………………………………… | 209 |
| | 6 | ブラックストーンの「絶対権」論………………………………… | 216 |

## 第3章　憲法史における連続と断絶……………………………………… 221

1　「コモン・ロー連続説」の歴史的基盤……………………………… 222
2　古来の国制論から統治する議会へ………………………………… 225
3　いわゆる「修正・批判」学派の歴史観の生成…………………… 232
4　「修正・批判」学派への応答……………………………………… 239
5　市民革命前夜………………………………………………………… 242

## 第4章　市民革命論の再定位……………………………………………… 251

1　比較経済史学派の問題意識の重要性……………………………… 252
2　「ブルジョワ革命論」とその「再生」…………………………… 255
3　革命の終焉からもうひとつの「革命」へ………………………… 260

## 第5章　名誉革命と名誉革命体制の再定位……………………………… 263

1　名誉革命前夜の状態………………………………………………… 264
2　名誉革命の「プロセス的構造」…………………………………… 269
3　ハイポリティクスの「制度化」…………………………………… 277
4　「法の沈黙」………………………………………………………… 279
5　封建制の「特殊構造」と民兵問題………………………………… 284
6　名誉革命への「軍事的」文脈……………………………………… 289
7　名誉革命への「帝国」的文脈……………………………………… 294
8　名誉革命の「宗教的」文脈………………………………………… 302

## 第6章　名誉革命の法構造………………………………………………… 309

1　Revolution Settlement……………………………………………… 310
2　「権利章典」の歴史的性格………………………………………… 318
3　「王位継承法」と裁判官…………………………………………… 323

## 第7章　近代憲法史と土地所有権法の連鎖 ……………………………… 331

1. 「政治的信託」論 ………………………………………………………… 332
2. 統治の解体論と「フォーク・ロー」 …………………………………… 338
3. 共同体と「行政」の関係の問題性格 …………………………………… 349
4. 都市の「自治」とコモンズ ……………………………………………… 357
5. 入会地と緑地―公衆への開放 …………………………………………… 361
6. 「歴史概念」としてのコモンズ ………………………………………… 366
7. コモナー理論 ……………………………………………………………… 377
8. 共同の象徴としての共同権・入会権 …………………………………… 383
9. フォレストの「開放」 …………………………………………………… 391
10. フォレスト法による「逆転」の展開 …………………………………… 393
11. 労働者住宅問題との接合 ………………………………………………… 401
12. 湖水地方をめぐる攻防 …………………………………………………… 403
13. ナショナル・トラストの誕生 …………………………………………… 406

## 第8章　イギリス近代と多元的社会の法構造 ……………………………… 415

1. イギリスの奴隷制 ………………………………………………………… 417
   1.1 「奴隷船」（417）　1.2 ジャマイカ事件（421）　1.3 サマセット事件（427）
2. 雇用契約法の歴史的分析と「労働契約論争」 ………………………… 433
3. 救貧法とヴォランタリズム ……………………………………………… 439
   3.1 小経営の「終焉」と救貧法（439）　3.2 「定住法」と「自由なる」賃労働者＝「産業予備軍」の形成（443）　3.3 友愛協会（444）
4. アソシエーション ………………………………………………………… 447
   4.1 マンチェスターとロンドン（447）　4.2 租税と統治の構造（450）　4.3 アソシエーションをめぐる論争的状況（453）　4.4 南海泡沫事件（458）　4.5 株式会社生成史（461）
5. 信託と統治構造論の問題性格 …………………………………………… 468
6. 信託の社会的機能 ………………………………………………………… 472
   6.1 イングランド信託法の特色（474）

|       |                                               |     |
| ----- | --------------------------------------------- | --- |
| 7     | 信託と国家………………………………………………………………          | 479 |
| 終章    | 車輪は一回転して………………………………………………………         | 489 |

## 補論　市民革命論は「消滅」したのか
　　　——憲法史研究の方法によせて——……………………………………… 493

|   |                              |     |
| - | ---------------------------- | --- |
| 1 | は じ め に…………………………………………………………… | 495 |
| 2 | 法の歴史理論と市民法論の交錯………………………………………   | 497 |
| 3 | 市民革命論の再定位……………………………………………………     | 503 |
| 4 | お わ り に…………………………………………………………… | 507 |

和文・事項索引（509）

欧文・事項索引（535）

判 例 索 引（546）

# 第Ⅰ編 現代イギリス憲法

# 補論　現代イギリス社会

## I　現代の社会状況

　最近，現代のイギリスを象徴するような悲惨な事件が起きた。2017年6月14日の深夜，通報のあった時間は午前0時54分，ロンドンの西部のケンジントン・チェルシー区のノース・ケンジントン地区にある公営住宅「ランカスター・ウェスト・エステート」のGRENFELL TOWER（グレンフェル・タワー）という24階建て全127戸の高層住宅で火災が発生し，火は短時間に建物全体に燃え広がり，消火は困難を極め，完全鎮火が報じられたのは，16日と伝えられた。この公営住宅には，低層階に生活保護世帯を含む低所得層が住み，各階に1ベッドルームと2ベッドルームのフラットの20フローアがあり，単身，子供連れや高齢の親との同居家族，高齢者単身等の様々な家族が住み，モロッコ人が多い多様な国籍の住民で，イスラムなどの移民家族も多く，火災当時約600人が居住していたと言う。火災の原因は，ホットポイントというブランドの冷蔵庫と推定されているが放火の疑いはなかった。死者はガーディアン紙によれば120人以上，当局は，9月27日の時点で67人の身元を確認しているが，不法移民とされることを恐れて身元が判明しない場合があって，被害の全貌が確定できないという状況のようである。火災発生時は，ラマダンのため，就寝していなかったイスラム教徒も少なくなく，子供たちが火事を警報したことで救われた住民もいたようである。

　実は，このグレンフェルが建つ地域の近くでは，マーチャントスクエア地区という富裕層向けの高層住宅のための再開発が進められていた。グレンフェルの建物内部よりも外壁に改修が加えられたのも，富裕層からのこの公営住宅の見栄えの悪さにたいする苦情への対応という面があったようである。ちなみに，キャメロン前首相の邸宅もこの付近の北ケンジントンにあった。

　火のめぐりが早かった理由に，スプリンクラーが設置されていなかったこと，これに加え，この公営住宅を含めて大規模な修繕工事が2015年から2016年に行われたが，驚くべきことに，そのときの外装工事に使われた外装材が，可燃性の材料で作られたものであったことである。耐火性の素材のものはコストがかかるため，緊縮予算の関係で使われなかったことから，この外壁部分から一気に建物全体に火災が拡がったと分かった。この可燃性の素材の外装材は，他の高層の公営住宅でも使われているから，イングランドの高層建築でグレンフェルタワー同

様の被害が発生するおそれは，約600棟に及ぶと言う。

かつて公営住宅は，イギリスの誇るべき伝統であった。第二次大戦後，ヒットラーのナチス・ドイツに勝利したウィストン・チャーチルの保守党は，予想に反して1945年の総選挙で，クレメント・アトリーが率いる労働党に敗れた。これは「ピープルの革命」と言われる。福祉国家の原型がこの政権で築かれたが，保健相のアナイリン・ベヴァン（Aneurin Bevan）は，毎年24万戸の公営住宅を建てると公約した。NHS（国民保健サービス）を設立したのも，ウェールズの炭鉱労働者の家庭に生まれた彼であった。「政治は一部の人たちのためでなく，すべての人々のためにある」という彼の言葉は，現労働党の党首のコービンに引き継がれている。

公営住宅政策に壊滅的な打撃を加えたのは，サッチャー政権であった。right to buy という名目で，公営住宅を割引価格で買い取る権利を居住者に付与し，買い取る資金の貸し付けで金融機関が利益を得た。住宅だけでなく福祉行政を担った地方政府からの権限剥奪は，サッチャーリズムの脱福祉国家政策の手段であった。地方政府はEUの地域政策にコミットし，その財政的・制度的支援を得ているから，EU脱退の衝撃は大きい（106頁以下参照）。いずれにせよ，1980年代以降，公営住宅の供給が激減し，ホームレスが激増した。キャメロン保守党，つづく自由＝民主党との連立政権で緊縮政策が進められ，グレンフェルタワーの危険性は近隣の火災例からも重大であると周辺住民からの指摘があったにもかかわらず無視されたことについて，政府への批判が強まった。

＊＊＊＊＊

イギリスの労働者階級は誇り高い歴史を誇っていた。労使関係法は，労働法の形成史の一定のモデルであったが，それは，団結力の強い労働組合と使用者団体間の団体交渉によって労使関係法が形成されるという「集団的自由放任主義」に委ねられてきたことからする自生的法形成の特質によるものであった（97頁参照）。しかし，サッチャーは，1984-85年，最強の労働組合の一つであった炭鉱労組の炭鉱閉鎖に反対したストライキ闘争に対し，「死闘」とも言われた徹底的弾圧を繰り返して「勝利」し，労働組合を無力化しただけでなく，労働者であることの誇りをさえ，奪ってしまった（拙著『土地法のパラドックス』，日本評論社，2010年，380頁以下）。「ニュー・レイバー」は，失業者に対する技能や技術教育や，最貧困層のコミュニティを対象とした社会的包摂を意図したと言われるコミュニティ政策や技術教育という一定の「第三の道」的方向を示したが，基本的には貧困や失業を自己責任として，雇用可能な人口を創出することを求めるものであった。

「反社会的行動」への禁圧的施策は保守党以上のものであり，労働者の上層部分とアンダークラスとされる部分の二極化は，むしろ進んだ。

　ガーディアン紙のコラムニストとして著名なオーエン・ジョーンズ（Owen Jones）のベストセラーの『チャヴ』（Chavs）（依田卓巳訳，2017年，海と月社）で有名になった「チャヴ」は，ロマ族のことばで「子供」を指す「チャヴィ」から来たものであると言われる。2000年にコリンズという英語辞典が「チャヴ」を初めて載せたときには「カジュアルなスポーツウエアを着た労働者階級の若者」とされていたが，いまや「白人労働者階級」の同義語として使われ，さらに，最下層の人々を劣等視するために使われるようになった。1979年に政権を握ったサッチャーの労働者階級への総攻撃によって，労働組合と公営住宅の解体がすすみ，コミュニティが破壊された。労働者階級は分断され誇りある集団と見なされなくなったばかりか，冷笑され見くびられ，スケープゴートにされた。労働党政権でも，不平等や貧困・失業は，労働者の「向上心」のなさに責任があるとされた。2010年の総選挙で保守党が政権を握ると，2007年に始まった世界経済危機に対し，緊縮政策が始められ，労働者，とりわけ，生活保護受給者や，「子供ばかりを産んで福祉制度を食い物にするシングルマザー」への攻撃が際限なく続いた。ジョーンズのチャヴは，The Demonization of Working Class がサブタイトルである。労働者の悪者扱いというそのタイトルにもかかわらず労働者階級の復活という未来を予見する力に満ちている。

　しかし「チャヴ」はなぜ白人労働者か。ブライトンに住み保育士をしているブレイディみかこは，90年代以降，歴代政権は，階級の問題を人種の問題にすりかえ，人々の目を格差の固定と拡大の問題からそらそうとし，それに一定程度成功した。経済的不平等の問題に正面から向き合おうとしない政治家たちは，白人労働者たちをスケープゴートにすれば，彼らは人種的にはマノリティでないので，彼らの退行的で人種にこだわる「遅れた態度」が格差拡大による社会の分断を激しくしているとして，「ブロークンブリテン」の要因は彼らにあり，格差拡大の要因を「チャヴ」の存在に象徴させ，その温床となっている福祉削減に求めても，政権を揺るがすような結果にはならないと判断した，と分析している。

　しかし格差の固定や拡大から目をそらし，富裕層を優遇する政策がどんな結果を導くかを劇的に現したのが，2016年6月の国民投票によるEUからの離脱という結果だった（フレディみかこ『労働者階級の反乱』，光文社新社，2017年，262頁以下参照）。

＊＊＊＊＊

第二次大戦後のイギリスでは労働者が不足していた。そのため，1948年から50年代にかけて，旧植民地であったジャマイカなどカリブ湾沿岸の諸国から移民を積極的に「招き」労働移民としてウィンドラッシュ号で渡英させた。こうしたカリブ海出身者の子ども達（ウインドラッシュ世代）が，メイが内相時代の2010-2016年，ことに2014年の「移民法」で，不法移民にたいして厳しい取り締まりの対象になった。ことに「敵対環境」と言われる生活を困難とする社会福祉の権利の剥奪，とりわけ無料医療のNHSについて料金を取り立てること，複雑な書類作成を求めて次々に国籍不備で強制送還するなどした。メイは。この政策の実現について「ターゲット」という達成目標の策定に内相として関与していたとされるが，メイはこれを否定してきた。ところが「ウィンドラッシュ世代」の永住権を証明する入国カードを内務省が「紛失」するというスキャンダルが発覚し，アンバー・ラッド内相は辞任するというウィンドラッシュスキャンダルが起きた。これで，EU脱退法案審議にも影響が出ている，政府提出の『脱退法案』の一次案は，庶民院を通過したが，貴族院が477もの修正案を個々の議員の意見として出してきて，4月18日から5月8日までする審議する予定である。この意見を全部生かせば，EU脱退はできないことになるという巧妙な案である。しかし，政府はこれを無視できず，5月の庶民院での法案審議は『怒号の中で』開催された。イギリスの議会には，「ギロチン」という審議打ち切りの手続きはあるが，「強行採決」のような「野蛮な」方法はないが，切迫した状態である。メイ首相は「不退転」の決意で，協定が無いままの「統一市場」からの脱退という「ハードブレジット」とをも公言しており，「超党派」の反対派の形成の動きもある。全くの混乱状態である。

先のスキャンダルが大きな問題になったのは，2018年4月19日から，「イギリス連邦（コモン・ウェルス諸国）（111頁参照）」の首脳会議がロンドンで開催され，ジャマイカ代表などから抗議を受けたからでもあった。メイ首相は謝罪と移民の地位回復・損害賠償を約束せざるを得なかった。EU離脱後はコモンウェルスに頼らざるを得ないからでもあったろう。

「希望的観測」としてEU脱退を断念する可能性，そのまえにメイ首相の辞任の可能性も出ている。ラッド内務大臣は，内務省内部でウィンドラッシュ世代に関わる公文書の「紛失」や改ざんがあったと認め，即刻辞任した。改ざんが横行するも大臣が誰一人辞任しない日本との違いが際立つ。ラッドはメイの片腕と言われる有能な側近であるため，メイ政権にとって痛手である。

貴族院については，数次に渡る「改革」提案があったが，庶民院と異なる選出

方法についてまとまらず，世襲貴族が自動的に貴族議員となる制度がブレアによって廃止されて以降（65頁参照），改革は進行していない。その間，「自己改革」につとめ，ことに「超党派」＝クロスベンチャー，「専門家」高位の元裁判官，大学教授等の多様な人材を，「一代貴族」として推薦するなど，選任方法の改革等に独創的なアイデアを導入してきた。これが，今回の「脱退法案」審議では，一定の成果を発揮しているように思われる。もとより庶民院を通過した「脱退法案」を否決することはできない。しかしそれにかえ，ことにEU委員会と憲法委員会が脱退法案の逐条審議で問題点を抽出することに注力している。庶民院や政府は，これを全面的には無視できず，法案は大幅に政府自身で修正されつつある。これに対し，貴族院はEU脱退を決断した人民の意思に背く「人民の敵」であり，貴族院廃止を早急に行うべきだとする意見がすでに展開されている（Francis Young, UK Constitutional Association Blog, Packing the Lords）。現在，イギリスの憲法学界を中心に展開しているこうした対立について，論評できるような実情把握ができていない。しかし，できるだけこの未曾有の危機状態にあるイギリス憲法学界の論議の正確な把握とその展開の方向を予測したい。

## II　初版第I編への補論

1　初版100ページ以下で言及した，1972年のEU法を廃止し，それに代え，法的安定性・確実性・継続性をはかるためという「大廃止法案」の審議過程に入った。同法案は，たしかに大法案であるが，多くの問題をもっており，憲法上の疑義もある。

2017年3月29日の脱退通告後，メイ首相は，EUとの協議を続け，脱退の正式期日を2019年3月29日午後11時（グリニッジ標準時）と決めたが，この脱退から一刻の中断もなく，この「大廃止法」＝「EU脱退法」（EU Withdrawal Act）が適用され，さらに，脱退期日到来後も，それから21ヶ月の移行期間中は，UKとEUとの関係は継続するというものである。こうして，脱退後の混乱をさけ，かつEUとの自由貿易協定（FTA）締結，EU市民権や移民問題などについての合意などを目指すことになっているが，EU側は，財，サービス，資本，ヒトの自由移動という「単一市場」にEUの規制から自由に残ることは認めない模様であり，メイ政権はその場合は，域内関税ゼロ，対外共通関税，共通通商政策をとる「関税同盟」からも離脱するhard Brexitも辞さないという姿勢を崩していず，EU脱退後のUKの帰趨は未だ見えないというのが実際のところである。

2　ヨーロッパ連合（脱退）法案」EU (Withdrawal) Bill の審議過程は，

https://services.parliament.uk/bills/2017-19/europeanunionwithdrawal/stages.html
で辿ることができる。

　法案は，庶民院を通過して貴族院に送られた段階のものは，
https://publications.parliament.uk/pa/bills/lbill/2017-2019/0079/lbill_2017-20190079_en_2.htm#pb1-l1g1
で参照できる。

　3　この法案の提出に際し，政府は白書を発表した。
White Paper The United Kingdom's exit from and new partnership with the European Union, Cm 1417 (Febuary, 2018)

https://www.gov.uk/government/publications/the-united-kingdoms-exit-from-and-new-partnership-with-the-european-union-white-paper

　白書は，①脱退後も，確実性と明白性を維持②我々自身による法の制御③連合王国の連合の強化④アイルランドとの強固で歴史的な紐帯および「共通旅行地域」(Common Travel Area) の擁護⑤移民規制⑥ UK における EU 国民および EU における UK 国民の諸権利の確保⑦労働者の諸権利の保護⑧ヨーロッパ市場との自由貿易の保証⑨（EU 外の）諸国との貿易協定の保証⑩ UK は引き続き科学および技術革新の最良の場所であり続けること⑪犯罪とテロとの闘いで協力しあうこと，という項目を掲げている。

　4　「EU 脱退問題省」からの Great Repeal Bill についての Policy Paper がある。これも白書である。
Department for Existing the EU, Legislating for the United Kingdom's Withdrawal from the EU, Cd 9446 (March 2017)

https://www.gov.uk/government/publications/the-repeal-bill-white-paper/legislating-for-the-united-kingdoms-withdrawal-from-the-european-union

　この白書のなかで，1972 年の EU 法を単純に廃止しただけでは，UK の法規集に大きな穴があいてしまうと正当に指摘しながら，それを解決するには，この大穴を塞ぐために，EU 由来の法令を国内のそれに転換することによるしかないとしているのである。このことを正当化するため，EU 脱退を決めた国民投票の結果を冒頭においている。しかし，この文書は，現在，実効性がある EU regulations は，12,000 に及び，それぞれに改正条項と委任法令が付加されていること，EU 指令などの EU 法を施行するための規則命令等の法規の効力を有する制定法的文書（statutory instruments）は，7900 あると見込まれ，しかもこれにはこれらを施行するための行政機関の命令等が加わると考えられることからすれば，この

数はこれを遙かに超えると思われること，さらに，1980年から2009年の間にUKでは，EU法に関連する国会制定法が132も制定され，それには廃止された法も含まれているとも指摘している（2.6および2.7参照）。立法起草者でない立場から「気楽」に言えば，「大廃止法案」はおよそ不可能な「事業」を遂行しようという法案というほかないのである。それにもかかわらず，「国会主権」（レファレンダムの結果にしたがうという点では「人民主権」なのかも知れないがしかし，政治的言説に他ならないだろう）に従うかぎり，この立法作業は続けるほかないのであろう。

　そこに出てくるのは，いわゆる「ヘンリー8世条項」である。EU法として例えば，Enterprise Act 2002では，Competition and Markets AuthorityというEU機関があって，同法の一定の条項の運用について助言と情報を与えることになっているが，脱退すれば同法の適用はどうなるのか。EUにとどまっていれば，柔軟に修正が行われうるが，脱退すれば直ちにそれができなくなる。このような事態に対して，脱退省のこの文書では，Enterprise Act 2002なる第一次法を規則・命令等の第二次法である制定法的文書で修正するという案を提示した。これに対し後述の貴族院憲法委員会は，それはEUの政策変更があってそれに従う第二次＝従位法の変更と全く異なって，国会でなく行政機関の大臣が国会の手続きを飛ばして立法することと同じだとして，これを国会主権原理に反すると批判している（3.7-3.13）。脱退省文書では，そうなるとEUから脱退しても必要なEU法をUKの国内法として一定の修正を行いつつ維持しようとすれば，膨大な第一立法制定作業が必要になるとして第二次立法である規則・命令でEU法のUK法としての維持を提案する。これが，「保留EU法」retained EU law という概念である。具体的には「制定法的文書」の制定手続きで，大臣が作成した規則・命令等の「制定法的文書」を一定期間国会に上程し，一定期間に反対投票がなされない限り法的効力が付与されるというものである（この手続きがnegative procedureである。これに対し，国会の賛成を要件とするaffirmative procedureがあり，これは重大な変更を規則等で行う場合に用いられる→ 3.21 & 3.22）。ただ，この「保留EU法」には，UKの国内法になっている法も含まれる。また「保留EU法」についての定義がない。さらに脱退期日までにこの「保留EU法」の膨大なリストが作られことになっているが，果たして可能なのか，さらに脱退後も移行期間が置かれており，そこで協議されたことを「大廃止法」に書き込まなければならない。根本的問題として脱退によって，法的安定性が損なわれないようにするというのであれば，脱退を撤回すればいいのである。そうしないで継続性・明白性を維持するという

のは概念矛盾でもある。EU法の優位性を否定し「法を自らに取り戻す」ということが仮に可能であるとしても，それには国内法によって，EU法の残影を徐々に消していくほかないのであるから，相当長期を要することは間違いない。この場合，ヨーロッパ司法裁判所の助力を必要とするとも思われるが，その道も断っている。「大廃止法」は，「革命的」な法だと「白書」は豪語するが，学界では壮大な失敗を覚悟し，脱退と残留の中間に落としどころを探すほかないとの悲観的な見解も出始めている。

5　貴族院の憲法委員会の意見書がすぐれている。

貴族院は，2018年2月21日から3月28日に委員会審議を行い，477の修正提案が出された。これらは採決を目的とせず，政府が受理された後，提案者は自己の案を取り下げ，政府の修正案に取り上げられことを期待する。2018年4月18日から5月8日に逐条審議が予定されている。

https://www.google.co.jp/search?source=hp&ei=9MLYWvHvCMWx0gSTsYmoBQ&q=European+Union+%28Withdrawal%29+Bill%3A+Lords+Committee+Stage+HL+Bill+79+of+2017%E2%80%9319&oq=European+Union+%28Withdrawal%29+Bill%3A+Lords+Committee+Stage+HL+Bill+79+of+2017%E2%80%9319&gs_l=psy-ab.12...5719.5719.0.7839.3.1.0.0.0.0.272.272.2-1.1.0....0...1c..64.psy-ab..2.0.0.0...0.Ex1nrETLt08

Select Committee on Constitution 9th Report EU (withdrawal) Bill
https://publications.parliament.uk/pa/ld201719/ldselect/ldconst/69/6902.htm
https://publications.parliament.uk/pa/ld201719/ldselect/ldconst/19/19.pdf

貴族院憲法委員会の第19報告書（Session 2017-19 HL Paper 69）は，先の保留EU法（retained EU law）という概念について，「それがもたらす不確実性と曖昧さ」は救いがたく，法案は根本的な欠陥を持っていると論じた（The Guardian, Jan 29, 2018）。これでは「脱退は否」というのと同じだと庶民院から批判され，軌道修正したほどであった。

6　BBCニュース2017年11月13日は，同法案が1972年のEU法を廃止するための法案であるが，庶民院の委員会審議に入った途端，多くの議員から多くの修正意見が提起されていると報じた。

また，BBCの同　ニュースによれば，連合王国に入っているEU規則・指令等は12000，このうち，制定法的文書（規則，政令等）になっているものは7900，EU法でUKの国会制定法に入っているのは186あるという。EU法の総体，すなわち，Acquis Communautaireは，1958年来8万項目にわたり，第一次法であ

るEUの基本条約，第二次法である規則，指令，決定，ヨーロッパ司法裁判所・第一審裁判所の判決・決定等の膨大な対象について，UKは2019年3月末日の脱退日までに，国内法化するか，否かについて定めなければならない。脱退後もUK法として存続するEU法はUKが関与しなくても（関与したくても関与できないままで）続々改正されるであろうが，改正されたものについてはどうするのか。いずれにしても，「EU法の優位」を前提にしながらも，1972年のEU法によって，EU法の国内法化を「国会主権」原理も維持しつつまさに「綱渡り」して維持してきた状態が，EU脱退によって，どうなるのかについてはこの法案は何も言っていないように思われる。いかにも拙劣な法案である。しかし，同法案は，脱退についてのEUとの最終合意をメイが意図した政令によるとした点を国会の承認によるとする修正で，庶民院を昨年末にかろうじて通過した。

　いずれにしても，この法案だけでは，脱退後のUK法とEU法の関係の全体はつかめない。実際，このことは立法者も折り込みずみなのであろう。法案ではいわゆる「ヘンリー8世条項」によって，EU法について規則・命令等の制定法的文書で定められたものについては大臣が命令等でその内容を適宜，修正できるといういわゆる「ヘンリー8世条項」を第7条に用意している。

　人権に関連しても，法案の第5条は，EU基本権憲章の適用を排除している。本書『イギリス憲法』99頁以下で述べたように，EUの「社会的ヨーロッパ」の理念は，ヨーロッパ評議会のヨーロッパ人権条約とのセットで自由権とともに社会権にも拡がる人権保護に資するものであり，ことにイギリスではヨーロッパ基本憲章の留保に見られるように，「社会的ヨーロッパ」から距離をおきつつも，ニューレイバー政権のもとでの「社会政策」協定への参加や，イギリス労働法の「第三の道化」においてEU法のインパクトを受けていた。これらが，脱退によって後退することは，間違いないだろう。しかも，ヨーロッパ人権条約の国内法化の意味もあった，1998年（2000年施行）人権法を，保守党政権は，労働党由来のものとして政治的にその意義を否定し，「ブリテンの権利章典」に置き換えることを2017年の総選挙のマニフェストに掲げていた。人権法は，一定の普遍的意味を有し，とくに行政にたいし人権法上の権利の尊重を求め，「法の支配」に新たな段階を画した意義があった。人権という「新鮮」な概念は，イギリスの憲法学に大きなインパクトを及ぼしたが，これらも当然縮減してしまうだろう。したがって人権法の廃止については，市民団体，例えばリバティなども対決の姿勢を示している。しかし，ヨーロッパ人権条約からの脱退を保守党は構想している。

　なお，「脱退法案」は，脱退後は，ヨーロッパ裁判所の判例にUKの裁判所，

審判所は従うことはないと定め（法案6条(1)号等）つつ，脱退後もUKの国内法として維持される法（これを「保留EU法」retained EU lawという）については「その法にかかわるEU法自体が脱退後も変更されることなく維持されている限りでは」UKの裁判所もEU法の一般原則や「保留EU判例法」にしたがってその法令の解釈をなすべき（6条(3)号）としている。ただし，UKの最高裁もしくは下級裁判所・審判所が上訴審として裁判する場合には，EU判例法に従うことはないとする（同(4)号）。メイ政権は，脱退後もEUの「単一市場」と通商するための協定を結ぶ方向であるが，EU側は，EU司法裁判所の管轄権を認めないで，市場参加を許すことはあり得ないとしているので，この法案は最初から破綻していることにもなる。

　3　権限委譲によるスコットランド，ウェールズ，北アイルランドの分権議会との関係

　メイ政権は，EU脱退はUK国会と政府が，各分権議会および政府との間で協議することはあり得ても，1998年の権限委譲諸法が特定された事項についての立法権について，UKの国会がその同意なしに立法をすることはできないという憲法習律（Sewel convention）に従うべきとされていた。しかしながら，EU脱退自体が各分権議会の同意を必要とするとは考えていない。これはUKの最高裁の立場でもある。なお，EU法の遵守義務は各権限委譲法で定められているから，EU脱退に際してこの義務を解除する必要がある。しかし，スコットランド，北アイルランドはEU残留の立場であるから，正式にEU脱退が決まればスコットランド，北アイルランドがUKから脱退することになる可能姓がある。つまり連合王国の解体が現実のものとなるのである。

　北アイルランドは，2017年1月に自治政府が崩壊し，その後3月の北アイルランド議会の選挙でも，民主統一党（DUP）と，シン・フェン党が議席を伸ばしたが，UKとの関係を重視する第一党のユニオニストのDUP（同党が，過半数割れを起こしたメイ保守党と閣外協力を組んでメイ政権は，かろうじて維持された），およびアイルランド共和国との関係を重んじる第二党のナショナリストのシンフェインが，首席大臣と副首席大臣を出すことによって，自治政府を構成してきたが，これが現在のところ合意に至っていない。北アイルランドには現在政府がない状態である。『イギリス憲法』38頁に言及している「聖金曜日の和平合意」（1997年）によって，政権奪取直後のブレアの強力なリーダーシップで成立した，UK政府，アイルランド共和国政府，アメリカ政府の参加で得られた和平合意は，UKのEU脱退で吹き飛んでしまう危機も生じつつある。

アイルランド共和国は，アイルランド島の南部にあって，北アイルランド北部で国境を接している。しかし，和平合意以降は，医療，環境，運輸，社会保障等で協力関係を強めてきた。そして年間延べ1億以上の人々が国境を越えて往復し，1日1万4800人もの人々が通勤・通学で往来している。そこでUKとアイルランド共和国は，「共通旅行地域」(Common Travel Area)の制度を設け，自由に移動できる関係を築いてきた。しかし，EU脱退で北アイルランドとアイルランドは非EU圏とEU圏に分かれることになるので，CTAは廃止され，両国は国境の壁を設ける必要があるのかの問題が生まれることになる。メイ政権は，CTAを維持する方向であるがそうなると，北アイルランドは，EUに残るのと変わらないことになりかねない。また，北アイルランドがそういうことになればEUの規制は受けることになり，UKの一体性からUKの他の地域も同様となるとすれば，EUに残留するのと同じこととなる。アイルランドの両派の対立が激化し，かつてのテロの横行という状態に戻ってしまうおそれもある。ただ，2018年1月に，シンフェイン党の党首に女性のジュリー・マクドナルドが選ばれた。彼女は，かつてのシンフェイン党のイメージを変えて北アイルランドとアイルランド共和国の関係を変え，UK政治を大きく動かす可能性がある。スコットランド第一首相のスタジョンとともに，女性がUKのあり方を大きく動かす可能性がある。

4　いわゆる「手切れ金」問題

EUは，2020年までの多年次財政枠組をUKを含めて全加盟国によって合意している。この枠組のために，各国は「独自財源についての決定」を採択している。このEUへの拠出金によって，「研究とイノベーション」「交通・エネルギー・ITインフラ整備」「教育（学生学者等への支援）」，「若者の就職支援」，「ヨーロッパ企業の競争力強化」「地域開発」，農業，対外政策と安全保障，人道・開発援助のプログラムが実行される。UKは脱退後もこれらのプログラムの終了までその利便を受けることになる。すでに2014年から2020年までの財政枠組からUKは利便を受けているが，その財政枠組みの未払い分を含めてUKは，脱退時に約600億ユーロ（7兆3500億円）の「手切れ金」を払うことになる。しかし，これをUKが一方的に支払われる「手切れ金」というのは，実は不正確で，実際にはUKはEUの各種のプログラムが終了するまで脱退後も受ける受益がある。またこの支払いは，EUからUKに支払われる農業関係の補助金等と相殺される見込みとも言われている。

オックスブリッジを想起すれば分かるように，UKの高等教育は水準が高い。2014年から2015年を例にすれば，UKは，437,500人のEU（UK籍でない）学生

を受け入れており，これは UK の学生総数の 20 パーセントを占める。内訳は，学部段階の学生の 19 パーセント，大学院段階のそれの 38 パーセントであり，大学等のアカデミック（学者等）の 28 パーセントが UK 外から来ているのである。そしてその多くは上記の EU プログラムの恩恵を受けている。脱退は，イギリスの学術文化の面で決定的にマイナスになる。

5　EU 市民権

UK には，2015 年の UK 統計局のデータでみると，UK 内に住む同国以外の EU 市民は 320 万人で，他方 2015 年の国連の統計では，EU 域内に住む UK 市民は約 120 万人（そのうちの約 50 万人が被雇用者）に上るという。EU は，労働者，自営業者，学生，年金生活者，その家族などが，UK 内の UK 市民と EU 域内の UK 市民と対等に扱われるよう要求している。市民および家族の居住権，雇用中雇用後の求職者としての労働者のすべての権利の維持，子供たちの教育を受ける権利の保障，医療費の補塡等がその内容である。脱退後の移民制限なども未定であり，課題は山積している。

＊＊＊＊＊

## Ⅲ　多元的社会論と共同体

1　笹倉秀夫は，最近の労作，『法への根源的視座』（北大路書房，2017 年）に，民主主義科学者協会法律部会（民科）の 50 周年の段階での「理論的総括」を試みた論文を収録し，「現代法論争」にも関わる「法の歴史的分析」論を検討している（なお，461 頁以降参照）。笹倉の問題提起は，「旧現代法論争」の嚆矢となった稲本洋之助の「近代法の歴史的分析」への批判が主要な内容になっている。経済と法の間を媒介する国家権力とそれによる資本の「原始的蓄積」の展開→産業資本の形成という資本賃労働関係の形成史的法の歴史的分析では，小商品生産者や身分制的自由等の「近代法」を補完する近代西洋における伝統的・倫理性の契機が捨象されてしまうという批判である。民衆史，政治史，思想史と経済史，国家論的分析の結合というのは全く異論ないけれども，「法の歴史的分析」は，資本主義諸段階と法の関係についての方法であって，「新自由主義」といわれる，現代資本主義の経済構造（これは国家独占資本主義〈国独資〉の段階を意味しているはずである。ただ，経済学では，社会主義への移行という形での国家独占資本主義論が展開できなくなっている。代わって，新たな福祉国家論の展開が模索されている）の解明をも意図するものであり，産業資本の段階での「法の歴史的分析」にとどまるものではないはずである。民科では，社会主義への移行に代わり，共同と連帯

の「市民社会」論の追求が行われている。

　2　周知の通り，資本主義の発展と法に関する歴史理論（法の歴史的分析）は，今日，主要には，西欧経済史学の理論的変容によって，その基盤を失っているようにみえる。例えば，封建制から資本制への移行過程で画期をなすとされた，市民革命は，その存在自体が否定され，あるいはそれによる変革の性格が疑われている。このことに関して最近，際だった理論的提起があった。笹倉の批判も，この潮流に加えて見ることができよう。そこで最近の問題提起を見よう。

　第一は，水林彪と樋口陽一の問題提起である。かのチェ・ゲバラの盟友でもあったレジス・ドゥブレの1989年のエッセイと対談を軸に，樋口・三浦信孝・水林章・水林彪の新稿を加え，安倍政権の暴走によって危殆に瀕する「日本のデモクラシーのために」緊急出版された『思想としての〈共和国〉』（みすず書房，2016年），とくに，同書に収録された水林彪「比較法史論の視座転換と視野拡大」，および樋口陽一「水林彪論稿に寄せて」，関連して樋口陽一『抑止力としての憲法——再び立憲主義について』（岩波書店，2017年）とくに「はじめに——主題と副題に寄せて」である。

　第二に，若干前述したが，西欧経済史学の代表格で「大塚史学」の名で知られる大塚久雄の現代的再評価に関わるシンポジウムをベースに編まれた，梅津順一・小野塚知二編『大塚久雄から資本主義と共同体を考える——コモンウィール・結社・ネーション』（日本経済評論社，2018年）および関連して，小野塚知二『経済史——いまを知り，未来を生きるために』（有斐閣，2018年）である。

　樋口の『比較憲法』（全訂第3版）（青林書院，1992年）は，我が国の比較法学において異彩を放つ画期的力作である。それは，「欧米憲法史論の最大公約数」を，資本主義の発展史についての「段階論」を下敷きにして，近代市民革命期，近代立憲主義の確立期，近代立憲主義の現代的変容期のそれぞれの「段階」に区分し，それぞれの「段階」について，フランス，イギリス，ドイツの憲法現象の歴史的類型を「型」として把握するという「段階」と「型」という方法を提示するものであった。これは，立憲主義の生成・展開・変容という歴史的実在としての憲法のありようを個人主義という思想的特徴として捉えるという比較憲法の独特の方法を示すものであった。けれども，西洋経済史学を踏まえるものであるから，それが市民革命，産業革命といった概念を否定する限り，その歴史類型学の基礎も揺らぐことになる。

　3　それにもかかわらず，小野塚・梅津の編著は，「大塚史学」のもっとも根底的な立論である共同体の解体による資本主義の成立という所論に対し，大塚が中

世末から現代に至るまで，民衆の繁栄の基礎としてのコモンウィールが生き続け，コモンウィールからネーションへと上向しさえしたとし，資本主義の発展に対して，市民社会の基盤としてのコモンウィールに着眼したヨーロッパ資本主義の市民社会的性格を我が国の戦後改革についての社会理論として構築していたとしている。

4　もとより，近代資本主義とアソシエーションの関係は，可能性とともに困難性を伴う。場合によって「見果てぬ夢」と化すこともあると小野塚は言う。しかし，小野塚の『経済史』は，市民革命や産業革命のような一瞬にして時代転換するようなスキームが不適切でも，資本主義の成立には，封建制から資本制への移行を可能にする理論的命題があったはずだとして，移行の諸段階についての，考察の必要性を提起している。

5　小野塚の時期区分は，前近代と近代の中間にある「近世」を重視するとともに，「近代」と「現代」を対比するという特色がある。水林は，フランス革命前夜における経済体制を「もはや封建制ではない，しかし未だ資本主義ではない」とし，このような「近世近代的経済社会」を「経済的旧体制」「旧型経済」と名付け，「市民的オイコス経済」と概念化している。注目されるのは，マックス・ウエーバーの支配と自己統治論にしたがって，1791年のフランス憲法体制をすべての市民による自己統治秩序と規定していることである。これが，「個人主義的憲法観」に立脚する樋口によって，共和国という公共空間を担うべき個人が共和主義によって支えられるという樋口の個人主義的憲法観の「決定的な要素」となるとして肯定的に評価されたことである。これは，国家と向き合う近代的個人の自律性は，「共和国」という形での連帯あるいは協同性によって支えられるということであろう。孤立した個人というイメージではない。

6　私が『法律時報』に長期にわたって連載した「イギリス憲法の実像」も，時期設定を行っていない。ただし，市民革命については，その否定論を批判するとともに，アソシエーションや信託などのコレクティブな存在が「イギリス憲法」に関わる具体像を明らかにしている。これも「共同体」の解体による資本主義の生成展開論への代替理論の提示を意図したものであった。立憲主義の歴史的類型＝理念型とされたイギリス19世紀の「憲法」を体現したダイシー憲法学を単独にみるのでなく，場合によって中世との連続でみたのも，「イギリス史」そのものといえるイギリス憲法の「型」と「段階」の関係をいったん遊離させ，その歴史的類型から「解放」するためであった。そうでなければ「イギリス憲法」は，まるで常套句のように，ダイシー憲法学の周辺を回遊するだけと思えたからである。

## IV　資本主義論と現代法論

1　笹倉は，国独資の概念は，「1980年年代以降，経済学や政治学，そして民科でもほとんど死語化した」と述べている（法への根源的視座，249ページ）。「全般的危機論」を基底にした「国独資」論が現代法分析の方法として用いられたことにより，独占資本の論理を反映する国家政策の分析が中心となり，国家を階級支配の道具装置とする反面，国家が市民社会の共同社会事業の受託者であり，民主主義の発展によって人民の権利の擁護者として機能する可能性があることを考察していないことを笹倉は批判している。

2　この国独資論批判は，国独資を独占段階と区別される資本主義の最終段階いいかえれば社会主義への移行過程と理解する方法論への基本的修正を迫るものであろうか。「死語化」を論じる際にこの問題は避けて通ることはできないのではないか。しかし，結果的には，冷戦体制の崩壊，社会主義体制の瓦解によって資本主義はオルタナティブを失いグローバル化するという議論にダイレクトになっているように思われる。「社会主義圏」の崩壊と資本主義の発展段階問題はイコールではない。沼田稲次郎が説く「発展法則」という意味での国独資論の役割は，清算されるだけですむものではない。

3　ここで問題をいくつか提起したい。国独資論と言っても実は膨大な文献があって，かつ論争的である。しかし，私たちは，池上惇の国独資論などは当然参照したが，社研との関係もあり，また法律学にとっての「使いやすさ」の面でも，宇野経済学の国独資論に依拠した。宇野経済学派は，現在でも，その「段階論」を維持しつつ，もっともホットに現代資本主義論を展開している。もちろんかつての国独資論がそのまま通用するわけでなく，国独資における国家自体がグローバリゼーションにまきこまれているわけであるから，国独資の成立の態様は異なっているが，以下ではそういう留保をしつつ，国独資について論じる。

第一に，国独資論は，宇野弘蔵の経済学の体系理論の一環で，原理論，経済政策論，現状分析論の三段論のうち，経済政策論において展開された，資本主義の発展段階論に依拠するものである。資本主義の発展段階は，重商主義，自由主義，帝国主義に区分されていたが，帝国主義段階は，第一次大戦までに分析対象が限定され，それ以後の時期は，「現状分析」の対象とされ，社会主義への過渡期を理論化している発展段階論は完結していない構造になっていた。宇野の「政治と学問の峻別論」の影響もある。しかし，1980年代以来の社会主義体制の崩壊は，宇野の発展段階論の想定と異なっていることになる。大内力の国家独占資

本主義論があるが，大内の後の現在の宇野学派のなかでは，馬場宏二の「新資本主義論」，加藤栄一の「早生的国家独占資本主義論」，後の「福祉国家論的国独資論」がある。そのいずれも国家独占資本主義論自体を否定しているものではない。少なくとも「死語化」といって経済学のなかで国独資論あるいは資本主義の発展段階論が死滅したかのように言うことは，言い過ぎであろう。言い換えれば，NJ 国独資法論が経済学の論争的課題までに手を伸ばし，そこから何かを学ぼうとしたが，それ以降は，民科は，経済学における資本主義論，その発展段階論には関心を寄せていない。もちろん，私を含めて『討議資料』執筆グループの怠慢がある。社研の広渡は，当然，加藤の福祉国家論に言及するが，国独資との関係や民科の福祉国家論への接合の意図はないようである。

第二に，民科では「常識」のようであるが「新自由主義」とは資本主義の発展段階論とどのような関係にあるのか。これは帝国主義段階とも国独資段階とも異なる資本主義の新たな段階を前提にしていると言うことになると，少なくとも経済学における資本主義の発展段階論は瓦解することになるのではないか。民科ではこの概念を資本主義の「終末」を表現するものとして使っているのか。ことに，馬場の段階論の修正提案である，資本主義の発生期，確立期，爛熟期にしたがって資本主義のあるいは大衆資本主義による資本主義の魂の喪失とした馬場の理論に依拠するのか。「福祉国家」にこだわる加藤＝国独資法論を気にとめるのか，「現代資本主義論」を全く論じないで「新自由主義」というタームに依存するという問題があるように思われる。

新自由主義には「前史」があり，グリーンやホブハウスらの「新自由主義」は，国家が積極的に関与する道徳的自由論というイギリス帝国主義の衰退過程に生じたヘーゲル的国家論に傾斜するものであり，福祉国家へと接続するものであった（戒能『イギリス憲法』127 頁以下）。この流れからマーシャルの Citizenship の理論などが生まれる。新自由主義が打倒の対象とするケインズやビバリッジなどもこの延長に登場する。

\*＊＊＊＊

ロドニー・バーカーは，「イギリス多元主義の多元的な道」において，政治的な思考のイギリス的実践において，英語という言語的なアイデンティティーの重要性を指摘する。そして，メイトランドの多元主義のように，集団，アソシエーションが社会的人格のみならず，法的人格でもあるが故に，自身のアイデンティティーをますます強固にするという点が，国家によって認知され，国家それ自身が，集団の表す多様性を反映すべきであり，多元主義的国家観は，単一の形態す

らもたないと指摘する。現在のイギリスで世論の分断が進みつつあるなかで，多元主義が「復活」しつつあるように思われるが，国家が中間団体への十全な参加を得ない人々に「社会的ミニマム」を保障しようとした協同組合と市民社会を重視した19世紀末葉のニューリベラリズムの社会論が，「ネオリベラリズム」の社会論と拮抗しつつ，これを超える「左翼理論」＝コービニズムが生成している状況は，「現代」と対比できると思われる（佐藤正志＝ポール・ケリー編『多元主義と多文化主義の間』，早稲田大学出版部，2013年，14頁以下参照）。

なお渡辺洋三の"市民法＝ブルジョワ法"は，公民的・共和国的市民権，自由主義的市民権，社会的市民権というマーシャルの市民権の三段階論（戒能，『イギリス憲法』53頁以下）と比較するとおもしろい。市民権は，民科の2002年度学会の「協同と連帯」に直結し「ヨーロッパ憲法条約」やEU市民権とも関連していると思われるが，民科ではヨーロッパでホットなイシューであるこの問題は扱われていなかったようである（法科33号2003年）。

古典的自由主義，New Liberalism の意味での新自由主義，Neoliberalism の意味の新自由主義という区分があるが，デヴィッド・ハーヴェイ『新自由主義とは何か』渡辺治訳——は，「ネオリベラリズムとは，グローバル化する自由主義であり，価格格差や階級格差激化させ，世界システムを危機に陥れている」と批判する。新自由主義の批判として，私は宇沢弘文がすぐれていたと思う。「新自由主義は，企業の自由が最大限に保障されてはじめて個人の能力が最大限に発揮され，さまざまな生産要素が効率的に利用できるという一種の執念に基づいており，そのためにすべての資源，生産要素を私有化し，すべてのものを市場を通じて取引するような制度を作るという考え方である。新自由主義は，水や大気，教育や医療，公共的交通機関といった分野についても新しい市場を作って。自由市場，自由貿易を追求していくものであり，社会的共通資本を根本から否定するものである」という。市場原理主義，マネタリストたちによる金融資本主義の「完成」という方向は，馬場や加藤の資本主義論が激しく非難する「国独資の現状」なのかもしれない，

現在言われる新自由主義は，馬場流に言えば，資本主義であるなら維持するはずの「社会原理」さえ放棄された世界の出現，過剰富裕化，資源と環境の枯渇という人類の生存の危機を呼び込むものである。このような批判的視点を資本主義論に組み込むなら民科の現代法論はどう展望されるのか。藤田勇が「民主的変革の法戦略」構築のために「オートクラシー」の分析が必須としたのは，重要である。

第三に，法律学会としての民科がその存在意義を発揮する実践の一環として，「公共圏論」「市民社会論」を展開することの意義を十分みとめつつ，このことによってどのような法発展の歴史を展望しているのか等の問題があろう。この点を論じる姿勢ないし方向性がないと，堂々巡りの議論になってしまうように思える。

　4　（以下は，主として，三和良一「宇野発展段階論の可能性」『青山経済論集』第51巻4号，2003年3月。──三和は，馬場の「大学時代からの友人で，経済学者の中で数少ない「馬場の新資本主義論の理解者」とのことである──に依拠する）。加藤栄一は，国独資を，社会主義のインパクトによって醸成される反体制のエネルギーを抑止する「反革命」を本質とすると捉え，資本主義の内部からの危機への対応として福祉国家化の傾向が生まれてくることに着目する。福祉国家と資本蓄積の二律背反は，金融資本的蓄積を進めつつ，資本主義の組織化によって労働力商品化機構の再編成を高度化し，政治的社会的にアウトサイダーであった労働者階級をインサイダーとして内部に取り込む結果をもたらし，資本は労働者の組織化をせざるを得なくなる。国家は多元化した利害を調整するために介入するが，それは国家財政の壁に制約されている。金本位制からの脱退は，国家に調整能力を付与し，国際経済の面でも国家の統合力の補強が必要となる。

　加藤は，労働力の商品化を資本主義分析の中心におき，階級関係から問題に接近する方法が，「政治的」性格を帯びることを否定しない。支配的資本によってはもはや社会的再生産が維持できなくなったとき，すぐれて政治的存在である国家が体制維持という政治的目的をもって経済過程そのものに介入し，資本主義経済に一定の制御を試みる体制」を現代資本主義＝国家独占資本主義と定義している。この国独資論は「死語化」のそれであるのか。現代法論における国独資法論の死滅を語るのは，やや一面的ではないのか。

　馬場が警告するように，人類史は今日，危機の時代にある。それに対して，ソ連型社会主義の崩壊は，イデオロギ＝としての社会主義の危機とともに，「社会主義のもうひとつの実現態」である「獲得された社会主義」の福祉国家の危機をもたらしている。加藤は，資本主義の「反世界」を基準に資本主義を批判し，その限りで福祉国家にプラス価値を付与する。

　5　1994年から1996年の学会は「民主主義的社会構築を目指す法戦略」を共通課題として，1991年のソ連崩壊後の世界構造の変化，国際関係の変動と日本法の変化を論じた。3年間の総括を笹倉が行ったが，これは，現代法論争，新現代法論，「法の歴史的分析」の議論を整理・総括しつつ，ポストモダンとの対抗をも意識しつつ，現代資本主義についての分析視角における「経済主義」を批判

するものであった（法科，26号）。同じ号に，水林の「西欧近現代史論の再構成」が掲載されているが，これは笹倉論文同様に3年間の総括にあたる。1980年の渡辺洋三のマルクス主義法学講座第4巻の「市民法＝ブルジョワ法」論は，「歴史理論」として述べられた上記の水林論文と「次元を異にする」が，法の歴史を一元的基準で説くのでなく，資本主義的市場と市民的オイコス経済の対抗として描くとともに，「現代法」においても「疎外システム」と「市民的生活社会」の矛盾・対抗に継承されるというように，現代を克服する論理を近代に求め，この思考の論理に歴史的実在を求める……。この点が，渡辺の「あくまでも法律学上の理論闘争の用語」として用いられる「市民法」「ブルジョワ的市民法」「ブルジョワ的現代法」の論理的転換論に歴史的論理を付与する（かりに民科の議論を「国際的に」論じるとすると，「市民法」「ブルジョワ的市民法」「ブルジョワ的現代法」の西欧語への置き換えは難しいだろう）。現代法論・新現代法論は，解釈理論に収斂していくという特性があるが，それは，人民の闘争の方向に明かりを灯し，その規範に生命を吹き込む力を少なくとも主観的には意図しているものだろう。しかし，それが歴史実在と連絡するためには，資本主義の実態分析とその発展段階論理の理論化が必要だろう。

6　いわゆる「グランドセオリー」

(1)　ケンブリッジ大学の政治学，歴史学の巨頭のスキナー（Quentin Skinner）が，『グランドセオリーの復権——現代の人間科学』という本を編んでいるが，そのなかで自ら買って出て「現代のマルクス」と称し「歴史的唯物論の再建」を目指しているとするハーバーマスに高い評価を与えている。スキナーは，マルクス主義への「ヒューマニスト的接近」がハーバーマスの影響力の大きな理論の特質だとした。そして，「ヒューマニスト的マルクス主義」の歴史学の流れにおいて，EPトムソンの名をあげている。「ヒューマニスト的マルクス主義」とは，土台——上部構造の機械論的適用を排して，階級論についても経済的矛盾よりも大衆の政治システムからの疎外による「正統化の危機」傾向に，現代資本主義の根底的矛盾を求める。同書でハーバーマスを論じているのは，アンソニー・ギデンズであるが，ギデンズによれば，ハーバーマスによって，ドイツ系の社会理論とアングロ・サクソン系の社会理論の間にあった亀裂は架橋され，後者が前者の「グランド・セオリー」への拒絶感を消しつつあるとされている。反核運動でも著名なトムソンは，『イギリスにおける労働者階級の形成』の著者であるが，イギリスにおける「階級支配」が「法の支配」にもとづくものであったと論じ，マルクス主義歴史学の大立て者の『変質』として論議を呼んだことがある。これに対し，

ラトヴィア生まれの両親をもち，ユダヤ人であった両親の亡命先のニューヨークで生まれ，アメリカで最も権威があるマルクス主義の月刊政治論評誌『マンスリー・レヴュー』の編者となる――カナダのヨーク大にようやく職を得た（反戦運動などでアメリカの大学で職を得ることが難しかった）――アメリカの歴史学者のエレン・ウッドは，次のように言って，トムソンを擁護した。すなわち，トムソンは，生産諸関係は，階級諸関係とは等置できない。階級を構成する人々は，生産過程や領有過程から直接集まってくるわけではないからである。そうではなくて，生産関係での人と人との関係における「共通の経験」によって，歴史的階級関係は生成する……。ウッドは，『資本主義の起源』で縦横にこの「共通の経験」理論を活用し，「18世紀のフランスのブルジョワジーは，資本主義とはたいして関係がなく，非資本主義的領有形態をめぐる闘争と，より深い関係にあった。この特殊歴史的局面において，明らかに非資本主義的な条件の下で，ブルジョワ階級のイデオロギーさえもが，ブルジョワジーの解放だけでなく，より広い人類全体の解放という考え方を身にまとったのである。その限界にもかかわらず，これは人類全体の解放の普遍主義であった。もちろんそれだからこそ，遙かに民主主義的な革命的勢力によってそれが継承されたわけである」（『資本主義の起源』，平子・中村訳，こぶし書房，2001年，159-160頁）と述べた。トムソンの「共通の経験」とは，「再帰的近代化」論に関係する。「法の支配」が統治の技術でもあったことは，法の両義性への認識を高めた。いずれも「連帯」「協同性」「市民法」に通じる議論である。

(2) スキナーは，ハーバーマスが，社会的な発展の法則，すなわち，社会の変換過程が，意識的な行為者の役割でなく，一定の法則にしたがって展開するという考え方に反対したこと，ギデンスが「再帰性」とよんだものに「歴史的唯物論の再建」の鍵を見ていたことに着目する。マルクスの「決定論」については，例えば，プロレタリアートの革命によって，資本主義は歴史の次の段階に移行するという「鉄の法則」の支配という想定がある。しかし，革命は起きなかった。ギデンスの「再帰的近代化」論では，近代は，近代以前の伝統的社会制度・政治制度の近代化を生み出していった。市民社会，核家族，階級社会，国民国家が生み出されていった。しかし，現代は，「近代化自身が近代化されていく」ようになる。一般に使われているモダニティの概念が，ポストモダニティに取って代わられるようになる。「地域社会の崩壊」「家族の崩壊」「労働運動の終焉」等々である。これは，より特殊的にポストモダニズムという文化構造を特徴とするようになる。なかでも，「啓蒙主義のプロジェクト」に対する異議申し立てある。グローバル

化は，近代化における自身の「近代化」の現象であり，自然をも近代化される「エコロジーの危機」が現れる。しかし，ポストモダニズムは，モダニティ批判においてさえ，資本主義を自然視する。これへの批判はずっと以前から存在した。例えば，マックス・ウエーバーは，合理化過程は人類に自由をもたらしたが，近代組織の「鉄の檻」をもたらした，と想定していた。ポストモダニティを読み込んでいたのであろうか。

　資本主義がより広範囲に拡大し，生活のあらゆる側面を規制しようとする。この矛盾は，私たちのあらゆる努力にもかかわらず，不可避で制御不能とされつつあるように見える。しかしだからこそ，「別の選択肢が利用可能という道が現れるのである」（ウッド，前掲書，164頁以下参照）。
　ウッドの議論は，社会主義という選択肢が，共通の経験という生の経験というかたちで生成するという構図のものである。労働党は，ブレア主義から脱するにあたって，「階級の生成」に関する「新しい政治」という言説を提起した。緊縮政策に対する運動は，生産現場でなく日常生活の多様な場面で展開した。SMSの駆使は，トムソンが1830年代に労働者諸階級でなく一つの労働者階級が形成されたとする意識の合同が進むにあたっての示威行動に似ていると言われた。
　New Statesman, 2-8 March 2018 号は，The Rise of Radical Left という特集を組んでいる。これは，トニー・ベンを「師」と仰ぐコービンの「社会主義」論が政権を奪取する可能性のないものとする批判に全面的に反論するものである。かつてニューレーバーが広い支持層をもったように，コービンのモメンタムという支持組織を支えるものが，緊縮政策という名の福祉切り捨て政策に反対する若者を中心とする階級を超える人々であることを重視する。そして，「国会議員の中にコービン反対派が多いことは，かえって国会外の支持勢力の拡大をもたらしている。かつてトニー・ベンが言ったように，これは党のルールを変え，新しい政党を生みだすのである」。コービン政権の実現には歴史のモデルはない。世界のどこにも成功したモデルはない。コービンの左翼政府は，ポスト産業化社会として生まれるものであり，資本主義という形であれ，社会主義という形であれ，誰も考えられたことがない新しい着地点（new settlement）に向かうだろう」（George Eaton, The Rise of the Radical Left. New Stateman, 208 March, 2918. pp.28 et seq.）。

# 1　はじめに

　2014 年 9 月 18 日に行われたスコットランドの住民投票（レファレンダム）は，終盤になってイングランドを基盤とする保守党，自由＝民主党，労働党が連合してスコットランドの各地で連合王国から独立しないように訴えるという，平時においては歴史上初めてと言われる共闘を組んだ。そして，独立にノーの投票をする見返りに，スコットランド議会に大幅な自治権を委譲するとの誓約を各党首の名で行った。これが一定の功を奏して独立反対が 55.25 パーセント，賛成が 44.65 パーセントで連合王国に残留することになったが，自治権拡大が約束されたので，「権限委譲」の法案が直ちに検討されることなった。スコットランド選出の議員はウェストミンスターでイングランドに関係する法案に投票できるのに，イングランドの議員はスコットランドに関係する法案に投票できないという西ロジアン（West Lothian）問題[1]が改めてイングランド側から提起されるほか，イングランド自体の「権限委譲」問題が議論され始めるなど，レファレンダム後のイギリスは，1688 年の名誉革命来と言われる「憲法問題」に直面をしており，連邦制の模索をはじめ，イギリス現代憲法の帰趨は予断を許さない状況となっている。とくに注目されるべきは，ブレア政権時代に達成された北アイルランドの和平合意と北アイルランド議会への権限委譲が，今回のスコットランドの場合の，連合王国残留の条件とされたスコットランド議会への権限委譲と，それに上記の「イングランド問題」もしくは，イングランドの内部での権限委譲問題を含めて論議される状況が生まれたことである。かくて，各地域が連合王国への依存性を脱して，「憲法典」の内容として連合王国の解体が論議される可能性が生じていることである。ここに，成文憲法典制定のための議会の創設という可能性が生ま

---

[1]　西ロジアン選挙区選出の労働党議員の Tam Dalyell が，1977 年 11 月 14 日のスコットランド，ウェールズへの権限委譲の法案審議に際し，委譲された権限によって提案される法案について，イングランド選出の議員は発言と賛否の投票権はないのに，イングランドを含む法案について，スコットランドとウェールズ選出の議員は発言権，投票の権利があるという非対称性を問題にしたことから，この非対称性問題をこのようにいうようになった。この問題は，地域ごとに別々の権限委譲を繰り返す限り必ず起こる。このことも，包括的状況による成文憲法典の必要性を示唆する。なお，イギリスの地方自治制度はメジャー保守党政権時代に大きく変容した。「統合自治団体」（unitary authority）システムの導入で，これは中央政府の行政単位であって地方自治団体ではない。ブレア政権はイングランドに 9 のリージョン機関を設け，リージョン政策の調整を行うようにした。リージョンに議会を置くことと，大ロンドン政府同様の自治政府を維持するとともに一層制の地方自治団体を置くこととが争点となっている。

れた点が注目されよう[2]。

## 2　イギリス，イギリス憲法，ウェストミンスター・モデル

### 2.1　概　説

　はじめに，「イギリス」の意味について述べたい。すなわちイギリスとは，Britain ないし Great Britain であって，国名としての「連合王国」には，「北アイルランド」が入り，the United Kingdom of Great Britain and Northern Ireland となる。この「連合王国」および Britain, Great Britain は，しばしば「英国」とも言われるが，法を論じる場合には，「イギリス」は，イングランド・ウエールズを指し，明示しない限り Britain, Great Britain のなかのスコットランドを含まないとしておきたい。

　第1に，コモン・ローとは，「王国の一般的慣習」を意味する。ノルマンの征服王朝は，古来のイングランドの慣習を尊重するという統治を行ったが，実際には12世紀中葉から，国王の裁判所によって，イングランド王国内で共通に行われる法として地方の慣習，ローマ法，教会法等を参照しつつ裁判官が創造してきた法である。コモン・ローには，判例法という意味もあり，制定法（statute）と対比されるものである。エクイティ（equity）とは，コモン・ローの救済方法では不十分な場合に与えられる救済方法を指す。例えば，特定履行によって，コモン・ローでは損害賠償しか許されないが，履行そのものを強制する救済方法がエクイティには存在した。このような救済方法は，国王のもとで統治作用を演じた curia Regis に対して請願し，その最重要な役職にあった「大法官」Lord Chancellor によって請願が受け付けられたが，やがて，その役所である「大法官府」（Chancery）[3] によって形成される法体系がコモン・ローとならぶ法となったのである。ことに信託，特定履行，差止命令などがある。この二つを含めてコモン・ローといい，ローマ法を意味するヨーロッパ大陸法（Civil Law）と対比されることがある。

　第2に，本書が論じる「イギリス憲法」という概念についてである。イギリス（連合王国）には，『憲法典』に相当する法典が存在しない。このため，イギリス

---

[2]　戒能通厚『土地法のパラドックス』日本評論社，2010年。

[3]　内田力蔵「イギリスにおける『刑事法院』の成立とそのねらい」『著作集』，信山社，4巻526頁において，現代の Lord Chancellor's Office を「大法官庁」と訳すとすれば，古来の大法官の役所であった Chancery は，「大法官府」，その裁判所の Court of Chancery は「大法官府裁判所」と訳すとしている。本書もこれに従っている。

で「憲法」が言及される場合は，国家の基本構造に関わる法の総称としてのConstitutionが用いられることが多い。したがってイギリスについては，「憲法」でなく，「統治構造」もしくは「国家構造」についての法とされるべきであるが，本論文では，比較のための便宜から，あえて「憲法」を用いることにしたい。

「イギリス憲法」は，それにもかかわらず，日本の近代化のモデルとされ，イギリスは，民主主義と人権保障の先進国とみなされてきた。ことに戦後の早い時期，伊藤正己等によるダイシーの憲法論の紹介によって，イギリス憲法論は先導的役割を果たした。すなわち，「国会主権」，「法の支配」，「憲法律と憲法習律」からなるその「憲法研究序説」における「法の支配」の意義である。戦後日本の憲法に適合する政治，とりわけ「司法権の独立」のあるべき方向として「法の支配」論が基軸に位置づけられたため，天皇制国家における行政権優位の戦前司法制度と対置されたイギリスモデル論は，通常＝司法裁判所の優越と，「公法原理」＝国家高権説への「市民法原理」による挑戦と克服のための「準拠理論」として，鮮烈な響きをもって受けとめられ，日本の「近代化」においても，一定の積極的な役割を果たした。

けれども，福祉国家として戦後の国家像をリードしてきたイギリスの資本主義が衰退し，「イギリス病」といわれる停滞が続くなかで，公共部門のストライキの続発と労働党政権と労働組合のコーポラティズムの政治，利益誘導の政治とイギリス社会の混迷が深刻化し，戦後イギリスの政治を特色付けた「合意の政治」が脆弱化し，崩壊していく。そして，1979年にサッチャー保守党政権が成立し，急激な新自由主義政策と労働組合潰しが強烈に推し進められた。このなかで，イギリス憲法の原理とされる「国会主権」とは，国会の多数党によって構成される議会が，内閣＝執行権（Executive）に対して「選挙制による独裁」を行うマンデイトを託すのと同じだとする「憲法批判」が生まれてくる。つまり，執行権に強力な権限を付与して「法による支配」を強行するという政治が，国会によって推進されているという批判である。この過程でイギリス人の「市民的自由」とは，ダイシーによれば，「法が禁じていない限り何でも自由にできる」ということであったが，「法が禁じてしまった残りの部分のみの自由」，つまり「残余の自由」にすぎないものというように，市民的自由の領域は国会の立法で大幅に制限されたものになってしまったという批判が強まってくる。こうした人権の形骸化に対し，成文憲法典によって憲法上侵害できないとされる基本的人権を定立すべきとする超党派の「権利章典88」の運動などが展開した。この状況のなかで，保守党に連敗を続けていた労働党では前任のジョン・スミス急死の後，党首となっ

たトニー・ブレアが登場し，まずは主要産業の国有化を推進するとしていた労働党の基本政策を規定した党綱領の第4条の削除と「共同体」理念を謳う綱領の大転換に着手した。これが，「ニュー・レーバー」である。彼はこの「成文憲法典」の制定にも，積極的に呼応する。

　すなわち，イギリスは，「ヨーロッパ人権条約」に加盟し，公権力等によって条約に違反する行為がなされたという申立を，自国民たる市民から，ヨーロッパ人権裁判所に直接行うという条件を受諾していた。このため，条約にあってイングランドのコモン・ローにはない，例えば「プライバシー権」の侵害や，警察などの公権力の行使の仕方をめぐって，条約上の人権が侵害されたとする多くの提訴が，イギリス政府を相手取って，人権裁判所に対して多数行われ，人権裁判所で政府が敗訴を繰り返す事態となった。ブレアは，人権裁判所に行ってしまった権利を「国内に取り戻そう」Bringing Rights Home という巧みな表現をマニフェストに書き込み，1997年の総選挙に勝利した。そして政権を奪取すると，彼のいう「近代化」と「憲法改革」に着手し，ウェールズ，スコットランドにおいてレファレンダムを行い，それぞれについてリージョンとしての一定の自治を認める権限委譲（devolution）を行う。そして，1998年に「人権法」を制定し，2000年から施行することにした。これは「成文憲法典」の制定ではなく，ヨーロッパ人権条約の国内法化に過ぎないと評価されていたが，同法施行後16年たってみると，同法がイギリス憲法に及ぼした影響はきわめて多大であることが分かる。ことに，「権利を国内に取り戻す」ということの具体的意味が，イギリス国内の裁判所，つまりコモン・ロー裁判所の裁判官の手に，主要には中央・地方の行政庁等の「公的機関」が行った行為について，人権条約違反があったか否かの判断が委ねられることになった。そして，違反があった場合，すなわち，その行為の根拠となった国会制定法や「制定法的文書」statutory instruments と言われる命令・規則等の「従位的立法」subordinate legislations までもが，人権条約に適合していないと判断される場合には，当該の法規が直ちに無効になるわけではないとして，次のような規定をした。すなわち，「不適合宣言」declaration of incompatibility によって，当該の法規を管轄する大臣等がそれらの修正を迫られることになるとしたのである。同様に，大臣たちは立法や政令等の策定について，このような「適合宣言」をあらかじめ求められていることにも注目する必要がある。このような，仕組みは，アメリカにおけるような「違憲立法審査」に似ていることから，裁判官に「憲法判断」が委ねられたかのような意識が生まれても不思議はない。また，法制史学者のベイカー（Sir John Baker）の積極的な関与やロンド

ン大学 King's College の研究成果は，現在の憲法的な法の確定やその今後の改正・改革の具体的立法手続きを提案していて重要であるが，こうした動きは，「継続的憲法改革」というブレア政権以降に「定着」したプロセスの中で，学界・政界の多様な議論を喚起して，まさに百家争鳴の趣がある[4]。

現代イギリスでは，このような背景もあって，「成文憲法」制定をめぐる問題や，国会主権原理と法の支配原理の関係をめぐる従来からの論争に加え，裁判官に「憲法判断」同様の広範で強力な介入を行わせ，イギリスにおける市民的自由や人権の擁護を行うという司法権＝法の支配優位の主張，つまりコモン・ロー的保障方式を優れているとする「法的憲法」論が有力になってきている。理論的にも，アメリカのドゥオーキンなどの影響を強く受けた権利基底的「正義論」の台頭が顕著である。これに対して，国会主権を堅持しつつその民主化を徹底することを含む政治過程を通じた憲法の保障を重視する「政治的憲法論」が，対峙する。政治的憲法論は，法的憲法論を，選挙によって選ばれるわけではなく，民主的基礎を有さない裁判官の「特権化」をまねくものとして批判を強めている[5]。

このように，ダイシーに発する法的憲法論とダイシーの批判者であったジェニングズの伝統を引く「政治的憲法論」が，正面から対立し，イギリスの憲法や立憲主義のありかたをめぐって議論が活性化している。ここに，戦後のイギリス憲法モデル論とは全く異なる状況，つまり，ヨーロッパの他国はもとより，日本でさえ採用している「違憲立法審査制」へのイギリスの接近であって，「遅れてきたイギリスの参入」と見る議論へのシフトが現れる。

ところでブレア「憲法改革」は，「貴族院法」（1999 年）によって，世襲貴族による貴族院議席の世襲を基本的に廃止したのち，他国からの「権力分立」制の欠如批判にも応え，立法府の一部でありつつ「最高裁」でもあるという貴族院（その一部の上告委員会）への上告権を定めた法律を廃止し，「最高裁判所」を創設するという次のステップに移行した。こうして，2010 年から，動き出した最高裁判所は，建物も元々王宮であった庶民院と貴族院が入っている現在の議事堂のウェストミンスター城とは別の建物に移された。この最高裁は，当初は，従来の貴族院に議席を有する法律貴族（Law Lords と言われる，通常は世襲の貴族 peers で

---

[4] The Constitutional Society, Distiguishing Constitutional Legislation-A Modest Proposal, (by A.Blick, Horwarth, D. & Nat Le Roux, 2014 が，「憲法的立法」の制定過程についての最近の変化を分析しつつ改革をも提案している。これは，ネットで検索してダウンロードできる。

[5] 愛敬浩二『立憲主義の復権と憲法理論』日本評論社，2012 年，参照。

はないことが多いので一代限りの貴族とされた高位の裁判官たち）の横滑りで発足したが，「選任委員会」で任命される裁判官によって徐々に入れ替わり，やがては爵位のない最高裁の裁判官が長官にも選任され得ることになる。すでに，貴族院議長，内閣の閣内大臣，裁判官としても事実上の長官であった，「三権統合」型の大法官（Lord Chancellor）は名目化してしまい，最高裁には長官（President）がおかれ，貴族院議長は貴族院議員が選出することとされ，大法官が担っていた司法行政は，「司法大臣」によって行われることになっている。こうしてブレアは，「三権分立」の欠如の象徴のように言われた中世からの歴史がある大法官職を，一夜にして事実上廃止してしまったことになる[6]。

このように，この国の歴史に由来する「イギリス憲法」の姿は，消え去りつつあるように見える。果たしてそのように言えるのであろうか。

第3に，「イギリス憲法」の，以上垣間見た変容にもかかわらず，政権交代が実現しないわが国の政治状況に対して，「ウェストミンスター・モデル」と言われる，二大政党制を確立したイギリスの議会制民主主義政治が，準拠先とされた。こうして，「小選挙区制」，官僚支配の打破と政治主導，さらには党首討論やマニフェスト選挙にいたるまで，さまざまなイギリス議会政治，言い換えればイギリス憲法の模倣が進んだ[7]。けれども，二大政党制は，小選挙区制のマジックで維持されているが，2010年総選挙では保守党・労働党のいずれも，庶民院の過半数の議席を得ることができず，保守党と自由＝民主党の連立内閣になっている。権限委譲はさらに進み，イングランドでは失敗したリージョン制は，連邦制への移行準備ともされ，再論されているほどである。2014年9月に行われた先のレファレンダムで，スコットランドの「独立」が問われることになったが，独立は回避された。

また，連立政権の成立に当たって自由＝民主党から小選挙区制を「対案投票制」に変えることについてのレファレンダムが求められ，実施されたが否決された。しかし，保守党が，単独政権の樹立を目指して総選挙を行うことをあらかじめ阻止するため，首相の庶民院解散権を一定の条件を付してであるが廃止し，庶民院議員について5年間の固定任期制が法制化された。こうなれば，「ウェストミンスター・モデル」の変貌は明らかであり，我が国は模倣の相手を失ったと言えな

---

6　前掲注2, 189頁以下参照。
7　「ウェストミンスター・モデル」とその変容については，比較的早く出た，小堀眞裕『ウェストミンスター・モデルの変容――日本政治の〈英国化〉を問い直す』法律文化社，2012年参照。

## 2.2 マグナ・カルタの「再生」

2015 年は，1215 年のマグナカルタ 800 周年記念の年であった。ブレアの「革命的」とも言える「憲法改革」の時代，イギリス憲法の歴史におけるこの画期的文書の意義について，日本では法制史・法哲学者の一部を除けば，あまり言及されなかったように見える[8]。イギリス憲法学上の論争でも紹介者の「好み」もあるのか，ほとんどがダイシーから始まっていて，それ以前の「憲法史」は存在しないかのようである。

法制史学者の深尾裕造は，小山貞夫訳で知られる現代イギリス最高の法制史学者ベイカー（Sir John Baker）の An Introduction to English Legal History 4$^{th}$ edition, Butterworths, 2002 の邦訳という大事業を達成された（関西学院大学出版会刊『イギリス法史入門』I，II巻，2014 年）。このベイカー第 4 版『法史入門』には，第 5 章「陪審と訴答」に「コモン・ロー制度の終焉」なるややショッキングな見出しの箇所がある（訳書，第 I 部，127-135 頁）。1873-75 年「裁判所法」による古い訴答制度の廃止とともに，イングランドにおける民事陪審の事実上の廃止が上げられているが，20 世紀後半の高等法院における訴訟遅延と訴訟費用の高騰に対する改革，とりわけ，1999 年に施行されたサー・ハリー・ウルフ（後のウルフ卿）による「民事訴訟手続規則」（Civil Procedure Rules made under the Civil Procedure Act 1997）(c.12) も言及されている。ウルフ改革による「訴訟開始令状」の廃止と，それに代わる「訴訟書式」(claim form)，訴答に代わる「事件事実陳述書」(statements of case) と，裁判官による当事者への代替的紛争解決への付託の奨励，訴訟期日の厳守をはじめとする「事件の積極的管理」など，総じて「事後処理型裁判官」の「事前処理型裁判官」への転換が上げられている。法廷の風景においても，口頭性の著しい減退と裁判官の — 大法官府裁判所にかつて見られた — 書面審理型，裁判官と言うより「主事」（マスター）のような訴訟管理者への転換というように，明示的に見られる形での法廷での裁判官の役割の転換について，「コモン・ローの終焉」との関係が論じられている（訳書，I 巻 132-133 頁）。

ベイカーは，所属する St. Catherine College における 2004 年 4 月 20 日の講演で，ブレアの大法官制の廃止提案を厳しく批判している。この The Constitutional

---

8 深尾裕造と松本和洋のクックのイングランド法学提要の第 2 部の邦訳は画期的である。関西学院大学『法と政治』66 巻 4 号，2016 年，所収クック『マグナ・カルタ註解』および同『『マグナ・カルタ註解』覚書』同誌 67 巻 1 号，2016 年参照。

Revolution という講演は,「大法官省も,年長の裁判官たちもまったく事前の相談を受けることなく,内閣改造の手順のなかで,大法官に代えてぞっとするような名前の「憲法問題大臣」(Minister for Constitutional Affairs) を置くと突然言い出された。これは,およそ聡明な人であれば誰しもが,憲法を改革する方法としておよそ馬鹿げたものであって,実際この古来の役職を詳細な立法なしに廃止することなど不可能だということははっきりしているのだが,こうした決定を行った人たちが誰であれ,全くこのことに気づいてさえいなかったようなのである」と述べた。

ベイカーは,定年をまえにして3巻からなる『著作集』を出した。その第II巻には,先の「憲法論争」を意識していると思われる叙述がある。

### 2.2.1 自由について

「イングランド法の自由 (liberty and freedom) の歴史を探究すると,1600年までのコモン・ローには,この自由に該当する言葉が出てこないことに気づく。liberties とか franchises という言葉はある。franchise は,元々は一般的意味での freedom を意味していた。しかし,liberty and freedom は,非常にテクニカルな狭い意味しか持っていないのであって,特別の privileges もしくは exemptions の意味であり,実際,財産権 property の一形態として扱われていた。中世のコモン・ローでは,freedom や freedoms のような広い一般的な原理から特定の問題への答えを引き出すようなことは通常の技術とはされなかった。これに近い見事な語句として,私たちは,マグナ・カルタ (1215年) の39条に行き着く」。

39条「自由人は,その同輩の合法的裁判によるか,または,国法によるのでなければ,逮捕,監禁,差押,法外放置,もしくは追放をうけまたはその他の方法によって侵害されることはない。朕も彼の上に赴かず,また彼の上に派遣しない」(高木・末延・宮澤編『人権宣言集』,岩波文庫(田中英夫訳))。

ベイカーの主張をしばらく聞いてみたい。

1215年の「マグナ・カルタ」の第39条は,1225年のマグナ・カルタの第29条に含められた。同法は最初の国会制定法であり,そのように扱われている。この39条の精神は,エドワード3世の「法の適正な過程」due process of law についての制定法に反響が感じられる。しかし,中世の法律家にとっては,それはそれ以前のコモン・ローの宣言にすぎないとされた。つまり権利侵害があった場合の特定の救済方法を定めているものだとは考えられていなかった。16世紀になって,チューダー朝期に制定法との理論的なリンクがあってこれが救済方法

に結びついていった。それ以上に，先の 39 条が，「自由人」のみに言及していたことから，この精神や文言に入らない自由でない人びとが存在することが明示されることになった。1215 年に「自由でない人びと」は，大部分がコモン・ローの外におかれ，14 世紀に適正な法の過程の射程に入るようになっても，彼らの不自由という身分は何ら変わらず，それが王国の法の一部になっていたのである。かくて，freedom の反対語の束縛 bondage が「隷農」villeinage に専属するものでありながら，16 世紀の終わりにあらゆる実際的な点で消滅したとされたとき，隷農も消滅したのである。適正な過程の法についても，ヘンリー8世の時代に王の臣民は不法な拘束は受けないと当時のいくつかの事件で確証されていたのである。これらの発展は，すべての人は国土の法の下にあり，国王また法の下にあるという原理によるものであった。なぜなら国王もまた法によってつくられたからと言うのであった。国王の裁判官たちがこのことを保障したのであり，15 世紀には敬譲をもって，国王は悪をなさずとの擬制がつくられた。したがって国王の名でなされた不法な行為は無効とされた。15 世紀の半ばには国王自身は投獄に服することはないと王の裁判官によって宣言された。王はそうされても争う方法がないからだというのである。これらの法の適正過程にかかわる事柄は，ヴィクトリア時代のように国会制定法に書きこまれることはなかった。それは国会がそうする前から決まっていたからである。国会が法の適正過程について繰り返し制定することは重要なことであるが，しかしそれは，裁判官と陪審によって現実のものとされてきたのである。マグナ・カルタの第 29 条の「同輩の裁判」を陪審制に関連させて理解することは，時代考証にそぐわない解釈であるが，危機の時代に，陪審員たちは，政府と臣民の間に立って防波堤の役割を果たした。隷農の終焉にも，陪審は指導的な役割を果たしたのである[9]。

### 2.2.2 人権と法の支配

ベイカーは，「イングランド法は，財産法をのぞけば，第一義的には諸権利の法ではない」と言う。17 世紀に，初期のスチュアート朝の大権的支配のもとで，王権と対抗した議会側の法律家たちは liberties, privileges といった単なる諸権利が許容されている状態よりも entitlement（権利取得資格）の主張を好み，これが権利の香りを持ち始めた。ジェームズ1世とチャールズ1世の絶対主義のもとでは，庶民院は，団結して人民の諸権利を主張した。政治的諸権利の専門的用語に

---

9　Baker, Sir John, Collected Papers on English Legal History, v. II, Cambridge University Press, 2013, pp. 871-873.

ついては，1628 年の「権利の請願」(1628 年) the Petition of Rights, 1689 年の「権利の宣言」the Declaration of Rights に書き込まれ，憲法史に刻まれている。しかし，これらの議会人たちは，国内法を超えた何か抽象的なレジームから導かれた古来の権利を主張したわけではなかった。それは，他の franchises, property とともに，何世紀にもわたって，liberties の特許状や法の適正過程についての制定法を通じて保障されてきたものであって，20 世紀の中葉になって人びとに知られるようになった，それ自体として，人類一般が有するという，「人類一般の権利」のようなものだとはされることはなかった。実際，ジョージ 2 世の時代に，いささか驚くべきことであるが，ハードウィック卿の大法官府裁判所で，人類の権利は，表面に浮上したのである。すなわち，これはその後コモン・ロー裁判所にも及んだのであるが，公権力によって捜索される私文書に対してこれを所持する権利，奴隷とされない権利，もっと論議のあるところであって，独占によって妨げられてはならないという権利との衝突がありうるところであるが，自らの労働の果実に対する自然的権利から引き出される著作権について，「人類一般の権利」に包摂されるとされたのである。1789 年以降は，フランス大革命と，トーマス・ペインのおかげで，「人間の権利」が，当時の支配層のエスタブリッシュメントにとっては，より邪悪で当惑させられるものであったが，1790 年に首席裁判官のケニオン卿（Lord Chief Justice Kenyon）が，人間の権利という主張は国王に対する忠誠の連続を逸脱するものだと判示するほど，主張されたのであった（Ogden v. Folliott (1790) 3 Term Rep.726 at 733）[10]。

ベイカーによれば，「奴隷廃止，公正な審理（fair trial），法によらない処罰の禁止，所有権の保護といったことは，コモン・ローの一部・断片であり，実際，1948 年の『世界人権宣言』，1950 年の『ヨーロッパ人権条約』は，テンプル・インのバリスタがイングランドの憲法文書やブラックストーンから文言を抜き出し起草したものだった」と言っている[11]。

歴史的比較でもっとも難しい問題は，諸権利のハイラーキーである[12]。人権は，上位の法に属し，これに反する国内法から保護されるものとされる。しかし，現行のブリテンの理論では，そのような観念は，国会が主権的であるから，裁判所が国会制定法をそれが何らかの上位の法と矛盾するからといって，覆すというよ

---

[10] *Ibid.*, pp.923-925, Hardwick の事件は, Roach v.Garvan (1748) 1 Ves. Sen. 157 ほか, see *Ibid.*, p.924, note 7.

[11] *Ibid.*, p.935.

[12] 以下は，「根本法と司法審査」の箇所である。*Ibid.*, p.918 *et seq.* の部分である。

うなことにはならない。それにもかかわらず、これには2つの限定がある。第1は、国会が、自然的正義（natural justice）という受容された原理を飛び越える政治的困難のある場合、第2は、その制定法が実際に適用される前に、解釈されなければならなかったような場合である。このような限定は、国会がボーダーラインの人権の侵害の恐れがある場合について自ら決する場合、同時にそれは第2の限定、つまり、国会は、明白に不正を意図したと装うことはできないという限定にしたがっているのである。つまり国会は、「国王は悪をなさず」という古い法諺と同じジャンルのルールに従うように、人権法について、裁判官がそうした仮定をとるまでもなく、その文言がほかの解釈を許されないまでに、明白に不正を意図したなどと国会が、することはできないのである。それにもかかわらず、裁判所の合理的な仮定は、不合理な国会がよりタフな用語を導入することで覆されてきた。しかし、そうなった場合、担当の大臣は明白に不正な立法を推進するほかなくなり、裁判所の判断が行われるなかで選挙民と向き合わなければならないことになる。国会は、理論的には裁判所との組み打ちのなかで、最終決定権をもっていても、正しさの仮定というその原理は、こうした場合には著しく損じられてしまうことになる。

　しかし、このような裁判所による立法の問題化の動きは、ルネサンス期の裁判官にも見られた。司法には当時、自然法という武器があった。教会法の著述者たちに続いて、フォーテスキュウ（Fortescue (Sir John, 1394-1477)）が15世紀に[13]、セント・ジャーマン（St German）が16世紀に[14]、クック（Coke (Sir Edward Cook 1552-1634)）が17世紀に[15]、自然法に反する制定法は無効と論じた。しかし、イングランドにおける自然法概念は、あまり実り多いものではなかった。近代のイングランドの法律家は、上位の法としての自然法は、国会主権と両立しない、と言うだろう。しかし、この根っこの原因として、中世や初期の近代の人たちは、国会が自然法を排除するとは誰も考えなかったということがある。つまり、「国会高等裁判所」the High Court of Parliament の行為（Act）＝国会制定法が、自然法に反するというように司法判断する下級の裁判所はなかったということなのである。

---

[13] Ibid., 939 Fortescue, *De Natura Legis Naturae*, discussed in N. Doe, Fundamental Authority in Late Medieval English Law (Cambridge, 1990), 75-8.
[14] Ibid., 939 St German's Doctor and Students, ed. Plucknett and Barton (91 Selden Soc., 1974). 12, says that a statute cannot prevail against natural law, because if it is brought in against natural law it is no statute cannot but void.
[15] Ibid., 939 Calvin's Case (1608) 7 Co. Rep. 1 at 13 v. これについては、第Ⅱ編第5章7参照。

換言すれば，権力の分立という原理の重要性が意識される前に発展した，これは単純に管轄の原理の問題にほかならなかったのである。それが，イングランドの制定法が自然法に反するとして，無効と判示されたことはなかった理由である。根本法の概念は，司法的決定のしきたりによりも，政治的な議論のレトリックや，哲学的思考における抽象のためには座りがよいかもしれない。

　実際，裁判所は，不条理（absurdity），矛盾，不可能という観念によったのである。国会は，同時に2つの相矛盾することを要求することはできないはずであり，したがって，立法における内部的な矛盾は裁判所に解決してもらわなければならないというように考えた。

　第Ⅱ編第3章の1に述べるが，不合理性（unreasonableness）は，クックが言う，国会が不合理なことを意図することはあり得ないという推定で扱かわれた。有名なDr.Bonham's Case（1610）における「理性に反する国会制定法は無効である」というクックの判示は，ベイカーによれば，国会制定法を無効にする根本法の存在を認めたものというより，不合理な国会制定法の存在を否定する当時の法曹の共通意識に内在していたものと捉えられている。同様のことは，超記憶時代から存続してきた*gavelkind*（末子相続）慣行などの地方的慣習を廃止する制定法規を無効とする点についても，認められる。一般制定法には，特定の地方的慣習を毀損することはないという解釈があったからであった。以上の議論は，人権や自然法の原理に基づいていないが，自然的正義に反する制定法は否定されるという論議に向かうものであった。

　このように言うことは，ルネッサンス期のイングランドに，法の支配や現在理解されているような人権がつねにあったとしたいわけではない。チューダーやスチュアート朝の時代に法の支配が受容された憲法原理であり，当時も今日でも，イングランドの法律家が人権に分類されるような，多くの権利を認識していたと論じても，それほど馬鹿げてはいないと思えるのである。おそらく現代との主要な違いは，理想形とされることが当時はコモン・ローに埋め込まれていて，したがってその発展は，先例を通じてという点にあった。1950年に，ヨーロッパ人権条約が連合王国政府の積極的な参加で確定されたときには，ホワイトホール（中央政府省庁）は，条約は，よく知られたコモン・ローの理想形の単なる法典化にすぎないと考え，それがイングランド法の作動に挑戦するものだとは想定していなかったと思われる。しかし，それから50年過ぎて，ストラスブールの人権裁判所の活躍によって，連合王国の人権の概念が変容することになった。それはもはや歴史に根ざし，他の文明国と価値を分かち合い，もっぱら人権保障の劣る地

域に輸出されるようなものではなくなった。それは，国内法の司法的先例や立法を，曖昧な概念と世界中からもってきた杜撰に関連づけられた観念でひっくりかえす，攻撃的な源泉になってしまっている。この新たな運動の危険さがどのようなものかは定かでないが，逆説的にもそれは，法の支配と整合的とされ，選挙によって選ばれたのではない裁判官の政治化を増幅させている。それが，国会の正式なチェックというものに公正に対応するものとなっているかは，連合王国の21世紀にとっての大きな争点となるであろう[16]。

### 2.2.3　イングランドにおけるエクイティと公法

ベイカーはこの興味深いタイトルで重要なことを述べているので紹介したい[17]。現代憲法論議でも大法官制「廃止」の意味についてあまりに表面的な説明が多いこともある。

　エクイティの起源はなお謎が残る。それは，哲学的鉱脈により，歴史的なそれに負っている。エクイティが，大法官府裁判所（Court of Chancery）と関連していることは間違いない。現在は，この大法官府裁判所は存在せず，高等法院の大法官部（Chancery Division）が存在するだけである。しかし，1875年に廃止されるまで存在した大法官府裁判所が行ったこととの関連性なしに，エクイティを定義することは不可能である。第1に大法官府また大法官がどうしてエクイティの権限を持つことになったかである。大法官府の職掌に，アングロサクソン期に遡る王の書記局（royal *scriptorium*）としての機能があったとか，現在でも国の省庁として大法官省がそうした機能を持っていることと，これは関係がない。国璽（Great Seal）の保管者であるとか，国家の主要な官職保持者であるという大法官の大臣としての機能も，関係がない（後述，第Ⅱ編第6章注2参照。ただしそれは，伝統的「通説」である）。大法官が良心や，比較的近代の大法官の特徴とされる「国王の良心の管理者」(keeper of the king's conscience)」といった管轄との関連を持っていたとするのも，実はもっと説得的ではない。もっともあり得る想定は，国王評議会が正規の裁判所における不正義を訴える請願を処理する役割を有したことに由来する，エクイティの機能からするのではないかということである。15世紀の中葉から末にかけて，星室裁判所（Star Chamber）（そこでは評議員＝裁判官の全員が参集する）と，大法官が自らルーティンの事件を処理する大法官府裁判所の管轄上の分裂が生じた。

---

16　*Ibid.*, p.942. 特に conclusion 参照。
17　*Ibid.*, 52 Equity and Public Law in England の部分 pp.945 *et seq.* を抜粋訳する。

14世紀に，エクイティの管轄権で問題になったのは，手続きと裁判を受ける権利（access to justice）の問題であった。例えば，救貧（poverty），敵対者の力の誤用，手続きの法外の濫用などである。
　エクイティと呼ばれる別個の原理が成長するのは，ユースおよび信託のルーティン化する保護が始まる15世紀からである[18]。
ベイカーは，大法官府裁判所の歴史と「公法のエクイティについて述べている。
　大法官府の歴史に，公法のエクイティのいかなる形態も発見することはできない。大法官府は，政府を訴追する手続きのために使われたことはなかった。初期には，官吏を訴えるためにも使われなかった。星室裁判所でさえ，官吏の非行は，犯罪として処理され，尋常でない救済方法で官吏の無節操な行動が咎められることはなかった。裁判所は，官吏にその義務をよりよく果たすように命じ，監督するようなことがなかった。大法官府の後期の歴史を見ると，公職者たちは，国土の通常の法にしたがって訴えられたということが分かる。ダイシーは，公職者に対する特別の行政的救済方法がないことを，法の支配の重要な要素だとした。ダイシーの法の支配論では，イングランドでは法的平等があらゆる階級に貫徹していて，すべての人はその階級が何であれ等しく通常裁判所によって管理される通常法の下にあるとされたのである。
　同様のことが，地方自治団体についても言えた。ケンブリッジの古いバラは，公益信託（charitable trust）に責任を持ち，ニューサンスを犯し，契約違反をなしうる法人化した団体であるので，他の公的基金を管理する制定法上の義務を負った。この限りでは，同バラは，人間の受託者や支配人と同様にあつかわれるということである。慈善団体（charity）という見出しのもとでは，大法官府は，我々のほとんどの学校が慈善的な基礎を有しているのであるが，そのような学校の管理に関わることになった。多くの判例法は，校長の解任に関する。校長がその地位にある限り彼は学校を動かすことができた。大法官府は，校長の解任の制裁ができたが，その仕事を奪うことはできなかった。裁判所が自ら校長を解任することもあったが稀であり，設立文書に基づいて任命される理事長または受託者の行うべきものとされた。このような世界は，過去1世紀および半世紀の間に変わり，原理は変わらないが，地方または中央政府の当局が詳細な制定法の基礎に基づいて，入り込むようになり，そのため，立法に基づく私的な諸権利が，一般法というより個別制定法の解釈の場に現れることになった。他の変化は，コモン・ロー

---

[18] *Ibid.*, 945-946.

とエクイティの融合である。

　この融合＝fusion は，手続きに関するものなので，1854年にエクイティを独占していた諸裁判所が廃止されたあとも，融合という問題が起こったのである。1854年には，大法官府裁判所は，事実問題を陪審によって審理し，損害賠償を裁定することを認められ，コモン・ロー裁判所には，開示手続き（discovery）の強制，差止命令の付与，ある種の事件でのエクイティ的防御での訴答（equitable defenses to be pleaded）が許容された。1865年にカウンティ裁判所（県裁判所）が，1875年に高等法院が設立された時には，コモン・ローとエクイティの手続きの統合は複雑を極めた。新たに設立された高等法院の手続きは，技術的な面は除去されたとは言え，大法官府とコモン・ローの手続きの合金のようであり，高等法院の主事の面前での中間的手続きは，大法官府裁判所のものであるが，高等法院の事実審は基本的にコモン・ローの口頭審理のそれであった。陪審に至っては，民事においては選択的なものであり，そして，1900年までには少なくとも高等法院での民事事件は裁判官のみによって審理されるようになった。過去がそうであったように，コモン・ローとエクイティの救済方法は同様の状況において利用可能であったのであるが，いまやどの裁判所でも利用できてしまうようになった[19]。

### 2.2.4 「裁判所法」

　1873（正確には1873-5）年の「裁判所法」という，かのホールズワース（Holdsworth），わが国では内田力蔵が拘り続けた画期的な法は，ベイカーによればやはり無視できないとされている[20]。

　この法律は，その16条で，上位の裁判所を廃止して，新たな高等法院（the High Court of Judicature）に，それらのすべての管轄権を移転した。第24条によって，高等法院とそのすべての裁判官はその属する部がどこであれ，1875年まで大法官府で利用可能だった同じ救済，同じ防御方法を与える権限があった。これは単純にコモン・ローとエクイティの管轄権の融合のためであって，実体的救済方法の変更のためではなかった。第25条11項という包括的な条文が潜在的には広範にわたって及ぶことになるのであるが，同項は次のように規定している。

　「同一の問題について，エクイティとコモン・ローの準則が抵触もしくは相違する場合には，特別に言及されている場合を除き一般的に，エクイティの準則が

---

19　*Ibid.*, pp.950-952.
20　*Ibid.*, p.952.

優越する」と規定する。

　この規定はいささか謎めいており，例えばこの規定で行くと，信託に制約される土地のコモン・ロー上の不動産権はもはや存在しないことになるのかという問題が生じる。しかし，すぐにそういうことではないとされた。メイトランドは，これは完全なこじつけだと断じた。エクイティはコモン・ローと相違してはならないはずであった。それはライバル関係に無いからである。エクイティはコモン・ローの準則を前提にするのであり，良心に根ざしたうわべを加えるだけなのである。したがって，受託者がなにも有さないと言うことはできない。受託者はコモン・ロー上の不動産権を有していて，それを（不動産権）移転できることは承認された。しかし，その不動産権にはエクイティ上の不動産権（より厳密には受託者たる彼）が重なっていて受託者の良心が作用している限りで，存続し続けるということになっているのである。このこじつけを除去することは，難しかった。記録長官デニング卿は，第25条11項は，契約の錯誤に関する法を変更したものと考えた。すなわち，コモン・ローでは，錯誤のみが契約の成立を妨げ無効としうるとする。この契約の無効は，財産権について，まがいものの権原を取得してしまった善意の第三者が，他の当事者との契約を無効とされることによって著しく困難な状態に陥るという結果をもたらす。エクイティでは，錯誤は，契約を取り消しうるものとするので，第三者が保護されることになる。

　裁判所法第24条5項は，コモン・ロー上の手続きに対する差止命令（common injunction）を廃止した。これは，コモン・ローとエクイティの融合によって必要がなくなったからであろう。しかし，第25条8項に，「裁判所が，そのような命令を出すことが便宜であると思量するときは，無条件または一定の条件を付して差止命令を出すことができる」としている。これは非常に広範な規定であるので，1880年に，記録長官は「これは国会制定法に関する一般的補則であり，その意味は，どの特定の制定法がそのような救済方法を意図していたか否かを調査するまでもなく，当該の制定法は制約を受けることになった」と述べた[21]。

　このような裁判所が獲得した権限は，公的機関（public authority）を制約する新たな役割が裁判官に与えられたことを意味し，そのことによって裁判官が政治的判決をするのではないかとの批判があるところである。実際，Att-Gen. v.Bermondsey Vestry (1882) 23Ch.D.60 では，地方税の使途について裁判所が介入し，社会的事業に使用するように命じた。また，Att-Gen.v.Merthyr Tydfil

---

21　*Ibid.*, p.953.

Union［1900］1 Ch.516 は，救貧税からの給付をストライキ中の者に支払わないように命じた[22]。

差止は，公的機関が制定法上の権限を破る場合にそれを制約するために用いられた。ultra vires＝アルトラ・ヴァイリーズは，違反した団体からその特許状を剥奪するに及んだ。しかし，それは，裁判所がそのような救済方法が，当該の制定法の目的と合致している場合に限られた。当該の苦情申立の私人が，私的な訴訟を起こせるかは，制定法がそのように意図していたかの解釈によったのである[23]。

エクイティからの救済が生じないという制定法の条項についての一例は，1967年の Thorne v. British Broadcasting Corporation［1967］1 WLR 1104 に見られた。これは，UK 国籍を有さないあるドイツ人が，BBC に対し，イングランドのドイツ人居住者を，愚かであるとか，ナチであるとか，決めつけて宣伝することに抗議して放送の差止を求めた事件である。原告は，記録長官のジェッセル（Sir George Jessel）の，1965年の「人種差別禁止法」the Race Relations Act について行った広範な判決理由に依拠したのである。しかし，控訴院は，差止を認めなかった。記録長官のデニング卿（Lord Denning MR）は，「裁判所は，個人の権利を支持するためにのみ，差止を付与する，というのが，根本的な準則である。本件では，いかなるコモン・ロー上の権利も主張されていない。したがって原告は，人種差別禁止法に依拠してそう主張したのであるが，このような事件で私的な訴訟の提起がなされうることを同制定法は意図していないと言わなければならない。したがって，妥当な救済方法は，もし事実関係がこれを許容するのであれば，法務長官が，人種差別禁止法に基づいて，原告への行為は同法に基づく犯罪だとして訴追することで与えられるだろう，と判決した。

他方では，このように私人の訴追による救済方法について制定法の条項が規定していなくても，そのことは，必ずしも，コモン・ロー上の権利による救済やそのエクイティ上の対応物による救済が皆無になると言うことを意味しないことである。1953年の控訴院判決の Pride of Derby Angling Association v. Derby Corporation［1953］Ch.149 は，制定法とコモン・ローのレジームよって並行的に救済が生じうることを明らかにしている。この事件は，下水について権限を有するダービーシャー市法人が，人口の増加によって旧下水処理場の限界にもかかわらず，これを維持しているために旧処理場が河川を汚染し，ニューサンスという汚染状

---

[22] *Ibid.*, pp.953-954.
[23] *Ibid.*, p.944.

態になっているとした事例であった。これに対して，同地域の国教会の教徒団体が，市を訴えたのである。裁判所は，もしこの事件が，ダービーシャー市の制定法上の義務違反についてのものだとすれば，裁判所としては制定法がこのような事態について，私人請求の訴訟によるのか，制定法の解釈から，この件は，行政的な administrative なものとして，国王の使用人たる関係大臣への苦情申立によるか，について判断するべきとした。けれどもそうした考察は，無駄であった。なぜなら，これはコモン・ロー上の不法行為に該当するからである。制定法が免責を規定していない限り，不法行為が続いている限り，それを制約するための差止が付与されるべきであった。控訴院は，ニューサンスを終了させるためには，困難と費用がかかるとし，2年間の猶予が与えられるべきとした。記録長官のデニング卿は，この妥協は，公共工事についての優先順位を決め準備をするという大臣の権限に干渉することなくなされたものとみた。その上に，これは被告側の市に，さらなる猶予を与え，改善する説得的な理由を探し出す余裕を与えた。私は，イングランドにおける「構造的差止」a structural injunction に，これは極めて近いものと考えている。

　1993年まで，中央政府の事例では，公法的な目的のために差止命令を利用することには，自らに何事かをなすように命じることができない女王に対するものであるために，実際上の制約があった。1947年の「国王訴追法」the Crown Proceedings Act によって，女王ははじめて損害賠償で訴えらうることになったが，女王の使用人で女王の名において行動することから大臣は免責されると考えられた。けれども，女王の名において行われる官吏の行動に関して，女王の官吏は訴えられないとされても，官吏が個人として訴えられないのは，理由が無いことである。有益な格言があって，それは年書（year-book）の頃に起源があるが，「国王はいかなる権利侵害もなしえず」King can do no wrong というものである。この意味は，もし国王 Crown の名において不法なことがなされたら，かかる行為は適法に権威づけられないため，差止を受けることも，損害賠償を求められることも，他の適切な救済を受けることもない。1993年に，貴族院は，M.v.Home Office ［1993］3 WLR 433 において，差止は大臣に対して発し得るし，裁判所侮辱（contempt）の宣告によって判決を強行（enforce）し，そのような事件において大臣を法廷侮辱の故に拘禁できると判決した。女王の無答責は維持されたが，この判決によってほとんど効力を失った。ほとんどの制定法上の義務は，特定の大臣に被さっており，公務員に対しその権限を委任していても法的責任をのがれることはできないのである。中央政府はかくて，地方政府が以前おかれたのと同様

の統制の下にあるのである[24]。

### 2.2.5 行政的行為についての司法審査（judicial review of administrative action）

公的当局の司法審査に関連して，大法官府のエクイティは，探求されるべき歴史的源泉の唯一のものではない。そしてイングランドではそれは，他のメカニズムよりもはるかに重要性は少ない。短い言葉ですんでしまうのであるが，司法審査とは，この国では，行政的行為の司法審査を意味し，立法についてのそれではないと言うことである。私たちは，まず刑務所から始めよう。エクイティ裁判所は，関わることが少ないのであるが，巡回裁判所の裁判官および治安判事には，すべての収監者の最終的な行き先を決めるという義務があるので，関係が大いにある。治安判事の四季裁判所（quarter sessions of the peace），巡回裁判所という，自らのよりよい管理，他の公共事業，貧民救済について命令を出し，その費用のための地方税の課税を行うのが彼らの権限の範囲にあった。チャールズ 1 世の頃に西部の巡回区ではこの権限が相当に広範だったことが分かる。

一例だが，1629 年 8 月 10 日，サマセットの巡回区で，Minehead 港の治安官（constable）は，国王の布告に服してアイルランドの物乞いを送還するについて，その費用を全国から取り立てるという命令を発した。ここで注目すべきは，すべての人びとが受益するので，そのための課税は拡げることに公平性があるとされたことである。

こうした規制は，16 世紀，17 世紀には普通のことであったということである。私人当事者間の司法的裁定 adjudication *inter partes* というより，近代の言葉で言えば行政的規制（administrative regulation）が，治安判事たちの嘱任内容（justices' commission）の司法的部分に該当していなかったということであった。それにもかかわらず，命令は，裁判所に着席する裁判官たちが，時に弁護士（counsel）たちの助けをかり，時に，異議申し立てを受け，時に大陪審（grand jury）を通じた告発を伴いつつ，陪審への審理付託（committal）によって最終的に担保されて強行（enforce）されたのである。これらは，法的権限のごとくであった。したがって，確かにこれは司法と行政の区分で，時代錯誤だと結論づけられるかも知れない。しかしこのようなことは，今日では起こりえない。裁判官たちは，課税することはできなくなった。これらの権限に何が起こったのか。

---

24　*Ibid.*, pp.955-956.

17世紀の中葉には，地方行政に関する権力分立は，巡回裁判所の裁判官の地方の治安判事たちへの監督が放棄されていったので，鮮明になっていた。1700年までには，治安判事たちは，裁判官というより地方の行政官として，完全な行政的裁量権を有し，その決定に対しては，王座裁判所（King's Bench）の移送令状（*certiorari*）もしくは職務執行令状（*mandamus*）という大権令状によってしか抵抗できなかった。その結果，このような上からの統制では，争える事項は，自然的正義という事項に限られ，実体的争点には至らなかった。刑務所に関しては，今日では，争われる決定のレベルに応じて，刑務所長，刑務所査察委員会もしくは内務大臣に対し，移送令状または職務執行令状の発給申請に限られ，裁判官が自らこれらの命令を出すことはなくなった。この権力分立は，イングランドでは現在でも効果的に存在している。行政的行為もしくは不作為は，高等法院による司法審査の対象であるが，高等法院の裁判官は，政府の行政部門を自ら担うことはないのである。国会もしくは法が，そこが担うのが適任としている機関や官吏に代わって，裁判官が自らの裁量を行使することはないのである。
　このことから，制定法上の事業について，不適正な管理が行われたとの申立に対し，裁判所が管理者や収入役を任命することもないだろう。1986年の控訴院の判例（Parker v. Camden Borough Council [1986] 1 Ch.162）は，この原理はなおも貴族院による司法審査に開かれていると宣言したが，そのことは，1875年（の「裁判所法」）前の大法官府の，国会の意図に関しての判定技術に基づくものではなかった。国会が制定法上の機関にある仕事を委託したら，裁判所は，その管理権を奪うことはできず，差止という（制定法違反を封じ込める）通常の司法的救済または（自然的正義違反を阻止するための）司法審査にその役割を限定されるというのが，憲法的原理である。
　もっと重要なのは，職務執行令状（あるいは，今日，司法審査の申立（application for judicial review）におけるその類似物）で，イングランドの法律家は，この種の救済方法になお，注意を向けている。アメリカの公法ではイングランドほどこの命令に特色があるわけではない。けれども最高位のレベルで，つまり，Marbury v. Madison, 5us 137（1803）では，州以外には発給できないとされた最高裁による職務執行令状によって制定法が打破されたのである。おそらくそれは聞いたこともなかったに違いない。連邦のレベルでは，イングランドでは王座裁判所によって執行されたコモン・ローの統制のための権限をおそらく継承して権限が行使されていたが，それは，1962年までは，普遍的に承認されてはいなかったのである。1962年からは，これは，正しく周知され，連邦地方第一審裁判所（district court）

は，合衆国の官吏もしくは被用者に対して，職務執行令状の性質を持った訴[25]についての管轄権を持ったのである。もっとも 1984 年の連邦最高裁の判決は，非常に抑制的ではあった。手続き上の枠組みは，重要な原理の面では同じだったが，実際には異なっていたのである。合衆国では，実務家や裁判官は，連邦の諸機関に対して，職務命令よりも，差止命令を好んで使いこれを発展させようとしたが，イングランドでは深く根付いた職務執行令状による，いわゆる「大権令状的手続（もしくは司法審査）」が，いわゆる「エクイティ的」救済方法よりはるかに普通であった。制約があるイングランドの職務執行的差止は，実際にも積極的行為を求める職務執行のための救済を必要としたのであって，それはとくに，ニューサンスを制約する差止に関連して発展した当事者適格（locus standi）という制限的な原理についても，同様の効果をもった。イングランドの公法における差止命令の主要な価値は，それのみが，中間的なものであったということにあった。

　職務執行令状というのは，コモン・ローとエクイティのいずれに属するか，区別するのは難しい。それが大法官府ではなく，王座裁判所から得られる令状であったという起源はあるが，それが当然令状（writ of course）よりもずっと裁量的であったという意味では，エクイティ的だと見做されていた。例えば，1751 年に，大法官のハードウィック卿（Lord HardwickeLC）は，差止による職務執行令状を制限することを否定したが，その根拠は，mandamus は，通常の救済方法と異なるのであって，これを制限するなど干渉することは，大きな不便が生じ，過誤が伴うと言っている（Lord Montague v.Dudman (1751) 2 Ves.396）。

　言い換えれば，mandamus とは，それ自体の性質としてはエクイティ的なものであった。この 10 年後に王座裁判所の首席裁判官になるマンスフィールド卿（Lord Mansfield）によれば，mandamus は，コモン・ローが他に特定の救済方法を確立していず，そのため不正義が生じ，良き統治（good governance）が損なわれる場合には，あるべき救済方法なのである，とされた（R.v.Barker (1762) 3 Burr.1265 at 1267）。マンスフィールド卿は，コモン・ローにエクイティ的原理を導入することを好んだ裁判官であるが，これはいささか勇み足であった。19 世紀までは，mandamus の主要な用途は，治安判事による再審査命令を別とすれば，シティやバラなどの地方自治団体の役職や選挙をめぐる係争に使われた。しかしその世紀の間に，それらの団体の制定法上の権限履行についての不首尾についても用いられるようになった。

---

[25] 1999 年に「職務執行令状」mandatory order と名称が変わった。

これらの救済方法は，主に，1835年前の地方政府について発展したものであり，これらの地方政府は，カウンティの場合には，治安判事，townやcityの場合には，都市法人（municipal corporation）の管轄に属した。一般的に言って，イングランドの地方政府は，王冠（王位crown）の名において活動することは，現在も過去にもなかったのである。確かに治安判事は，国王の嘱任状を有することは真実であり，これによって彼らは平和を維持する権限を与えられ，管轄する区域で，その四季会合を通じて権限を行使することになっていて，その行政的機能は，制定法によるものである。シティやバラは，国王の特許状を得ているが，彼らは選挙される，規約をもった独立の法人である。カウンティ，シティ，バラは，制定法で規制されているけれども，これら地方政府は，中央政府からの流出物ではない。大学が，独立の法人の他の例である。しかし，大学の場合は，上訴は査察官への上訴になり，大権令状によるのではない。首都圏の外にある警察隊の場合にも，国王（クラウン）からの流出物ではない。もっともそのシンボルは，女王の平和を護持するという義務から，警察隊の記章には，王冠が刻まれているけれども。

　学校が，問題となる他の点である。国立の学校（state school）について論じたい。学校は，国王（クラウン）つまり中央政府の名において運営されるものでなく，地方当局に責任を負う理事会によってである。それにもかかわらず，1944年の教育法以来，学校はますます教育大臣（政府の大臣の一人）の一般的監督下におかれている。大臣は，教員の給与について決定し，理事会と地方当局の紛争を解決し，教育施設が，性や人種によって差別がないように確保されるようにすることができる。

　教育大臣は，地方当局や学校理事会に対し，もし彼らが，非合理的にunreasonably行為した場合には，制定法上の一般的権限によって指令を出すことができる。この権限について，イングランドでは司法審査がどのように行われるかについて例示した1977年の貴族院の指導的判例がある（Secretary of State for Education v. Tameside Metropolitan Borough Council [1977] AC 1014）。これは，入学には教養試験が課されるグラマー・スクールを，無試験の統合学校（comprehensive school）に転換する点をめぐる政治的な紛争に関するものであった。被告の地方当局は，転換を決定したが，地方自治体が選挙で反対党に代わり，グラマースクールの存続を決めた。大臣は，新しい自治体当局に，転換のスキームを実施するように求めたが，拒否されたので職務執行令状が発給された。しかし貴族院はこれを破棄した。貴族院は，大臣は，客観的な根拠に基づいて命令を出すべきであるが，当該の地方当局が，非合理的に行動しているという点を支持す

る何らの妥当な根拠があるように思われないという理由で破棄をしたというのである。戦後世代の遭遇した社会的な変動を打ち壊して大異変が生じているなかでの統合学校制度のメリットについて，裁判官は全く立ち入らずに，こうした判断がなされたのである。実際，彼らの判決は，大臣が決定できるかというものでなくなり，制定法によって決せられることになったのである。他の地域で起きたものとしては，統合学校スキームを親たちが差止によってストップさせようとするものがあった。しかし，この試みは失敗した。なぜなら，大臣に権限があり，裁判所はただ，その権限行使を司法審査することに限定されていたからである。国会は，正しいか間違っているかはともかく，決定を地方当局に託し，その行為が合理的であるか否かという条件を付したので，裁判所の役割は，権限の分配が意図されたように動いているかを判断することであり，政策の可否を論じ，それを他に置き換えることではないことになった。

　中央政府の場合では，最近まで差止命令は，国王（クラウン）に対しては発給されなかったし，職務執行命令についても同様であった。しかし，1968年に，職務執行令状は，国王（クラウン）の大臣に対して発給できることになった。そしてほぼ同様の結果が，宣言判決（decaration）の訴訟で得られることになった。この宣言判決は，他の大権令状より遙かに近代的な救済方法である。それは，エクイティ的手続きとして出発した。その古来の原型は，国王（クラウン）に対する権利の請願（the petition of right）である。1883年までは，私人間訴訟（private proceedings）では，宣言判決は，他に何らかの特定の救済方法が利用可能な場合にだけ，付与された。1883年以来，宣言判決は，それ自体として，高等法院によって正規に与えられる救済方法になった。そのような宣言判決は，もし与えられたら直接的に強行可能になるのでなく，これに反する行為が不法とされ，また，それは，差止もしくは損害賠償と結合させることができたのである。「公法」の領域で，宣言判決は，大権令状による命令につきものの技術的制約から自由であるという有利さがあった。国王（クラウン）に対する他の訴訟が可能になる前から，宣言判決は，国王（クラウン）に対して用いられた。それはまた，例えば，専門職団体などの広い範囲の団体に用いられ，従位的立法に対する異議申立や，遡及的になることなく，将来効的に作用しえた。当事者適格（locus standi）についてのルールは，他の訴訟と比べて柔軟だった。1977年までは，宣言判決は，他の大権令状と結合できず，大権令状は相互に結合できなかった。しかし，この困難は，司法審査の申請（application for judicial review）という簡素な便宜的方法を導入した，裁判所の新ルールを勧告した法改革委員会（the Law Commission）によっ

て，克服されることになったのである[26]。これによって，*mandamus, prohibition, certiorari, declaration, injunction* という別々もしくは結合した申請と，略式によるその処理が可能になったのである[27]。これらの改革および裁判所によるその受容によって，高等法院での司法審査は爆発的に増加した。そして，さらなる可能性が，1998年の「人権法」のもとでの公的機関に対する手続きのための条項によって拡がった。これらの結果，中央政府は，ほとんど制約なく，司法審査に服することになったのである[28]。

### 2.2.6 結　論

mandamus, injunction には，重なり合うところがあり，司法審査の判例法は，急速にしかも多方向に発展している。しかしながら，古い憲法的原理はなお維持されている。裁判官は，選挙によって選ばれていない。したがって，民主的に負託責務履行説明責任（accountability）（説明責任）を負えない。裁判官という役職は，法にしたがって正義を行う（裁判する）ことであり，政府を法のうちに維持することである。しかし裁判官は，自ら統治することも，政治的な政策を表明できるわけでもなく，課税することもできない。主権は，国会とともにある。すなわち，女王は，貴族と庶民の助言と承認で行為するが，女王の裁判官とはそうしない。国会が，ある決定分野を公的機関もしくは公務員に負託すると，女王によって直接任命された大臣，または地方において選出された者があるときは，たとえそれらの者が，妥当に行為しなくても，裁判所は，その者たちから決定するという役割を奪うことはしない。裁判所が介入するのは3つの場合である。第1にその義務について何ごともなされない場合，その義務履行を強制するために職務執行命令もしくはそれと同等のものが発給される。ただし，被告には何をなすべきかの指示はなされない。第2に，ある政策が，それを追求することで原告に危害を加えるような場合には，不法行為の訴訟が起こせる。それは，ニューサンスとか，ネグリジェンスなどのコモン・ローの不法行為訴訟や制定法上義務違反の訴訟である。裁判所はこれらの不服が申し立てられた危害が，それらの権限を明示的もしくは黙示的に付与した国会の意図に合致しているかについて決定する。これは制定法の解釈問題である。第3の場合は，その政策が自然的正義の原理を考慮することなく実施された場合，例えば，影響を受ける当事者の異議を考慮すること

---

26　Section 31(3) of the Supreme Court Act 1981.
27　the Order 53 procedure (R.S.C., Ord 53).
28　*Ibid.*, pp.956-963.

なくその政策が決定されたような場合には，その政策を破棄するための司法審査がなされうるのである。この場合にも裁判所は，その政策でこれを入れ替えることをするわけではない。不適切もしくは正統化できない政策や決定を破棄し，関係の当局が将来にわたって適正に行為するようゆだねるだけである。以上のあらゆる理由で，イングランドおよびウェールズの公法は，大部分が，エクイティよりも自然的正義の原理や制定法の解釈による高等法院の司法審査によるものとなっていると言えるのである[29]。

# 3 コモン・ローの救済システム

## 3.1 はじめに

ベイカーの以上の簡潔な「イギリス公法論」は，一定の意味があると考える。端的に，「イギリス法」に大陸法的な"すっきりした"権利の体系とそれをベースにした「憲法」を求めても，それは無理であるだけでなく，むしろイギリス法とともに当該の「大陸法」の理解をも見誤らせるという主張である。また，EU法やヨーロッパ人権条約系列の「人権法」についても，「イギリス法」がこれを「消化」していくのは，国会・裁判所ときに行政府を通じてであり，そこに存在する特定の濾過システムをバイパスして，その受容を論じることはできないということでもある。ベイカーの立場は，「政治的」「法的」憲法論の対抗で言えばそのどちらでもなく，次元を異にしていると言えるだろう。

イングランド司法制度（legal system）の標準的テキストであるパーティントン（Martin Partington），Introduction to the English Legal System, 2014-15., Oxford University Press は，Part II, The Institutional Framework, The Criminal Justice System, the Administrative Justice System, the Family Justice System, the Civil and Commercial Justice System というように分類して論じている。

刑事司法制度（Criminal Justice System）とは，「イングランド司法制度のうち刑事法が運営されている部門をいう」とされている。次に，「行政司法制度」（Administrative Justice System）については，「Administrative Justice という概念自体が，非常に議論があるところであり，人によってその意味するところが違っている」と述べている。Bradley & Ewing では，この点が，よりクリアである。行政に関わる司法的決定が，行政サイドと司法サイドに分かれて行われ，その間に対立さ

---

[29] *Ibid.*, pp.963-964. ここに抄訳したのは，引用の『著作集』第Ⅱ巻の一部であるが，これは，ベイカーが，1996年7月2日にケンブリッジ大学で開催された Valparaiso Law School meeting で行った講演の収録によるものである。

え生じた。このことと,ヨーロッパ人権条約第6条の「公正な裁判を受ける権利」の影響がある。この「三権分立」主義のフォーミュラから,イギリス司法の最大の特徴である,大法官職という三権混淆ともいうべき役職が「やり玉」に上げられ,ブレアはこれに即座に応じ,大法官職の廃止を「決断」したと言われる。いずれにしても,「行政的審判所」administrative tribunal の administrative は「純司法」の意味とするため,単に tribunal と呼称されることになり,この定評ある Bradley & Ewing も,新版では,tribunal は,通常裁判所を扱う章に移すことになるだろうと述べている[30]。

また,administrative justice については,Sir Andrew Legatt の Report,および,これを踏まえた Tribunals, Courts and Enforcement Act 2007 の定義にしたがって次のように言う。

「特定の者に関してなされた,行政的もしくは執行的(executive)性格の決定による総合的システムで,(a)かかる決定を行うための手続き,(b)その下でかかる決定がなされる法,(c)かかる決定に関連する紛争解決および苦情を検討する(airing grievance)ためのシステム」とされている。ここで overall とされているのは,既存のもののみによらず,将来的なものにも目を配ると言うことのようである。いずれにせよ,「行政的正義」とは,原処分決定者のほか,複数の審判所・裁判所等が複合した苦情処理の手法の意味であろう。代案があるわけではないが,「行政的正義」では制度というより理念を表わす概念と思われ,行政法学の常識のない私には,理解がいちじるしく困難である。したがって,少なくとも,刑事司法(裁判)制度(Criminal Justice System),家族関係司法制度(裁判)(Family Justice System),民事および商事裁判制度(Civil and Commercial Justice System)との並列では,行政裁判(司法)制度と理解するのが適切と思われる[31]。

いずれにせよ,司法制度は伝統的に,刑事法と民事法に区別されて論じられて

---

[30] A.W. Bradley & K, D, Ewing, Constitutional and Administrative Law, 15th ed. 2011, Longman, p.639.

[31] 榊原秀訓『司法の独立性とアカウンタビリティ―イギリス司法制度の構造転換』日本評論社,2016年では,adiministrative justiceは,「行政的正義」と訳されており,榊原編『行政法システムの構造転換―イギリスにおける「行政的正義」』(日本評論社)というように,「行政的正義」・「構造転換」が多用されている。いずれにしても,イギリス法からの,主要にはわが国の公法学界への意欲的挑戦の意を含む趣旨と考えたい。ただ,行政裁判にとどまらず司法制度全体の「構造転換」とは何かは,核心的問題であるだけに,転換される「構造」はどのようなものか,それがどのように「転換」したのか,という説明は最低限必要ではないかと思う。また判例の分析がなく,司法の構造を語ることには疑問を禁じえない。

きたが，行政司法制度がそれらと別に存在するとはされてこなかったのであり，たかだか民事司法制度の一部に包摂されているくらいにしかされてこなかった。

この要因は，ダイシーの影響に求めうる。彼の「法の下の平等」は，公職者を訴える特別の法を否定するのであり，これが「行政法」の発展を妨げたというのである。

しかし，その後100年を経て，「行政司法制度」の存在が独自に認められるということが否定されることはなくなった。

しかし，ダイシーが述べた，「private law の諸原則は，裁判所ならびに国会の行為によって国王ならびにその使用人の地位を決定するほど拡大されてきた。かくして，統治構造は，国の通常法の結果なのである」と言う，彼の「法の支配」の第三原理が，私法と異なる「行政法」の存在を否認するダイシーの憲法理論の核心となって，「行政法」の存在は否定されたことによると言われた。これにたいして周知のようにジェニングズやロブソンは，private law と異なる行政法の存在を認めた。

### 3.2 ダイシー理論と執行権の概念

名誉革命の憲法論構築者でもあるブラックストーンは，統治の説明のために国王・貴族院・庶民院から構成される国会と執行権が授与される国王とに最高権力が帰属するが，執行権があまりにも多岐にわたるため国王によって設立された裁判所とそれぞれの裁判官に執行権が委任され，自由が保持されることになったとした。裁判所は，執行権の一部であり，司法権が独立に存在するいう考え方はなかった。国王は正義の源泉とされ，王国の平和の一般的護持者として「国王の平和」の名の下に治安判事がこれを全土に護持する任にあたり，ここから「地方行政」の仕組みが生まれた。訴訟令状の発給にあたる大法官は「国王の良心」の証として裁判を扱いここからコモン・ローに対抗するエクイティが生まれた。このように執行権が裁判所によって強制的に実行＝強行されることから「司法的統制」legal control という方法が，後述の *ubi ius ibi remedium* を担保してきたのである。

わが国のイギリス法研究を長きにわたって牽引された，行政法学の下山瑛二が早くから指摘していたように，こうしたダイシー理論の基礎には，ブラックストーンの理論がある。ブラックストーンは，ロックに依拠し，自由権はすべての統治構造の基礎であり，その制限は人々の同意のうえにたつと考えた。そして自由権が侵害された場合には侵害者は処罰と賠償を求められるとした。public wrong に

対しては処罰，private wrong に対しては賠償がなされる。この「制裁と救済」が，後述の「司法的強行」の中心をなす。自然状態における自由は絶対的なものであり，侵害があれば必ず救済がなされなければならない。「権利あるところ救済あり」 *ubi ius ibi remedium* である[32]。

したがって，private law とは，個人の権利の侵害に対する救済を意味しており，「公法」に対立する観念を意味していない。ダイシーのいう private law は，個人間の関係のみでなく，行政当局による何らかの強制力の権力行使を受ける場合には，その権限行使は正当なものでなければならず，そのことが証明されなければしたがう必要はない（不遵守）とされ，このことは，公権力と個人の関係にも妥当するとされた。

下山は，イギリスの行政訴訟の類型を析出するために，ここで言う「不遵守」disobedience を特記する。これは，行政当局の私人への強制力ある行為に対し，市民がこれを侵害行為として違法性を主張し「居座る」sit back 権利があるということを意味している。これは，先の通り，ロックの自然法思想に由来するものであって，反対に，執行権力の権限行使は，法によって授権された範囲内においてのみ効力を有するという観念を前提にする（この点，第 2 編第 2 章 5 参照）。「不遵守」に対して市民を強制する権力の「自力強制」は，極めて限定されていて，制定法の授権がある場合に限られる。それ以外には，裁判所の「制裁」sanction に依拠せざるを得ない。「制裁」には，「拘禁」imprisonment，「財産の差押え」distress of property，のほか，裁判所による命令や罰金，裁判所侮辱罪による拘禁などがあるが，わが国の「公定力」論のようなものは許容されていず，総じて「司法的強行」judicial enforcement による以外，この市民の「居座り」に対抗できない。こうして法の執行の問題は，先のように「司法的統制」によってなされ，法の実効性を担保するために，行政上の強制執行に相当するものが，差押え，拘禁，罰金，等の「司法的強行」judicial enforcement を原則として行われた。したがって，執行は司法によって強行されなければ，実現されることがない。司法によって，法が実現されるというのが強行の観念である。

かくて，行政権による権力行使は，制定法の執行行為 executive act とされ，このような形で現れる統治権力をブラックストーンは executive power として説明したが，これは，アメリカ合衆国憲法において大統領に属するとされる「執行権」と同じと解することはできない。administrative powers という用語は John

---

[32] 下山瑛二『人権と行政救済法』三省堂，1979 年，28 頁以下参照。同書は，福家俊朗によって編集され，福家によるすぐれた「解題」が付されている。

Austinが用いたことは有名であるが、ダイシーがdroit administratifを批判したところからイギリスには固有に存在するとはされなかった。しかし、現在の行政法「談義」の中心にあるのは、1962年オックスフォード大学の教授就任講演を行ったSir William Wadeであり、彼によるダイシーの現代的祖述にある。ジェニングズに対しWadeは、権力分立と法の支配は、同義であり、それは政治行動の原理ではなく、司法的原理（juridical principle）であるとして、政治と法の区分を強調した。またディプロック卿（Lord Diplock）と組んで、1960年代の司法を評価し、裁判所はダイシー憲法理論の守護者となったと述べている。*ultra vires*法理の洗練を求めるWadeにとっては、自ら「行政革命」と呼んだ1960年代の社会立法の拡大と行政府の裁量の拡張は危惧されるべきものであった[33]。近著[34]で榊原秀訓が依拠する、Graham Gee, Robert Hazell, Kate Malleson and Patrick O'Brien (see 同編, The Politics of Judicial Independence in the UK's Constitution, Cambridge University Press 2015) とは対極的である。

倉持・小松編著『憲法はいま――日本・イギリス』（敬文堂、2015年）に「イギリスにおける統治②」を寄稿しているマケルドーニ（McEldowney, J.）は、簡潔にではあるが、大臣に与えられて権限が関連政府機関によって行使されることを認めるカルトーナ原則（Cartona v.Commission of Works [1943] 2 All E.R.560）を重視する。これが起点となった授権の連鎖は、この判例前からの「大権的救済手段の長い歴史」を伴っている。彼は、R.v electricity Joint Commissioners Ex p.London electricity Joint Committee [1924] 1 K.B.171という大権的救済手段についてのアトキン卿の判決を引用し、移送令状（*certiorari*）は、自然的正義原則違反、権限踰越（*ultra vires*）の有無について決定でき、禁止令状（*prohibition*）は、自然的正義原則違反、管轄権踰越やその継続を防ぎ、職務執行令状（*mandamus*）は、公務の遂行を強制でき、大権的救済手段は、反抗的官吏の適正な公務遂行の強制から、王権の権威による、下部機関の適正な公務遂行を担保する手段への進化したことを指摘した。そして、1933年の「司法の運営に関する（雑則）法」Administration of Justice (Miscellaneous Provisions) Actによって高等法院に救済の申立の許可を求めるシステムができたが、申立は一方的なものであって、原告のみが主張できた。1965年の最高裁判所規則は、裁判所の判断の制約内で、移送令状を求める期間を6ヶ月に限ることとした。「司法の運営に関する（雑則）法」(1938)

---

33 Loughlin, M., Public Law and Political Theory, Oxford University Press, 1962, pp.184 *et seq.*
34 榊原・前掲注31『行政法システム』参照。

は，その7条で，「大権令状」は，「大権命令」と呼ぶこととされ，最高裁判所規則によって下部機関を審査する高等法院の固有の管轄権を基軸にした大権命令による司法的救済の道を開いた。最後に，行政当局と裁判所によって行われる拘留の正当性を問う方法として，人身保護命令（ヘイビアス・コーパス）がある[35]。

そして，先の通り（2.2.3参照）の最高裁判所法（1981）第31条3項によって，「司法審査の申請」application for judicial review 制度が設けられ，大権的救済手段を求める場合には，この請求制度によらなければならないことになった。この制度の直後の，O'Reilly v.Mackman［1983］2 A.C.237のディプロック卿の判決は，「公法」上の権利に関わる事件では，原則として司法審査請求によらなければならず，宣言判決や差止などの「私法的救済手段」を求めることができないという「公法」「私法」の峻別論を強調するものであった。また，司法審査請求制度を，許可手続きと，請求についての「実質審査」の二段階に区分するということにもなった。2000年には，民事訴訟規則等の改正によって，司法審査の事件名表記がR.（on application of A）v.D という形になり，司法審査請求制度は，claim for judicial review と言われることになり，原告は applicant から claimant 被告は，respondent から defendant に変わった。また「大権的救済手段」も，それぞれに歴史を有する職務執行命令（mandatory order），破棄命令（quashing order），禁止命令（prohibiting order）と呼ばれるようになり，許可 leave から permission へと用語が変わった。2000年改革では，手続き過程への被告や利害関係者の関与が期待されていることになった。従来は被告に対し許可申請がなされたことについての連絡もなかった。この手続き過程への参加によって，証拠の準備など，司法手続き化の度合いは高まった。

1981年最高裁判所法の第31条3項で，許可に関する原告適格の問題が提起されることになるとともに，事案の「実質的聴聞」という第二段階のプロセスが問題になるようになった。この第二段階の問題について，R.v.Inland Revenue Commissioners, Exp. National Federation of Self-Employed and Small Businesses）［1982］A.C.617,［1981］2 All E.R.93（便宜的にFleet Street Casuals case と引用される）は，貴族院判決であるが，一定の準則を示した。すなわち，フリート・ストリートの印刷所で働く6000人もの臨時雇用の労働者という新聞業界の雇用慣行に関連して，納税者協会の原告適格を認め，内国税庁がこの不法な慣行を黙認し

---

[35] マケルドーニー「イギリスにおける統治②」前掲53頁本文引用書，249頁以下。これは紙幅の関係か，圧縮されすぎている。McEldowney, J.F., Public Law, 2nd ed., Sweet 7 Maxwell, 1998. pp.525 et seq, pp.555 et seq. によって補充。

て労働者の所得税の延滞を優遇しているとする協会の司法審査申請を認めたのである[36]。原告適格への配慮が，事案の実質審査＝第二段階においてなされている。

　ケンブリッジ大 Queens' College の公法学者アリソン（Allison, J.W.F.）は，*Ibi ius* 言説に言及しながら，イングランド法の救済方法中心の観念（English remedial conception of law）について論じ，ダイシーの「法の支配」論から先の通り「司法的強行」という救済方法中心の法観念が生まれてくると説く。そしてここから，「理論的にでなく実践的な法」への志向が生まれるとするとともに，それにもかかわらず1960年代に，Denning, Reid, Radcliffe 卿等が「合理性原理」（principles of reasonableness）を発展させ，救済方法中心主義からの脱却を試みたと述べる。この議論は，O'Reilly v.Mackman におけるディプロック卿の判決にもかかわらず，また，1981年の最高裁判所規則改正による Order53 システム，すなわち，先の司法審査許可と実質聴聞の区分と大権的救済を公法的事案に限定したシステムの導入にもかかわらず，「公法」「私法」峻別論が機能せず，O'Reilly v.Mackman が「定着」しなかった理由を説明できる[37]。すなわち，ディプロック卿は，Order53 による大権的救済を認めるか否かについて，「事案のあらゆる状況判断」による という自由裁量を認めており，さらに「公法的事案」についての基準を作れなかったことにあるとして，救済方法中心的法観念の克服が容易でない点を伝えているからである[38]。

　「司法審査」についての通説的立場を説くジョウェル（Jowell, J.）は，ダイシーの「法の支配」論が個人主義的政治思想に立ちつつ（コレクティヴィズム批判）と，当時イギリスとフランスの存在したガヴァナンス・システムについての不十分な記述という欠陥をもっていたにもかかわらず，ウォルドロン（Waldoron, J）が言う「本質的に優劣を争う概念」論争の起点となったと述べている。一方の論者は，法が法であるための形式的な質，すなわち，明白性，予見可能性，安定性，公開性，公平な裁判所へのアクセスといった質を体現している，「そのような法の」支配を論じる。これに対し，この立場を「ルール帳のような法概念」と批判するドゥオーキン（Dworkin, R.）にしたがって，他の立場の論者は，法の支配について，

---

[36] *Ibid.*, pp.564 *et seq.*

[37] Oliver, D., Common Values and the Public-Private Divide, Butterworths, 1999 は，O'Reilly v.Mackman を受けて「公法」「私法」論を展開するとともに，「政治的憲法」論に欠如していたと思われる「価値論」を全面展開する意欲的なものであったが，成功しなかったように思われる。

[38] Allison, J.W.F., A Continental Distinction in the Common Law, Clarendon Press, 1996, pp.125-133.

「権利の概念」（rights conception）中心の「法の支配」論を説く。法の支配の形式論では，不正義の法，ナチスドイツの法のような法の支配でも許容されるとして，法に内在的な道徳観念（inherent moral concept）の不可欠性を説く。ジョウェルによれば，ダイシーは「法の下での統治」のシステムの中，権力がどのように動員されるべきかについての原理を探求した。これに対しドゥオーキンは，法の支配の概念における法の観念により焦点を絞っていた。それにもかかわらずドゥオーキンは，法の支配を単なる形式的または手続き的な概念（「薄い法の支配」）なのか，一定の根本的な権利を体現している「厚い法の支配」であるべきなのかという問題を提起していたとする[39]。この「厚い法の支配」が，1998年の「人権法」（その施行は，2000年10月2日で連合王国全体に適用）施行前後の重要な時期の司法部を担った故ビンガム卿（Lord Bingham, Tom）によって，新たな地平に達したとされている。ビンガム卿は「法の支配」を次のように定義している。

「国家のなかのすべての人びとおよび権限ある当局（authorities）は，公的なものであれ，私的なものであれ，公的に作成され，将来に向けて（一般的に）効力を発し，裁判所において公的に運営される法に拘束され，また法の恩恵を受ける資格がある」。ジョウェルは，この定義は，はじめは，あまりに省力的（economical）に聞こえるとされたが，次第に，これは，法の支配が国家の基盤に立つといういくつもの特徴を包摂していると評価されるようになった。また手続き面に偏しており，または，薄い法の支配を説いているのではないかと受け取られた。しかし，ビンガム卿は，この定義に加えて8つの特質または構成要素（features or ingredients）を加えており，そのなかに「人権の擁護」が入らなければならないとしている点を特記している[40]。

ジョウェル自身の「法の支配」は，「適法性」（legality），「確実性」（certainty），「平等性」（equality），「裁判と諸権利へのアクセスの保障」（access to justice and

---

[39] Jowell, J., The Rule of Law in Jowell, J., Oliver, D. & Colm O'Cinneide eds., The Changin Constitution, 8th ed., Oxford University Press, 2015, p.19.

[40] Ibid., p.20. 8つのingredientsとは法の「成分」というようなものである。具体的には，法へのアクセスのしやすさ，裁量的な法でないこと，法の前での平等，権力の適正な行使，人権，紛争解決，公正な審理，国際法秩序における法の支配護持，であるが，ジョウェルはこれには重複があり，国際法秩序のそれは，レベルが異なり，別個な成分として重なり合いあることが理解しにくくなると批判している。Binghamのingredientsの詳細な分析について，松原幸夫「イギリス憲法の『現代化』と『法の支配』論の現状」（倉持・松井・元山編『憲法の『現代化』──ウェストミンスター型憲法の変動』敬文堂，2016年所収），57-69頁参照。

rights) がその構成要素である[41]。これに対し，司法審査が行われる法の支配の「実務的実行」the practical implementation of the rule of law の根拠としては，「適法性」(legality)，「手続き的妥当性」(procedural propriety)，「不合理性」(irrationality)，または「不合理性」(unreasonableness) である[42]。

マケルドーニーは，1960年代の画期的な一連の判例は，権利がより広範に定められるような方向に，コモン・ローが発展したことを示していると評価している。リッジ事件（Ridge v.Baldwin [1964] A.C.40)，パドフィールド事件 (Padfield v.Minister of Agriculture, Fishiries and Food [1968] A.C.997)，そして，いわゆる「ウェンズベリの不合理性」基準を示したウェンズベリ事件（Associated Provincial Picture Houses Ltd v.Wednesbury Corporatin [1948] 1 K.B.223) は，裁判所が予防的アプローチを行うこと，立法に代わって新たなルールを形成することを可能にした[43]。

### 3.3 フランクス・レポート以降

イギリスの自由主義を基礎としたダイシー的「行政法」論は，このように private law とその制裁と救済の方法に依拠したが，これがはっきりと限界を告げられたのが1957年の「行政審判所と審問」に関するフランクス・レポート（Report of the Committee on Administrative Tribunals and the Enquiries, 1957, Cmnd.218) によってである。「個人と当局の関係」および「私権と公益の間の公正さと行政の能率の間の均衡」という関係は，国会制定法によって調整され，それとは独自に当局＝大臣の権限についての裁量の問題として処理されるようになった。ただ，ここで注意しなければならないのは，「権利あるところ救済あり」ということではなく，行政当局の判断において，委任立法のような立法的性格の行為は国会によって統制されるが，それ以外の裁量的判断については，手続き的な瑕疵がある場合や裁量の濫用がある場合に行政審判所において，当事者がその判断を争うことができるとすることであった。そして，審判所の判断は，高等法院の監督的機能によって監視されるから，その決定は「司法的」なものであるとしたのがフランクス委員会の立場であった。このようにして，フランクス委員会は，審判所を「司法化」することによって，行政権自体が自己の権限行使の適法性についての判断をするという「法の支配」の侵害論をかわすことになったのである。これに対して前述の榊原の近著が分析の中心におくブレア政権の司法改革，その帰結である「審判

---

41　*Ibid.*, pp.24-27.
42　*Ibid.*, pp.29-33.
43　前掲3.2，倉持・小松編著『憲法はいま──日本・イギリス』（敬文堂，2015年）246頁参照。

所，裁判所および（司法的）強行法」（2007年）（榊原訳はたんに「執行法」）（Tribunals, Courts and Enforcement Act）とこれを生み出したレガット委員会の報告書を，民事司法改革，刑事司法改革に続く第三の改革として位置づけ，フランクス委員会以来の画期的改革であると同時に，これは行政司法制度の転換を意味するとして，イギリス司法制度の「構造転換」と規定した[44]。フランクス委員会に対して，第二層審判所の位置づけに現れているように，これは審判所の「裁判所化」であり，通常裁判所による審判所のコントロールが「法の支配」の要求するところでなく，裁判所と審判所が類似のものであれば，「比例的紛争解決」のような「法の支配」と緊張関係にあるとされるようなルールで運営される審判所も，それが独立の司法的機関である限りでは，審判所が「法の支配」に背反することなく，イギリス憲法のもとに包摂される。とすれば，この審判所が中心で行われる行政司法制度の下での「行政的正義」の追求が司法の独立性の新たな発現形態となり得るとされるのである。

### 3.4 憲法的習律と憲法理論の対抗

ダイシーは，憲法的習律を裁判所によって強行されないものであるとして，憲法と習律を分離する多元主義の立場に立った。行政法は通常裁判所の上訴に服するから司法的強行と矛盾しない。政治的憲法論の立場からは，習律に属するとされるものが憲法の一部とされるから，習律の「憲法化」はあらためて必要ない。しかし，権限委譲のための立法が増大する結果，国会の立法において権限委譲の結果成立した議会がウェストミンスターの国会制定法でその委譲された権限を縮小されるかについて，1998年のスコットランド法をめぐる議論があった。The Sewel Convention であるが，ブリテン政府は，メモランダムを発表した。「政府と国会は，司法的介入を受けずに，政治的決定のプロセスを規制するであろう。それは法的統制よりも政治的な構図に委ねた方がよい結果になるのであって，それなくして存在しえなくなる政治的憲法の不可欠の部分である」。

アバーディン大学のテイラー（Robert Brett Taylor）は，Foundational and Regulatory Convention: Exploring the Constitutional Significance of Britain's Dependency upon Conventions PL [2015] October 614 において，法的憲法と政治的憲法の両派の間の論争は，お互いに相補的なところがあって，それは，アカウンタブルな政府をどうすれば実現できるかを目指す点では目的を共通にしているのではな

---

44 榊原・前掲注31, 2-3頁参照。同編『イギリス行政訴訟の価値と実態』（日本評論社，2016年）。「行政的正義」という用語については 3.1 で若干の所見をのべた。

いかとして,「相補的憲法」complementary constitutionalism を提唱している。
　ついでに,イングランド,ウェールズ首席裁判官のトーマス卿(Lord Thomas)は,The Future of Public Inquiries, PL [2015] April 723 において, Public Inquiry において高位の裁判官が登用されることを,積極的に評価している。極めつきは,ダラム大学のダグラス(Benedict Douglas)の Dignified Rights: The Importance of a Basis in Dignity for the Possession of Human Rights in the UK, PL [2015] April である。A v. Secretary of State for the Home Department [2004] UKHL 56, [2005] 2 A.C.68; [2005] H.L.L.R.1 における裁判官の判決においても「人間の尊厳」への言及はなかった。しかし,最近,Lord Hoffmann, Munby, L.J. Baroness Hale がこれに言及するようになった。これは,多くの人権関係の条約や憲法に言及される人間の尊厳という基底的価値をイギリスの憲法に浸透させる上に有益であると述べている。

## 4　ブレアの時代

### 4.1　ブレアの「憲法観」

　トニー・ブレアは首相在任中,大量破壊兵器に関する国連安保理決議を実行するという名目で,アメリカとともに 2003 年 3 月にイラクに侵攻し,自国の兵士とともにイラクの兵士・市民を含む多くの人命が失われた。大量破壊兵器が存在していなかったことが,2003 年 5 月にサダム・フセインを政権から追放して後に判明したが,イラク戦争は終結せず流血を伴う破壊的な混乱が続いた。周知のように,2002 年 11 月 8 日の国連安保理決議 1441 号は,サダムに国連決議に違反し査察官を放逐することをやめさせ,「即時無条件無制約のアクセス」を要求し,これに違反することがさらに重大な違反行為となると宣言したものであるが,武力行使を直ちに容認するものではなかった。フランス・ドイツ・ロシアが,そのためには,新たな安保理決議が必要とされると主張したのに対し,ブレアは当時のアメリカ大統領のジョージ・W. ブッシュとともに,直ちに武力行使へと向かった。2010 年 1 月,イラク戦争に関する *Chilcot Inquiry* に召喚されたブレアは,一連の証言の最後に,「後悔していますか?」という質問を受けたことに対し,激しい怒りの感情をその自伝, *A Journey* に記している[45]。彼の「怒り」の理由とは,この質問が彼にとって持つ意味と自分がこれを肯定しようと否定しようと,結果は彼の「誠意の審判」となることを承知の上での質問だったことにあった,

---

[45]　Blair, T., A Journey, Arrow Books, 2010(邦訳書,石塚雅彦訳『ブレア回顧録(下)』日本経済新聞社,2011 年 43 頁以下参照)。

と彼は言う。なぜなら,「反省している」と応えれば,戦争に反対した人々は喜ぶであろうが,自分を支持してくれ犠牲になった人の遺族たちからは無益な死であったと受けとめられ,落胆されるであろう。否と応えれば,自分が冷淡な人間であるか,強いからではなく頑なな人間だととられるであろう。そこで彼は,そのイエスかノーの質問に応えず,「決定は私自身が下した。責任は認める」とだけ応えた。これは完全な答えではないが,新聞の見出しにイエスあるいはノーという活字がおどることよりましな責任の取り方であり,それを果たすために残りの人生があると応えるのが,利己的でない責任の取り方であると,ブレアは言う。これは,きれいごとかも知れないが,いっさい言い訳をせず,自分の判断の誤りを正面から認め,可能な限りで責任を認めようとする,イギリスの政治家の「責任」についての身についた立場を表明するものであったとは言えるであろう。ここには,憲法は,直接には登場していない。しかし,「責任」という一見倫理的なタームが,厳格な法的タームと互換可能なことに,イングランド憲法の,ある種の深い意味が内包されている。

　いまひとつ,ブレアという1997年5月から2007年6月までイギリス首相を務めた人物が,歴史的にみると,もはや貴族や特権的な伝統的な支配層とは異質な,「イギリス社会が生み出したものである」ということを示すエピソードに触れたい。いうまでもなく,それは,彼自らが言うように,「私は党内の異論を打破できる大衆的な支持がある」という,彼のリーダーシップの「謎」と関わり,民主主義という制度に関わる。

　ブレアのこのような失策と頑迷さは,党内でも異様に映じて,第2期からは造反する議員が相次いだ。ただ,彼は,1997年月の政権奪取後,直ちにベルファーストに飛び,9月にはストーモントで,アイルランド政府と和平合意の協議を再開している。そして,翌年の4月「聖金曜日の和平合意」によって北アイルランドの住民の過半数が望む場合には北アイルランドは連合王国にとどまること,アイルランドは北アイルランドの領有権の主張を取り下げること,さらに北アイルランド議会の設置が合意され,レファレンダムは即座に実施され,6月にはこの議会の選挙が行われ,テロを繰り返すIRAの政治組織であるシン・フェン党もこの合意を受け容れて選挙に参加し,こうして北アイルランドの凄惨な闘争に終止符が打たれた。1999年のコソボ空爆も,旧ユーゴスラビア・セルビア共和国での独立を求めたコソボ自治州に対するセルビア軍によるアルバニア人に対する民族虐殺をやめさせるための「倫理の問題・人道の問題」というのがブレアの言い分であった。アフガニスタンおよびイラク侵攻も,彼の主観では「人道のため」

という「倫理的行動」と考えられたのであろう。しかし，そのプロセスは，独裁的であった。こうした「倫理外交」は，退陣前の 2005 年 G8 サミットでの議長国としての彼の提案であったアフリカの飢餓への人道援助として，一瞬の輝きを見せたことは付け加えておかなければなるまい。

　ブレアは，ダイアナ妃を「並外れて魅惑的」であると書くとともに，「われわれがイギリスのイメージを変えつつあるちょうどそのときに，彼女は王室のイメージを急進化させたのである」が，エリザベス女王は，「王室が歴史，伝統，義務にとってもつ重要性を知っていた」とも言う。「国民のプリンセス」という，王室への批判を一気に逆転させ，女王「救出」ともなった，ブレアの最大ヒット作のひとつであるこのフレーズは，こうして王室の再定義というブレアが考えた首相の専権を可視化するために，即座に準備されたのである。

　ブレアは，「王室が国民とともに進化する必要があること，そして文書になっておらず公に語られることもない国民との契約が，そのような進化を許容する関係に基づいていることを知っていた」と女王を評価する。それに対して，ダイアナ妃は，「進化は安定した，用心深く計算されコントロールされたものでなければならない」のにもかかわらず，「突然，予測のつかない流星が，この決まり切った，高度に規制された生態系のなかに飛び込んできた」存在であって，その結果も予測不能であったと位置づける。ダイアナの死を「国民のプリンセス」の死として演出することによって，彼は自らの危機も乗り越えたと述懐する。その危機とは，ブレアが支配階級にとって重要な人間でない，むしろ「疑わしい人物である」ことを払拭できたことである[46]。

　グラッドストーンとヴィクトリア女王時代にさかのぼる伝統によって王室一家と首相の一家は，毎年一回は，週末の幾日かをバルモラル宮殿で過ごすことになっている。午後のお茶になると，女王がティーストレナーを使ってポットにお湯を注ぐ決まった儀式がある。この風景を描写しつつ，朝食も昼食も皿の上に大量に料理が積まれるにかかわらず，王室一家はそのほんの少量しか食べないことを観察する。この王室一家との気詰まりの週末を乗り切れたのは，夕食の前に出る名前はわからない強い酒のおかげであったと，彼は，率直に述懐する。

　貴族たちが田園地帯に構える「カントリーハウス」や，街中に構える「ステートリーハウス」で週末を過ごすといった「考えると恐ろしくなる」ことを一度も経験したことがなかった彼にとっては，狐狩りという風習を理解することは，お

---

46　*Ibid.*, at 149 *et seq*. 邦訳書（上）256 頁以下．

よそ無理であったようである。これが、「現在の農村地帯の大きな部分であること」、狐狩りをする人たちにとっては、それは生き方の問題であると「感じ取ること」ができなかった。ブレアは、このように述べ、政治で成功するための「感情的知性」という「直感の源」が欠落していたことを思い知らされたと、自分の「政治家」としての至らなさを述べて、彼は狐狩り禁止法案の顛末を締めくくっている[47]。

　オックスフォード近くの猟場で、禁止法ができたら猟場だけでなくこの地域の人々は生きていけなくなるだろうという説明を受けて、彼は動物愛護の世論に反対するまでもないと思い、テレビ会見で、禁止できるとさしたる確信もなく発言したことが、これほどの騒ぎになるとは全く予測できなかったという「判断ミス」を知ることになる。要するに、彼にとっては、これもまた、「政治家」としての「資質」の問題だったのである。

　2004年「狩猟法」(Hunting Act 2004) は、難産だったが、憲法に関わっては面白い点もある。庶民院を通過した法案は、貴族院で反対されたため、1911年の「国会法」および同法を改正した1949年の国会法の規定を用いて成立した。1911年法は、庶民院を通過した法案が貴族院で否決されても、庶民院がその後2会期連続で再可決し、かつその再可決までの期間が丸2年を超えていれば、貴族院の賛同を得られなくても女王の裁可を得て法律として成立し得るとした。1949年法は、この2年を1年に短縮したのであるが、当時の貴族院は賛成しなかった。そこで2004年法は、裁判沙汰になった。

　R (Jackson) v. Attorney General [2005] UKHL56, [2006] 1 AC 262でその有効性を争われることになったのである。1949年「国会法」は貴族院の承認を得ていなかったから1911年「国会法」に劣位しており、したがって、2年を経過していなかった法案は有効に成立していないのではないかという「憲法的問題」の審理がなされる必要があるとされたのであった。この事件についての貴族院の判決では、スティン卿（Lord Steyn）が、1998年の「人権法」によってイギリスの憲法原理は変わったわけではないが、裁判所の地位が格段に高まったと強調した。そして、国会主権という法原理は、裁判官によってつくられたものであると言い、将来的には国会の権限に対して制限を加えることが起こるかも知れないが、国会制定法のなかに上下の関係はないとして1949年法の適用によって成立した「狩猟法」は、正当に成立しているとした。実は、この頃から、司法部には裁判所の

---

47　*Ibid*., at 305 *et seq.* 邦訳書（上）475頁以下。

優位性を公然と述べる上級裁判所の裁判官が目立つようになるが，ブレアがそのきっかけを与えたようなものであった。

　ブレアによれば，増えすぎを避けるために即死させるような場合のように，狐狩りで殺される狐に残虐な扱いがなされない場合は，違法ではないという「見事なイギリス的妥協」がはかられ，狐狩りは禁止されつつ禁止されていない状態にあるとのことである（同書，訳書，上，480 頁）。しかし，彼は，同法が，憲法論議の一環となっていったことには，格別に興味はなかったようである。

### 4.2　ブレアの憲法改革

　ブレアの時代，イギリス憲法は大きく変わった。2005 年の「憲法改革法」（Constitutional Reform Act）による，最高裁判所の設置と貴族院からの最高裁としての機能の剥奪，これらとセットの大法官制の「事実上」の廃止の意味は大きい。

　ブレアを引き継いだゴードン・ブラウンは，解散のタイミングを見誤ったと言われるが，2010 年 5 月 6 日に総選挙が行われた。結果は，保守党が 306，労働党が 258，自由民主党が 57 で，いずれも，過半数の 326 議席を得られなかった。このいわゆる hung Parliament ＝宙づり議会の状況において，クレッグ自由民主党党首が先ず，獲得議席と得票数において最大の保守党党首のキャメロンによって組閣が試みられるべきだと提案した。この提案に賛成するというブラウン労働党党首の応答があって，キャメロン保守党党首によって，自由＝民主党との連立協議が進められ，こうして総選挙後わずか 6 日間で，労働党政権から連立政権への政権の移行が平穏に行われたのである。これは，王に首相の任命権があるが，これは王の恣意によるものであってはならないとする憲法的な慣習＝憲法習律（convention of the Constitution）が，それを制限していることによるのであってクレッグの提案は第三位の政党の党首に組閣のリーダーシップがあるという憲法習律が確立されたという意味を有したのである。

　しかし，この背後では，実は，選挙制度改革を巡る熾烈な攻防があった。1997 年の総選挙でブレア＝ニューレーバーは，第二次大戦後最大の 418 議席を獲得し，このために小選挙区制を，「対案投票制」（Alternative Vote system）に変えるという方向で検討するという自由民主党との協定を無視した。この「対案投票制」というのは，小選挙区制ではあるが有権者が各候補者に順位を付して投票し，集計に当たって一位票で過半数を獲得した候補者が出ればその時点で当選者が決まるが，過半数に達した候補者がいない場合は，一位票の最下位の候補者から順に削除していき，削除候補者の二位票を他の候補者に加算していき，過半数に達した

候補者を当選者とするという制度である[48]。ブラウン首相の下で行われた総選挙後，自民党は悲願である選挙制度の改正のために保守党との連立交渉のなかで，選挙制度改革のためのレファレンダムを行うための法案準備に入ることを約束させた。そしていろいろの曲折はあったが，2011年5月に国民投票が行われ，「対案投票制」に取り替えることについてイエスかノーかの投票がなされたが，「対案投票制」は否決された。しかし，自由＝民主党は，保守党が連立合意しても，首相の解散権（これは実は女王の大権で首相の助言を得て行使されるものである）が行使されて，庶民院の任期の5年も経ぬうちに総選挙が行われて連立が解消されるようなことにさせないため，国会制定法で何とこの国王大権，つまり首相の解散権を廃止してしまった。ただ庶民院の三分の二の議員の解散決議があれば解散できるということにして，5年間の固定任期制にしてしまったのである。これは，実に大きな憲法習律の変更である。

　習律は，裁判所によって強行される憲法的法律とは別個に，イギリス憲法の一部に存在するのである。しかし，国会の法律でこれも変更可能なのである。

　「憲法的法律」と「憲法習律」の関係については，前者が裁判所によって強行されるのに対し，後者は，女王や政府や政治家にとって伝統的に固守されてきたものであるが，そこでは，自己規制が優先される道徳的なものと考えられて来たと言っていいであろう。君主の権限が制限されることや，政府と議会の関係の規律は憲法習律の領域であるが，両院を通過した法案を君主が同意しなければならないという習律は，アン女王が1707年に同意を拒否したのを最後に同意が拒否された例はない。しばしば，習律の動向は，その時代の政治的価値によって左右される。例えば，内閣の連帯責任は首相の意向によって，必ずしも全員一致で行われるわけではない。総じてイギリス憲法は，法典化されていないコモン・ローであり，その性質は政治的なものである。この憲法は，重要な法規でさえ，通常の国会制定法の立法手続きで改正し，あるいは廃止しうるものであって，典型的な軟性憲法である。

　18世紀の後半に，トーマス・ペインは，『コモン・センス』や『人間の権利』を書いて，イギリスには憲法などはなく，全体は憲法をもたず，自分が好むままの権力でもって自分自身を形作っている統治形態に過ぎないとした。つまり，ペインは，イギリスには，人民が「憲法制定権力」（後述）を行使した歴史がなく，したがって憲法によって作られた憲法的な制度は存在していないという，現在ま

---

[48] 小堀・前掲注7，269頁参照。「対案投票制」も小堀の訳語である。

でも展望するような画期的な主張をすでに行っていたのである(『人間の権利』，西川正美訳，岩波文庫版，76頁および168頁以下参照)。このペインの時代は，フランス革命の時代でもあったが，当時，イギリスでは，民衆の自由を求める「自由の木を植える」民衆運動などが昂揚し，市民革命期に続く「憲法制定運動」が展開していたのであった。

1997年に，「ニューレイバー」を掲げて圧勝して18年ぶりに政権についたブレア労働党政府は，その公約に「憲法改革」を掲げていた。

ブレア自身によれば，それは，1832年の「選挙法改正」以来の憲法の大改革であるという。しかし，ブレアは，1994年に党首となってすぐ着手した党綱領の第4条の全面改訂によって，「生産・分配・交換の手段の共同所有」を削除したが，次のように宣言する。すなわち，「労働党は民主的な社会主義の党である。その信じるところによれば，一人でするよりも共同で努力したほうが多くを達成できるし，各人の真の可能性を実現するための手段を創りだし，われわれ全員のための権力，富，機会が少数者の手中でなく多数者の手中にある共同体を創り出すことができる。その共同体においてわれわれの享受する権利は応分の義務をもたらし，その共同体において，われわれは一緒に，自由に，連帯・寛容・尊重の精神で生きるのである」と宣言した。

サッチャーが「社会など存在しない」と言ったのは有名であるが，ブレアにはこの「共同体」主義があった。ただし，彼の「憲法観」に理論的な体系を求めるのは難しく，パッチワークであったという評価が一般的である。

しかし，例えば，貴族院改革では，「貴族院法」(1999年)で，世襲の貴族院議員(peers ちなみにマグナカルタの「同輩による裁判」の英語は judgement by peers)という貴族という生まれによって爵位を相続すれば自動的に貴族院議員となるという制度)はほぼ廃止され，750名いた世襲議員は貴族院内で選ばれる92名にまで削減された。貴族院は連立政権において選挙制に代わることは確実視されていたが，頓挫してしまった。現在は，任命委員会による「職能代表」なども加味されており，興味深い。ことに，庶民院に法案審議と成立の可否を委ねつつ立法の妥当性の審議に重点を置くなど，単純な多数決主義になっていないことは，ウエストミンスターモデルの「崩壊」や「ポストデモクラシー」という現代的状況に対応している面があるであろう。

## 5 憲法と多元的社会との連鎖そして「シティズンシップ」

イギリスの憲法の特質は，歴史的に見ないと解けないといっていいであろう。

例えばいわゆる三権分立という憲法原理も大法官の法的地位（貴族院という立法部の一つの議長，内閣の閣僚，裁判所のトップを兼ねる）がそうであったように，歴史的には三権「未分離」から発している。最初に包括的＝単一的な王権から議会が分離し，裁判所が続き，最後に内閣が議会から分離した。したがって，コモン・ロー裁判所が，議会に対して「法の発見」＝判決というかたちで「法を作る」ことから始まり，議会と裁判所の関係をめぐって憲法の原理が形成されていき，名誉革命によって国会が裁判所の上位にあるという国会主権原理に帰一したが，司法部には憲法を創ってきたという意識がある。これを単純に非民主的ということはできない。またこのような歴史が，イギリスにおける基本的人権の歴史にも投影されているのであって，奥平康弘が述べたように，「憲法的権利」のイギリス的な保障方式が，「成文憲法典主義」や人権のカタログ主義と異質であってもその固有性が過小評価されてはならないことも，見ておく必要がある（第2編第8章終章参照）。

また，名誉革命がこの国の憲法の確立にとって重要であったが，忘れられてはならないこととして，人民が憲法を創るという歴史（ピューリタン革命期）がその前に存在したことである。同時に社会が自生的な法システムを成長させていき，それが地方の行政や公共圏に関わる法制を担っていったという，この国の憲法の多元的で重層的な構造を分析する必要がある。法的中央集権主義と表裏一体の「公式の法」と同時に，慣習や非公式の法のレベルにも法に相当するものが存在していることは，日常的には表面化しないが，環境保護の場面で入会権や通行権などが，裁判を通じて「復活」することは稀ではなく，そこにもこの国の人々の権利の重層的構造が見られるのである。

いうまでもなく，法と言われるものの多元的で重層的な存在が，すべて憲法のそれと言えるわけではない。本書が解き明かそうとすることは，このような法の存在の構造の中に，憲法に相当する了解事項が蓄積されていて，それがこの国の憲法と言われる公式の法の存在を支え，逆にその「暴走」を抑制するという面があるということである。これは，憲法が社会との連鎖のなかで生成し定着し，あるいは逆にこの連鎖が断ち切られつつ変転するという社会との連鎖構造のなかにあるという問題である。わが国の憲法が，戦後史を通じて西欧的立憲主義のモデルを受容し定着させていく過程についても，参考になる歴史であると言えよう。西欧的立憲主義が前提とする自由で自律的な個人の像自体，一定のフィクションであるが，このフィクションを実像化する営為は，歴史的蓄積による以外ないのであって，一時の政権の意向だけで簡単に捨て去られていいものではないのであ

る。

　多元主義の憲法の存在は，この国に憲法を制定する時期が存在しなかったこととも関係する。これは実は不正確で，ピューリタン革命の時期に憲法制定と共和制の樹立の瞬間が存在した。けれども，革命が挫折し王政復古が達成されるとそのすべては破棄されてしまった。フランスでは，1791年憲法に先立って制定された「人及び市民の諸権利の宣言」という憲法の一部になっている「硬性憲法」を象徴するような法が維持されている。イギリスでは憲法的と見なされる法についても，特別の改正手続きが定められることもなかった。

　アルフレッド・マーシャルという現代のでなく，19世紀末以降の「新自由主義」の経済学者を記念する，T.H. マーシャルの1949年の講演，「市民権と社会階級」が起点となり，「市民権論」(citizenship) が展開し，これが，この国の憲法のありかたに大きな影響を及ぼしている。当時，ロンドン大学政治経済学院 (LSE) 教授であり，ホブハウスの後任でもあるマーシャルの理論の特徴は，ロックからフランス革命期にかけてその基礎が確立された自由主義的市民権の概念を再定位し，市民権と階級との両立可能性，資本主義とその「市場原理」と，自由主義的市民権の「戦争状態」とも言える対立関係を克服するために，「社会的市民権」という概念を提起して市民権理論の発展をもたらしたことにあった。市民権とは，古代ギリシャ，ローマ時代に起源があり，「公民共和主義的市民権」(civic republic citizenship)，「自由主義的市民権」，「社会的市民権」へと発展するとされる。マーシャルは，イギリス史に即して，公民的権利 (civic rights) が18世紀，「政治的権利」が19世紀，「社会的権利」が20世紀に発展するとした。この相互はオーバーラップするものとされ，とりわけ，福祉国家の発展に対しての当時の熱狂とも言える世論に乗って急速に普及したのであった。歴史的進化のモデルとしては，単純で相互に齟齬する点があるとして，多々批判されるが，サッチャー政権以降の新自由主主義の展開の中で再び脚光を浴びていった。現在では，マーシャルの公民的・政治的・社会的および経済的権利に環境的権利を加え，さらに「公民的・政治的」権利を「第一世代の権利」，「社会的・経済的権利」を「第二世代」，それを補充する「第三世代の権利」と分類する方向に論議が発展している。

　「市民権論」は，自然権の上での平等という概念だけでなく，社会的価値の上での平等という概念を生み出すとマーシャルは考えた。そして，共通の所有物たる文明という価値に対する共通の忠誠が，「コミュニティへの直接的帰属意識」をもたらすとすることによって，市民権は多元的な社会における統合の理念として援用されていくことになる。19世紀の末葉以降，多元的国家論が登場し，さ

まざまなアソシエーションの役割が再定位されていくが，福祉国家の基盤ともなるこれらの民間の団体を結びつける理念として，市民権は重要な役割を発揮する。しかし，サッチャー以降の新自由主義の時代には，例えばメジャー保守党政権下の「市民憲章」のように，政治的市民でなくコンシューマーとしての市民を包摂していくための理念としても用いられるという，両義的性格を示していくようになる。いずれにしても，シティズンシップ教育とその憲法的な価値に関する問題は，イギリスの教育の現場において，現在最も重視されている。

かつて国籍と一体であった自由権的市民権が，国境を越えたEU市民権という新たな地平と当面していることもまた，市民権の異次元の発展可能性を示唆している。署名国間の契約で生み出されたにすぎない単一欧州市場が，移民を引きつけ，そして，これらの人々に福祉と経済的権利がEU市民と同等に付与されていく。それは，社会的，経済的市民社会の一員とされた彼らに付与される擬似市民権と言える。このようにして，市民権という概念は，超国家的な権利を実在するものとして正当化していくのであって，グローバルな市民社会と呼ばれるものへと向かう方向を誘導している点を指摘しておきたい[49]。

## 6 スカーマン卿の予言

### 6.1 コモン・ローの限界とその克服の模索

レスリー・スカーマン（Lord Scarman, 1911-2004）が，1974年にハムリン・レクチュアシリーズに加えた『イングランド法 - 新しい次元』は，彼の控訴院裁判官時代（1973-1977；1977-1986年までは貴族院常任上告委員会裁判官（法律貴族））の講演をもとにした著書である。ここで彼は「コモン・ローという枠組みのなかで発展してきたイングランド法は終焉しつつある」と衝撃的な言葉を発した。その理由とは，第1に，「海外からの挑戦」によってであり，なかでも「国際的な人権擁護の運動と共通市場」の展開をあげた。第2が，「社会的挑戦」であり，家族と社会保障に代表される社会の変化からの挑戦である。第3が，「環境からの挑戦」，第4が，労使関係からの挑戦，およびスコットランド，ウェールズに代表されるリージョンの独立＝分離を求める運動からの挑戦である。このいずれについても，コモン・ローをベースとするイングランド法はこのままの状態では早晩限界に達し，終焉を迎えるだろうと予言したのである。

「共通市場」からの挑戦とは，1958年1月からの「ヨーロッパ経済共同体」(EEC)

---

[49] Heater, D., What is Citizenship, Blackwell, Oxford, 1999（邦訳書，田中俊郎・関根政美訳『市民権とは何か』岩波書店，2002年参照）．

の発足によるEECの登場を指す。これに対抗し、イギリス、スウェーデン、ノルウェー、デンマーク、オーストリア、スイス、ポルトガルのEEC非加盟諸国のヨーロッパ自由貿易連合（EFTA）が結成された。イギリスのEEC加盟は、フランス大統領のドゴールの拒否権行使によって阻まれてきたが、ド・ゴールの引退と死去後の1971年、ヒース保守党政権下で難航を重ねつつ1972年に「ヨーロッパ共同体法」（European Community Act 1972）によって加盟を実現する。1974年に二つの総選挙でかろうじて過半数を維持したウィルソン（Wilson, Harold）第二次労働党政権は、加盟条件の再交渉結果を含めてレファレンダムを、1975年に実施した。これが同じ国民投票と言っても、今回のキャメロンによるEU脱退の可否を問うレファレンダムと大きく相違していることについては、後述する。

　スカーマン卿は、冒頭にILOについて触れ、1946年のそのフィラデルフィア宣言に「労働力は単なる商品ではない」とあることに言及し、労使関係において言論の自由が不可欠のものとなっていることからはじめて「貧困からの自由」や人権の普遍性が世界の潮流となっていると指摘する。そしてヨーロッパではヨーロッパ評議会が1950年に「ヨーロッパ人権条約」を制定しイギリスがその最初の批准国となったことに言及している。そして1967年には、イギリスの市民が条約にある権利を主張し自国の政府を訴えることができるようになったとする。こうした「海外からの挑戦」に対し、イングランドにはマグナ・カルタ、ヘイビアス・コーパス、権利章典、王位継承法等があるが、これらは裁判所によって執行府に対し確保されているものに過ぎず、立法府に対してではないと述べ、コモン・ローになく、国会の至上性から否定されるべきとされる、特別に保護された基本権を制定法で確保する必要があるのではないかと論じている。スカーマン卿の主張は、現在の上級裁判所の裁判官のなかにある国会主権に対する司法部の挑戦の源流と言えなくもないが、司法部にではなく、国会制定法によって基本権を定立しようとするという点では、権利章典を含む成文憲法典の制定論である。実際、周知のように彼のこの主張も重要な契機となって、Charter 88という超党派の成文憲法典制定運動が生じたのである[50]。

　スカーマン卿の主張でさらに注目すべきは、その福祉国家積極的肯定論である。「国家は、その金銭および行政をもって、コミュニティの社会生活への歓迎されるべき介入者となって」いる。そして、「社会保障体系の運営と統制は、生き残りの追求の点において、法の柔軟性の実現という現代の偉大な挑戦」をしかけて

---

[50] Sir Leslie Scarman, English Law-the New Dimension, Stevens, 1974, pp.11-12. 本書からの引用は、本文中に頁数のみで示す。

いるのであるが，こうした柔軟性を阻む要素が，コモン・ローの伝統的法律家の態度の中にある（34-35，40頁以下）。すなわち，伝統的法律家においては，「コモン・ローは，基本的に私法の体系であって，その中心は私的財産を防御することにある。紛争状態にある諸個人間に正義を分配することであり，ここでの中心人物は訴訟依頼人であり，かつ，中心になる概念は訴因（cause of action）である」。こうしたことから，コモン・ローは「公法にたいする関心を欠いているが，公法こそが，国家の権利と義務状況」を明確に設定すべきであるにもかかわらずそれができていない。のみならず，国家の官吏は女王の使用人とされるが，私人の場合のそれと全く異なることさえも格別意識されていず，パブリックセクターの責務が総じて明らかではない（41頁）。

しかし，社会保障体系は，コモン・ローが中核においてきた私有財産の防御とは正反対に，「私有財産は極小か，無」というところに，出発点があるのであって，そこには，「金銭，住居，医療看護，教育，扶養に対するニード」だけがある。したがってここには原告も被告もなく，国家が，そうしたニードに対応した金銭と行政をいかに用意できるかが争点となる。ここから，社会保障を支配する原理とは，「法的準則ではなく，公的基金から国家によって供与される給付の管理を支配する政策」ということになり，このような点では「法律家よりも行政官が，より有効にかつ適切に，政策を理解し，説明し，解釈し，適用できる」と行政官が主張することには理由があるとした。

スカーマン卿は，伝統的法律家とその思考様式，リーガリズムと揶揄されるその法的先例の墨守と裁量のしめつけ，当事者主義的スタイル，形式主義に代置されるべきものとして公法を唱道する。「公法は，国家が供給者，政策立案者かつ裁判官たる場合に，国家と市民の間に生じる紛争状況において，市民の諸権利を支持し，かつ，国家の行為を規制する一方，いわゆる法的準則なるものによって，国家の本質的な行政的性質を破壊しないものであり，あるいは，政策と裁量を窒息させないものでなければならない」とする。

このような「公法」によって保障される社会保障の体系とは，「資格に依拠する権利体系（rights dependent upon eligibility）」である（43頁）。それは，当該の市民は何ら資格を持たないと政府のエキスパートに突き放されることもあるという内容を含み，「市民と国家の間の衝突の可能性」をはらんでいる（43頁）。その限りでは，コモン・ローの伝統的法律家の参加は好ましくないかもしれない。しかし，スカーマン卿は，講演の最後で，「国家との間で紛争状態にあると人びとに対し，これらの諸権利を確保し強行することがわれわれにできるのであろうか。

この問題に対してコモン・ローは，何ら特定の回答をもっていないが，弱者の権利を尊いとしてきたことに結びつく独立のエートスが，この問題に取り組む際の健全な基盤となる」と述べている（88頁）。

そこで彼は，イギリス社会保障の体系の特質を現す，「補足給付」（supplementary benefits）に代表される社会保障給付に司法がどのようにかかわれるのかを論じる。専門的技術的裁量の必要性を肯定しつつ，要保護者の生活確保のためのニーズに対し恩恵としてでなく権利として法的次元にこれを持ち込むと言う「新しい権利」の生成が，司法の役割として強調されているのである。この社会保障体系への法律家の参加を，行政庁の「政策決定」によって生じる法的効力に従属する形をとりながらも，受給者の権利毀損を補塡するために「補足給付上訴審判所」（Supplementary Benefit Appeal Tribunal）が設置されていることによって，その制度目的が実現されるとするのである。

戦後のイギリスの福祉国家の原型となったベヴァリッジレポート（Beveridge Report; Report of the Committee of Social Insurance and Allied Services, November 1942, Cmd. 6404）と，それに基づく1948年の「国民扶助法」（National Assistance Act）に代わって，1966年の総選挙で大勝したハロルド・ウィルソン（Wilson, H.）の第一次労働党政権は，1966年，「社会保障省法」（the Ministry of Social Security Act）を制定した。補足給付の制度は，この時，新たに登場した。同法は，国民扶助庁を解体してこの公的扶助制度と社会保険制度とを同じく「社会保障省」の管轄下に置くものであった。そして，社会保障省のなかに「補足給付委員会」（the Supplementary Benefits Commission）を置くが，16歳以上のすべての者が給付を受ける資格を有する場合には，請求者は権利として給付を受けることができると規定した。裁量の余地が減少し，受給要件を満たせば付与されることになり，ここに，スカーマン卿が言う「新しい権利」の生成を見ることができたのである。

前述のように1957年のフランクス委員会は審判所を行政の系列にではなく高等法院の監督下にある司法の機構に位置づけるものであったが（3.3参照），補足給付審判所のみは行政的機関としていた。

イギリスの福祉国家の成立は第二次大戦中のことであるが，大戦のインパクトを強調し，総力戦に勝利するためには普遍的福祉給付が実現されなければならないとして戦後社会を展望した「ティトマス・テーゼ」を提唱したのがリチャード・ティトマス（Titmuss, R.）[51]である。ティトマスおよびスカーマンのいわゆる「リー

---

[51] ティトマス・テーゼについて，二宮元『福祉国家と新自由主義──イギリス現代国家の構造とその再編』旬報社，2014年，18頁以下参照。

ガリズム」の弊害という主張もあり，司法裁判所が直接に補足給費制度の運用に関与することへの抑制的な態度がみられた。しかし，1975年のベル委員会報告書（Kathleen Bell's Report, Research Study on Supplementary Benefit Appeal Tribunals）は，それまで法律家でない者によってつとめられていた審判所のチェアマンは法曹資格ある者がつとめるべきとするなど，審判所の「司法化」の方向を勧告している。これは，フランクス委員会の結論と同じであるが，非法律家が担う補足給付上訴審判所の限界に対する認識は格段に進んだと言われる。その後の展開について概括しておくと，1979年に政権を獲得し，1990年に辞任するまで政権にあったサッチャー（Thatcher, M.）政権の時代の1980年，「社会保障法」（Social Security Act）によって，社会保障コミッショナーが補足給付上訴審判所の裁決に対する上訴を扱い，コミッショナーの裁決に不服がある場合には高等法院を飛ばして控訴院に上訴がなされることとされた。つまり司法裁判所と審判所は前者が司法審査という形での関与をしていたのが改められ，両者は連続的に権利救済に当たるとされたのである。1980年法によるさらに重要な改革は，給付要件について規則制定が行われ，補足給付についての政府の財政上のコントロールが強められるとともに，地域間の格差が是正されて画一化されたことがあった。審判所における二段階審査がなされるようになって，審判所内での二回目の上訴が可能とされ，その二段階目の審判所からの司法裁判所への上訴が史上初めて導入されたことも画期的であった。1983年の「健康・社会サービスおよび社会保障裁決法」（Health and Social Services and Social Security Adjudication Act）によって設置された「社会保障上訴審判所」（Social Security Appeal Tribunal）がそれまでの補足給付上訴審判所と国民保険地方審判所が行ってきた一度目の上訴を統一して扱うことになった。この補足給付上訴審判所には，首席審判官オフィスが創設され，首席審査官はこのオフィスの統制下にある審判所のチェアマンやメンバーに対して訓練や能力向上の義務を負うとされた。このようにして審判所の独立性と一体性の強化が，手続きにおける積極的職権行使と並行して進展したことが，次の審判所の大改革とその流れの帰結としての司法全体の制度改革の基盤を築いていくことになるのである[52]。

　スカーマン卿のいう，コモン・ローの限界はこのようにして「公法」の形成と，代理人のない受給申請者の権利救済のための審判所と司法裁判所の一体化に加え，

---

[52] 山下慎一『社会保障の権利救済——イギリス審判所制度の独立性と積極的職権行使』法律文化社，2015は審判所の変遷についての詳細な研究であり，以上の叙述も同書に多くを負っている。

専門性の高い社会保障や労働の分野等でのエキスパートとの協働で克服される体制ができていったと言えるであろう。

## 6.2 福祉国家の解体とそれへの対抗

経済史学者の毛利健三は，イギリスの歴史家，アーサー・ブリッグズ(A.Briggs)[53]に依拠して「福祉国家論」についての定義を試みている。すなわち，ブリッグズは，「歴史的パースペクティヴ」における「福祉国家」を論じ，市場の諸力の働きを修正しようと努力して，少なくとも3つの方向にそって，組織的権力が目的意識的に政治と行政を通じて行使される国家を，福祉国家と定義しているという。3つの方向の第1は，個人と家族にその仕事や資産の市場価値と関係なく，最低の所得（a minimum income）を保障することによって，第2の方向とは，放置すれば個人と家族を危機に陥れることによる一定の「社会的事故」（social contingencies），例えば疾病，老齢および失業に個人と家族が対処できるように危機の幅を縮小するという方向である。そして，すべての市民が，地位や階級の違いにかかわりなく，合意されたある一定範囲の社会サービス（複数形）にかんして利用できる最善の基準を提供されるように保障することによるのが，第3の方向である。

毛利は，ブリッグズの第一と第二の国家の市場介入と第3のそれとの間には，一線が画されていると指摘する。すなわち，第1から第2の方向において，共同の諸資源が貧困を緩和し，困窮者を援助するために充当される国家と言うべき「社会サービス国家」（a social service state）の段階への到達が目指されるが，第3の国家介入が狙う目標は，「最低限＝ミニマムという旧概念に代わる最適条件＝オプティマムという新概念を嚮導概念とするような地平」であるとする。そして，この「最適条件」の場合には，階級格差の縮小や，諸グループのニーズへの関心だけでなく，「選挙権を平等に共有する有権者としての市民の処遇の平等と抱負」までもが視野に収められてくるとする。このように「市民の平等と抱負の実現を目標として目指そうとする国家」を，ブリッグズは，狭義の福祉国家とみなし，第3の国家的市場介入こそが，『福祉国家』への固有の方向（the distinctive direction of the welfare state)」であるとしているのである[54]。

---

[53] Briggs, A., The Welfare State in Historical Perspective, Archives européees de sociologie, Vol2, 1961, pp.221-258, 次注毛利12頁。

[54] 毛利健三『イギリス福祉国家の研究──社会保障発達の諸画期』東京大学出版会，1990年6頁参照。

3つの方向とは，イギリス史にそくしていえば，1909年のウェッブ夫妻の提唱による「文明生活の最低必要条件」(an enforced minimum of civil life) の国家による保障要求が，それより遙か前からの累積的圧力を背景に主張されたことがあった。そしてこの「最低限水準保障」を目指す国家介入が社会政策の体系として現実の政治過程に登場するのは，第二次大戦下の「ベヴァリッジ革命」(Beveridge Revolution) 以降のことであった。

第3の方向は，社会サービス国家と識別される固有の意味での福祉国家的市場介入という政策路線であるから，「旧社会の論理」と「最近年の経験」とが重ね合わさってはじめて理解可能になる。そこで毛利は，議会制政治の下での福祉国家制度の原型としてイギリスにおける福祉国家の発達史を論じるイギリスの研究者を批判する論者に注目する。「歴史的概念としての福祉国家」論を，民主政的国民国家の発展と資本割的工業社会の発展との関連においてとらえた福祉国家の諸類型の可能性を論じる見解がそれである。福祉国家をヨーロッパ自由主義に固有のものとして，全体主義との峻別を意識しつつ，「世界論的視座」「進化論的視座」「比較史的視座」から解明する必要を提起したフローラ (P.Flora) の見解である。このフローラおよびフローラ・グループと称される共同研究の成果は，福祉国家が，資本主義的市場経済とその法則に自己の存立根拠を見いだすということとともに，議会民主政的福祉国家とそれが生み出す合意によっても，自己の性格と領域，つまりその存在形態を規定されるという点を方法的に明らかにしたのであって，自由主義的傾向とともにマルクス主義的研究方法の相互補完性を論じる，いわば客観的分析を目指すものであった。

ブリッグズは，イギリス社会史の大著において，福祉国家 (welfare state) の「語源」について，キャンタベリ大主教のウィリアム・テンプルがつくった言葉だろうと言っている。そして，早くも1940年に歴史学者のE.H. カーが，社会的権利の実現を提唱していたことを「踏襲」しつつ，17, 18世紀は市民権主張の時代，19世紀は政治的権利を獲得した時代，20世紀は，「社会的権利」を実現していかなければならない時代であった，と書いている[55]。

フローラの「自由主義的福祉国家」論に対し，1970年代になって顕在化する「福祉国家の危機」と呼ばれる状況を背景に展開される福祉国家論を整序して，「市民権の拡大」として，あるべき方向を論じようとしたのが，法社会学者の伊藤周平である。伊藤は，毛利とともに，既述のT.H. マーシャル (Marshall) のCiti-

---

[55] Briggs, A., Asocial History of England（今井宏・中野春夫・中野香織訳『イングランド社会史』筑摩書房，2004年，450頁）．

zenship の理論に依拠して、「現代的社会権」の発展をはかっている[56]。

19世紀末以降の「新自由主義」の経済学者を記念する、T.H. マーシャルの1949年の講演、「市民権と社会階級」が起点となり、「市民権論」（citizenship）が展開し、これが、この国の憲法のありかたに大きな影響を及ぼしている。当時、ロンドン大学政治経済学院（LSE）教授であり、ホブハウスの後任でもあるマーシャルの理論の特徴は、ロックからフランス革命期にかけてその基礎が確立された自由主義的市民権の概念を再定位し、市民権と階級との両立可能性、資本主義とその「市場原理」と、自由主義的市民権の「戦争状態」とも言える対立関係を克服するために、「社会的市民権」という概念を提起して市民権理論の発展をもたらしたことにあった。

## 7 「市民権」

### 7.1 市民権と福祉国家

「市民権」と訳されているシティズンシップは、「ある共同社会（a Community）の完全な成員である人びとに与えられた地位身分（status）」である。「この地位身分を持っているすべての人びとは、その地位身分に付与された権利と義務において平等である」とされる。田中英夫編代表『英米法辞典』では、『公民権』と訳されてきた civil rights を「市民的権利」と訳し、「市民権」という「国籍という意味」の citizenship との混同も避けたとしている。しかし、マーシャルがいう citizenship は、「市民的諸権利」civil rights、「政治的諸権利」political rights、「社会的諸権利」social rights という3本の糸からなるものである。初期の時代にはこれら3つの糸は1本の織り糸に合体していた。マーシャルは、この合体し混合していた「市民権」の3要素が互いに分離するようになるとし、その分離が完璧なものであったことから、各々の権利の形成期をイギリス史に即して振り当てることができるとする。すなわち、市民的諸権利は18世紀に、政治的諸権利は19世紀に、社会的諸権利は20世紀に振り当てられるとした。

citizenship を「市民権」と訳すのはしたがって誤解を生じるが、マーシャルのこの問題提起は、同姓の経済学者のアルフレッド・マーシャルを記念する講演で展開されたものであるが、その「市民権論」は歴史的パースペクティヴを有し、彼以後も発展を続けているのであるから[57]、「原義」を維持しつつ内容の変化を

---

[56] 伊藤周平『福祉国家と市民権―法社会学的アプローチ』1996年、法政大学出版会。

[57] Heater, D., What is Citizenship, Blackwell, Oxford, 1999（邦訳書、田中俊郎・関根政美訳『市民権とは何か』岩波書店、2002年第5章参照）。

問題にすればよく，訳語によってその変化を現すのは不可能と思われるからこのままとする。

マーシャルの意図は，社会権と市民権の関係を論じることにある。

前述の毛利の「福祉国家論」研究が，現代イギリス憲法の状況を論じるに示唆する点は多々あるが，私が第Ⅱ編において，「変化する憲法とその史的文脈」から「帝国の崩壊と自由論」を論じていること（第Ⅱ編，第1章1-6）との関係において重要である。すなわち，現代イギリス憲法論における自由主義的な基礎と社会権的なその「発展」には一定の連続性があるということである[58]。

岡田与好は，有名な「営業の自由論争」の延長で，福祉国家論を論じている。「イギリス福祉国家の三本柱とされる，〈教育法〉（1944年），〈国民保険法〉（1946年），〈国民保健法〉（1946年）が，それぞれバトラー（保守党），ベヴァリッジ（自由党），ベヴァン（労働党）の名と結びつけられていること，いいかえれば，福祉国家は，理念と政策を異にして相争ってきた三大政党の合作に他ならないこと，……マーシャルの勧めに従って，われわれも今世紀（20世紀）はじめの〈自由党社会改革（Liberal social reform）〉とその起源にさかのぼらなければならない。そのばあい，〈ベヴァリッジ報告（1942年）〉において，社会保険を中心とする画期的な社会保障計画を，窮乏，疾病，無知，陋隘（Squalor; 非常に不潔でみすぼらしいこと），無為という5つの巨悪と闘う総合的社会政策の一環，すなわち第1の窮乏にたいする攻撃にすぎないものとして位置づけたベヴァリッジが，〈自由党社会改革〉の立案と実施にすでに関与していたこと，したがってベヴァリッジにおいて自由主義的社会改革と福祉国家との連続性が象徴的に見出されることは十分注意されるべきであろう」と述べている[59]。

ただしイギリスの福祉国家は，1834年の救貧法体制の解体に発したという重要な特色をもっていた。いわゆる「劣等処遇」の原則，労働能力なき貧民の救済はもちろん，労働能力ある者が物乞いや略奪に走ることを禁じるため，義務的救済制度を労役所の設置で維持することによって，「充分な」救済によって，「最低生活」を保障するという原則をたて，こうした公的救済と競合する共済主義や慈善団体，労働者の共済主義を排除しようとはしなかった。従って，先のブリッグズの所説に戻れば，イギリスの社会保障は，「最低限生活保障」であり，「最適条件」の確立を目指す方向は一度も取られていなかったということになる。このことは，言うまでもなく，福祉国家と自由主義そして社会民主主義主義との関係の

---

[58] 同上書11-14頁および40-42頁参照。
[59] 岡田与好『経済的自由主義——資本主義と自由』東京大学出版会，1987年，250頁。

問題となる。デンマークの社会学者のイェスタ・エスピア＝アンデルセンの福祉資本主義の「三類型論」の議論となる。第一群は，アメリカ，カナダ，オーストラリアの「自由主義的」福祉国家，第二群は，オーストリア，フランス，ドイツ，イタリアの「保守的」福祉国家，第三群は，北欧諸国の「社会民主主義的」福祉国家である。この3類型論には，批判があり，イギリスがこの類型のどれに属するかも明らかではない。しかし，社会政策学者の大沢真理は，岡田与好がイギリス自由主義とダイシーがベンタム主義と結びつけて理解した19世紀における諸改革＝行政革命と，「自由放任」＝市場の自由の関係にあらためて光をあて，現代資本主義論，とくに新自由主義以降のそれを社会政策＝福祉国家論の側面から明らかにする意義を説いている。

　カール・ポラニーの『大逆転』という影響力ある著書[60]は，労働・土地・貨幣という本源的生産要素は，商品に「擬制」されているだけで本来は商品になり得ない。にもかかわらず，19世紀の30年代にはあらゆる生産要素が市場化され，しかも，それらの市場を統制したりする政策が撤廃されていった。「新救貧法」は，上記の状況下で貧民の「生存権」を事実上撤廃したのである。しかし，本源的生産要素を市場メカニズムに委ねることによって社会が破壊されることに対しては，「社会の自己防衛」として工場立法や，土地立法，貨幣制度の管理が生み出された。この市場の拡大と社会の「自己防衛」という「二重の運動」のヒントをポランニーは，ダイシーの『法と世論』に依拠して作り上げていた。エスピン＝アンデルセンの「脱商品化」というスキームも，「二重の運動」，つまり，市場の拡大に対する社会の自己防衛，というポランニーの理論に触発されたものであるが，イギリスにそくして言えば，ベンタム主義的功利主義でなく，地主・貴族の保守的パターナリズム，人道主義に帰せられるとされ，自由主義の影響はほぼ無視された[61]。エスピン＝アンデルセンによれば，ベヴァリッジ・モデルの普遍主義的社会権が，イギリスの「脱商品化」のレベルを最高にしたが，社会の階層化のレベルでは，保守主義の程度は低く，自由主義と社会民主主義のモデルの中位にあるとされた[62]。

　サッチャー政権2期目となった1987年総選挙時にシェフィールド大学のアラン・ウォーカーとキャロル・ウォーカーによって刊行された「児童の貧困に反対

---

[60] ポランニー，カール（邦訳書，吉沢，野口，長尾，杉村訳『大転換――市場社会の形成と崩壊』東洋経済新報社）．
[61] 大沢真理『生活保障のガバナンス』有斐閣，2013年，62頁注8参照．
[62] 同上94頁注5参照．

する行動グループ」(the Child Poverty Action Group) のための『増大していく分裂』The Growing Divide は邦訳されて『福祉大改革‐イギリスの改革と検証』，(佐藤進・金子和夫・広瀬真理子訳)，法律文化社，1994年）として発表されている。

　1979年以降，総額で110億ポンドの社会保障予算が削減された。「首席裁判官レーン卿は，保健・社会保障省政策の変化を記しているが，その変化とは，保健・社会保障省が法に触れた人を起訴することをやめ，その代わりに警告を発して申請者が給付を引き出すのをやめるように促すことである。1980年の補足給付の改革は，権利をより高めるという根拠に立って，新しい法的枠組みを提案した。1980年から1985年の間に「単一給付（single payment）」の受給者の数が急増した。単発の一時的給付が申請者に有利と考えたのであるが，実際は予想を遥かに超えた申請者で対応できず単一給付は廃止され，「社会基金」が設立された。しかしこれはキャッシュリミットのあるもので，貸付制であった。保健・社会保障省は住宅給付の導入時から給付行政から手を引くようになった。政府はさらに給付制度の民営化をはかるようになる。使用者が法定障害給付の責任を引く受けるようになるなどである（邦訳書，キャロリン・ウォーカー論文，144頁-156頁参照）。

　1987年4月にノーマン・ファウラーは，1987年の「社会保障法」にそって改革にとりかかった。出産手当の運営は使用者に委ねられるようになった。同時に出産手当と埋葬手当が廃止された。普遍的給付を廃止するファウラーの社会保障改革はこれが出発点であったが，社会保障の見直しをベヴァリッジ来の「大改革」として行ったファウラーが，「ゆりかごから墓場まで」の福祉国家解体を出産手当と埋葬手当に置き換える給付を社会基金の一部で運営させるように切り替えたことは，まことに象徴的であった（同邦訳書，ピーター・エサム論文，163-180頁参照）。

### 7.2　国家の撤退と行政組織

　このように，スカーマン卿がいう福祉国家からの「挑戦」，「資格に依拠する権利体系」にコモン・ローがいかに対処していくかという以上の問題を論じる以前に，前提としている福祉国家からの「国家の撤退」という問題が，とりわけサッチャー政権以降の新自由主義の時代に生まれてくる。この問題に関して，ギャビン・ドルーリ（Drewry.G.）が理論的な考察を加えている。

　18世紀のモンテスキューが言った，権力分立は，現代ではアメリカにおいてさえも立法，行政，司法の三権が截然と区分されるものとはなっていない。新公共経営（New Public Management, NPM）の理論による民間の経営手法の取り入れ，特に1988年に打ち上げられたNext Stepsが重要で，これによって中央政府の省

庁の多くが公務員外から採用される短期の契約による chief executive を長とする半独立のエイジェンシー化された。社会保障に関しては、「社会保障給付エイジェンシー」が1991年に、戦争年金を扱う「年金ユニット」が1993年に設立された。1991年の「市民憲章」Citizen's Charter は、メイジャー首相時代にネクストステップスを応用したものと言われる。1989年には「生活安定エイジェンシー」が設置され、ホームレスへの宿泊を提供させた。エイジェンシー化は、「責任」問題についても「大臣責任」とは別の accountability がエイジェンシーの長には固有に及ぶとされ、エイジェンシーを設置した親部局は大臣を通じて国会に責任を負うとされる。しかし、実際には、「大臣責任」という憲法の重要原理は後退したのではないかと、政治学者の梅川正美は評価していた[63]。

ドルーリは、こうした「行政」の変化を、原点にある executive との関連で論じている。「司法的用語でなされた執行権 executive power について解釈が、17世紀に議会と君主の間で起きた紛争の文脈で書かれたロックの作品にまだ残っている。彼の〈統治二論〉(1690年) は、ギリシャの混合政体の観念を移し変えたもので、それは、立法的権限と執行的権限の間での機能的な分離を主張したのであった。17世紀のクロムウェルによる空位時代の後の制度的な発展が、司法と言うより行政による法の適用という現代のそれのような執行権の観念の形成の基礎を築いていった」と彼は述べている。もっともロックが混合政体を支持しているとする点は疑念があり、ロックが立法権、執行権のほかに連合権を説いていることは無視されてはならない。イギリスでは国会 (議会) は中世には裁判所でもあったことや、連合権は外交権や戦時の執行 (裁判) 権をも念頭に置かれたこと、つまり彼の当時の緊張感を孕んだ「内政」と「国際関係」に規定されていた面があることに、注目すべきであろう。

いずれにしてもロックの後の「行政」の発展を前提にしつつ、1748年のモンテスキューの『法の精神』は、三権分立論を展開し、アメリカ合衆国憲法にこれが典型的な形で反映されたが、イギリスはその方向に行かなかった。「法の支配」が議会の優越と矛盾することなく憲法原理とされ、国会の優越はコモン・ローも最終的には修正されるという「確信」のもとに、違憲立法審査制は受容される余地がなかったのであろう。

1867年のバジョットの『イングランドの統治構造 (憲政)』では彼の有名な「実効的部分」と「尊厳的部分」という図式で、18世紀のイングランドのそれは、

---

63　梅川正美『イギリス政治の構造——伝統と変容』成文堂、1998年、262-263頁参照。

完全に否定され「執行府と立法府の完全に近い融合」が説かれた。20世紀になると政党が有力になり，庶民院の多数党の党首が首相となるということから首相への権力集中が必然となり，「大統領型首相」が出現するようになる。

現代では三権の峻別を前提にする議論は古くなって，government に代わって governance が使われるようになる。

ガバナンスとは，ある社会で権力や権威が行使されるプロセスである。それは，公共生活，経済的および社会的発展に関して影響を及ぼし，かつ，政策や決定を策定し，実行することに及ぶ。そしてガバナンスは，ガバメントより広い概念である。ガバメントの主要な要素は，統治構造，立法，執行，司法を含むが，ガバナンスは，これらの公式の諸制度間の相互作用と市民社会とそれらとの相互作用を含むものである。ガバナンスは，それ自体として自動的に規範的な含蓄を有していない。しかしながら，ガバナンスの善し悪しを見極めるための代表的な基準として，これには公事がなされることについての，正統性，代表性，民衆に対しての（負託責務履行）説明責任（accountability）および効率性の程度が特定の文脈において，含まれている」ということである（the International Institute of Administrative Sciences の 1990 年代中期の定義）。

ガバナンスは，今日では，国際的にも広く流布され，例えば世界銀行の good governance というのがあるが，ブラウン労働党政権時には憲法改革およびガバナンス法（Constitutional Reform and Governance Act 2010）という法律ができている[64]。ブレアが辞任した後を継いだゴードン・ブラウン首相（Brown, G.）は，2007 年に緑書『ブリテンのガバナンス』The Governance of Britain を発表し，白書，法案へと進んだ。ブラウンはブレアと異なり，一定の体系性ある「憲法改革」を構想し，その中心に Britishness を置き，一定の参加と民主主義の覚醒を目指す理念を示していた。しかし，2009 年に議員の経費不正使用のスキャンダルへの対応に追われ，イラクへの軍事介入で失脚したブレア政権の後継にはすでに大改革の力は失せていた。その中で，2010 年の総選挙直前に慌ただしく成立したのが，先の 2010 年法であった。これは，公務員制度を制定法の基礎の上に位置付け，担当大臣を通じた公務員制度への国会のコントロールをある程度実現したもので

---

[64] Drewry, D., The Executive: Towards Accountable Government and Effective Governance?, in J.Jowell and Oliver, D., (des), The Changing Constitution Seventh ed., 2011, Oxford University Press, pp.188 et seq. Governance についての IAAS の定義は 192 頁参照。大沢真理『生活保障のガバナンス―ジェンダーとお金の流れで読み解く』有斐閣，2013 年，3 頁の「独自」の定義も示唆的である。

あった。公務員は，大臣に対して忠誠を尽くすが国会に対して責任を負うのは大臣であり，個々の公務員は匿名であり不可視化されている。この原則は，2010年法でも基本的に維持されたが，公務員の行動綱領などの規範は公開されることになり，「女王のサーバント」という建前で，女王大権のもとにあってヴェールに包まれ，かつ，先のNPMなる概念のもとに，ネクストステップスなど，省庁を自在に再編するこれも，女王大権に基づき首相によって行使され，自在に再編されていく公務員制度の流動化に対して，一定の歯止めがかけられたことは間違いない。そして，2010年法は，大権事項とされていたいくつかの国政の重要事項を制定法の枠に取り入れていることでも重要であった。なかでも，ポンソンビー準則（Ponsonby's Rule）である。これは1924年にできたと言われる憲法習律の一つで，連合王国が条約の批准，加盟，承認する前に，開催中の国会に，21日間はその条約を提示しなければならないと規定された。また，「ヨーロッパ共同体法」（1972年）が重要な具体例であるように，その条約がUKの国内法を変更することになる場合には，その条約――この場合は「ローマ条約」という条約――を明示的に承認し，国内法としての効力を与える制定法を制定しなければならないとも規定された[65]。この条項は，2016年のEUレファレンダムでUKが脱退を決めたとされる「脱退手続き」にも，重要の意味を持ってくることになるだろう。

　以上のように，サッチャー政権からのNPMの導入は，ブレア＝ブラウンの労働党政権でも継承され，ここから「公的」「私的（民間的）サービス」の区分の流動化が確定的に進んでいくことになった。巨大官僚機構に対して大臣責任制を通じてコントロールするという伝統的システムは「執行権モデル」から「行政国家（administrative state）モデル」への移行を示したが，NPMモデル，あるいはニューレイバーの「政府の現代化（modernizing government）モデル」では，公私の間が流動化し，「責任」という観念の変化が必然となる。かくて，主体の側面でも，行政サービスの「過程」に重きが置かれ，熟達したスキルと「公共性」への奉仕という文化が支配していた状況から，「市場モデル」によって評価される「結果」志向へと，公的サービスのエートスが変化していった[66]。しかし，ネクストステップスにおける長たるchief executiveの責任であるaccountabilityと，その大臣との関係は曖昧であった。そこで，近年の改革は，制定法の基礎によって，マージ

---

[65] Ibid., pp.209-210.
[66] 榊原秀訓「行政民間化に伴う基本理念の変容と基本制度への法的対応」同編『行政サービス提供主体の多様化と行政法――イギリスモデルの構造と展開』日本評論社，2012年，3-5頁参照。

ン部分の基底を支えつつ，公式の法的な改良によってよりも，組織の文化の進化的・増殖的な改良を，憲法習律の fine-tuning（微調整）によって，進行させ，「効率性・実効性・経済性間のバランス」という NPM のモットーに近づくという方向が目指されることになり，その間に民主的な accountability と透明性が重視されるようになったとの肯定的評価もある[67]。

　しかし，ここで忘れてはならないのは，スカーマン卿の主張に現れたように，この改革の総体が，「コモン・ローの終焉」，それの克服ということとの関わりで展開されてきたと言うことである。そこに，ロックの「執行権」由来の「司法」被包接型のイギリスの「行政権」の変転の本質的な特徴，すくなくともその歴史的な「転換」の論理的な特質があると言えるだろう。それを，「イギリス司法制度の構造転換」と言うならば，それなりに正鵠を得ていると言えようか。

### 7.3　司法の独立とブレア

　アンドリュー・レ・シュエール（Le Sueur, A.）は，Jowell & Oliver の Changing Constitution 第 5 版（2004）所収の「変化する憲法における司法権」（Judicial Power in the Changing Constitution）という論文で，2003 年当時の司法部と執行部の対立とそれ以降のめまぐるしい司法改革の内実を分析している。前述のように，わが国では行政法学者の榊原秀訓によって，司法の独立性とアカウンタビリティの相補的な関係を基本的視座としたこの時期の司法改革と憲法改革の詳細な研究がなされているので[68]，ここでは，私の設定したスカーマン卿による「コモン・ローの危機」とそれを契機としたイギリス法の変容という視点から，以上のスカーマン卿の問題提起をまとめるかたちで，問題を整理しておくことにする。

　レ・シュエールは，2003 年 6 月，ブレア政権第 2 期（2001-2005）中途の内閣改造で唐突に持ち出された大法官職の廃止，裁判官選任システムの改革，最高裁判所の設置，イングランド・ウェールズの首席裁判官を大法官に代えて司法部のトップに据えるという 19 世紀以来の司法制度を根幹から変える大改革が表明された。この改革構想自体は，自由＝民主党と一部の学者が支持してきたものであった。しかし，それは，「憲法的危機」をまねいた。その理由は，この提案は，2001 年総選挙の労働党のマニフェストにも記載がなく，司法部の上層部にも事前に相談は一切なく，閣議にも諮られていないものであった。ブレア首相自身，2004 年 2 月に提案自体の撤回はしないが，再考するべきであったとその提案の

---

67　Drewry, *supra note* 64, at 212.
68　榊原・前掲注 31 参照。

唐突であった責任を認めたほどであった。周知のように2004年3月、フランスのシラク大統領がイラク攻撃に関する国連の「第二決議」に拒否権を発動したのに対し、ブレアは3月18日の庶民院での大討論と、労働党からの139人の造反にもかかわらず保守党の賛成を得てこれを押し切って強引に参戦を決めた。

わが国でも小泉首相（当時）はいち早くブッシュ米大統領への全面支持を表明し、イラク攻撃に荷担したが、「大量破壊兵器」の存在というイラクのフセイン政府打倒の理由が存在しなかったということが判明しても、政府は問責されず、国会の検証もなされなかった。しかしイギリスでは、2016年7月6日、ブラウン首相の時（2009年7月）に設置されたサー・ジョン・チルコット（Chilcot）を委員長とする独立委員会が、7年かけた調査結果である全12巻、260万字に及ぶ報告書（The Report of Iraq Inquiry）を発表し、「イギリスの軍事侵攻が決定された当時の状況は、侵攻への法的根拠を満たしていたとは言いがたい」と結論づけた。そして、ブレアについて、「合同情報委員会が検証した内容よりも、ブレア氏が信じたい内容の情報が恣意的に選別され、強調された」とした。また、「決定の衝撃と内容からして、ブレア氏は、その証拠が本当に正しいのか、政府内で十分照会すべきだったにかかわらずそれをしなかったし、回答を受け取ることもなかった」と非難した。キャメロン首相（当時）は、庶民院で「未来に向けて教訓を学ぶ」としたが、イラク攻撃時、ひらの議員として反対していたコービン労働党党首は「圧倒的な国際世論は、イラク戦争は違法だとしていたが、報告書はそれを実証した」とするとともに、「軍事侵略に罪を負う人びとを訴追する権限を国際刑事裁判所に付与するよう政府も協力すべきだ」とした。ブレアは、2003年3月のイラク侵攻の決定は誤っていなかったが、情報分析に誤りがあったこと、「この国の軍だろうと外国の軍であろうと、イラクの人びとであろうと、多くの人たちが抱いた悲しみと無念の気持ちは言葉にできないものがあり、謝罪したい」とし、「サダムの悪政から解放はできたが、その代わりに宗派対立やテロの苦しみをまねいてしまったと認める」と声を震わせて言明した（2016.7.7 The Huffington Postなど）[69]。この委員会は政府によって設置され、政府の正統化のための形だけの委員会だったとする批判もあるが、ブレアをはじめ、当時の政府中枢の行動の正

---

[69] 1991年湾岸戦争の勃発の翌日に、この戦争に反対し、他の議員がボイコットしたため一名しか議席にいない下院本会議場で、この戦争に反対する議員もいたことを証するためとして、この戦争とそれがもたらした最悪の結果を予測したような堂々の演説をした人物がいた。当時下院議員であったバーニー（バーナード）・サンダースである。https://www.youtubecom/watch?v=Aw21hsX8Sz0

統性が否定され,「嘘つきブレア」という断罪が下され,ブレアの首相としての少なくない功績もすべて否定されてしまったことは間違いない[70]。

## 7.4 司法の「積極化」と司法の独立
### 7.4.1 大法官職の「凋落」と「三権分立」の樹立

さてレ・シュエール (Le Sueur) は,2003 年 6 月のブレア「司法改革」提案について,次のように状況を説明している[71]。

第 1 に,この提案は,司法部の上層部にも事前に相談は一切なく,閣議にも諮られていないという初動ミスがあったほか,欠陥だらけであり,誰をも驚かせた。イラク攻撃同様に,保守党の賛成を得て強引に参戦を決めた。性質は異なるが,この司法改革もまたブレアの独裁的な姿勢から生まれたことは記憶されるべきである)[72]。

第 2 に,この初動における拙速を政府の性急な法案準備でさらに悪化させた。これだけの複雑な問題を法案の事前検討を尽くすこともなく,しかも Constitutional Reform Act (Bill) という単一の法案にすべて詰め込むというものであった。第 3 に,このような改革が,前法務長官のローリンソン卿 (Lord Rawlinson of Ewell) の言をもってすれば,「司法部と執行部の対立がこれほど激化したことはないこの時期」に行われようとしたことであった。しかしこの緊張関係は,すでに内務大臣のブランケットが裁判官に対して強硬に行った公開の批判から始まっていた。2004 年の「移民および難民(申立への対処等)に関する法案」(the Immigration and Asylum (Treatment of Claims etc.) Bill 2004) のある条項で,この緊張関係はさらに高まった。その条項は,裁判所が移民および難民の合法性を吟味することを禁じるものであった。

司法制度の現代化 (modernize judicial system) の必要性については,およその合意があるところである。その限りで,連合王国の司法部の独立に関して,連合王国の成文の憲法典で,そのありかた,範囲について規定することは,新時代の成文憲法典への転換点を画する主張として,首席裁判官ウルフ卿を含む人たちによっても受け入れられたと思われる。しかし,ことがらは,そのようには進まなかった。国会では,政府のこの改革のパッケージは,最初は,「おさらば」された。1945 年以来二度目のことであるが,貴族院は,女王の演説(ブレア首相の施政方針)

---

[70] 前述 83 頁,後述 103 頁参照。

[71] Le Sueur, A., Judicial Powers in the Changing Constitution, in Jowell, J. & D. Oliver eds., The Changing Constitution, 5th ed., Oxford University Press, 2004, pp.323 *et seq.*

[72] 戒能『土地法のパラドックス』189-215 頁参照。

で示された改革の概要について否決投票を行った。続く，2004年2月の貴族院の終日討論では，否定的意見が相次いだ。そして，2004年3月の同法案の第二読会において，現在は引退している有名なロイド卿（法律貴族）(Lord Lloyd of Berwick) が，法案の慎重審議のため庶民院の特別委員会に付託したらどうかという動議を出し，貴族院がこれに賛成したにもかかわらず，政府および自由＝民主党は，そのようなことをしていては総選挙（2005年と予測されていた）に間に合わないとしてこれを拒絶した。このように2004年法案にはコンセンサスが全く欠けていた[73]。

　大法官職が，司法部のトップであることにとどまらず，内閣の一員であって執行部において司法部の関係を制御し，司法の独立を支え，さらに貴族院議長として立法にも係わるという点が，改革の中心的な争点となった。きっかけは，2000年の，McGonnell v.UK (2000) 30 E.H.R.R.289 が，チャネル諸島のガンジー島 (Guernsey) の行政長官 (Bailiff) が，同島の執行府のトップであると共に，立法府の議長であり，かつ裁判所の構成員であることが，ヨーロッパ人権条約の6条の「公正な裁判所」に違反するとされたことにあった。当時の大法官アーヴィン卿 (Lord Irvine) は，この事例は一般事例として大法官にも適用になるとは考えないとした。2004年の「憲法改革法案」は，長大なものであったが，大法官は廃止されなかった。けれども，その行政的権限は新設の「憲法問題大臣 (the Secretary of State for Constitutional Affairs)」にほとんど移された。ファルコナー卿 (Lord Falconor) が，最初であるが，同大臣によって大法官は兼務されるが，彼は裁判官として職務を行うことがなかった。こうして，新たな大法官は，裁判官として宣誓を求められることもなくなり，貴族院よりも庶民院に近接的となり，内閣にあっても大法官のように「裁判官としての宣誓」を行った裁判官でもあるという特別の存在ではなくなった。実際，中世来，大法官は，「政治」的な危機状態で，行政府内部でそれなりの重い存在として，司法の独立擁護の切り札として，「憲法」が出現する状況を演じることも少なくなかった。「権利の章典」をはじめとする名誉革命の法的支柱となったサマーズは，後の大法官であった（第Ⅱ編第6章参照）。

　榊原は，2005年「憲法改革法」第2条が，大法官は，法曹資格も貴族院議員であることも要求しないことになったことに言及している。その詳細な研究は，総じて，このような歴史的な大法官職の変質を，わが国の司法改革における規制

---

[73] Le *Seuer, supra* note 71, pp.323-325.

緩和・効率主義・経営主義との対比のみでなく，イギリスにおける近時の「憲法改革」の文脈での，司法の独立性・「アカウンタビリティ」という拡がりにおいて，その「必然性」を解明しているものである。資料的裏付けにおいてこれに付け加えるものがほとんどないが，「必然性」という評価に加えて，イギリス司法の特質の「変容」という観点を加える必要があると思っている。私は，大法官職は明示的には廃止されていないが，それはもはや過去のそれと似て非なる役職になったという意味で，その凋落であり，歴史的にはその「喪失」と表現しておきたい。以下でも，前述のベイカーの研究の視点を私なりに再構成して論じたい。

### 7.4.2 司法の拡張と説明責任（accountability）のメカニズム

若干古いが，学界レベルでの現在の「司法改革」論議の嚆矢となった著書であるThe New Judiciary: The Effects of Expansion and Activism, Ashgate, 1999を書いたマレスン（Kate Malleson）は，Accountabilityについて詳細な説明をしている[74]。

司法の役割は，今日，政治と距離をおいて「中立」を保っていたという古典的な「司法の独立」の段階とは比較にならないくらい増大している。これは自由主義国家に共通の状況でイギリスのみに特有ではない。イギリスでは，執行府の大臣が国会に対して説明責任を負い，その説明が認められなければ辞任しなければならない。これに対し，国会の議員は選挙民に定期的な選挙において説明＝釈明責任を負い，この場合はそれが認められなければ落選するというかたちで責任を負う。以上は「ハードな政治的説明責任」hard political accountabilityであって，その要諦は，決定権者がその役職から除去されるということであって，それはいささか荒っぽい役職に対してのチェック機能を意味している。その主要なる欠陥とは，決定権者の決定のあり方について進行中の義務にこれを課すことができるにとどまるという限定的な効果しかないことにある。この種のタイプの規制の場合には，代替的なソフトタイプの説明責任のメカニズム（'soft' mechanism of accountability）が必要であり，とりわけ，「公開性」openness および「代表性」representativenessが求められるのである。このために決定権者に求められることは，その決定のプロセスにおける透明性であり，また，社会における異なった集団間での利害や社会的諸条件の変化に対しての感性が要求される。このようなソフトな説明責任のメカニズムの特質には二つの道筋があり，その一方は決定権

---

[74] Malleson, K., The New Judiciary-The Efforts of Expansion and Activism, forwarded by Lord Justice Sedley, Ashgate Dartmouth, 1998, at 37 et seq.

者がそれをいかに公衆に説明できるかということであり，他方は，彼らが奉ずべきコミュニティのニーズや意見に，いかに応答しているかということである。このため，メディアの役割が重要であり，それは，情報や意見を決定権者と公衆の間に交互に伝達する上にユニークな役割を果たすのである。責任というものがあらわになるには，決定権者が自らの奉じるコミュニティにその利害を代表し，もしくはそれを反映する保障があるという道があるということでなければならない。このことは，政治的説明責任とは反対の社会的な責任の型を示すものとみることができよう。なぜなら，それは，彼らが選出される過程の構造的な関係よりも，人口学的にかつ文化的に，誰が決定権者であるのかに関わっているからである。ハードとソフトというメカニズムの区別は，司法の独立の役割に焦点をあてて司法における説明責任を論じるに際して，とりわけ重要である。

### 7.4.3 ハードな政治的説明責任（hard political accountability）とソフトな説明責任

　ほとんどの公職に就く者の責任が，政治的説明責任として論じられるのに対し，司法の場合はそうではなかった。裁判官は，その決定（判決）について，公職や政治に携わる者のように責任を負わされることはない。国会に出て釈明や説明を求められることはない。このことは，法廷の公開性やその決定が誤っていた場合の充分なチェック体制で正当化されてきた。上級裁判所による審査もその理由とされた。この限界がある審査に対して，1990年代に大法官省（Lord Chancellor's Department）にたいする国会（庶民院）の特別委員会による審査が行われるようになり，庶民院にその活動について報告する大臣がはじめておかれるようになった。法律扶助についての公費調査委員会（Public Account Committee）の監査や裁判官選任への内務委員会（Home Affairs Committee）の審査が加わった。これによって大法官省が他省庁並みになったと言われる。

　マッカイ卿（Lord Mackay）は大法官の時，国会に対する責任が非常に重要であると強調していた。そこで例えば裁判官の任命についての自らの決定を，国会に直接自ら説明する責任があるとして，裁判官選任についての説明責任を縮減することに反対した。しかし，司法過程の国会による監視が効果的であるかについては，批判が続いた。1998年，50名の労働党議員が署名した動議では，大法官に代え議員である司法大臣を置き，庶民院に直接に責任を負うべきとされた。この動議に対してアービン大法官は，大法官職の憲法上の地位に照らしてこれに不同意であるという政治的なスタンスを取った。これに対してカナダの学者などから

「帝王といえども3つの帽子をかぶることができないという時代に，これはとうてい維持できなくなる」などの批判がなされた。

じつは大法官の権限のうち，裁判官任命や法律扶助よりも，裁判手数料，法律扶助におけるミーンズテスト，裁判所経費等のように，大法官のみによってコントロールできないこともあり，これらが「司法の独立」の名において裁判官たちから主張され，国会がこれに反駁することもあった。じつは，ソフトな説明責任メカニズムは，こうした大法官のハードな説明責任メカニズムがもたらすギャップへの批判への対応として発展した面があるのである。つまり，政治的説明責任は限定的なものであるとされることに対し，裁判所の公開性や代表性という観点でのソフトな説明責任に，つまり，人びとのニーズや利害に裁判官たちが応えていないという社会的な説明責任が，裁判官には欠けているという裁判官の一般的イメージと結びつけられて，ソフトな説明責任部分が拡大していったと思われる。説明責任の機能とされる公開性は，公衆がアクセスできる正式の決定を下すことでは十分なそれではないのであって，裁判所が直接であれ，あるいはメディアを介して間接であれ，決定権者としてコミュニティに積極的に奉仕することに努めなければならないとということだともされたのである。したがってこの状態にはなかなかに到達できないということになるが，裁判官は，そうした方向に参加し，連帯してそれに責任を負うとされるようになってきている。

### 7.4.4　司法的な説明責任の勃興

以上のハードおよびソフトの説明責任が，司法の独立の確保のために支払われるべき適切な代償とされるようになったのは，比較的最近のことである。20世紀の末の30年ばかりの間に，司法に対しての説明責任を求める圧力は強まったのである。公衆の「消費者」としての地位を高めようとする声は，1980年代の政治改革に伴って公共生活のあらゆる分野で拡がっていったのにもかかわらず，司法部のこうした批判に対する姿勢は，しばしば乗り遅れと受け取られたのである。この説明責任は，公費の使途についてのそれとしてことに見やすいものとなった。

裁判官の政治的役割は，あきらかに増大した。このことに見合う，司法部の説明責任の増大があった。

かつて，大法官省は，比較的少額しか使わないところとされていた。しかし，1977年には，法律扶助費が23億ポンド（£2.3billion）を超えるに至り，巨額の公費を費消するところと見做されるようになった。

司法の独立が，司法の国際化と表裏して重要性を増したという事実がある。条約や規約の形態での司法の判断領域が拡大するにつれ，司法部が干渉されることなく独立に判断する必要が増し，それはしばしば，歴史も文化も異なる市民の間に司法の独立に関わる一定の共通基準を設けることを必要とさせた。

### 7.4.5　司法部と執行部の対立

1971年の「裁判所法」（the courts Act 1971）は，巡回裁判（Assize）や，四季治安判事裁判所（Court of Quarter Sessions）を廃止して刑事法院（Crown Court）という主として刑事事件を扱う常設の裁判所を創設するほか，ソリシタから上級裁判所裁判官となる仕組みを創設した重要な法律であるが，同法によって，大法官局が大法官省に格上げされ，政府の他省庁と同格と位置づけられた点でも重要であった。しかしこれを契機に，他省庁同様に大法官省および上級裁判所の裁判官たちは，他省庁の公務員と同様に，あたかも，行政部門の一部であるかのように，行政府の統制下に置かれるようになった。当時の首席裁判官のビンガム卿によれば，以来「行政府は裁判官の首根っこに息を吐きかけ，チェスボード＝勘定磐の質草のように裁判官および大法官省は，扱われるようになった」のである[75]。

司法部の対外的説明責任が強まるにつれ，裁判所内部にも上下関係が現れるようになった。例えば，先の大法官マッカイ卿は，雇用上訴審判所（Employment Appeal Tribunal）のジョン・ウッド（Sir John Wood）に対し，同審判所が上訴を受理する基準を策定すべきだとし，もししたがわないのであれば「貴下の立場を考慮されよ」と「助言」した。これに対し，ウッドは，「大法官閣下は，執行的目的にとってもっともふさわしい形で，私に対し司法的機能を果たすように要求されたが，閣下のこの指示は，正義の実現に資することはないので，従うことはできない」と応じた。

大法官省には法曹でない多くの公務員が勤務するようになった。これに対し，1988年に，ブラウン-ウィルキンソン（Sir Nicolas Browne-Wilkinson）は，「裁判官と大法官省の間に相互に猜疑心が強まっている」と述べた。

ブラウン-ウィルキンソンによれば，「司法の独立」の要請が，大法官省に特別の位置を与えたことは確かで，1980年代の「金銭に見合う価値」value for moneyという原理に対しても，「司法の価値は金銭勘定に還元できるものではない」といった言説がある程度通用したが，1990年代になると，高等法院裁判官

---

[75] この引用を含め，以上の点について，Malleson, supra note 74 at 49 *et seq.*。

の増員問題を契機に，大法官と首席裁判官，例えば，レイン卿（Lord Lane）およびテイラー卿（Lord Taylor）の間で，行政府と司法府の対立となる激しいやりとりが行われるようになって，両者は再三，険悪な関係になった。

とりわけ，注目されたのが，1991年「刑事裁判法」（Criminal Justice Act）による裁判官の量刑裁量の縮小，1996年の「刑事（刑宣告＝量刑）法」Criminal (Sentencing Act)による最短の量刑と強制的終身刑の導入をめぐる裁判官と行政府の対立であった。1996年法の国会審議に際して，テイラー首席裁判官は，プレス声明をだして反対の意向を表明し，多くの上級裁判所裁判官がこれに同調した。けれども，裁判官たちは国会の立法権を侵害する意図はない旨を表明し，「権力分立」という憲法原則が確認されるといった状況を呈した[76]。

しかし，1996年，当時，首席裁判官であったビンガム卿は，国家財政の厳しさを理由に司法予算を縮小することには明確に異を唱え，必要な予算の要求を行わず財政当局に白紙委任することはできないと断じている[77]。

1991年，ヨーロッパ人権裁判所は，内務大臣が終身刑を裁量的に宣告することは，人権条約5条の「自由と安全に関する権利」の保障に違反するとした。すなわち，被拘留者は，長期の拘留について司法的に申立，拘留が合法的であるかについて理由を聞くことができるという条項に反するとした。

1993年には，少年2人による2歳の幼児の謀殺事件について，15年の刑を言い渡した内務大臣のハワード（Michael Howard）に対し，1996年，高等法院合議法廷は，内務大臣の決定を覆し，控訴院は，高等法院の裁判官の8年という量刑を内務大臣が15年に変更したことは違法であると判決した。首席裁判官のウルフ卿は，内務大臣のこの量刑の変更は，「女王陛下の嘉すところによって量刑を行うという裁量的権限を内務大臣が自ら否定したのにほかならない」と念を押した[78]。

## 8　EUとの「協調」

### 8.1　EU法と究極の主権論

EU（EC）加盟にあたって制定された「EC加盟法」（1972年）は，1998年の「人権法」と異なって，EC諸条約およびそれに基づいて随時制定される救済方法（remedies），手続き（procedure）であって，連合王国でそれ以上の措置を必要と

---

76　*Ibid.*, pp.57-59.
77　*Ibid.*, p.54.
78　*Ibid.*, p.60-61.

せずに（without further enactment）法的効果を与えられるものについては，直ちに法的効果を与えられるものとした（s 2(1)）。ECA1972 の「心臓部」と言われる「直接効＝直接適用」説である。国会主権原則は，放棄されたのでなく，国会が自発的に EC 法の直接効を受け入れたのであって，これによって国会主権原理が消滅したわけではないというのが「譲歩」の理由づけであった。しかし，1972 年法は，EC 法に反する他の国会制定法に対しては優位性を有するのだから，その限りでは国会主権原理は否定されたと言わなければならないであろう。また 1972 年法のこのような地位は，1972 年法以後に制定される国会制定法をも拘束するという問題が生じるから，後の時期の国会の立法に対し，1972 年法はその内容を制約することになる。これは，「前の国会は後の国会を拘束できない」という憲法原理とも抵触するという問題になる。

　これらの問題に対する回答は，国会自身からは，1972 年法の制定当時には明確に示されなかった。ただ，国会は，EC 加盟後においても国会主権原理自体は維持されているのだから，EC との間でこうした衝突が起こる場合には，国会の「究極の主権」ultimate sovereignty によって，解決をはかればいいとされ，もっとも重要な憲法問題が EC との関係で残されたまま，2013 年 1 月 23 日のブルームバーグにおける当時は自由＝民主党との連立政権のキャメロン首相の演説で次期国会会期中に「EU 加盟を存続するか否かの国民投票を実施する」と宣言されてしまった。EU の側では，ヨーロッパ憲法制定問題が浮上したが，フランスとオランダで批准のための国民投票により否決された。けれども，2007 年に「リスボン条約」に憲法条約の大部分が受け継がれ，2009 年 12 月にこれが発効する。EU 条約と EC 条約の一本化は実現せず別立てでそのまま残ることになったが，EC 条約は EU 運営条約と改称された。そして EU 基本権憲章は法的拘束力あるものとされ，EU 条約，EC 運営条約，EU 基本権憲章が EU の基本条約として確認され，同一の法的な価値を持つとされたのである。連立政権は，2010 年 5 月に樹立されるが，政治的統合へと大きく舵を切った EU に対してどのように対応するかは，直後に成立した連合政権において当初から対立があった。こうした背景のもとで成立したのが，2011 年「EU 法」（European Union Act 2011）であるが 2011 年法の法案段階で論争があった。その点は後述する。ここでは，1972 年法から 2011 年法の間で大きな役割を果たすのが，実は裁判所であった点に言及したい。

　「変化しつつある憲法の下での司法権」を書いたマッケルドーニは，成文憲法典が存在しないイギリスの場合，憲法の実際の運用は法律，憲法習律，中世から

の慣習に委ねられていたが、このことは、憲法的重要性を持つ立法に特別の保護が与えられないということを意味するとした[79]。加えてEUの構成国になって以来、連合王国は、その主権は稀薄化していないと主張してきた。これを打ち砕いたのが、1988年の商船法 (Merchant Shipping Act 1988) についての判例である。前提として、加盟国は漁獲量についてEUの管理・規制を受けるという点がある。これによってイギリスの漁港には衰退したものも少なくない (日本経済新聞, 2016年6月21日朝刊)。今回のレファレンダムで漁民の多くが離脱を選択したということも念頭においておく必要があろう。商船法は、この漁獲割当をうけてEC海域で漁獲できるのは、連合王国を本拠地にした漁船団に限られるとして、国籍、本拠地住所などについて必要要件を定めた。原告は、スペインの漁業者で会社を設立したが、スペインはECに加盟して間もなかったため、連合王国に登録していた。しかし、1988年法が、定住連合王国市民が75パーセント以上の株式を保有していなければ登録資格を認めないとしたため、連合王国の船籍登録は認められないことになった。そこで、この「商船法」は、EEC条約にある、国籍差別禁止条項、会社設立の権利、資本参加の自由等に違反しているとして高等法院に訴えたのである。

これが、著名なFactortame事件であり、No1からNo.5まである[80]。

前述のように、1972年の「ヨーロッパ経済共同体 (EEC) 法」(現1972 EU法) によれば、ファクタティムの場合においても、EC法に反するイギリスの国会制定法が作られた場合には、直接効のあるEC法がイギリス法として承認され、解釈され効力を有するとされることになるから、イギリスの国会が制定した「商船法」も、EC法の優位に従わなければならないことになる。原告が大臣による船籍登録からの除外を阻止するために、「商船法」の執行を差し止める「仮差止」を命じるように求めたのに対し、控訴院はイギリスの裁判所には国会制定法の適用を妨げる権限はないとしてこれを却下し、貴族院もこれを支持した。かくて、

---

79 ジョン・マケルダウニィ（倉持孝司訳）「変化しつつある憲法の下での司法部」（倉持孝司・松井幸夫・元山健編著『憲法の〈現代化〉——ウェストミンスター型憲法の変動』敬文堂、2016年所収）179頁以下参照。同書はイギリスの憲法学者とわが国のイギリス憲法研究者との共同研究の成果であり、画期的なものと言えよう。

80 Regina v. Secretary of State for Transport, ex parte Factortame Ltd (No1) [1989] 2 CMLR 353 (CA) [1990] 2 AC 85 (HL); Case C-213/89, R.v. Transport Secretary, *ex parte* Factortame Ltd (No.2) [1991] AC 603 (ECJ and HL); Case C-221/89, C-221/89, R.v. Transport Secretary, *ex parte* Factortame (No.3) [1992] QB 680 (ECJ) これらに加え、政府がその立法で損害を生じさせた場合の賠償責任についてのNo4, No,5がある。

EC法とイギリス法の両立が維持されるためには，EC法の優位を妨げているイギリス国内法の原則を裁判所が破棄すること以外にないが，この点をヨーロッパ司法裁判所（ECJ）に付託しその判断を求めることになった。ECJは，EC法の優位性の確保および個人の権利を保護するために貴族院が仮差止命令を下す管轄権を有すると判断した。これによって，貴族院は，正式に制定された商船法の適用を原告のために制限する同命令を発することに全員一致で同意する判決を下すことになったのである。しばしば引用されるブリッジ卿の判決は，「国会が，72年法を制定した当時から，国会は自らが承認した主権に対するいかなる制約をもまったく自発的に受け入れていたのである。1972年法の文言に基づけば直接に強行可能な共同体法の法準則が国内法と一致しない場合には，最終的には国内法の準則に優位させて共同体法を優先させるのがイギリスの裁判所の義務なのである」としたのであった[81]。このブリッジ判決について，故サー・ウィリアム・ウェイドは，「ブリッジ卿の推論は，われわれがその文言の通常の意味における解釈を行ったということではないだろう。彼は，1972年法が後の，商船法のような制定法に合体するかのように解したのであって，そのことは，1972年法が1988年の国会に制約を課しているということの別の表現にほかならない。それは，「憲法的革命」（constitutional revolution）にほかならず，それぞれの国会が最高であって前の国会によってその権限が制限されることはないという古典的な国会主権の理論では許容しえないものである，と述べた[82]。

国会がその意思で国会主権という憲法原理を変更できるのであれば，もはやそれを憲法というのは概念矛盾であろう。ブラドリーとユーイングは，この「自発的主権制限」論について，実際に必要とされた憲法論争を回避したものと論じるとともに，この虚を突いたように登場したローズ控訴院裁判官（Laws. L.J.）の Thoburn v.Sunderland City Council（通称，Metric Martyrs' case〈メートル法殉教者〉事件）による「制定法階層性論」のきっかけを作ったことに注意を喚起している[83]。

Thoburn（ソバーン）事件は，農産物の量り売りを行っていた露天商が，1972年の「ヨーロッパ共同体法」第2条2項によって共同体指令にしたがいメートル法のグラム表示によるべきであるのに，イギリスの1985年の「度量衡法」のポ

---

[81] Per Lord Bridge in Ex Parte Factortame Ltd (No2) [1991] AC 603 at 658-659.
[82] See A.W. Bradley & K.D. Ewing, Constitutional and Administrative Law, 15th edition, Longman, 2011, pp.121 et seq.
[83] Ibid., pp.140 et seq.

ンド表示で販売を続けたために処罰された事件である。メートル法に殉じたとしてタブロイド紙に報道されたので，このような通称で呼ばれた。この事件でローズ控訴院裁判官は，1972 年法と 1985 年法の間に矛盾はなく，それ故に 1972 年法の「黙示的廃止」(implied repeal) はないとした。しかしながらファクタティムの貴族院判決では，1972 年法は黙示的にせよ廃止されたとは言えないとして，憲法原理と完全に一致するコモンローによって黙示的廃止の例外を承認することになった。ここに国会制定法の階層性 (hierarchy) を認識できることになる。つまり国会によって明示的に変更または廃止するとの明確な意思が示された場合にのみそうすることができるような「憲法的制定法」(constitutional statute) と，黙示的廃止の原則によって後の国会制定法で廃止されたとみなされることが可能な「通常の制定法」(ordinary statute) に区分できるとした。

そして，「憲法的制定法」としてローズ裁判官が例示したのが，Magna Carta, 1297; Bill of Rights, 1689; tthe Union with Scotland Act, 1706; the Representation of the People Act, 1832 & 1884; the Government of Wales Act1998; the Human Rights Act, 1998 であった[84]。

ローズ裁判官はユニークな存在であるが，EU 法と国会主権原理の両立を求める裁判官の多くに影響が広く及ぶ可能性がある。裁判所が，「国会制定法」の無効化を正面から論じることには抑制的であったのは，立法部に対する敬譲があったためであろう。このことを示唆しているのが，ビンガム卿である。彼は，「国会主権原理」と「法の支配」原理の両立は，ゴールズワージーが言うように[85]「裁判所は国会の権限によらずに，未だかつて一度も，ある国会制定法を無効としたり，打破したりするようなことをしたことがない」ということに負っていたのである，とする。ファクタティム事件のプロセスは，「制定法の無効化に関わるものであった。しかし，裁判所は，国会がその立法的権限を行使するについて，裁判所にそう（「商船法」を無効化する）するように語っているからそうしただけである。国会がその同一の権限を行使するについて，そう（無効化）しないように語っ

---

[84] R (HS2 Action Alliance Ltd) v. Secretary of State for Transport [2014] UKSC para 207 においてマンス卿 (Lord Mance)，ノイバーガー卿 (Lord Neuberger) は，「不文憲法の連合王国においても，憲法的な文書が存在する」として，同様にマグナカルタ，権利請願，等をあげるが，これには 2005 年の「憲法改革法」Constitutional Reform Act が加えられた。なお，Craig, P., Britain in the European Union, in J. Jowell, D. Oliver & O'Cinneide, C. (eds), The Changing Constitution, 8th ed, Oxford University Press, p.119 参照。

[85] Goldsworthy, J., The Sovereigty of Parliament-History and Philosophy, Oxford University Press, 1999.

たとすれば，連合王国に船舶登録をすることを差し止める命令発給にしたがうことになったであろう」と述べた[86]。

マケルドーニは，ビンガム卿の立場を支持しつつ，国会主権原理は崩壊したとか変質したとする「一刀両断的」見解に否定的である。そこに，公法学者の中でもEU法に精通するクレイグの見解が登場した。彼は，1992年のマーストリヒト条約（EU条約）による現在のEUは，市場統合の第1の柱（First Pillar）と「共通外交・安全保障」の第2の柱，そして「警察・刑事司法」政策の第3の柱によって構成されるが，この第2第3の柱についての協力関係に関しては，加盟国は「政府間関係の初期状態」（default position）に自らをおいて，固定的でなくその都度変化する情勢において，交渉と協議を通じてEUの規範的な決定に自発的に従うことにより，例えば犯罪やテロの国境を越えた性格や脅威にEU法を通じて対処をしてきたのであって，そのことによって伝統的な国家の主権の最大限の縮減を許容してきたのであった，としたのである[87]。

「2011年のヨーロッパ連合法（European Union Act）は，連立政権の行った主権とEUの関係についての一つの回答であり，レファレンダムに基づいてEUの権限のいかなる拡大についても条件を付そうというものであった。AFSJの領域（Area;A）つまり自由（Freedom;F），安全保障（Security;S），「正義（司法）」（Justice;J）に関するEU法規（measures）から選択的離脱（opt-out）をするという提案は，権限を取り戻すという要求を示している」と，クレイグは述べる。リスボン条約は，EU憲法条約の頓挫を受けて，加盟国の憲法制度，とりわけ国会の地位・権限を強める体制を導入するが，イギリスでは，リスボン条約の締結に際して，2008年にEU（修正）法 European Union (Amendment) Actを制定し，EU関連条約の改正に関しては，批准前に改正を承認する国会制定法を必要とすると規定したのである（同法，第5条2項）。

2011年のEU法は，保守党と自由＝民主党の連立合意で「UK主権法案」（UK Sovereignty Bill）として言及されていたのが原型である。その眼目は，UKからEUへの主権・権限の移転を阻むためにEU関係条約の改正がある場合にイギリス国民のレファレンダムによるロックをかけることであり，こうして究極の権威

---

[86] Bingham, T., The Rule of Law, Allen Lane Penguin Books, 2010, p.164.
[87] Craig, P., Sovereingty and the Law of Domestic, European and International, pp.172 et seq. in Rawlings, R.. Leyland, P. & A.L. Young (eds), Sovereingty and the Law-Domestic, European, and International Perspective, Oxford University Press (Kindle ed), 2013.

がイギリスの国会にあることを確保することにあった[88]。

2013年1月，保守党の元党首のヘイグ（Hague.）が序文を書いているEU懐疑派のなかのFresh Startという「超党派」，実際には保守党のグループのマニフェストであるA New Vision for the UK in Europeが公表された。「共通農業政策」the Common Agricultural Policy (CAP) および「共通漁業政策」Common Fisheries Policy (CFP) に関して具体的な提言を含むが，EU基本条約に関しての非体系的な要求を示したものである。EUが財政政策に関して基本に触れる立法を行った場合には緊急の脱退を行うこと，EUは，加盟国の社会的雇用法的分野への干渉を試みてはならず。もし従われなければ，イギリスは脱退すること，リスボン条約によってカバーされていない警察と刑事司法の既存のEU政策からは離脱すること，EUゾーン外の国を排除するような単一市場を保護するための新たな法的枠組みを設けることがないようにすること，ヨーロッパ議会および同経済社会委員会，リージョン委員会におけるストラスブール枠を廃止すること，というような項目であった。クレイグは，EU加盟国のままで実現不能と思われるこれらのアジェンダのなかで，「イギリスの国会制定法によってイギリスがこれらのEUの社会的・雇用関係法について一方的に不適用を宣言することにしていることに注目している[89]。この不適用宣言で，EU加盟諸国から制裁を受けることは承認せざるを得ないが，それにもかかわらずこの立場を維持することは決してわがままでなく，連合王国にとって死活的限界を示すことである」として，イギリスのビジネス界に莫大な負担となり，連合王国のフレキシブルな労働モデルの発展を妨げているこれら規制から離脱することは正当だと主張したのである。クレイグは，これが「フレッシュスタート」派の本音だったという[90]。

### 8.2　社会権とEU法

「市民的自由」の国の憲法学者のなかでは例外的に「社会権」に力点をおくユーイングは，わが国の憲法学者との共同のテキストに寄稿して，「イギリスにおける人権：社会権」について論じている。ユーイングは，特定の国家における広範・多岐にわたる「経済的・社会的権利」について論じることは難しいとするが，

---

[88] 2011年法については，鈴木眞澄「欧州統合の展開と2011年EU法──加盟存続国民投票の視点を踏まえて」，前掲注79，倉持他編著所収312頁以下，加藤紘捷『概説イギリス憲法──由来・展開そしてEU法との相克〔第2版〕』勁草書房，2015年160頁以下参照。

[89] Craig, *supra* note 84, p.177.

[90] *Ibid.*, pp.176 *et seq.*

当該の国家が拘束されている条約を参照することで,ある程度の基準によるそれを論じることができるといって,「ヨーロッパ社会憲章」(European Social Charter)」に言及している[91]。

ユーイングが言うように,「社会憲章」は,「ヨーロッパ人権条約の弟」とでも言うべきものであるが,人権条約同様にヨーロッパ評議会の条約であって,EUのそれではない。イギリスでは,社会的権利の分野,とりわけ労働者権については,「集団的自由放任主義」の故に[92],労働組合と使用者ないしは使用者団体の間での交渉によって形成される「自律的」枠組みに委ねられ,国家の法による介入は抑制されてきたと言われる。したがって労働組合の法認が労働法の中心的な問題であり,1871年の「労働組合法」が,イギリス労働法の到達点とされた。しかし,1979年のサッチャー政権の誕生とその新自由主義的な政策は,この集団主義に対し「個人の自由」・「選択の自由」を対置し,個別使用者の決定の自由を最大限に保障する反面,組合承認制度の廃止や組合活動の制限,総じて,集団的自由放任主義に立脚する伝統的な法の枠組み自体の変質をもたらしていったのである。1979年から1997年までのサッチャー・メジャー保守党政権下の労働立法政策は,労働市場における労働組合の規制力の弱体化を図り,労働組合に対しての規制力を強めることが特徴的であった。これを制約したのが,実はEC・EUの労働法であった。1970年代後半からの指令の解釈をめぐるEC裁判所の先行判決は大きな役割を果たしていった。1982年には1970年のイギリスの「同一賃金法」(Equal Pay Act 1970)が指令違反とされた。1983年には,小規模事業および家事使用人における性差別禁止原則を排除している1975年の「性差別禁止法」を,「平等取扱指令」(Equal Protection Directive No.76/207)に違反するとした。また,労働協約が当事者を拘束しないという理由で同法が,労働協約における差別的規定を無効にしていないことを同指令に違反するとした。EC裁判所がこれらの点を「先行判決・裁定」によって指令違反とし,イギリス貴族院がこの動向にならって,賃金以外の諸手当の男女差別,同一職種ではないが同一価値があると見做される労働についての差別を違反とするなどしたため,イギリスの性差別禁止法が修正を余儀なくされたことは,EU法の影響によるものであった[93]。

デレック・ヒーターは,マーシャルのシティズンシップ論を発展させて,権利

---

91　前掲注43,倉持・小松編著。

92　このことについては,石田眞「イギリス労働法の特質」(戒能編『現代イギリス法事典』新世社,2004年) 300-305頁参照。

93　家田愛子「EU法の影響と労働法の変動」戒能編・同上書320-326頁参照。

に重点をおくロック淵源の個人主義的な「自由主義的市民権」(liberal citizenship) と，義務に重点をおくアリストテレス淵源のパブリック的全体論的な「市民共和主義的市民権」(civic republic citizenship) という区別をした。そして，この二概念による現代社会における市民権の総合的な分析を試みた。

現代のヨーロッパ諸国の状況について，彼は，カント的「世界市民権」，コスモポリタン的市民権も考慮しつつ，「多重市民権」(multiple citizenship) という概念を提唱した。これには，水平に並存する「並列型」と，階層状に積み重なって機能している「階層型」の市民権の区別があるという。

「並列型市民権」(parallel citizenship) には，ある個人が通常2つの異なる国家の市民権あるいは国籍を同時に保有している形態と，ある個人が，一国家の一員であると同時に，その国家の市民社会の一員であるという形態がある。

「階層型市民権」(layered citizenship) は，より複雑である。これには，連邦国家において機能する二重レベルでの市民権があって，連邦国家の例の場合がそれである。もっと不完全なかたちのものもある。例えば，中央国家市民権と中央政府から自律的な地域へ自治を与えるような「分権」(devolution) によって新たに市民権が与えられる場合がある。また，EUの場合のように，国家市民権 (State Citizenship) の上に超国家的な市民権を創設するというユニークな場合もある。「階層型」の第2に，町や都市といった国家や州のさらに下位レベルの市民権が追加される場合があり，これを自治体市民権 (municipal citizenship) と言う。最後にしばしば「物議を醸す」けれども，超国家レベルの世界市民権 (world citizenship) がある[94]。

ヒーターは，EC・EUは経済協力のための組織として発展したが，これが超国家的地域の市民権を発展させることになったのは，非常に早い時期からヨーロッパ統一の創始者たちが，その共同体運営執行機関を監視するために選挙された議会の必要性を認識していたという事情をあげている。1979年に加盟国毎に選ばれた欧州議会議員たちが，EUの執行機関であり「顔の見えない」ヨーロッパ委員会の説明能力のなさに疑問を提議した。そして「活気あるコミュニティの創造のために」ヨーロッパの市民を巻き込む1つの政策を案出し，「テクノクラート

---

[94] 前掲注57 Heater 邦訳書196-199頁参照。なお，憲法改革ないし市民的自由との関係での市民権を論じたものに，佐藤潤一「イギリス〈憲法改革〉とシティズンシップ」（松井幸夫編著『変化するイギリスの憲法――ニュー・レイバーとイギリスの「憲法改革」』敬文堂，2005年所収）および倉持孝司『イギリスにおける市民的自由の法構造』日本評論社，2001年がある。

のヨーロッパ」から「人びとのためのヨーロッパ」に変えていくことを強く主張したのである。そして英語では「人びと (people) のヨーロッパ」は，フランス語では「市民 (citoyens) のためのヨーロッパ」と訳されたという「特筆すべき」事実があった。こうした EU 市民権を効果的に築くため，例えば，ヨーロッパ人としてのアイデンティティを身につけさせるため，EC 共通のパスポートが発給され，EC の旗がデザインされた。またベートーベンの第九交響曲に使われたシラーの「歓喜の歌」の詩が EU 歌として採択されたが，この歌詞自体，18 世紀にヨーロッパ連合の計画を進めようとしたと言われる聖職者サン・ピエールの説話に感動したシラーが生み出したのである。EU は，連合のもつ階層的政治構造がもたらす問題に対して，「補完性の原則」(principle of subsidiary) を主張することで対応しようとしたが，これは，ローマ教皇の政治哲学から生まれたものである。これが EU によって採用された経緯はよく分かっていないが，聖職者であり政治学者でもあるイタリア人のドン・ルイジ・スチュルッツオからキリスト教民主党を経由して EU に伝えられたようである。「補完性の原則」は，ピウス一世によって宣言されたのである。そして，その意味するところは，「小さな下位の社会機関によって効果的に果たせる役割を，より大きな上位機関が自ら取って代わって行うことは，正義に反する重大な罪であり権利秩序の侵害である」というものであった。1990 年にヨーロッパ委員会でドロール委員長は，補完性は EC のモットーにすべきだと述べている[95]。

### 8.3 「社会的ヨーロッパ」と EU 基本権憲章

　EU の意思決定の回路は，3 通りある。まずヨーロッパ委員会 (European Commission) を経由する「テクノクラート回路」。次が，「ヨーロッパ議会」(European Parliament) を経由する「民主主義的回路」，3 番目がロビーグループによる「利益志向的回路」である。移民政策に大きな権限を付与されている「閣僚理事会」(Council; Council of Ministers)[96] は，各国の閣僚から構成されていてナショナルインタレストをインプットする場となっている[97]。これに対して，EU の内閣とし

---

95　前掲注 57 Heater 邦訳書 214-215 頁。
96　ヨーロッパ (首脳) 理事会 (European Council) と異なる。ヨーロッパ共同体諸条約に拘束されない首脳たちの協議の場として 1974 年に設置された「首脳理事会」は，EC/EU の正式の機関ではない (閣僚理事会は正式の機関である)。しかし，1986 年の「単一議定書」によって正式の機関となった。
97　ギデンスは，EU のガバナンスは，EU1，EU2 があるとする。EU1 は，ヨーロッパ委員会と理事会，近年重要性を増している欧州議会である。EU2 は，実際の権力が存在すると

て位置づけられている「欧州委員会」は、加盟国いずれの政府の利益も代表せず、EU レベルの利益目的を遂行する行為者として位置づけられている。ヨーロッパ委員会は、複数の総局から構成されていて、その「縦割り」行政の故に、EU レベルの意思形成が困難となることがある。1990 年代に入って各国は通貨統合に向けて新自由主義的経済政策をとった。これに起因する大量失業や福祉削減は、移民問題と結びつけられ、移民排斥を訴える勢力が各国で台頭した。他方、この規制緩和が、福祉制度の民営化による移民、ことに女性移民労働への需要を高め、多くの移民の流入を導いたが、この女性移民は家族合流による移動を制限され、非正規滞在を余儀なくされる人びとが少なくなかった。ヨーロッパ委員会の「司法・内務総局」は、EU の関係ではこれらの第三国出身者と位置づけられる人びとを、加盟国出身者と平等に扱うように試みた。だが、EU の規模からするとこの総局は、相対的に小さい。そのため、「市民社会」と開かれた構造を保つようにし、ロビーグループ、専門家集団及びそれらとのネットワークへの依存度を高めていく。1999 年に発効したアムステルダム条約以降は、こうした非制度的な方法に依拠した第三国出身者の社会統合政策、とくに移民政策は、「ヨーロッパ委員会」に委譲され軌道修正された。そして、各総局に分散していた権限が、「司法・内務総局」に統合された。そしてこの「総局」の最初の取組が、「EU 基本権憲章」であった。

　EU 基本権憲章に定められている「社会的ヨーロッパ」の構築は、1997 年のア

---

　　ころである。これは、現在は、ドイツのアンゲラ・メルケル首相、フランスのフランシス・オランド大統領と、他の 1、2 の指導者、それにヨーロッパ中央銀行（ECB）、国際通貨基金（IMF）の長で構成されるが、ヨーロッパ理事会の議長、委員会の委員長たちがしばしば加わる。ECB と IMF、委員会のトップの「トロイカ方式」が言われることがあるが、そこで合意されてもメルケルの承認が得られなければ意味を有さない．重要なのは「紙のヨーロッパ」というギデンス創作の概念である。これは、委員会や他の EU 組織が作った将来計画や地域戦略、工程表などであり、効果的実行手段を欠いて夢のままで終わっているものを指す。ギデンスは、EU1、EU2 と「紙のヨーロッパ」の交差するところに EU があるとする。Giddens, A., Turbulent and Mighty Continent: What Future for Europe?, Polity Press, 2014 邦訳書、脇坂紀行訳『揺れる大欧州――未来への変革の時』岩波書店、2015 年、5-7 頁参照。「ヨーロッパ理事会」（European Council）と理事会（Council）とは、EU の政策立案・執行機関であるヨーロッパ委員会、EU 市民の直接選挙で議員が選ばれる欧州議会に対して、加盟国の意見を反映する場である理事会は重層構造から成っている。最上部に加盟国の首相、大統領からなる欧州理事会があり、その下に財政、農業、環境などの政策分野毎の閣僚理事会、加盟国大使による常駐代表委員会がある。ヨーロッパ理事会には任期 2 年半、常駐の議長が置かれ、ブリュッセルで開かれる首脳会議を主宰する（同訳者注、20 頁）。

ムステルダム条約調印に向けて各国がその内容の折衝を始めた時期に、社会民主主義勢力やNGOが、EU条約には社会政策に関する条項が欠けていると主張したことに発している。なかでも、「EU基本権憲章」が合意されたアムステルダム‐ニース条約にいたる間の「開かれたヨーロッパ」を求めるデモ行進等の市民の行動は、各都市に拡がって「憲章」の実現を呼び起こしていった[98]。

EU市民とは「加盟国の領域内を自由に移動し居住する権利を有する」。「すべてのEU市民は、国籍国が代表を置いていない第三国において、他の加盟国の外交的庇護を受けることが認められている」「すべてのEU市民は、ヨーロッパ議会へ嘆願する権利を有する。またオンブズマンに申請してもよい」。これは、ヨーロッパ連合規約、通常「マーストリヒト条約」が1993年に発効したとき確立したEU市民権の内容である。しかし、市民権は、公民的・政治的地位だけでなく、社会的次元に及んでいたこと前述の通りである。1989年にECは、「労働者の基本的社会的権利に関する共同体憲章草案＝社会憲章を起草している。その目的は、加盟国に共通した最低労働条件を規定することであった。マーストリヒト条約は、この社会憲章を具体化したが、EU自体はヨーロッパ委員会指令とEU司法裁判所の判例を通じ、ヨーロッパ市民の社会的権利を強化するために社会憲章を超えた動きを示した。

EC／EUの、この経済的・社会的権利の保護に加えて、ヨーロッパ評議会の公民的権利の保護、ヨーロッパ人権条約（ECHR）による保護が加わっている。ヨーロッパ評議会の加盟国数はEU加盟国をはるかに上回っている。したがって、欧州人権条約の保護下にある潜在的市民という意味での「ヨーロッパ市民」の数は、EU加盟国内のEU市民の数よりはるかに多い。

マーストリヒト条約は、「基本的権利を尊重しなければならない」とし、「なぜならそれらは、ヨーロッパ人権条約によって保障されているからであると同時に、EU法の一般原則と同様に加盟国に共通の立憲主義的伝統から生じたものであるからだ」とした。ヒーターは、これが現時点の擬似連邦制度であるEUが生んだ、そして潜在的にはより洗練された階層型の多重市民権のよい一例となると思われる「EU市民権の現時点での姿である」と、将来への未知の発展に期待を込めて述べている。

けれども他方で彼は、EUは「補完性の原則を具体化することに完全に失敗した」とも述べている。具体的には、国家が必要な措置を取れる問題について、マース

---

[98] 稲葉奈々子「EUと移民政策――「社会的ヨーロッパ」構築の過程とアクターの変遷（宮島・羽場編著『ヨーロッパ統合のゆくえ』人文書院、2003年所収）157頁以下参照。

トリヒト条約は，その加盟国政府を決して無視しないという原則を掲げている。しかしここから，「EU市民とは何か」をめぐる曖昧さや混乱が生じるのである。これは，政治的市民権についてでなく，市民的・社会的・経済的権利についてである。第1に，EU加盟国内のいくつかの国では，多数の移民労働者が存在しているという点である。例えばフランスのアルジェリア人，ドイツのトルコ人である。彼らはEU加盟国の国民でないが，福祉や就労の権利を享受している。彼らは「不完全なEU市民」ということになるのであろうか。第2に，社会保障や雇用保障に対する権利について，各加盟国の解釈がばらばらであるということである。第3に，マーストリヒト条約がヨーロッパ人権条約を擁護していることによって，例えばEU加盟国でない中東欧諸国の人びとはヨーロッパ人権条約によって居住権を保障されている。これはマーストリヒト条約によって，EU市民に認定されるものと同じ内容である。それは，市民としてでなく，人間そのものを対象とした権利だからとも言える。第4に，市民の権利に関するEU側の議論のほとんどが労働者の権利に関するものである。しかし，労働者の権利は，従業員と雇用者の関係に関するものであって，市民と国家の関係についてではない[99]。

　1997年の総選挙で過半数を170議席も上回る歴史的勝利をおさめたブレア率いるニュー・レーバーは，ヨーロッパ統合についてイギリスのリーダーシップを強く主張し，1999年以降，「ヨーロッパの中のイギリス」キャンペーンを展開する。労働法の問題に戻ると，ブレアは，EUの社会政策に関する指令を直ちに受け入れ国内法化した。オプトアウトしていたマーストリヒト条約の「社会政策協定」に参加し，パートタイム労働指令などが，「社会的対話」をへて採択された[100]。労働者保護立法のラッシュが続いたのである。1998年には，イギリス労働法史上，画期的な労働時間規制のための規則が成立している[101]。

　ロンドン大学の労働法学者で「マルクス主義法学」の著書もあるヒュー・コリンズ（Collins, H）は，2009年11月に行われた労働法に関する国際シンポで，「労

---

[99] 前掲注57Heater邦訳書216頁以下参照。
[100] 1989年の「社会憲章」について，労働市場の強化に反対するイギリスが反対したため，「社会憲章」は，11カ国首脳による法的拘束力を持たない政治的宣言にすぎないものとなってしまった。その後，「社会憲章」は，1992年に調印され，1993年から発効した「マーストリヒト条約」に組み込まれることが検討されたが，やはりイギリスの反対でこれも実現せず，同条約の議定書および付属の「社会政策協定」として採択された。ブレアは保守党政権下で他国の足を引っ張ってきたイギリス政府の態度を一変させて，一躍ヨーロッパのリーダーとして「颯爽」として登場したという印象を与えていた。
[101] 前掲注93家田論文308-309頁参照。

働法における第三の道を超えて」という報告をした。この報告へのコメントをした石橋洋によれば、ブレア政権の労働法政策の理論化を試みたのが、コリンズであるということであった。リーマン・ショック以降のイギリス労働法も、競争力強化のために労働市場への介入が強まり変容した。イギリス労働法の「第三の道」的再編についても、「社会契約」が欠落しており、公正や正義に関する社会的コンセンサスよりも、官僚的コントロールの弊に陥っているとした。そして、先の集団的自由放任（コリンズが言う労使多元主義）の復権を主張した。注目されたのは、ヨーロッパで広く行われるようになっている「同じ産業部門において合意された団体交渉の結果をすべての使用者に拡大すること」、また「賃金審議会」という制度を創設すること、究極的には「労働法の憲法化」であるとした。「第三の道」において基軸タームとされた「労働は商品ではない」が、「EU基本権憲章」の結社権、団体交渉権、総じて憲章による労働者権の保障＝憲法化に移行したのか明確ではないが、EU法を意識する労働法理論の全面展開といえる主張であった[102]。

「ヨーロッパ憲法条約」が2004年10月に調印されて以降、イギリスは大きく動揺する。Constitutionという言葉が、それ自体として「不幸なネーミングだった」とブレアが言ったという。しかしブレアは、ジスカール＝デスタン仏大統領が率いる「欧州諮問会議」に元外務省事務次官のジョン・カーを派遣し条約策定に協力したのである。しかし、ブレアとストロー外相は、イラク戦争に大きくコミットしヨーロッパへの関わりが減少していく。しかし、2004年4月、ブレアは庶民院での演説で、ヨーロッパ憲法条約批准をめぐる国民投票を約束する。そして、2005年1月25日、庶民院で国民投票法案が可決された。けれども、イラク攻撃をめぐってブレアの人気は急激に下降し、国民投票の結果が危ぶまれた。しかし、2005年5月から6月にかけてフランスとオランダで国民投票が行われ、憲法条約は否決される。そして7月1日から、イギリスはヨーロッパ理事会議長国として、憲法条約頓挫の難局に対応しなければならないことになった[103]。

イギリス政府では、2007年5月に辞任したブレアの後を継いだブラウン首相が、理念を盛り込むのでなく、実務的で各国が受け入れやすい改正方向を提示することとした。2007年3月25日、ローマ条約調印を祝う共同宣言で、ヨーロッパ憲

---

102 ヒュー・コリンズ著、鈴木俊晴訳『労働法における第三の道を超えて』（上村・石田・戒能編『法創造の比較法学——先端的課題への挑戦』日本評論社、2010年）395頁以下参照。
103 細谷雄一『迷走するイギリス——EU離脱と欧州の危機』慶應義塾大学出版会、2016年、119頁以下参照。

法条約の将来について 2009 年 6 月までに新しい基本枠組みを発効させる意向を EU 加盟国が表明した。2007 年 1 月にルーマニアとブルガリアの加盟が実現し，EU は 27 カ国体制になった。2007 年フランスでは，ブレアが望んでいたサルコジ大統領が誕生した。簡易版の条約を求める点では，サルコジはブレアに近かった。ブレアは，国民投票を封印する決断をし，そのためにも改革条約は加盟国とヨーロッパの関係をかえるものではないとする必要があった。イギリスでは過敏なリアクションがある「憲法」という文言は削除される必要があるとした。また国内の EU 懐疑派やマードックらのメディアの批判を回避するためにも「憲法」「外相」「国旗」などのタームは避けるべきものであった。ブレア首相誕生の初期に好んで使われた「近代化」「ドクトリンの排除」の表現が再度登場する。こうしてイギリス政府は，国内世論を意識してイギリスにとって譲れない「レッド・ライン」を検討した。他方，ドイツのメルケルは，ヨーロッパ憲法条約と同様に憲法的な性格を条約に持ち込むことに拘った。ブレアは，6 月 3 日にドイツへ向かい，ブレアとメルケルは深夜まで話し込んだがブレアは国内の，ことに法律畑の政治家の意見からメルケルに同調できないことを必死に訴え，メルケルを説得した。

「レッド・ライン」は，ブラウン首相に引き継がれ「現存のイギリス労働法および社会的な立法の保護」「イギリスコモンロー制度や警察及び司法過程の保護」・「イギリスの独立した対外政策および防衛政策の維持」「イギリスの租税制度及び社会保障制度の保護」に集約された。

最終的に，イギリス政府は，「レッド・ライン」としての適用除外を確保することに成功する。こうして，2007 年 12 月 13 日，リスボンのジェロニモス修道院において改革条約が調印された。これが「リスボン条約」である。ヨーロッパ憲法条約を放棄して，新しい「改革条約」がそれまでの基本条約を改正するものとして調印されたのである。「憲法」というネーミングはブレアの主張の通り削除され，連邦化を連想するようなシンボリックなタームは意図的に回避された。

ブラウン首相は，ブレアが首相在任の最後の 6 ヶ月情熱を注いだヨーロッパ統合に自分は決して全面的に賛成しているわけではないことを示すため，リスボン条約の調印の記念式典にも取材陣が引き上げたあとに遅れて 1 人で到着するなど，ぎこちない動きに終始したが，「リスボン条約は憲法条約でなく，EU へのさらなる権限委譲を含むものではないので国民投票は必要ない」と繰り返し，国会で

## 8 EUとの「協調」

これを批准し、条約発効に歩を進めることに成功した[104]。

かくて前述のように（8.1参照）、2007年に憲法条約の大部分が「リスボン条約」に受け継がれ、2009年12月にこれが発効する。EU条約とEC条約の一本化は実現せず別立てでそのまま残ることになったが、EC条約はEU運営条約と改称された。そしてEU基本憲章は法的拘束力あるものとされ、EU条約、EU運営条約、EU基本権憲章がEUの基本条約として確認され、同一の法的な価値を持つとされたのである。けれども、イギリスはポーランドとともに、追加議定書30号（Protocol No.30）により、「憲章は、ヨーロッパ司法裁判所および連合王国のいかなる裁判所の力（ability）を拡大して、連合王国の法律の諸条項について、憲章において再確認された文言と一致しないと宣言できるものでなく、また、憲章の第4編に定める労働組合の一定の権利および雇用上の一定の権利との関係において、連合王国の法について裁判可能にする権利をつくるものではない」とされた[105]。

国際法学者の小畑郁は、「憲法秩序」というフォーミュラによって、EU法が人権保護規範を含むことで「憲法秩序化」を遂げていくことになったとした。「憲法秩序化」の到達点は定まってはいない。それにもかかわらず「EC法上の基本権規範に、加盟国憲法基準に沈みこまない基盤を与え、EU法上の自律性確保に貢献した」ものとして、ヨーロッパ人権条約の貢献を評価している。反面、リスボン条約で改正されたEU条約は、EU基本権憲章の法的効力を認め、基本条約と同等の地位においた。しかし同時に、これらが、EUの機関に影響を及ぼさないとも定めている[106]。このように、近代国民国家の形成に応じて作られてきた国家の憲法理論の洗い直しにまでさかのぼって根本的に再検討することが要請される[107]。もとから遡るような深淵かつ雄大な「憲法理論」は、現在のイギリス憲法学界には見当たらないように思われる[108]。

---

104　同上131-139頁参照。リスボン条約の締結について、イギリスが実は主導的な役割を果たしていたことが分かって興味深い。ヨーロッパ懐疑派、世論、メディア等に気を配った労働党、連立、保守党政府の「裏表の」戦略が、2016年現在の――EU脱退を決した国民投票後も決してプラスに働いていないこと、イラク戦争に荷担したブレアの失策が大きく影響していることが推測され、ブレアの責任の大きさが際立つところでもある。

105　Bradley & Ewing, *supra* note 82 at. p.133.

106　小畑郁「欧州評議会・欧州人権条約からみたヨーロッパ憲法秩序」（中村・山元編『ヨーロッパ〈憲法〉の形成と各国憲法の変化』信山社、2012年所収）34-35頁参照。

107　中村民雄「ヨーロッパ統合の展開とEU憲法論議の生成」同上書所収、21頁参照。

108　この点で、山元一「仏語・英語圏における〈ヨーロッパ立憲主義〉論の動向」（同上書所収）226-229頁が論じているラフリン（ロフリン）の「公法の理論」（Loughlin, M.,

## 8.4　EUとイギリスの地方政府・自治のモデル

　グロバリゼーションは，市民権の性質について新たな問題を提起している。政府が市民に対して何がしかの責任を持つことによって正統性を承認されているのなら，例えば政府の失敗によって財政が破綻し，失業者が増大すれば，国家が付与する市民権にどれほどの価値があるのか。EU各国では，国籍を持たない人びとでもその国の市民に与えられる社会的・経済的権利を享受している。ヒーターは，社会的権利は，市民権としてではなく，人権として類型化できないかという問題を提起している[109]。

　「ヨーロッパ社会モデル」が広く流布したのは，1980年代であった。変化の一部は女性解放の波が拡がり平均寿命が延びるなど積極的な面に現れた。移民の増加も経済的利益をもたらしたが，持続的経済成長と実効ある福祉制度を組み合わせることに成功した北欧諸国を除き，ヨーロッパモデルの持続可能性に疑問符がつき始めた。ギデンスは，リスク管理の仕組み中心の伝統的＝ベヴァリッジ型福祉国家から，社会的投資国家に変貌する必要があると主張する。また，2007年時点のEUにおいてそれまでの20年で格差が拡大し，貧困のなかで暮らしている人口は7,900万に達し，その多くは子供だったことを指摘しつつ，「フレキシキュリティ」（柔軟な失業者保障政策）を採用するべきだと言って福祉国家を「非商品化」として考えてきたことから脱却する必要を説いている[110]。

　ベヴァリッジ型福祉国家が，「自由社会における計画化」であって「福祉国家のための計画化」ではなかったことは，自由党の彼と労働党の対立点であった。それだけでなく，総じて「国家」と「社会」の関係に関わって現時点でも再び論じられている。それは，総じて「市民社会」論の再定位にも関わる。ベヴァリッジは，国民保健運営に関して，友愛組合を重視し，そのヴォランタリー活動に委ねる構想をもっていた。労働党は，中央集権的な民間組織を排除した「福祉国家のための計画化」に固執した。2009年にノーベル賞の受賞者となったエリノア・オストラムは，コモンズの保全管理という課題にそくし，国家と社会の二項対立で捉えるのでなく，非国家的・非市場的なセクターの自主管理を提唱したが，キャ

---

　　Foundations of Public Law, Oxford, 2010）が注目されるが，政治的統合・統一の原理論的把握を執拗に追求する彼は，ポスト・ナショナルへの否定的評価二は批判的であり。また，近代主権国家と市民の関係性を注視する反面，EUのような超国家的な現象，そこでの「政治」の現象形態に論議が及んでいないように思われる。
109　前掲注57 Heater 邦訳書266-271頁。
110　前掲注97 Giddens 邦訳書102頁以下および110頁以下参照。

メロンの「大きな社会」構想は，これに触発されたとも言われる。しかし，後述のように，ここには「地方政府」は重要なアクターとして，想定されていないようである。法制史家のチャールズワース（Charlesworth. L）は，エリザベス救貧法，すなわち，1834年の「新救貧法」で廃止された旧法が，各コミュニティに貧民を救助する義務を課し，財産所有者から徴収された救貧税が，再配分の方法として機能していたこと，そしてこの「国家干渉」の枠組みが，イングランド社会に深く埋めこまれた扶助の慣習・文化による再配分の制度化として，内面化していたのだと指摘していた。ヴォランタリーの団体の運動が，政府を巻き込むことによって，すなわち，ソーシアル・キャピタル論を射程においた「橋渡し型ソーシアル・キャピタル論」として，機能する重要性を説く理論も，ここから生まれた[111]。

1993年にロバート・パトナム（Putnam, R.D）は，Making Democracy Workを書いてこの「社会関係資本」（social capital）論を提起した。これは，人びとの間の信頼や互酬性の規範，ヴォランタリーの精神を含むコミュニティにおける個人の潜在的利益に着目する理論で，「市民社会度」（civicness）が，社会の有り様を捉える尺度として流布されていく。2010年に政権に就いたキャメロン首相は，「大きな社会」というその政権構想にこれを利用した[112]。

イギリス憲法の現状を論じる上にきわめて重要と思われるが，ほとんど無視されている「地方政府」について貴重な研究を行っている岡田章宏は，「地方政府は，外見に映る法的制度として，統一国家に組み込まれた統治団体と説明されながら，反面で，それを内側から支える法外的または慣行的現実態として，過去と連続的つながり漸次的に発展する自治的団体」として理解できると述べる。そして，ブレア政権が企図した改革は「中央政府の強力な介入をてこに，統治団体としての地方政府をコミュニティのリーダーとして復活させ，それを中心にさまざまなアクターとのパートナーシップを強化しつつ地方社会の自律的な活性化を目指すプロジェクトであった」とする。これに対して，キャメロン政権の改革は，「緊縮財政のもと，自治的性格の強い私的・共同的団体として地方政府を呼び起こし，自由な活動を期待しつつ，市民に対しては責任の自覚を介して積極的な社会活動への参画を誘引するプロジェクトである」とする。いずれの政権も「地方主義」

---

[111] 永島剛「イギリスの〈大きな社会〉構想とソーシャル・キャピタル論──〈福祉国家〉との関係をめぐって」『社会関係資本研究論集』第2号 2001年3月，125-127頁参照。
[112] 永島・同上 110-111頁，村上俊介「市民社会・社会関係資本・市民文化──近代のプロジェクト？」同誌第I号 2010年3月，151頁参照

(localism) を掲げながら，地方政府に対しては主体的とするか，手段的なものにとどめるかの差異はあっても，民主主義の再生，市民社会の再定位の面で地方政府の位置づけは曖昧であって，「未完」と言わざるを得ないものと見做しているようである[113]。

イギリスの1990年代は，99年のスコットランド・ウェールズ両地域議会の設置，2000年の大ロンドン市の公選首長，行政府，経済開発機関の創設と並行してイギリスという国における最大の「地域」であるイングランドに，リージョン (region) という行政単位を誕生させようとしている。

『イギリスの今——文化的アイデンティティ』という秀逸な「ガイドブック」を書いたストーリーとチャイルズは，「大きな社会」という言葉の出所はサッチャーの夫のデニスであり，「マーガレット，君の使う語彙には，同情というのはないだろう」という忠告に対抗する狙いがあったと述べている。「社会など存在しない」という有名なサッチャーの言葉が意識されたのであろう。イギリス出身の作家であり，アメリカで活躍しているアンドリュー・サリヴァンは，帝国解体後のイギリスについて，「ブリテンをなくすことでこの島国の人びとはブリテン問題をなくすことができる。というのも，スコットランドもイングランドもウェールズも，もはや〈グレート〉というやっかいな名称に悩まされることがなくなるからだ。これより古く，より深みのある統一体は，大英帝国がなくなる前から，いやそれどころか，〈帝国〉という概念よりも前から存在している。〈ブリテン〉は比較的最近作られたもので，18世紀に連合法で不細工に継ぎはぎされたときに誕生したものにすぎない」と述べている。極めつきは，かのジョージ・オーウエルで，1941年のエッセイに次のように書いた。

「イギリスのアイデンティティーの多様性は，われわれがこの島を，イングランド，ブリテン，グレート・ブリテン，イギリス諸島，連合王国，さらに高揚した気分のときはアルビオン，と六つの名前で呼ぶという事実で示される」と書いた。しかし，フランス革命以降は，特に外国からイギリスは「裏切りのアルビオン」と見られてきた。フランス革命でその初期に革命派を支持したが，後に態度を変えたからである。しかしアルビオンという言葉自体は，ドーヴァーのラテン語で「白い」albus という意味の断崖から生まれた。イングランドの支配体制に批判的であった詩人で画家のウィリアム・ブレイクは，「アルビオンの娘たちの

---

[113] 岡田章宏「現代国家における地方民主主義の変容——〈新しい地方主義 (New Localism) の歴史的位相とその意義」（本秀紀編『グローバル時代における民主主義の変容と憲法学』日本評論社，2016年，122頁以下参照。

ヴィジョン」という作品のなかで，1793年に女性の権利を公言し，奴隷制などの当時の不正に抗議して「奴隷の身でアルビオンの娘たちは涙する。身をうちふるわせて悲嘆する」と書いた[114]。

　こうした「固有の」文化的多様性の社会に，EUの介入と移民の流入は，イギリスにどのような影響を与えたのであろうか．民主的制度を軸にしたEUの行政・自治モデルが確立された1980年代，地域に対するイギリス政府の政策は，市場原理を重視する視点から公共サービスの供給に民間セクターの参加を奨励するものであった。これによって80年代は，地方政府の活動領域は侵食されていった。そして，中央政府と民間セクターの協力関係を意味するパートナーシップが，既存の地方政府を排除するかたちで推進された。このようななか，イングランドで，1993年に自発的協議機関の全国組織として「地域協会」(Regional Association)が，イングランドの地方政府＝自治体をすべてカバーするものとして設立された。ジョン・メイジャー政権も軌道修正し，政府地域事務所の設置などを行った。1997年からの労働党政権も，地域開発に取り組んでいく。EUの介入は，このような中央政府主導の地域政策でなく，既存自治体のEUとの直接折衝という形によるものであった。EUにとって国家ではない地域という単位は重要であった。そこにEUは，構造基金という手段をもって介入し，地方政府に対する財政的・制度的支援を拡げていった。ストラスクライド，マージ-サイド，バーミンガムなどは旧産業中心の構造を一新する成果をあげていく。EU予算のほぼ半分が共通農業政策，三分の一が構造基金関連である。EU脱退の影響は，地方政策とともに，独自の地方自治政策を展開できていない地方政府のレベルに深刻なかたちで現れるだろう[115]。

### 8.5　3つの円とイギリス

　2016年6月23日の国民投票の結果がEU脱退となって以降，第二次大戦終結時の1946年3月5日，チャーチル首相がチューリッヒで行った演説が，しばしば引かれるようになった。チャーチルはヨーロッパ評議会の創設にあたってこれを「外から祝賀する」と述べた。そして，「われわれ英国人はヨーロッパ人と共

---

[114] Storry, M & P.Childs eds., British Cultural Identities, 4th ed., Routledge, 2013, 邦訳書, 塩谷清人訳『イギリスの今―文化的アイデンティティ』第4版, 世界思想社, 2013年, 28, 60頁以下参照。
[115] 若松邦弘「ヨーロッパ統合とイギリス―イングランドにおける地域制度の成立」前掲注98宮島＝羽場編書113-136頁参照。

にあるが，決して内部の仲間の一員ではない」と語った。また彼は，1948年の保守党全国大会での演説で，「英国は3つの円が交わる空間を維持すべきだ」と述べた。

　第1の円は，英語使用国，特にアメリカと「白人」が支配的なカナダ，オーストラリア，ニュージーランドで構成される。第2の円は，ヨーロッパである。そして第3の円が，英連邦である。イギリスはこの3つの円の交わる空間に位置し，どの1つの円にも依拠することはない。EUとの関係では，ロンドンの郊外に多い semi-detached の住宅の比喩が適切である。境界壁で2軒に区切られた一戸建て建物であるが，このようにEUは，1棟の独立した建物ではなく，2つの家からなる。1つはイギリスを含む28の要素からなる家で，もう1つがイギリス用である。状況によってイギリスは，1つの家もしくはもう1つの家に居住する。この最初の円は，激烈なかたちで世界中に知れ渡ることになった。2013年，アメリカの国家安全保障局（NSA）に勤務していたエドワード・スノーデンがこの機関による世界大の監視システムの存在を暴露したとき，この「大きな耳」を支えているのはアメリカ人だけでなく，英語を共通語としている，イギリス人，カナダ人，オーストラリア人，ニュージーランド人の下請け同僚者たちであることが分かった。この「五つの眼」（Five Eyes）は，第二次大戦中に米英秘密諜報協定で土台が作られた。以上のように分析するパリ大学名誉教授のベルナール・カッセンは，「英語圏」の席巻が実は第2の円であるEUで顕著であると言う，

　そもそもローマ条約はイギリス発の「自由競争と自由貿易の理論」によるものであり，その後の多くの協定，ことに1986年の「統一行動」（Acts unique）は，これを確認したものだったと述べている。EUの公式言語は，1958年の言語規則によって加盟各国の言葉によることになっているが，英語に過度の特権が与えられていることは否定しがたく，ヨーロッパ司法裁判所でさえそうである。イギリスはドイツと協力して2004年と2007年に中央ヨーロッパと東ヨーロッパにまで拡大EUを延ばし，これによって「出向労働者たち」の利用で社会的ダンピングの可能性を増大させた。これは完全にイギリス外交の戦略的成功だった。Brexitは，自分のイメージ通りに運営することに成功したイギリスがEUから離脱するという「もっとも嘆かわしいパラドックスである」と言うのが，彼の結論である[116]。

　第3の円である英連邦（ただし，英連邦は「連邦制」とは言えないので適訳でない。

---

[116] カッセン著，坪井善明訳「ヨーロッパにおける英国の遺産」『世界』2016年10月号，272-275頁参照。

コモンウェルスとする）は，1931年，ウエストミンスター法（憲章）によって誕生したBritish Commonwealth of Nationsから，1948年にBritishという名が消えた。「クラウン」への忠誠が不能な共和国のインドが，続いてパキスタン，セイロンがコモンウェルスに加わるためであった。20世紀の初頭以来，自治領を含むイギリス帝国の各地に住む人々はそうだったが，イギリス国籍法（1914）で王冠に忠誠を誓う共通国籍として「イギリス臣民」としてイギリスへの入国を認められていた。第二次世界大戦後はイギリスとアイルランドを除くコモンウェルス諸国市民には独自の国籍はない。カナダ人は，カナダに住むイギリスの臣民，アイルランドについてもアイルランドの意思に反してイギリス臣民という。

　1946年，カナダの市民権法成立によって出生地主義によるカナダ市民が生まれ，他の英連邦＝コモンウェルス諸国でも同様に独自の市民権を定めた法律がつくられていった。ただし「カナダ市民」は二次的には「イギリス臣民」でもあるとされ，「帝国と，英連邦＝コモンウェルスの一体性」は担保されていく。カナダの「市民権法」を受け，「イギリス国籍法」（1948）が成立し「イギリス市民および植民地市民」と「英連邦＝コモンウェルス市民」は別のカテゴリーに区分された。しかし両方とも「イギリス臣民」としてイギリスに自由に出入国し，就労もできた。この権利に基づいて1940年代後半から60年代前半にかけて，帝国およびコモンウェルス諸国の各地からイギリスへの大量の移民・労働者の移動が起こった。この時期には他のコモンウェルス諸国でも人に移動に関して帝国＝コモンウェルスの一体性を支える制度がとられた。インドは1950年1月のインド憲法の発効で共和国になった。共和国インドは，あらゆるコモンウェルス諸国を外国とみなさないとしたため，共和国になってからも，イギリスとその植民地および他のコモンウェルス諸国からであっても，市民権を獲得した人々に対して二重国籍を認めた[117]。

　イギリスの1981年「国籍法」（1981）は，イギリス市民（British citizens），イギリス海外領市民（British Overseas Territories citizens），「イギリス海外市民」（British Overseas citizens），イギリス国民（海外）（British Nationals [Overseas]）および「イギリス保護民」（British Protected Persons）という市民権が規定された。連合王国本国市民という法的地位を設け，これのみによって居住権を認めたのである。この複雑な構造は，帝国の崩壊と国籍法，出入国管理法との相互関係に由来している[118]。

---

117　小川浩之『英連邦——王冠への忠誠と自由な連合』中公叢書，2012年126頁以下参照。
118　宮内紀子「イギリスにおける人権②国籍と市民権」（前掲注43 倉持・小松編著『憲法

ヒーターが批判しているように,イギリスの国籍法,市民権は複雑で混乱しているように思われる[119]。

その原因について考えると,イングランドにおけるネーションの形成史が関係してくるように思われる。

コールズによれば,その初期においてネーションに関して重点は,イングランドの人民の正統的な利害を認識する強大な国家を作ることに存していた。人民は,彼らの法と言われるものに服するように奨励されたのである。これに対して,国家＝ステイトとは,時折人民に「強行」(enforce) されるものであり,また人民に利用されるものであった。17世紀の半ばの「内戦」での闘いと勝利で,法の観念と民衆のネーションに対するイデオロギーは,力と立場を確立し,近代イングランドの主流的アイデンティティのなかに吸収されていった。

大部分の人に投票権がない状態で,17世紀から19世紀までネイションとステイトの間をつなぐのは,法であった。法は,イングランド人民の歴史的性質を体現しているものにほかならなかった。法律家と裁判官は,ステイトの官吏ではない。法は統治の腕であり,正統性の中核的部分をなしていた。9万の人々が,コンスタブル（治安官）となってイングランドの9060の教区を支えていた。

イングランド人は地方的にも全国的にも権威に従順であり,法についてそうであるようにネイションについてもそうであった。

ブリテンの国籍については,君主と臣民の関係＝紐帯で考えられていた。君主の領有地＝ドミニオンに生まれたことによってそれは,自然的に取得されるのであり,それは,国内か海外かを問わない。1948年の国籍法＝Nationality Actで,本国の外の人を吸収しコモンウェルス市民とブリテン臣民を同じ意味とした[120]。

Britain島から発した「イギリス」が帝国となり,あたかも元の形に戻るようにイングランド,ウェールズ,スコットランド,アイルランドに分離することになるのであろうか。コモンウェルスは,かつては軍事力の配備によってイギリスの「帝国」的再生を狙う側面はあったが,1956年のスエズ危機で,「英連邦」のリーダーシップを通じて世界的影響を与えることは,もはや不可能であると「イギリス」自身が撤退していったのである。

よく知られた「神話」がある。アルビオン（イギリス）に上陸したブルータスとその息子の神話である。トロイから逃げてきたアイネイアスの曾孫のブルータ

はいま』所収）86頁以下参照。
119 Heater, 前掲注57, 邦訳書141頁。
120 Colls, R., Identity of England, Oxford University Press, 2002, pp.13, 23, 161.

スは，イギリスの岸に着くと，王国を3人の息子に分け与えた。長男のロクニヌスはイングランド，次男のカンバーはウェールズを，三男のアルバナクタスがスコットランドを授かった。プランタジネット朝と，後のチューダー朝はこの神話を根拠にして，スコットランドとウェールズに対するイングランドの優越性と封建的な覇権を主張した。アーサー王伝説の一つは，ウェールズとスコットランドを，アーサー王の臣下だったとしている。この神話によってスコットランドとウェールズに対するイングランドの優位は，さらに補強された[121]。

より科学的な分析に，「国内植民地」モデルあるいは「辺境」(Diaspora) モデルというべき，「入会地＝共有地収奪」とイギリスの植民地収奪は同じ土地収奪の手法によるものであったと実証しようとした研究がある。これによれば，イギリスの植民地形成史と本国における囲い込みの歴史は一つの繊で繋がる。他日，検討したいところである[122]。

## 8.6　EU 脱退の可否を問うレファレンダム

2016年6月23日，EU からの脱退是非を問うレファレンダムが実施された。残留とするのが，16141241 票で全体の 48.11 パーセント，脱退とするのが，17410742 で，51.89 パーセントであった。

メイ首相は，来年3月までにリスボン条約の第 50 条によって，イギリスの憲法が定める手続きにしたがって脱退通告すると宣言した。これに対し，ロンドンで投資ファンドを運営するジーナ・ミラー他が高等法院合議法廷（行政訴訟）に提訴した。

R (Miller) v The Secretary of State for Exiting the European Union, [2016] EWHC 2768 (Admin) Case No. CO/3809/2016 and CO/3281/2016, 3 November 2016
In the High Court of Justice, Queen's Bench Division Divisional Court, Before:
Lord Chief Justice of England and Wales, The Master of the Rolls, Lord Justice Sales

すなわち，イングランド・ウェールズ首席裁判官 Lord Thomas，記録長官 Sir Terence Etherton，控訴院裁判官 Sales の3名の合議法廷の裁判官は，政府が，

---

121　Smith, A.D., The Ethnic Origins of Nations, Blackwell, 1986（邦訳書，巣山・高城訳『ネイションとエスニシティ』名古屋大学出版会，1999 年，240 頁）.

122　Karsten, P., Between Law and Custom-"high" and "low" Legal Cultures in the Lands of the British Diaspora-The United States, Canada, Australia and New Zealand 1600-1900. Cambridge University Press, 2002.

国会を通さずに女王大権に基づき，EU条約の第50条の脱退通告を行うことはできないとする全員一致の判決を下した。これに対し政府（法務長官）は，直ちに最高裁判所に上告した。

　最高裁判所は，2017年1月24日に11名全員の最高裁裁判官による審理の上，8対3で，上告人である政府（Secretary of State for Exiting the EU）敗訴の判決を言い渡した。R (on the application of Miller and another (Respondents) v Secretary of State for Exiting the European Union (Appellant) {2017} UKSC 5

　最高裁長官のノイバーガー卿 (Lord Neuberger)，同副長官 Lady Hale, Lord Mance, Lord Kerr. Lord Clarke. Lord Wilson. Lord Sumption, Lord Hodge の8名が多数意見の判決を下し，Lord Reed, Lord Canwath, Lord Hughes の3名が反対意見を述べた。

1. 1973年1月13日，連合王国（UK）は，EEC（現在のEU）および関連諸機関の加盟国となり，1972年の「ヨーロッパ経済共同体法」（EEC法，現在の1972年EU法）によってEEC法（EU法）は，連合王国の国内法の一部としての効力を有することになった。EECはその後，拡大し，加盟国は，9カ国から28カ国になり，その名称も，1993年のECから2009年からのEUと変わった。

2. 2015年12月，UK国会は，「EUレファレンダム（国民投票）法」を成立させ，2016年6月23日に投票が実施され，過半数票では，EUを脱退するということになった。そこでUKの大臣または政府（以下，諸大臣と言う）が，EUのメンバーであることを終了すると宣言することになった。当裁判所の面前にあるこの段階での問題は，EU脱退へと進むまえにUKの国内法上の問題として何が必要とされるかという事項である。特別の争点となるのは，国会の両院による事前の立法が可決され女王の裁可がなされることなく，諸大臣が，脱退のための正式の通告を適法に行うことができるかということになる。

3. 誰も，このようなことを裁判所が決定することは適当でないと言っていないと強調しておく価値はあると思われる。また，この事件は，EU脱退という決定が賢明であったか，脱退の条件，脱退の日程や段取り，EUとの今後の関係の詳細とは何らの関係のないものであるということを強調しておく価値もあると思われる。これらはすべて，諸大臣または国会が解決すべき政治的な問題である。これらは，民主社会において，裁判所にアクセスする権利を行使する諸個人もしくは独立の主体によって提起された法的争点について決定することを職務とする裁判官が決定すべき問題としては，適切でないのである。

4. UKの憲法的な取り決めに関係する問題のうち，最重要な法的な争点について，裁判官が決定しなければならないことがある。この事件では，これらの問題についての手続きが争点となっている。すでに示唆したように，これは，UKがEUの加盟国であることに関わるからでなく，(i)第1に，諸大臣が国会に依拠することなく，王の大権を国際的なレベルにおいて行使することを通じて，国内法を変更する効果をもつような権限を一般的に享受しているのかという権限の範囲の問題と，(ii)第2に，UK政府と国会を一方の当事者として，スコットランド，ウェールズ，北アイルランドのそれぞれの立法および行政権を委譲された地域を他方の当事者とする関係において，その権限はどこまで及ぶかという問題であるにとどまるのである（以上 [1]-[4]）。

5. この上告について，国際関係において諸大臣が王の大権に依拠して国内法の変更ができるのかという問題については，2つの憲法上の問題が生じる。第1は，脱退担当大臣が依ることができるという大権とは，国会に依らずしてUKがそのような地位を与えられているEU条約からの脱退ができるということを含むのかであり，第2は，UKの国内法すなわち国会制定法の変更によって大臣は，通常であればできないこうした権限を行使できるようになるのかということである。脱退担当大臣がこうした権限を行使できないのではとする議論は，そのようにする権限が制定法によって効果的に付与されているのでなければ，条約からの脱退はできないという原則があるとするものである。

　多数意見は，1971年から2016年までのUKとEUの関係を詳細に記述し，加盟後のEU法については1972年のEU法に一括して国内法として加えられているとし，脱退に際し，1972年法を廃止するための政府がいう「大廃止法案」Great Repeal Bill が制定されるまでは，裁判所としては1972年法を生きているものとして扱うほかないとした（[35]）。

6. UKは単一の根本法を定めた法典を有さない。われわれの憲法的取りきめは，原則を定める形で実際的なやり方で発展してきた制定法，習律，学術的な書物や判例で形成されてきたのであって，憲法学者のA.V.ダイシーが，存在するもののなかでもっとも柔軟な政体を有するとしたものである。元来，主権は，王という機関（クラウン）に集中していたが徐々に制限されていき，数世紀の間に国王大権と言われる権限の集合は，国会主権と法の支配の発展によって国内的事項については，20世紀の終わりまでには，国家の3つの主要な機関，すなわち，国会の両院，執行府，そして司法府に大部分が付与されることになっ

た（[40]-[41]）。

7. 17世紀の「布告事件」において，首席裁判官のサー・エドワード・クックは，「国王はその布告もしくは他の方法によって，王国の制定法，コモン・ロー，慣習法のいかなる部分であれ，これを変更することはできない」とした（Case of Proclamations (1610) 12 Co.Rep.74）。国王の行政権限は現在では執行府，すなわち国会に対して応答責任を負っている諸大臣によって行使されることになっているが，これらの諸権限の行使は制定法規とコモン・ローに合致していなければならないとされている。そうでなければ大臣たちは法を変更していいことになってしまうからである。大臣たちは規則等を制定することを通じて法を作成していることになるが，第二次立法もしくは委任立法といわれるこれらの法規は，（国内法的に大権が残存しているところ以外では）制定法によってそれの正統化がなされる必要がある。そしてもし，それらの規則等が正統化されない場合には，それは無効になる（R [The Public Law Project] v Lord Chancellor [2016]）（[44]-[46]）。

8. 多くの制定法は，条約に国内法としての効果を与えている。1972年法（1972年EEC法，現在は1972年EU法）もその１つであるが，同法についてはもっと見ておく必要がある。同法は，（対応する国内法がない場合でも）さらに第一次（主位）立法が制定されなくても，EU法がただちにUKの法源となるばかりではなく，制定法を含むUK法のすべての国内法に優先するとしているものである。これは，多くの人たちにとってドライもしくは技術的と聞こえるかもしれないが，憲法的に言えば，1972年法の効力は前例のないものと言えるのである。UKのEECへの加盟がこういった法的結果をもたらすとは，貴族院の*R v Secretary of State for Transport, Ex p Factortame Ltd (No2)* [1991] 1 AC 603までは，法律家でも多くは認識していなかった。国会主権の原理と両立をはかりながら，こうした前例のない状態は，国会がそう望まない限りは，ずっと続くのである。1972年法は他の制定法と同様に廃止することもできる。この理由によって，われわれは，いわゆる「承認のルール」という根本的なルールが1972年法によって変更されており，したがって1972年法が廃止されればこの点も変わると言うことを強調しておきたい（[60]）。

9. 1972年法は，この上告に関連しても２つの重要事項と関係している。第１は，同法は，EU法から派生する権利，義務およびルールが，UKについて，国内法の一部として適用されると規定していることである。第２に，同法は，UKにおける法の作成についての新たな憲法的プロセスを規定したことである。

この両者は密接に関連するが法的および概念的には区別される。この権利，義務とルールについては，1972 年法の適用の結果として，われわれの国内法に導入された諸権利，諸義務およびルールの内容は，専一的に EU 法の問題となる。しかしながら，UK の法として作成されるその憲法的なプロセスは国内法の問題である（[62]）。

10. 1972 年法の結果，EU 法は，以下の 3 つの道筋で UK の法の一部になる。第 1 に，EU の諸条約自体であり，同法の第 2 条 1 項によって，直接に適用される。すなわち，これらの諸条約のいくつかの規定が，UK の諸裁判所によって強行されるというのと同様の意味において直接的に適用される権利（および義務）を創設する。第 2 に，EU 諸条約の効果により EU の諸立法が直接的に国内法として適用されるとされる場合で，第 2 条 1 項によって，とくに国内法にするための立法を必要とすることなく直接的に適用されると規定されている。これは，EU の諸規則（regulation）に適用となるもので，TFEU（EU 機能条約）第 288 条によって直接的に適用となる。第 3 に，1972 年法第 2 条 2 項は，EU 法が委任立法によって実施されることを認めている。これは，主に EU の指令（directive）に適用される。先の第 288 条によって，指令は一般的に直接適用になるものではないが，国内法に転換されることが求められているものになる。これは，国際法上の義務ということであるが，UK がこれを履行しない場合は国内の裁判所で争われ得るのであり，指令のあるものについては，直接適用になって，個人がその国の裁判所にこれを強行するように提訴することができるとされている。UK の国会，政府もしくは司法部が，EU 法のルールに著しく違反する場合には，これによって被る個人の損害に対し，UK 政府からの直接の補償で補塡しようとしている。要するに，UK が EU の加盟国にとどまる限り 1972 年法の第 2 条 1 項を媒体として，また同 2 項の実施条項を通じて，EU 法と諸条約は UK の国内法に流れ込んでくるのである（[63]）。

11. われわれの観察では，1972 年法は EU 法に効果を付与するものであるが，それ自体が EU 法の源泉となるものではなく，Finnis 教授の表現を借りれば，それは，EU 法を UK の国内法に呼び込む「導管（conduit pipe）」となっているのである（[65]）。

## 8.7 最高裁判決の結論と法案提出

最高裁は，Factortame を踏襲しているが，Thoburn 事件の Law 控訴院裁判官

の判決も引いて，1972年EU法を「憲法的性格の法」と規定し，同法は「黙示的廃止」原則では廃止できないと言っている（[66]-[67]）[123]。前掲『現代化』所収のマッケルドーニ論文は，1972年のEU法の第2条4項に言及する（191頁以下）。4項は，1972年法と合致しない法が後から制定された場合に，後法は1972年法に合致するように裁判所が解釈するように求める条文である。注意しなければならないのは，加盟国の多くはイギリスより前からEUに加わりヨーロッパ司法裁判所の判断を受け入れてきたという事実があることである。

その意味で「UK法と抵触するEU法がある場合にEU法を承認され利用可能な法」としてUK法の基礎におくことは，EU（当時のEEC）に加盟する際に合意されたパッケージに含まれていたとされるべきものとも言える[124]。言い換えれば，国会主権を一方の極におき，EU法の直接効と優位性を他方の極におくというアプローチは，EU法によって国会主権原理は変更されたと多数意見が正面から認めている限り，意味をなさない。実際，多数意見が「強力な反論」として一目置いていると思われるLord Reedの意見では，「1972年法はEU（EEC）加盟のための法であって，EU脱退のための法ではない」とされる。Reedの議論では，1972年法があっても，脱退通告を行う大権による政府の権限は，それと無関係に行使できるということになろう。

したがってリスボン条約（EU条約）第50条の脱退の通告について，政府が外交問題として王の大権によって国会の事前の正当付けをへずにこの通告を行えるかという問題は，1972年法の解釈問題から出てこない（[77]参照）ということになろう。リード卿の意見に対しては，50条の通告は脱退の手続き開始という意味にとどまるものではなく，1972年法を導管として集積されたUK国内法の権利，EU加盟の他国でUK市民が得る権利，EUの諸機関に参加していることによって得られるがUK国内法にはない権利のすべてを脱退によって失う（[69]）ということを意味する。このような国民の権利・利益にかかわる重大な事項を，UKの憲法上主権が所在するとされる国会に諮らずにできるかという「国会主権論」に回帰せざるを得ないし，実際，多数意見はそのように構成されている。この点は，合議法廷判決で顕著であるが，多数意見では，ダイシー説から始める「オーソドックス」な「憲法的背景」の部分からこの原理による理由を説きおこしている（[40]-46））。

しかし，マッケルドーニはダウン・オリヴァーとともに，裁判官は選挙で選ば

---

123　倉持・松井・元山編『憲法の『現代化』』188頁参照。
124　同書マッケルドーニ論文192頁参照。

れたわけでないから民主的でないが、国会は民主的であるといった民主制の原則に対する議論には、疑問符がつくと言う。すなわち、選挙制度の問題（自由＝民主党が連立政権に入っても崩れなかった小選挙区制）や、最近の「世紀の悪法」と言われる Investigatory Powers Act 2016（テロ対策の名目で政府がインターネット情報へのアクセス等を全面的に監視する法で、メイが内務大臣時代に作成されていたものである）などの立法の内容から、国会は民主的とする見解には疑問符がついていると言うのである[125]。

　第Ⅱ編で検討するように、国会主権原理とは長い歴史過程を経て形成された原理であり、王権との対抗において裁判所によって確立されたという方が事実に近い。

　しかしブレアの「憲法改革」来の一連の流れにおいて、司法部には政権党が支配する国会を通じた改革が繰り返し提案され、中世来維持されてきた大法官制は事実上廃止された。このときに、司法部を代表して当時の首席裁判官のウルフ卿は、ファルコナー司法大臣兼大法官（当時は裁判官としての職務はなかった）との間でコンコルダットという合意書が取り交わされ、「司法の独立」の維持が明記された。2005年の「憲法改革法」でも、これが明文化されているが、それは「司法の独立」の危機の表現でもあった[126]。しかし、司法部は、アカウンタビリティに答えようとする改革を続け、「政治的憲法」にたいしての「法的憲法」の優位とされる傾向を生みだすくらい積極的になり、制度改革の側面でも審判所を司法裁判所に組み込んだ裁判所制度改革が行われ、制度という側面・理念という側面を有すると思われる行政裁判（administrative justice）システムを生み出している（前述、3.1、3.3参照）。背景は分からないが、原告ミラー自身のことばでは「自分の利益のためでなく、国民全体のために訴訟に踏み切った」という言葉が額面通りだったとすれば、行政司法中心に「公益」判断にシフトし始めていた裁判所にとっては、この訴訟は、我が意を得たところでもあったろう。合議法廷の裁判官構成を見ても、その意気込みを感じることができ、最高裁の全員法廷審議も、この間の司法部への行政府からの攻撃ないし批判を意識した面があることは推測に難くない。

　スコットランド、ウェールズ、北アイルランドの権限委譲された政府からの脱退について協議を求める主張は退けられたが、この方が問題としては大きく後日に問題とならざるを得ないだろう。

---

[125] 同書192頁参照。
[126] 戒能『土地法のパラドックス』202頁参照。

メイ政権の対応は早かった。国会に諮るべきとする最高裁の判決に対し，政府は瞬時に庶民院に法案を提出した。それがわずか1条と法律の「短称」を規定する条項のわずか2条からなるものであった。

第1条第1項は，「首相は，EUに関する条約の第50条2項に基づき，UKがEUから脱退する意思がある旨の通告をすることができるものとする」であり，第2項は，「本条は，1972年のEU法およびその他の制定法規により，またはそれに基づくいかなる規定にもかかわらず効力を有するものとする」である。

第2条で，「この国会制定法は，ヨーロッパ連合（脱退通知）法」として引用される」と定められた。

国会庶民院では，この法案は498の賛成，114の反対で可決されたが，労働党はコービン党首が現時点ではこの法案に賛成するという方針をだし，Whip（院内総務）を三重において造反を防ごうとしたが47人の議員が反対に回った。今のところ，コービンはEU問題について精彩を欠いている。

庶民院はこのわずか2箇条の法案審議に2日間を費やし，多くの修正案が出されたがことごとく否決された。しかし老練の政治家たちが次々に大演説をして圧巻だった。なかでも数々の大臣経験がある元大法官のケネス・クラークが，移民を受け入れ多様性を求めてきたUK，ことに自党，保守党はいつから人種差別でならしたイノック・パウエルも真っ青になるほどのEU懐疑派どころか，差別主義，反移民論者になってしまったのかと演説した時には，与野党を超えた拍手喝采が議場を揺らした。

### 8.8 白書の発表と「大廃止法案」

メイ首相は，法案と同時に『白書』を発表し，この審議も行われた。白書は『連合王国のEUからの離脱と新たなパートナーシップ』（The United Kingdom's Exit from and New Partnership with the EU, Cmd. 9417, Feb. 2017）というものである。見出しのみを以下に示す。

①離脱交渉における確実性と明確性　②自らの法を自ら制御する道を取り戻し，ヨーロッパ司法裁判所の管轄から出る　③連合王国の結合を強化する。交渉もスコットランド，ウェールズ，北アイルランドおよびイングランドのすべての地域のために行うことを約束し，アイルランドについてのベルファスト和平合意とその継承についても，引き続きこれらを遵守する。④アイルランドとの強固で歴史的な紐帯を保護し，「共通旅行地域」（Common Travel Area）を維持

する。⑤移民規制 -UK に入国する EU 市民の人数を制限する　⑥ EU 市民の UK における権利と UK 市民の EU における権利を確保する　⑦労働者の権利を保護する。われわれは，労働者の諸権利を保護し高めなければならない。⑧ヨーロッパ市場との自由貿易を確保する。広範にして果敢かつ野心的な自由貿易協定を含む新たな，戦略的な EU とのパートナーシップを求め，EU との間での相互に互恵的な関税協定を追求する。⑨他の諸国との新たな貿易協定をも確保する。われわれは世界を股にかけた野心的な自由貿易を追求する。⑩ UK は科学及び技術革新の最良の位置を引き続き占め続ける。⑪犯罪とテロに対する闘いをヨーロッパの安全保障保全のために EU と共同して継続する。⑫われわれは，EU からのスムーズで統制のとれた脱退を果たす。われわれは，これを段階的に実施する。その間，EU 加盟の諸国はわれわれとの間に存在すべき新たな協定に向けて，UK,EU 諸機関，EU 残留諸国は準備をすることになろう。

　ここに出ていないが，白書の本体で中心的なプランとなっている「大廃止法案」Great Repeal Bill について言及しておきたい。未刊行の論文である J.McEldowney, The Rule of Law and the delegated Legislation（The Bingham Centre）による。
1. 政府の「大廃止法案」は，1972 年の EU 法を廃止すると同時に，EU 法を UK 国内法に置き換えようとする法案である。この法案は，憲法的に重要な意味を持っている。とりわけ，法の支配原理との関係においてである。より正確に言えば，この争点は，委任立法，もしくは再委任立法についての既存の国会手続きを改良もしくは強化できるかという問題である。
2. 委任立法関連の多くのルールや原理は，遡及的な立法を避けるためにあり，法がそもそも遡及的に義務や自由，刑事責任に遡及的に及ぶことがあってはならないことは，法の支配の原理から自明であることは容易に判断できる。2016 年 10 月，政府は，EU 法を UK 法に置き換え，かつ，1972 年の EU 法を廃止するための Great Repeal Bill の検討を始めた。そこで検討されることは，離脱交渉によって EU 法は変更が刻々と行われるであろうこと，そのため委任立法はきわめて広範な権限を必要とすると共に，「のたうち部屋」wriggle room のようなものを必要とするだろうということである。交渉の推移によって漏れが生じていないかを見極めていく苦しい作業の必要がある。そこに浮上したのが「ヘンリー 8 世権限」Henry Ⅷ powers である。EU 法は複雑であるほか，法体系の違いによる概念上の違いもあって直ちに UK 法に置換できない。
3. ヨーロッパ司法裁判所からも直ちに離れることはできず，EU 法の解釈につ

いてはなお，同裁判所の判断を仰ぐ必要があろう。
4. 従位立法と主位立法の修正の関係については，2005年の Legislative and Regulatory Reform Bill 2005 があるが，EU法のUK法への置換のための委任立法については前例がなく，国会が審理方法を十分検討して準備する必要がある。
5. Henry VIII powers として想定される法案の主目的を実現するために最低限の国会審査で主位立法の修正もしくは廃止をするという手法は，マケルドーニ論文では検討されていないようである[127]。

以上のように，「大廃止法案」は前途多難であり，国会審議の劣化が危惧される。EU離脱はこのようなことからも，イギリス憲法の危機に連続しかねない。

メイ首相は先の法案国会審議に先立って，EUのサミットに臨み，訪米してトランプ大統領と会見した。そのお土産としてトランプの訪英を取り付けてきたが，トランプはウエストミンスター（国会）議場での演説を希望した。

これに対して庶民院の議長のバーコー（John Bercow）は，「この議場に人種差別，女性差別，司法の独立を否定する者を迎え入れることには私は反対する」と議長席から演説するという出来事があった。彼はIと言って，Weと言わなかったが，議長は何人にも仕えるものではないという意思が示された。彼は労働党よりと言われて保守党から嫌われていると言われているが，メイ首相がホワイトハウスでトランプと手をつないで歩く光景に「刺激」されたとも言われる。（また，首相に言われれば，高齢にしてなお「この気の進まない公務」に耐えなければならない女王への同情が集まっているともいう）。

おそらく，バーコー議長は，ピューリタン革命の時，長期議会で議長を務めたウィリアム・レントール（William Lenthall）（1591-1662）を思い浮かべたのであろう。1642年，チャールズ1世は，反逆を企てた5人の議員を逮捕するため自ら軍を率いて議場に乗り込んだ。これを阻止したのがレントール議長であった。議場に乗り込んできた王に向かって彼は，「しかるに陛下，この議長席の私は見るべき目ももたず，聞くべき耳ももちません。しかしもし当議会が私にそう望むなら，私が誰に仕える者であるかをお教えしよう」と言った。王は，黙ってその場を立ち去り，議会を直ちに解散した。かくて国王派と議会派に分かれた内戦が始まった。……

---

[127] 鈴木眞澄「欧州統合の展開と2011年EU法」（前掲注88書所収）212頁参照。

イギリス憲法は,「その時々の基本的な争論の決着を語るもの, いまそれとしてあるもの」を憲法という（これを「政治的憲法」論と言う）というように, 成文憲法典の国の者からみればはなはだ頼りなく,理解しにくいものである。したがって, 研究者のなかにさえ, この分かりにくさに苛立つ人もいる。それにもかかわらず長い時間をかけた了解事項には一定の深い意味があり,「国会主権原理」がそうであるように柔軟に生きながらえ, 原理として持ち応え続けている。第Ⅱ編では, そのような「実像」に歴史的に迫っていくことにしよう。

## 裁判所（イングランド＆ウェールズ）裁判所構成図

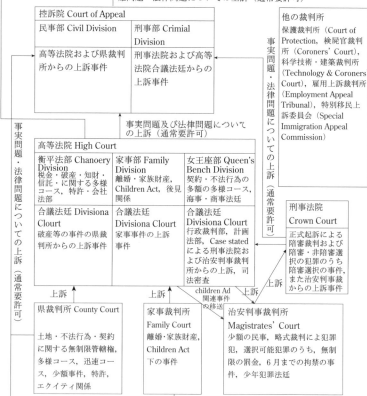

## 判例の引用法 neutral citation

① 2001年1月11日から，the Court of Appeal. The Administrative Court のすべての判決，2002年1月14日から，High Court のすべての判決は，ページでなくパラグラフナンバーで引用されることになった。

　すなわち例えば控訴院判決は，

　年ではじめ，EW（England と Wales の略表記），次に CA（Court of Appeal の略表記），民事・刑事の別，つまり民事なら Civ（Civil の略表記），刑事なら Crim（Criminal の略表記），次に年間通し事件番号最後に連続数字（パラグラフナンバー）を入れる。例えば，(Ch (ancery))，(Pat (ent))，(Q (ueen's) B (ench))，(Admin (istrative))，(Comm (ercital))，(Admilty (Admiralty))，(TCC (Technology and Construction Court)，(Fam (ily)) 例えば，[2002] EWHC123 [Fam] or [2002] EWHC124 (QB) or [2002] EWHC125 (Ch.)。

② パラグラフ・ナンバーは，[　] の数字で示す。Green v White [2002] HWHC124 (QB) のパラグラフ59であれば，Green v White [2002] HWHC124 (QB) at [59] Smith v Jones [2001] EWHCCiv 10 のパラグラフの30-35であれば，Smith v Jones [2001] EWHC Civ 10 at [30] - [35] と引用する裁判官が複数いる事件でも，個々の裁判官毎にパラグラフナンバーは新しくなるのでなく連称で示す。(Partigton, M., Introduction to the English Legal System 2014-2015, 2014, Oxford University Press, p.51)。まず従来の判例集は最もよい判例集として@上の引用のあとに入れる。

　例えば，Roffman v MPC [2002] UKHL 20, [2002] 2AC [58] のように，である。引用がその論文で2度目のときは Carill (n12) 854 のように最初に引用した頁で示す。たとえば Carill (n12) 854。

③ 審判所については，部構造から室に，第一層審判所（First Tier Tribunal）と第二層審判所（Upper Tribunal）の二層制となり，第二層審判所から控訴院に上訴が行われるように改革された。全体像は，図のみでは説明できないので，榊原『司法の独立性とアカンタビリティ』，日本評論社，2016年268頁の図，および264-269の説明を最小限参照されたい。

# 第Ⅱ編 イギリス憲法史

# 補論　イギリス憲法史の概観

## I　概　　観

　本編が膨大な叙述になっているため「全体像」がつかみづらくなったようである。そこで，以下で全体を俯瞰する。

　イギリス憲法は社会との連鎖において形成され，また社会からのインパクトによって変化していった。そこには公式の法ではない，インフォーマルで慣習的な法が大きな役割を果たしている。本書は，公式の憲法的なもののみを前提にしているのではなく，社会における規範的なものの発生に着目している。したがって，例えば，入会権における歴史概念と帰結概念のように，通常は憲法の問題とはされない問題をも社会の基本構造に関わっているものとして取り上げる。

　イギリスは，19世紀末に基本的に大きな転換点を迎え，一方で「福祉国家」に向かう方向と，これに対する近代の自由主義を護持する立場が分岐してくる。その思想分岐の流れを，個人と国家を対峙させるのでなく，個人と集団の関係を機能的に関連付け，個人のこの意味での集団との機能的な関係性を積極的に肯定する流れを，多元的社会論として，注視している。これは「新自由主義」とも言われた潮流である。グリーンを源流とするヘーゲル的なこの潮流はイギリスの自由主義とは対極とされてきたものである。機能主義的な公法学はこの潮流から生まれたものであり，「政治的憲法論」として現代イギリスの憲法学の主流をなしている。この立場をより積極的に進め，国家の公共的な機能を総合する学としての「公法学」（ドイツの国法学に近い）の確立を展望する現代イギリスの公法学界を代表するラフリンのような学者も登場している。

　最近，憲法学の重鎮，樋口陽一も，近代国家形成における主権問題を人権論と結びつけ，個人の多様化を理由に，ジャンルへの解体を解くポストモダーンの潮流にルソー的な主権論と共和主義を結合させる自由論を対置させるようになった。なぜこのような国家を重視する理論が重要であるのか。それは，現代の思想状況が，市場主義的な自由論で席巻され，国家から解放された「人欲の自由」に「先祖帰り」しているような状況にあるからである。古典的自由主義を理念とするイギリスの憲法学が，いまその逆方向ともいうべき機能主義の見直しを希求している点を，私は重視している。ここで重要なのは，古典的自由主義からの転換が生じてきた社会内在的な要因である。

そこで，19世紀末以降のイギリス史を「福祉国家」の生成と捉える研究史を前提にしつつも，この研究では，社会の深層における「非公式」の法が，この変化の諸相にどうかかわったのか，それが「憲法構造」にどのように影響を及ぼしたかをみるために，私は社会の諸単位をなす諸団体＝アソシエーションの代表的な展開を抽出したのである。

【各章で取り上げるトピックス】
第1章
19世紀から20世紀初頭の国家と自由の関係論には，2つの流れがあった。1つはダイシーの古典的自由主義（個人の自由を何より優先する思想）と，もう1つはLSEを中心とした公法学者の機能主義（個人の自由を侵害しても社会的な矛盾を解決するための国家の役割を重視し肯定する思想）である。古典的自由主義は，法を固定的なものと考え，機能主義は，憲法は変化するものと考えるのが特徴である。

この2つの流れはイギリス憲法を論じるうえで重要である。

本章では，この2つの思想的流れを，それぞれの有力論者の説をもとに解説していく。また，その過程で，イギリスの帝国史とその形成に関わる法理論にも触れる。

国家と自由の関係は，個人と国家の間にある社会の中の団体と個人の機能的な関係を通じて再編されうる。このような思想が機能主義と言われるものであるが，憲法思想としてこれは，個人の自由を至上価値とする思想と対立していくことになる。けれども機能主義は，憲法のレベルでも国会主権を通じた福祉国家政策の進展とこれを支える行政法理論の発展をもたらしていく。反面では，古典的自由主義に対応するような憲法の思想的理念を構築することには成功しなかった。そこで憲法思想におけるこの2つの系譜を，イギリス史の中に位置づけるとともに，古典的自由主義の基底に流れるイギリス憲法の理念的な側面をその歴史的源流に求めていく。同時に，イギリス近代の特質と思われる多元的な社会と憲法の関連性を探っていくことにする。以上のように，本章は，次章以下の考察のための枠組みを示すものとなっている。

第2章
イギリス憲法の基本原理は「国会主権」「法の支配」「憲法的習律」の3点である。本章ではこの中で「法の支配」を取り上げる。

「法の支配」は原理と言われるが歴史の中でその内容が変わってきた。古くはマグナ・カルタ」の近代的再解釈で有名なサー・エドワード・クックが神権説的王権の主張に「人為的理性」を対置し，「法の優位」を主張したときから，コモン・ローは裁判官の発見する「理性の法」を体現するものとされて，法廷における技術と論証を含む司法に専属する事項となった。

このような「法の支配」論は，決して近代的なものでなく，中世的法の優位論の延長に過ぎないが，左翼の歴史家で「イギリスにおける労働者階級の形成」という影響力がある著書で著名なエドワード・トムソンが「法の支配」の階級を超える機能を強調したこともあって，18世紀のイギリス憲法論は現代にも意味をもってくることになる。

「古典的」マルクス主義においては，「法は階級支配の道具である」とされて，被支配階級である労働者にとっては，法は自ら利用可能な武器＝道具とされていなかった。トムソンはこのような機械的な＝経済構造に還元する「還元論的」マルクス主義を否定して法は支配階級に対しても適用される「抽象性」を特色——それが封建法と異なるブルジョワ法の特質とする——とし，実際，18世紀における森林窃盗等に対する抑圧的な法によって訴えられた人々が巡回裁判所のコモン・ロー裁判官によって，法の厳格な適用よりも憐憫を持って処せられ，無罪とされることもしばしばであった，という支配階級の統治術を指摘した。このように階級支配と法の関係を機械的なマルクス主義の理解と反対に解釈したトムソンの理論は，法制史家たちによっても学ぶべき理論とされ。法の支配と階級論の理論は書き換えられたとさえ言われている。

ブレアの「ニューレバー」がシャンタル・ムフ等の研究者の研究などに依拠して中間階級を重視し，労働者についての機械的＝一元的な理解を排除した背景には，トムソンの研究の影響があったともされている。

法のこのような定義については，ロックの影響を受けたブラックストーンの法の定義が関わってくる。彼は，「個人の絶対的権利」と「相対的権利」を区分し，前者は，単に個人としてまたは単一の人として，個々の人間に当然に所属し，付属するものであり，後者は，社会の成員として，相互に様々な関係に立つ個々の人間に付帯するものであるとした。「絶対的権利」が自然状態において個人の人格に属するものであって，あらゆる人間がその社会の外にあろうと内にあろうと，享受する資格のあるものであるのに対し，「相対的権利」とは，絶対権を維持し規制するためのものであり，国家と社会の成立の結果として生じるものであるとした。

ブラックストーンが「幸福追求」という人間の本性に関わる実存概念を，国家前的に措定していることに，その創造性を認めようとした。ブラックストーンの用法で言えば，「人類とともにあり being co-existed with mankind，神自身によって命ぜられた自然法」の「1つのパターナルな規範（one paternal precept）」として，個人の幸福追求という規範が，国家前的に存在する。ブラックストーンの絶対権の観念に組み込まれた自然法的な思想は，国会主権の全面的確立を前提とした実定法の優位と功利主義的な法律観にもかかわらず，完全に葬り去られたわけではない。絶対的権利を裏づけるために援用されたロックの社会契約説は，「個人の幸福追求」という命題とともに，実定法と統治構造の基底となり国家観となって，なお存続している。自然法の世界からイギリスの統治構造の実定的規範にロックの理論を移行させたのは，ブラックストーンの独自の功績といえるであろう。そこに，コモン・ローの体系にロックが受容された最大の意義があった。そしてこの点は，ダイシーが法の支配の第三原理としてあげた，人権に相当するものは，イギリス法においては，判例法の集積に見出されるとしたことに継承されていたのである。

市民社会形成前的な権利を「個人の絶対的権利」，形成後のそれ，つまり「相対的権利」の両方の上位に人間本性に根ざす「幸福追求」という倫理的なものを持ってくることは，彼が当時のヨーロッパにおける古典時代への回帰の影響を受けていることからきたものであろう。共和主義的観念であり「法の支配」にはそうした超越的価値の支配と言う意味が含まれていたと考えられよう。

## 第3章

慣習法であるコモン・ローの歴史は連続性が特徴とされる。一方，イギリス憲法の歴史は国制の転換による断絶があるのが特徴である。

本章は，この点を重視しながら，社会構造の変化などとの連関のなかで憲法的な法が成立する過程を具体的に明らかにする。

コモン・ローは自由に価値を置く。この自由は古来の国政に根拠を置くものであり近代的自由とは違う。ところが，王権に対して法の優位を主張するクックの議論が現れると，中世的自由の根拠とされた古来の国制は，王権への抵抗の理論へと転化する。

このように，イギリスでは市民革命に先立って，古来の国政＝国制や，君主制・貴族制・民主制の混合政体であるとする国政論が普及していた。このような思想は，判例法等であるコモン・ローのような正規の法とは別に，裁判官などの法律

専門職のなかでは学識法である非正規の法として共有されているという「コモン・ローの二つの身体」の基底となっていた。

　古来の国政の克服としての革命による国政の転換によって，コモン・ローの連続性は性格を変える。

　したがって，イギリス憲法史を論じるうえで，最初の市民革命（ピューリタン革命）の意味をどのように捉えるかが重要であるため，本章後半ではこの点を論じる。

### 第4章

　3章で論じた市民革命の意味をさらに詳細に，日本での大塚久雄などの比較経済史学派と修正・批判派との議論を中心に，ピューリタン革命のプロセスや思想的対立，革命の挫折の要因となる分裂の諸相を詳細に検討する。また，この革命の後に制定されたイギリス憲法史上唯一の成文憲法典といわれる統治章典についても検討する。この章については次のⅡでも扱う。

### 第5章

　ピューリタン革命をブルジョワ革命と解釈することをめぐる論争に対して，名誉革命の歴史的意義については論争も少なく，消極的な評価が多い。しかし法律学では，名誉革命こそがイギリス革命であり，他の諸国に範とされる憲法原理と制度を作った革命とされる。

　一方，修正主義派は，名誉革命は古来の国制を復活させたものに過ぎないとして，名誉革命による法律的な変革の意義を否定している。本章では，この修正・批判派の議論を批判し，名誉革命の意義を論じる。

　名誉革命は国会主権という国制を作り出した。国王と議会の長い抗争があったが，古来の国制の核心部分である王権における政治的・王権的部分を，国会主権原理の下で再構成し，王権を議会に従属させつつ補完するという妥協を生み出した。その結果，王権と国会の協働によるブリテン帝国の膨張が始まった。

　このことが，古来の国制は何ら変わることはなく維持され，名誉革命は中世的国制を廃棄したわけではないので革命ではないという修正主義の議論が出てくる一定の論拠になっている。

　しかし，帝国の膨張には国会主権原理の確立は不可欠であった。このような膨張国家の柱となる常備軍も，国王の大権による民兵の召集という形ではあっても軍律に関する国会の関与ということを通じて国会の承認なしにはできないことで

あった。このような点において名誉革命の「革命的」意義は否定できないのである。

## 第6章

市民革命あるいはブルジョワ革命は法律革命であることが特色である。

本章では，名誉革命の成果は，権利章典・王位継承法の制定であるということを，イギリス憲法論として論じる。そして，ロックの『統治二論』と権利章典との関係を浮き彫りにする。

『統治二論』は名誉革命を事後的に正当化したものと考えられていたが，実は名誉革命前に書かれたことが証明されたことにより，その根拠はなくなった。『統治二論』は，カトリックのジェームズ2世の王位継承権を排斥する運動を支援するために書かれたものであり，名誉革命の事後的正当化ではなく，ロックの急進的な統治の解体論をセーフランディングさせることが権利章典の役割であったことを論じる。

また，本章では，王位継承法によって裁判官の身分保障が確立されたことに特別な意味を見出している。古来の国制では司法権は執行権と分離されておらず，執行権の一部と考えられていた。名誉革命には，この裁判官の憲法上の地位をめぐる国王との対立に決着をつけるという意味があったことを述べる。

## 第7章

本章は，まずロックの信託論を検討する。

ロックの主張は，権力は人民に存し，為政者はそれを寄託されているだけである。統治の解体によって権力は人民に復帰するとする（統治解体論）。これは議会を否定することになる。

それに対して，ウィッグ派の立場は，王権の信託違反のみが名誉革命の理由とすることによって，混合政体は失われないとするという矛盾を肯定するものであった。

ロックのいう国家とは，政治的共同体（キヴィタスないしコモンウェルス）のことであった。また，ロックの信託論を視野に入れたメイトランドの信託論は憲法論としても重要である。彼は，フォーク・ロー（慣習法）を中世の自治邑における支配構造と住民の間の共同性との対抗において引用する。

本章では，都市の特権的市民層と住民の間の共同性の解体・再編を全面的に考察するために，囲い込み（入会権）の憲法的含意を検討する。

イギリスの入会権は日本の入会権とは異なり，総有的要素（共同所有の一形態であるが，ある物の所有権が実質的に帰属する団体に法人格がないため，法律上その総構成員に帰属するものと観念される状態）はなく，個別性を特色とする。

イングランドにおける土地所有の構造変化は，工業化・産業化の過程によって規定されている。農業の側面では，資本主義的農業経営による生産性向上とされるが，土地の私有制としての囲い込みはそれほど急激なものではなかったという修正派の主張に対し，農民側の共同性の再建があったことが，最近の研究で捉えられつつある。

ブルデューによって提起されたように，共同権・入会権という慣習は地域限定のものではなく一定の様式をもったものとして地域横断的に整序されていくという慣習法論は，入会権をめぐる訴訟でコモン・ローの裁判官によって採用されている。本書ではこの点を，囲い込みによって消滅した「帰結概念」としての入会権が，「歴史概念」としては存続するという慣習法の定義を導いたものと論じる。

## 第8章

19世紀末以降のイギリス史を「福祉国家」の生成と捉える研究史を前提にしつつも，この研究では，社会の深層における「非公式」の法が，この変化の諸相にどうかかわったのか，それが「憲法構造」にどのように影響を及ぼしたかをみるために，社会の諸単位をなす諸団体＝アソシエーションの代表的な展開を抽出した。8章はしたがって恣意的で乱雑なトピックスの羅列ではない。確かにこれは必ずしも，体系的なものとはなっていないが，社会に生成する人々の「共同性」を制度に媒介するものとして，イギリスの土地所有権法から生成した信託を上記の「非公式の法」として前面に置き，それが非国家的な制度として，多元的社会であるイギリスの「市民社会」を駆動させたと考えている。株式会社法制の制度化が遅れるのは，資本主義的営利活動や投機の自由とは，植民地貿易の特権を含めて利権に寄生する活動と同じではないことを「泡沫事件」のような深刻な事件を通じて学んだ結果でもあった。その意味では以降の資本主義的発展は，経済活動の基本構造についての基本的了解（したがってこれも「憲法的な了解事項」と言ってよい）の上に展開したものであったことを分析している。＊

＊この点に関連して，西欧史学の最近の傾向として，大塚久雄の「再評価」が進み，その近代資本主義発生史における「中産的生産者層」への着目が，かつてとは異なる視点から行われていることに注目したい。近代資本主義の精神的基盤ないしは社会連帯の場としての共同体が，伝統的共同体と異なって自発的結社と

して生成するということ，つまり，「伝統的共同体の解体」と同時にコモン・ウィールの形成が歴史貫通的に進行していたとする大塚の「市民社会」論の再評価である。西欧史学，そのなかでも主流となった大塚史学が，近代資本主義の生成史にとどまらず，1381 年の農民一揆に象徴される民衆の運動からのコモン・ウィールの発生史的分析からその国民経済論の展開を戦後日本社会の「近代化」論にとどまらず，19 世紀末の新自由主義と区別される現代のネオ・リベラリズム（古典的自由主義の極めて不完全な再版にすぎない）に対峙する資本主義批判にまでにも及んでいるという評価には直ちに同意できない面もある。しかし，このような大塚史学の再評価であれば，しばしば「イギリス中心主義」と批判された近代資本主義の理念型としての，この 18 世紀イギリスの株式会社「発生史」は，近代的個人の「協同性」というコンテクストで株式会社をアソシエーションとして捉えうるだろう。マネー資本主義にいたる過程での株式会社制度の変質は置かなければならないが，参照文献として，梅津順一・小野塚知二『大塚久雄から資本主義と共同体を考える──コモン・ウィール・結社・ネーション』，日本経済新聞社，2018 年：小野塚知二『経済史──いまを知り，未来を生きるために』，有斐閣，2018 年がある。小野塚の『経済史』は，市民革命や産業革命のような論争的概念は使用しないなど，驚く内容があるが，現代の「強欲」の世界や人間の欲望に発して「経済」を通史的に捉えるという画期的なものである。法律学でもこのようなパラダイム転換が求められているのかもしれない，

＊＊＊＊＊

賃労働者を奴隷と区別するという「奴隷制」と主従法と言われた労働法の原型の対比とは，非常に異質な組み合わせであるが，奴隷制と労資関係を，「市民社会」あるいはイギリスの「市民法」の問題としてあつかったサマセット事件（奴隷としてイギリスにつれてこられた人間にコモンロー上の自由を保障するヘイビアスコーパス令状が適用されるかの事件），および，ジャマイカ事件（植民地における奴隷に対するイギリス軍の司令官の生殺与奪の実力行使を殺人罪として告発した事件）におけることに JS ミルの思想の根底にある「平等論」は，同時代のアメリカにおけるような奴隷労働を人間の労働と考えない奴隷制肯定論者とは異なっていた。アダム・スミスがそうであったように，奴隷制を維持することはコロニアルな「三角貿易」と深く関わる重商主義に通じるとされたのである。すなわち，アフリカにイギリスの工業製品を売りつけつつ，そこで黒人奴隷を「調達」し，当時貴重であった砂糖の原料である甘蔗栽培のため，植民地であるジャマイカでのプランテーション農場に，アフリカ人奴隷を売りつけるという商業資本の「前近代的」貿易利益を，経済学的観点で批判したものである。商業資本をこのレベルで追いつめ，結果的に奴隷制と奴隷貿易を廃止させてしまうという当時の知的エリート

たちの経済学的計算とそれによる冷徹な政策選択（少壮気鋭のトーリーの政治家ピットはこれを支持した）の結果であった。したがってこれは，必ずしも「人類愛的」ヒューマニズムに由来したものではないが，「近代イギリス憲法」が，かかる「経済的政策転換」を支えたと言ってもいい。

奴隷制の問題を雇用関係法の角度から検討し，産業構造と労使関係構造の変化（プランテーションに依拠した独占貿易業者に対する産業資本家からの攻撃）という角度からも考察されるべきである。それとの関連で，近代雇用契約法の生成をめぐる論争と最近の研究成果による論争基軸の変化を論じた。労働契約と団結権法認に関しては，ブラックストーンの相対的権利論に通じるコモン・ローの「関係的」権利論が，「家内労働」から工場制への「移行＝脱退」において変容していくことを論じた。

＊＊＊＊＊

また，名誉革命体制は農民層の分解が強制的に進む体制であり，地域社会のレベルでの相互扶助システム・福祉複合体という問題提起を扱う。

名誉革命体制は，租税国家であり，議会は立法機関であると同時に社会の利害集団を吸収し組織化する社会のマネジメント機関となる。そのため，社会内の団体を媒介した法制度として重視されるべきが，信託制度である。

そこで，信託が社会の様々な団体的な要素を法律的に支えていた諸相を明らかにする。信託の社会的機能という点で，租税・財政システムにおける信託援用の具体像を解明する。

信託の構成要素としての認定者・受託者・受益者の関係を備えず，収益と元本を分離しつつ信託目的において両者を統合する信託の活用が何に由来したのかが問題となる。それについては，1535年のユース法に関する従来の通説を越えた学説が登場したことに言及する。ユース法によってユース受益者がシーズンを得ているとされて封建的負担の回避ができないことになる。そのために「二重ユース」を設定してユース受益権を復活すると言った「二重ユース」の「物語」は，ジョーンズの学説によって否定された。ジョーンズは，このような説明を必要とすることなく，シーズンからユースは分離可能とされていたのであり，ユース受益権とシーズンはユースの設定に際し分離可能であり，「ユース法」は，分離されたシーズンを受益者のもとに統合してユースを終了するために適用されたということになる。こうであるとすれば，ユースによる，土地のシーズンと黙示のユースによる土地の資産価値の分離は通常のユースの一般的な形になり，ここから，土地資産の信託的運用が可能になる。これは，メイトランドが，名誉革命を「政治的信

託論」で説明しつつ，民間においては信託資産が運用されるという信託の二重の構図が，近代資本主義と近代憲法に適合していたことが分析できることになる。また，私的信託は受益者，受託者の信託受託者間の「信認関係」に基づく法的関係であるが，これが固定化されていくと，信託目的関係が自律化し，やがて目的が判明しなくなってくるとシプレ法理を介して私的信託が公益信託に集積し，ここに私から公の領域への転換が生まれるという信託の重要な公益形成機能に注目している。私的信託から公益信託の展開がチャリティの展開へと進行していったこと，国家に対して社会の方に公共的に機能する領域が存在し，自律的団体やアソシエーションによって自治体や国家に相当する役割が担われていったことを示唆していたことも，このことと関係している。

## II　イギリス憲法論議によせて

　本書執筆を通じて改めて「イギリス憲法」研究の難しさを痛感することになった。最近の二労作から学んだ点を追記しておく。

　第1は，深尾裕造の大著『イングランド法学の形成と展開——コモン・ロー法学史試論』(2017年，関西学院大学出版会) である。この大著が「イギリス憲法」研究に資する点は多々あるが「法制史研究と憲法」という点でいうと，議会にせよコモン・ローにせよ，はじめから所与として存在したわけでなく，コモン・ロー法学の作用が大きかったという点である。サー・エドワード・クックは何故に中世と近代の分水嶺にいると称されたのか。18世紀以降の近代のコモン・ロー法学に対し，トーマス・ペインの「先例主義」「万能の議会主権」に対する激しい批判は，クック，ホッブス的学問の退廃形態への批判ではなかったか。「コモン・ロイヤー」だけでコモン・ロー法史は形づくられたわけではないこと，国会にせよ「地方行政」にせよ，国王裁判所の巡回制度から近代化に向かったこと，国会の立法でさえ「法の発見」という中世的枠組から発していたこと，これらについて深尾は憲法学との「対話」を希望してやまなかったのだろうと思う。さらに言えば，かつてイングランド裁判所制度の発展史を書いたハロルド・ハンベリ (Harold Granville Hanbury, English Courts of Law, 4th ed. DGM Yardley 1967, Oxford University Press: 邦訳書，『イギリスの裁判所』小堀憲助訳，1973年，鳳舎，改訂4版，109頁以下参照) が書いたように，イギリスの司法機関という「身体から立法機能・行政機能という衣装を脱がせるのに多大の時間を要した」のである。これらの衣装は，司法機関という身体に縫い付けられてしまい，その本質的部分をなしている」のである。この政府の3つの機能の間の相互依存の状態が続いているので，

司法制度を独立に論じることは難しい。逆に立法機関・行政機関についても司法機関との関連抜きで論じることはできない。しかし、逆にメイトランドがいったように「イングランドの司法と警察の歴史は、シェリフの衰亡の歴史として描くことができる」のであった。さらに、「司法起源的権力分立論」では、裁判官がしばしば、「法の支配」の名の下に司法権の優位性を論じることがあるが、国会主権を逸脱することはあってはならないことになっている。しかし、国会の制定する法が「法の支配」に反するようなことがあってはならないとされることから、違憲立法審査制が存在しないのにも関わらず、法の支配が国会の立法権内部にも浸透している結果、立法過程でも法の支配に拘束されていると見えることもある。奥平は、このように「法の支配」にもかかわらず違憲立法審査制を拒んでいるイギリスが、やがて成文の憲法典を持ち、違憲立法審査制を採用することになると予測しているということになるのかも知れない。

このように「三権分立」と言っても、その相互の関係は歴史的に変遷していることが無視されると、ある時点での「司法」の積極的役割を評価することが、現代の司法権の保守的態度に重ねあわされ、「保守・反動」のレッテル張りが行われかねない。

憲法学者の奥平康弘は、本書でも再三引用するとおり、イギリス憲法の「独自性」を否定的に扱うべきでなく、評価すべき対象にされるべきとしていた。奥平は、深尾が願う「対話」者であったろう。

奥平は言う。「イギリスの場合、憲法が保障する権利は伝統的歴史的な遺産として社会文化のなかに浸透しており、ひとびとの意識の深奥に埋め混まれているのである、と強調されるであろう。そしてそうだから議会主権と言っても、けして単純に多数決で万事を決するということはあり得ないのであって、議会は不可避的に、かつ十分に「憲法が保障する権利」を尊重しこれを配慮して立法をおこない政策を決定する。それがイギリスの憲法の特質である、と論じるであろう。他方また、この国の裁判所が独自のはたらきも力説されるだろう。イギリスの裁判所は、けっして議会追随主義をこととすることなく、議会主義の間隙を縫いながらコモン・ローに貫流する「権利」を、司法特有の技術と論理を駆使して保護してきたのである。「法の支配」は、こうした意味の裁判所による権利保護を含意しているのである、と弁ずるはずである。このようなイギリスに固有独自の「権利」保障の実績はけっして過小評価されてはならないものとしてある。そして、それが世界の憲法に与えた影響は大きい。しかしながら。そのやり方・方法は、イギリス固有独自の歴史・伝統・経験にあまりに多く依存しているところがある

のも，これまた否定できない。このゆえに，イギリス方式は，――オーストラリア，ニュージーランドなどの旧植民地を別にすれば――モデル化し得ないのである（奥平『憲法Ⅲ――憲法が保障する権利』，有斐閣，1993 年，12-13 ページ参照）。

水林彪の古稀を記念し，日本評論社から『法と国制の比較史』，『市民社会と市民法』という 2 冊の大作が刊行された。私も，この企画の後者の方に参加した（司法から見たイギリス市民社会と法）。後者には吉田克己の解説があり，その解説は私と同じく同書に寄稿した愛敬浩二の「イギリス憲法研究の課題とコモン・ロー」に全面的にそって私の寄稿論文を位置づけている。

愛敬は私の『イギリス憲法論』は「コモン・ロー法史学の憲法論」であるといったネーミングしている。これはおそらく，ハムリンレクチャーシリーズに The Common Law Constitution を書いている元控訴院裁判官の Sir John Laws の主張と私のそれが [ 近似していると見立てたからと考えるが，私はコモンローが最終的決定権を持つと言った同裁判官の立場ではない。しかも愛敬は，憲法論的思考にコモンローを混入させることへの私の――主として歴史を論じている私に対して，「警戒心のなさ」を問題にしている。この指摘はあたっていない。さしあたり 88 頁以下，190-193 頁，203-204 頁等を参照。

しかし愛敬は同論文で〈戒能は同じ書物の別の箇所で，再び奥平の問題提起に言及しつつ，「裁判所は議会追随主義ではなく，議会主権の間隙を縫いながらコモン・ローに貫流する『権利』を，司法特有の技術と論理を駆使して保護してきたという『イギリスの独自性』の言説」に，一回転して戻る必要は，この国を論じる場合，否定されてはならないのであるまいか〉と述べている。これは，アメリカモデルは，イギリスには将来にわたって通用しないと，私が述べたことになるという批判をしているようである。そして根拠として，奥平の『法ってなんだ』（1995 年，大蔵省印刷局）において，奥平が Terence Daintith の 1991 年の来日講演を引用し，明文の憲法を持って権利保護のための司法審査制を導入することを主張していた点を上げている。当時，ロンドンにある高等法学研究所の所長であったデインティスの招聘には私も関わったのでよく記憶しているが，同教授のこうした動きはサッチャー政権下の専制的政治に対し，名誉革命および権利章典の 300 年を契機に起こった故マコースラン教授等の学者たちの Chater 88，理論的にはリミテッド・ガバメント論を背景にしたものであり，現在の法的憲法対政治的憲法の論議とは，いささか文脈を異にする。ことに 1998 年の「人権法」の 2000 年からの施行は決定的で，その前後の文脈は大いに異なっている。

政治的憲法論を展開したとされるグリフィスの法学論は，非常に視野が広く，

改革のための戦略は，国会を中心とするものであるが，情報の自由，大臣責任制などの憲法的諸制度を重視し，行政権へのチェックのための司法審査についても，これに積極的なリード卿（Lord Reid）などの高位の裁判官も評価する「総合戦略」的なものであった。スカーマン，ヘイルシャム，ドゥオーキンを強く意識したものである（本書，152 頁および 191 頁以下参照）が，人権法前の時期であり，この点でも奥平のこの時点のアメリカモデルのイギリスへの適用論は，なおその文脈を検討する必要があるように考える。なお愛敬が，私への批判として述べた上記の文章にある，「議会主権の間隙を縫いなからコモン・ローに貫流する『権利』を，司法特有の技術と論理を駆使して保護してきたという『イギリスの独自性』」という箇所は，私でなく奥平の言葉である。

愛敬の誤解――と思っているが，私の側にも問題があったように思うので，初版の 44 頁と 456 頁は修正させていただいた。

法的憲法論と政治的憲法論を対比させて膨大な著作を縦横に切って回る鮮やかな愛敬の論争整理は痛快でさえあったが，これでは主要な公法・憲法学者が何を具体的にベースにして論じているのか分からないのでそれらのディテールにもふれてほしいと希望を述べたつもりであった。ロック研究の高い成果を知るだけに，このような希望を述べても期待に応えてくれると思ったのである。

ただ，EU 脱退後の混乱は深刻である。かりに「大廃止法案」が法律となったとしても「保留 EU 法」関連だけでも 4-5 年は，最低混乱が続くであろう。保守党が選挙公約にした人権法「廃止」，「ブリテン権利章典」という流れになれば，イギリス憲法の劣化が不可避になろう。ただ現状を見ていると変化の早さは未曾有のものであり，次々と具体的な制度変化が生まれている。

# 第1章　憲法思想の諸潮流と理論

　19世紀末から20世紀初頭，自由主義思想の内部で二つの分岐が現れた。憲法の分野では，これはことに重要であった。19世紀における古典的自由主義の憲法論での定式は，ダイシーによってなされるが，彼の憲法論が現れた頃には古典的自由主義は変容しはじめており，彼自身がコレクティヴィズムと呼んだ，国家の役割を重視し，個人の自由を侵害しても社会的な矛盾を解決するための国家の役割を肯定する潮流が生まれてきた。この潮流は，新自由主義，社会民主主義，進歩主義，民主的社会主義のさまざまな潮流で構成されていたが，端的にこれを「機能主義」とし，**トーニーの資本主義批判とイギリス衰退論の視角を取り入れつつこの潮流の性格を論じる**。とくにトーニーの価値体系と「機能主義公法学」の関係の接合不全は，ダイシーの自由主義的憲法観に代わる憲法理論が，「機能主義」の側から提起されずに終わった要因と指摘する。しかもこの点を，トーニーの「資本主義批判」を継承するとともに，19世紀末からの「新自由主義」を基礎に，自由民主主義を現代に復権させようとしたマクファーソンの理論との関係で論じ，現代的にも重要な意味を持つ思想史的意義があることも確認している。憲法の側面では，「機能主義」は，行政権による個人への干渉が進むことについて，一定の根拠でこれを肯定し，古典的自由主義のように法を固定的なものと考えず，法もまた社会の変化の一要素として可変的なものと考える「機能主義」的なアプローチを特色としていた。しかも，ダイシーのオックスフォードに対し，ロンドン大学の政治経済学院（London School of Economics and Political Science: LSE）を拠点とする公法学者たちが中心であり，LSE は労働党の政策に大きな影響を与えたシドニー・ウエッブによって創設されたという経緯もあった。実際，ダイシー憲法論の最大の批判者のアイヴォール・ジェニングズは，LSE の中心的公法学者である。この公法学の流れのさらに大きな思想的源流となったのが，1870年代に人間の知識に関する実証主義的なみかたに反旗を翻したオックスフォードのベイリオル・カレッジのT.H.グリーンであった。彼は，カント的・ヘーゲル的哲学を導入し，理想主義・観念主義（idealism）を通じた全体的認識の重要性を強調した。これによって，ダイシー的な古典的自由主義によるコレクティズム批判に対して，個人は社会との関係をもつことが重要かつ必然であるとして，社会

の有機的全体構造を捉える必要が強調されることになった。

　このような公法学における機能主義と，国家と自由の関係についての考え方の転換は，ダイシー憲法論の中心である主権と自由の関係についての古典的自由主義に対する包括的な対抗理論となり得たか。この問題を考察するためには，新自由主義・理想主義の思想史的な文脈をさらに探求していく必要があろう。

　そこで本章では，先の通り LSE の理論的潮流を概観するとともに，現在でもロンドン大学が中心となって「変化する憲法」という概念を定着させている観がある，Jowell 等の編著を引き合いに出しつつ，この観念は実は，古典的自由主義の堅持を標榜するダイシー的伝統的憲法理論の継承と断絶という側面を有していることを解明する。また，この「変化する憲法」論の理論的基底にある「政治的憲法論」について論じる。

　帝国の問題は決して意図して生まれたわけではない。ヘンリー8世はローマ法王庁と絶縁した王であるが，それはローマ帝国に対応するために王の裁判所からの上告を禁じた「上訴法」を制定し，自らをローマのインペリウムに対しエンパイアーを対置してエンペラーと称した。しかし，その継承者たるエリザベス一世はプロテスタントである故にヨーロッパ全体の反教皇派の盟主となるばかりかプロテスタントの名において植民を始めた。王が進出するところ帝国になった。つまりインペリウムはクラウンによって獲得されていくのである。このインペリウムとドミニウムの一体化が，市民革命およびそれ以降まで引き継がれたのである。この「帝国の枠組み」はダイシーのように国内的な主権論では解けないものであった。

　ダイシーの憲法論には，イングランドないしはブリテン中心主義があったと言えるが，憲法構造がそのようになっていた。すなわち，イギリス本国と植民地・自治領に対してウェストミンスターの議会は主権的立法機関であって，植民地立法機関には一定の限定的な立法しか許されていず，それを超えた場合は「権限踰越」とされること，制定法で作られた鉄道会社の規則と同じ扱いであった。イギリスが19世紀を通じて領土の獲得にとどまらない海外への膨張を続けて来たことは，少なくとも世紀前半を自由貿易の時代とした自由主義・反帝国主義の時代とした理論と整合するのであろうか，John Gallagher と Ronald Robinson の「自由貿易帝国主義論」(1953年)で問われた。これを「非公式帝国」informal empire として，「公式帝国」formal empire の手法とが組み合わされたとみる膨張の「連続説」は，「新自由主義」の論者であった，J.A.Hobson の「帝国主義論」(1902年)とレーニンの経済的帝国主義論と真っ向から対立するものであった。2人は

とくに，帝国主義とは先進国経済が後進地域を統合すること，そのための政治権力の政策を重視し，「ヨーロッパ中心」でなく「周辺」との関係を強調することで，イギリスについてはとくに，ブリテン中心主義史観からの離脱に強いインパクトを与えたのである。

　このような問題意識で，本章は，イギリスにおける帝国の形成に関わる法理論を分析するとともに，第一次大戦以降における「帝国の崩壊」を「帝国意識」という側面を重視して分析し，現代における「帝国」の問題を「支配の代償」として憲法問題のレベルにのせる。また，帝国形成過程における「膨張と自由」との関係を論じたシビック・ヒューマニズムにその歴史的源流を求める，「共和主義憲法」という，現代憲法学の一潮流の源流をも探っている。

## 1 「変化する憲法論」の史的文脈

　ボグダナアー（Vernon Bogdanor）の The New British Constitution（Hart Publishing, Oxford, 2009）では，もはや定着したと言ってよいと思われる「変化する憲法」すなわち現代イギリス憲法という観察のもとで，「旧憲法」Old Constitution と「新憲法」New Constitution という対比が，行われている。彼によれば，「旧憲法」は徐々に廃止されつつ，「新憲法」が，いずれは確定されると捉えられる。したがって，イギリスでも，明示的に「憲法改正」が行われたとされることになる。具体的には，イギリスとは連合王国と同義で Britain を指すが，その諸「憲法」constitutions とは，「最大級のかつ最重要な争点，つまり，個人と国家，政治秩序の諸条件，さらに男女が支配される諸方法に関わることがら」とする。その上で彼は，現在の我々は「いつ終了するとも見えない憲法上の変化の前例のない時代に生きているのだ」と指摘する。そのような時代の始期は1997年，すなわち，ブレア労働党政権の発足時にあるが，終期は見えていないとする（NBC, Introduction xi）[1]。実際，この書物が執筆された当時は，2010年5月の総選挙後のブラウン労働党政権からキャメロン―クレッグの「保守・自由民主党連立政権」への政権移行前である。キャメロン保守党党首は総選挙前には，ヨーロッパ人権条約のそれより，より制限的な「固有の権利章典」を制定するため1998年の人権法の改廃を目指すなどとしている（NBC.75）。2005年のフランスとオランダの国民投票での批准否決で頓挫した欧州憲法条約が，2007年のリスボン条約の署名によって内容的に継承され，EU条約，EU運営条約とともにEU基本権憲章（the Char-

---

[1] Bogdanor の本書の引用については，略称として NBC とその頁数で本文中に示すことにする。

ter of Fundamental Rights of EU）が，ともに同一の価値を有する基本法規とされて，2009年に発効した。基本権憲章について，イギリスは異なる背景からであるが，ポーランド，チェコとともに，議定書によって一定の留保を行っている。それの意味する憲法上の問題には，論議があるところである（House of Lords, Select Committee on Constitution Sixth Report, 19 March 2008）。そして，リスボン条約によって，EUがヨーロッパ人権条約（ECHR）に機構として加入することになったことなど，EU自体からの脱退や憲章のオプトアウトを論じることは，事実上意味を失っている状況であり，EUの進化がイギリスの憲法に及ぼす影響は，また新たな段階を迎えた。このように，当面，この「変化する憲法」の終局は見えないと言っていいであろう。

しかし，第Ⅰ編で論じたように，2015年5月の総選挙は，大方の予想に反して，キャメロン保守党が過半数を制し，単独政権を樹立した。マニフェストでは，2017年までにEUからの脱退の可否を問うレファレンダムを行うほか，スコットランド，ウェールズへのさらなる権限委譲とともに，イングランドへの権限委譲までが公約されており，連合王国の「解体」の危機は深まった。さらに，この政権は自由＝民主党との連立を解消したため，1998年の人権法のスクラップさえ，公言している状況で，ボグダナーの論旨も，当然，修正を迫られることも予測しておかなければならないが，当面，NBCの主張を追っておこう。

すなわち，ブリテンの「新憲法」について，評価をまじえず記述的に書くことには一定の意義がある，とボグダナーは主張する。彼によれば，1973年のブリテンのヨーロッパ共同体への加盟とともにこの間の憲法的諸改革によって，「ずっと過去にその起源を持つ1つの憲法が新しい憲法に置き換えられつつある」。しかし，現段階では，この「新憲法」の生成は「未だ完結していない」。けれども，「新憲法」の方向性について描くことは可能であり，どこまで特定できるかはともかく，一定の将来像についてのガイドラインを示すことが，今日，必要とされている，と論じている（Introduction xi）。ボグダナーの同書でさらに注目すべきは，「新憲法」は，成文の憲法であり，国会主権の原理は廃止され，人民主権（sovereignty of the people）の原理によって取って代わられるとしている。人民主権は「新憲法」の基本原理として「創出」されるという趣旨で彼は注意深く，これの言い換えとして，国会主権が徐々に「憲法主権」the sovereignty of a constitution によって置き換えられ，権力分立に基づく立憲国家の理念を体現したものとなる，と述べている（NBC. Introduction xiii, 285）。

それではどのように，「新憲法」を実現するのか。レファレンダムを周到に計

画し，それの正統性によって成文憲法典を制定するという手段をとることである。「何を憲法に入れるのかと言うことは規範的な選択を含むのである。我々は国としてこうした選択を始めるべき時といえる。我々が憲法を制定するに至るまでは，我々は何が実際に憲法であるかを知ることができず，理解など及ばないのである」(NBC 230)。

一方で「変化する憲法」Changing Constitution というイギリス憲法の特質を前提にしつつ，なおかつ「憲法の成文化」を主張する。矛盾があるのではないか。これに応えて彼が提示するのが「独特の憲法」a Peculiar Constitution というフォーミュラである。これは同時に「旧憲法」によって支持されてきたその特質を意味している。「新憲法」は，この「変化する憲法」を終焉させるものである。

「独特の憲法」とは，アメリカ憲法のように権力分立，連邦主義，権利章典を通じた人権保障というような純粋な立憲主義の用語によって理解されるものとは異なる。それとは対照的に，憲法が過去の経験の要約として記述的用語で分析されることが可能とされる憲法である。それは，一定の規範的原理が承認されたことを表現する立憲主義の用語によって分析されうるものとは異なるのである(NBC 19)。イギリスにおいても，アメリカの憲法学者のアッカーマン（Bruce Ackerman）の言う「憲法の瞬間」"Constitutional moments" が現れたことが数回あった。例えば，1832年の選挙法改正は，これにもっとも近づいた瞬間のひとつであった。しかしそれは同時に，イギリスの憲法が進化のプロセスを通じて発展するものであることを示すことになった。つまり，国会の中心性とその至高性を再強化することによって，その政治体制は連続して行くこととなったのである。北アイルランド問題をのぞけば，イギリス人にとっては憲法的な問題が意識されることがない形で，平和的にまた進化的に憲法史は展開してきた。したがって，憲法の発展自体が認識されることはなかったのである。これは，成文憲法典を持っていないことに由来している。成文憲法典を持たないのはそれを必要としない憲法の進化的発展のためである。このように，堂々巡りの議論になってしまう (BNC.12)。

そうした文脈において，19世紀も後半になって2人の人物とその著書によってイギリス憲法の定式化が行われることになった。言うまでもなく1つは，いろいろの人が指摘しているように，「成文憲法典の代用」と言われるダイシー（A. V.Dicey）とその著書，An Introduction to the Study of the Law of the Constitution （憲法研究序説，1885年に初版）である[2]。今ひとつは，バジョット（Walter Bage-

---

[2] NBC 12 n.14 で Bogdanor は，ダイシーにはこの著書の元になった講義以外に「比較憲法」の講義があり，その未刊の講義録は，the Codrington Library, All Souls College, Oxford に

hot）の The English Constitution（イングランドの国家構造）であり，同書はまさに第二次選挙法改正の年の1867年に刊行されたのであった（NBC xi-xiii）。ボグダナーは，ダイシーをバジョットで補完することによって，「独特の憲法」とする「旧憲法」の構造を特徴づけているのである。そして，彼が言う「新憲法」の生成に至る1997年までは，この「旧憲法」が基本的に存続してきた要因を分析しようとするのである³。

## 2 「機能主義法学」の史的文脈

ジョウェル（Jeffrey Jowell）とオリヴァー（Dawn Oliver）共編による『変化する憲法』The Changing Constitution (Oxford University Press) の第一版が刊行されたのは，1985年で，1978年からのサッチャー保守党政権の時期である。1997年に，Michael Freeman 編で University College, London が Current Legal Problems 1997 (vol.50) の創刊50周年記念号として刊行した，『20世紀末における法と世論』Law and Opinion at the End of the Twentieth Century という書物がある。これは，ダイシーの『19世紀イングランドにおける法と世論』Lectures on the Relation between Law and Public Opinion in England during the Nineteenth Century, Macmillan, London, 1905) に倣うものであった。またそれは，同じくロンドン大学のLSE（London School of Economics and Political Science）の講演シリーズと

---

保存されているという（MS 323 LR 6b 13）。ダイシーはそこではイギリス憲法は「独自のかつ自生的なものであり，熟慮された設計に基づくというより歴史的発展の所産」であって，「歴史的な憲法」であると論じているとのことである。

3 Bogdanor は大学におけるセミナーなどで，政府と諸個人の権利の関係に関する制定法規等に散在している諸準則を法典の形にまとめる試みがなされていること，また労働党寄りのシンクタンクの the Institute for Public Policy Research が1993年に Constitution for the United Kingdom という詳細な案を発表していたことを紹介する。そして自身は，学部学生の当時に K.C.Wheare が指導した大御所たちのセミナーに参加したこと，その中で，その Modern Constitutions が1951年に Oxford University Press から出版されたことに言及する。その上で，彼は，この Wheare セミナーを再現することを決意し，オックスフォード大学の同僚の Stefan Vogenauer（Professor of Comparative Law, Brasenose College）と共同して毎週セミナーを2006年秋から実施してきたという。Max Planck Institute for Comparative and International Private Law in Hamburg の上級研究員でもある Vogenauer は，同研究所の所長である Reinhard Zimmermann 教授の高弟である。戒能「創造的比較法学の探求」戒能・石田眞・上村達男編『法創造の比較法学――先端的課題への挑戦』日本評論社，2010年，224-228頁参照。ツィマーマンについては，同書所収の国際シンポジウム1「比較法の新時代」参照。また同書151-180頁の小川浩三論文と藤岡康宏および私のコメント参照。

して 1959 年にギンズバーグ（Morris Ginsberg）の編で刊行された『20 世紀イングランドにおける法と世論』Law and Opinion in England in the Twentieth Century を意識したものである。フリーマンは，序文で，LSE の書においてさえ，法と社会政策などのイデオロギー的関係を峻別するという傾向があったが，自分たちのそれは，これを峻別しないところに特徴があると述べている[4]。

『変化する憲法』に，Dawn Oliver は，The Changing Constitution in the 1990s という巻頭論文を寄せている。オリヴァーは，1985 年に Queen Mother がユニヴァーシティカレッジを訪問した際，ディスプレイされたスタッフの著作のコーナーにあった前掲の The Changing Constitution の初版本のタイトルに皇太后が驚き，「憲法が変化するのですか？」と尋ね，是非読みたいのでバッキンガムパレスに 1 冊送ってほしいと頼まれたというエピソードを紹介している。ここでオリヴァーは，バッキンガムパレスが憲法の変化を認めたかは聞いていないが，バジョットの言うこの憲法の「尊厳的部分」dignified constitution はともかく，その「実効的部分」efficient constitution においては，この 20 年間の変化は急激であった，と述べている[5]。

シドニーおよびベアトリスのウエッブ夫妻によって創立された LSE（ロンドン経済政治学院）は，1995 年に創立 100 周年を迎え，記念論集を出している。『法，社会および経済』である。編者のローリングス（Richard Rawlings）は，19 世紀末のイギリス経済の停滞の脱却のため，経済と政治制度の関係を探求するという，いわば「国策的」な使命を帯びて設立された LSE の「実学的」性格について言及している。20 世紀初頭の技術革新は，アメリカ，ドイツ，日本の法人企業組織によって駆動される産業の優越性と，個人主義的所有権オリエンテードなイギリスの主導権の喪失をもたらした。これへの対応としてビジネス・経営に関わる大学教育が重視されるようになったことと，LSE の創立は相関していた。イギリスではこれは同時に，帝国の維持という政策と結びつき，この実学志向には「帝国」の影がまつわっていたことについては後述する。ともあれ，こうした，

---

[4] Freeman ed., Law and Opinion at the End of the Twentieth Century, Oxford University Press, 1997 Preface なおダイシーの public opinion が踏襲されないのは，ダイシーの public opinion には一定の「階層」インプリケーションがあるためと思われる。この点について，戒能『土地法のパラドックス』日本評論社，2010 年，727 頁参照。

[5] Ibid., p.1. ここでオリヴァーは，1909 年に初版が出た Halsbury's Laws of England の憲法の巻はきわめて古色蒼然としたヴィクトリア朝の面影を残しており，1974 年の版でも北アイルランドの巻はあるがスコットランドとウェールズの巻やヨーロッパの巻がないなど時代遅れであると述べている（p.2）。

産業の復興と拡張という認識が，法学においても重視され，LSE における法学教育の中心は商法や労働法におかれ，ダイシーのオックスフォードのように，「裁判所中心的」でなく，行政中心的な法学理論が，構築された。すなわち，ラスキ (Harold Raski)，ロブソン (W.Robson)，ジェニングズ (Ivor Jennings) による理論が，ダイシーの「島国的」な個人主義的な憲法学に当然のように対峙していくことになった。ローリングズが LSE 行政法学の「スタイル」を，経験主義的で機能主義的であると述べていることに注目しておきたい [6]。

ローリングズはさらに，1919 年に Sir William Beveridge が Director に就任してからの LSE の急速な発展と，1920 年代のガタリッジ（H.C. Gutteridge）による比較法的な視点の導入とスタッフの拡充，プロシャのマンハイム（Mannheim）の教授就任とイギリスに初めての Criminology の確立（1990 年の Mannheim Centre for the Study of Criminology へと発展），戦前，戦中の亡命ユダヤ人学者，すなわち，Mannheim, H.Lauterpacht（国際法），H.Kantorowicz（法社会学），Sir Otto Kahn-Freund（労働法），Ralf Dahrendorf 等によって LSE の声望と一国主義的なイギリス法学の打破をリードする流れは，法学の傾向を一気に変えるほど強力なものであった，と述べている。商法関係では，R.S.T.Chorley の機能主義的方法が指導的な役割を演じ，海事法，海上保険，銀行関係法の開拓に及んだ。また，プラクネット（T.F.T.Plucknett）の採用によって法制史学も加わったこと，こうして開花期（Blossoming）時代（1920-1945）において，「少数派という伝統」と，法学の革新という独自の地位を確立するに至ったと言う。しかし，その後にイギリスの法学はフォーマリズム（道具主義）の時代に陥り，これに対応しようとしたのが，前記のギンズバーグ編の『法と世論』であったとしている [7]。

---

6 Rawlings, R., Distinction and Diversity: Law and the LSE, in Rawlings ed., Law, Society and Economy-Centenary Essays for the London School of Economics and Political Science 1895-1995, Clarendon Press, Oxford, 1997 pp.2-7. なお，服部正治・西沢保編『イギリス 100 年の政治経済学――衰退への挑戦』ミネルヴァ書房，1999 年，第 3 章（服部正治），第 4 章（姫野順一）を参照。

7 Ibid,. pp.5 et seq. Modern Law Review が 1937 年創刊されたのも，今日で言えば，law in context あるいは socio-legal studies に相当する初期の LSE 法学の普及のためであった。創刊の辞に「現代のイングランドの諸条件と諸問題との関係での社会における法の機能」の分析を目指すとある（同書，pp.9-10）。

## 3 「法と世論」の関係論

ダイシーの「法と世論」という言説について，当然のことであるが，1959年のギンズバーグ編でも，ローリングズの編書でも重視され，その「解釈」をめぐる論議がなされていた。ダイシー自身は，public opinion というタームを用い，opinion というタームを使用していない。その理由は，端的に「近代イングランドにおける public opinion と立法のあいだに存する緊密で直接的 close and immediate 結合が，比べものがないほどに非常に独特で顕著である」という彼の認識に規定されたそれであるからである。言い換えればこの「世論」とは，立法の内容を動かす時代精神というべきものであり，彼の憲法論における「国会主権」論と表裏の関係にある。詳しくは後述するが，ここでは，国会主権原理を支える「政治」の「敬譲」モデル，すなわち，政治的エリートに対する民衆の恭順というデファランス deference が前提にされているという点を指摘するにとどめる[8]。

ボグダナーは，政党政治の進歩とともに，国会が支配するという国会の黄金時代は19世紀中葉頃から衰微し，国会が政府 government を選択しこれを支配するのでなく，その逆，すなわち政府が国会を支配するという関係となった。この結果，国会主権と言う法原理は，庶民院の多数党が無制約な支配を行うことを正統化する法理に変わり，政権党の立法がなされるとそれ自体が「憲法的」な法を意味することになった。今日，国会の衰退とされる現象の内容は，こういうことであり，かつて大法官のヘイルシャム Lord Hailsham などが論じた，「選挙制による専制」an elective dictatorship の内実も，こうした政治的な理由に規定された現象だった，と指摘する。つまり，国会主権という法理には，政治権力の所在についての理論が抜け落ちていたことに由来していると論じている（NBC14-15）。後述のように，国会が最高権力ということであれば，これを制約するものは国会でもないことになり，その時々の国会がいわば憲法制定議会と同じと言うことに

---

[8] 大江泰一郎「ロシア法史と『市民社会』の概念――パシュカーニス理論を再読する（その2）」『静岡法務雑誌』第4号（2012年）は，ロックの『統治二論』において，世論 opinion を人民の暗黙の同意と同義に論じており，これが，モンテスキューの「習俗」→「慣習」→「法律」の法の発生史の図式における「習俗」に対応していることを指摘しつつ，こうした「世論」を，法学の基本概念として確立したのが，ダイシーの『法と世論』ではないかとして，私の前掲注4の『土地法のパラドックス』におけるダイシー論に賛意を表している。同論文26頁以下，とくに注(26)参照。本文で述べたように，ロックの「暗黙の同意」は，ダイシーの場合には政治エリートに対する被治者の「恭順」に転じていたとも言えるのであるまいか。

なる。こうした国会を制約するものは，名誉革命時の合意から，裁判所でもないことになり，「専制」が出現する論理は，はじめから内包されていたということになる。イギリス憲法は，あらかじめ存在する憲法的な規範群によってではなく，「諸々の出来事によって性格づけられた」もの，すなわち，「それは，起こったこと以上のものでもそれ以下のものでもない」ということになる。したがってそれは，規範的なものではなく，政治力学の帰結の反映であって，グリフィスの「政治的憲法」political constitution に他ならないということになるのである（NBC 19)[9]。

ダイシーの「法と世論」の関係に，このような憲法論との相関があるとすれば，ここからの「脱却」の道は，成文憲法典の制定という結論に結びつけるのがある意味では説得的であり，容易である。しかし，私が今検討している LSE を中心とした機能主義的法学は，これを "law and opinion" という観点で論じようとしていた。

ギンズバーグ編とローリングズ編の両方に寄稿していたのはグリフィスであった。ギンズバーグ編に寄せたグリフィスの Law of Real Property (Land Law) は，力作であるが，これは，ダイシーの「法と世論」の対抗としても読み応えがある。

グリフィスが扱っているのは，19世紀末葉から20世紀の初頭において激しく論じられた「土地問題」であった。彼はまず，法律家は土地に対する権利をめぐる人と人の関係を問題にするのであって，人権，言論の自由，個人の自由というような抽象的権利に関心をもつことはしないという「法律尊重的」legalistic な態度をとるものである，と述べる。これは，不当なそれ，つまりフォーマリズム（道具主義）と言い換えてもよいと言う。その上で，「現にある法が新しい法をつくるべきだという世論を育成する」としたダイシーの言説を，一定のプロセスとして理解することが可能としている。彼によれば，すべての新たなもくろみは，すべて立法化にいたる沿革を持っているということであり，「賢者」たちの構想が人びとの団体の形成を促し，そしてこれが，立法に至る過程を媒介する政府の諸省や王立委員会の設置を導き，実際の流れは政党の動向によって動く。こうして立法にいたるが，それは続いて行政の段階となる。しかしこのプロセスは，指導的政治家の介在等の不規則の要因によって，この通りに行かなくなることがある。それにもかかわらず，このプロセスの積み重ねから，どういう「世論」がはたらいたかは，一定の歴史段階で推定可能である。逆に公然と表明された世論がその

---

9 See Griffith, J.A.G., "The Political Constitution", (1979), Modern Law Review, p.22.

まま立法を生み出すということは，あり得ない（＝ダイシーの「法と世論」の直接的関係論批判）。グリフィスは，この具体例のひとつを，1947年の「農業法」Agriculture Act に求めている。

農地の所有者たちは，*sic utere tuo ut alienum non laedas* (use your own property so as not to injure that of another)（自己の者を使用するに，他人の物を害せざるがごとくこれをなすべし）[10] というコモン・ロー準則を超えるような所有権への干渉が行われることは，考えもしなかった。しかし，19世紀末の農業不況と海外との競争に直面し，農業を保護しなければならないという観点での公的介入がなされ，戦時下の公的統制の強化が繰り返されたことから，コモン・ローの法理の転換が生じたのである。同法においては，所有者が自己の所有地について自己の利益の優先でなく，国の利益を優先して農地の経営を行う責任があるということが，暗黙裏に前提とされている。しかしながら，同法のどこにも，私益と国益の優劣関係が書かれてはいない（そのようなことがあれば，裁判所の介入があり得るのである）。同法によって，国益優先にコモン・ローの先の法理が転換されているのであるが，実際には，裁判所も同法の適用の実際の場面でそれに従うほかないほどに，世論の変化があるのである。同法による農業生産物の価格保証と安定した市場の確保についての国家的保証が，農地所有者に対する「適正不動産管理の諸準則」rules of good estate management とその「占有者」（借地農）に対する「適正耕作の諸準則」rules of good husbandry の義務づけとバランスする関係にある。しかも農業者がこの準則を守らなかった場合には，主務大臣はこれに従うように指示を出し，それでも従わない場合は，一定の審問手続きを経てその農地を取り上げ自己の管理下に置くことができるという強力な権限が，国に付与されたのであった。このようなことは，法と世論の関係についての前述のプロセスがなければ実現するものではない。

同様なことは，都市についてもみられた。アメリカ人のヘンリー・ジョージが1875年に出版した『進歩と貧困』Progress and Poverty は一世を風靡し，ジョウゼフ・チェンバレン（Joseph Chamberlain）に強い影響を与えた。チェンバレンにとっては，大不況に直面した農業の救済と，都市部のスラムを放置する土地所有者に対する干渉，さらに都市の拡張に伴う地価上昇による土地所有者の不労所得への課税も，ジョージの土地国有論が呼び起こした世論の熱狂に応えるものとし

---

10 水利権について，この法理がしばらくの間，コミュニティの成員による水利用の相互性を支えていたと考えられることについて，戒能・前掲注4『土地法のパラドックス』538頁参照。

ては同じことであった。「制限約款」restrictive covenants，すなわち，土地の一定の利用形態を私人間での契約を通じて強制する（この条件は土地とともに移転する当該の物権の内容となったもので，だから「身分から契約」でなく，「契約から身分」への逆行であった）所有権の私的制限や，建築に関する地方の条例による所有権への個別的干渉は，土地利用の計画化という積極的な手法と性質を異にする。それでも，都市郊外の計画化にとどまるものではあったが，1909年「住宅，都市計画等法 Housing, Town Planning, etc. Act へと「進行妨害」と揶揄されるものであっても，計画化の進展が生じた。しかし，それは世論を等身大に投影したものではなかった。その後も曲折があったが，都市計画や国土計画は，Public Health や Housing とは別次元の手法であるとの観念が結果的に生まれたのである。これに並行して，1898年の Ebenezer Howard の Garden Cities から，1895年の National Trust さらには School of Civic Design (1900), Town Planning Institute (1909), Royal Institute of British Architects などの専門家集団の組織が生まれた。戦中から戦後の時期は，私企業による住宅供給と，都市計画のそれとが拮抗していたが，二度の大戦時の総動員体制や国家干渉の直接の影響というよりも，産業と人口の地域的分散というような戦時に発生した国土政策の影響が強かったのである。戦後にこの流れは，1947年「都市・農村計画法」Town and Country Planning Act による「開発計画」という強制的計画と，それに基づく開発についての許可制の導入，さらには開発利益の「国有化」という労働党政権の強い国家干渉的立法に行き着く。グリフィスによればそれも必ずしも労働党に政策から直接的に生まれたということでなく，以上の政策の収斂の中にはたらいている「世論」がどのような一般的利益を求めていたかに起因しているとされるのである。このような場面での「世論」とは，住宅建築とか家賃統制の場合に顕著に現れるように「政治世論」なのである。イギリスがナチズムのような全体主義に進まなかったのは，政府にかなりの責任を押しつけているのにかかわらず，「世論」の政府に対する信頼は，それに比例していないということ，したがって「革命より漸進主義」を特徴とするからであった。

　したがって，政党の一定の土地・都市政策を指示する「世論」が法とどのように関わるかについては，「世論」の政党支持の背後にある優越的な一般利益とは何であるかについて，政治哲学によってその本質を掘り下げて見ることが必要とされることがある。そうでなくて，ある書物や政党の有力者に影響を与えようとする少数の専門家集団の主張のなかに，「世論」を探求するという方法をとるべ

きではないのである[11]。

以上のように，グリフィスは，「法と世論」の直接的相関というダイシーの言説とは異なる「法と世論」の関係についての方法を提示している。法について自ら「道具主義」というアプローチをとる（とらざるを得ない）という彼は，その「政治的憲法」という著名なイギリス憲法論に象徴されるように，規範的な先見的な命題に従う方向で，法は発展し形成されることはなく，「政治」の場面での権力を求めての闘争のなかでの，法はその部分的な決定要素に過ぎないと考えていることが分かる。だからと言ってグリフィスは，この論文で扱った19世紀末から1959年までのこのギンズバーグ編著までの半世紀以上の土地法の展開に，一定の「命題」が発見できないと述べているわけではない。ここに，「規範主義」に対抗するLSE公法学派の独特の方法が投影されている。

### 4 「政治的憲法」論の展開

故ジョン・グリフィスのもっとも著名な業績は，The Politics of the Judiciary, London, Fontana, 5th ed.1997 (First ed.1977) であるが，憲法理論としては，彼が1978年に行った講演をベースにした 'The Political Constitution' (42 Modern Law Review 1) の影響力が大きい。トムキンズ（A.Tomkins）によれば，この講演は，議会政治＝議院内閣制 parliamentary government を制約する司法部の役割を強調する三つの影響力のあった論者への反論として書かれたものとのことである[12]。「政治的憲法」とは，政府をコントロールするための最近では「情報の自由法」 Freedom of Information Act 2000 (2000 c. 36)（スコットランドについては Freedom of Information (Scotland) Act 2002 (2002 asp. 13)）などの憲法的な諸制度（伝統的なものとしては，大臣責任制などの憲法習律）の強化によって，人民の意思が政治のプロセスを通じて，より実現していくようにする具体的な営為が憲法改革である，と言う主張である。この立場からは，成文憲法の制定や権利章典などは，憲法の最終的な決定者を裁判官とするものであるということで，消極的に評価さ

---

11 Ginsberg ed., Law and Opinion in England in the Twentieth Century, London, 1959 Part 2, Ch.2; 戸田尚・西村克彦訳『法と世論』勁草書房，1971年，137-170頁。戒能・前掲注4『土地法のパラドックス』481-499頁，570-576頁参照。

12 Tomkins, A., Our Republican Constitution, Hart Publishing, 2005, p.36 参照。これらはサッチャー政権下の庶民院多数派を率いたサッチャー政権の立法の動向を意識したもので，Lord Scarman's Hamlyn lectures of 1974 (English Law-New Dimension (London, Stevens, 1974)); Lord Hailsham's Dilemma of Democracy (London, Collins, 1978); R.Dworkin, Taking Rights Seriously (London, Duckworth, 1977) を指す。

れることになる。グリフィスが継承した「機能主義的公法学」は，この点で改革の実現に向けた調査研究や施策の提言などのように極めて具体的で実践的であるが，憲法として理論的に語られるものは少なく，ボグダナアーが言うように「独特の憲法」に適合的な理論ではあっても政府をコントロールする憲法理論を提供するものではない[13]。と言うよりも，そのような抽象的な規範論や理念の提起には意味を見出していない立場である。

トムキンズは，「政治的憲法」論に対抗する「法的憲法」legal constitution 論の論者として，T.R.S.Allen, Jeffrey Jowell, Dawn Oliver, これに控訴院裁判官のSir John Laws を加える。そして「法的憲法」の教義ないし主義には次の6つがあるとする。(i)法は政治と区別されるのみならずそれよりも高次の営為である。(ii)法という営為が行われる主要なアリーナは法廷である。(iii)個人は可能な限り政府の干渉から自由であるべきである。(iv)それにもかかわらず政府の干渉が避けがたい場合にも，それには制約があり，かつ，一定の理由づけによって正当化できる場合でなければならない (should be limited and justified by reason)。(v)政府のこうした干渉の範囲とその正当化は，裁判所によって決定されるべき法の問題である。(vi)法は，特定の諸準則と，適法性 legality についての諸原理（人権のような）を強行（強制力があるかたちで執行）することを通じて政府をコントロールすべきである[14]。

「法的憲法」を立憲主義，「政治的憲法」を民主主義の議論として整理することは可能であるが，前者も民主主義を直接に否定しているわけではない。トムキンズは「共和主義の憲法」という主張を行うが，彼が重視するクラウンという概念は重要である。実際，イギリスの憲法原理である国会主権は，「議会主権」と単純に同視できず，その「国会」とは言うまでもなく Crown in Parliament の意味である。後述のようにこのクラウンが，植民地帝国の「イギリス」の憲法論において果たした役割は重視されてよい。

「法的主権」論の「元祖」であるダイシーの憲法論は，法実証主義的な方法によっているが，それは一定の時点での「憲法」に属すべき法原理と諸準則を固定しようという意欲に根ざしたものであった。つまり，一方で歴史に遡らなければ憲法は確定できないという主張を封じ，他方で彼が固定しようと意欲した憲法の前提にある社会原理の変容に対しては厳しい批判的見地を維持したものであった。その意味でその憲法理論は，自由主義的な理念を包摂したものであったが，問題は

---

13　Bogdanor, *op.cit.*, *supra* note 1, at 19-20.
14　Tomkins, *op.cit.*, *supra* note 12, at 11 *et.seq.*

それが，民主主義との関係においてどのような理論であったかである。いずれにしてもイギリスの「憲法論」は，ボグダナーの言う「独特の憲法」と切り離せない関係にある。「比較」の場合にも，この点は注意を要するとともに，そこにイギリス法研究の，ことにその「歴史的分析」のおもしろさがある。

## 5 「イギリス」憲法論と「帝国」

### 5.1 帝国と憲法

　ダイシーはその『憲法研究序説』において「法的憲法観と歴史的憲法観」legal and historical view of constitution を対比している。サー・エドワード・クックとジェームズ1世（スコットランド王としてはジェームズ6世）との論争におけるクックの「古来の国制（憲法）」ancient constitution 論を衒学的で技巧的で非歴史的なものとして排除しながらダイシーは，このように「過去に向かって逆行する」思考は，先例に訴える法的思考の1つの形式に過ぎないとする。実際，国民の諸自由を拡張しようとするイギリス人のすべての努力は，いつもこの既存の諸権利に訴えるという形をとってなされてきたが，それは過去を賞賛するためでなく発展を正当とするためであった。法学における歴史とは，現在存在している法の原理は何であるかを知りそれを述べるためであって，古きに遡る好古趣味にふけることとは異なると断言する。そこには，イギリス人の特殊性およびそれを可能にする社会的条件が存在したのであり，自由を拡大する法的擬制の上に立ってイギリスの憲法は発展してきたのであるから，過去の公正な憲法を法律家の巧智から脱出させてこれを復活させると論じる必要はないと述べる。これは，クックを主要な批判対象にしているが，同時にピューリタン革命期において登場したクックの権威とマグナカルタを引証した革命諸党派の主張を否定するものでもある。このように，「古来の国制」論からの離脱が，ダイシー理論のひとつの眼目であった[15]。

---

[15] Dicey, A.V., An Introduction to the Studies of the Law of the Constitution, 8$^{th}$ ed.1915 (reprint 10$^{th}$ ed, 1979), pp.15-19. クックは，カンタベリ大主教のバンクロフトが，ジェームズ一世に対して行った請願において，教会裁判所の管轄であるべき十分の一税などの事項についてはコモン・ロー裁判所が禁止令状によって教会裁判所の裁判を否定することはできず，国王自らが裁判をするべきとしていることに対して，人民訴訟裁判所の首席裁判官としてこれを否定した（Prohibition del Roy (1607) 12 Co.Rep.63; 77Eng.Rep.1342 (K.B.))。Bracton の言である，quod Rex non debet esse sub homine, sed Deo et lege（国王は何人の下にもたたないが，神と法の下にはある）に依拠し，ジェームズ1世の王権神授説に対抗して「法の支配」を論じたとされる。しかし，ジェームズ以前の国王が自らい

歴史的憲法（Historical Constitution）論を展開したアリソン（J.W.F.Allison）は，ダイシー理論の特色の1つとして，「島嶼性」insularityをあげている。一国主義的という意味であるが，アリソンはほとんどこれをヨーロッパの他の諸国との比較を欠くという意味で論じている[16]。

しかし，ダイシー憲法論の「島嶼性」は，イングランド，あるいはせいぜい1707年の「合邦法」以後のスコットランドを加えたブリテンの憲政史によって，植民地を有したヴィクトリア朝の「イギリス憲法」を説明できるとしている点，すなわち帝国の支配という視点の欠落にある。ダイシーの国会主権の絶対性に続く「非主権的法定立諸権限」non-sovereign law-making powersの箇所で扱われているのは，イングランド鉄道会社，教育委員会，市議会等の「普通には立法部と言われない自治諸団体」とともにブリテン領インドの立法評議会および多くのイングランドの植民地，とくにニュージーランド自治領の議会の限定的立法権限についてである。本国の連合王国の国会は，植民地の議会の立法部に一定の法定立権限を与えている。それが，1865年の「植民地諸法効力法」the Colonial Laws Validity Actによって保障されている。この法律は，「奇妙なことに議論なしに」国会を通過した。しかしこの法律のおかげで，イギリスは，植民地に対しても本

---

かなる事件についても自ら決定をしたことはないというクックの主張は，明らかに事実に反する。これは，ダイシーが言うとおりである。ただクックの主張は，当時のコモン・ロー裁判所と王権の対立を象徴しており，国王の人格から固有の裁判権を引き離し，長い経験と研究によって「人為的理性」artificial reasonを会得したコモン・ロー裁判官と法のみが，「自然的理性」を有していてもそれを欠いている国王に代わって，臣民の生命財産に関わる事項についての決定権を有するのだとしたのは，極めて重要なことであった。このように古来の国制と言う歴史的な要素と，理性という開かれた構造の世界とを結合させることによって王権と対抗している点がクックの特徴であるが，この点について，土井美徳『イギリス立憲政治の源流』木鐸社，2006年，438頁参照。なお，これは，後述にように「近代憲法」の成立の上で重要な意味を持った。

[16] Alison, J.W.F., The English Historical Constitution—Continuity, Change and European Effects, Cambridge University Press, 2007 pp.8-9. 他の二つは，fidelity, ossificationである。前者の「忠誠」とは，ダイシーが自己の憲法論を客観的な記述で，そこにいかなる価値判断も含まないとしたことで，実はそれに「忠誠」=遵守を求めていること，つまりそれに「忠誠」でなければならないことになるという意味である。当然ながらダイシーが記述した原理や準則が憲法規範として適用される根拠は，そうした前提でのものであった。しかし現実は，「変化する憲法」の故に，その通りに維持できなくなってくるのである。後者の「硬直化」は，ダイシーの描いた憲法がある時点での形態（フォーム）を固定したものにほかならないという意味である。これも実際には，憲法は形成されるプロセスを含むものであることから矛盾を生じてくることになる。アリソンはこのようにダイシー理論の欠点を認識しつつ，基本的にはダイシー説を現在に継承しようとするのであろう。

国の憲法と整合的な帝国の憲法システムを形成することができている。植民地議会がその限定的立法権限を越えた法を作成したら,「権限踰越」ultra vires の法理で規制されるであろう。イギリス本国の鉄道会社について,制定法によって付与された規則の制定権の範囲を会社が超えた場合と,解決方法は基本的に同じである。このようにダイシーは論じるが,ウェストミンスターの国会は,本国についての主権機関であるだけでなく植民地・自治領に対しても主権的立法部であり,後者は総督の同意と究極的には国王の裁可についての拒否権によってその立法をチェックされ,帝国内の立法の整合化が図られる。しかし,そのことを除外すれば,植民地・自治領に対する本国の不介入の原則は維持されるのであるとして,帝国憲法はイギリスの憲法と整合的に説明できるという結論を導いていく[17]。

1869年にグラッドストーン内閣がニュージーランドから駐屯軍を引きあげる政策を打ち出したことに対して,当時,マオリ族の反乱に苦しんでいたニュージーランド植民地当局と帝国主義化の傾向を示しつつあった本国世論が,激しい批判を加えていた。このような状況を考えれば,以上のダイシーの説明の意図が,植民地・自治領の帝国への統合にあったことは明確である。1874年総選挙でグラッドストーン自由党内閣に代わって政権についたディズレイリ保守党内閣は,帝国統合を政策とし,スエズ運河株の買収や第二次アフガン戦争（1878-79年）などによってイギリスの帝国主義の本格的な始動をはかる。19世紀末の司法改革においても先に考察したように,1873年の「最高裁判所法」が貴族院からの上告管轄権を廃止したものであったため74年総選挙に大勝したディズレイリ政権がこれを施行延期し,1875年にその復活を前提に,1873-1875年「裁判所法」を制定・施行するというプロセスが辿られた。この展開は,実はこうした政変の渦中においてであった[18]。

ここで言う「帝国」という概念は,アントニオ・ネグリが,「マルティチュード」という対抗概念とセットで提起した国民国家の枠組みを超えた資本制システムによる世界制覇を表現する[19]「帝国」とは,その意味を異にする。

第一次世界大戦は,イギリスにとって帝国の崩壊のきっかけとなるものであった。この戦争を遂行するために帝国内自治領の協力を求め組織した帝国戦時内閣

---

17　Dicey, *op.cit.*, *supra* note 15, at 94 *et.seq.*
18　1873-75年法の関係については,戒能・前掲注4『土地法のパラドックス』13-135頁,190-193頁。
19　マイケル・ハートとの共著『〈帝国〉グローバル化の世界秩序とマルティチュードの可能性』水嶋一憲・酒井隆史・浜邦彦・吉田俊実訳（以文社）。

は，戦争遂行のための形式的平等によって自治領の離脱を牽制し，帝国の統合維持を図った。こうした前史の後，1931年の「ウェストミンスター法」（the Statute of Westminster; 22 Geo.5, c.4 (U.K.)）によって，独立の主権国の緩やかな連合体を意味するコモンウェルスまたはイギリス連合（Commonwealth of Nations; British Commonwealth）が発足した。しかしこれは，ブリテン帝国（British Empire）を清算するものではなかった。この時点ではクラウンへの忠誠がコモンウェルス加盟国の条件として残ったからであるが，1949年の共同宣言によってそれも不要となった。

このように，かつて自治領（ドミニオン）と呼ばれた国に対して，1926年の「帝国会議」において，イギリスがその主権的地位を承認することになり，それが上記のウェストミンスター法で確認されたわけである。すでにドミニオンの呼称も用いられなくなっており，同法後は，イギリスの国王を君主とする国は新たにコモンウェルス・レルムと呼ばれるようになったが，今日，オーストラリアのように共和国を目指している国もあってこれも維持が容易ではない。

1949年に共和国となったインドを帝国の連邦体制に繋ぎ止めるためには，クラウンへの忠誠という連邦の構成原理を変更するほかなかった。これは，インド内部の事情にもよったが，イギリスがクラウンへの忠誠という根幹的原理を放棄してまでして，帝国を固守しようとしたとも言える。この段階では，イギリス「連邦」とはもはや称せない国家連合として，コモンウェルスが残るのみであって，ブリテン帝国の消滅は否定し難い。しかし，ブリテン帝国をイデオロギーとして捉えれば，決して消滅したとは言えないこと，後述の通りである。

イギリスの海外植民地の獲得に際して重要な役割を演じたのは，ウェストミンスターの国会ではなく，コモン・ローであった。詳細は，後に述べる。

「17世紀の黎明期には，コモン・ローはすでに，クラウン，主権という概念を包摂していたのであって，これによってイングランド，次いでブリテン帝国が繁栄していく際の権力基盤が支えられたのである。裁判官たちは歴史と神話の紬合わせをして，イングランドのクラウンは，その起源からして帝国の資質を備えているとみなせるというのであった。サー・エドワード・クックは，『イングランドにはすでにいくつかの王国がありいくつかのリージョンとクラウンが存在していたのであるが，イングランドの国王がこれら別々の王冠を"一つの帝国の帝冠（imperial diade）"に鍛造したのである』と書いた。イングランドのクラウンは，この合成された帝国のクラウンであることによって，その主権を遠方の地と遠方

の人民に及ぼせることが予定されていたのである」[20]。

　以上の点を踏まえて，帝国と憲法の関係について「共和主義の憲法」を扱う箇所で論じる。

### 5.2 「支配の代償」と帝国のイデオロギー

　かつて，木畑洋一は，ハイテク兵器を駆使した「湾岸戦争」やイラク攻撃の「先駆」とも言えるようなサッチャー政権下で遂行されたアルゼンチンとのフォークランド戦争（1982年4-6月）と，そのほぼ1年前の1981年夏，ロンドンのブリクストンで起きた都市暴動とを，ブリテン帝国の「帝国意識」と，「人種主義」という観点で論じ，イギリスの民族的優越意識と移民労働に依存するイギリスの矛盾を，帝国主義の支配の代償として立体的に描き出していた[21]。

　イギリスの海外領土は，かつて，自治領，王領植民地（Crown Colony），保護国（Protectorate），信託統治領（trusteeship），租借地（leased territories）と多様に存在した。フォークランドは，独立した自治領でなく，イギリスの領土になっている非独立の属領（territories）に含まれるが，イギリスが領有を開始していたという1833年以降の実効的支配の証明が難しいという状態にあったと言われる。しかし，残された帝国領土の奪回のため間髪を入れず大西洋を越えて大軍を派遣したサッチャーは，産業活動の停滞，失業者の増大による一期目の最低とも言われる支持率低下による政権基盤の弱体化を一気に回復し，その後の長期政権の土台を築くことができたのであった。

　木畑は，ブリテン帝国の解体にもかかわらず，かつて帝国主義国の国民としての優越感を保持し続けた人々の「帝国意識」は，移民の大量流入後のイギリス国内においては，人種主義に投影され，都市騒動という形でそれが爆発すると分析した[22]。

　「帝国意識」を異なる観点から考察するのが，アーミテイジである。彼は，イギリス史における国内史と帝国史を関連づける歴史の欠落の要因を，「複合君主制」という近世ブリテンの国制の無視に求め，とりわけ憲政史にこの傾向が顕著だと論じている。彼の理論で注目されるのは，「領有権」dominium と「支配権」imperium を両立させ同等な権利であると説得的に正当化することは不可能では

---

20　Walters. M.D., "Your Sovereign and Our Fathers" in S.Dorsett &Hunter, I. (eds.), Law and Politics in British Colonial Thought, Palgrave Macmillan, 2010, p.94.
21　木畑洋一『支配の代償——英帝国の崩壊と「帝国意識」』東京大学出版会，1987年．
22　木畑・同上書18頁以下，第6章を参照．

ないということを，古典史から導き出そうとしたことにある。「帝国」という言葉がイングランドの法令上最初に登場するのは，1533 年の「上訴制限法」であると言われるが，スコットランドではフランスの影響で，個別の領域内での支配権という意味でイムペリウムを用いることがイングランドより早く行われていた。こうした背景で，1603 年に，スコットランド王のジェームズ 6 世がジェームズ 1 世としてイングランド国王を兼ねることになって，同君連合としてのブリテン帝国が誕生した際には，イングランドとスコットランドの関係について古典史に関わる重要な論争が生じた。とりわけ「ブルータス伝説」といわれる，アルビオンを征服して王となったというブリテン人とその王の起源の伝説から，イングランドの王の神聖化がなされ，イングランドの植民地としてのスコットランドという用語法が存在したことが，イングランドの諸学者から提起された。こうして，ブリテン全土が 1 人の皇帝の下にあり続けたという「ブリテン帝国」にふさわしい帝国起源論に，議論は収斂していくことになった，と分析する。そして，宗教改革によってプロテスタント国家となったブリテン帝国がアイルランドへの移民や征服を正当化し，「自由と帝国」の名において帝国拡大を図っていく背後に，古代ローマの歴史家の「自由と帝国」の理論があったこと，しかし，ピューリタン革命によって共和制をとったイギリスが，どのように帝国を正当化していったかについては，革命末期に登場する J. ハリントンの寄与が大きかったこと，ハリントンは，その『オシアナ』においてクロムウエルのプロテクター政権を批判しつつ海上共和国のオシアナという空想上の共和国的ユートピアをマキァヴェッリにならって提唱した。彼は，ブリテンの内については土地所有（領有）によって支配を基礎づけ，外については，「貿易と商業活動」による自由と帝国の拡大という相関を描いたのであった。

　このように，イングランドの膨張と自由の相関をマキァヴェッリの理論を援用しつつ解こうとしているのであるが，このポーコック，スキナーの系譜につながるシヴィック・ヒューマニズムの思想史の潮流にある「帝国」論は，現在では「共和主義の憲法」論に一部吸収され，光彩を放っているように思われる。

　アーミテイジは，イギリスの膨張型国家はスコットランドの合邦後のブリテンのもとで本格化するが，その正当化のためには自由と商業の関連づけがキーポイントであったとしている。つまり，海上輸送を手段とする自由貿易がブリテンの帝国化を導いたのであり，帝国の膨張は自由の拡張を意味したというブリテンの帝国（第一帝国）の歴史が独立に意味のあるものとして，帝国主義時代の 19 世紀の帝国史（第二帝国）と対比されるのである。ここでは先の通りコモン・ローが

第1章 憲法思想の諸潮流と理論　　163

重大な役割を果たすが，より重要なのはクラウンである[23]。

以上の点は，別の章で詳しく検討する．以下では，帝国主義の本格的展開と憲法思想を中心とした思想状況を検討したい．

## 6 帝国の崩壊と自由論

### 6.1 新自由主義の台頭

グリフィスの論考が載った1959年のギンズバーグ版『法と世論』の編者のモリス・ギンズバーク (Morris Ginsberg) は，ホブハウス (Leonard T. Hobhouse) の後継者であり，1929年にLSEの社会学の教授に就任している．ホブハウスは，Imperialism: A Study, (London, 1902, 矢内原忠雄訳『帝国主義論』上下，岩波文庫，1956，1957) で名高いホブソン (J.A.Hobson) とともに，19世紀末から20世紀への世紀転換期に帝国主義に反対する論陣を張った「新自由主義」new liberalism のリーダーの一人である．

個人主義とレッセフェールのイデオロギーに支えられた19世紀中葉の旧自由主義から脱却しようとする政治経済学的な思想潮流が，1880年代から1920年代にかけて展開した．新自由主義とは，このような潮流による自由主義の変容を意味しており，思想的にはミルおよびグリーンの自由論に発してベヴァリッジ報告にいたる自由主義イデオロギーの変態であると捉えることができる．それはまた，この時代の政治の実際的施策を基礎づけた新たなイデオロギーとされる[24]。

---

[23] Armitage, D., The Ideological Origins of the British Empire, Cambridge University Press, 2000（邦訳書，平田雅博，岩井淳，大西晴樹，井藤早織訳『帝国の誕生──ブリテン帝国のイデオロギー的起源』日本経済評論社，2009年，ことに第1章序論参照）．ポーコックやスキナーの影響も含めて後述する．なお，日本イギリス哲学会編『イギリス哲学・思想事典』，研究社，2007年の「帝国」の項目も参照した（岩井淳執筆）．なお，2010年10月に名古屋で開催された「近代イギリス法研究会」（戒能編『現代イギリス法事典』新世社を作成したグループ．幹事は神戸大の岡田章宏）で報告した政治学者の梅川正美は，イギリスの国会主権は海外に対しても無制限という憲法的な構造を有していて，それが領域外裁判管轄権という形で──反テロ法のような形で──現代イギリス法にも表現されているという趣旨の報告をした．興味深い観点であるが，いずれ実証作業が公表されると期待したい．植民地を保有することが「帝国」の要件ではないことはネグリの言うとおりであるが，ブリテン帝国はどういう法的構造をもっていたのかは，ほとんど解明されていないように思われる．

[24] 新自由主義は，サッチャー政権の誕生に前後したイギリス経済の衰退＝「イギリス病」論ともかかわって，かつては活発に論じられていた．その代表的な研究に，服部正治・西沢保編著『イギリス100年の政治経済学──衰退への挑戦』ミネルヴァ書房，1999年，村田邦夫『イギリス病の政治学──19-20世紀転換期における自由主義による危機対応過程』

このような19世紀の自由主義の変化の兆しをいち早く指摘したのは、ダイシーの『法と世論』であった。彼の個人主義とコレクティヴィズムの対比は、1825-1870年のベンタム主義の時代すなわち個人主義の時代を、1865年から1900年のコレクティヴィズムの時代という当時の行政的立法に対比的に考察した法学的分析であった。後述のように、彼のみならず19世紀末葉にようやく本格的に展開するようになる法学の担い手は、法と政治を峻別する法実証主義的傾向を有したが、憲法学においては新自由主義の潮流が格闘した「帝国」の問題はその「イングランド」法の枠組みに回収されていた。ダイシーの自由主義者としての主張は、自由主義と社会主義の対比に特徴があるが、コレクティヴィズム自体の思想的な研究があったわけではない。

テイラー（A.J.Taylor）およびクラーク（P.Clarke）による1970年代の問題提起を受け、とくに1906-1914年の前後の自由党の支持基盤の労働者へのシフトという階級問題の浮上と、自由党内外に重層的に生じた社会改革イデオロギーの台頭に焦点を絞り、経済社会認識として新自由主義を政治変化との関係においてより狭義かつ動態的にとらえる研究が、「新自由主義」研究の新たな地平を開いた[25]。

グリフィスが「土地問題」に関わる「法と世論」の関係について1880年代のイギリスの分析から始めたその80年代は、経済の衰退を強く自覚し経済的観点から帝国の維持を主張し、アイルランド自治法に反対して自由統一党（Liberal Unionist）を結成したジョゼフ・チェンバレン（Chamberlain）等が、自由党から分離し、保守党と連携して「急進的保守主義」を形成した時代であった。ちなみにダイシーは統一党のメンバーであり、最晩年の彼は1921年のアイルランド自由国の分離独立に強く反対していた[26]。1890年代に入ると、自由党の中にも

---

晃洋書房、1990年がある。以下の論述もこれらの研究に依拠している部分が多い。私がここでこの思想潮流に言及するのは、その資本主義・市場主義批判に魅力を感じているからであるが、後述したい。

25 姫野順一「新自由主義とフェビアニズムの政治経済学——市民的政治改良 vs 国民的効率」34-35頁（服部正治・西沢保前掲編著所収）。

26 ダイシーの伝記を書いたアリゾナ大学（当時）のコスグローヴは、ダイシーの個人の自由を中心とした憲法論が、「ウィッグ的政治信条」に由来するとしたジェニングズの解釈について、ダイシーは、その政治的信条を憲法論にダイレクトに持ち込むことを極力自制していたとして批判している。また、1898年にアメリカ（このアメリカ行きは、友人のブライスに同行したもので、2人の共通の関心はトクヴィルの「アメリカ論」であった）から帰国後ダイシーは、ロンドンの労働者学校の校長職を引き受けており、彼が労働者教育に情熱を燃やしていたという側面を特記していることに注意しておきたい（Cosgrove, R.A., The Rule of Law:Albert Venn Dicey, Victorian Jurist, The University of North Carolina Press,

自由貿易体制を維持するとともに，経済的な観点から帝国主義を容認する自由帝国主義（liberal Imperialist, Limp）が現れ，帝国主義に反対するホブソンやホブハウスと対峙する。17世紀以降，南アフリカに植民してきたオランダ人農民の子孫たちであるボーア人のトランスヴァール共和国とオレンジ自由国に対し，その豊かな金鉱山を奪うためイギリスが開始したボーア戦争（Anglo Boer War；1899-1902年）は，イギリスの帝国主義の恥辱とも言われ，その是非をめぐって激しい論争を巻き起こした。「インドへの道」に通じる南アフリカのこの地域の支配は帝国にとって枢要であるばかりでなく，ユニオン・ジャックの優位の下にボーア人とも同盟し，アフリカに対する白人支配を完成しようという意図を持った帝国主義時代の象徴的な戦争であった[27]。

しかし，この過程で，1884年に設立されたフェビアン協会も分裂する。フェビアン協会はLSEの設立者でもあったシドニー・ウエッブが有力メンバーであったが，ウエッブはバーナード・ショウなどとともに「国民的効率」national efficiencyの観点からこの戦争を容認し，「社会帝国主義」のグループの主流となり，戦争反対の立場のR・マクドナルド，E・パンクハースト，独立労働党のメンバーたちは協会を去った。ウエッブの労働者の衛生状態の改良や住宅改善の主張が，最低限の帝国人民の育成という意図を秘めていたことは否定できないのである[28]。

「自由帝国主義」も「急進的保守主義」も，オックスフォード・ベィリオールカレッジのいわゆる前期オックスフォード学派の代表的な政治哲学者のトマス・ヒル・グリーン（Thomas Hill Green; 1836-1882）を源流とした。グリーンは，1867年の選挙法改正前後の土地貴族・ジェントリの階級的支配構造の危機をも意識しつつ，ヘーゲル的な国家観念を前提に，自己決定＝自律的個人による国家意思と個人の真の意思の合致にもとづく国家意思への服従を論じた。総じて制約の欠如としての自由から，社会制度に具現された義務への服従を前提にした道徳的自由の自己実現を称揚し，伝統的自由主義の転換をはかったのである。すなわち，人間の能力の最大限の発揮のための「積極的自由」の理論によって，グリーンは，ホッブズ以後の国家論の展開の稀薄化に風穴をあけたと言われる。産業資本段階から独占段階への移行期に登場したこの理論は，1880年代から1910年代，すなわち大不況期から帝国主義戦争期に至ると，ボウザンケット（B.Bosanquet: 1848-1923）などの「後期オックスォード学派」に継承される。ボウザンケットは，国

---

　　1980, pp.195-197, 69-70)。
27　木畑・前掲注21，33-42頁，130-142頁は，当時の新聞等を分析した貴重な研究である。
28　姫野・前掲注25，64頁以下参照。

家理論の点で重要であり，個人主義的な古典的自由主義の批判者として注目されていい。なぜなら，その社会学的な法のとらえ方は，国家と個人の二項対抗でとらえられてきた権利に関し，国家に対し積極的関わりをもつ積極的政治的自由を含むものとする考え方を導き，後述のラフリン（Martin Loughlin）がいう 'Public Law' 論（公法論＝「国法学」）の萌芽がそこでは展望され得たからである。しかし，第一次世界大戦期になると，ボウザンケットのヘーゲル的観念論は，国家成員の普遍的な意思の体現者として国家の超越的・形而上学的存在を語る保守的自由主義であって，体制を支えるイデオロギーにほかならないとするような，ホブハウスらの批判を受けることになる。

　1907年にLSEの社会学の教授に就任するまでのホブハウスは，現在の「ガーディアン」（その日曜版の「オブザーバー」）の前身である「マンチェスター・ガーディアン」紙の主筆として活躍した。J・Sミルの流れをひく彼は，コブデン，J・モーリーやグラッドストーンの反帝国主義急進派の自由主義の伝統を受け継ぎ，自由帝国主義の台頭に抵抗し，旧自由主義の市民的伝統の上に民主主義の展望を論じ，新自由主義の指導的な論客となった。1877-78年の露土戦争に際してロンドンに起こった盲目的な主戦論を叫ぶかけ声jingoから生まれたとされる反合理的な大衆の熱狂（ジンゴイズム）に直面しても，この熱狂が帝国主義勢力のメディアを駆使した策謀に利用されることがないように，反転，言論を通じた徹底抗戦を重視する立場をとった。その「定行進化」orthogenesis;determinate evolutionの主張は，進化論的な種の発展論を個人の行為と生活の発展と結びつけるものであったが，ホブハウスは，労働運動というコレクティブな運動の中に「自己最大化」の権利を見出そうとし，ミルの個人主義によりながらもこれを社会倫理による「調和の原理」に回収しようとしたのであった[29]。

　ホブソンは，新自由主義の根拠を示す「自由のための国家介入」の必要をことに失業問題について論じ，ケインズを先取りするとともに，大企業の時代の株式会社制度による「近代資本主義」の高度な組織化は，公共支配と公共産業を誘導するチャンスを増大させるものととらえ，コレクティヴィズムの政治経済学を意味する新自由主義の経済理論を展開した。フェビアンのそれと重なるところもあったが，ホブソンの真骨頂は民族自決と国際平和主義の「健全な帝国主義」論による新帝国主義への対抗にあった。

---

29　姫野・前掲注25論文。若松繁信『ブルジョア人民国家論の成立——イギリス急進主義史研究』亜紀書房，1969年，165-188頁，254-265頁等を参照。

## 6.2 労働党と社会主義

シドニー・ウエッブは，1919年設立の高等法院裁判官のサンキーを委員長とする石炭委員会（Sankey Commission）では，国有化を提唱した。しかしその国有化案は，当時のロイド・ジョージ首相により，委員会内の意見不一致を理由に拒否された。ちなみに，ウエッブは，1900年に労働党の前身（労働代表委員会）が結成されたとき，彼が主導したフェビアン協会はこれに加盟したが，ウエッブ夫妻はこれを無視した。すでにウエッブは，労働者階級とその運動に依拠するのでは，その「社会主義」の実現は困難であるという認識を持っていたと考えられる[30]。

しかし，1918年の労働党の特別大会で新綱領が採択されたとき，その綱領を実際に起草したのはアーサー・ヘンダーソン党首に協力を求められたシドニー・ウエッブであった。彼が著した「労働と新社会秩序」（Labour and the New Social Order）は，労働党の路線をウエッブ的な「社会主義」に導く画期的な文書であった。そして，この新綱領の「重要産業国有化条項」は，かのニュー・レイバーを掲げるトニー・ブレアによって削除された。すなわち1997年5月の総選挙での労働党の圧勝の一つの要因となったのが，この「悪名高き」条項の削除であった[31]。

シドニー・ウエッブは，1922年には炭坑夫が多いダーラムの選挙区から出て圧勝し，1924年のラムゼー・マクドナルドの第一次労働党内閣では商務相となった。しかしダーラムの選挙区は早々に放棄し，1926年のゼネラルストライキの

---

30　Sidney（1859-1947）およびBeatrice（1858-1943）Webbについては何と言っても社会史的イギリス労働史の権威であり，エリック・ホブスボームやE.P.トムソンとならび称されるRoyden Harrisonが書いたThe Life and Times of Sidney and Beatrice Webb: 1858-1905（邦訳書，大前眞訳『ウェッブ夫妻の生涯と時代——1858〜1905年：生誕から共同事業の形成まで』ミネルヴァ書房，2005年）が参照されるべきである。これはシドニー（パスフィールド卿）が設立したパスフィールド財団公認の伝記である。ただこれは夫妻の前半期のもので，この伝記としても小説としてもすぐれた伝記は，ハリソンが2002年逝去したことによって未完に終わった。後継者によって後編が書かれつつあるようである。この大前の邦訳書については，都築忠七のすぐれた書評がある。『大原社会問題研究所雑誌』569号，2006年4月，所収。ハリソンが来日した際の講演集があるが，これも重要である。ロイドン・ハリソン著，松村高夫・高神信一訳『産業衰退の歴史的考察——イギリスの経験』，こうち書房，1998年。ハリソンの膨大な労働史については，わずかにハリソン著，田口富久治監訳『近代イギリス政治と労働運動』未来社，1972年という訳業がある。以下のウエッブ，ハリソンに関わる論述については以上を参照した。

31　Max Beer, History of British Socialism, 1940；マックス・ベア著，大島清訳『イギリス社会主義史（四）』岩波文庫，1975年，290頁以下参照。

労働運動とは距離を置き，1929年の第二次マクドナルド労働党内閣では，パスフィールドの所領と爵位を得て貴族院議員として植民地相として入閣している。このようなウエッブの労働運動からの距離とそれにもかかわらず貴族・ブルジョワジーの文化に次ぐ第3の文化として労働の文化を確信するその思想が帝国主義に近づいていったのは，盟友，R.H. トーニーと異なって労働の文化を駆動する運動基盤を夫妻が見出していないことに起因したのであるまいか。前述のように，ボーア戦争当時，フェビアン協会の大多数はこれを支持したが，それを主導したのはウエッブ夫妻であった。「旧秩序から新秩序への移行」は，漸進的な進化によってであり，政治の進化は急速に労働者を支配者に導きつつある。帝国主義はそうした進化の方向を生み出す運動として，これを支持すべきなのであった。物質的道徳的最低限ミニマムの創出が，帝国にふさわしい民族を育てるために不可欠だとするのが，彼らの「社会帝国主義」であった。

　部分的な労働組合運動から社会主義的階級意識に自然的に移行することはありえない。社会主義の新秩序への移行を指導するのは，したがって，プロレタリアート自体ではなく専門職であり，彼らによる制度的な関心の結果として計画化と制度化が果たされ，現実のものとなる。言い換えれば，ユートピア社会主義や階級闘争を至上とするマルクス主義を含む革命的社会主義ではなく，土地の私的所有の廃止とコミュニティによる産業資本の効率的な管理運営によって「イングランド独特の社会主義」は現実になりつつある，とウエッブは考えた[32]。ヴィクトリア時代の富裕な生まれの若い女性が好んで行った慈善事業をロンドンのイーストエンドで行った典型的な「輝かしい未婚女性」(gilded spinster) だったベアトリス・ポッター (Beatrice Potter; ピーターラビットで有名な自然環境保護運動家のポッターは，Helen Beatrix Potterで別人である)[33]と違って，ロンドンの下町(現在は有数の劇場街)のレスタースクエアに1859年に生まれたシドニーは，中流下層の美容師の息子であり，もっぱら独学で数々の専門職の資格を取り，その抜群の記憶力と文章力でJ.S. ミルの再来を思わせた傑出した人物であった。彼が生まれた年は，ダーウィンの『種の起源』，マルクスの『経済学批判』，サミュエル・スマイルズの『セル

---

32　ハリソン・前掲注30の邦訳書および都築・前掲注30書評参照。
33　バートランド・ラッセルは，ベアトリスの「やたら鼻につく不快な性格と楽しく愛嬌のある性格」という「分裂した自己」の情愛に満ちた観察者であった。かつてジョーゼフ・チェンバレンに惹かれたベアトリスが，まったく対極の「内面のない男」のシドニーとのパートナーシップを築いていき，協同組合運動でも先駆的活動をするこのヴィクトリア末期の稀有の女性のよき理解者でもあった。前掲注30，大前邦訳書163-173頁。

フヘルプ』,それにミルの『自由論』の出版された年でもあった。ベアトリスは,ハーバード・スペンサーを師と仰ぎ,グラッドストーン内閣の地方政府相の若きジョゼフ・チェンバレンから高い評価を得てその政策に協力したこともあった。若きシドニーはベアトリスの高い能力とその美しさに惹かれ「あなたと私が一緒になれば世界を変えることができる」という熱烈な手紙を書いてベアトリスをフェビアン協会に誘い,1892年2人は結婚する。シドニーの経済学理論は,マルクスの労働価値説を倫理的な考察によって組み替え,限界効用理論を価値論・流通分析の基本に置き,同時に稀少な生産要素に対する特別の報酬として,人間の特別の能力に対する「レント」というかたちで,専門職業人の経済的機能と報酬を説明しようとするものであった。これらも,シドニーの生い立ちとともに,その「社会主義論」と関係していたと言えるだろう[34]。

　当時の労働党の指導部を含む大多数の見解を,『イギリス社会主義史』を書いたマックス・ベアは,「社会主義社会は崩壊した資本家的制度の上に建設されるのでなく,その十全なる発展の上に建ものであること,そのためには工場や会議室と,そして議会での資本家と労働者の協議が必要である」。「要するにわれわれの目標および目的は,民主的改革と立憲的方法による社会主義化」であるが,「イギリスの憲法の性格はわれわれに有利に作用する。それは終局を知らない。それは柔軟性に富んでいる。そのいかなる部分も議会での法によって変えることができよう。ダイシーがしめしたように,それは自由のための闘争から生まれ,政治上の判例から社会上の判例へと拡大していっている」というように,この当時の労働党とその支持者たちの時代認識をまとめている。

　ベアによれば,20世紀初頭のイギリスの社会構造の変化は,第一次大戦をはさむ1917年から28年の12年間の方が,1903年から1914年にかけての12年間より激烈であったとされる。20世紀初頭の最初の10年間は「新しい産業革命」の時代であり,主として個人ないし家族経営であった工場,商事金融会社が次の10年の間に大規模企業へと変化した。これに加えて技術革新の急速な進展である。これによる運輸機械工業と鉱業の競争激化とともに独占の形成が進行し,失業の増加と階級闘争の激化が一気に顕在化した。1926年の5月のゼネラルストライキと,1927年に制定された「労働争議および労働組合法」(Trade Disputes and Trade Union Act)は,ゼネストと同情ストを違法とするとともに,「契約条項」によって,特別の書式によって宣誓された政治基金でなければ労働組合員の政党へ

---

[34] シドニーの経済学理論や「レント」概念について,同上,大前邦訳書32頁以下,70-73頁参照。

の寄付金は違法とすることによって，労働党への労働組合による資金的基盤を弱体化させようとしている³⁵。

経済史学者の山崎勇治は，サッチャー政権時代の1984-85年の炭鉱ストライキについて触れて，イギリス資本主義の製造業から金融業への転換を決定づけたものとして，これを重視している³⁶。炭鉱，鉄鋼を含む重要産業の国有化を推進して，『ミスター国有化』と言われた，スタンゲート子爵，すなわち世襲貴族の故に貴族院の議席を「相続」する代わりに庶民院議員の地位を失った彼が法廷闘争と1963年の「貴族法」によって庶民院議員の地位を回復し，Anthony Neil Wedgwood Benn 通称トニー・ベンとの「単独インタビュー」も掲載しているこの本は，きわめて興味深い。ここでは，1973年のオイルショックと，80年代の北海油田開発の本格化を背景に石炭産業を捨てたイギリスが，その「帝国」を支えた産業を捨てるとともに「帝国」としても「滅亡」した，とする山崎の見方を重視しておく³⁷。

著名な「ギルド社会主義」論のC.D.H.Cole（1889-1959）の弟子であり，1969年からウォーリック大学の社会史研究所の初代所長もつとめ，2002年3月に亡くなったイギリス労働史の雄，ロイドン・ハリソン（Rroyden Harrison, 1927-2002）の講演録が，松村高夫・高神信一によって邦訳されている³⁸。そこでこの高名な論客は，「産業」industry という言葉に特別の「定義」を要求している。ナポレオンは，英仏戦争中，イギリスを軽蔑して「小売商国民」nation of shopkeepers と呼んだ。しかし，この時期のイギリスは産業革命を遂行しつつあり，すでに最初の工業国家へと進みつつあったのである。しかしその後，小売業，教師や医師などの専門職業を除く経済活動を行う多数の部門も「産業」と命名されるようになった。広告，観光，娯楽産業等々のようにである。経済の同じ部門で資本と労働を使用していると考えられる一つのアソシエーションに雇用主が結集していればそこに一つの産業が成立するというわけである。しかし，産業の本来の意味は，18世紀以来，仕事場や工場のなかで機械を中心に組織されていく生産，そこで骨身を惜しまず働く勤勉な，インダストリアスな人間による生産活動に関連づけられるようになった。この点では機械を使わず「職人」（ハンズ）を雇っ

---

35 以上，ベア・前掲注31，296頁以下参照。
36 山崎勇治『石炭で栄え亡んだ大英帝国——産業革命からサッチャー政権まで』，ミネルヴァ書房，2008年。
37 山崎・前掲書，特に第1章。ベンとの会見記録は，同書199-217頁。
38 ハリソン・前掲注30参照。

て手労働で行われた「工場制手工業」(マニュファクチュア)と「産業」の区別は常に重要である。ハリソンは，このように「産業」の定義上の濫用を指摘しつつ，イギリスが「最初の工業国」であったために「工業化」のもたらす結果に既存のすべての文化がネガティブになるという「不利益」を回避できなかったという「最初の工業化による不利益」の正当な評価を欠いている点でウィナーの先の「産業精神の衰退論」を批判している。土地所有を基礎とした貴族文化の担い手は，産業資本や商業資本へと変化が生じた後にも政治的・社会的支配を維持しようとした。最初の工業国は，「ナックス」，すなわち，マニュファクチュア時代に職人たちによって得られた熟練による能力と，石炭と蒸気機関によってこれを推進したのであって，1870年代から工業化を展開したアメリカやドイツのように物理学と化学などの力で産業革命を起こせたわけではなかった。旧式の設備を廃棄して高価な新技術を導入しなくても優秀な人間の熟練が現存設備でやっていけるのならなぜ利潤を生み出している既存設備を廃棄しなければならないのか，「ナックス」が重要である世界に生きる労働者は，労働条件を自由にコントロールできるという「片務的な規制」unilateral regulation が可能だと本気で信じていた。労働者のこうした生産サイクルにおける「制限慣行」restrictive practice は，近代産業の揺籃期の特殊な慣行としてではなく，これらは遺産として承継され権利とみなされた。逆にイングランドの中流階級の専門的職業階層の発展は商工業の発展より著しく遅れていた[39]。先の通りウエッブがこの点への焦燥感とともに，この階層を重視したのには理由があった。

　トニー・ベンが，ウィルソン労働党政府の産業大臣として，1918年の先の労働党綱領の第4条の「国有化」条項の原点に立ち返って，1974年に公表した「イギリス産業再生白書」とそれに基づく「石炭計画」Plan for Coal およびイギリス鉄鋼公社再建計画は，1980年のサッチャー政権による Coal Industry Act の挑戦を受けた。けれども，2億トン体制が維持されるべきとされる限り，サッチャーといえどもこれを突破できなかった。党内で対立した反ベン派は，ついに党を割って社会民主党が結成された。1975年，EEC加盟をめぐる国民投票で支持が決定されたため，加盟反対派の労働党の左派が力を失い，ベンの国有化白書も事実上失効し，ベンはエネルギー大臣に降格された[40]。ウィルソン首相は60歳になると「定年」を理由に突然辞任し，右派のキャラハン首相が誕生した。キャラハン

---

[39] ハリソン・前掲注30『産業衰退』。特に第1章，2章を参照。
[40] 山崎・前掲注36，172頁以下。ベンは，「憲法論」についても重要でその憲法私案について，元山憲『イギリス憲法原理』法律文化社，1999年，71頁以下参照。

は，ウィルソン内閣の労組（TUC）と政府の「社会契約」Social Contract を引き継いだ。これは，政府が国有企業の労働者の雇用を守る代わりに労働組合は賃金引き上げを抑制するというものであった。しかし労働組合は頻繁に山猫ストライキをおこし，1978 年末から 1979 年始めにかけてトラック運転手組合の長期ストライキが続き暖房用の灯油などの枯渇から国民生活は麻痺する。これに加えて自動車，運輸，病院，清掃などの事業関係でも長期ストライキが続く。こうして EEC 加盟とベンの国有産業の包括的計画の頓挫が，1979 年の総選挙でのサッチャー政権の誕生の前夜に展開した。まさに「現代」イギリスへの転換点はここにあったと言っていいだろう。

ハリソンによれば，サッチャーによって産業として抹殺された石炭の埋蔵量は 400 年分ある。その質はヨーロッパ随一でしかも安価であった。いまイギリスは石炭の輸入国である。「これらの政策を促進したのは，炭鉱の地下で行われる不快で危険な労働を人道的に考慮した結果ではない。これらの政策は，当初の工業国家としての社会的費用に根ざす政治に耐えるよりも，産業を破壊する（deindustrialize）決意が遂行されたものであるといえる」[41]。

### 6.3 イギリス没落の要因論

アメリカの歴史学者のマーティン・ウィナー（Martin J.Winer）は，イングランドに焦点を絞ってはいるが，19 世紀後半以降のイギリスが，「世界の工場」と言われた工業化による経済成長を失速させ，帝国としての世界的覇権を喪失していった背景に，「産業精神の衰退」，物質的な豊かさを追求する方向にネガティブな反＝資本主義ともいうべき文化の形成があったと指摘している[42]。ヴィクトリア朝の中期に絶頂に達した産業主義は，古いイングランドを一変させたが，新興のエリートたちは貴族・ジェントリの価値観の多くを取り入れ，その「ジェントルマン化」という階層構造に関わる価値観の転換のなかに回収されていった。官僚，専門職，金融界，所領所有者から成る新しいエリートのこうした価値規範は，パブリック・スクールとオックスブリッジの「共通教育」によって教え込まれ，彼らの威信を通じてイギリス社会に広範囲に浸透していった。19 世紀には「基金学校」endowed schools と言われる上層階級の篤志家たちによるグラマー・ス

---

41 ハリソン・前掲注 30『産業衰退』73 頁。
42 Wiener, M.L., English Culture and the Decline of the Industrial Spirit, 1850-1980, Cambridge University Press, 1981（邦訳書，原剛訳『英国産業精神の衰退——文化史的接近』勁草書房，1984 年）。

クールが簇生し，かつ，その「全国」版（それ故にパブリック）であり，貴族・ジェントリの子弟のための特権的な学校であるパブリック・スクールの発展があった。ラクビー，ボート競技などの集団的・ジェントルマン的フェアプレーのスポーツを重視する「アスレティシズム」が，19世紀末葉から加熱していくが，それは，ジェントルマン教育の象徴的な理念と帝国主義の気風とも連動するものであった[43]。

「新自由主義」最大の経済学者の1人のアルフレッド・マーシャルの「経済騎士道」は，J.S. ミルの「定常状態」stationary state を継承して経済学の課題は，蓄積と生産から消費と分配の問題に移行して，「もはや工業総生産を増加させるよりも，公共の福祉を優先することができるまでに至った」という認識に基づくものであった。ホブソンは，1851年にロンドンで開催された世界大博覧会の展示場として建設された巨大な総ガラスの「クリスタル・パレス」を豊かさの象徴として讃美する風潮に拒否宣言を突きつけたジョン・ラスキン（John Ruskin）に従って，人間の「健全な欲求」を満足させるための財は「富」であるが，人間の卑しく有害でさえある欲望を満足させるだけの財は，「ゴミ」にすぎないと論じていた[44]。

ラスキとは一年後れの1931年，LSEに経済学研究所教授として赴任したトーニー（Richard Henry Tawney）は，インド州立大学の学長，チャールズの子として1880年，カルカッタに生まれ，彼が赴任したLSEの当時のDirector（学長）は

---

[43] ウィナー，同上邦訳書24-34頁参照。19世紀後半以降のイギリスでは，エリートの間の「ジェントルマンの理想」が，一つの文化的複合体を形成して，産業界も含めた社会全体を支配し，それが産業を抑制し，技術革新と経済成長に対して一種の「文化的防疫線」を張り巡らしたというウィナーの主張（原の「訳者あとがき」参照）については，当時の無尽蔵とも言える資料からの恣意的な抽出と言う批判もある。けれども，イギリスの本質は，農村的で不変だという神話が政治的対立の枠を超えて「帝国主義者」を含めた政治的エリートたちによって共有されていたことにあるとして，これを資料引用から浮かび上がらせていく手法は見事である。気品ある訳書から日本の成長絶対主義の対極を味会うこともできるであろう。なお，「アスレティシズム」を含めて，村岡健次・鈴木利章・川北稔編『ジェントルマン――その周辺とイギリス近代』ミネルヴァ書房，1987年，ことに，228頁以下の村岡論文，および村岡『ヴィクトリア時代の政治と社会』ミネルヴァ書房，1979年，180頁以下参照。

[44] ウィナー・前掲注42邦訳書150-152頁。アメリカの「自動車王」のヘンリー・フォードの「イギリス版」で，ブリティッシュ・レイランドの前身のモリス自動車工業の創始者であるウィリアム・モリスは，当時，『ユートピア便り』（1891年）などの著作で産業革命を批判し，中世的なクラフトの共同事業を推進した――モリスのデザインは現在でも有名――「社会主義者」の同姓同名のモリス（William Morris; 1834-1896）には教養人の間ではほとんど知られず，死後のその評価はまったく及びもつかなかったという。ウィナー，邦訳書222-223頁。

かの Beveridge であり，その妹のアンネットは彼の妻であった。ラクビー校からオックスフォードのベィリオールに進んだ彼は，このカレッジのドンであった経済学者のアーノルド・トインビー（Arnold Toynbee; 1852-1883）が提唱してロンドンに彼の死後，設立された貧民のための救済組織（セツルメント）のトインビー・ホールで失業救済と教育事業を行い（親友の Beveridge はここの副主事であった），ウエッブ夫妻との親交もここが起点となった。トーニーの生涯で際立つのは，「労働者教育協会」Worker's Educational Association に加わって一貫して労働者教育と労働党の政策形成の理論的支柱となっていく点であった。1914 年 11 月の第一次大戦中は，トーニーは西部戦線に加わり重傷を負った。戦争の体験から恩讐を超えた愛の希求を訴える論考を『ネーション』誌に発表し，多くの読者の共感を誘っている[45]。

『16 世紀の農業問題』という 1912 年に出版された彼の処女作は，わが国にも多大な影響を与えた。「大塚史学」として知られる大塚久雄の比較経済史学のキー概念である「中産的生産者層の両極分解」の理論は，フィッシャー（Fisher, F.J, "Tawney's Century", in Fisher.ed., Essays in the Economic and Social History of Tudor and Stuart England in Honour of R.H.Tawney, Cambridge, 1961）によって「トーニーの世紀」とさえ言われたトーニーの修道院解散からピューリタン革命に至る時期（1540-1640）の実証的研究とそれを基盤とした社会経済史における際だった業績に影響されたものであった[46]。トーニーは，この研究の後，1941 年に「ジェントリの興隆」という影響力の大きかった論文を書いている。そこで，富裕な農民あるいはヨーマンという興隆階層が貴族，大領主に代わって独自の社会層を形成し，それが，「善良なブルジョワ」として，直営地の一括借地を行う大借地農とともにジェントリの中核を形成していき，富裕な商人や急激に増えつつある専門職を含む「中産階層」（大塚理論を批判するためにあえて「中流」という用語を使う

---

[45] トーニー著, 出口勇藏・越智武臣訳『宗教と資本主義の興隆』岩波文庫, 1959 年（Tawney, R.H., Religion and the Rise of Capitalism, A Historical Study, 1926）下巻収録の「訳者あとがき」参照。

[46] 戒能・前掲注 4, 162-163 頁, 701-706 頁参照。もっともトーニーの「ジェントリ論」については，上記の Religion におけるそれと，Tawney, R.H., The Rise of Gentry, in Economic History Review, vol.11-1 (1941) のとではジェントリの社会的な役割の認識が違っているように思われる。ただトーニー自身は，資本主義の生成期におけるジェントリの時代を切り拓く役割と「産業主義」の支配構造におけるジェントルマン階級の政治的支配と言う役割の「両義的な性格」を重視したように思われる。したがって，「ブルジョワ革命」の両義的な性格について，その「資本主義論」のなかで冷徹に見通していたと言ってよい。この点後述参照。

人もいる) middle class の勃興を導いていったとした。つまり，資本主義的な経済体制が封建制の解体によって達成されていく過程での「中産階層」の役割をイギリスにおける資本主義の推進者として明確に位置づけたのである。トーニーが 1926 年に書いた『宗教と資本主義の興隆』は，マックス・ウェーバーの『プロテスタンティズムの倫理と資本主義の精神』と比較されることが多い。けれどこの書物でトーニーは，ウェーバーが「資本主義的企業というものが，宗教的な変化によって資本主義の精神が生まれてくるまでは，現れなかったかのように語るとすれば，それはすこしわざとらしい」と述べている。さらに，ブレンターノの批判を支持しつつ，「企業の発展と経済関係に関する個人主義的な態度をつくりだす上に好都合であった精神的運動で，宗教とはほとんど無関係なもの」をウェーバーは無視しないまでも軽い取り扱いをしているとし，例えばルネッサンスの政治思想がそうであり，マキアヴェッリは「伝統的な倫理的な制約を融解させるという点では，少なくともカルヴァンに劣らず，有力な存在であった」などと述べている[47]。

けれども，トーニーのこうしたウェーバーの歴史認識への批判は，歴史家として事実との齟齬を詮索することにあったのではない。『宗教と資本主義の興隆』で彼は，地主の「共有地」の囲い込みによって謄本保有農たちが立退かされるようなことがあると，コモン・ローにおける地主の権利には対抗できないと知りつつなおかつ干渉をしようする王制支配の中核たる枢密院を評価する。また凶作による物価騰貴に乗じてぼろもうけをたくらむ「人間として生まれたというよりは，むしろ狼にも似た投機業者」に対して治安判事に命じて取り締まるなどする「枢密院」の存在を指摘する。他方，貴族，ジェントリおよび自由保有農 (freeholder) は，不変の自然法によってすでに彼らに与えられている権利を守るために社会に加入し，国家はこういう権利を保護するために存在するとされるようになった。それは一種の株式会社のようなものであり，彼らの権利のうち最も重要な財産権の自由な行使を大幅に許している限り，国家はその目的を達すると考えられている[48]。その反面，このような社会に出資する財を持たない者は，「貧民」として扱われる。このように，トーニーは，資本主義が生み出してくるこうした不平等と貧困の問題の「起源」をこの流麗な文章で書かれた当時のベストセラーで論じているのである。このジェントリ以下の「貧民」として扱われる階級の悲惨な状

---

47 トーニー・前掲注 45 邦訳書 (下巻) 257-260 頁の第 3 章原注 32，および (上巻) 12-24 頁の 1937 版への序文参照。
48 同 (下巻) 第 3 章，とくに，53-54 頁，82-88 頁参照。

況は，トーニーに限らずこの時代の社会主義者と新自由主義者の認めるところであった[49]。

　健全な道徳が商業上の叡智と一致するとされていた限りでは，宗教理論と経済的な現実の乖離は存在しないとされたのであり，宗教が社会秩序の批判者であり告発者であるという考えは失われたと言うよりも無関心主義に陥ったのである。資本主義の興隆期においてカルヴァン主義が中産階級の凝集力を高めその集団の熱狂の源泉となったけれども，名誉革命を経過して次第に「貴族社会の気分をふたたび生み，貴族社会の階級構成と経済的不平等をふたたびもたらし，富や社会的地位に対する卑屈なへつらいの慣習をば，徳性と理想化する傾向」が，名誉革命の後に顕著に生まれた。敬虔な国教会の信徒であったトーニーは，没落しつつあるチューダー期のヨーマン出身の聖職者，ヒュー・ラティマー（Hugh Latimer, 1485-1555）に傾倒し，農民庇護のために活動したコモンウェルスマンとしてのそのヒューマニズムに惹かれつつ，彼の時代の教会の歴史的使命をも論じようとするのであった[50]。そのようなトーニーの思想は，当時，広く読まれたと言われる1921年の『獲得社会』the Acquisitive Society に集約されている。

## 7　ヒューマニズム歴史観と「機能主義様式の公法学」

　17世紀後半以来見られた「近代的経済関係の出現」について，トーニーは次のように述べた。それは，目的という概念をメカニズムに置き換えた政治理論の発展に照応するものであった。権利は公共目的に関係あるとみなされるのではなく，自己自身の力に立脚するものとされるようになったのである。言い換えれば，権利とは，社会の他の側面に従属するものではなく，逆に社会の他の側面が権利に従属するものと考えられるようになった。しかしながら，財産とはもともと人間が社会目的に奉仕するという「機能」function を持つべきであり，人間の自己発展（self-advancement）の手段であるべきだ。トーニーは，そういう財産権が尊重される社会を「機能社会」functional society と呼ぶ。実際はどうであろう。人間の本能のもっとも強力な富の獲得に対する利己心を均しく追求する権利が，イギリスにおいて最初に現れることになった。「産業主義」industrialism の出現であり，その可能性が示されて以来，富の獲得のための権利が無制限の領域に拡大

---

[49]　労働史家のハリソンは，後述のようにウェッブ夫妻の伝記を書いているが，ハリソンは小説家とも言ってよく，ウェッブ夫妻，C.D.H.Cole, Tawney, H.J.Laski が生きた20世紀初頭を中心とした時代の状況を生き生きと描き出している。

[50]　トーニー・前掲注45邦訳書20頁以下参照。また同239頁の訳注6も参照。

第1章　憲法思想の諸潮流と理論

している。そこでは強者が無制限の力を発揮しても許される。なぜなら，弱者もいつかは強者になるという希望が支配しているからである。かくて個人は彼自身を宇宙の中心と思いこむようになる。道徳的原理は，便宜の選択に解体されてしまうのである。社会のすべての傾向と利益とが富の獲得を促進することにあるとされる社会，「獲得社会」Acquisitive Society が出現しているのである[51]。

このような「獲得社会」を出現させた私有財産は，人間が自然に対して行った労働の成果に対する保障に根本理由を置いている。後に詳述するように，ジョン・ロックの理論である。「勤勉な人間に彼が種を蒔いた場所で収穫することを可能にするという事実のなかに，私有財産擁護を見出す理論は，矛盾ではなく，大多数の人々に関する限りほとんど自明な理であった」。これに対して「労働ではなく略奪的な力のなかに起源を持つ所有権」が，生まれてきた。それは，「土地とたいていの産業に使用される単純な資本の財産権が広範に分配されていた時代」である「前産業的時代」の後に現れてきたものである。我々は未来がどのようなものになるか分かってはいない。しかし，「過去に最もすばらしい社会秩序」は存在した。すなわち「所有者が果たしうる奉仕に関連づけて，財産権を正当化する」ことができたような社会秩序が，かつて存在したのである。そのような時代には，財産権は，その所有者の果たす奉仕によって正当化されるのであるから，財産権は安定的であった。しかし，この議論は，「両刃の剣」である。なぜなら，奉仕に結びついていない財産権，例えば，村落に重々しく居を構えて数多の鳥獣を殺している（貴族の権利としての「狩猟権」！）カントリのジェントルマンが，公共善に奉仕しているわけではないことを，それははっきりさせる。そして，国

---

[51] Tawney, R.H., The Acquisitive Society, original ed., 1920, Dover Publications ed., 2004, pp.9-10, pp.28-31, 邦訳書，山下重一訳「獲得社会」河出世界教養全集17, 関嘉彦訳者代表『イギリス社会主義思想』1963年所収，303頁311-316頁。「獲得社会」というより「私益・利益追求社会」，「強欲な社会」の方がトーニーの感性をよりよく伝えるように思う。トーニーは，法律的にはともに財産権であるが，所有者にとってその職業の遂行や過程の維持のためでなく，利益の獲得や権力行使の手段となっているだけで，利益が奉仕に，権力が責任に何らの関係をもっていないといった「獲得社会」の財産権を，「受動的財産権」passive property または「獲得，搾取，権力のための財産権」property for acquisition, for exploitation, for power とする。pp.62-63, 邦訳書，333頁。トーニーが「産業的」・「産業主義」と言っているのは「資本主義（的）」と互換可能である。この書物の初版では「産業主義」を使っていたが，1937年の普及版（ペリカン文庫版）で，「資本主義」と言い換えられている。なお，産業主義の概念に影響がある「産業革命」という用語は，1888年に出版されたトインビーの『英国産業革命史講義』ではじめて用いられたとされるが，M. ドッブ著，京大近代史研究会訳『資本主義発展の研究』II, 1955年初版，89頁では，1844年にエンゲルスが書いた『イギリスにおける労働者階級の状態』が最初であるとされている。

民の富の相当部分が数十万の家族に集中していて，所有権が広範に分布されていないため，ある種の財産権は，怠惰な貴族の特権であるとされる以外ないからである。しかしこれは，財産権の正当化でなく，むしろ財産権総体を不安定にしているのである[52]。

　イギリスでは，権利という概念は消極的な防衛的なものとされ，政府の侵害に対しての防壁であった。フランス人はこうした塹壕や防壁から飛び出し，その権利の理念とは，積極的かつ戦闘的なものとされ，そのため，それは防衛の武器ではなく社会組織の原理となった。フランス人はこうして，権利をカビくさい憲章 (musty charters) にではなく，人間自身の性質自体に淵源を有すると主張した。これは，革命の勝利であるとともに限界でもあった。

　イギリスで起こったことは，一見すればその正反対のように思える。イギリス人はフランスのこうした絶対的な権利の言説には，わずかしか共鳴しなかった。彼らの想像力を捉えたのは，彼らの商業的本能に訴えることのない自由権ではなく，自由の有用性であった。そしてフランスで革命が自然権理念の爆発性を示している時に，彼らはそれほど驚異的ではないフォーミュラを求めていたのである。アダム・スミスと彼の先駆者が与えたのが，その最初の回答であった。彼らは経済生活上の機構がどのようにして「見えざる手」によるかのように，個人の権利を公共善 (public good) の手段に転化させるかを示した。形而上学的な巧妙さを軽蔑し，人権宣言をその他の独善的な宗教と同様にばかげたものであると考えたベンタムは，政治制度の究極的な基準として功利の原理を提供することによって，新たな方向付けを完成させたのである。それ以来，個人が好きなように自分の自由を行使する権利から，自由の妨げられない行使が，社会に対して持つ有用性へと，自由の重点がシフトしていくことになった[53]。

　今日では，財産権は創造的労働に代われるものではないのにもかかわらず，前産業的時代に財産権が支持されていた理由を逆転し，それは，労働の手段ではなく，利益，権力獲得の手段とされている。すなわち財産権は，一種の無制限の主権者である。その本質は，国家によってある個人または集団に排他的に保障された，その上に所有権が行使される対象を処分する力である。こうした事物に対する財産権は，極端にまで推し進められると，結果的に「人格に対する主権者になることができる」。アメリカ最高裁のブランダイス判事が言ったように，大企業に対する主な批判は，それが「産業的絶対主義」を不可避にしているからである。

---

52　トーニー・前掲注 51, Acquisitive Society, pp.55-63（邦訳書，329-333 頁参照）．
53　*Ibid.*, pp.15-16（邦訳書，306 頁参照）．

第1章 憲法思想の諸潮流と理論　　179

このような絶対主義の下では,「生命,自由,幸福追求の権利」は有していても,結果的には人々は「この君主の意のままに生活しているのである」[54]。

　トーニーは,このように,「機能なき財産権」を「正当な財産権」の最大の敵と考える。他方,財産権からのこうした歪曲を除去し,財産権の真の性質を回復するには,「共産主義の幻想」による必要はなく,「機能なき財産権」を廃止すること,具体的には,株式会社制度によって発展してきた機能なき株主の所有権を廃止することが1つである。それは必ずしも「国有化」に限られない。それよりも,英語国民は,フランスやドイツで区別されている国有化（étatisation: Verstaatlichung）と社会化（socialisation; Sozialisierung）を同じ Nationalisation という言葉で表現するために生じる混乱を避けるべきだ。国有化とは,したがって,「国民を代表する団体による所有」ownership by a body representing the nation であって,ネイションはこの場合,特定の政治的対象としてというよりは,消費者としての一般大衆として考えられなければならない。「国有化」とは,国家によって雇用される役人が現在の産業の指導者の地位に立ち入って,彼らが行使していた権限を行使するような特殊な産業管理の方法を意味するものではない。したがって国有化は,「公有」public ownership を意味する。産業を政治的国家の省庁の下に置くことがすなわち,「国有化」ではないのであって,さまざまな異なった経営の型とそれは,両立しうるのである。サンキー裁判官（John Sankey 高等法院裁判官。1919年設立の石炭産業委員会の委員長で,トーニーはウェッブとともにその委員会の学者委員）が石炭業について構想したように「連合的」federal（地方的な知識と経験を必要とする炭鉱経営の特性から,中央が地方組織を集権的に管理するのでなく,国有組織の枠内での分権的管理を提案したサンキー委員会の「国有化」案がこの「連合」的）なものもあり得るのである。

　産業国有化の第一段階は,現在のような財産所有者の金銭的な利益から当該の産業を解放することである。こうした財産権の性格の変化は,実現不可能なほど現在の社会秩序からかけ離れているわけではない。政治的な論議の用語は,19世紀初期の慣用的な対照を再生産し続けており,「私企業」と「公有」というこの対照は,光と闇の関係で今なお互いを対照させあっている。しかし,事実は,伝統的な法システムの形式的な外皮の背後で,新しい関係の諸要素がすでに準備されている。そしてそれは,社会主義者のみならず個人主義のフォーミュラを繰り返ししている人々によって考案された政策を通じて,その足下を掘り崩すよう

---

[54] 同上,邦訳書333-341頁（これは,G.Bell and Sons ed.1952を底本とした邦訳書を参照した部分であり初版にはない）。

にして一つずつ適用に向かっているのである[55]。

こうして，トーニーは，産業の運営はその産業に従事している生産者が直接責任を負うべきとし，その監督は消費者が行うべきとする機能社会の実現に向けた提案をする。その要諦は，財産所有者の金銭的な利益に対する産業の従属を解放することである。資本家が機能なき財産権を有するという理由だけで産業への統制権を有することを廃止するということであり，そのためであれば，協同組合的所有や国家的統制でもいいのである。

トーニーの「機能なき財産権」論は，マルクスの疎外論にも通底するものがある。トーニーが「機能社会」と呼ぶ社会は，旧社会の復元ではない。人間は，各人の「機能」・「職能」を誇りと責任をもって遂行するために専門的職業団体をつくり，その職業倫理を通じた社会の再組織化が展望されている。そしてこのようにして定位された「知的プロレタリアート」が，肉体労働者とその組織である労働組合とは異なったアリーナから，産業の専門職業化を推進することで，「知的エリート」が「資本主義の汚辱」から解放される展望を描こうとしたのであった[56]。

トーニーの以上の議論は，「トーニーの世紀」とさえ言われた彼のイギリス市民革命前後の研究とどのように結びつくのであろうか。この問題については，章をおこして別個に論じる[57]。ここでは，トーニーの資本主義批判の系譜を現代に

---

[55] *Ibid.*, pp.114-118, 邦訳書 357-362 頁参照。
[56] *Ibid.*, 123et seq. 邦訳書 364 頁以下。
[57] トーニー，クリストファー・ヒルによるイングランド革命＝ブルジョワ革命の理論の核心部分は，封建的土地所有の廃棄にかかわってジェントリ，ヨーマンリーと言われた階級をどのように捉えるかという点に主眼があった。階級という垂直的な構造が問題にされたのである。ラスレットによる批判は，存在したのはジェントリという「単一」の支配層のみであって，下位の階層はその支配のもとにあって，「階級」としての存在ではないとして，資本主義やブルジョワジーの勃興などという用語の無批判的な適用で近世イギリス史を歪めるべきではないと批判した。その後，ライトソン（Wrightson）バリー（Barry, J.）等によって，階級否定的なラスレット説に対して，地位，権力，文化などの点で特定の社会的階層が 17 世紀には水平的に形成され始めたとされた。とくに上下の身分的な階梯が崩れ，代わって相互に距離を置いた単純な階層（sort）が爵位貴族を頂点にしつつ，教区のジェントリーを含むジェントルマン層がその下位に水平的に拡がっていき，さらに，バリーの言う「中流層」 middling sort の独自の形成が見られたとして，19 世紀の階級形成の前史を説明する潮流が有力となっている。このような「一国史」的考察に対して，衝撃を与えたのは，本章の 6.3. で言及したウィナーの産業衰退論を否定し，「帝国」の観点から「ジェントルマン資本主義」論を展開した Cain, P.J. & A.G.Hopkins, British Imperialism, 1993, 邦訳書，竹内幸雄・秋田茂訳『ジェントルマン資本主義の帝国Ⅰ・Ⅱ』名古屋大学出版会，1997 年であった。なお，戒能・前注 4, 718 頁以下，岩井他『イギリス史の新潮流』彩流社，

第1章　憲法思想の諸潮流と理論　　　　　　　　　　　　　　　　　　　181

　辿ってみることにしたい。
　19世紀の自由主義の特徴を17世紀イングランドの政治思想史の展開として「所有的個人主義」possessive individualism という概念で捉えた学者がいた。トーニーが言うように，ロックの個人主義的な教義は，市場的関係を前＝市民社会的な自然状態において予定していたという不整合な関係がある。この点に着目したカナダの政治学者の故 C.B. マクファーソン（Macpherson, C.B., 1911 − 1987）の「自由民主主義」の再生に関わる魅力的理論が，わが国でも田口富久治，藤野渉，栗田賢三，高木正道，西尾敬義等によって1970年代後半から80年代にかけて精力的に紹介された[58]。
　マクファーソンは，主としてロック（John Locke; 1632-1704）の『統治二論』(Two Treatises on Government) の第二論（後篇）にあるプロパティを論じている部分（第5章「所有権について」）に，注目した。そして，ロックが，ここで，所有権＝「固有権」享受の正当化を人が共有物に対して自身の労働を加えたことに求めていることについて，独自の解釈を施し，その理論を展開する。ロックは労働による所有権の取得を，人間の身体に対する「固有権」の帰属，つまり所有権（第2編，第5章，27節および，173節に出て来る「私がプロパティといっていう場合には，人が財貨だけでなく，身体に対しても持っている固有権＝所有権」という意味も含まれる…としている）に根拠を求め，プロパティとは，「生命，自由，資産」(property, that is, his life, liberty and estate) であるとし，これを自然法によって保護されるものと論じた。所有権はしたがって自然権であり，前＝政府的権利である。そればか

---

　　2000年等参照。
[58]　西尾敬義・藤本博史訳，田口富久治監修『民主主義理論』(Democratic Theory:Essays in Retrieval, 1973 の邦訳，但し完訳ではない) 青木書店，1978年，田口富久治訳『自由民主主義は生き残れるか』(The Life and Times of Liberal Democracy, Oxford University Press, 1977の邦訳) 岩波新書，1978年，藤野渉他訳『所有的個人主義の政治理論』(The Political Theory of Possesive Individualism, Hobbes to Locke, 1962の邦訳) 合同出版，1980年，高木正道『ヨーロッパ初期近代の諸相──経済史と心性史のあいだ』梓出版社，1989年など。先駆的な紹介として，栗田賢三訳『現代世界の民主主義』(The Real World of Democracy, 1966の邦訳) 岩波新書，1967年がある。近代資本主義市場社会の前提とする効用の極大化を志向する消費者としての人間観を自らの潜在的能力の開発者・行使者としての人間観へ旋回させるための主体的・客観的諸条件を探求した1973年の『民主主義理論』が，マクファーソン理論の原点であった。自由民主主義の現代的再生のモデルを，参加民主主義において探りあてようとする彼の理論が，西欧民主主義の危機とソビエト型社会主義批判を強く意識したものであることは，想像できるが，彼の言葉にはそれは明示的ではない。なお，『自由民主主義は生き残れるか』の訳者，田口のあとがきは，マクファーソン紹介として簡にして要を得ている。

りではない。「私の馬が食む草，私の下僕が刈った芝，私が掘りだした鉱石は…，私の所有物となる」(28節)。さらに「自由人が，彼が受け取るべき賃金と交換に，一定の期間にわたって自らを売り，奉仕を引き受けることによって，他人の家僕になることがある」(第二論，85節)とある。マクファーソンは，ロックの自然権としての所有権には，労働の商品化による他人の労働の産物への所有権を自然権として正当化する論理が含まれているとした[59]。ここから，マクファーソンの「力の移転 (transfer)」論を基軸とした所有論が生まれる。先のトーニーの「獲得＝私欲追求社会」における「機能なき財産権」の本性である「他者に対する支配権としての財産権 (所有権と同義)」と符合している[60]。

　マクファーソンの「所有的個人主義」が前提としている社会は，3つの社会モデルを提示することによってその思想的特徴が明確にされる。第1のモデルは，「慣習的もしくは身分的社会」the customary or status society, 第2には，「単純市場社会モデル」the simple market society そして第3が，「所有的市場社会」the possessive market society である。「慣習的もしくは身分的社会」モデルは，古代諸帝国，封建諸社会，部族諸社会を包含する広い概念であり，「単純市場社会モデル」は，いずれか特定の歴史社会であるというのでなく，十分発達した資本主義社会とは区別される分析上の狭い概念とされる。第3の社会は，トーニーが初期に用いた「産業社会」，後に用いた「資本主義社会」と言い換えうる。そしてその指標の第1は，完全に競争的市場社会であること，第2は，人間の労働力が商品になっていること，すなわち，ある人から他の人への力の平和的移転が許容されていること，である。

　自由主義のイデオロギーの特徴を「所有的個人主義」という概念で捉えつつ，19世紀末から20世紀にかけてヒル・グリーンなどの「ニュー・リベラリズム」

---

59　Locke, J., Two Treatises on Government, 1690, 4th ed., 1713. ロックの『統治二論』については，ロック自身の補正版の4版の再刊である1823年版をベースにした2010年の加藤節訳（岩波文庫版）を参照した。第6版を再刊したラスレットが，この書物の執筆時期を名誉革命後とする「通説」を覆し，チャールズ2世の子（カソリックに改宗したヨーク公，後のジェームズ2世）を王位継承者から除く排斥法案の時期(1679-81)の頃であったことを明らかにした。これによって名誉革命のイデオローグとされたロックの位置は変わるのかについて憲法学的に検討した，愛敬浩二『近代立憲主義思想の原像』日本評論社，2003年，とくに第4-6章参照。

60　藤野他訳・前掲注58, 226頁以下参照。マクファーソンは『民主主義論』において，所有権とは，ある物の使用もしくは利益に対する所有者の他者に対する強行可能な請求権 (an enforceable claim of a person to some use or benefit of something) と言う（邦訳書，206頁）。高木・前掲注58, 40頁および77頁以下参照。

から社会主義論への展開を，トーニー等の延長で現代に蘇生させつつ先の根本的な不整合を克服することによって，自由民主主義の復権をはかろうとした。マクファーソンの理論は，このように捉えることができるであろう。

　それでは彼の，自由主義のイデオロギー的な特質の把握の具体的な内容は何であろうか。すでにトーニーが示唆したように，ジョン・スチュアート・ミルとグリーン以降の自由主義は，トーニーの言う効用の無限の追求の手段としての財産権もしくは利益と権力の獲得手段としての財産権を追求する「獲得社会（私益追求社会）」のなかの人間という観念を修正し，自己の能力の行使者・展開者としての人間像を付加し，自由主義の民主主義的再構築を目指す方向にシフトしていく傾向を示した。したがって「自由民主主義」ということになるが，これには無制限な排他的な個人的所有権としての「自由主義的所有権」（liberal property right）と，自由民主主義の倫理的な原理である人間の能力の行使・発展についてすべての人々に与えられた平等な権利との両立が不可能という，アポリアが含まれている。

　17世紀以降，土地の商品化を妨げる権利が無制限の私的所有権に取って変えられていき，私的土地所有権が確立して行くにつれて，土地および資源の私的所有権化を妨げるものがなくなった。共同所有の観念が消え去っていくことについて，トーニーは心を痛めたのであるが，どんな「機能」とも関連づけられていない譲渡可能な無制限の財産権は，資本主義的市場社会を不断に進展させるのであり，したがって所有権は，自己の欲求を満足させる物に対する無限の支配権とされるようになった。自然権にもとづく権利は物自体と同視されるようになり，同時に権利の前＝国家的弁証は消去され，国家は物と同視された権利の絶対化を擁護する結果となってしまったのである。所有権はこうして，ある物の使用もしくは利益に対する請求権に他ならないことになる。マクファーソンによれば，この転換は，「資本主義的市場経済」が出現した17世紀以降のイングランドにおいて，最初に現れた。しかし，この絶対的権利としての私的所有権は，最も発達した資本主義諸国ではもはや必要でなくなっている。なぜなら，私的所有権が資本主義的市場経済に必要不可欠であったのは，市場機構が天然資源と資本と労働とを様々な用途へと配分するためであったが，配分の仕事はもはや国家によってなされるようになっており，国家は，私的所有権ともにこの配分を保障する存在となっているからである。個人もしくは法人の絶対的権利としての私的所有権の役割は縮小し，逆に，かつては無条件で私的所有権者に帰属するとされた物に対する権利は，その物の使用もしくは利益から排除されない個人的権利にまで，所有権の

外延を拡げるべきとする社会的圧力が、ますます強まっている。そして、各人がその人間的本性を実現するために欠くことができない、ある物に対する使用もしくは利益に対する強制的請求権であるという点では、ある物から排除されないという権利もまた、この強制的請求権の条件を満たしている。しかも両者はともに、社会または国家によって創り出されたものであり、それ以外のかたちによるものではない。自由民主主義は、所有権の集中と不平等を引き起こすことによって自分自身の目標を否定しているのに、この自己撞着を克服しようとしないためにジレンマに陥っており、それが現在の危機の要因となっている。自由民主主義社会は、成員諸個人の人間的能力を使用し発展させる平等な可能性にとって不可欠の諸権利の保証人であるべきである。そうであるとするなら、必要とされる権利は、私的所有権の内容として考えられた物に対する絶対的権利のように排他的な権利なのではなく、むしろそれを包摂するものである。したがって必要とされる権利は、絶対的私的所有権のような排他的なものでなく、社会全体が達成した社会的生産力を含む物の使用もしくは利益から排除されない権利として再構成されなければならない。ミルとグリーンがそうしたように、自由主義の本質が人間的発展に対する万人の権利であると主張するのであれば、市場のルールにしたがって弱者を負かす自由を拒否し、自己の能力を行使し発展させる万人の平等な実効的自由を強大化する方向に、我々は進むべきである。こうしたマクファーソンの主張には、トーニーやフェビアンたちの主張や、「新自由主義」の論者たちの主張を統合する趣がある[61]。

マクファーソンは、ロックに依拠して自分自身の身体に対する所有権は市民社会に先んじて獲得されているとする理論に依拠しつつ、資本主義的市場はこうした個人の関係を通じて駆動し、自由と平等を前提とする諸個人の関係は、その反対物に転化するとして、リベラルな政治思想の根底を批判した。「機能主義的公法学」という分類を行うラフリンは、他方に「規範主義」を対置し、それをダイシーによって代表させる。ラフリンが自ら認めるように、「機能主義的公法学」の分類は、著しく恣意的であるように思われる。なぜなら、そこには、「新自由主義」的傾向のみならず、観念論、法実証主義、経験主義、プラグマティズムまでも含めた——時に相反する哲学上の立場をも——思想系列を一括しているからである[62]。それにも拘わらず、トーニーを思想史系列の核に置いてあることには

---

61 高木・前掲注58、93頁以下を参照した。
62 Loughlin, M., Functionalist Style in Public Law, 55 University of Tronto Law Journal, 2005, pp.361-403. したがって彼は、「主義」とは言わずスタイルと言っている。この長大

一定の意味がある。

　「機能主義様式の公法学」は，次のようなスタイルを持っている，とラフリンは言う。抽象的観念によるアプローチに不信を抱き，政府が行うことに実際的な方向づけを与えようとする志向があること，社会のニーズの変化に応じて憲法は進化するということを是認すること，しばしば反動的な諸価値を偽装するために持ち出されることから，「法の支配」や「権力分立」のような決まり文句を振り回すことには拒絶的であること，法形成の第一義的な方法は立法であるべきと認識していること，したがって国会という機構が，統治という仕事にとって重要性を持つことを理解していること，公務員やその他の公的な役職にある人々のプロフェッショナリズムへの正当な評価を与えていること，私的な諸権利に入り込むような福祉目的のスキームに対して正当な支持を与える必要性を認識していること，したがって行政国家がその執行の権限を行使しようとする際には，裁量が必然とならざるを得ないと認識していること，司法権を含めて統治権限の行使に際して分権化の必要性を肯定しており，目的解釈を促進するような法的推論のあり方を支持していること，政府の活動に対する司法審査には消極的であること，なぜなら選挙によって選ばれたわけではない保守的な裁判官が普通には賢明ではない政治的選択を必然的に行うことになるので，裁量を対象とした司法審査は，積極的になされるのは適切でないとされるからである。

　このような「スタイル」は，トーニーが示した価値の構造に基本的な支持を与えるが，ダイシーが批判したように，法学の観点からこの価値の理論的な提示はなされることがなかった。そのために，トーニーのいう「機能主義」が，20世紀の福祉国家の展開によって部分的にしか実現できない場合でも，「機能主義様式」に内在する理想主義的な社会論を再構築するという方向でなく，いまひとつの面である実証主義的側面が顕在化することになった[63]。

---

　　な論文は，小川祐之によって全訳されている。小川「機能主義様式公法学」1.2（早稲田大学比較法研究所『比較法学』45巻2号，3号，2012年所収）。なお，難解なラフリンの理論を理解するためにもこの論文は有益であるが，ラフリンは日本でも講演しておりこれも参考になる。ラフリン著，小川祐二訳「おおきく飛びたければ一歩下がるべし：公法学を再発見する」曽根威彦・楜澤能生編『法実務，法理論，基礎法学の再定位——法学研究者養成への示唆』日本評論社，2009年，116-150頁

[63] *Ibid.*, 401-402.

# 第2章 「原型」としてのイギリス憲法と「階級論」

　イギリス憲法の基本原理とされる，「国会主権」「法の支配」「憲法的習律」のうち，「法の支配」は，論争的な内容を含んでいる。それは原理といいながら，歴史的に異なる内容を含んでいる。サー・エドワード・クックが神権説的王権の主張に対し，「人為的理性」を対置し，「法の優位」を主張したときから，コモン・ローは裁判官の発見する「理性の法」を体現するものとされて，法廷における技術と論証を含む司法に専属する事項となった。法思想史研究者のマイケル・ロバーンは，Hale's History of the Common Law が，コモン・ローを統一的な原理の体系とする観念を確立した記念碑的著作であり，ブラックストーンのコメンタリーによって，救済法の体系とされる実務主導的コモン・ローを，権利基底的な体系に変えたのであると述べている。つまり，それまでは，コモン・ローの「判例法理」でさえ確立しておらず，したがって憲法というすぐれて「権利基底的」法でさえ，pleading という訴訟技術を通じた reasoning（法的推論）過程を通じ，発現せざるを得なかったのである[1]。けれども，コモン・ローに付与された「栄光」は，フランス大革命の時代，イギリスに起こり基本的には19世紀前半のチャーチスト運動まで続く（1680-1830年の名誉革命を挟む名誉革命体制の時代は，したがって19世紀にまたがるという意味で「長い18世紀」と言われることがある）民衆の急進主義と並行するように，曲折はあっても発展していったため，名誉革命によって確立された「国会主権」原理とも矛盾することなく維持された。これはしかし，イギリスの現代憲法の状況から照らすと，裁判官集団という閉鎖的で特権的階層に，憲法の内容を委ね，さらに「アメリカ化」と言われるような，裁判所の司法審査権をさらに違憲立法審査権にまで拡充するという「憲法改革論」を鼓舞することになろう。グリフィスの裁判官批判を分析して，「政治的憲法論」の論者が，「国会主権」と「法の支配」を機械的に対置させていたのでなく，現実の政治過程のなかでの両者の関係を戦略的に位置づけるという機能主義的様式を固守していたとみた。このことによってかえって，ダイシーの自由主義に対置される理念的なプロジェクトが，トーニーの理想主義を源流とするこの立場から，生まれること

---

1　Lobban, M., The Common Law and English Jurisprudence 1760-1850, 1991, reprinted, 2001, Clarendon Press, Oxford, pp.3 & 13.

にはならなかった。

　このような考察から,「伝統的コモン・ロー」とは何か。その内容を解明することが必要になる。これを 18 世紀の急進主義の解明によって明らかにするのであるが, その中心がブラックストーンの「絶対的諸権利」論である。絶対的権利とは, ロックの自然法思想を法学的に再構成したものであるが, ブラックストーンは「相対的権利」という国家形成後, 国家によって支持される権利が絶対的権利を支えるという理論を説くことによって, 人権保障の面でも, コモン・ロー伝統が人権保障の様式としてすぐれていることを立証しようとしたのであった。このような「法の支配」論は, 決して近代的なものでなく, 先の中世的法の優位論の延長に過ぎないが, 左翼の歴史家で「イギリスにおける労働者階級の形成」という影響力がある著書で著名なエドワード・トムソンが「法の支配」の階級を超える機能を強調したこともあって, 18 世紀のイギリス憲法論は現代にも意味をもってくることになる。

　トムソンの「階級」を人と人との関係として捉え, 意識を重視する社会史的方法は, 法学の分野にも影響力があり, 彼が所長を務めたウォーリック大学の社会史研究所が中心となって刊行された Albion's Fatal Treel; Crime and Society in Eighteenth-Century England (Hay 1975) に反映されている。それは同時に, サッチャー政権に連戦連敗した労働党, すなわち, 労働組合と労働運動を基盤とするとされた「労働党」の行き詰まりとも照応するものであった。すでに労働者の存在形態は多様化し, 一つの階級概念では捉えられなくなっていた。労働者階級の形成期を 1790 年代のイギリスの急進主義における共和主義・立憲主義に見出そうとするトムソンは, 民衆は一つの「階級」をなすの出なく「諸階級」によって構成されておりそれを統合する存在として, トーマス・ペインに着目した。そして, ペインと, とフランス革命およびアメリカ革命との連鎖に着目し, ピューリタン革命において挫折した民衆の運動の継承として民衆の急進主義を捉えようした。こうした「諸階級」論は, 労働組合中心主義で捉えきれない諸階層を取り込もうとしたニューレーバーの戦略にも関連する。これに対して, 18 世紀の立憲主義や共和主義に着目した現代イギリスの公法学者のラフリンは, イギリスにおいては民衆が憲法を自ら制定するという歴史を持っていないとして, 憲法を制定する権力という意味の「憲法制定権力」論を提唱している。このことも意識しつつ, ブラックストーンの個人の絶対的諸権利の理論の内容について分析し, その理論には功利主義的法律観への移行を媒介している面とともに, ローマ法的＝ユスティニアヌス法典の人倫的基礎を継受している「比較法」的視点があることを

解明している。この点は，国家に先立ち，実定法と統治構造の基底的原理となり得る「人間の幸福追求権」という理念が，ブラックストーン理論にあり，それがダイシーの憲法原理における第三原理とされる〈人権に相当するものは判例法の集積にある〉という理論に接続する可能性があるとする理論を掘り起こした指摘でもあり，理論史の再定位ともなっている。

## 1 憲法と「法の支配」論

### 1.1 裁判官と行政権

　トーニーの基本的な価値のフレームが，ダイシーの自由主義的価値に対する対抗的な体系を示すものであったか。この点は，実は簡単には説けない。自由主義の敵手として「社会主義」を考えるダイシーは単純化してはいけないが，しかし，その「国会主権論」で名誉革命体制を，「法の支配」論でコモン・ロー伝統を，そして「憲法習律論」で「イギリス法」の慣習的基底を，その理論の核心に置いているからである。ボグダナーが述べたように，ダイシー説を補完する関係にあるバジョットの存在もある。

　トーニーが示したのは，平等論からの所有へのアプローチであり，この価値のフレームワークが受け入れられなければ，「原理の欠如が何らかの新たな機構によって補塡されるように，人びとは力による問題解決に身を委ねるか，あるいは，国家が自らの実力を用いることによって，私的な諸団体の力を押し潰すことになるよう，望むようなことになってしまうのである」[2]。これらの「深い」論点を以下，検討する。

　「機能主義様式の公法学」の祖と言えるウィリアム・ロブソン（Robson, W.A.）は，先に紹介したギンズバーク編『20世紀における法と世論』に収められた「行政法」についての論文で，ダイシーの「亡霊」について書いている。すなわち，1929年に初版が出た『新しい独裁主義』（The New Despotism）を書いた首席裁判官のヒューワート卿（Lord Hewart）は，行政法に対する憎悪と無知とをさらけ出し，ダイシーのような学識と文才がないため，イギリスに関する限り行政法は存在せず，有るのは国務大臣や公務員に対して司法権限を付与するような「無法状態」だと宣言する有様であり，ダイシーの亡霊にとらわれた仮定と誤解が最高潮に達している，と激しく非難している。同書に労働法について寄稿しているカーン=

---

[2] Loughlin, M., Functionalist Style in Public Law, 55 University of Toronto Law Journal, 2005, p.402（小川祐之訳「機能主義様式公法学（2・完）」（早稲田大学比較法研究所『比較法学』45巻3号 2012年所収）168頁）．

フロイント（O.Kahn-Freund）は，ダイシーがコレクティヴィズムと言っているのは，「社会主義」と同義であり，国家の介入を意味するだけでなく，「団体行動を優先的に考えること」preference for collective action をも意味していたとする。労働組合を強化するための立法は，すべてこの意味のコレクティヴィズムであり，個人主義についてのダイシーの観念に反するのである。工場法，最低賃金法，公衆保健（衛生）法，学校給食法もそうであり，労働組合が合法的な争議行為による損害賠償責任を免責されるという点も同様だと非難していると批判した。このダイシーの判断の基礎になったのは，労働組合の設立基準としてウエッブ夫妻が定式化した相互保険，団体交渉，法規対策といった正統派の手法に立法が助成したことをダイシーは国家介入の増大だと言って嫌悪しただけなのだと述べている。フロイントは，イギリスの労働法の特色とは，ダイシーが言うのと反対で，「団体的自由放任」ということに核心があり，イギリスの労働運動は社会主義の伝統の継承者であっただけでなく，ダイシーがそこまで考え及ばなかったくらい，19世紀の自由主義の承継者でもあったとたたみかけて反論している[3]。

　以上の限りでは，行政法の存在を認めないというレヴェルでのダイシー批判があるに過ぎない。ただし，ギンズバーク編『20世紀における法と世論』と，前に紹介したLSE創立100周年記念論集にも寄稿している「政治的憲法」論の総帥グリフィスは，100周年記念論集に寄せた論文で，裁判官の多くは，国会と政府（行政権）と司法部の相互の関係について論じることがないが，例外的存在があるとして，著名な裁判官の主張を分析し，それに対して評価を加えている。Politics of the Judiciary の著者の批評であるだけに，彼が裁判所の全体としての憲法上の役割について，どのように捉えようとしていたかは，重要であろう[4]。

　ここでは，セドレーについて次のように言っていることを，まず紹介しておく。
「セドレーSir Stephen Sedley は，Sir John Laws の深い原理体系（the Crown in Parliament と the Crown in Court に主権があるとする「二重主権論」——引用者）を拒絶する。……社会の根本的なルールについての我々の時代のコンセンサスというものに依拠することによって，彼は，司法の優越性であるとか，より高次の秩序

---

[3] Ginsberg ed., Law and Opinion in England in the Twentith Century, Univ.of Carfornia Press, Berkley, 1959, pp.153 *et seq.* (administrative law and pp.215 *et seq.* labour law)；邦訳，戸田尚・西村克彦訳『法と世論』1961年，勁草書房，223頁以下および245頁以下。この書については，前章6.1.，193頁参照。

[4] Griffith, J.A.G., Judges and the Constitution in Rawlings, R., ed., Law, Society, and Economy, Oxford, 1997；論じられている裁判官は，William Arthur Greene, Jame Scott Cumberland Reid, 彼の弟子の Lord Woolf, Sir John Laws, Sir Stephen Sedley である。

であるとか，およそそのすべてから解放される。原理であるとか権利など，結果として現れる不平等の故にこれらを彼は拒否する。このような主張は，私もまた全面的に支持する。……セドレーが，どの社会でも，何よりもまず基本的人権を現実のもとし，法の下の平等の原理などまやかしだとされるような力の不平等を逆転させる方向に動く司法文化の興隆を希望していることは，それ自体としては正しい。ただ，そうしたご託宣が有効なのかということと，そうしたお題目を並べることは，ごまかしでないかということである」[5]。

　リード（Lord Reid）卿に対するグリフィスの評価は，これとは対照的である。リード卿は，スコットランドのバリスタ団（Scottish Bar）出身で，第二次大戦後のアトリー労働党政権の当時は，保守党のフロントベンチャーで広範なしかも政治的な争点で党を代表して弁舌をふるっている。それは，都市農村計画法，農業法，国王訴追手続法，公衆保健（衛生）法，等々労働党政権の重要法案に及んだ。1948年，控訴院裁判官に抜擢され，1962年から1974年にかけて貴族院上席裁判官（Senior Law Lords）であった。次いでいくつかのリード判決が検討される。

　Ridge v.Baldwin, [1964] A.C.40 (H.L.) では，リード卿は，聴聞を行うことなく法文の要件に従ったというだけでなされた警察署長に対する地方の警察委員会の処分に対し，「自然的正義」違反を理由としてこれを無効とし，休眠状態にあった司法審査の窓をこじ開けた。ここではリード卿による尊敬するアトキン卿の判決の克明な参照があり，民事事件についてのアトキン判決が，先例として援用されているという際立つリーズニングが見られる。それは，司法積極主義の幕開けを飾ったとも言われる。次に，Anisminic Ltd.v.Foreign Compensation Commission [1969] 2 AC 147 では，スエズ動乱時に発生したイギリスの鉱山会社の在外資産の接収に対しての補償に関し，国会制定法がこの補償にあたる委員会の決定への司法審査を禁じていたのにも関わらず，法令解釈に誤りがあれば裁判所は介入できるとし，終結条項（finality clause）にもかかわらず司法審査を容認した。これには，立法部の明確な意図を無視した判決という批判がある。けれどもグリフィスは，リード卿の存在によって裁判所，ことに貴族院への評価が上がったことは確かであると評している。グリフィスは，改革派として声望を高めたデニング卿（Lord Denning）をほとんど評価しない。労働事件に対してのデニング卿の政府追随の数々の判決のためであろう。しかしグリフィスは，遙かに強力に裁判所と行政部の関係にインパクトを及ぼしたのはデニング卿でなくリード卿であったと断

---

5　*Ibid*., p.309.

言している。この要因について，「自らの政治的な位置取り」についてデニング卿には明確な指針がなく，また政治が直面する困難について，その実体験があるリード卿のような政治を動かすセンスに欠けるところがあったからだ，と述べている[6]。

　グリフィスの裁判官による国会への干渉についての評価は，きわめて現実的である。一般的に裁判所の介入が「法の支配」の強化に通じる，と言っているわけではない。国会主権を理論的に極小化し，反対に法の支配の理論的な優越性を論じる，抽象的な理論に限定された主張には，極めて懐疑的である。「政治的憲法」論とは，「政治」の構造と実体を省いて論じることは難しいということでもあろう。

　ラフリンは，ダイシーの「法の支配」の理論には，普遍性を付与できないようなパティキュラリティがあると論じる。これは重要な指摘である。これを論じるには，ラフリンが言っているようにダイシーが前提にしている「コモン・ロー伝統」と言われるものについての歴史的分析が必要である。そしてそれは，イギリス憲法史において忘れられてきた視点，すなわち民衆の抱いてきた「法の支配」あるいは国制＝憲法観であり，そこから抽出されるであろう「憲法の制定権力論」である。ともにラフリンの近時の大作の重要な主題とされている[7]。

### 1.2　トムソンと階級論

　トーニーは，マクファーソンの「所有的個人主義」の思想的な源流をロック理論に求めるのと同様の立場から，ロックの「社会契約説」について否定的な評価をしていた。オックスフォードのベィリオール・カレッジに発する労働者教育運動を推進した人びとは，トーニーが『平等論』において強調した人はすべて平等に「人間の尊厳」を保障されるという思想を共有していた。「社会主義の根本的教義は人間の尊厳であり，資本主義に対する社会主義の根本的批判は，それが人間の大多数を貧困にするというばかりではなく，それが金持ちを神にし，一般市民の大多数を人間以下に扱うということ」にもあった，とトーニーはその『平等論』で言っている[8]。労働党は，市民的・政治的自由から経済的社会的組織の領域へと社会主義の領域を拡げ，人間に共通のヒューマニズムの実現を志向すべきだというのが彼の主張であった。彼が，チューダー期のコモンウェルスマン，とりわけラティマーに傾倒していたことについては前述した。

---

6　*Ibid.*, pp.291-295.
7　Loughlin, M., Foundation of Public Law, Oxford University Press, 2010, pp.316-317.
8　トーニー『平等論』（邦訳，岡田藤太郎．木下建司共訳，相川書房，1995年，241-242頁）。

植木献は，ホブズボームの労働運動史研究に依拠しつつ，労働運動の二つの知的系統について論じている。第一は，トマス・ペインからオーエン，カーライルの無神論的急進主義をへてホリヨーク，ブラッドラフのヴィクトリア中期の非宗教的道徳論からさらに1880年代以降，マルクス主義に向かう系譜である。トマス・ペインの影響が強いが，ペイン自身は1793年に『理性の時代』を理神論者としてフランスで書いたのであって無神論者ではなかった。今ひとつは，カルヴァン主義的スコットランドでは17世紀のピューリタン革命期に直接発する伝統がある。イングランドにおいては非国教派の伝統は，メソディズムの復活から生じたものであった。この伝統は，工業プロレタリア，農村労働者，鉱山労働者の間で影響があっただけでなく，労働者のリーダーは教会の礼拝堂や巡回牧師に自らをなぞらえて労働組合の組織や運営を行うのであった。このように労働運動におけるピューリタニズムと非国教的系譜は，ホブズボームのいう「伝統」の重要性そのものを体現していたと言ってもよい。

オックスフォードのユニヴァーシティ・カレッジに学び，後にベィリオールの哲学の教授からその学長になったリンゼイ（Lindsay, A.D.）は，「社会契約」説に対しコモンセンスを対置している。彼によれば，イギリスにおけるデモクラシーの系譜は，リヴァイアサン的国家に個人を統合する「契約」説によるそれに主流があった。しかし，対等者間の「同意」の虚偽性が明白となった19世紀末の段階において契約説は弱まり，人びとの同意に至るプロセスを重視して非決定的ダイナムズムを尊重するコモンセンスを根拠にしたいまひとつの系譜が台頭してくる。コモンセンスとは，支配する者と支配される者に引き裂かれた共同性と人間の尊厳を回復する論理である。また，「同意」を根拠に労働党がマルキシズムの方向に一方的に進まないようにするという組織的決定への抑制の論理でもあり，リンゼイの民主主義論の根幹にある概念であった。このようなリンゼイは，ピューリタン革命のレヴェラーズ研究や，『民主主義の本質』で知られ，トーニー，トインビー等と同様に労働者教育協会の重要なメンバーとなっていくのである[9]。

イギリスの反核運動の著名な団体，「核兵器廃絶運動」（Campaign for Nuclear Disarmament: CND）のリーダーとなりヨーロッパの平和運動の世界でもカリスマ

---

9 A.D. リンゼイ著，永岡薫訳『民主主義の本質』未来社，1964年，植木献「契約とコモンセンス―リンゼイのデモクラシー理論における伝統」（鷲見誠一・千葉眞編著『ヨーロッパにおける政治思想史と精神史の交叉』慶応義塾大学出版局，2008年所収）291-297頁参照。ホブズボームの研究とは，E.J. ホブズボーム，邦訳，鈴木幹久・永井義雄訳『イギリス労働史研究』ミネルヴァ書房，1968年。

的な存在となるエドワード・パーマー・トムソン（Edward Palmer Thompson: 1924-1993）の記念碑的労作である『イングランド労働者階級の形成』は，1790年代から1830年代のイングランドにおける労働者階級の主体的な自己形成過程を描くのみならず，民衆の立ち現れの過程での国制＝憲法の位置をも解明したという点で，本稿のためにも逸することができない作品である[10]。

　トムソンは，イギリスのジャコバン体験に引き続く急進的な機械工や手工業者たちの運動は，19世紀における工業労働者による労働者階級の形成に何ら寄与しなかった，とする歴史観を批判する。こういった18世紀と19世紀を分断する「万里の長城」によって固定されてきた歴史観を打ち壊すためには，フランス革命の時代のイギリスで1790年代に起きた出来事を見るのがよい。その運動は，労働者階級の「形成」史に位置づけられるべき歴史的現象であった。社会学の一定の潮流には，階級を静態的な構造やカテゴリーとして定義する「社会成層」的な階級の捉え方がある。しかし，階級とは経験という未加工の素材並びに意識の双方における異質で一見したところ関連のない多くの出来事を統合する一つの歴史的現象である，と彼は言う。言い換えればそれは，始めから所与のものとして存在するわけではないのであって，歴史的「関係」の中で形成されるものである。例えば，地主（squires）と労働者の関係性が無ければ階級の成立はない。この二つが独立に存在していて，その相互の関係として階級が生まれるわけではない。共通の経験を経た結果，自分たちの利害が一致が，自分たちと異なる利害をもった人たちに対して存在すると気づいた時，階級は生じる。

　トムソンは，詩人であった。「形成」とは，古代英語の用法では詩人にあてられ，この「作り人」つまりトムソンが，イギリスの労働者が闘争のなかで自ら成し遂げ作りだしたことを物語ると言う含意が，「形成」makingの語法にはあった。労働者の闘争について，例えばラダイトの打ち壊し運動を非合法的騒擾と見下し，あるいは逆に歴史の犠牲者として憐憫の対象とするような，歴史の法則の「貫徹」を論じる歴史解釈を，彼は許すことができないのである。それはトムソンの，近代化論と構造機能主義（structural-functionalism）に対する批判の表明でもあった。

　1763-1774年の一連の出来事を「ウィルクスとリバティ」Wilkes and Libertyと言う印象的な表題で描き，社会史の金字塔とも言うべき本を書いたGeorge Rudéは，トムソンの尊敬する歴史家であった。そこから，トムソンはウィルクス事件

---

[10] Thompson, E.P., The Making of the English Working Class, Penguin Books, 1980（1st ed1963）（邦訳書，エドワード・P・トムソン，市橋秀夫・芳賀健一訳『イングランド労働者階級の形成』青弓社，2003年）.

の描写を引用する。

「セント・ジョージ広場，ハイド・パーク・コーナー，ロンドン市長公邸，パーラメント・スクエアー，セントジェームス宮殿をこのウィルクスの支持者たちは示威行進した。彼らは，シティやウェストミンスターやサザークの街頭でも『ウィルクスと自由』と叫びチョークでそう書き殴った。彼らは，『ノース・ブリテン』45号を焼き払うために，王立取引所に待ち構えるsheriff（州宰）のハーリーと，平の絞首刑執行人に悪口雑言を浴びせかけた。……この光景は，同時代の人びとや後の歴史家たちが，その怠慢と偏見あるいはより確実な知識の欠如からmob（暴徒）と呼んできた要素であった」[11]。トムソンはここで言う「暴徒」の行動，暴力的行為について，食料騒動のように，自由市場の経済への対抗として旧来のモラルエコノミーを維持または復活させようとする経済的な契機によるものと，「生まれながらに自由なイングランド人」free-born English manの系譜を区別する。

## 2　トーマス・ペインという存在

1790年年代に起きたことは，フランス革命の影響に過ぎないものではなく，イギリスの国制＝憲法の転換を求めるものであった。そのような展開になったのは，トーマス・ペイン（Thomas Paine; 1773-1809）の存在によるところが大きい。

ノーフォークのテッドフォードという田舎町でコルセット職人の子として生まれた彼は，1776年の『コモン・センス』によって一躍著名人となった。トム・ペインとも呼ばれ，アメリカに行く前はPainと綴られることもあった。

エドモンド・バークとの論争の書とも言われる『人間の権利』は，憲法論的に見ても「異色」であった。バークは，1790年に出版された『省察』において，民法学者のドマに依拠して，フランスの国民議会がドマによって自然法の一部だとされているにもかかわらず，時効の概念を拒絶したとして批判した。そして，イギリスでは，革命は古来の国制を維持するために遂行され，イギリス人の自由はそのような自由の世襲的な継承に根拠を置くというように，世襲的継続性と時効の論理でイギリスの国制＝憲法は説明され，讃美されるべきものとされたのである[12]。

---

11　Rudé, Wilkes and Liberty, Oxford University Press, p,181, トムソン・前掲注10『形成』，邦訳書83-94頁に引用。

12　Burke, E., Reflections on the Revolution in France, Oxford University Press, 1950（World's Classics）（邦訳書，バーク，水田洋・水田珠枝訳『フランス革命の省察Ⅰ』中公クラシックス，2002年，56頁以下の「人民による政府の形成」。イギリスの人民は自由を祖先から

ペインは，この世襲論に攻撃を加えるが，その論法が「画期的」であった。ヒルの有名な研究である「ノルマンの軛」は，イギリスにおける階級差異の分析方法を示したものとして重要であった。1066年のノルマンの征服以前のアングロサクソンの住民は，代表性を通じて自ら統治する自由にして平等な社会を有していた。これを外国から侵入した君主と領主たちが奪ったのである。しかし人民は権利を忘れなかった。取り返すために絶えず戦い続けて来たのである。マグナ・カルタを引照する伝統は，その1つの現れに過ぎない。

この理論は，最初，すべての貧しい人びとを引きつけた。商人やジェントリが登場しても，彼らは貴族や君主に従属していることに変わりはなかったと論じられた。彼らはそこでコモン・ローに目をつけて保守的な議会に対して権利を主張した。もっと徹底していたのは，革命期のレヴェラーズである。彼らはノルマンの伝統を払拭するだけでは不十分であり，成年男子の選挙権を拡大して政治と法を改革しなければならないと主張した。クリストファー・ヒルは，無産者の代表であるディガーズのより急進的な主張もこれで説明している。何れの場合にあっても，「ノルマンの軛」説は，イギリスの国制＝憲法のレヴェルでの被支配者の抵抗の成果を計るバロメーターの役割を演じた。

ヒルのみならずピューリタン革命を階級闘争とする歴史観は，ピーター・ラスレットによって批判された。ラスレットは，革命期とされる時代には支配階級のみが存在したのであり，対立する階級がない以上，階級闘争が起こるはずはないと論じた。ヒルはこれに対し，階級は生産過程や他の階級と関連づけて定義されなければならず，その点で言えば，16.17世紀の地主支配階級が階級闘争に関する自らの認識で自らが支配する社会を認識しており，だからこそ反乱を潜在的に抑えることができたと反論した[13]。

ペインは，アメリカのフランクリンにすすめられて「北アメリカの居住者」のために『コモン・センス』を1776年に匿名で出版し，アメリカの「分離独立」

---

引き継がれ子孫へと継承されるべき限嗣相続財産として保持していて，この世襲という原理にもとづいて行動する国家によって与えられる利益は永代財産のように永久に保持される（69頁）。ドマの時効論は，Ⅱ23頁以下の教会財産の没収のところで引用している。

[13] Hill, C., The Norman Yoke in Saville, J., ed., Democracy and the Labour Movement, London, Laurence & Wishart, 1954 (reprinted in Puritanism and Revolution), pp.50-112（邦訳書，紀藤信義訳『ノルマンの軛』，未来社，1960年参照）。なお，Kaye, H.J., The British Marxist Historians, Basil Blackwell, London, 1984（邦訳書，ケイ著，桜井清監訳『イギリスのマルクス主義歴史家たち』，白桃書房，1989年，132-133頁参照）。ラスレットの批判については，戒能『土地法のパラドックス』718-721頁参照。

を呼びかけた。このときペインは，イギリスの憲法＝国制に批判的であった彼の支持者や国会の改革運動を展開する人びとを，「ノルマンの軛」説から引き離そうとしたものと受け取られた。バークのフランス革命に対する激しい批判を反駁する際に，ペインはバークによるイギリスの国制擁護論の基礎にある時効論を否定するだけでなく，「軛からの解放」という因習的な観念自体を嘲笑し征服前も含めイギリスの国制の変化の意義を否定したからである。奴隷制に反対する運動では同士であり友人でもあったアイルランド出身の庶民議員のバークを，ペインが批判した時には，バークは，ノルマンの軛という因習的な観念はどうであれ，1688年の名誉革命に際して，権利の章典とその後の「王位継承法」によってイギリス人の自由の国制は確認され，その後も永続的なものとされたとして因習的な観念を名誉革命の結果として世襲の権利のなかに包摂した。注意すべきは，バークがそのときの議会も前述の国会制定法も「自分たちの政府を形成する権利には言及していない」としている点である（『省察』の「人民による政府の形成」の節，訳書，56頁以下）。

ペインは名誉革命自体を批判することによって，イギリス憲法の否定者に転じる。「ノルマンの軛」からの解放と言う，人びとの因習的な抵抗とともにその成果としてのイギリス人の獲得し現有する自由の意義でさえ，ペイン説ではまやかしに過ぎないものとなる。この決定的な場面は，ペインの『人間の権利』がもたらしたものである。

ペインの『コモン・センス』は，ジェファーソン等を通じてアメリカの「独立宣言」に直接的な影響を及ぼしたとか，このなかの貴族制の蔑視と民衆への高い評価が後のアメリカにおけるアダムズとジェファーソンの論争に反映されたという説もある。さらにペイン自身が独立宣言の起草に参加し，奴隷制廃止の文言を入れたが最終段階で削除されたという説さえある。いずれも実証する裏付けがあるわけではないが，ペイン自身は1774年9月にフィラデルフィアに向け出発し，途中疫病にかかって落命しかけるが，一命をとりとめてアメリカに渡り，ペンシルヴァニアを中心に活躍し，記者として健筆をふるった。「あるイギリス人」と名乗って1776年に『コモン・センス』がアメリカで刊行された頃には，彼はマスケット銃を担いでワシントン軍のグリーン将軍の顧問として独立戦争に加わっていた[14]。

1776年は，アダム・スミスの『諸国民の富』が刊行された年でもあり，独占

---

[14] Hitchens, C., Thomas Paine's "Rights of Man", 2006（邦訳書，ヒッチンス著，中山元訳『トマス・ペインの『人間の権利』，ポプラ社，2007年，56-69頁，168頁以下参照）。

を批判し植民地政策を非難し、自由貿易を説くスミスの理論の体系的な特質は、『人間の権利』で次のように「憲法論」としても援用されている。

「もしもバーク氏が『諸国民の富』と同種類の才能を生まれながらに持っていたら、憲法のなかに取り入れられ、全体が集まって憲法を構成している部分のすべてを理解したことだろう。だが、氏がその著作の主題を語るにふさわしくないのは、氏のいだく偏見からだけでなく、氏の才能が無秩序に形作られているからでもある」[15]。ペインのこの「構成的」の意味は重要であるが、後述したい。

ペインは、1787年にアメリカを離れ、パリに移り、フランス駐在公使のトマス・ジェファーソンやラファイエット侯爵と交流し、当時彼が熱中していた鉄橋の建築プロジェクトの売り込みに失敗したりしている。アイルランド出身のホウィッグであるバークは、1770年『現代の不満の原因を論じる』を書いて腐敗政治を批判し、東インド会社の「恥ずべき略奪行為」について非難し、インド初代総督のウォーレン・ヘイスティングス（Warren Hastings）に対する弾劾運動を指導し、さらに先のように奴隷制反対論者としてウェストミンスター寺院にアメリカの奴隷所有者の着席を許す提案に反対した。アメリカ独立を支持していたバークが、『省察』によってフランス革命を否定したことは、ペインに大きな衝撃を与えた。

反論のため急いで書かれた『人間の権利』第1部は、1783年に24歳で首相になったトーリーのウィリアム・ピット（Pitt the Younger; 1801年まで首相）によって出版を阻まれ、『政治的正義』のジョン・ゴドウィン等の努力で1791年3月にようやく刊行された。ラファイエットに捧げられた第2部は、ピット首相によって王室を侮辱する危険な文書として出版を差止められ、1792年5月にはピットは文書名誉毀損罪（libel）によって起訴された[16]。トムソンによれば、フランスで起きた国制＝憲法の革命は、イギリスでは1789年ではなくて1792年に起きた、とされる。そしてそれを起こしたのは、ペインであると[17]。

### 3 階級文化と共和主義・立憲主義

『人間の権利』の第2部は、出版をしたJ・S・ジョーダンの逮捕や出版禁止の布告にもかかわらず、1792年の2月に出版されて一年のうちに瞬く間にイングランド全土に普及し、12月にはペインが不在のまま、ロンドンのギルドホー

---

15　Paine, T., Rights of Man, Pt 1, 1791, Pt.2, 1792（邦訳書、西川正身訳『人間の権利』、岩波文庫、1971年、第1部、4章、82頁参照）。
16　前掲注14ヒッチンス訳書、80-88頁。
17　トムソン・前掲注10『形成』邦訳書121頁。

ルで裁判が開始された。ペインは，パレ・ド・カレ県からフランスの国民公会の議員として選出され，フランスに渡って不在であったが，ペイン裁判はピット政府の正統性を示すためにも必要とされた。なぜなら，ペインは第2部の冒頭でイギリス国制の起源を論じ，それはノルマンの強奪によるものであるとし，バークがいう世襲の君主，貴族には何らの正統性もなく，代議制に反するものである，と当時の統治構造全般の正統性を否定し，征服王ウィリアムズは「売春婦の子」であり，現在の国王はバークが大切にする世襲制によってその血筋を引いて国王の地位にある者にすぎないとするなど，国王ジョージ3世，貴族層に対する名誉毀損に相当する言辞を含んでいたからである[18]。

　ペインの弁護を引き受けたのは，Buchan 伯の末子で，後の1806-1807年，エルドン卿の後を継いで大法官となるトーマス・アースキン（Thomas Erskine; 1750-1823）であった。アースキンは，海軍の士官の間に植民地勤務の経験があり，ケンブリッジのトリニティカレッジからリンカーンズインを経て1778年にバリスタとなるが，この間にマンスフィールド卿に師事することで，商事法に関して専門的弁護士を目指すが，はじめは貧しく，ほぼ同時代の若きジェレミー・ベンタムの同情を買うほどであった。彼の名声は，1780年のカソリック解放に反対するゴードン暴動を率いたゴードン卿の反逆罪をめぐる裁判で陪審から無罪評決を得たことに始まった。以来，アースキンは，陪審法廷での雄弁で名を馳せていく。また，その交友関係は広く，サミュエル・ジョンソン，エドモンド・バーク，エドワード・ギボン，そして1790-1800年の庶民院議員時代には友人のフォックス（Charles James Fox）とトーリーのノースとの間での政権抗争に加わるなどしているが，議会内での演説は得意でなかったと言われている。フォックスの力で制定された1792年の「文書名誉毀損法」the Libel Act 1792 は，「フォックス文書名誉毀損法」として知られるが，これは，訴追の対象となった当該の文書が Libel に該当するものであるか否かの判断を裁判官でなく陪審にゆだねるというものであり，アースキンの本領はこれでさらに発揮されていった。

　Drury Lane 劇場でジョージ3世に銃弾を向け暗殺未遂に終わった犯人の James Hadfield が，心神耗弱状況で責任能力がないという理由で無罪になったのも，アースキンの奇跡と言われる名弁論のためであった。アースキンのこの弁論が契機となり，精神障害者刑事法 the Criminal Lunatics Act 1800 および Treason Act 1800 が制定されている。

---

18　Paine, T., The Rights of Man, Everyman's ed., 1915 Pt2, Ch.2-4, pp.163-211（邦訳書，西川正身訳，『人間の権利』岩波文庫，220-284頁参照）。

ペインの文書名誉毀損事件の弁護を引き受けた当時は，アースキンは「皇太子法務顧問」（Attorney-General to the Prince of Wales）（常設の官職ではない）であった。当然，この肩書きを失う覚悟である。この1792年のペイン裁判については，速記録が残されている。1792年12月18日，起訴状が読み上げられるとアースキンは，次のように述べた。

「主人である皇太子に対しその従者である私が負っている義務を除いても，皇太子が一人の人間として私に求めるような好意を私が抱いており，感じていることは事実である。しかし，そうした感情があるからと言って私は，私が現在置かれている状態での義務から離れることはできない。陪審員諸君，この書物の著者がイングランドの憲法を毀損するという犯行を行ったと一目で分かるとしても，彼にはそうすることの根拠があるかも知れないからである。私たちがそのなかで生きている憲法からは，私たちは多くの便益を受けているが，そこから引き出せると希望する果実の一つは，公平な裁判ということであろう」。アースキンは，陪審裁判を「イングランドの自由の最後の木」と称え，ブラックストーン，ジョン・ロック，さらにはミルトン，サミュエル・ジョンソンなどを引き合いに出し，そして「出版の自由」を「計り知れぬ価値あるもの」とした当時の司法界の重鎮，ラフバラ卿（Lord Loughborough; 1793-1801 大法官）のことばで締めくくった。そして，最後に付け加えた。「かようにして私は，雷鳴と闘うことはできない。イングランドの人民の一致した声と闘うことはできないのである。そして，神もまたそうすることを禁じ賜うのである。私は法の従順なるしもべであり奉仕者であって，その定めに従い行動し私の声を発し，意見を述べ，行為すべきなのである。諸君は，私のこのような行動を非難することがあってもよい。しかしながら私は，たとえそうされても何時も，今日と変わらぬ行動を取るだろう」[19]。

ピット政府は，扇動罪，大逆罪，等のあらゆる手段を使ってフランス革命直後のイングランドを中心とした民衆の自由への熱狂の鎮圧に躍起となっていた。しかし，扇動についての法律的定義が明確でなく，訴追に当たった法務長官は，いくつかの犯罪の恣意的「組み合わせ」で起訴を繰り返した。アースキンとともに，この種の大量の起訴と闘った弁護士の Vicary Gibbs の二人にとっては，国制＝憲

---

[19] The Genuine Trial of Thomas Paine, For a Libel Contained in the Second Part of Rights of Man at Guildhall, London. Dec.18, 1972, before Lord Kenyon a Special Jury, teken in short-hand by E.Hodgson. London, printed for J.S.Jordan. No.166 Fleet Street, pp.34-35, 68, 80, 85, 10l, 108-109 なお，復刻された戒能通孝『法律講話』（1952年初版，2011年慈学社より復刻）は，戦後間もない時期に，アースキンにすでに言及していた。復刻版58-59頁。

法の擁護を掲げる国制協会にも及ぶ弾圧はむしろ「好都合」であった。当時，選挙制度の改革運動の流れもあって，ペインの国制全面否認の主張は，必ずしも主流をなしたわけではなかったが，国制擁護を表向き標榜する団体が弾圧されるに及び，革命的な雰囲気は一気に燃え上がっていった。

　トムソンは，「自由の木を植える」民衆の運動の中心にあったロンドン通信協会の書記で靴職人のトマス・ハーディの裁判について書いている。1794年10月25日，中央刑事裁判所，かのオールド・ベイリーで行われた裁判でハーディーの罪状は大逆罪であった。イングランド首席裁判官のEyre自らが，裁判長を務めた。弁護を引き受けたのはまたもやアースキンであった。アースキンは，共同謀議の成立の論拠を次々と崩していき，8日間のろのろと進んだ審理の最終日には7時間に及ぶ最終弁論を行った。結果は，無罪評決であった。喜んだ民衆はオールド・ベイリーの正面からアースキンの馬車の馬を外し，アースキンを馬車に担ぎ上げ彼を称える歓喜の叫びを上げながら，シティ中を練り回したと伝えられている[20]。

　ペインの支持者たちは自分たちを「生まれながらの自由人」と考えており，「古き腐敗」として知られるパトロネイジと買収にまみれた政府に反対した。その中心は熟練職人などの独立の生産者たちであり，中央政府と結びついた宮廷と行政府に寄生する貴族・廷臣・官職保有者を攻撃する地方社会の名望家層を代表する議員集団と一体となって，中央政府を攻撃した。以降1世紀にわたって急進主義の構想と枠組みを設定することになったこのような熟練職人の平等主義は，このペインの『人間の権利』に発している。

　「階級闘争」史観へのいかなる批判にもかかわらず，民衆の政治において中心的な役割を演じた熟練労働者たちの名誉とリスペクタビリティを重視する運動とともに，「自由の木の植樹運動」に加わった名もない職人たちの運動に，トムソンは，イギリス革命の可能性を感じた。政治がごく普通の人びとにとって生活の一部と化していくプロセスを，彼は生き生きと描いたのである。階級は階級意識から切り離せないものであって，感じ取られ，経験されるものだという観点から，彼は階級の文化を，この1790年代のイギリス社会に見出そうとした。そこには単一の「労働者階級」ではなく「労働者の諸階級」が存在するのであり，そして当時の急進主義が語りかけていた対象が，労働者階級として自明のごとく結合するとは必ずしも考えられていない。

---

20　トムソン・前掲注10邦訳書139頁。

この影響力あるトムソンの「形成」は，19世紀のチャーティスト運動が労働者の革命意識を必ずしも発展させることがなかった事実と関わって，マルクス主義史観をめぐる論争へ発展していくきっかけとなった。労働者が，19世紀後半に自由主義の支持にまわったことや，20世紀初頭には労働主義 labourism と距離を置く「新・自由主義」やフェビアニズムが台頭することと，労働者の「階級意識」の「伝統」とを結びつける傾向も生まれた[21]。しかし，トムソンの研究が現在なお意味を有すると思われるのは，トーニーやリンゼイが厳しく非難した「社会的・政治的不平等」を訴えて大衆の集会の演壇に立った人々の演説が，「民衆の政治」という公共的な言説空間を形成していくことへの注目であり，そのことの持つ意味を理論化したことにあった。まさに「憲法的な空間」の出現である。それは，ポーコックが言うような共和主義的な公共を求める「マキアヴェッリ・モーメント」に必ずしも照応するものではないであろう。しかし，ラフリンは近著で，トーマス・ペインの『人間の権利』は，政府に帰属する「憲法によってつくられた権限」（constituted power; pouvoir constitue）と，人民に帰属すべき「憲法をつくる権力」（constituent power: pouvoir constituant）とを区別し，「基本法」fundamental law としての憲法の制定を主張した最初の書物あり，その基礎は，ボリングブルック（Bolingbroke, Henry St.John, 1st Viscount）によって築かれていたと述べている[22]。

### ［Box］　憲法制定権力論の「憲法学的」文脈

　ペインは『人間の権利』で，『憲法とは，事実あるもの』で「さしだすことができる現実の存在である」こと，それは「政府に先立つ存在であり，政府は憲法から作り出されたものにすぎない」とした。そして「一国の憲法は，その国の政府の行為ではなく，政府を構成する人民の行為である」として，人民のみに「憲

---

[21]　Rohan McWilliams「民衆政治における公共圏」後掲注 24 のローハン・マックウィリアムと同一人物であるがこの書では，ロラン・マックウィリアムス），大野誠編『近代イギリスの公共圏』昭和堂，2009 年参照。

[22]　Loughlin, *op.cit.supra* note 7 at 279，憲法の二つの意味は，フランス革命前夜のシイエスの『第三身分とは何か』に由来するなどについては，樋口陽一『比較憲法〔全訂3版〕』青林書院，1992 年，63 頁参照。もっとも樋口はすでに，「最初の単行著書」という『立憲主義と現代国家』頸草書房，1973 年，とくに 228 頁以下でこの点を論じている。ラフリンももちろん，シイエスを援用する。と言うか，こうした形で「憲法制定権力」を論じるのは彼がおそらく――本格的な比較憲法論をベースにしたものとしては――イギリスでは最初ではないかと思われる。

法を制定する権力」が帰属すると明確に述べた。憲法は，政府が樹立されるべき根本の諸原理，その組織様式，その権限，選挙方法，議会の会期，政府の行政部門の権限等の市民政府の全組織の行動・拘束諸原理すべてを含む。さらに，憲法は政府と司法裁判所を拘束し，両者は憲法を変えることができない（人民のみに改正権限も帰属する）と述べている（Pain1791-1792，西川訳 1791：74-75 頁）。

　ラフリンが着目したのは，中世的法や慣習の伝統的集合を，自然法思想の影響を受けた近代的立憲主義に連続的に編成していくボーリングブルック流の連続的な憲法概念を，はじめから「革命的に」転覆させた点であった。その「憲法」は，中世的「古来の憲法」との連続性を有していない。

　憲法学者の愛敬浩二は，わが国における憲法学にイギリス憲法史の理解の分岐があることを，芦部信喜と樋口陽一にそくして示し，これにラフリン理論を関わらせるという興味深い分析を行っている（愛敬 2014: 49 頁以下）。芦部の場合は，憲法を「自由の基礎法」とし，「憲法制定権力」を，一般の国家権力と区別して権力の世俗化が行われた近代の所産として捉える。そして，これの形成に決定的な役割を果たしたのは根本法の思想と国民主権説だとした。近代自然法思想に裏づけられた根本法の思想が国民主権説と結合し，憲法制定の権力がその基盤を得た。この思想に基づくアメリカ憲法が，憲法制定権力と通常法の立法権を区別する基本原理に基づく人権保障と権力分立の立憲主義・成文憲法典・硬性憲法をという性質を持った立憲的憲法概念を純粋に有するものとして登場した，と彼は見たのである。これによればイギリスは，近代への移行期において，中世的法優位の思想から脱却した立憲的憲法概念をもっていないことになるが，芦部は，「マグナカルタ」「権利請願」「人身保護法」「権利章典」等によってイギリスは「成文憲法」を事実上有している立憲制が機能している国だとした。樋口は，近時，ルソーの『社会契約論』の副題が Ou Principles du Droit Politique となっていることと，ラフリンの「公法論」Public Law を重視してている。彼は，立憲主義の「常識的」理解と異なって，「立憲主義における社会的諸権力からの自由」を決定的なものとし，そのためには「自由の基礎法」というより「権力による自由」ないしは，「積極的立憲主義」による「国家からの自由な空間」を成立可能ならしめる国家，つまり，社会的諸集団からの個人の解放を引き受けた国家の役割を重視する。さらに〈人権は法律に対してでなく，法律によって保障される〉と説く。愛敬は，このような樋口の理論は，「異形」の立憲主義であると表現している。実際，立憲主義と民主主義の関係において，後者の単純多数決主義への「劣化」により，立憲主義の基礎が掘り崩されることへの危機感を組み込んだ上での立憲

主義の原点を重視すると思われるその主張は，より「現代的」であろう。他方，ラフリンが言う「公法」とは，実定法としての「公法」の意味でなく「国法学」に相当し，「国家理性」という表現が適切な政治的理性の形式であり，統治関係の規制的側面だけではなく，それを維持実践せしめる諸原理とその作動の総体の意味である。そして，「公法」という賢慮の教訓＝政治の技術は，命令の権限＝支配の権限と支配力権力をいう「実定法」と区別されるのであると言う。最近の樋口は，ポストモダーン的思考による「人欲の解放」に対して「敢えてエタティストと称す」として，立憲主義の歴史的原点にこだわりを見せる，これに対してラフリンは，法的言説によって憲法政治の領域が [植民地化] され，アメリカ流の権利の規範的言語へとイギリスの憲法がプラグマティックな方法で転換しつつあるとして，司法審査の活性化による司法積極主義の肥大化に対する消極的評価を行う。観点は異なるが，憲法秩序の再編に対しての「読み」の深さを物語るという点では。共通する面があると言えるのではあるまいか。

　ピューリタン革命の時のレヴェラーズと言われた人たちは，「パトニ会議」において彼らの傑出したリーダーであるレインボロー大佐の次の発言に，その「憲法観」を込めていた．このことに，トーニーもリンゼイも注目する。
　「イングランドに住むひとたちは，たとえどんなに貧しくとも，もっとも富裕なひとと同じく，生きるべき生命を持っている」。「だからひとは誰でも，ある政府のもとに生きなければならないが，そのひと自身の同意によってだけ，はじめて，その政府に身を委ねるのであって，自分自身がその支配に服従することについて，なんの発言権ももたないような政府に対しては，たとえイングランドのもっとも貧しいひとでさえも，厳密な意味においては，なんの服従の義務も負わない」「だから，イングランドに生まれたひとは，なんびとといえども，かれら自身がそのもとで生命をえたり，また，おそらくは生命を失ったりするような法律をつくってくれるひとたちを選ぶ権利を与えられないでいるということは，神の法はもとより，自然の法によってもあり得べきことではないし，また，あってはならないことである」[23]。
　熟練労働者だけではない名も無き労働者たちの声を重視する方法的な問題提起の結果，歴史学の変化が生じる。イギリス急進主義の文化を理解するためには，階級と階級意識では限界があり，諸階級を横断するポピュリズム，立憲主義，共

---

23　リンゼイ・前掲注 9 邦訳書 18-20 頁。

和主義というタームが用いられるようになってきたということである。

　こうして社会史的研究と憲政史研究が結合してくると，トムソンなどと異なって，1790年代のイギリスの急進主義のなかに社会主義への先駆けを見ようとするよりも，「公共圏」という概念を導入することで，「公衆」である労働者が選挙権獲得運動を通じて，公共圏の内奥において形成されていくというプロセスに注目が集まることになる。つまり，労働者階級は，職業や地域的な差異を超えて統合することによって「公共圏」と不可分の「公論」を形成していくのであって，そうした選挙権との関わりでの労働者階級の形成が，歴史を動かしていくという視点である。実は，この点で，ダイシーは，このような「公論」の形成という視点にたって，選挙権からの労働者階級の排除を転換し，階級としてよりは市民として自らのアイデンティティを確立していくことが，社会の緊張をやわらげると考えていた，とマックウィリアムは言う[24]。

　バークが，ペインに対してこうした「民衆の政治」にどのような位置取りにあったかを考えるのに，名誉革命の位置づけが重要となろう。バークは，ペインの「民衆の政治」に対し，議会の優位によって答えようとした。彼がアメリカの独立を支持したのも，アメリカの植民地の人びとが議会に代表されていないと考えたからであった。しかし，いずれにしても，バークもまた，プラトンの共和国，トマス・モアのユートピア，ジェームズ・ハリントンの「オシアナ」のすべてを含み込んだ「名誉革命体制」である立憲君主政の制度と慣習のなかに，「共和国」の理想の礎を見ていたのであった。

## 4　トムソンの「法の支配」論とブラックストーン

　トムソンの見解は，民衆の立憲主義的傾向に注目することに特徴があった。トムソンの『ウィッグと狩猟者たち』の「法の支配」を論じた一節は，示唆に富んでいる。法は，支配者に有利に階級関係を調停した。しかし，法は再三にわたって支配者の権力発動を抑制したのである。社会のレトリックやルールは，ただの見せかけ以上のものがあった。したがって権力の実際の姿をそれは隠すことができ，それを曲げることさえあったのである。1790年代の改革者たちは，社会を批判する慣例が発展するほど，その批判をロックやブラックストーンのレトリッ

---

[24] McWilliam, Rohan, Popular Politics in 19th Century England, Routledge, 1998; 邦訳書，マックウィリアム著，松塚俊三訳『19世紀イギリスの民衆と政治文化——ホブズボーム・トムスン・修正主義をこえて』昭和堂，2004年，75-76頁とそこで引用された，Dicey, A.V., The Balance of Classes in Essays on Reform, London, 1867.

クにくるませて述べるようになった。18世紀において，法は権力の媒介者以上の役割を果たした。法は，実践とイデオロギーとして捉えられるのであって，それによって階級的な権力が正統化されるのであった。法を媒介しない権力との決定的な相違が，民衆の世界の立憲主義的な性格を生み出したのである。このように法が浸透すると，それは生産関係の基底それ自体に鱗状に深く重なり合っているために，法無くしてこれは作動することがないほどであった[25]。

　トムソンは，このように，階級という概念を維持しつつ，フランス革命の同時代にイギリスに革命が起こらなかった理由の一つを，統治者の側の支配における法のレトリックの援用に求めている。そこにはまた，生産諸関係と階級諸関係を直接的に照応するものではないとし，「共通の経験」という概念によって労働者階級の「形成」を物語ると言う「歴史」の方法が登場することになる。トムソンを基本的に支持するエレン・ウッドは，このようなトムソンの方法が「文化主義」であるという批判に対し生産関係の規定性に言及しなければならなかったのも，この「歴史学の方法」がマルクス主義的な「土台－上部構造」論にかわるオルタナティブを示せず，かえって分析の困難を増幅すると思われたからであったとする[26]。

　ところで，1790年代のイギリス急進主義を理解するために，「ポピュリズム」の概念が多用される傾向について，一言，言及しておきたい。「ポピュリズム」は，語源的に言えば，1892年に設立されたアメリカ人民党の原理を説明するための当時の「新造語」であったようである。一時は，ロシアの社会主義思想を説明するために用いられることがあったようであるが，やがてガンジーからクー・クラックス・クランに至るまで恣意的に使われた結果，意味不明の概念に堕したというべきであろう。それにもかかわらず，そうした歴史的実証を省けば，この概念は，非常に便利であることは言うまでもないのである。その多くの理由は，Edward H.Carrが言うように「歴史とは現在と過去の対話」であり，「歴史」が現在の事象を説明するために援用されるからである。サッチャー政権とブレア政権の政治的レトリックが，「階級の超越」を前提とすることや，Englishnessの「再構築」と関わるという本稿の認識も，18－19世紀の「民衆の政治」の「政体論的解釈」

---

25　Thompson, E.P., Whigs and Hunters, Penguin Book ed.1977, reprinted 1985, pp.258-269, 戒能『土地法のパラドックス』64頁以下参照。

26　Wood, E.M., The Politics of Theory and Concept of Class（ケイ・前掲注13, 邦訳書232-233頁参照）．

polity-centred explanation からの何らかの示唆を期待しているからである[27]。

　内田力蔵は，東京大学社会科学研究所の共同研究「基本的人権」において，「イギリス法には基本的人権という観念はない」という主題の論文を発表した。1968年のことである[28]。言うまでもなく，実質的意味の憲法である「統治構造の法」the law of the constitution には，「基本的人権」fundamental human rights ということば，またはそれに相当する表現がみられない，という意味である。しかし，古くから，かなり多数の成文の法，国会制定法に，自由ないし権利の保障についての規定があることからすれば，基本的人権ということばに相当するものがないことが強調されることは，当時もやや違和感をもって受け止められたようである。実際，この内田論文は，「基本的人権」を掲げた共同研究の集成においても，総論の巻ではなく「各論」の一章にすぎないという扱いになっている。もとより，現在のイギリスでは「人権」はもっともポピュラーな法概念の一つであり，多くのテキストの表題になっているが，これは，1998年の「人権法」の成立に由来するものであり，そして，この法律は——実際の機能はそのようなものではなくはるかに予測を超えたのであったが——，「ヨーロッパ人権条約の国内法化」という性格のものであって，「イギリス法」すなわちコモン・ローから「自生」したものでは必ずしもないのである。ところが，内田論文は，「イギリス人の絶対権」を，ブラックストーンの論述から引き出しているのである。基本的人権という観念はないと言いながら「絶対権」の存在を論じている。ここには矛盾があるのだろうか。即答できそうな問いであるが，私には必ずしも容易な設問でないように思える。

　最近亡くなったビンガム卿（Lord Bingham）は，この「人権法」の成立からその施行の全過程に一貫して関わった現代イギリスを代表する名裁判官の一人であるが，彼を記念して編集された論文集に，「コモン・ローの前方にある道」the Road Ahead for the Common Law という論文が収録されている。筆者は，1996年のハムリン・レクチャーで「コモン・ローの転換点」the Turning Point of the Common Law という重要な講演を行った，ニュージーランド控訴院長官，連合

---

[27] マックウイリアム・前掲注24 邦訳書94-108頁参照，および，「はじめに」における訳者の方法的問題提起が示唆的である。

[28] 内田力蔵「イギリス法における『個人的自由の権利』について——ブラックストーンの『絶対権』の観念を中心とするひとつの覚え書き」東京大学社会科学研究所編『基本的人権 第4巻』東京大学出版会，1968年所収，『内田力蔵著作集 第3巻』信山社，2006年所収。以下の引用は，著作集から行う。

王国貴族院上告貴族であった故 Robin Cooke である。

　Cooke は，この論文の冒頭で「コモン・ローのイングランド的なるもの（Englishness）の縮小」を論じる。ヨーロッパ，コモンウェルス，アメリカ合衆国の影響等によって，イングランドのコモン・ローは，「より少なくイングランド的」になったという。しかしその方向は必ずしも単一方向でなく，多方向にである。

　それにもかかわらず Cooke は，「コモン・ロー上の権利の深さ」depth of common law rights について論じている。R (Daley) v Home Secretary ［2001］2 AC 532, 537-538 においてビンガム卿は，被告人の接見交通の権利に関しコモン・ロー上の保障があり，それは裁判を受ける権利，訴訟扶助を受ける権利，弁護人などの法的助言者との打ち合わせの秘密保持などが存在しており，これらを制限するには，それによって達せられる目的と制限の必要性の明示の根拠が必要とされると述べた。Lord Steyn は，1998 年の「人権法」の規定とは別に，民主的な討議に参加する権利，平等処遇，表現の自由，宗教の自由，裁判所へのアクセスを妨げられない権利および公正な裁判を受ける権利は，憲法上の権利として裁判所が保護する，と述べた。Steyn 卿は，「憲法上の権利」ということによって，これらの権利の規範力を高めるだけでなく，侵害された場合の裁判所による救済方法（remedies）に対する主張に根拠を付与する意味があるとする。

　R.v Home Secretary. *ex p.* Simms ［2002］2 AC 115, 131 でホフマン卿（Lord Hoffmann）は，被告人に対するジャーナリストたちのインタビューを包括的に禁止することは違法であると述べ，国会主権原理にかかわらず「反対に解釈される明示のことばや意味がとれない限り，裁判所は，どのような規則等における文言であれ，個人の基底的諸権利 basic rights を侵害する意図はないものと，裁判所は解釈すべきであると述べた[29]。

　ブラックストーンは，Commentaries on the Laws of England, Book the First Ch1, Of the Absolute Rights of Individuals において，「個人の絶対的権利」と「相対的権利」を区分し，前者は，単に個人としてまたは単一の人として，個々の人間に当然に所属し，付属するものであり，後者は，社会の成員として，相互に様々な関係に立つ個々の人間に付帯するものであるとした。「絶対的権利」が自然状態において個人の人格に属するものであって，あらゆる人間がその社会の外にあろうと内にあろうと，享受する資格のあるものであるのに対し，「相対的権利」とは，絶対権を維持し規制するためのものであり，国家と社会の成立の結果とし

---

[29] Andenas, M. & D.Fairgrieve eds., Tom Bingham and the Transformation of the Law, Oxford University Press, 2009, pp.687-691.

て生じるものである。

　人間の絶対的な権利は，したがって，自然的自由 natural liberty と称されるのが通例である。そして，社会に入るときに人間が相互に交際することによる利得を約因として自然的自由の一部を放棄して共同社会が確立されたことによって，法律への服従と遵奉の義務を，人間は自ら負うことになる。それゆえ，「社会の成員の自由であるところの政治的または市民的自由（political or civil liberty）とは，公共の一般的利益のために必要かつ便宜である限度において人定法によって制約された——かつ，それ以上に制限されない——自然的自由にほかならないのである」[30]。〈ブラックストーンは，Commentaries on the Laws of England Book the First Ch1, Of the Absolute Rights of Individuals において，「個人的自由の権利」the right of personal freedom「財産権の権利」the right of property「議論の自由および出版の自由」the right of freedom of discussion and the right of the press「結社の権利」the right of association「公的集会の権利」the right of public meeting「良心の自由」liberty of conscience という6個の「個人の絶対的権利」について論じたのである。〉

　このブラックストーンの「絶対的権利論」が，トムソンが描いたように，いくつかの裁判で民衆側のよりどころとなった。ブラックストーンは，ロックに依拠しつつ，しかしロックを超えている面がある。この点を，最初に説いたのが，実は前述の内田論文である。しかし，ブラックストーン自身は，「人定法」による絶対権の制限を認めている。このことから，法律が禁止すればいくらでも縮減される「イギリス人の権利」という，わが国でも一般に流布しているイギリスの「市民的自由」の脆弱性という認識が生まれる。内田門下の行政法の大家，下山瑛二が，これに対して先駆的と思われる反論をしていたことに注目してみよう[31]。

## 5　ブラックストーン理論の位相

　下山が注目したのは，ブラックストーンの『イングランド法釈義』における「基本的人権論」の部分に相当する章での「個人の絶対的諸権利」the absolute rights of individuals が，「人間は自己の真実の幸福を追求すべきである」the man should pursue his own happiness という命題から出発していると考えられる点にあった。

---

30　W.Blackstone, Commentaries 1765-1769, vol.1, University of Chicago ed.1979, pp.119 *et seq.* 前掲注28 内田論文18-20頁。
31　下山瑛二「G・イェリネックとイギリス法」東京大学社会科学研究所『社会科学研究』33巻3号（高柳信一還暦記念号）1981年所収。

イェリネックは，個人が国家に組み込まれることによってはじめて自由が権利となり，同時に権利が一定の制約を課されたものとして実定化されると考えている。この考えからすれば，ブラックストーンがロックに依拠して，絶対的権利を説いたとしても，彼ら以前に自明とされていたことを祖述した以上の意味はなく，そこには何らの創造性が認められないことになる。

　このようなイェリネックの議論に対し，下山は，自由及び人権についての思考様式において，国家前的な「幸福追求」という人間の本性に関わる実存概念を措定していることに，ブラックストーンの創造性を認めようとした[32]。ブラックストーンの用法で言えば，「人類とともにあり being co-eval with mankind，神自身によって命ぜられた自然法」の「一つのパターナルな規範（one paternal precept）」として，個人の幸福追求という規範が，国家前的に存在する。のみならずそれは，自然法の内容であるため，時代を超え地域を越えて人類の本性に由来するものとしていかなる人定法にも優越して存在すると観念されている，と下山は述べた[33]。このように言うと，最高法規による拘束というケルゼン的な法理論をのべたように聞こえるが，後述のように，コモン・ローの実際に機能する通常の規範としてブラックストーンが述べ，伝統化されていると観念されていることが重要なのである。内田力蔵もこの点に注目して，ブラックストーンの絶対権の観念に組み込まれた自然法的な思想は，国会主権の全面的確立を前提とした実定法の優位と功利主義的な法律観にもかかわらず，完全に葬り去られたわけではないと論じている。絶対的権利を裏づけるために援用されたロックの社会契約説は，下山や松平が注目した「個人の幸福追求」という命題とともに，実定法と統治構造の基底となり国家観となって，なお存続しているという議論である。自然法の世界からイギリスの統治構造の実定的規範にロックの理論を移行させたのは，ブラックストーンの独自の功績といえるであろう。そこに，コモン・ローの体系にロックが受容された最大の意義があった。そしてこの点は，ダイシーが法の支配

---

[32] 下山・同上論文参照。Blackstone, Commentaries Bk1 の引用も前注 30 のシカゴ版による。Commentaries vol.1, p.41.

[33] 下山・同上論文，とくに 30-31 頁参照。なお，下山も依拠する松平光央「ブラックストーン考」内田力蔵古稀記念『現代イギリス法』成文堂, 1979 年所収が重要である。ただし，「絶対権」と「法一般」を論じたこの箇所（section 2）と「結合」させてブラックストーンの絶対権を理解することは有意義であるが，内田はそういう「手法」はとっていない。後述する。また，松平，下山はともに「自己自身の幸福追求」を自然法の「最小限の内容」と「意訳」しているが，ブラックストーンのこの箇所にはそれに相当する直接の用法はない。Blackstone, vol.1, p.41.

の第三原理としてあげた，人権に相当するものは，イギリス法においては，判例法の集積に見出されるとしたことに継承されていた，と内田は論じている[34]。

　ブラックストーンには後継のエドワード・ギボンのような歴史認識が欠落している。しかし，「最初のイングランド法の講述」という目的のための『釈義』で，彼は，コモン・ロー上の既存の準則や原理を定義し，次いで実例を示し，権威的な典拠によってこれらを裏づけるだけでは不十分であり，「これらの第一次的な準則や諸原理が，自然法の諸規範と他の諸国の法実務と比較考量されなければならない」という講義方針を述べている。そこで，たとえば，ユスティニアヌス法典の「正直に生きよ」「何人をも傷つけるな」「各人に各人のものを与えよ」の三命題にイギリスの「自己自身の幸福の追求」という命題を彼は加える。こうして，生命・自由・財産の三位一体を説いたロックのプロパティ概念を援用したブラックストーンの「絶対権」の基底には，下山が言うように，日本国憲法の第98条の思想にも通じる人類もしくは人間存在という基本問題に関わる認識が示されることになった[35]。そして，この尺度は，裁判の場面に援用可能なより具体的な内容を持つものとして実効規範化されていったのである。したがって「臣民のコモン・ロー上の権利」として「神聖でかつ分けることができないもの」sacred and incommunicable として言及されたブラックストーンの「絶対権」は，1765年の一般的令状による捜査を違法とした著名な Entick v. Carrington, 19 *St.Tr.* 1030.1040 における Lord Camden 卿の判決に現れていたように，当時の裁判所の上層部に信じ込まれ実際に適用されていたと見ることができるのである[36]。

　自然法については，当時イギリスでの評価が高かったスイスの Jean-Jacques Burlamaqui（1694-1748）を介し，ブラックストーンは，Hugo Grotius（1583-1645）の諸理論を「一語一語コピーした」と言われる。しかし，ブラックストーンの自然法は，裁判実務上のルールと遊離した抽象的な存在でなく，制定法を含むコモン・ローがこれを顕在化させるものと観念されていたと思われる。その意味では「自然法」は，裁判官の判断における証拠にすぎず，制定法やマグナ・カルタ等による確認事項とされるものを超えた超越的な存在ではなかったのである。したがって裁判官には法であるものについての確認能力が要求され，これが，ブラックストーンの法発見説・法宣言説の根拠となる。ブラックストーン説は，現代的

---

[34] 内田・前掲注28論文10-16頁参照。

[35] 下山・前掲注31論文, Blackstone, vol.1, p.40 および松平・前掲注33論文480-481頁参照。

[36] 内田・前掲注28論文10-11頁参照。

に言えば「ハードケース」における裁判官の役割を論じたドゥオーキン説をめぐる論争と共通軸にある[37]。

望月礼二郎は，19世紀の「時代精神」の法実証主義と伝統的コモン・ローの法観念の「せめぎ合い」を通じて，コモン・ローの現代に通じる判例法主義が確立されたと見る。ここには法実証主義的な法観念と，伝統的なコモン・ロー＝不文法の法観念が「同居」していたのである。それを反映して，判例による推論は，二つの方法にわかれどちらも正当とされる。第一は，準則による推論（reasoning with rules）であり，単数又は複数の判例から帰納的または演繹的に準則を抽出または構成し，これを法的判断の根拠とする仕方である。いまひとつは，援用される判例の事件の生の事実と係属中の事件の事実とを比較し，意味のある類似性（relevant similarity）があれば，あるいは意味のある相違がなければ，その判例を踏襲するという仕方であり，比論による推論（reasoning by analogy）と言われる。後者には「類似性」の判断基準は与えられていず，裁判官の具体的事件毎の正義・公正・条理などの原理に照らした判断による以外ない。しかしこれが，伝統的コモン・ローの法観念による「裁判主義的アプローチ」に他ならない，と彼は言う。

望月によれば，かくて，19世紀の法実証主義を通じて，イギリス法は「近代の知・科学の知」に特徴づけられた「科学としての法」law as a science を手に入れたが，不文法としてのコモン・ローの非限定性をもたらす「裁判主義的に観念されたアプローチ」adjudicative approach による法的判断が，「臨床的知」の様相を帯びながら，判断者の「人工的理性」の働きをヴァイタルとする「技芸としての法」law as art として，それにもかかわらず残されたとされる[38]。

エディンバラ大学の故ニール・マコーミックの『判決理由の法理論』は，平井宜雄の「議論論」にも影響を与えた「正当化のプロセス論」（「演繹的正当化」と「第二段階の正当化」，平井の場合は，「ミクロ正当化」と「マクロ正当化」）を論じる。注目すべきは，マコーミックがスコットランドとイングランドの上訴裁判所の判決を分析する理由として，第一審裁判所が単独裁判官によるのに対し，上訴裁判所は通例3名の複数裁判官で構成される合議法廷であり，しかも裁判官たちが自分の意見を公に表明するばかりか，自分が最善と考える理由を述べるとともにそれ

---

[37] 松平・前掲注33論文480-485頁参照。
[38] 望月礼二郎「コモン・ロー再考」，同「コメント」（戒能執筆）。早稲田大学比較法研究所編『比較法と法律学』（50周年記念叢書37）成文堂，2010年参照。この書を含め，この研究所の一連の叢書は内容が豊富かつ重要であるが発行部数が少ないためか，ほとんど知られていない。残念である。

第2章　「原型」としてのイギリス憲法と「階級論」　　213

と反対の方向を示すいかなる理由にも反論を加えるという慣行があることに，彼の判例理論が根拠をおいていることである。第一審裁判所の裁判官も陪審裁判との関係やそれがなくても説得のレトリックは固有に必要であり，ことに弁護士は自己に有利な判決を引き出すため説得の技法を磨き上げる必要がある。同様に無視できないと思われることは，上訴裁判所の裁判官は，バリスタもしくはアドヴォケイト（スコットランド）という弁護士経験を経た者のなかでも法廷弁論にたけた者から選ばれるという指摘である（バリスターアドヴォケイト一層型法曹一元－わが国にも弁護士界を中心に，かつては存在した「法曹一元」論のモデル）。これらの総体の作用によって，いかなる事件でも，裁判官同士や弁護士の間で共通して描かれている規範が存在し，あるゆる法体系の内部に，また時代を異にする同一の法体系の内部に，観察可能な共通の議論のスタイルが存在しているという了解が成立し，それがこのシステムを駆動させている，と述べている[39]。

マコーミックは法実証主義の立場であるから，すべての法は立法された法，望月が言う「いかなる法（準則）にも定立行為をした者・著作者が存在している」という立場である（コモン・ローの法概念では「著作者」は存在しない。なぜなら法は人為によらずすでに存在しており，具体的事件の裁判での法的判断において具体的一般者，つまり判断命題の主語でなく，「述語」として同定されるのみであると観念されているからである）[40]。望月が言うように，「判例法」も，立法された法であり，それを担保するのが「先例拘束主義」ということになる。

個別先例の拘束性を否定するスコットランドのアースキン（John Erskine: 1695-1768），そしてこの点で「曖昧である」ブラックストーンと違って，ベンタムとジョン・オースティンは，判例も定立された法であり，それを立法したのは裁判官であるということについて，明瞭であった。しかし，慣習法や，マコーミックによればエクイティでさえも，法実証主義者が主張するところによれば，ネグリジブ

---

[39] MacCormick, N., Legal Reasoning and Legal Theory, Oxford University Press, 1994（邦訳，亀本洋・角田猛之・井上匡子・石前禎幸・濱真一郎訳『判決理由の法理論』成文堂，2009年，11-13頁）．
[40] 望月・前掲注38論文260頁以下参照。したがって，コモン・ローの法概念では，「不法行為はこれだ」というのでなく，「これは不法行為だ」という。つまり，不文法であるコモン・ローでは，個々の具体的事実を離れて抽象的・一般的に法は限定・定義されることはなく，したがって主語として登場するのでなく，法の世界における無限大の「述語」として登場する。西田哲学の「真の我」に到達するための「場所の論理」を援用したこの論文は，コモン・ロー論を再三論じてきた望月の渾身の力作であり，直ちに理解するのは難しいが独創的で含蓄に富む。戒能「コメント」同書273頁以下参照。

ルなものとなるか，裁判によって立法されたルールの特定集合もしくは裁判官に付与された特定の法形成機能の名称に過ぎないものとなる。マコーミックは，初代ステア子爵（James Dalrymple, 1st Viscount Stair 1619-1695），すなわち，ブラックストーンの『釈義』のモデルと言うべきかの Institutions of the Law of Scotland の著者が，法に従って正義を行うことは，単に正しい理性の原理，なかでも王国の長き慣習により証明された原理にしたがって，あるいはその原理を用いて，裁判をすることを意味すると考えていたと言う[41]。これは，裁判官は形式的正義の観点から見て，将来生じうる事件についてどのような判決を下さなければならなくなるか，「帰結主義的」判断を行うものだという彼の「帰結主義論」と真っ向から対立する。望月が言う「裁判主義的アプローチ」あるいは「伝統的コモン・ロー」の法観念と，法実証主義的アプローチの特徴である法のルールの同定という司法の機能の想定との対抗と言ってよい。しかし，より示唆的であるのは，ステアのテーゼは，18世紀中葉までには逆転されていき，スコットランドのアースキン，イングランドのブラックストーンにおいては，自然法の痕跡は残しながらも広範囲にわたる国家立法の優越によって，曖昧な自然法には依拠されていかなくなることであった。そして，たとえばブラックストーンが好んで言及したような public good, common utility, general welfare と言った公益的な概念とそれを原理とした立法の優位が際立っていき，そして「皮肉なことに」，ステア，ブラクストーンが述べたことが，法の命題とみなされるべきものについての「正当化理由」となっていくことであった[42]。望月はこのことについて，「コモン・ロー伝統の信奉者」であったブラックストーンが，結果的に，「おそらくその意に反して」法実証主義の先触れとなったと指摘している[43]。ブラックストーンについて，長谷部恭男は，ポステマ（G.Postema）にしたがって，17世紀から18世紀にかけて，クック，ヘイル（Sir Matthew Hale），ブラックストーンによって受け継がれた判例の理解は，超越的な理性や正義の基準に合致しているとされたからではなく，その社会の伝統に合致していたために法律家集団によって実際に共有され，伝承されてきた特定の推論によっているか否かによって判断された，と言っ

---

[41] マコーミック・前掲注39邦訳書64頁以下参照。ステアについては，ステアー・ソサェティ編，平松紘・角田猛之・戒能編訳『スコットランド法史』名古屋大学出版会，1990年参照。

[42] マコーミック・前掲注39邦訳書66-67頁，「帰結主義的論法」について，同書第6章および「訳者あとがき」参照。ブラックストーンの「公益的概念」については松平・前掲注33論文478頁以下参照。

[43] 望月・前掲注38論文265-266頁。

ている[44]。このことからもブラックストーンは，自然法論から法実証主義への「過渡的」に位置づけられ得ることになろう。

　望月のコモン・ロー的法観念または「裁判主義的アプローチ」は，法実証主義的アプローチを超えて，またはそれを超越して歴史貫通的な法文化として存在したと捉えられてしまうと，コモン・ローの法的発展とそのなかでの法的判断の手法の進化は見えなくなる。「ヨーロッパ法」のなかでのコモン・ローと大陸法という新たな地平での伝統的比較法論や，ラインハルト・ツィマーマンの「混合法論」の問題提起にコモン・ローの側からの応答を構築することも，難しくなる。それ故，法実証主義との対抗のなかで，こうしたアプローチが変容を遂げつつ，なおその伝統を維持していくダイナミズムを，考察する必要があろう[45]。

　小山貞夫は，ブラックストーンを論じたホールズワースとミルソムの所論を紹介している[46]。このうちミルソムのブラックストーン評価は，小山が暗示するように，すぐれて「ミルソム的」である[47]。18世紀においては訴権の種類は他人に対してなし得る権利侵害の態様の種類を直接反映していなかった。契約上の権利および所有権に基づく権利を保護する訴権は，形式的には不法行為の性質を持つ他の訴権によって大きくとってかわられていた。大多数の事態に対して少なくとも二つの訴権が可能であった。一つは理解可能であるが，実際には機能していない自然の訴権と，他は，実際に機能しているが人工的でかつ理解しにくい訴権である。このような事態は，中世の訴権が訴訟手続や証明上の理由から保護されるべき実体権と非整合になっていることに由来した。そこでブラックストーンのとった方法は，たとえば契約という法の抽象的な範疇を論じるために，日常生活の種々の側面を分割して，たとえば，雇用規制を治安判事の労働規制権能の箇所に，家事労働力侵害については雇用主と使用人の箇所に，雇用の存続期間についての黙示の合意を別の箇所に位置づけるという方法であった。これは，当然に，労働法のカーン＝フロイントが指摘したように，ブラックストーンには産業革命

---

44　長谷部恭男『比較不能な価値の迷路——リベラル・デモクラシーの憲法理論』東京大学出版会，2000年，44頁。

45　前掲注38の望月論文への私の「コメント」参照。そこではむしろ，コモン・ロー的法観念とその法的推論過程が「大陸法」を想定した原島重義等の「法的判断」論と親和的関係にあることを論じている。

46　小山貞夫「ブラックストン著『イングランド法釈義』の歴史的意義——ホウルズワースとミルソム論文の邦訳による紹介を通しての検討」東北大学『法学』60巻1号1997年，197頁以下。

47　戒能『土地法のパラドックス』238-241頁参照。

の進行に反して雇用契約の記述が欠落しているという批判をまねくことになる。ところでブラックストーンの『釈義』第1巻が刊行された1765年は，まさに先のEntick v. Carrington事件の判決が出た年である。しかし，ブラックストーンにとっては，私的権利の絶対性が国王によって侵害されることがあっても権利請願によって救済が与えられることは想定しうることであった。すなわち，個々の大臣や役人が民事訴訟に対して特別の防御権を有さず，被害者からの損害賠償の責めを負うべきことは，もっとも純粋に「水平関係」の法が適用されるため当然のことであって，彼は何ら躊躇する必要は無かったのである。

　ミルソムは，こうしたブラックストーンの論述の目的は，種々の判例集・法要録・実務書から法の概略的地図を描くことであり，そしてそれはそれ以上のものでなかったとする。しかしながら，このことによって手続的改革が誘発されたのと全く同様に，法の実体法体系への変容が「突如惹起」したのであると指摘した[48]。

## 6　ブラックストーンの「絶対権」論

　ブラックストーンの「絶対権」の観念は，自然法に淵源を求めているために，国家または社会形成前的権利を意味する。「自然的資格 natural capacities において考察される人（person）の諸権利は，さらにまた絶対的および相対的（relative）の2種類に分かれる。個人または単一の人であるというだけで，当然に確定され帰属するとされるのが絶対的とされるものであり，社会の成員であることによって，また，相互に様々な関係に立つことによって個々の人間に付随するとされるのが，相対的とされるものである」。さらに彼は，「諸個人の絶対的諸権利」the absolute rights of indivuduals を敷衍し，それは，「その本来的かつ最厳格な意義において，社会の内にあろうと外にあろうとあらゆる人間が享受する資格を持つもの」を意味するとし，これを言い換えて「自然状態において諸個人の人格 person に属するであろうもの」としている（Com.1, p.119）[49]。

　前述のように「絶対的権利」は「人定法」human laws あるいは「人定の国家法」human municipal law によって「制限」される。しかし，個人の「絶対的諸義務」the absolute duties との対比で説明される「人定法」とは，「絶対的諸権利の享受

---

　48　小山・前掲注46論文による。とくに，232頁以下参照。
　49　Sir William Blackstone, Commentaries on the Laws of EnglandFirst ed.1765-1769 の引用は本文中にこのように巻数と頁のみの表記で行う。邦訳については内田・前掲注28論文を参照した。

について個人を保護する」関係にある。言い換えれば,「不変の自然法」the immutable laws of nature によって個人に帰属せしめられはしたが,しかし,友好的かつ相互依存的な共同社会の創設によって得られる相互的な援助と交際なくしては,平穏に保存できなかったその絶対権の享受について個人を保護すること」,つまり絶対権が,社会と国家の形成に先立つものである故に,「人定法」は,それを制限するためにではなく,それを完全なものにするために存在するのだと言うことになる(Com.1, p.120)。

「相対的権利」とは,具体的には,絶対的権利のように「稀少かつ単純なもの」と異なって,国家および社会形成の後における「より多様かつ複雑な結合から生じる」ものであるとする。内田はこれをロスコウ・パウンド(Roscoe Pound; 1870-1964)の「関係」観念につながるものと推測し,治者と被治者,夫と妻,親と子などの関係に付帯する個人の権利と考えられるとする。しかし,この箇所にブラックストーンのより具体的説明はない[50]。先に述べたミルソムの言明にあったように,国王と「臣民」の関係についても私的関係の法が適用され得ることや,日常生活を切り取った実体法の「体系的」論述をこころがけたブラックストーンにとっては,当時の「人定法」の当然の内容を意味したからであろう。これはまた,多くはロック説をまるごと摂取したと思われる彼の理論に,一定の独創性が垣間見られた部分の1つでもあった[51]。

重要なのは,「補助的・従位的な諸権利」auxiliary subordinate rights である。これには,国会の構成や権能および特権,国王大権の制限,侵害があった場合に裁判所の救済を求める権利,訴願の権利のほか,ロックの革命権を意味する武器携帯権が含まれるとされている(Com, .vol.1, pp.136-139)。これはイギリスの統治構造の全体に他ならない。つまり,「絶対権」とは,このような絶対権を完全化する相対権とともに,統治構造の総体が保障している権利と言うことになるのである。こういう牢固とした枠組を提示した後に,彼は「絶対権」のカタログを示すのである。それは,「個人の安全の権利」the right of personal security,「個人的自由の権利」the right of personal liberty,「私的財産権の権利」the right of private property の3種の権利である(Com.vol.1, pp.125-136)。

このスキームは,ロックの生命・自由・財産の三位一体的プロパティが,コモン・ローにおいて侵害の救済が求められるとき,成文の権利章典をもつアメリカと異なって,当該の権利が「政治的」色彩を帯びていない限り,こうした私的権

---

50 内田・前掲注28論文15-16頁。Com.1, vol.1, p, 121.
51 同上,内田論文15頁。

利への侵害は統治に関する権利への侵害とも観念されることを意味している[52]。

　国家と市民社会の関係について，国家という「哲学的・ヨーロッパ的」概念に対し，「社会学的・アメリカ的概念」を付加しようとした，イタリア生まれのアメリカの社会学者のメロッシ（Dario Melossi）は，フランス革命とアメリカ独立革命という近代の転換点の政治思想には，政治的共同体の概念化における分岐があったと論じている。イギリス型と大陸型である。イギリス型においては，権力の流れは「上昇的」であるが，大陸型の場合には，「下降的」であった。そして「コモン・ロー」制度においては，諸権利の分権的概念がマグナ・カルタとともに始まり，慣習と先例に基づいてそれは政治的・法的制度に定着していった。大陸におけるように神聖ローマ帝国とローマ法王が，古代ローマ法のなかに各々の正統性を確立しようとしたのとは異なったのである。このような区別は後の段階では，ロックやアメリカの革命家たちが擁護しようとした自然法概念と，ルソーやフランスの革命家たちが擁護した合理主義的自然法概念との区別を伴って密接に関係しつつ発展するようになった。こうした異なった発展は，フランス革命とアメリカ革命の間に書かれた様々な権利の宣言に反映された。メロッシのこの比較を用いれば，イギリスの場合には，市民社会に形を与えるこうした諸宣言は，耐えがたいと考えられた社会的条件の破壊的状態において啓蒙主義的な予言者たちによって告知されたと考えられるものではなかった。そこでの自然法は，歴史と慣習のなかで基礎づけられ，歴史過程において判例を基礎に裁判官たちによって規定されたようにみなされたのであった。こうしてマグナ・カルタは，ロックの市民社会概念のなかで復活した。そこでは，市民たちが私有財産を有することは当然是認されるのである。この自然法の概念と中央の権力に置かれた諸限界として確定された自然的諸権利は，アメリカの独立前夜にアメリカの革命家たちによって共有された。しかしこの自然法の「革命的」概念は，大陸では，成文法の合理的体系の法典化と結合されなければならなかったのである[53]。

　ブラックストーンとダイシーの関係はそれ自体独立の考察を有するが，ラフリンがダイシー理論の保守性という批判にとどめずに，パティキュラリティという特質があると指摘していたことは前述した（1.1. 参照）。公務員と市民の関係にも私法が適用されると述べたダイシーの「法の支配」の第三原理についてであるが，

---

52　松平・前掲注33論文504頁。
53　Melossi, D., The State of Social Control-A Sociological Study of Concepts of State and Social Control in Making Democracy, Polity Press, 1990（邦訳，竹谷俊一訳『社会統制の国家』，彩流社，1992年，49-50頁）。

第 2 章　「原型」としてのイギリス憲法と「階級論」　　219

ラフリンはこれを「コモン・ロー伝統」の別様の表現だと示唆している[54]。

　公共圏に対する private domain を論じたワックスは，アパルトヘイト体制下の南アフリカの裁判官が，Roman-Dutch common law の南アフリカ法の基底にある人権思想に判断根拠を求めた例や，ブラックストンの前述の伝統的コモン・ロー思考に依拠していたことを伝えている[55]。先例主義の故に，こうしたコモン・ローの伝統は，国会制定法の帰趨にかかわらず，イギリス独特の「憲法が保障する権利」の保障方式を残すであろう[56]。

---

54　Loughlin, *op.cit.supra* note 7 at 316-317.
55　Wacks, R., Law, Morality, and the Private Domain, Honkong University Press, 2000, p.50-52.
56　奥平康弘『憲法Ⅲ・憲法が保障する権利』有斐閣，1993 年，12-13 頁において奥平は，「憲法が保障する権利」というすぐれた問題提起を行う。そして，「憲法が保障する権利」が伝統的歴史的遺産として社会文化のなかに浸透しているという「イギリスの独自性」を指摘するとともに，「議会主権の間隙を縫いながらコモン・ローに貫流する権利を，司法特有の論理を駆使して保護している」として，このイギリス固有の権利保障方式の実績を決して過小評価してはならないと述べている。

# 第3章　憲法史における連続と断絶

　コモン・ローの歴史と憲法史は，前者が「連続性」を特徴とするのに対し，後者は，国制の転換という「断絶」を伴う論述を特質とすることから，両者の関係をどのように捉えるかが問題となる。もとより，何をもって連続とし断絶とするかが問題となるが，この研究は，外見的連続性にもかかわらず，社会との連鎖のなかで中世的立憲主義から近代立憲主義に相当する憲法的法現象が生成する過程を，抽象的にではなく具体的に明らかにしようとするものである。この「断絶」に関わるイギリス憲法の構造は，一定の制定法規ではなく社会構造の変化との連鎖において生じるので，歴史学ことに経済史学の成果をかりる必要がある。その点は次章で論じる。

　前章で分析したブラックストーンの個人の絶対的権利という理論は，ロックの近代自然法思想を前提とするものであるが，コモン・ローも「自由」を価値とする点では，同じ方向を目指すものであった。ただその「自由」とは，「古来の国制」に根拠を置くものであって，近代的自由とはその出発点を異にする。ところが17世紀の王権神授説に基づく王権の拡張に対し，敢然と対決したサー・エドワード・クックのようなコモン・ローのチャンピオンが現れると，中世的自由の根拠とされた「古来の国制」論は，王権への抵抗の理論へと転化する。イギリスの王権が土着のものでなく，ノルマン征服という征服に由来する権力であるというイギリスという国の建国史にマグマのように蓄積されていたものが，その後のイングランド中心主義への反発として一気に吹き出すこと，2014年9月18日に行われたスコットランド独立の可否を問うレファレンダムが示す通りである。クックは，コモン・ローは征服前の古来の「古き良き法」の復活であり，王権前の存在であるといういわゆる「ノルマンの軛」説の起源ともなる「コモン・ロー主権説」と言ってもいいような理論を説き，それが流布されるようになる。クックは，「マグナ・カルタ」という王に直属する領主たちの権利を確認した文書を，人民の権利を保障した文書と再解釈し，世界最初の人権宣言の創出者という光栄に浴するほか，実際には当時の立法が近代の実定法規に相当する内容を有していなかったという理由で，否定されたと言われるが，コモン・ロー裁判所にはコモン・ローに反するような法律を無効と宣言するという「違憲立法審査制」が存在すると説

いたとされる点でも，憲法史上に名を残す存在であった。このように，イギリスでは，市民革命に先立って「古来の国制」論や，アリストテレスの政治哲学に源流がある「君主制」・「貴族制」・「民主制」の「混合政体」であるとする国制論が，普及していたのである。そして，このような思想は，法制史家のベイカーが論じたように，判例法等のコモン・ローの「正式の法」とは別個に，コモン・ロー法律専門職のなかでは，「共通の学問」を通じて学識法である「非正規の法」が共有されているという，コモン・ローの「二つの身体」の基底となっていた。これは，コモン・ローの特質として，イギリス社会の多元的構造と連鎖するという特徴とも相関する点として，重視しておきたい。

それにもかかわらず，「古来の国制」論の克服がなければ，立憲主義は生成しない。実際，こうしたコモン・ローの優位を強調することと，国制の転換とは矛盾しない。「司法の独立」は，国会主権を確立する「名誉革命」によらなければ，その起点すら与えられることはなかったからであり，コモン・ローの連続説は，こうした国制の転換によってその性格を変えるのである。

以上の故に，イギリス憲法史を論じるについてはとりわけ，「資本主義的発展」の画期とされる「ピューリタン革命」と呼ばれる最初の「市民革命」の意味をどのように捉えるかは避けて通れない問題となる。この革命を「ブルジョワ革命」として捉えたヒルに代表されるマルクス主義の歴史学は，フランス革命をブルジョワ革命と説くフランスのソルボンヌ学派とともに通説的地位を占めた。日本でも大塚＝高橋の「比較経済史学派」によって，ブルジョワ革命論は，第二次大戦後のわが国の「近代化」の準拠すべき方向性を示唆する理論ともされた。しかしながら，革命の担い手とされたジェントリの性格規定をめぐる「ジェントリ論争」から，ジェントリとは産業資本家に転化する階層ではなく，地主階級であり，「革命」とは，この支配階層の内部の抗争に過ぎなかったという「ブルジョワ革命否定論」が有力になった。日本でもピューリタン革命という名の「ブルジョワ革命」の存在を否定する「修正・批判学派」の潮流が優越するようになった。そこで，日本でのこの学派の形成を論じて次章への導入とした。

## 1 「コモン・ロー連続説」の歴史的基盤

ブラックストーンは，国会制定法の解釈について言及した部分で，「いかなる国会制定法も，実行不能なものは，効力がない」と述べている[1]。ブラックストー

---

[1] Sir William Blackstone, Commentaries vol.1., pp.87-91, 前章注 30 引用のシカゴ大学版

ンの Commentaries（イングランド法釈義）を論じた共著で，ノース・カロライナ大学のオース（John V Oath）は，この「解釈原理」を彼が卒然と持ち出した理由を，サー・エドワード・クックのボナム事件（Bonham's Case; 8 Co.Rep.113b, 118a, 77 ER 646, 652）における「理性に反する国会制定法は無効である」という判示を意識したからであると推測する[2]。実際，クックはこの文脈で「共通の正義（common right）および理性に反し，すなわち，忌まわしく，もしくは実行不能な国会制定法が存在する場合には，コモン・ローがこれを制御するであろうし，そのような法は無効と裁定するであろう」と明言している。

　ブラックストーンは，このクックの言明を明示的に否定する。『釈義』第 1 巻 91 頁以下で言う。

　「いかなる国会制定法も，実行不能なものは，効力がない。そして，これに付随して，何らかの道理に合わない結果，つまり，共通＝普通の理性（common reason）に反する結果が明白に生じる場合には，これらの国会制定法は，このような付随的な結果に関して無効である。もっと一般的に，理性に反する国会制定法は無効であると広範に宣明されることがあることを私は知っているが，私は，以上のように限定してこの準則を宣明する。しかし国会が，積極的に理性に反することをなすために法の制定を行おうとしても，憲法の通常の諸方式では，このことを統御する権能を付与されたいかなる権限の存在も私は知るところがない。したがって，こうした意味の準則を擁護するために通常申し立てられている諸事例のどれも，ある国会制定法の目的が理性に反する場合に裁判官がそれを拒否する自由があることを証明するものではない。もしそうなれば，司法権が立法権の上に置かれることになり，統治の転覆となろうからである。しかしこの場合に，何らかの付随的な出来事がその制定法の一般的文言から生じ，それがたまたま理

---

による。すべての矯正目的の制定法は，古い法，弊害，その矯正＝救済という 3 点がその解釈上考量されるべきこと（有名な，mischief rule ＝弊害除去解釈の準則），下位のランクの人びとに適用される法は，いかなる一般化の用語によっても上位の者に適用されることはない，刑罰法規は厳格に解釈されるべきこと，詐欺に対する制定法は自由かつ恩恵的な解釈が許容されるべきこと，コモン・ローと制定法が異なる定めをしている場合は，制定法が優先され，古い法は新しい法に優先されるべきこと，他の制定法を廃止する制定法それ自体が後日廃止されれば，その趣旨の文言が明示的に用いられていなくても前の法が復活する，後続の国会の権限によってその権威を損なわれた国会制定法は，拘束力を有さない。以上の最後に本文の文言が言及されていた。

2　Oath, J.V., Blackstone's Rules on the Construction of Statutes, in Prest., W., ed., Blackstone and His Commentaries:Bibliography, Law, History, Hart Publishing, 2009, pp.82 *et seq*.

性に反するような場合には，裁判官は，鄭重に，このような結果は国会が予見していなかったのであり，それゆえ，その制定法をエクイティによって解釈する自由があり，かつその限りにおいて（quoad hoc）これを無視すると結論すべきである」。

ブラックストーンの言う「絶対権」とは，このように，その保障方式において，反理性的な国会制定法について裁判官の審査権の発動によるのでなく，裁判官の解釈指針によって担保されるという性格のものであった。『釈義』自体が，ジェントルマン階級の師弟のための教養書であったという一般的に流布された評価に対して，ブラックストーン自身は，コモン・ローを広範な市民層や行政官に浸透させるとともに，法専門職のための実務教育にも同等以上の力点を置いて，『釈義』を書いたと推測される。

法制史家のジョン・ベイカーは，オックスフォードにおける1984年のFord Lectureと，1997年のケンブリッジ大学における教授就任講演をベースに『法の二つの身体』という刺激的な書物を出しているが，メイトランドおよびミルソムの見解を踏襲しつつ，彼はさらに独自の境地をこの書で示している。

ベイカーの言う「法の二つの身体」とは，「王の二つの身体」の隠喩のアナロジーである。しかし，「単独法人」説につながる王冠（Crown）の継承者としての自然人としての当代の王と，王位の法人的な存在を単独で構成する機関としての国王という「二つの身体」という比喩とは，次元を異にする。すなわち，ベイカーによれば，formal sourcesである国会制定法，判例法に体現された「正式の法」formal lawのみが法ではなく，「共通の学問」common learningを通じてコモン・ローの専門集団の間で口承によって，しかし多くの場合には書かれた書物等によって伝えられてきた「非正規の法」unofficial lawの両者の同時的な存在（二つの身体）を意味し，とくに後者を考察する法制史学の重要性を強調するものである。「非正規の法」の最盛期は，Inns of Courtとその予備門（後にアトーニー法学院）であるInns of Chanceryにおける徒弟的教育が，14世紀半ばから17世紀半ばに確立する時期にあるが，それ以降の時代にも消えていない。近代初期においてこれは，コモン・ローのシステムの変動と連動して司法的な決定が，法の原理の権威ある唯一の源泉とされていく上に大きな役割を果たしたと述べる。そして，そうした大きな役割を果たしたコモン・ロイヤーの養成機関であるこれらのInn（法学院）が，「イングランドの第三の大学」と位置づけられていた点に，注意を喚

起している³。

このような文脈において，ベイカーは，法制史家においてさえ考慮されることが少なかった「非正規の法」を，司法の構造と対照させて分析し，ことに陪審と裁判官，弁護士および依頼者の間で，合理的な結論を導くための様々な法的擬制が駆使されながら，事実のレベルでの陪審の判断領域が意図せずして拡大し，裁判官による法的判断が結果的には回避される。こうした形での法の発展が生じたことを分析している。陪審の事実認定の領域で「正規の法」をいわばバイパスして，実際にはコモン・ローの変容が導かれていくという，法の「二つの身体」による独特の法形成である。こうした「非正規の法」の機能が，私たちも知る著名な判例法の形成の背後に存在したと言うのである。このような法発展は，「判例法」の発展についてのステレオタイプの「先例拘束主義」を前提にしたコモン・ロー観を覆す。そもそも中世から近代にかけて，先例拘束のような硬質の判断枠組は存在せず，裁判官の司法的判断は柔構造的なものであったというのが，ミルソムを継承するベイカーの主張の眼目である⁴。

ベイカーによれば，アメリカ合衆国憲法典の制定とその後の違憲立法の審査制の展開のような現象は同時代のイングランドに現れなかったが，制定法は「しばしば意図的に無視もしくは回避された。それは，制定法のエクイティ（the equity of the statute）によって達成され得た。制定法のエクイティという観念は，真実の法の原理は，制定法の字面にあるのでなく，その精神にあるもので，制定法の起草者が除外した言葉を読み込むことにより，もしくは，内的な一貫性の欠落もしくは矛盾を同定することによって，それは，実現されるものである」⁵。

## 2　古来の国制論から統治する議会へ

コモン・ローにおける，歴史の援用という伝統的スタイルに格別の関心を抱いたポーコック（Pocock, J. A.）は，革命期においてその主張が最大限に利用されたサー・エドワード・クックと，彼に前後する思想にふれ，「この『古来の国制』ancient constitution という観念は，実際すぐれて優勢であったのであるが，それが究極的には慣習に依拠するものであるために，否，だからこそ，イングランド

---

3　Baker, J.H., The Law's Two Bodies;Some Evidential Problems in English Legal History, Oxford University Press, 2001, pp.2-3, and Preface the third university についてはさらに，pp.73 et seq.
4　Ibid., pp.33 et seq. における Lecture Two; Legal Fictions 参照。
5　Ibid., p.27.

の政治思想に旺盛な勢いで生き残っていた慣習という中世的観念を，コモン・ローの歴史的な思考が代表するようになったのである」と述べている[6]。ポーコックがいうように，そのような慣習に化体された法の根拠が「古来のもの」であるという以外に——神や自然などの超越的権威は別として——なんらの人為的権威を必要としなかったことが，市民革命前夜のコモン・ローが有した独特の権威の基礎であった。そこではまた，法の内容，つまりなによりもそれが誰のどのような利害を代表したものであるかなどの，法の「本質」にかかわる論議は意識されることがなく，慣習が永続する根拠と同様に，法の「古き」起源のみが問題とされるという際立つ特色が示されたのであった。

クックは，土地法に関するリトルトンの著作への注解書にあたるその『イングランド法綱要』（第Ⅰ部）で，コモン・ローは「臣民が彼の動産，土地および利得のみならず，彼の妻，子供たち，彼の身体，名誉，生命の保護および防御のために保有する最も良き，かつ最も共通の生得権（common birth-right）である」と書いた[7]。

「ピューリタン革命」期においてクックの主張は，チャールズ１世による『イングランド法綱要』の発行停止処分が長期議会によって解除されるに至り，俄然脚光を浴びることになった。その『綱要』第Ⅲ部の序言においてクックは次のように主張している。「コモン・ローの起源は記憶または記録を超えている〔古いものな〕のであって，ノルマンの征服王がイングランドの領域内に見出したものにほかならなかった」[8]。

この有名な発言は，コモン・ローの起源に対する「ノルマンの軛（Norman-Yoke）説」についてのクックの究極的な立場を明らかにしている。「ノルマンの軛」とは，アングロ・サクソン人に対しての征服者，ノルマンディ公ウイリアムとその側近の血統をひくとされる，当時の国王と大貴族等の支配層と，そのもとでつくられた法をどのように評価するかについての基準を意味していた。つまりクックは，こう述べることによって，ノルマン征服王朝によって押し付けられた軛であるのとは反対に，コモン・ローは，征服後の過程においてイングランドの人民が彼ら

---

6 Pocock, J. A., The Ancient Constitution and the Law. Cambridge, 1957 (rep. ed.1987), 〔Publisher; Cambridge Univ. Press〕, p.51. 以下の数行の叙述は，戒能『土地法のパラドックス』166頁以下と重なるところがある。

7 Coke, Sir E., The First Part of the Institutes of the Laws of England, or A Commentary upon Littleton, 1628 (F. Hargraves & C. Butler's 9th ed.1832), 142. a.

8 *Ibid*, Third Part of the Institute, Preface.

から奪回した諸自由（liberties）を表現したものであり，マグナ・カルタがその象徴であると立論することになるのである。「ピューリタン革命」の展開のなかで，レヴェラーズといわれる議会派軍内急進派を率いたジョン・リルバーン（John Lilburn; 1614?-1657）が，初期の段階でクックのマグナ・カルタに関するこうした言説と，その『イングランド法綱要』にいかに信を置いていたかについて，けれどもその後，彼がクックから訣別し，最終的にはコモン・ローの否定にまわることについては，クリストファー・ヒルの古典的研究が分析している通りであろう[9]。

ブラックストーンは，『釈義』第4巻第33章の「イングランドの生成，進歩と漸進的発展」を論じた箇所で次のように述べる。

「非常に完全な，かつよく組織された隷属のスキームから，われわれが現在享受しているような自由の状態へと，彼らと彼らの子孫を引き戻すことが，われわれの祖先たちの何代にもわたる仕事だったのである。したがってそれは，王位に対するただの侵害であるとか，国王大権を蹂躙することになるといったようなものではなく……，われわれの先人たるサクソン人たちから，ノルマン人がある部分はその政策と，ある部分は力によって，不当に奪いとった古来の国制を漸進的に復古させてきたのだと一般的に見なされるのである」[10]。

ブラックストーンが，クックと「切断」されるのは，名誉革命によってである。

内田力蔵は，イギリス人の権利ないし自由を，古来の慣習またはコモン・ローによって認められたものの再確認という形で主張されてきたイギリスの法律家の伝統的な考え方と，ブラックストーンの自然法説とが，「奇妙な符合」をしていると指摘する。けれどもこの伝統と新規の思想との間の符合や結合，または妥協は，ブラックストーンの手によって生み出されたものでない。それは，名誉革命のフォーミュラそのものである。内田は，このように指摘し，1689年の「権利章典」[11] とともに，名誉革命の精髄を示した1701年の「王位継承法」Act of Set-

---

9　Hill, C., Puritanism and Revolution, Chap.3, The Norman Yoke in Puritanism and Revolution, Chap.3, The Norman-Yoke（邦訳書，紀藤信義訳『ノルマンの軛』未来社，1960年70頁以下参照）．

10　Blackstone, *op.cit.*, Book IV, p.420.

11　The Bill of Rights, 1689; 1 Will. & Mar., Sess.2.c.2. ジェームズ2世の出奔後，1689年1月（グレゴリオ暦）に「国民協議会」（Convention Parliament）が召集，同年2月に権利宣言を起草，この承認を条件としてウィリアムとメアリを共同君主として迎え入れた。権利章典はこれが国会制定法として1689年12月16日に制定されたものである。この法律の田中英夫訳が，高木八尺・末延三次・宮沢俊義編『人権宣言集』岩波文庫，1957年，78

tlement自体が，この符合の結果を規定していると述べている。すなわち同法の第4条は，次のように規定している。

「またイングランドの法律(the laws of England)は，その人民の生得権(birth-right)であって，この領国の王位（throne of this Realm）にのぼるすべての国王および女王は，まさに前記の法にしたがい，同領国の統治を行わ(administer the government)なければならないものであり，また，かれの役人および事務遂行官（officers and ministers）は，まさに，それぞれ，右の法律にしたがい，かれに奉仕しなければならないものであるがゆえに，前記の聖職および俗界の貴族ならびに庶民は，それゆえに，さらに，国教会ならびに領国の人民の権利および自由を確保するためのこの領国のすべての法律および制定法，ならびに現に施行されている同領国のすべての他の法律および制定法（laws and statutes）が，追認され，また確保されるよう，つつしんで悃願する（humbly pray）ものである。そして右の諸法律は，聖職および俗界の貴族ならびに庶民の助言と同意によって国王陛下によって，かつ右のものの権威によって，よろしく追認され，また確認される（ratified and confirmed）ものである」[12]。

第3条に裁判官の身分保障を定めた有名な条文がある。

「……前記の［王位継承者の］限定が，前述のようにその効力を生じてから後は，裁判官への嘱任状（judges commissions）は，良好な行動をする限りについて発せられる（be made *quamdiu se bene gesserint*）ものとし，その俸給は，確定され（ascertained）規定のもの（established）とする。ただし，国会の両院の要請書にもとづいて（upon the address of both Houses of Parliament）裁判官を罷免する（remove）ことは合法的でありうるものとする」[13]。

注意すべきは，「権利章典」にも「王位継承法」にも，このような規定を行う権力・権威の正当化の弁証が見られないことである。古来の国制と自然法の「奇妙な結合」は，ブラックストーンにおいては，「どのようにして，これらの慣習と法格言（maxim）とは知られ，まただれによって，その効力は決定されたのであるか，というはなはだ自然で，また，重要な問題が，ここにおこる。答えは，各裁判所の裁判官たちによって，ということである。かれらは，法律の保管者

---

頁以下にある。

[12] 内田・前掲第2章注28に引用の『著作集　第3巻』「イギリス法における『個人的自由の権利』について」22頁以下参照。4条の邦訳もこれによる。

[13] The Act of Settlement, 1701; 12 & 13 Will.3, c.2. 内田・前掲『著作集　第4巻』「イギリスにおける裁判官の身分保障について」292頁の邦訳を参照した。

(depositaries of law) であり,生きた託宣者 (living oracles) であって,疑いがあるすべてのばあいに決定をしなければならないのであり,かつ,宣誓によって,国土の法にしたがって決定をなす義務をおっているのである」とされ,裁判官による連綿たる判断の集積――「年書」Year Books から始まり判例集へ――が,こうした連続的な法を担保したのだとする。内田は,これに加え,教会組織や都市のギルドの影響を受けて形成された法律専門職の自治的団体が,この裁判官集団を支えていたと付け加えている[14]。

内田が言うように,裁判官のすべてが高潔な存在であったわけではない。しかし,残虐で死刑宣告を乱発した首席裁判官であり,大法官にもなった Baron Jeffreys of Wem (1648-1689) のような裁判官がいた一方,ジェームズ1世と対決したサー・エドワード・クック,「ピューリタン革命」期から王政復古の激動時代にコモン・ローを担ったサー・マッシュ・ヘイル (Sir Mathew Hale),王座裁判所の首席裁判官を 1756-1788 年の 30 年余もつとめた,サー・ジョン・ホルト (Sir John Holt),Foss の Judges of England という裁判官の伝記集で「かれにおよぶものなし」と絶賛された William Murray すなわち Lord Mansfield というような名裁判官が,それぞれの時代を支えたことは否定できないのである。内田は,イギリス市民革命は国会主権原理を確立したが,国会の構成は非民主的であり,国会主権といっても制定法のカバーする領域は限られており,国会主権原理の内実は,「司法的立法」judicial legislation が決めていたと言っている。実際,マンスフィールド卿のように,貴族院等を通じ政治に関与し,市民革命の目的を具体化する方向において,司法的に商事立法をやり遂げ,商慣習法 (law Merchant) のコモン・ローへの吸収のみならず,イギリス憲法改革に相当する事業をさえ行った裁判官がいたことは,コモン・ローへの民衆の信頼を高める上に,貴重であった[15]。

17世紀の憲法史を書いた安藤高行が述べたように,「古来の国制」論の旗手,クックは,1627年(グレゴリオ暦では 1628 年)の「権利の請願」The Petition of Right[16] の起草過程で「主権」Sovereign Power という概念を用いて「請願」が受

---

14 Blackstone, *op.cit.supra* note 1, Commentaries, Book1.at 69; 内田・前掲注 12「身分保障」論文 33 頁。
15 内田力蔵「イギリスの判事たち」『著作集 第4巻』36 頁以下。
16 Petition of Right は,国王チャールズ1世が臣民の自由と権利を保障する古来の諸法律,すなわち,「古来の憲法」の再確認法を認めないため,クックの発案で「請願」という形式がとられた。両院の一致した要求に国王は抗しきれずこの「請願」に対し,「希望されたとおりになさるべし」Soit droit fait comme il est désiré との「慣例の方式での勅答が与えられた」,田中英夫訳参照。前掲『人権宣言集』55-62 頁。

諾されても国王の「主権」には影響が及ばぬと言う文言を入れて国王と妥協しようとした提案を拒否した。こうした「主権」論は，クックにとっては，法を超越する権力を承認することを意味するに他ならなかったからである[17]。

しかし，クック理論では，王権が私権事項を超えて，何らかの「公権事項」を担うべきとされるとき，これを法の枠内に包摂する理論に難渋することになる。したがってクックは，従来から国王の固有の大権事項としてコモン・ローが許容してきたことを根拠に，宗教，貨幣鋳造，国会の召集・解散，外交，宣戦布告や和睦のような事項を国王の権限に帰属することを認める。クックの著名な功績として知られる「初期独占」規制についても，国王の特許状を通じた「営業制限」特権の付与を「臣民の古来の自由」の侵害として違法としたのであって，中世的自由の形式にブルジョワ的自由の内容を「潜入」させるという伝統的制度論，古来の国制に通じる「自由」観に通じる点があったのである[18]。

この問題，すなわち，「私権事項」と「公権事項」の問題が「頂点」的な争点になったのが，「ピューリタン革命」前夜の庶民院の王権への直截な挑戦によってであった。当時，船舶税他の国王による課税の問題をめぐっておきた一連の事件[19]で，議会の同意を経ていない船舶税の支払いを拒否して逮捕されたハムデンの弁護に立ったヘンリー・パーカー（Henry Parker）は，船舶税を付加する権限があるというチャールズ１世側の法律家の主張を一蹴し，国王大権は総体として人民の便益のためにあり，国王の役目は公共善（common good）の道具たることにある。船舶税は国王に私的利益を与えており，これは災いである。これに対して国家たる人民は防衛しなければならない。国王大権は国家に利益を与えるべきものであり，したがって国家総体は国王に優先する。このように，パーカーは，人民と国家を国王の対極に置き，国家はすなわち人民であり，「議会のなかの王」

---

17　安藤高行『17世紀イギリス憲法史』法律文化社，1993年，8-9頁参照。

18　同上，6-10頁参照。クック自身もそうであるが，古代の国制論は王権やその派生としての国王大権自体の否定を含意しない。この点で古代の国制論は，1660年の王政復古の最大の貢献者である。この点および，ポーコックの古代の国制論の意義付けについて，山本陽一『立憲主義の法思想』成文堂，2010年，56-58頁参照。

19　1606年のベイツ事件（Bates's Case,（1606）2 St.Tr.371 cited in D.L.Keir & F.H.Lawson, Cases in Constitutional Law, Oxford Univ.Press, 1948, pp.36 et seq これは，ジェームズ一世の従ポンド税（poundage）に加えた関税の徴収を貿易商のJohn Batesが支払い拒絶した事件，この事件はしばしばBateの事件と引用される（この点，内田・前掲注13の『著作集　第4巻』338頁。この問題については，249頁の第5章5注41を参照されたい）。the Case of the Five Knights, 1627 そしてこのR.v.Hampden（the Case of Ship-Money），(1637) 3 St.Tr.825 cited in Keir & Lawson, pp.39 et seq.

ではなく,「議会のなかの国家」にそれが置き換えられるべきとした。議会は「民の声」vox populi であり, 人民は議会を通じてその権力を行使する。

　これは, Sir John Fortesque (1385?-1479?) の『イングランド法礼讃』De Laudibus Legum Angliae 以来定式化されてきたイングランドの王権の2つの支配領域, すなわち「政治的」と「王権的」部分の区分 dominium politicum et regale を援用する論理であった。船舶税は,「必要と公的福利」のためであるとすれば, それを判定するのは国王でなく議会であるべきとした。このため, 議会は, 王の政治的支配に同意を付与する機関でなく, 議会自体が立法府と裁判所 (High Court of Parliament) であるほかに, 執行府でもあることになる。これは, フォーテスキュウの「制限王政」, あるいは, 君主制・貴族制・民主制の「混合政体」というその後の伝統的理論を崩すかに見えた。しかし, パーカーは,「単独の王」に対し議会の優越を説き,「臣民」を王権の支配の受動的対象でないと説いたが, 国王の議会における存在を否定したのではなかった。しかし, 1640年の短期議会がわずか1ヶ月で解散されたあと, 1640年11月に召集された国会は, 船舶税をめぐる裁判の批判の場となり, 1641年の Straford 伯に対する私権剥奪法 (the Act for the Attaider of the Earl of Straford), さらに民兵徴集について国会の両院は国王不在のまま「王権的権力」の固有事項とされた民兵徴集の「緊急にして不可欠の必要」の判断権を行使する権限を定める1641年の「民兵条令」(the Militia Ordinance) を発布するに至った。両院は「大顧問会議」という資格において国王を排除した「偽装された共和制」への移行を実現した。パーカーの指導が大きいが, これは議会による国王の「王権的権力」の簒奪に他ならず, 人民主権の基礎を持たない議会主権＝独裁を意味したのである[20]。

---

[20] 以上について, 酒井重喜『混合王政と租税国家——近代イギリス財政史研究』弘文堂, 1997年, 第4章, 273頁以下を参照した。なお, 船舶税事件では, マグナ・カルタに代表される用法の lex terrae すなわち law of the land (国土の法) と, law of state (国法) とコモン・ローの関係について興味深い「対立」が議論されている。酒井・同書. 348頁注17参照。「王権的権力」の独自性をいう者は, コモン・ローを狭く解し,「政治的権力」の主張者はコモン・ローを包括的な概念と捉える。law of state は, コモン・ローと別個のもので, 自然的衡平の観点からはそれに優越すると説く者もいた。「国土の法」とは, 国王とバロンの土地の給付関係を頂点とした全土の封建化, すなわち封建的土地保有関係を基底とするコモン・ローの形成の特質に着目した訳語であり, コモン・ローの土地法基底的な性格を表現するためであり,「国法」とは同じニュアンスにはならない。なお, Entick v. Carrington, (1758) 19 St. Tr. 1030 in Keir & Lawson, p. 153 の Lord Camden は。船舶税事件の上級法廷弁護士 Serjeant の Asley が, コモン・ローと区別される law of state が存在するとしたことに言及し, コモン・ローは state かそれに関係する state offences のような観

このようにして,「ピューリタン革命」の前夜の国王と議会の熾烈な闘争の幕が降りる。そして周知のように,ヒルに代表されるこの革命の解釈は,歴史学において完全に否定されたと言われる。果たしてそうであろうか。この検討は,歴史における事実とは何か,それを法律学から見てどのように「解釈」するかの問題に関係する。歴史学の流動的な状況にそのまま翻弄されるのでは,法の歴史理論は書けない。

### 3　いわゆる「修正・批判」学派の歴史観の生成

「ピューリタン革命」前夜の状況までを論じたが,これ以降について論じるためには,「ピューリタン革命」をどのように捉えるかをめぐって始まったと言ってもいい,歴史学における「修正・批判」学派の台頭を論じることが必要になる[21]。そこで,やや視角をかえて,わが国の歴史学界にも大きな影響を及ぼしているこの学派——といっても一義的なものではないが——の「歴史観」を見ておくことにしたい。もとより膨大な研究を対象にしなければならないが,本稿の主題に関わる限りで考察することにする。

---

　念は知らないとして,「国家の必要」state necessity というような観念を否定していることが注目される。なお, Ullmann, W., The Individual and Society in the Middle Ages, 1966（邦訳書, 鈴木利章訳「中世における個人と社会」ミネルヴァ書房, 1970 年, 126 頁）は, マグナカルタ 39 条の *lex terrae* は, 国王が自分自身の意思で発布した国王の法でなく, 土地に生まれ育った封建制度に根を下ろしたものであり, 成文の規則や不文律の慣習や了解を含むものであるが, その基本部分は国王とバロン（直属領主）層に共通の法を意味したとする。

21　「修正主義」とは多義的であいまいであるが,イギリス史にそくすると, 1960 年代から 70 年代にかけてウィッグ史観やマルクス主義史学に対する批判として登場した社会経済的な歴史解釈を批判する潮流を言う（もっとも明解で包括的な「修正主義」の研究として, 岩井淳・指昭博編『イギリス史の新潮流——修正主義の近世史』彩流社, 2000 年がある）。しかし,わが国では, 戦後歴史学の問題意識を規定した, イギリス的「近代化」とその鍵を握る「中産的生産者層」に着目した「大塚史学」への批判（再検討）が焦点となったこともあって,イギリス的「近代化」モデルの否定と書き換えに重点が置かれ,イギリス史における「正統派」批判の中心となった近世史,そして革命期についてのイギリス史学の「修正主義」学派の研究の摂取という関心は稀薄化しているように思われる。私は, このことも意識しつつ,「ピューリタン革命」と「名誉革命」の関係を含む革命期の歴史的位置づけ, とりわけそこでの法の変革の意義や, 革命期以降, とりわけアメリカ革命と併行するイギリスにおける急進主義の問題に重点を置いて,「イギリス憲法の実像」を論じてきたが, 以下ではこうした問題意識から多様な「修正主義」の主張を整理しておきたい。ただし, わが国では大塚史学に当初から批判的であった越智武臣に代表される「批判学派」が, イギリスの「修正主義」を先取りするように並行して存在していることから,「修正主義」なる"レッテル"は避け,「修正・批判学派」というタームを用いることにしたい。

## 第3章 憲法史における連続と断絶

　杉原泰雄・樋口陽一編『論争憲法学』(日本評論社刊, 1994年) に掲載された辻村みよ子の「フランス革命200周年を顧みて——『講座・革命と法』を中心に」は, 副題が示すように, フランス人権宣言200周年を記念して出版された, 長谷川正安・藤田勇・渡辺洋三編の『講座・革命と法』全3巻の書評的な意味を持つ問題提起的な論文である (同書304-314頁)。辻村はこの論文の冒頭で, 1989年7月のパリで開催されたフランス革命200周年記念の大国際会議『革命のイメージ』について言及している。そこでは, G・ルフェーブルからA・ソブールを経たソルボンヌの革命史講座の「正統派」後継者であるM・ヴォヴェルが主宰するこの会議に, 「修正主義派」の代表格のF・フュレ (Furet) が欠席し, フランス歴史学界の亀裂が示される一方, 会議自体は成功であったことが紹介されている。小田中直樹によれば, フュレは, フランスにおける「修正・批判学派」の統帥であるが, その所説の特徴は, 「ジャコバン史学」に対して革命による断絶を否定し, 啓蒙主義による連続性の担保を強調するところにある。すなわち, ブルジョワ革命は存在せず, 「啓蒙思想による革命」だとする。そして, 貴族とブルジョワジーの融合が可能にされた要因として, 経済的利害ではなく啓蒙思想を重視する。言い換えれば, 特権ではなく財産の支配を主張する啓蒙主義を受容し, 社会的譲歩の必要性を認識した一部の自由主義的な貴族が, 自由主義派のブルジョワジーと同盟し, 新しいエリートを構成したとする。こうして革命期の断絶は否定され, 19世紀前半のフランスを支配する自由主義への流れまでが連続的に捉えられる[22]。

　フランスにおける理論的な対抗状況がイギリスでも見られるとする辻村は, ブルジョワ革命の本質論や, 革命史研究の方法論が全く言及されない「市民革命と法」の巻に「もどかしい思いを禁じ得ない」と批判している。注意すべきは, 辻村が, 「イングランド革命と法」を論じた2つの論文 (長谷川正安と私の論文) が, 法律家を中心に論じていることに, フランス革命についての「修正主義」のエリート革命論の受容という意識があり, ブルジョワ革命論の一定の修正の意図があったのかを問うていることである (同書308頁)。

　同書には, この辻村の批判へのリプライという形での故長谷川正安の小論が掲載されている。ただし, 長谷川は, 革命史研究の主流をなしてきたマルクス主義が正面から批判されたり, 修正されようとしている学界状況に対して, 「あいも変わらぬマルクス主義の立場」に立っていることへの「若い研究者の感じるもどかしさ」を, 辻村の批判はよくあらわしていると述べ (同書317頁), 辻村の批判

---

22 　馬場哲・小野塚知二編『西洋経済史学』東京大学出版会, 2001年 (以下, 『史学』として引用) に所収の市民革命 (フランス) についての小田中直樹論文82-83頁参照。

を全面的に受け入れている。法という社会現象が，イギリスとフランスの市民革命を比較しただけでも特殊性が強いとする指摘や，法学者にとって革命史を学ぶ意義は，歴史家のものとは違うという重要な指摘があるが（同書318-319頁），それ以上の展開はなく，辻村が期待したと思われる長谷川との「論争」は，長谷川の逝去によって永久に生じないで終わってしまった。

1992年5月の日本西洋史学会第42大会をベースに，遅塚忠躬・近藤和彦編『過ぎ去ろうとしない近代──ヨーロッパ再考』（山川出版社，1993年，以下『再考』として引用）が刊行されている。この書物の「巻頭論文」は，大塚史学の批判者で，もっとも積極的にイギリス近代史の「書き換え」をすすめている川北稔の「イギリス近代史の内と外──帝国の社会史」である。川北は，戦後史学の総括を意味したものとして1971年11月に開催された史学会大会・西洋史部会をあげ，この学会をベースにまとめられた柴田三千雄・松浦高嶺編『近代イギリス史の再検討』（御茶の水書房，1972年，以下『再検討』として引用）に言及している。

川北によれば，『再検討』の段階で，市民革命＝ブルジョワ革命論の破産は決定的になり，産業革命以降に関心が移動したが，これも，「近代化」の画期を1世紀ずらしただけで，「イギリス市民革命」論につきまとった陳腐さは消し去れるものではなかった，とされる。さらに，産業ブルジョワジーによって創出された「近代社会」，それを生み出した画期とされる「市民革命」と「産業革命」ないし「工業化」というようなものは，イギリスには存在しなかったのであり，そこにあるのは，ジェントルマン的価値観の一貫性と，土地所有に基礎をおく地主ジェントルマンからシティに基盤をおく証券（ストック）ジェントルマンへのヘゲモニーの移動だけであると断定する。かくて，「産業革命のふるさと」には，産業資本主義という歴史段階はなくなったのである！（同書17頁）。産業資本主義段階の実在を否定すれば，「サッチャーリズム」すなわち，20世紀の「ブルジョワ革命」の説明は容易になるが，そこまでの歴史過程はすべて書き換えを要することになり，膨大な作業が待つことになる。川北は，その「突破口」を，「一国史観」を捨てた世界システム論に求めるか，それを取らないとすれば，ケインとホプキンスの「ジェントルマン資本主義論」，それに即した「帝国主義」論，ないし「大英帝国論」に求める以外ないが，これとても，「経済的利害」を偏重しすぎていて全面的に支持できないと述べる[23]。

---

23　川北「イギリス近代史の内と外──帝国の社会史へ」（本文に言及した，『過ぎ去ろうとしない近代』16-18頁参照）。また，Cain, P.J. & A.G.Hopkins, British Imperialism: Innovation and Expansion 1688-1914, 1993（邦訳書，竹内幸雄，秋田茂訳『ジェントルマン資本

川北は，このように「近代化」のモデルとしてのイギリス近代史を否定するが，イギリスにおいてヘゲモニーを取っていた社会層を重視するほど，一国史的観点が限界を露呈し，イギリスの対外的プレゼンスを捉えるための内在的な要因への視点＝「ジェントルマン帝国」の有効性を説くことになる。この一種の「堂々巡り」は，「ジェントルマン」の「実態」と歴史の方法とが，どのように接合しているのかが分明でないことから生じているように思える。論旨の明快さ──そして『再考』で他の論者がこれを「賞賛」しているのであるが──のために「省略」されたと思われる「前提」問題が多く，これだけで川北の理論を論じるのは問題がありそうだと留保しておきたい。

　「ジェントルマン」なる概念について，本稿でも断片的に言及してきたが，以下で詳述したい。

　松浦高嶺は，かつて，「実態的」概念と「整序的」概念という問題提起を行っていた。彼は，身分・階層という「実態的」範疇（real category）と，「階級」という「整序的」範疇（theoretical category）を区別する。この区別の理由は，「前工業化社会」においては，「ジェントリ」「ヨーマン」に代表されるような「身分」ないし「階層」範疇によってこそ，社会が「実態的」に把握できるのであって，封建領主と農奴，資本家と地主と賃労働者という「階級」範疇の適用では有効でない。ましてや「ブルジョワ的ジェントリ」のような両者の混同は避けられるべきというイギリスの国制史学者のエルトン（Sir Geoffrey Rudolph Elton：1921-1994）に倣うものとひとまず言える。エルトンは，後述のトーニーとトレヴァー＝ローパー（Hugh Trevor-Roper：1914-2003）の間の「ジェントリ論争」を意識しており，「マルクス主義の人為的創作物」とする「階級」範疇の「氾濫」によって難渋している14世紀初頭から工業的・都市的社会が興隆した19世紀なかば以降の「自由主義国家」までの歴史を「救出」する。そのために，階級ではなく「ステータス」，あるいは「位階」（ディグリ）に属する「階層」概念で，この時期を捉えることを主張したのであった。しかし，松浦は，このエルトン流の「実態」範疇の主張は，「階級」という「整序」範疇の主張のような，現状否定的・革新的社会観を基盤としておらず，概ね現状肯定的・保守的社会観に立脚するとする。そして，バターフィールドによってウィッグ史観と批判された潮流のように，この身分＝階層範疇を極度に重視する歴史学者の方が，無意識の前提として，今日の「新社会層」の登場を読み込んでいるのではないかと言うのである。言うまでもなく，

主義の帝国I』名古屋大学出版会，1997年）and British Imperialism; Crisis and Deconstruction 1914-1990, 1993 (London, Longman)（邦訳書，木畑洋一・旦祐介訳『同II』参照）．

階級社会止揚という歴史観である。しかし，現実には，管理中枢機関からの距離，学歴，所得，威信が重視され，生産手段の所有という指標においては「無階級社会」的現象を呈しつつ，新たに ins と outs，エリートと大衆とのハイエラーキー秩序が形成された。こういった現代社会像の過去への投影として，「ジェントリの時代」像を受け止め，批判するという視角が，身分＝階層範疇の学派には稀薄であるとするのである。

　松浦の以上の整理は，市民革命＝ブルジョワ革命とするイギリスのマルクス主義歴史学が克服ないしは清算されたという前提でのものであるが，ブルジョワに代えて「ジェントリ」が実態範疇として導入されただけの，「俗流」修正学派の視点とは同じではない。松浦は，歴史学が本来の歴史学であるためには，実態的現象概念と，整序的概念との間に絶えず緊張関係が維持され，その緊張の極限状態のなかで，生きた現実から理論的再構成へ，そして再び生きた現実へと絶え間なく往復運動を繰り返していくべきではないか。この往復運動が失われたとき，歴史学，ことにわが国のイギリス史学は，没理論的な，しかも二番煎じの「実証史学」に転落，あるいは経済学の一分枝としての経済史学へ転化してしまうと言うのである。近代化＝西欧化のあるべき典型的なモデルとされてきたイギリス近代の再構成論に，この認識をどう表現するのか。松浦は，近代化→近代→現代という時間的経過の全過程を含むものとして辿りながら，「近代」の構造的＝原理的な矛盾を止揚せんとする「現代」の時点から過去を「再発見」することに課題があると言う。要するに，「あるべき近代の典型」から「あった近代化→近代の一事例」へと「近代イギリス像の変転」をはかるのであるが，その背後でつねに，近代イギリスそのものを「再発見」するということに，「修正主義歴史学」（松浦をそのように位置づけてよければ）の「イギリス史の再検討」の意図があるとするのである[24]。しかしここでも，川北について言ったように，「再発見」は，所詮，「発見」の連続であり，それによる，「整序」範疇の再構成の絶え間ない繰り返しであって，議論は堂々巡りである。結局，何によって歴史学は固有の存在を主張でき，その核心的な「整序」範疇は何かが分からないのである。おそらくそうした「絶対存在」を夢想すること自体が，川北や松浦にとって拒絶の対象なのであろう。

　「過ぎ去ろうとしない近代」という意味深長な副題について，編者の１人である遅塚忠躬は，これには３つの意味があるという。第１は，ヨーロッパ近代社会

---

[24] 松浦高嶺「イギリス近代史における『実態的』概念と『整序的』概念」（同著『イギリス近代史論集』山川出版社，2005 年，236-254 頁参照）。

についての理念型的概念規定と実態との乖離の修正である。これは近代史像の再構成として繰り返し行われてきたことであるが，そういう繰り返し自体が，西欧近代が依然として大きな意味を持って「過ぎ去ろうとしない」ことを表現する。第2に，近代に特有の価値観の普遍性ということである。この価値観をモダニティと呼ぶとすれば，そういう普遍的な価値観は，経済のダイナムズム，アメニティ，個人の基本的人権といったものである。それらは，ヨーロッパ近代社会に通底するものであり，そうであるとすればそういった普遍性は，ヨーロッパ以外の地域にも通用するのか。この普遍性と，文化の多元性とは，いかなる関係にあるのか。こうした問題を呼び起こすという含意が，モダニティにはある。第3は，日本の近代との比較である。ヨーロッパ近代との比較において日本のそれを語ってきたことの意味の再検討であり，西欧との比較のみで足るのかという含意がある。この「伝統派」の歴史観を継承すると思われる遅塚の整理に対し，同じ編者ではあるが，「伝統派」批判の急先鋒，近藤和彦が，リベラルな教養主義に支えられているが，フランス革命の基底の研究から政治・国家を照射する「経世済民学」の根幹に据えられた社会経済史学，大塚＝高橋史学の衣鉢をつぐものであって，過ぎ去るべきして過ぎ去らない近代歴史学を体現する言説に他ならず，ハイドンを分析する手法でドビュシーを語ろうとするような無理があると切り捨てている（以上，前掲『再考』6-8頁，205-206頁）。

　この歴史学会の亀裂を鮮明にした感のあるシンポに，高橋幸八郎門下で，かつアナール学派の紹介者としても高名な二宮宏之が，「他者としての近代」という論文を寄せている。二宮は，近代世界なるものが全体として大きな転換点に立っているとき，日本の近代との比較のために徹底的に異質性が強調され「純粋培養型」となったヨーロッパ近代の歴史像の有効性が失われても当然であって，動揺する必要はないと言う。そこで日本と西欧という二項対立からいったん離れて，ヨーロッパの経験を内側から見るという視点に立つなら，理念型に収斂する必要はなくなる。すなわち西欧近代への全的コミットメントをいったんやめ，「他者として」対面してはどうかと提案する。その上で，川北等が，近代化の典型としてのイギリスという古典的イメージを，ヘゲモニーを取った社会層の出現，世界システム的観点からジェントルマン帝国として捉え直したこと，こうして，一国史的な歴史を克服し，多様性の視点を導入したのは重要である，と評価する。しかし，歴史においてはある種のイメージが，それがいかにフィクションであったとしても，実態とそのまま受け取られることがある。川北が否定する「工業化」が，たとえば同時代のフランスにイギリスの「先進性」というイメージと「脅威」と

して，意識され，のしかかっていったという事実は，否定しようもなかったのではないか。実態概念と整序概念という区別も，実際は意味がない。たとえば「ジェントルマン資本主義」がより実態的な概念だと主張されても，それ自体が歴史を規定している整序概念であることに変わりはなく，したがって「あるがままのイギリス」を捉えたつもりになっていても，歴史とはただの実証をやることだという素朴な実証主義歴史学に戻ってしまっていないか。こういう点に，つねに注意するのが歴史学者の使命ではないかとも付け加えている。これは，修正・批判学派の実態概念による歴史の「書き換え」，伝統的な歴史観のそれによる融解現象への，強烈な批判と警鐘を意味する指摘であろう（『再考』83-86 頁）。

遅塚は，この二宮の発言も踏まえつつ，「近代」という概念について，討論のなかで注目すべき問題を提起している。

近代は，時代区分であるには違いないが，一つの「構造」と捉えるべきだと言うのである。すなわち，様々な概念によって編成される構造であり，その構成要素の変化は一様ではない。そのため近代の始まりと終わりは一義的に決まらないのである。

近代を構成する諸概念（構成要素）は，次の5つである。第1は，市民社会である。近代以前の社会は，中間団体による社団的な編成であったが，近代では，これが一掃され，アトム的市民たちが相互に取り結ぶ関係およびその市民たちと国家との間に取り結ばれる関係の総体としての社会が出現する。それが，市民社会である。国家と裸で対峙する市民たちは，基本的人権の尊重によって保護される以外ない。第2は，資本主義経済である。これを，古代にも中世にもあった非歴史的概念である市場経済と言い換えることは，適切ではない。第3は，市民的政治文化，広義のデモクラシーであり，市民的公共，統治，行政との関係を指す。第4は，国民国家である。国民経済に照応する国家権力の編成を国民国家というが，フランスの場合，革命以降の国家がそれである。第5は，資本主義的世界体制である。世界の工場たるイギリスを頂点として，その下に国民経済と国民国家を形成しえた諸国を置き，底辺に植民地や従属地域を配置したピラミッド型の構成をもつのである。

こういう構造を持つ近代が，長期的に持続したのであり，時代区分ともなったのであるが，その開始の主要な指標の一つは，17 世紀イギリス革命である。この近代という構造が，植民地や従属地域をかかえこみ，それらの動きによって変動する。第一次大戦以降にこのことによって，ピラミッドの構成が崩れ，諸構成要素は 4, 3, 2, 1 の逆順番で変化し，近代と異質の構造がもたらされた（『再考』

136-139 頁)。近藤は，これに対し，「積み木工作のように組み立てられた機械論」と酷評する（同書 205 頁）。

### 4 「修正・批判」学派への応答

藤田勇は，『マルクス主義法理論の方法的基礎』（日本評論社，2010 年，以下，藤田『基礎』として引用）において，「古典的ブルジョワ革命」の節をおこし，フランス大革命解釈についての「古典学派」と「修正主義」理論の対抗関係について言及している。そして，藤田自身が編者の 1 人であった『マルクス主義法学講座』（全 8 巻，日本評論社刊，1976-1980 年）が，50 年代半ばからとくに 1960 年代になって英米仏諸国に見られた修正主義の挑戦を十分自覚していなかったとし，先の辻村の問題提起にも応答しようとしている。すなわち，修正主義が問題にしているのは，「古典学派」におけるフランス革命のマルクス主義的な社会経済史的分析方法そのものであり，革命の「社会的解釈」としてこれを「ブルジョワ革命」と規定すること自体の可否にあったと正面から受け止め，本格的な反論を行っている。これは，「ブルジョワ」と言われるものの身分的多様性および社会経済的多様性に言及して，「修正主義」の批判の根拠を一定程度受け入れた見解であるが，新たな政治的・法的枠組みが革命によって切り拓かれたことによって，資本家が支配階級となる歴史的コースが設定されたという認識を示し，ブルジョワ革命論の基本的言説を維持したものと言える（藤田『基礎理論』120-122 頁参照）。このような言説は，後述のように，イングランド革命をブルジョワ革命と規定して一時通説的な位置を占めたクリストファー・ヒルが，「修正主義」の包囲網のなかで，反批判としてのべたことと通底する。そして，「近代市民社会＝ブルジョワ社会」の歴史的形成は，「英・仏・独に限定してもその相貌を異にし，これらを含むヨーロッパ地域の歴史的変動の中に，それぞれの歴史段階に応じる相互規定関係の中にある」が，この差異を「早期のブルジョワ革命」「典型的なブルジョワ革命」「おくれて未完成に終わったブルジョワ革命」という「常識的な規定にしたが」って分析していく，というように，藤田は，その基本的な立場を譲っていない（『基礎』132 頁）。

歴史学の理論状況と，法学の一定の応接の関係とは別に，「西欧近代」の「普遍性」の擁護にコミットしつつ，人権と主権の関係における人権の優位という主張を理論的な基礎とし，非西欧たる日本に西欧的立憲主義を根づかそうと志向する憲法学者の樋口陽一の存在が際立っている。樋口の議論は柔軟であり，フランス革命＝ブルジョワ革命論の西欧経済史の古典的学説の段階にとどまっていない

が，樋口「比較憲法」学の方法論の全体にもかかわってくると思われるだけに，歴史学の「修正主義」との対抗は，当然，回避できないことになろう。その点でも，規範創造的自由の主体としての「市民」 citoyen による公序構築を展望することによって，西欧経済史学への依拠から「脱却」しつつあるように思われることが，私の主題に関わって重要になってくる。

樋口の議論のもっとも論争的な部分は，大塚＝高橋史学の「封建制から資本主義への移行過程」における「ブルジョワ革命論」を基礎としつつ，個人と主権の二極的な緊張関係を徹底的に突き詰めた個々の人間すなわち homme と，主権主体としての市民すなわち citoyen との二律的構造を，歴史的な実体を持って描いているのかという点であろう。樋口は，丸山眞男を引用しつつ，「個人は国家を媒介としてのみ具体的定立をえつつ，しかも絶えず国家に対して否定的独立を保持する関係に立たねばならぬ。しかもそうした関係は市民社会の制約を受けている国家構造からは到底生じ得ないのである」と，この論を進めた。この言説は，丸山が，ファシズム国家観に対して「個人主義的国家観」を擁護するために説いた「弁証主義的全体主義」の言説であり，「公共性」の名の下に homme の権利が蹂躙されかねない論理を内包する。それにもかかわらず樋口は，中間諸団体から人権主体としての個人を力ずくで解放し，私的空間が確保されたことに市民革命の意義を見出し，その空間における公共性を担う主体として，市民＝ citoyen の権利を位置づけるのである[25]。

現代の多文化主義と差異論および「人欲の解放としての自由への先祖返り」に対しての「共和国の論理」の対置，すなわち先の「規範創造的自由」は，このよ

---

[25] 樋口のこの関連の論文等は，数回にわたる早稲田大学比較法研究所および G-COE の企業法制と法創造研究所（上村達男所長）企画として行われた講演等で連続企画的な形になっている。この部分は，樋口「西欧近代の『普遍性』の射程——改めて『戦後民主主義』討議の中から」と，これに対する楜澤能生と中島徹のコメント，とくに楜澤コメント 168-171 頁参照（早稲田大学比較法研究所編『日本法の国際的文脈——西欧・アジアとの連鎖（叢書 32）』成文堂，2005 年）。これに続き，樋口・笹倉秀夫・石川健治「自由概念の比較史とその現代的位相」（同研究所編『比較法と法律学——新世紀を展望して（叢書 37）』成文堂，2010 年），樋口「比較における『段階』と『型』——加藤周一『雑種文化』論から何を読みとるか」（石田眞・上村達男・戒能編『法創造の比較法学——先端的課題への挑戦』日本評論社，2010 年）。末尾の論文に対する高橋雅人のコメント「雑種的コンスティチューショナリズム」等へのコメントを含む，樋口「『洋学紳士』と『雑種文化論』の間——再び・憲法論にとっての加藤周一『思想』2011 年 6 月号がある。また樋口『憲法という作為——『人』と『市民』の連関と緊張』岩波書店，2009 年，20 頁以下は，上記の「西欧近代の『普遍性』」論文とそれへの楜澤・中島コメントへのリプライともなっている。

うにしてフランス革命の論理の延長として，すぐれて現代的な課題の結節点の一つになる。

　西欧経済史学の側でも，真摯な取組がなされている。上記の『再考』はその一つであるが，前掲の馬場哲・小野塚知二編『西洋経済史学』が重要である。「封建制から資本主義への移行過程」論から徐々に産業革命期，帝国主義期，両大戦間期，さらに戦時期，戦後改革期まで射程を拡げた西洋経済史学の起点にあったいわゆる「大塚史学」を現時点においてどのように受け止めるべきかという問題意識で，同書は書かれている。そして，「大塚史学」に対し，これを「戯画化したり過去のものとして」葬り去って内在的な検討をしようともしない風潮とは一線を画すると宣言する。後述のように，イギリス革命の不存在は論者によってその根拠が様々であるが，わが国においては，資本主義形成の推進力となった中産的生産者層と禁欲的プロテスタンティズムおよび資本主義の精神の関連という経済史的側面と文化史的側面を関連させる大塚の方法の影響が強く，イギリス革命は「ピューリタン革命」とされ，ブルジョワ革命であることとの関連性が問題となるという「特色」があった。

　同書は，大塚久雄の『近代欧州経済史序説』（岩波書店，初版は1944年）が，16世紀半ばのイギリスにおける資本主義形成の基本線を「農村の織元」対「都市の織元」の対抗として捉え，この対抗がアングリカン対ピューリタン，国王派対議会派の宗教的・政治的対立と絡み合いながら展開したとして，ピューリタン革命を「展望」したこと，そしてこの革命を「農村の織元」＝中産者的生産者層の近代的両極分解の起点としたことを，まず指摘する。大塚自身は革命期研究自体を行っていたわけではない。また，フランス革命と異なってイギリス革命については，封建的土地所有の廃棄というような明確な法制的な変革が見られなかったこと，そのため，革命の過程で現れるジェントリ層などの社会層の規定をめぐっては当初から不明瞭であったことが，その後の論争の伏線となったと示唆している（同書60-61頁）。

　大塚の著名な「中産的生産者の両極分解論」の主張は，基本的には「封建制から資本制」への移行について，1950年代以降に展開したMaurice Dobb（Studies in the Development of Capitalism. London, 1946）とP.M.Sweezyの間での「移行論争」の先取りであり，この後，高橋幸八郎がこの「国際論争」に参加したことからも，大塚＝高橋理論の原点として大塚の『序説』は，重要な位置を占めた[26]。

---

26　市民革命をめぐる論争の起点は，*Science and Society* 誌上でたたかわされた「移行論争」であるが，実はこの論争は，1952年に創刊された *Past & Present* 誌上で展開された「17

いまひとつ重要なのは,「ピューリタン革命」は何故にピューリタンの革命であるとされたのかである。大塚のピューリタニズムの世俗内的禁欲と資本主義的営利追求の結合という「エートス」論の批判的＝「社会経済史的」検討が重視されつつある。これも「大塚理論」の「遺産」というべきかもしれない[27]。

次いで重要なのは,前述のように,法的変革という指標である。「修正・批判学派」がこれに言及する例を知らない。しかし,私は,イギリス市民革命による封建的土地保有の廃棄を,クリストファー・ヒルにしたがって「上向的（上昇的）廃棄」にすぎないものとした。具体的には「自由土地保有権」freehold の私的土地所有権化と対照的な「謄本保有権」copyhold の「封建的土地保有体系」への固定化であり,1660年の王政復古に際して制定された「騎士的土地保有等廃止法」(Tenure Abolition Act, 1660; 12 Car.2.C.24) が,革命の「挫折」にもかかわらずこのフォーミュラを固定したことを重視した。

私がこのように述べたのは,とくに椎名重明の研究に依拠して,16世紀後半からの農業経営の徹底的資本主義化の進行を前提とし,土地保有と身分の紐帯が弛緩し,ただ,騎士保有に付帯する封建的負担の廃棄が,自由土地保有権の「私的土地所有権化」,土地所有のレベルでの必須の改革課題とされていたと想定したからであった[28]。

## 5　市民革命前夜

「修正主義」は,「学派」を形成するような単一の潮流ではない。けれども,イギリスでは伝統的な歴史学に対する挑戦として,特に17世紀「イギリス革命」

---

　世紀危機論争」と密接に関わっていた。そして,「危機論争」は,当時,ロンドン大学の Birkbeck College にいた E.J.Hobsbawm が主導したものであった。今ではあまり触れられることがないが,こうした関連の重要性を知る上で,今井宏編訳『17世紀危機論争』創文社歴史学叢書,1975年のとくに訳者あとがきが貴重である。

[27]　後述するが,発端は,常行敏夫『市民革命前夜のイギリス社会――ピューリタニズムの社会経済史』岩波書店,1990年,「補論」参照。

[28]　戒能『イギリス土地所有権法研究』岩波書店,1980年,31-36頁,囲い込みとの関係について,163-172頁,「ユース法」との関係について,181-184頁参照。1660年法にいたる過程では,「ピューリタン革命」時のレヴェラーズたちの謄本保有権の「自由土地保有権化」という形の「私的土地所有権化」の要求が圧殺される。本章2および注20に言及した,酒井の研究との関連では,この1660年法が「後見裁判所」を廃止するとともに,フォーテスキュウ来の「二元的王位」の一元化と「国会おけるクラウン」の主権,すなわち国会主権の確立の物的基盤となる近代的租税体系と一体のものであったことが重要なのである。戒能・同書175-179頁。酒井『混合王政と租税国家』185頁以下および324頁以下参照。

をブルジョワ革命ととらえるマルクス主義史学への批判として登場し，その批判的な問題提起とそれへの応酬から，歴史学の方法というレベルを超え，資本主義社会論，その国際的連鎖の問題まで拡がる膨大な方法論争へと発展した。我が国では，比較経済史学に対する歴史学の多様な潮流との論争に，この研究動向が受容された。また，革命期のジェントリ範疇をめぐる論争は，革命期以降の産業資本主義段階の経済社会構造や，「帝国」の構造とも関わる「世界資本主義システム」論へと多様に拡大を遂げ，「ジェントルマン資本主義」論の積極的形成が見られた。これに対して，政治学，政治思想史の領域においても，とりわけ「マキァヴェッリアン・モメント」（J.G.A.Pocock）をめぐる論争から発展していった古典的共和主義の復興をめぐる論議が，共和主義・民主主義・ナショナリズムの複雑な関係を伴いながら，res publica についての歴史の重層的構造の論議へと増幅されていった。そして，同時に，市民革命の評価，アメリカ，イングランド，スコットランド，アイルランド，フランスの近代の再検討を促していったのである[29]。

　椎名の「イングランド革命」についてのとらえ方は，農業の資本主義化についての実証的な研究を下敷きにしている点に，その特色がある[30]。比較経済史の大塚-高橋の学派にあった椎名は，早くから農業経済史の手法に精通し，オックスフォード大のサースク[31]らの実証研究に比肩する研究成果を現していた。椎名がとくに注目したのは，革命に前後して，囲い込みの推進主体とその手続きに変化が見られたことである。そして，革命の帰結としての農業資本主義化の加速要因の確立，具体的には「囲い込み」促進の法制的枠組の確立を除外して，イギリス農業経済史のその後の展開の説明はできないとした。

　革命終熄直後の王政復古の時代の 1666 年に，革命の最大の争点の一つであった「囲い込み」について，ある法案が審議された[32]。それは，18 世紀の私的国

---

[29] こうした「歴史的」研究の壮大な世界は，戦後の比較経済史と法律学の緊密な協働を知るものの1人として，法律学の世界では——法哲学・法思想史・憲法学や民法学等や，市民法論」に部分的に投影されているとはいえ——総体としてみれば——，無関係・「無風状態」であることに一抹の寂しさを感じる。以下で，その論議の個別論点について，ごく表層面を紹介するが，一般には知られていないと思われるため，斯学の世界では「常識」と思われることがらについても，あえて論及することをお許しいただきたい。

[30] 椎名重明『近代的土地所有——その歴史と理論』東京大学出版会，1973 年ほか多数。

[31] Thirsk, J., (ed.), The Agrarian History of England and Wales (general editor, H.P.R.Finsberg), vol.4, 1540-1640, Cambridge University Press, 1967.

[32] 「エクイティ裁判所判決により実施された囲い込み追認法」(An Act for confirming of Enclosures made by Decrees in Courts of Equity) 1666 （原文は，Secretary Hand で書かれたマニュスクリプト）。

会制定法（私法律，private act）による囲い込みの手法を飛び越えて，それまでの大法官裁判所，すなわちエクイティによる「係争のない平穏な囲い込み」の適法性を国会制定法によって「一般的に」確認するという内容であった。法案では，囲い込みにかかわる法を「良き法」と称している。これは，1836 年の「一般囲い込み法」の先駆とも言えるような法案であり，成立に至らなかったとはいうものの，私的国会制定法によって，領主と入会権者の「合意」を擬制する文言さえない。つまり，絶対王政期の反囲い込み法体系の一般国会制定法による全面的否定のロジックが，すでに登場していたことに，彼はあらためて注目している[33]。

椎名のもっとも最近の研究では，「近代的土地所有」を論じるにあたって資本制地代の成立をメルクマールとすることについて，それは，農業ないしは農地を交換価値支配的な観点でのみとらえていた面があったとしている。すなわち，農業とは，土地への人間の，循環的で持続的な生産的営みに他ならず，その意味での農業や農地についての「使用価値的」とらえ方を欠落させていた側面があったとして，再構成すべきことを提唱している。

このような文脈で，椎名は，「ピューリタン革命」の時期における，ディガーズと言われた集団の指導者のジェラード・ウィンスタンリー（Gerrard Winstanley, 1609?-1652）に着目する[34]。ウィンスタンリーは，「アダムが耕し，イヴが紡いでいたとき，領主など，どこにいたのであろうか」と言った，ワット・タイラーという 1381 年の農民一揆の指導者のジョン・ボールの流れをひいている。

1649 年に，ロンドンの南西の郊外，ハンプトン宮殿に近いサリィシャーのセント・ジョージ丘で，ディガーズたちは，理想の共同社会を築く活動を始める。この運動は，反＝囲い込みとはやや異なっていた。彼らは，議会派のジェントリや富裕な農民による囲い込み地に立ち入って「不法占有者」＝スコッターとなることはなかった。彼らが「不法占拠」したのは，「マートン法」等の，領主による approvement の名の下における所有権が主張された「荒蕪地」（manorial

---

[33] 囲い込みの手続きの変化が看取されるこの法案の存在を椎名が発見し，私がかつての留学中に現物を探し出したものについて，時を経て 2 人で共同で解説を付し公表したものである。椎名・戒能編「資料研究・イングランドにおける土地囲い込み一般法案とその周辺」『早稲田法学』83 巻 3 号（三木妙子教授退職記念号）235 頁以下。

[34] 椎名重明「土地資本 terre-capita 1 ── コモンズ ── 荒蕪地」（早稲田大学 G-COE 企業法制と法創造研究所（上村達男所長）季刊『企業と法創造』通巻 16 号，2009 年 2 月，201 頁以下参照。なお，この論文とこれをめぐるコメント・討論は，以下から全文入手できる。http://www.globalcoe-waseda-law-commerce.org/activity/publication.html

wastes）や共同放牧地（common pasture）に相当する土地であった[35]。

　ディガーズは，〈誰も労働を投下したわけではなく，荒蕪地状態にある土地はそもそも誰のものでもない〉と主張したのである。その後の囲い込みは，このapprovement，すなわち領主の立場からみて所有権の主張というかたちで進行した。これは，農民の立場からすれば，「荒蕪地」と認定されて領主の所有権とされること自体が，ディガーズの言うように，もともと万人のものである共同地の簒奪であり，農民の権利の「入会権」right of commonへの格下げを意味したのであって，容認できないということになるのであった[36]。

　そこで，少しく近代的土地所有の確立過程について言及しておきたい。椎名は，私とともに，革命前の封建的土地保有の事実上の「廃棄」を重視する[37]。なお，ホールズワースは，リトゥルトン（Sir Thomas Littleton: 1422-1481）によって書かれたTenuresの段階（15世紀末）で，土地法はテニュア（保有態様）の点でも，不動産権（estate）の点でも，その「最終ステージ」に到達しており，ただ，「年決め不動産権」estate from year to yearのみが確定的でなかったが，1520年頃にはそれも確認されたとする。

　このような「封建的土地保有体系」の法的な土台の上に，「ユース法」と「遺言法」による土地の自由移転を可能とする「新たな不動産権移転方法」が加わることになり，「土地所有者」の処分権－自己の家系への永久的拘束を含む－は拡

---

35　戒能・前掲注28，163頁以下。「マートン法」（Statute of Merton (Commons Act, 1236)）および「ウェストミンスター第二法」（Statute of Westminster II (Commons Act, 1285)）がapprovementのための囲い込みの根拠であるが，マートン法にはその語句はない。椎名は，両法はラテン語で書かれ，マートン法にある *faciant commodum suum*（［領主たちが］利益を彼ら自身のものにする）という当時のフランス語で aproent の意味の語句が，ウェストミンスター第二法で再びラテン語化されて *appruare, approvare* と書かれ，これが英語化されるときに approve となったと考証している。なお，本文で述べた1666年法がリファーする1664年の法案には，「荒蕪地の改良と囲い込み the approving and inclosing of Wastes に関する法案」という形で，この文言がある。以上，椎名・前掲論文209頁。

36　領主の approvement を理由とする「良き囲い込み」が規制される1836, 1845年の「一般囲い込み法」以降の展開では，ディガーズらの主張が実現される結果となったが，その時には入会地に依拠する農民は「消滅」過程にあったという歴史の皮肉がある。戒能『土地法のパラドックス』500頁以下，椎名・前掲注34論文。

37　椎名と私は，「近代的土地所有権」の確立に当たっては，イギリスの「近代的土地所有」の歴史的形成における法的要因の故に，借地農の投下資本の補償＝テナント・ライト補償とともに「継承財産設定」からの土地の「解放」が必要とされたと解する。このような土地所有の法的形態が展開するためには，前項4末尾で述べた1660年法による私的土地所有権についてのフォーミュラの確立が必要であったのである。なお，椎名・前掲『近代的土地所有』および戒能・前掲注28『イギリス土地所有権法研究』参照。

大されるとともに、領主権ではなくコモン・ローの一元規制のもとで「土地所有権」は平準化したと言う。これは、copyhold（謄本保有権）に対する「マナー慣習」の制限という自由保有権とは異なる固有の制約が、「慣習のコモン・ロー化」によって平準化されるのとパラレルに生じた現象であった[38]。

　椎名は、革命の一つの要因として、領主層による「牧羊のための囲い込み」に対する反＝囲い込み、それをめぐる領主と農民の抗争があったことを否定しない。けれども、革命前に農民層の分解はかなりの程度進んでいて、農民自らによる農業改良のための囲い込みが普及していたことについて実証していた。常行敏夫も同様の趣旨と思われるが、ここでの常行の「コピーホールドはエステイトの観点からすればフリーホールドだった」という指摘をどのように理解すればいいのであろうか[39]。

　謄本保有には、はじめから領主の意思にではなくマナー法に根拠を有する「特権的謄本保有」privileged copyhold または「慣習的自由土地保有」（customary freehold）と言われるものも存在した。これは常行の表現を借りれば、「テニュアにおいてもエステイトにおいても自由土地保有権」であった。けれども、市民革命以降の「農業の資本主義化」の表現と言っていい「囲い込み」の過程に登場する copyhold は、これではない[40]。

　エステイトとは、テニュア＝土地保有態様とは異なる概念であり、封建的土地保有体系が弛緩して行くにつれて固有の意義を失い、それに伴って土地保有権の「大小」は、その存続期間を基本とする基準（エステイト）ではかられる側面が、前面に出てくることになったのである。したがって、謄本保有権はテニュアの面では自由土地保有権と峻別されてそれの劣位におかれ、エステイトの点では自由土地保有権と同等になったと、先の常行の指摘を理解することは可能である。ただし、トーニーの16世紀の農業問題についての研究の主眼は、定期不動産（賃借）権（leasehold）の急速な興隆の分析にあり、自由土地保有権者の大地主と、リースホールダーたる大借地農の照応関係という、市民革命以降のイギリス農業における資本主義の展開を表現する「近代的土地所有」の萌芽的形成の解明にあった。

---

38　Sir William Holdsworth, A History of English Law, v.V, Methuen and Sweet & Maxwell, 1924, rep.1966, pp.415-416. 戒能・前掲注28、116-122、125-148、88-98頁参照。
39　常行敏夫・前掲注27、『市民革命前夜のイギリス社会』80頁注15参照。
40　田中英夫編『英米法辞典』東京大学出版会、1991年、225頁、小山貞夫『英米法律語辞典』研究社、2011年、279頁参照（両者はほぼ同旨）。謄本保有権と異なって「鋤保有」という「自由保有権」起源の「隷農」で、これは自由土地保有権の一形態と見るべきものである。

そこでは，謄本保有権者たる小農の権利の消滅と，定期不動産（賃借）権への転換という現象が起こり，だからこそ農民層の分解が看取されたのであった[41]。

常行の前記の見解は，ケリッジ（Kerridge, E）の古典的研究に依拠していると思われる。実際，ケリッジは，トーニー理論の否定者として登場し，トーニーの資本主義成立論，その「ヒューマニズム歴史観」（第1章6．3．および7参照）をマルクス主義のバイアスがかかったものとして批判する論客であった。

ケリッジは，常行が指摘するように，イギリス「農業革命」についてのそれまでの通説を批判し，1560-1767年の時代にその時期を置き直したことで知られる[42]。トマス・モアの「羊が人間を食う」で有名な16，7世紀の「牧羊のための囲い込み」といった農民からの土地簒奪のような暴力的な契機はなかったと主張する。そのように主張する根拠を上げるためにケリッジは，農民の保有権，とりわけcopyholdの法的地位の安定を「法制史的」に分析する。

常行は先のようにそれを重視している。法制史家のジョン・ベイカー（本章1参照）は，ケリッジの研究などは無視するようである（このあたりがイギリスの法制史学と経済史学の交流のなさを象徴する。メートランドの時代は「学際的」であった）が，次のように述べている。

「不幸にしてコモン・ローは，謄本保有権者が直接的に順応するには，余りにも早期に固定化されてしまっていた。謄本保有権者は任意保有権者に過ぎないのであり，領主に対して訴訟を提起することはできず，もしくは，自由土地保有権のシージン（seisin）に基づく訴訟を行うことはできなかったのである。……けれども15世紀に二つの方法による謄本保有権の保護が行われ始めた。一つは大法官府によるものであり，領主が，マナー裁判所の慣習を軽んじた場合には，良心に反することになるから，領主がその謄本保有権者に正義を施さなかったとして，大法官府に申立ができるようになった。第二は，侵害訴訟（trespass）につ

---

41 戒能・前掲注28，134-162頁参照。
42 常行・前掲注27，73頁以下参照。イギリス農業革命は産業革命とパラレルに18世紀中葉から展開したとする「通説」に対し，ケリッジは1720年以前，その大部分は，1670年以前に達成されたとみる。その根拠は常行の「アーデンの森地域」，すなわちウォーリックシャーに広がるバーミンガム台地の東側の地域（1610年までは人口増大地域）における貧民の増大に対応するための農民自身による改良的農業による食糧増産である。ケリッジは，「囲い込み」は，アーデンの森に見られた「穀草式農業」という改良的農業のためのものであった，というのである。「穀草式農業」については，椎名の見解を含めて本文で述べる。常行の問題意識に学ぶところがあるのは，「ピューリタン革命」について，貧困問題へのピューリタンの深い関わりに着目し，大塚的「資本主義の精神」とピューリタニズムの等値を脱却しようとしているところにある。

いてであり，謄本保有権者は自由保有権を占有（シーズンとして占有）していないが，possession は有しているので，かれを侵害した第三者に対して侵害訴訟を起こすことが許容された。1500 年までには，領主に対して謄本保有権者が侵害訴訟で訴えられた場合に，その謄本保有権をもって防御の抗弁ができるかについては，そうした訴答が妨訴抗弁（demurrer）としては可能でも論議のあるところとされていたようであった。侵害訴訟は謄本保有権者からその領主に対しては依然として提起できないとされるのが，より良い見解とされたままであった。しかしながら，当時の幾人かの裁判官は，謄本保有権者について感知される価値ある変化の証拠に照らして，この明白な準則を断念する用意があった。コモン・ローは偶然にも，謄本保有権者の賃借人（lesee）が賃借権回復訴訟（ejectment やがて自由保有権にも利用される「不動産権回復訴訟」になる——筆者注）を起こせるかの問題を解決するため，謄本保有権者に権原があるとすることによって，賃借人の占有回復を認めることになったのである。エリザベス一世の治世時代のなかば頃には新たなこの方法は確立し，かくて謄本保有権はコモン・ロー上の不動産権となった。それによって，ここに新たな法的問題が生じることになった。すなわち，理論的には，謄本保有権はコモン・ローの準則にではなく，各のマナーの慣習に従うものである。しかしながらマナー慣習は，両者の違いを保存しようという入念な努力が行われる場合を除いては，コモン・ローの準則に追随ようになり，こうして後には，反対の慣行の存在が証明されない限り，謄本保有権と自由土地保有権を，同等のものとして扱うのが，国王裁判所の傾向となるのであった。……かくてエドワード・クックが述べたように，時代は謄本保有権者にとって好都合であった。しかしながら。それでも，謄本保有権と自由土地保有権の区別のあるものは，法の中に埋めこまれて 1926 年までは残ったのであり，それが，謄本保有権についてはその不動産権移転に際して放棄と容認（Surrender and admittance）（移転する者が領主に対してその謄本保有権を放棄し，領主が移転を受ける者を容認するという手続き——筆者注）によらねばならないということであった」[43]。

---

43 Baker, J, H., An Introduction to English Legal History, 4th ed.Butterworths, 2002, pp.308-309（邦訳書，小山貞夫訳『イギリス法制史概説』創文社，1975 年，295-296 頁）．ただし小山訳は，初版の訳であるのでここの部分は大幅に書き換えられていることがよく分かって参考になる。なお，この箇所について初出記載後，深尾裕造訳『イギリス法史入門〔第4版〕第Ⅰ部・第Ⅱ部』関西学院大学出版会，2014 年が刊行された。これは小山訳と異なる第 4 版の全訳である。謄本保有権のコモン・ロー上の不動産権化がより明確に述べられていることがよく分かる。当該の深尾訳部分は，第Ⅱ部 122 頁以下参照。常行・前掲注 27, 81 頁注 15 の分析は，Kerridge, E., Agrarian Problems in the Sixteenth Century and After,

さて，椎名説に戻るが，椎名は，開放耕地制のもとで羊の飼育頭数を増やすため，一部の上層農民は開放耕地内の自分の土地に穀物の作付けをせず，一時的草地としたことを先駆的に指摘した。ley.lea.layland, olland と言われた土地がそれで，こうした一時的な草地と囲い込み地は，はじめは，共同放牧の開始とともに柵が取り払われるのが普通であった。したがって当初は開放耕地制と矛盾するものとはされなかった。しかし次第に柵が取り払われないままの囲い地が増える

---

G.Allen & Unwin, 1969, pp.124-129 に基づくものである。なお，すぐに次に述べるように，謄本保有権も自由土地保有権と同等に扱われる「エステイト」であることは，このように法制史家のベーカーも認めるところであるが，ケリッジもベイカーも，このような自由土地保有権中心の土地所有権を「エステイト」で一元的に説明し，実際の土地経営の基盤の説明がないことにおいて共通していることである。トーニーへの批判の「イデオロギー的背景」はともかく，トーニーがとらえようとしたのは，資本主義的な経営の基盤の上に展開される「新興地主」と，封建的土地所有の基盤にある旧貴族の対抗という図式を通じた，農民層の分解による農村の変貌であり，そこでは定期不動産賃借権者（leaseholder）の進出が主要問題であった。なお，囲い込みとは，単に牧羊のための囲い地を作るようなものでなく，場合によっては領主も「参入」する，ディガーズの言うところの「無主の共同地」における放牧権や入会権の「ぶんどり合戦」ともいうべきものである。市民革命以降はそれが開放耕地に移って文字通り共同体的慣行を含む土地所有関係の一大転換を意味するものとなったことに注意しなければならない。市民革命前のこうした「囲い込み」について，戒能・前掲注 28，163 頁以下参照。ついでながら，コモン・ローでは「近代的所有権」の私的性質・絶対性・観念性なる抽象的なコンセプトは存在しないとみるべきであり，常行のエステイトとして謄本保有権は自由土地保有権と同等というのは，この点で，侵害訴訟，相続の具体的レベル等々での同等の扱いを言うに過ぎない。そして，自由土地保有権と謄本保有権の権原のレベルでの差異にとって重要な，慣習とコモン・ローの関係までもが，消去されることを意味するものではない。なお，ローマ法学者の木庭顕が，「コモン・ロー」には「所有権概念は本来的に存在しない」とするとともに，所有権は完全に大陸法のものであって，それはまさにローマ法からくるという命題が妥当するのは 18 世紀末までであり，「近代的所有権」なるものは，ローマ法から見ると極度に変質した「モンスターであり，事実・概念というよりイデオロギーである」と指摘している。これは，「衝撃的」ではあるが，コモン・ロー的な観点では非常にしっくりする（木庭顕『ローマ法案内――現代の法律家のために』恵送書房，2017）。ここで問題となる慣習とコモン・ローの関係が本質的な問題であり，これを考察するためには，エステイトになったか否かはいささか邪魔な問題である。ちなみに，自由土地保有権者である領主と，その謄本保有権者は，互換可能で謄本保有権者が「エステイト」同等のものを有したからといって，謄本保有権者は領主になることができたわけではない。マナー構造が残る限り，マナー領主の approvement の権能は消えないのである。このように，「コモン・ロー土地所有権論」は，慣習と成文法の関係を無視して論じられない。明治期の民法起草作業において，ウィグモアなどの助言が無視され，いかに慣習・慣行調査が「省略」されたかは，入会慣行をめぐる様々な訴訟をみればわかる。近く，不二出版から刊行される『小繋事件裁判資料集』DVD 版，不二出版，2013 年は，その意味で画期的なものである。

ようになり，共同体の内部崩壊が始まってくる。そして，一時的草地にクロウヴァーなどが播種されるようになると，ley farming あるいは。耕地および牧草地の固定利用でなく交互利用という意味での convertible husbandry（常行の言う「穀草式農業」と呼ばれる農業）が，16-17世紀の改良農業として普及していった。椎名のこの分析は，市民革命前の農民層の資本主義的分解とその物質的基盤を解明し，市民革命以降の農業の資本主義化，したがって「近代的土地所有」の展開を整合的に説明したものとして，画期的なものであった[44]。

---

[44] 椎名・前掲注30『近代的土地所有』41頁以下。また，前掲注27およびとくに注42等に言及した常行『市民革命前夜のイギリス社会』74頁および80頁注15参照。なお，常行は，convertible husbandry を「穀草式農業」と訳している。同書58頁。

# 第 4 章　市民革命論の再定位

　「近代社会」を「資本主義社会」と捉える限り、「封建制」から「資本制」への移行をどのような歴史過程と捉えるかが、必須の課題となる。比較経済史学派への「修正主義」からの批判は、このような脈絡で始まったのであるが、わが国ではこの問題が、戦後の民主化という課題と関わって経済史学のみでなく広く社会科学の方法や目的・理念にも関わることになったのが特徴的であった。もとより戦後社会をとりまく国際環境はヨーロッパにおいても激変した。イギリスという歴史的社会を把握する方法のレベルでも、1980 年代になると、「近代化」を牽引してきたイギリスの衰退が際立つようになり、それに伴って、ブルジョワ・リベラリズムの立場からの進歩史的なウィッグ史観が批判されるようになった。トーニーやホブズボームらが、「17 世紀の危機論争」に参加して、17 世紀のヨーロッパでイギリスのみがブルジョワ革命を経験することによって危機をまぬがれたと論じ、クリストファー・ヒルが、「ブルジョワ革命」論を展開した 1940 年から 50 年代のイギリスの史学は、日本にもいち早く影響を与えた。ことに大塚久雄による資本主義発生史についての研究が圧倒的影響を及ぼした。

　大塚自身はピューリタン革命を直接研究対象としていなかったが、マックス・ウェーバーに依拠しつつ、農村工業の成立・発展のなかで形成された「中産的生産者層」の産業資本と賃労働者への両極分解を通じて近代資本主義が形成されるという「小生産者的発展」論と、トーニーのジェントリー主導説でなくヨーマンリー、都市の小親方層を資本主義の担い手として、それらとプロテスタンティズムとの結合を論じた。この大塚理論は、高橋幸八郎の封建制から資本制への移行論と協働して比較経済史学派を形成し、ブルジョワ革命を画期とする近代社会への移行論は、法律学の世界での「近代法」論や市民法論にも影響を与え、一世を風靡した。大塚とほぼ同時代に、トーニーの言うジェントリにイギリス近代の担い手を求める越智武臣は、修正主義学派とは異なる独自の立場を維持していた（したがって「比較経済史学派」の対抗学派を「修正・批判」学派と呼ぶことにした）。

　このような理論的対抗のなかで、ピューリタン革命と呼ばれる革命をどのように捉えるかがきわめて重要な課題となったのは当然である。本書では、ピューリタン革命のプロセスやそのなかでの思想的対立や革命の挫折の要因となる分裂の

諸相についてかなり詳細に検討している。そして憲法史の観点では見逃せない，イギリス憲法史上唯一の成文憲法典と言われる「統治章典」という重要な憲法的文書についても検討している。これは，ラフリンの「憲法制定権力論」で重視された法典である。

## 1 比較経済史学派の問題意識の重要性

市民革命をめぐる最大の論争の一つである封建制から資本制への「移行論争」は，17世紀イギリスにおける「全般的危機」をめぐる論争から対立軸が明確になったものである。一方に，資本主義的基盤を持った工業化による「経済力の集中」という論理によって，この「全般的危機」を資本主義の論理で説明するホブズボーム（Hobsbawm, E.J.）がいた。これに対し，この危機は，国制上の危機でもなければ経済的生産の危機でもなく，事実上は，社会と国家の間の諸関係の危機であったとするヒュー・トレヴァー＝ローパー（Hugh Trevor-Roper, Baron Dacre of Glenton, H.R: 1914-2003）がいた。ここに，トレヴァー＝ローパーの著名な「宮廷」court対「地方」countyというフォーミュラが登場する。つまり，宮廷に利害を持つ官職保有地主と，たんなる地主の対立であったのであって，ピューリタン革命の独立派こそ，この対立のなかで敗北する「没落ジェントリ」だったという。これは，当時衝撃を持って受け止められた理論の登場であった。彼は，この理論によって，トーニーとの間での「ジェントリ論争」の一方の主役ともなるのであった[1]。

我が国では，「修正・批判学派」の批判を受けて，前述の『再検討』（234頁参照）が刊行された翌年の1973年，岡田与好が率いる「被再検討派」と自ら呼称する

---

[1] 前掲第4章注26，今井訳「17世紀危機論争」所収のローパーの「17世紀の全般的危機」また「宮廷」対「地方」が登場するTrevor-Roper, H.R., The Gentry 1540-1640, *Economic History Review Supplement, 1*, 1953。なお，トレヴァー＝ローパー（長音とハイフンを区別するためハイフンを＝で示す）の理論は，「修正・批判学派」の最大の功績と思われる，「一国史観」超克の先駆となったものと思われる。この「危機」を，彼は，ヨーロッパレベルの「ルネッサンス国家」の危機ととらえる。そして，危機に直面してとられた政策の差異が，その後の各国の歴史を規定するとした。すなわち，アンシャン・レジームそのままで乗り切ろうとしたスペイン，ルネッサンス宮廷の廃棄に成功して繁栄できたオランダの両極の中間に，フランスとイングランドがあった。しかし，官僚制の強化と重商主義政策の採用でアンシャン・レジームを「修復」したフランスに対し，「先立つ革命も改革もなかった」イングランドには。この危機の嵐がもっとも激しくおそった（これが「革命」と称されているのであろう）とする（上記，今井訳書「訳者あとがき」191-192頁参照）。

第 4 章　市民革命論の再定位

比較経済史学派のオールスター・キャストによる共同研究の成果が刊行された[2]。岡田執筆の同書の「序」には, 岡田らしい鋭い問題意識の表明が見られる。この共同研究の基礎となった「市民革命研究会」が発足した 1971 年はじめと言う時代は, 現在の大学では想像もできないような大学紛争が, 燎原の火のように, 全国的に拡がった時期であった。これは, 重大な社会科学上の問題を提起するものであった, と岡田は言う。

　そこで対象化された市民的自由と自治とは,「占領軍制圧下の日本社会の民主的改造の劇的展開のなかで, 緊急至上の国民的実践課題として登場し, その追及が, 戦後の新しい日本社会諸科学の重要な出発点であった……」。しかし, あきらかに局面は大きく変化した。「かつては市民的自由と自治が, 基本的には, まったく新しく創造されるべき目標として ── 端的にいい切れば, 新社会の基礎となるべき絶対的価値として ── 問題とされ, アンシャン・レジームの制度的除去というまさに具体的な実践課題と結びつけて追求されるのが一般的であったとすれば, 今や, それらは, 社会進歩の手段として, どこまでまたいかなる意味で有効であるかを, その制度的基盤と客観的作用にそくして具体的に再吟味しつつ, その観点から, これらの市民的自由と自治は, どこまでまたいかなる仕方で維持されるべきか, あるいは発展せしめられるべきか, 改めて問われるという段階を迎えているように思われる」。このように, 岡田は,「大塚史学」の戦後の登場期と, 1970 年代の状況の変化を認識する。

　そして, 今日的なこの問題が, ヨーロッパで展開されている問題と相関していることに言及した後, 次のように述べている。「この問題の提起と追求は, 当然のことながら, 市民革命の直接的諸成果の批判的再検討と, それらの相対化を含んでいた。市民革命の遂行のために理念的に一体化された市民は, 今や, 敵対的な利害を持つ諸階級に編成され, 絶対的価値として君臨した民主主義の理念は, 民主主義の現実的再生産過程の分析によって再検討され批判されることになる」。こうして「大塚史学」の名で一括されてきた「近代化」の理論や, 市民革命像・市民社会像に対する批判が, かつての問題意識に対する批判を含むものであったことを認めつつ, 次のように総括する。

---

[2] 岡田与好編『近代革命の研究（上）（下）』東京大学出版会, 1973 年。本書は高橋幸八郎の東大社会科学研究所教授退官を記念し高橋に献呈されている。この研究は, 1971 年はじめに発足した「市民革命研究会」をベースにしている。執筆陣は, 森本芳樹, 二宮宏之, 遅塚忠躬, 遠藤輝明, 岡田与好, 毛利健三, クリストファー・ヒル, アルベール・ソブール, 石坂昭雄, 柳沢治, 藤瀬浩司, 椎名重明, 吉岡昭彦, 柴田三千雄, 和田春樹である。

すなわち，かつては，封建制の構造と諸変化との関連での市民革命の歴史的必然性とその世界史的意義が中心課題であった。しかし，今や，「資本主義そのものの，またその政治的枠組としての市民社会の現実的課題との関連において，市民革命の歴史的限界と，この限界の歴史的効果および意義を究明すること」が中心的課題となりつつある，と結んでいる3。

同書でフランス革命を論じているのは遠藤である。遠藤は，高橋の「ブルジョワ革命」としてのフランス革命論は，60年安保闘争を契機に資本主義経済の矛盾の分析へと社会科学の研究関心が移行するにつれて，「ブルジョワ革命」の限界というコンテクストで「再検討」を余儀なくされた，としている。高橋は「市民」の観点から「市民社会」の成立を説く。そして，その「市民社会」は「資本主義社会」ともされる。この結果，ブルジョワ＝資本家の観点から「資本主義社会」が論じられるようになる昭和30年代になると，「市民社会」と「資本主義社会」の「合一性」（合致）という高橋の理論は，有効性を稀薄化する。なぜなら，市民革命が論じられる土俵（資本主義社会の起点というレベルと，その後，すなわち「市民社会が生み出した生産諸力＝社会的分業の体系を資本という所有関係のもとに包摂することによって成立する資本主義社会」というレベル）を区別していない結果，深刻な矛盾に直面するからである。すなわち，資本主義の形成との関係ではなく，その発達との関係において，ブルジョワ革命の検討が行われるにつれ，資本主義の形成というポジティブな観点のみが固定化された理論のように理解されていく。そのために，かえってブルジョワ革命論それ自体の理論的清算を主張する理論の「百鬼夜行」をまねいていくことになった4。

これは，遠藤の理解であるが，同書に寄稿しているフランス革命研究の古典学派の重鎮のソブールは，19世紀のフランス資本主義の進化に対しての否定的状況は，「小農層がブルジョワ革命におしつけることができたもの＝農村共同体の存続からよりも，大土地所有の破壊と地代の消滅という，小農層がブルジョワ革命からかちとることのできなかったものに由来する」とする。そして，「単一のブルジョワ革命のモデル」は避けた方がよい。なぜならそれは，このモデルに回収しにくいような，特殊な固有の形態を消去するような理論に陥るからであるとしている5。この言明は，岡田の「市民革命の歴史的限界」，遠藤が言う「資本主義社会の観点からのブルジョワ革命論」に照応するとも言いうるであろう。

---

3　岡田・前掲注2「序」1-2頁参照。
4　遠藤輝明「フランス革命史研究の再検討」岡田編・同上書（上），特に190-193頁。
5　ソブール「フランス革命における農民運動」（権上康男訳）同上書，特に370-371頁参照。

## 2 「ブルジョワ革命論」とその「再生」

1940年, オックスフォード大学のベィリオール・カレッジ (トーニー, トインビー[6], ヒル・グリーン, リンゼーいずれもベィリオールマンである) 卒, 後に 1965-78 年, このカレッジの学寮長 (master) をつとめたクリストファー・ヒル (Hill, C: 1912-2003) の『イギリス革命』(The English Revolution 1640, Oxford) が刊行された。イギリス (内容的にイングランドでなくブリテンの意味でのイギリス) 革命 300 年を記念したこの著書は, 衝撃的な影響を与えた。これは「内戦 Civil War」ではなく「古い封建的秩序を暴力もって打倒した革命であり, 階級闘争であった」とするこの著書は, それまでのウィッグ史観に基づく S.R. ガードナーらの「ピューリタン革命」という宗教史・国制史的とらえかたに「ブルジョワ革命」というマルクス主義の歴史観を対置したものであった。

松浦高嶺は, イギリスの伝統史学を批判し, 社会の総体的変革の一環として展開されたヒルの「ブルジョワ革命」論は, 戦前・戦中の暗黒から解放され, 「真に科学的研究方法」の模索を始めた戦後日本の歴史学の学界状況と, イギリスの伝統史学との間を架橋し, 一定の方向性を示すという重要な役割を演じた, と述べている[7]。

ヒルは, その後の著作で, その「ブルジョワ革命」論を後退させ, 最後は彼が批判したはずの「ウィッグ史観」に戻ってしまったという手厳しい批判がある[8]。

---

[6] 経済学者のアーノルド・トインビー (Arnold Toynbee; 1852-1883) である。トインビー・ホールは彼の遺志を継ぐセツルメントの拠点として建設された。『歴史の研究』全 25 巻 (1934-61) で名高いアーノルド・ジョセフ・トインビーArnold J. Toynbee; 1889-1975 は, 彼の甥で叔父のトインビーと区別して, 通例, アーノルド・J・トインビーと表記される。この夭折した経済学者のベィリオールマンのアーノルド・トインビーの遺稿集の Lectures on the Industrial Revolution (1908) が, 1760-1840 年のイギリス経済史をあつかい, ここから「産業革命」という語が普及した。なお, 上記の大歴史家アーノルド・J・トインビーと創価学会の池田大作との『21 世紀の対話』の成立の経緯を強く批判した Polly Toynbee は, 『ガーディアン』紙のコラムニストであり元 BBC 論説委員で, その孫にあたる。Polly は, 現在, 貧困問題等にも取組み, David Walker との共著で The Verdict: Did Labour Change Britain, CPI Group, 2010, 2011 等を出版して注目されている。

[7] 前掲・第 3 章 3 注 24, 松浦高嶺『論集』320 頁。

[8] 浜林正夫は, Hill, C., Reformation to Industrial Revolution, A Social and Economic History of Britain, 1530-1780, Weidenfeld & Nicolson, 1967) の訳書『宗教改革から産業革命へ』未来社, 1970 年の「訳者あとがき」でヒルへの敬愛の念を吐露しながら, 「宮廷」対「地方」のトレヴァー＝ローパー理論を受容したため革命の対立軸が曖昧になり, この書物でも疑問は払拭できないと述べている。我が国で数少ない革命通史の著者の一人であるだけに,

ヒルの評価はここでの課題ではないが，彼が前記の著書で，イギリス革命の対立軸を，「寄生的封建的領主と投機的商人」，「新しい資本主義的商人と農業経営者」，「小農民・手工業者・職人」というように三極でとらえていたことに注意したい。これは，革命遂行主体の間でも対立があったことを含意している。彼の後の the Revolt within the Revolution という「発見」は，ヒル理論のもっとも魅力的な点であるが，これは，「ピューリタニズム」の解釈ともかかわって，すぐれて現代的な意味を有している[9]。

岡田編『近代革命の研究』上巻に寄せられた「イギリス革命の急進思想」は，ヒル理論の画期的な展開を示すものであった。それは，本稿の課題との関係で言えば，これまで考察してきたイギリスの急進思想と「憲法の実像」と関わりという点でも重要である。ことに，ブルジョワ革命はブルジョワジーのみによって遂行されたわけでなく，下層の民衆の支持があったこと，それにもかかわらずこれらの人々の要求は，革命の過程で押し潰されていったという，ヒル晩年の方法論的旋回に注目する必要があろう。

そこで，先のウィンスタンリーのディガーズに戻る。自らを「真正レヴェラーズ」と呼び，リルバーンらのレヴェラーズたちと対抗したディガーズとの関係で，「千年王国」論（millennium）[10]について述べておかなければならない。

「千年王国」論について言及した法学的研究は，ほとんどない。また前述のように，大塚久雄等の「中産的生産者層」の両極分解による「下からの」イギリスにおける資本主義の形成という独特の理論が，完全に否定されたと言われる。それとともに，大塚が依拠した，マックス・ウェーバーの『プロテスタンティズムの倫理と資本主義の精神』におけるピューリタニズムの解釈も揺らいでいる。

戦後の日本の社会科学が，日本国憲法の施行を画期として日本での近代ブルジョワ革命の実現を現実に志向し，イングランド革命やフランス革命にこの現実認識を重ね合わせていた時期を牽引したのが，大塚や高橋の「比較経済史学」であった。このような歴史認識が帰一するところが，近代市民社会の理念にあったことは言うまでもない。

---

ヒルとの通史的見解のズレは深刻であったと思われる（浜林『増補版 イギリス市民革命史』未来社，1971 年の「補章」も参照）。

9 市民革命論については，本書補論，長谷川正安追悼論集，杉原泰雄，樋口陽一，森英樹編『戦後法学と憲法――歴史，現状，憲法』日本評論社，2012 年，本書に補論として所収の私の論文「市民革命論は『消滅』したのか――憲法史研究の方法によせて」もあわせて参照されたい。

10 田村秀夫編著『千年王国論――イギリス革命思想の源流』研究社，2000 年参照。

ヒルが言う，the Revolt within the Revolution という論理に，この「閉塞」を突破する観点はないであろうか。ヒルは，上記の論文で，「イギリスの歴史家が自己の関心をジェントリから一般大衆に移す」ことを願うとしている。

「千年王国」論は，実は，このピューリタニズムの解釈に関わる。したがって，「イングランド革命」におけるピューリタニズムの役割の分析にとって不可欠なのである。

王党派を撃破したニュー・モデル軍は，議会の長老派と軍の独立派の対立を突破するため，軍内部のレヴェラーズによるロンドンの民衆を巻き込む運動を展開して，実権を掌握する。そして，プライド大佐の指揮する軍隊が，1648年12月に庶民院から長老派をパージ（史上，「プライドのパージ」と言われる）して独立派とそのシンパのみのわずか60名足らずの「議会」（ラムプ議会）とした。長老派が，国王との和解を主張して譲らなかったことが，「パージ」の主たる理由であった。

この議会は，国王処刑のための「高等法院」を設置し[11]，1649年1月30日，国王チャールズ1世が処刑される。1649年5月19日，「イングランドおよびそれに付属するすべての領土，属領」について，国王と貴族院のない，一院制の国民代表機関である議会を最高の権力とし，その任命による役職者および事務担当官（officers and ministers）によって統治される「共和国」（Commonweath）かつ「自由な国家」となった旨の宣言が発せられる[12]。王政廃止に伴う「行政権」の帰属は最大の問題であったが，1649年2月に「国務会議」（the Council of State）が設置され，オリヴァー・クロムウェル（Cromwell, Oliver; 1599-1658）が中心的地位に就いていた。

見られるように，すべての決定はクロムウェルの独裁によってではなく，「議会」によって行われている。このことが，名誉革命による「国会主権」原理確立の歴

---

11 The Act Erecting A High Court Of Justice For The King's Trial, [Passed the Commons January 6, 1648/9. Old Parliamentary History, xviii. 489.] cited in Gardiner, S.R., The Constitutional Documents of the Puritan Revolution, 1625-1660.

12 同上所収，"An Act Declaring England To Be A Commonwealth" [May 19, 1649.] 以下のような短文である。"Be it declared and enacted by this present Parliament, and by the authority of the same, that the people of England, and of all the dominions and territories thereunto belonging, are and shall be, and are hereby constituted, made, established, and confirmed, to be a Commonweath and Free State, and shall from henceforth be governed as a Commonwealth and Free State by the supreme authority of this nation, the representatives of the people in Parliament, and by such as they shall appoint and constitute as officers and ministers under them for the good of the people, and that without any King or House of Lords."

史的先駆を成していたことが重視されるべきである。

　なかでも重要なのは，革命前夜，王権との間での最大の争奪戦となった，軍隊のための民兵の召集と軍の指揮権が誰に帰属するかをめぐって，庶民院は「民兵条例」を貴族院の承認の下に採択し，国王に対し承認を求めたことであった。前述の通り，船舶税をめぐるヘンリー・パーカーの主張は，議会と国家および国民を同一視するという一面的な議会主権論であったが，国王の権力を二次的・派生的なものとする点で，クックの「コモン・ロー主権」説を乗り越える含意があったのである[13]。

　国王の死刑によって革命の終息をはかる独立派に対し，リルバーン等のレヴェラーズは，「人民協定」の人民的協議に重点をおき，憲法構造の転換を図ることを目指して独立派との対立が決定的なった。けれども，民衆には国王への幻想を抱く者が少なくなかったと言われる。

　独立派の独占するところとなった先の「ランプ議会」は，レヴェラーズの撃滅に乗り出す。これに対して，獄中にあったリルバーン，オーヴァトン，ウォルウィンの名でレヴェラーズの「第3次人民協約」が1649年5月に「議会外」で公表される。この後，ニュー・モデル軍は処刑されたチャールズ1世の長子で，後のチャールズ2世とスコットランドとの連合軍を撃破するための戦いに向かうが，その間，軍の士官会議は国教会改革と法改革に乗り出し，ランプ議会と軍の対立が激化する。苦悩したクロムウェルは軍を議場に導入し，1653年4月20日，ランプ議会を解散するという超憲法的な手段を執る。そして，ランプ議会の後の統治をどのように行うかについて論争となるが，ハリソン少将が提案した聖徒らによるキリストの権威の代行者としての評議会による独裁（これは第5王国主義と言われる「千年王国」の主張であった）と，従来の議会の主権を国務会議に信託した体制にするために，成文憲法典を制定するというランバート（John Lambert）少将の案が対立する。この前者が勝ち，140人の議員が指名され，議員たちが1653年7月4日の第1回の会合で自らを議会であると宣言する（指名議会 Nominated Assembly）。しかし「指名議会」は教会改革をめぐって分裂する。国教会制の廃棄に固執する第5王国派の硬直な姿勢に怒ったクロムウェルは，指名議会の

---

13　前述，第3章2参照。また，The Militia Ordinance. [March 5, 164½. Journals of the House of Lords, iv. 587] *An Ordinance of the Lords and Commons in Parliament, for the safety and defence of the kingdom of England and dominion of Wales* cited in Gardiner, S.R., The Constitutional Documents of the Puritan Revolution, 1625-1660. また，浜林正夫『増補版，イギリス市民革命史研究』未来社，1971年，114-116頁参照。

第4章　市民革命論の再定位

主権性を否定し，ランバード案に基づく新憲法典の起草に着手する[14]。

1653年12月16日に公表されたこの憲法典が，イギリス，否世界で初めての「近代的」憲法典と言われる「統治章典」(Instrument of Government) であり，クロムウェルのプロテクター政権は，このようにして成立する[15]。

「統治章典」は，全文42箇条から成っている。第1条は，「イングランド，スコットランド，アイルランドおよびこれに付属する属領の共和国 (Commonweath) の最高の立法権限 (the supreme legislative authority) は，1人の個人および議会に参集する人民 (one person, and the people assembled in Parliament) に存し，かつ所在するものとし，その個人とは，イングランド，スコットランド，アイルランドの護民卿 (the Lord Protector of the Commonwealth) と称されるものとする」と規定している。第2条は，「主たる執政権と統治の運営（行政 administration of government)」の執行が，護国卿と，13人以上で21人を超えない者による国務会議」によって行われるとする。議会の選挙権については，第14条から第18条が定める。すなわち，「1641年1月以降の戦争で議会に対し反抗した者を除き」（第14条），「清廉で神を恐れ，かつ対話能力」があり，また，21歳以上の者に被選挙権があり（第17条），また，同様に欠格事由がない「200ポンド以上の価値ある人的財産権もしくは物的財産権を保有もしくは占有する者」に選挙権がある（第18条）と規定している。第32条は，護国卿の役職は世襲されるものでなく，現職の護民卿が死去した場合には国務会議による選挙で適任の後継者が選出されるものとし，第33条は，オリヴァー・クロムウェルが，終身の初代護国卿となるものと定めている。

クロムウェルが，ランプ議会を解散させ「指名議会」を編成したとき，この議会の開会の冒頭で行った演説に，この「千年王国」論が全面的に表現されている。すなわち，彼は，短期議会から現在までの13年間は「連続した神の摂理」に導かれてきたが，「キリストの現れる日の到来」を近づけるため，「神的コモンウェルス」の形成を呼びかけている。ウィンスタンリーの「自由の法」という綱領的文書は，クロムウェルに献呈されており，彼はクロムウェルをモーゼにたとえ，「神的コモンウェルス」の指導者となることを期待している[16]。

---

14　文中の関連文書の邦訳を含めて，以上について，渋谷浩編訳『自由民への訴え——ピューリタン革命文書選』早稲田大学出版部，1978年，特に，「解説」407頁以下参照。

15　The Instrument of Government [December 16, 1653. Old Parliamentary History, xx. 248. Cited in, *op.cit*. Gardiner, The Constitutional Documents of the Puritan Revolution].

16　渋谷・前掲注14解説参照。

渋谷浩によれば，千年王国論を標榜する「第5王国派」(The Fifth Monarchism) の信条は，黙示文学的信仰の一形態である。旧約聖書に収められた預言書の一つである「ダニエル書」の7章に今後4つの王国（バビロニア，メディア，ギリシャ＝アレクサンダーのマケドニア王国，ローマ帝国）が興亡した後，「ついにいと高きもの（神）の聖徒が国を受け，永遠にその国を保って世々かぎりなく続く」とある。この五番目の王国が第5王国である。それは，新訳聖書・黙示録第20章4-6節の聖徒による千年の支配，すなわち，millenium（千年王国）である。ケンブリッジ出身のロンドンのオール・ハロウズ教会の牧師，ヘンリー・アーチャーの『地上におけるキリストの親政』(The Personal Reign of Christ upon Earth, 1642) はこのように説き，1642年以降，キリスト教国のあらゆるところで堕落した現世秩序に対する聖徒たちの第5王国による理想的秩序樹立のための戦いが続いて，第5王国が到来するが，それは1701年であると預言した。

「ピューリタン革命」の少なくとも前半の革命的エネルギーは，この「千年王国」論を除外しては考えられず，カルヴィニズムのみによっては説明できないというのが，「千年王国」論を重視する立場からの主張である[17]。

## 3 革命の終焉からもうひとつの「革命」へ

前述のように（前項）クロムウェルおよびウィンスタンリー両名の「神的コモンウェルス」は，ともに人間の生き方の改革を力説するが，その内容において異なっていた。クロムウェルのそれは，「癒やしと安定」のそれであり，ウィンスタンリーのそれは，人間の内面における「傲慢と貪欲」の払拭であり，現世における，国王権力と聖職者および法律家の打倒にあった[18]。ウィンスタンリーはじめ急進派の法律家への敵意が，革命末期に高まっているのは，レヴェラーズの指導者のリルバーン等への弾圧のためであろうが，この革命の性格とも関わる重要な論点である。王政復古によって，ほぼ反故にされるが，コモンウェルス時代の膨大な「制定法」の集積と，これは深く関わっている。

「統治章典」の下で開催された1657年の第2議会は，「謙虚な請願と建議」Humble Petition and Advice を提案し，早速，「統治章典」に重大な修正を加えた[19]。クロムウェルに国王の称号を付与するという，おそらくは革命の早期終結

---

17 同上 409-410頁参照。
18 菅原秀二「クロムウェルとウィンスタンリーコモンウェルスの形成に向けて」田村秀夫編『クロムウェルとイギリス革命』聖学院大学出版会，1999年参照。
19 cited in Gardiner, S.R., The Constitutional Documents of the Puritan Revolution 1625-

を望んだと思われる条項は，クロムウェルに拒絶されたが，1649年に廃止された貴族院を復活させる意味のある，二院制に戻ることが提案された。このために，議会は，「他の院」の呼称をめぐって迷走することになるが，規定によれば，「貴族院」とするかは持ち越しのまま，「他の院」は，40名以上70名以下ということになり，クロムウェルに指名が任されることになった。

「国務会議」は「枢密院」の呼称に戻り，さらに重要なのは「軍政官」（Major-General）というクロムウェルが，1655年にイングランドとウェールズの11の軍管区に置いた軍事行政官の廃止で，議会による予算の凍結で軍政官は崩壊する。ピューリタンの闘将，ランバート少将等がこの軍政官の職にあったが，競馬，闘鶏，演劇，酒場を禁じ，厳しい戒律を強制し，さらに民兵軍の指揮権の掌握，治安判事への統制などの地方自治への介入，さらに，国王派への所得課税等々の軍事的強権政治を行ったので，議会はこの廃止のためにこの提案をしたと言われる。しかしこれも評価軸を移動させれば，議会側の「地方的権力」，すなわち，「カントリ」への依存に規定された動きということにもなろう。

クロムウェルは，一度はこれを全面拒否するが，国王の称号付与の部分を削除するなどして再提出されたこの提案をやむなく受諾する。しかし，復活した第二院を「貴族院」とするか，たんに「他の院」（other House）とするかの呼称をめぐって，再度開会された議会は混乱してまとまらず，意を決したクロムウェルは，1658年2月4日，単身，議会に赴いてこの議会の解散を命じた。クロムウェルは，結局，軍隊に頼る以外に事態の収拾をはかる道はないと意を決したとされている。

コモンウェルスをめぐる状況は，革命諸党派の対立の深刻化と，外的にはオランダからチャールズが艦隊を率いイングランドに侵攻しつつあるといった情報が流れ，切羽詰まった状況であった。こうした状況では，軍の指揮権を握るクロムウェルの「王政」が，このジレンマを突破する唯一の選択肢であったとは，クロムウェルに共感した後述の「国民的歴史家」のグリーンの観察である。

実際には，プロテクター制による事実上の王制という「脆弱な」体制が出現しただけで，共和制はわずか4年半で崩壊する。クロムウェルの存在によってかろ

---

1660, 3rd ed., Oxford at the Clarendon Press, reprinted 195, pp447 *et seq*. プロテクター制のもとでの議会に選ばれた460名の議員は，統治章典21条にある資格審査を経なければならなかったがこれを外し，議会自体に審査を委ねた。議員のなかに都市選出と農村選出の議員が会って「対立」していたことと，この革命がジェントリ層の「勝利」に終わると見ることから，議会構成の研究がなされることも興味深いが，軍政官とジェントリの関係，「地方自治」の関係など単純には見られない点も注意されるべきである。

うじて成り立つようなこの共和制の脆弱さからすれば，これは，必然的な結果とも言えよう。「イギリス革命」は，このように，革命勢力の未熟さによって挫折するが，けれども，ここから名誉革命に至るプロセスにおいて，憲法構造に大きな変容がもたらされていった事実を看過してはならない。その中心は，クロムウェルでさえ突破できなかった軍事と課税に関しての「議会」の権限であり，「イギリス革命」は，逆説的ながら，革命勢力の「自壊」によって，このフォーミュラをつくりだしたとも言えるのである。

「統治章典」が，イギリス史上，唯一の成文憲法典であったと言えるとしても，レヴェラーズの「人民協定」のような人民的な基礎を有していなかった。レヴェラーズの「人民協定」を「統治章典」より重視するのは，しばしば引き合いに出すマーティン・ラフリンである。彼が「憲法を作る権力」＝憲法制定権力 (constituent power) に言及するに至ったことについては，先に指摘した（前述第2章3および〔BOX〕）。けれども，レヴェラーズの要求を挫折せしめたのが，統治術 (statecraft) の作動，すなわち人的組織としての「国家」であるとすれば，「憲法制定権力」をこれに「対置」するのみでは，イギリス憲法の「展望」は描けないと思われる。ピューリタン革命期におけるレヴェラーズの「挫折」によって，憲法制定権力の帰属をめぐる論議は，いわば先送りされることになったとするラフリンは，その後，過去350年以上にわたり，憲法制定権力がいかに深く埋め込まれ，隠されてきたかを，国際的なコンテクスト（とりわけアメリカ）を含めて解明していくことの重要性を指摘する[20]。その意義を否定しないが，ラフリンの「本領」は，イギリス憲法学に欠落していたと思われる「憲法現象の国家論」を展開していることにある。ダイシー的な規範理論に代わる憲法規範論にまで至るとき，ラフリン理論は，国家論のない，否それを巧みに隠蔽した，ダイシー説を克服できる可能性がある。しかし，政治と法を分離する「伝統」の染みついたイギリスの法学界では，彼のような方法論は，しばしば孤立する。最近の彼が，ドイツの学界と交流を深めているのは興味深い。それが，イギリスの公法学界での彼の「孤立」を意味しないことを，希望したい。

---

20 See Loughlin, M., Constituent Power Subverted; From English Constitutional Argument to British Constitutional Practice in Loughlin & N.Walker eds., The Paradox of Constitutionalism-Constutuent Power and Constitutional Form, Oxford University Press, 2007, pp. 38-41, pp.47-48.

# 第5章　名誉革命と名誉革命体制の再定位

　ピューリタン革命をブルジョワ革命とする解釈をめぐる論争に対して，名誉革命の歴史的意義については，論争も少なく，総じて消極的な評価が多い。これに対して，法律学の分野では，ダイシーの憲法理論に代表されるように，名誉革命こそが，イギリス革命であり，他の諸国に範とされる憲法原理と制度を作った革命とされるのであった。それは，明らかに「イングランド中心」のウィッグ的進歩史観を体現する解釈であり，1603年のジェームズ1世の即位による同君連合，あるいは複合君主制の成立以降，アイルランドとスコットランドに及んだ抑圧を，名誉革命の「光栄」に隠蔽するものだと言えるであろう。しかしながら，「修正主義」学派が，名誉革命を古来の国制を復活させたものにすぎないとして，この革命による法律的な変革の意義を否定する点には同意できない。「修正・批判」学派への私の批判は，ピューリタン革命の意義について，土地所有関係法のレベルでの変革の意義について言及さえしない点に始まる。この点はすでに，修正主義歴史学の通説「破壊」の行き過ぎについての「ポスト修正主義」の理論が指摘しているところである。論争の終盤でもサースクらの農業史研究を踏まえて，人口増と食糧危機が森林・牧畜地帯に深刻に影響し，この地帯にランターズらの革命の第三極を構成する党派＝ディガーズが発生するという農業地帯別の革命の構図が提示されていた。この封建的土地保有体系の変革であるが，これは，自由土地保有権と謄本保有権の対抗を残しつつ，ユース＝信託に媒介された土地資産の「恒産」的維持とその資産的運用を可能にした法に集約される。王政復古後も確認されたこの「封建的土地保有廃止法」(1660年) の意味をヒルは重視したが，修正主義派は言及さえしていない。

　名誉革命にはさまざまな意義がある。リンダ・コリーが着目したように，フランスの太陽王ルイ14世とチャールズ2世が従兄弟であったという君主レベルの親密な関係とは逆に，ブリテンが対フランス対カトリックの関係で自らのアイデンティティを確立する起点が，名誉革命であった。名誉革命は，宗教的寛容について不徹底であるが，非国教徒プロテスタントの各セクトに対する宗教的寛容は，地方にも徹底されていた聖俗一体の支配の廃棄を意味していた。「社会」が国家と宗教の合体した支配から解放された意味は大きく，「社会との連鎖」を特質と

するイギリス憲法の、それは1つの起点となったのである。第2に、「共和国」を標榜したクロムウェル政府が、それにもかかわらず、スコットランド、アイルランドの植民地化を行ったが、名誉革命は、ブリテン帝国の膨張の起点となった。第3に、このような膨張国家を支えるシステムが、「議会における国王」すなわち国会の主権であり、名誉革命は国会主権という国制を創りだしたという点である。ヘンリー8世の時代に、古来のイングランドをインペリウムが及ぶ主権国家たるエンパイアであると自己規定し、ローマ法王庁から離脱する。その後、「国王の法」と国王の大権が領有された土地に及ぶという論理のもとで、コモン・ローは領有された土地に当然に適用されるという構成が取られていった。しかし国王と議会の長い抗争に決着をつけた名誉革命は、王権における「政治的」「王権的」部分という古来の国制の核心部分を、国会主権原理の下で再構成し、王権を議会に従属させつつ補完するという妥協を生み出した。国王の絶対的大権によって海外領土を帝国のもとにおいていくという、王権と国会の協働によるブリテン帝国の膨張というフォミュラが現れることになった。このために、古来の国制は何ら変わることなく維持され、名誉革命は、中世的国制を廃棄しない、したがって革命ではなかったと、「修正主義」が断じることになる。しかし、「ブリテン帝国」の膨張にとって、国会主権原理の確立は不可欠であった。そして、このような膨張国家の支柱となる常備軍も、民兵の召集権は国王の大権とする構成は維持されつつも、「共同抗命法」という軍律に関する国会の関与という法形式を通じて、常備軍の維持は国会の承認なくしてはなし得ないこととされた。さらに、王室経費法による中世的財政システムから近代的予算システムへの移行が大きい。後の「財政・軍事国家」の起点ともなるこの財政改革は、名誉革命の重要な補足であった。以上、総じて、名誉革命の「革命的」意義は否定できないのであって、古来の国制の復活とは、この革命の外見に規定された観察に過ぎていると言えるであろう。

### 1　名誉革命前夜の状態

　さて、大叔父のマコーリー（Thomas Babington Macauley; 1800-1859）を継承するウィッグ史観の大歴史家のトレヴェリアン（George Macauley Trevelyan; 1876-1962）の1938年出版の『イングランド革命1688-1689』（The English Revolution, 1688-1689, Oxford University Press）は、「イングランド革命」でも「ピューリタン革命」ではなく、「名誉革命」を論じているものである。「ピューリタン革命」について言及される場合は、「内戦」the Civil War の語が用いられている。そして名誉革

命の決着が the Revolution Settlement（「名誉革命体制」という訳が普通であるが、名誉革命によってつくられたレジームを「名誉革命体制」と呼ぶ本書では、「名誉革命による決着」と訳すことにしたい）をもたらしたという捉え方になっている[1]。復古王政の国王、チャールズ2世の顧問であり、1658年に亡命中のチャールズによって大法官に任命されたハイド、後のクラレンドン伯（Edward Hyde, 1st Earl of Clarendon: 1609-1674）が政治的に失脚した余生に書いたベストセラー（これによってオックスフォードのクラレンドンの建物が建った）の題名は、『反乱と内戦の歴史』（The History of the Rebellion and Civil War in England, begun in the Year 1641, reprinted by Oxford University Press, 1888）である。

　この二つの「革命」は、この用語に現れたように、論者によってその評価が異なっている。「通説的な」見解、および法律学のサイドの評価では、「革命」とは名誉革命のことを指し、「ピューリタン革命」は、「空白の時代」あるいは「空位時代」ということになる。クロムウェルは、チャールズ2世の復帰後、反逆者として墓を暴かれ斬首の後、数十年にわたって晒された。しかし、鎧に身を固め、剣と聖書をもったクロムウェルのブロンズ像が、ウェストミンスター宮、すなわちパーラメントの正面にあり、トラファルガー広場のチャールズ1世の騎馬像と対峙していることはよく知られている。

　クロムウェルの評価は、そのまま「イギリス革命」への評価につながっている。先のクラレンドン伯によれば「勇気ある悪人」であり、スコットランドのヒューム（David Hume; 1711-1776）もこれと同様である。19世紀の著名な無政府主義者のゴドウィン（William Godwin; 1756-1836）は、クロムウェルの政治家としての資質と宗教的道徳感を高く評価し「悪人説」を批判したが、共和主義を否定したプロテクター制は否定的に評価した。日本にも内村鑑三、新渡戸稲造、矢内原忠雄等に影響を与えた『フランス革命史』（その元原稿は焼失、コピーなど無い時代に…である。しかし彼は、最初から再度全部自分で書きおろしたという）と全30巻の全集で知られる「英雄史観」のトーマス・カーライル（Thomas Carlyle; 1795-1881）は、『オリヴァー・クロムウェル』で、クロムウェルをピューリタニズムの英雄と評価した。ヒルの登場前のピューリタン革命史の通説であったガードナー（Samuel Rawson Gardiner; 1829-1902）も、内戦からコモンウェルスまでをカバーした膨大な通史で、クロムウェルの多くの失政と欠点を認めつつ、その高潔な精神を高く評価している[2]。

---

1　邦訳書、松村赳訳『イングランド革命』みすず書房、1978年、序説参照。
2　浜林・前出、第4章注8の『革命史――増補版』296頁以下参照。

ロンドンの中心部の西方に、ケンジントン・スクェアという小さな広場がある。その中央にある庭は、周辺の住民のプライヴェートパークであった。その住民の中に、メアリ・キングズリ（Mary Kigsley; 1862-1900）という女性がいた。旅行家であるが、西アフリカの植民地化を批判し、人類学的なフィールドワークを発表して一躍著名人となった。そして彼女は、ボーア戦争時の捕虜収容所での捕虜の看護を志願して戦場に赴いたが、伝染病に感染し急逝した。彼女の友人でケンジントン・スクェア14番地の主、アリス・グリーンは、彼女の死を悼み、自宅に友人・知人を招いてキングズリを追慕する会を開いた。その後もこの会には多くの著名人が集まり、やがて「アフリカ協会」というアソシエーションが設立され、1935年からは「王立アフリカ協会」となり、事務局はロンドン大学のSOAS（東洋アフリカ研究院）におかれるようになった[3]。

 「国民的歴史家」として人気があり、そのイラスト入りの『イングランド人民小史（A Short History of the English People, original ed.1877-1880, Everyman's Library ed.2vols, 1915 reprinted 1934）が大ベストセラーになったジョン・リチャード・グリーン（John Richard Green; 1837-1885）の妻がアリスであり、彼女自身も歴史家で夫の死後、この書の改訂も行っている。この人気歴史家グリーンの『小史』は、クロムウェルの死について、次のように書いている。

 「勝利の絶頂期においても、クロムウェルの心は、実際、強い失望感におおわれていた。彼は、暴君たることを決して望まなかったどころか、暴君的振る舞いに何ら信をおかなかった。（1658年に再開された庶民院では、第二院を復活させることに決したが、これを、「貴族院」とよぶか、ただ「他の院」と呼ぶかで、もめにもめ、他方、王党派の再決起が伝えられるなか、クロムウェルはまたもこの議会を解散すべきか否か苦悩させられた——戒能注）。彼は、『私自身で決断しよう。もはや私は座して手をこまねいているだけでは、自分の忠実な仲間たちを失うだけでなく、わが祖国を失うという罪を犯すことになるのだ』と陰鬱な調子で家人たちに向かって

---

[3] この箇所の逸話は、井野瀬久美恵「ケンジントン・スクェア14番地——アリス・グリーンとアフリカ協会」小関隆編『世紀転換期イギリスの人びと——アソシエーションとシティズンシップ』人文書院、2000年、267頁以下によった。アリスの家に集まった人びとは、フローレンス・ナイティンゲール、マクミラン出版社の一家、歴史家のジェームズ・ブライス、ウィリアム・スタッブス、ロンドン大学歴史学研究所の設立提案者のHLAフィッシャ、さらにウィンストン・チャーチル、ウエッブ夫妻、レズリ・スティーヴン等の人びとであった。ベアトリス・ウエッブは、自らも自宅でサロンを催していた「ライバル」であったが、アリスを深く敬愛した常連である。レズリの娘の小説家、ヴァージニア・ウルフの自殺の訃報を知ったのも、アリスの家で2人が会っているときであった。

つぶやいた。しかし彼の決断（全権を掌握して議会と軍の争いを制圧するという決断——戒能注）が実行される前に，護国卿としての激務が彼の力を突然に奪った。彼は自分の死がイングランドにどのような混乱をまねくか，あまりにはっきりと分かっていたので，死を望むわけにはいかなかった。『私が死ぬなどと思いたもうな。私が理性を失っているなどと言いたもうな！』と彼は，死の床を囲んだ医師たちに高熱に浮かされながら叫んだ。『真実を言おう。諸君らがギリシャの医学者のガレウス（Galen）あるいはヒポクラテス（Hippocrates）から何を聞こうとも，諸君らの祈りに神御自らが答え賜うた』。実に，彼の蘇生を祈る声があちこちから聞こえてきた。しかし，彼の死の時は刻々と近づき，クロムウェルは死が近いことを知った。『私は死ぬ』と死期の迫った病人は呻いた。『もっと神と人民のために尽くしたかった。しかし，私のなすべきことは終わった。ああ，神よ。人民とともにあらんことを』。屋根を叩く嵐の音が激しくなり，森の大きな木も頭を垂れ，この強靱なる精神が去って行く前奏のように聞こえた。それから3日後の1658年9月3日，彼と彼が率いた軍の――「輝かしい神の恵み」と呼んだ――ウースター（Worcester）とダンバー（Dunbar）での戦勝記念の日，彼は静かに息を引き取った」[4]。

　小説のような筆致のこの人気歴史家に言及したのは，こうした歴史書がヴィクトリア朝末期に大衆的な基盤を有していたからである。妻のアリスの存在も大きい。彼女は，晩年は夫の書物の改訂者にとどまることなく，自らがアイルランド・ナショナリズムを鼓舞する歴史家となり，1922年にアイルランド自由国が成立すると同時に，初代の国会議員となっている。さらに，アリスのサロンの常連であった著名な作家，ハンフリ・ウォード夫人（Mary Augusta Arnold, Mrs. Humphrey Ward; 1851-1920）は，祖父がラグビー校の改革で有名なトマス・アーノルド，叔父が著名な社会批評家マシュー・アーノルドであり，娘がジャネット・トレヴェリアン，つまり前述の経済学者トレヴェリアンの妻であったという偶然もある。婦人参政権運動反対論者でありつつ，ブルムスベリのタヴィストック・プレイスにあったセツルメントの熱心な推進者であるウォード夫人は，アリスの書いた歴史書や，その夫の『小史』をセツルメント運動のテキストに用いるなど，男性中心であった「サロン」という公共空間が，女性たちによって再編されていくヴィクトリア朝末期の状況を象徴するような興味深い存在であった。

---

4　Everyman Library reprinted. ed., vol.2, p.560. 但しエブリマンライブラリ版にはイラストは入っていない。

先のウェッブ夫妻の妻，ベアトリスは，夫のシドニーとともに，自由党のアスキス，ホールディン，グレイ等とフェビアン社会主義者の協議の場に，アリスのサロンを使ったと言われる。アスキスの妻のマーゴットのグロウヴナー・スクェア 40 番地のサロン（The Souls）は，この後に現れるが，ここは，自由党のアスキスと保守党のバルフォアの会合の場所となった。いずれにせよ，政治家を隔てる「政党という壁」が，女性主宰の「サロン」で一時的にせよ，取り払われるという，非常に重要な役割を果たしていたことが分かる[5]。

　グリーン『小史』は言う。「ピューリタニズムは，再起不能に陥ったと信じられている。政治的経験としては，それは確かに全くの失敗であり，嫌悪されるべきものであったろう。しかし，国民の生活の宗教的システムにおいては，もっとも激烈な形で，イングランドにはかつて見たこともないような道徳的転換がもたらされたのであった。ピューリタニズムの完全な崩壊のなかで，より高貴な生活のあり方が，実際に生じたのであった」。グリーンはまた，精神世界においても宗教や伝統に代わって経験知や法則的なものの探求が重視されるようになり，1660 年の王政復古の年に王立協会（Royal Society）というアカデミーが創立されたことに言及する[6]。クロムウェルの「右旋回」を象徴すると言われる彼の護国卿就任後の最初の議会での演説（1654 年 9 月 4 日）は，「貴族，ジェントルマン，ヨーマン」という「イングランドが数百年にわたって世に知らしめてきた人びとの序列と位階（rank and order）」こそが永続と安定の基礎であり，レヴェラーズたちの「平等化」の原理によってこれが破壊されてはならないとしている[7]。このあとに「市民，バージェス，ハズバンドマン，職人（artisans），レイバラーズ」と続くはずのこの古典的階層秩序のはじめの 3 つまでに言及するだけで，聴衆が理

---

[5] 井野瀬・前掲書 282-286 頁参照。アリスのサロンは，「レディ」と言われる上流の富裕な階級の女性のそれではなかった。それは，1929 年までに 20 版を重ねた亡き夫のベストセラーの印税収入に頼っていたのである。それほど，セツルメント運動や成人教育における歴史教育の位置は重要であった。これが，ネイションにコミットしようという下層の人びとの彼女のサロンに対しての声望を高め，やがてアリス自身も，アイルランドナショナリズムに目覚めて行く契機となった。こうした，選挙権の拡大を補完していく多様な公共空間の簇生の有り様に，ダイシーの時代の「法と世論」の独特の文脈を探ることも可能であろう。つまり，法的空間がこうした多元的な非法的な空間に囲まれ行く「世紀末」＝展開期の構造の問題である。なお，前述，「政治的憲法論」のリーダーのグリフィスの，単純でない「政治」の捉え方も参照されたい。前述第 1 章 4 参照。

[6] Green, J.R., *op.cit.*, vol.2, pp.562 & 571.

[7] Hill.C. & E.Dell eds., The Good Old Cause-The English Revolution of 1640-1660: Its Causes, Course and Consequences, Lawrence & Wishart, 1949, p.453.

解する秩序に，革命の最大の指導者が言及するほど，これは，強固で不変のものであったのであろうか。

この問題は，最近の歴史学で一つの潮流となっている「ミドリング・ソート」と言われる人びとについての研究と連絡する。ヒルの「ブルジョワ革命」論への批判の嵐が去った後に，大塚久雄の「中産的生産者」を彷彿させるような研究が，当のイギリスの学界に現れてきたことは興味深い。しかしその「ミドル」の観念は異なっている。このことを含めて，「ピューリタン革命」とあわせてその歴史的意義が問われている「名誉革命」について論じたい[8]。

## 2 名誉革命の「プロセス的構造」

日本では数少ない「名誉革命史」研究を書いた浜林正夫は，ピューリタン革命の挫折と王政復古によってピューリタン革命の意味は全く消失したという捉え方は誤っていると指摘している。繰り返し述べたように法律学では，ダイシーがそうであるように，ピューリタン革命が憲法構造に与えた影響は無視される。けれども，ダイシーがわずかにクロムウェルに言及した部分がある。それは，「ランプ議会」（Rump Parliament）の解散のあと，「聖者たちの議会」とされる「指名議会」（Nominated Parliament）がつくられた（この議会を議員の1人の名をとって──かつ，「貧弱な」bare bones とかけて──Barebone's Parliament と言う）が，この議会が大法官裁判所の廃止，法典編纂，聖職者によらない民事婚制度の導入，聖職者推挙権，十分の一税廃止等の教会改革を遂行しようとしたため，保守派と対立し，議事が進まなかった結果，議会自らが，クロムウェルに主権を「委譲」して議会を「消滅」させるという動議を可決させた。これが，国会とその主権性が，国会自身によって消滅させられた「実例」として紹介されている。また，成文憲法典を制定して，通常の立法府の手の届かないところに一定の根本法規（fundamemtals）を置いた「実例」として，「統治章典」が引き合いに出されている。いずれも，「国会における女王」の主権（国会主権）の「主権性」が，絶対的であるこ

---

[8] この「ミドリング・ソート」の析出の問題は，「イギリス革命」をジェントルマンの一方的勝利と描き，革命の存在を否定する議論と部分的に重なる面があるが，私はむしろ，先の「公共的空間」という観点から，この革命以降の「名誉革命体制」を論じる有効な方法として注目している。以下でも触れるが重要な共同研究として以下を参照されたい。Barry, J. & C.Brooks (eds)., The Middling Sort of People: Culture, Society and Politics in England, 1550-1800, Macmillan, 1994（邦訳書，山本正監訳『イギリスのミドリング・ソート──中流層をとおしてみた近世社会』昭和堂，1998年）。

とを示すマイナスの実例として引照されている[9]。

しかし，ホールズワースは，ピューリタン革命の決着 (revolution settlement) について，150頁近い節を設け，名誉革命までの政治状況と「公法」の諸原理の変容について詳述している[10]。

「ピューリタン革命」が残したイングランド公法への「恒久的な影響」について，ホールズワースは，議会が自らの意思によって恒常的に開催される機関となって，王権から離脱したこと，かつ，この方向が，多少の屈折があったとは言え，不可逆的であったことをあげる[11]。「王政復古」は，クロムウェルに抜擢されてスコットランド派遣軍司令官，第一次英蘭戦争のさいの海軍司令官として活躍したマンク (Monck or Monk, George, 1st Duke of Albermarle; 1603-1670)（もとは国王軍司令官）によって演出された。彼は，スコットランドから軍を率いて南下し，ランバート少将を破って軍を掌握。そしてプライドのパージで追われた議員たちを呼び戻して「長期議会」を復活させ，長期議会はいったん解散して総選挙のち「仮議会」(Convention Parliament) が置かれた。フランスから帰国するにあたってチャールズ2世は，1660年4月4日，オランダのブレダで宣言を発し，「仮議会」は，この「ブレダ宣言」(Declaratin of Breda) を受諾してチャールズ2世を迎え入れ，解散後，国王の正式の召集によって憲法上の正式の国会 (King in Parliament) が成立する。この議会は，王党派が大部分を占めていたため「騎士議会」(Cavalier Parliament) と言われる。1661年5月から1679年1月まで開かれた「チャールズ2世の長期議会」である。「ブレダ宣言」は，前述のクラレンドンが考案したものと言われる政治的な妥協を網羅するものであった。

第1に，「爾後，国会によって例外とされる者を除くすべての人びとへの一般的大赦 (general pardon)」である。「国王，貴族，人民をその正当な，古来のかつ基本的諸権利 (just, ancient and fundamental rights) の回復」であり，第2に，宗教における意見の相違の許容であり，第3に，革命中の不動産権の移動に関し，国会によって「関係当事者のすべてに正当な満足」となるような処理がなされるべきこと，兵士・士官たちに対する遅配給与およびマンク将軍の指揮下の軍隊の

---

9　Dicey, A.V., Introduction to the Study of the Law of the Constitution, Macmillan, 8th (1915) reprinted ed, 1979, pp.69-70 note 1.

10　Sir William Holdsworth, A History of English Law, Vol.VI, Methuen, Sweet & Maxwell, 1924, reprinted 1966, pp.168-301.

11　Ibid., p.161. ホールズワースも，クロムウェルは共和制の維持を望み，軍事的独裁は彼の理念トハ異なっていたとみているようである (p.160)。

兵士・士官の給与の支払いの保証を宣言している[12]。

　長期議会を復活させた意味を有する「仮議会」と，「騎士議会」は，当然のことながら 1640 年 11 月から 42 年 2 月までの国会制定法を有効とする。内容的には，大権裁判所たる「星座裁判所」(Star Chamber)，地方評議会 (Provincial Council) 等の廃止，王室財政の補強をしていたブドウ酒輸入，塩製造等の独占権廃止，トン税・ポンド税法 (Tunnage and Poundage Act)（輸出入商品への課税徴収を 1 年の期限付きとする），革命期にピム ((John Pym; 1583-1643。議会派の財政担当) の考案した「消費税」(excise) は，復古王制下にも存続するが，前述の「騎士土地保有等廃止法」(1660 年)（第 3 章 4，242 頁）による後見裁判所の廃止の代替措置とされた。ブラックストーンは，「市民的財産権 (civil property) にとってマグナ・カルタ以上に画期的」(Commentaries Book2, 77) と述べたが，国王の経常経費と非経常経費の別なくすべての収入が租税から構成されるという租税国家への移行を意味した[13]。しかし，チャールズ 2 世は依然，「大権的課税」によって議会的課税に依存することに抵抗を示し，フランス王ルイ 14 世の「黄金」に頼って「騎士議会」を治世晩年の 4 年間召集しなかった（1664 年の「3 年議会法」違反である）。

　トレヴェリアンはその『イングランド革命』において，「1660 年から 1685 年にいたるチャールズ 2 世の治世は，いくつもある諸相のうち 1 つの面においては，王政復古体制がイングランドの国制を恒久的に安定させるのに失敗した時期，とみなせるであろう」と書いている。しかし「この体制の最高の長所」は，最小の流血と報復をもってクロムウェル体制を清算し，当時の段階で可能であった唯一の手段であった王権と議会との均衡を樹立することによって，法の支配を復活させたことであった，としている。したがって彼は，チャールズ 2 世の死後，王位を継承したジェームズ 2 世は，「この島国特有の，王権に対するばかげた中世的束縛は取り除かなければなら」ず，そのことによって「ヨーロッパの他の諸君主のような絶対君主になることが必要だと悟った」と述べ，ジェームズ 2 世の「時代錯誤」を分析してみせている。つまり，ジェームズ 2 世の親ローマ主義が，国民の目から見れば，カトリック（以下，旧教と言う。本来は，旧教，プロテスタント＝新教は俗称である）の復活のみでなく，これと結びついた専制主義の復活と映じたことを見誤っていた。したがって，その絶対君主志向と親ローマ主義は，イングランドの旧教にとっても王権にとっても，等しく破滅を招くことになる結

---

12　Cited in Gardiner, *op.cit*., Documents, pp.465-467.
13　酒井重喜『混合王政と租税国家』前述第 3 章 2 注 20 参照，同書 255 頁および 266 頁注 30 参照。

合観念であることに，彼が気づかなかった。このように，ジェームズ2世の自滅的強権的支配の心理的な要因を説明している[14]。

　チャールズ2世の治世末期の王権と議会の対峙の延長に，ジェームズは位置づけられる。ジェームズに比してその政治的力量が格段にすぐれていたと評されるチャールズ2世の治世末期は，実は王位継承の危機の時代であった。名誉革命が，王位継承の争奪戦の「決着」を意味するものでもあって，したがって，「権利章典」と「王位継承法」がワンセットであったのには，こうした背景があった。

　王位に就いたチャールズ2世は未婚で嫡出子はなかったので，弟のジェームズが継承者とみなされていた[15]。ジェームズは，生まれてすぐヨーク公に序せられている。王の次男がヨーク公に序せられる先例は，彼の時につくられた（最近のヒット作の『英国王のスピーチ』(King's Speech, 2010年，イギリス映画）のモデル，ジョージ6世が王位を放棄した兄のエドワード8世を継ぐ前はヨーク公であったように）[16]。

---

14　前掲注1引用の『イングランド革命』，邦訳書13頁および50頁。
15　チャールズは，王政復古当時，1655年に始まったスペインとの戦争，スペイン領の西インド諸島の争奪戦が係属中であったため1662年，スペインから独立したばかりのポルトガル王の娘のキャサリン（Catherine of Braganza）と結婚するが，薄幸の王妃であった。チャールズは弟のヨーク公以上の放蕩者で，2人の間には子は生まれなかった。彼女は紅茶を飲む風習を宮廷に広め，紅茶好きのイギリス人というスタイルつくりに貢献した。
16　雑音になるが，「イギリス憲法」的に見ると，エドワード8世は，自分の意思のみでは「退位」できなかった。ウィンストン・チャーチルが一時そう言ったとされるように，婚姻が私事とされていいのであれば，一人の人間として婚姻を「決行」し，そのまま王位に居座ることも可能であった。これを行わず，吃音に悩み王位を継承する意図も全くない弟，ヨーク公等の立ち会いの下に，彼は，「退位文書」(Instrument of Abdication) を作成する。そして，これをボールドウィン首相が「勅書」として庶民院に提出し，両院審議をへて「国王陛下退位宣言法」His Majesty's Declaration of Abdication Act 1936; 1 Edw.8, c.3）が，奇しくも，後述のように，ジェームズ2世が王位を去った日と同日の12月11日に成立する。「王の二つの身体」の理論によれば，自然人たるエドワード・ウィンザーが，単独法人（一人法人）たる Crown によって「退位法」を裁可され，弟のヨーク公は，「めでたく」ジョージ6世として王位を継承する。しかし同時に，エドワード8世は，1701年の「王位継承法」と1772年の「王婚法」Royal Marriage Act の適用を除外され，退位後の彼の子孫の誰にも王位継承権はないとの同法の条項によって，現在のエリザベス2世への継承も可能になった。こうして名誉革命の成果は維持され，国王も議会の側も，憲法に違反することなくいずれも面目が保たれたというわけである。国王が自己の意思のみによってシンプソン夫人との結婚を「強行」するか，議会による退位強制となれば，王権と議会の間での慣行がいずれかによって破られることになる。「退位法」という国会制定法の制定と裁可が，エドワード8世と議会（実質は首相）のいわば「共謀」によって実行され，この憲法的危機は決着した。しかし，この時期が，1931年のウェストミンスター法による「自治領」概念の導入，その結果として，この法律制定には，カナダ，オーストラリア連邦，ニュージーランド，

チャールズはまだ若く、嫡男誕生の可能性もあった。しかし、1660年、弟ジェームズは、「秘密裏に」（後に正式に）クラレンドン伯（当時は、Edward Hyde）の娘のAnne Hydeと結婚した。2人の間に、メアリとアンという娘が生まれる。メアリは後のウィリアム（ウィリアム3世）と共同君主（メアリ2世）となり、アンはウィリアム3世の後を継いで女王となる。チャールズには革命の脅威は拭いきれるものでなく、2人の娘を新教徒として育てるようにし、1677年、メアリを新教徒であるオランダ（ネーデルランド連邦共和国）のオラニエ（Orange）（英語でオレンジ）公家のオランダ名Willem（ウィレム）と結婚させる[17]。ウィレムは、1672年にオランダ統領となってフランスのルイ14世による侵略に抵抗し、フランス軍の侵攻に対して堤防を切ってオランダを防衛し、人気を得ていた。しかしこのウィリアム、後のウィリアム3世（1650-1702）も、処刑されたチャールズ1世の死の直後、その王女メアリと父のオランダ統領との間に生まれた子であって、チャールズ2世の甥ということになる。

ジェームズは、新教徒として育てられたが、密かに旧教に改宗していた。チャールズ2世が議会にしたがった結果制定された、1673年の「審査法」（Test Act; 25 Charles 2, c.2）によって、国教強制と旧教の教義の否認の誓約がすべての官職保有者に強制されることになった[18]。ジェームズは、これを行うことを拒否し、海軍卿（Lord High Admiral）の役職ほかを辞任した。これによって、彼が旧教に改宗したことが公知の事実となる。ジェームズは、ピューリタン革命時に革命軍の捕虜になるが、オランダ、その後フランスに逃れ、王政復古と同時に帰国した。チャールズ2世には、オランダに亡命中に愛人との間に生まれた男子があった。

---

南アフリカ連邦、アイルランド共和国の各国の議会の承認を要したことと無関係ではないであろう。末延三次の詳細な研究がある。同『英米法の研究（下）』東京大学出版会、462頁以下（「エドワード8世退位の経過」論文）。
[17] 但し、これは、フランスのルイ14世の強大な権力に対抗するために庶民院の助力を必要としたチャールズ2世の政治的術策とホールズワースは言っている。Holdsworth, HEL., v.VI.p.188。
[18] 「審査法」は、旧教徒と非国教徒（Nonconformists）の公職排除を目的とする。1678年の同名称の法は、両院から旧教徒議員を追放するという法であった（30 Car.2, st.2, c.1）。しかし、貴族院からケント公を追放する条項を入れるかで争われ、結局それは入らなかった。これが後述の「排斥法」をめぐるトーリーとウィッグの対立の直接の原因となる。なお、キリスト教の諸派については専門的な考察が必要であるが、Dissentersは、イングランドについては「非国教徒」とほぼ同義である。後述の「クラレンドン法典」によって弾圧されるのは、旧教徒とともにこの新教徒たち、すなわち、ピューリタン諸派の非国教徒であり、これまでもしばしば言及したクエーカー、バプチスト（浸礼派）、長老派などがそれである。

新教徒として育てられた彼が，後のモンマス公（Duke of Monmouth: 1649-1685）である。

モンマス公は，王政復古後にイングランドに渡り，チャールズ2世の認知を得て公爵となり，スコットランドの名門のアン・スコットと結婚してJames Scottと名乗る。その後，頭角を現し，1670年に最高司令官（Commander in General）という要職に就き，1672-74年のオランダとの第三次戦争で活躍した。また，王政復古後復活したイングランド国教会の監督＝主教制（Episcopacy）の強制に抵抗して再結集した「盟約派」Covenanters（ピューリタン革命期の「長老派」は，スコットランドの長老教会主義を求め独立派と同盟し，「プライドのパージ」まで有力であったが，革命初期に分裂する。「盟約派」は，監督＝主教制の再導入に対し長老派を中心に復活するスコットランドの抵抗運動の潮流であり，名誉革命後のスコットランド教会および1707年の「連合法」Act of Unionにもとづくイングランドとの連合後の宗教的独立の起点になった）の反乱を鎮圧し，イングランドでの声望を高めていく。

王政復古後の「仮議会」の解散後の最初の議会は，前述のように「騎士議会」と言われ，騎士，ジェントリ層が多く，チャールズ2世にとっては有利であった。しかし，「ブレダ宣言」にもかかわらず，復古王政は，国教会のなかの「広教主義」（latitudinarianism）[19]の仲張という潮流，また，王やクラレンドン伯らの「包容政策」（comprehension）といった柔軟な国教会政策を維持できなくなっていく。他方，革命期の「第5王国派」を継承するトマス・ヴェンナー（Thomas Venner）の1661年の再決起によって，革命期のバプティスト，クエーカーなどの非国教会派の運動がロンドンを中心に拡がる危機も現れた。革命期の急進派は弱体化したとはいえ，反囲い込みに代わる，食糧暴動，干拓事業や狩猟法にもとづく狩猟の

---

[19] Latitudinarianismは，17世紀のオランダの神学者J. アルメニウスの影響でイングランド国教会のなかで教理・組織・典礼などを重視しない牧師たちに対し，保守派が与えた非難のことばである。しかし，それは，19世紀後半のイングランドで，オックスフォード運動と異なって神学的諸問題の再定義に反対して礼拝様式・信仰箇条などを自由主義的に広義に解釈しようとする広教会（Broad Church）という神学的立場の起源となった。これに対して，「高教会」（High Church）とは，国教会のなかで旧教との連続性を強調する立場で，19世紀のオックスフォード運動で復活するものである。「低教会」（Low Church）とは，国教会内のプロテスタント的な傾向を有する潮流の総称で，「福音主義」（evangelism）とも呼ばれるもので，旧教の様式や儀式よりも個人の回心・聖化を強調する。低教会は，元来，国教会の自由主義的傾向を言ったが，18世紀頃から高教会との対比で福音主義的傾向一般に対して用いられるようになった。以上は，大貫・名取・宮本・百瀬編『岩波キリスト教辞典』2002年を参照。

第5章　名誉革命と名誉革命体制の再定位　　　　　　　　　　275

ための農民からの入会権の剥奪への抵抗運動は依然、続いていた[20]。

　王政復古直後、クラレンドン伯が実権を握ったが、「騎士議会」は、旧教のみならず、革命期のピューリタン・非国教会派に対しての一連の弾圧的立法を成立させていく。まず1661年の「法人法（自治体法）」（Corporation Act; 13 Car 2, St.2, c.1）。同法は、都市法人の市長等、役職に就こうとする者に、国教会の聖餐の強制と国王への忠誠および「厳粛な同盟と契約」the Solemn League and Covenant（長期議会とスコットランドの間で1643年に結ばれた宗教面の協定で監督＝主教制の非強制と長老主義の維持を主眼とする）の廃棄を誓約させて、誓約しないカソリック・ピューリタン等の非国教徒を排除する法である[21]。次に「礼拝統一法」（Act of Uniformity, 1662; 14 Car, 2, c, 4）。これは、イングランド国教会の「新祈祷書」（Book of Common Prayer）に含まれるすべての事項への同意を強制し、従わないカソリックや非国教徒を聖職録から排除するものである。第3に、1664年と1670年の「秘密礼拝集会禁止法」（Conventicle Acts）と、第4に、1665年の「5マイル法」（Five Miles Act; 17 Car, 2, c.2）で、前者の1664年の法は一般民衆が非国教徒による5名以上の集会を開くことを処罰し、後者は、国教会に従わない「違法な」説教を行った聖職者を自治都市の5マイル以遠に追放するというものである。王政復古を歓

---

20　1630年代に始まる東部沼沢地干拓反対運動について、武暘夫「イギリス革命期の東部沼沢地における農民運動(1)(2)」富大経済論集16巻1＝2号、3号。1971年を参照。領主の放牧入会権に対抗する農民の慣習的諸権利、とりわけ入会権が問題になるが、囲い込み反対運動のように、政治的党派の支援がなく、復活した貴族院によって弾圧を受け、1663年に「一般干拓法」（General Drainage Act）が成立するが、その後も農民の抵抗は屈することなく、1769年代から1820年代のこの地域の囲い込みと干拓の本格的展開まで続く（同論文(2)99頁以下参照）。最近の研究で評価が変わってきているが、1662年の「定住法」Settlement Actは、貧民救済の「教区主義」を強化し、貧民の移動を規制する（アダム・スミスの、労働力の自由移動を規制する自然的自由や正義を侵す法という批判を招いた）点で重要であり、1672年の「狩猟法」（Game Act）も、「無秩序な人びと」による狩猟や漁獲を極刑でもって威嚇＝禁圧する入会権収奪と取締法規であった。これらは、18世紀に問題が激化する囲い込み合法化とその補強の法制であった、この点、浜林正夫『イギリス名誉革命史（上）』未来社、1981年102-104頁参照。

21　岡田章宏『近代イギリス地方自治制度の形成』桜井書店、2005年、112頁以下にあるようにこの段階の「都市法人」は、国王の勅許状によって「自治」を得ている団体であるが、名誉革命の前夜のかかる法が、都市法人内部のヒェラルキッシュな支配秩序を強化したことは疑いない。問題は、このような構造から、「新都市」の台頭を含む都市社会の近代的形成がいかにして可能になったかであるが、先に言及した「ミドリング・ソート」による「公共空間」の形成という観点から（第5章1および同注8参照）の都市研究の成果をいかに見るかという問題として、論じる必要があろう。岡田の研究は、その点で、従来の研究の空白部分に迫ったものとして重要である。

迎したジョン・ロックが，バプチストたちへの激しい弾圧を批判し，An Essay concerning Toleration（1667年）等によって，政府批判を行うのはこの頃である[22]。

「クラレンドン法典」Clarendon Code は，以上の4つの法を総称するものであるが，クラレンドン大法官自身は，この推進者でなく，国王もしばしば妨害に出るがその度に阻まれる。「騎士議会」の保守派が，革命期の報復として強行したものであった。クラレンドンはやがて，宗教的穏健政策と第二次オランダ戦争での軍事的・外交的敗北等で孤立していき，ついに失脚（1667年11月亡命）する。

チャールズ2世の宗教について，ホールズワースは，ハリファックスの「証言」を引いて，彼は旧教徒であったが，宗教的な無関心をよそおうことができたと言い，トレヴェリアンも，エリザベス女王の「新教」と同じように，その旧教は，魂の熱誠によるものではなく，環境と経験の所産であって，無信仰と紙一重の懐疑論によって適度に薄められていたと言っている[23]。クラレンドン伯の失脚の後，彼は，議会と距離をおくとともに，1670年6月，フランスのルイ14世との間で「ドーヴァの密約」を結ぶ。国王の臨時課税法案の要求を拒絶したことがきっかけであるが，フランスとの秘密交渉で旧教への改宗を約して見返りに財政的・軍事的支援を得てオランダと対抗するという「売国的」内容の交渉を秘密裏に行ったとされる。しかし，これは，チャールズ2世の「宗教観」からすれば，政治的取引に過ぎなかったということにもなろう。

その後，チャールズは，1672年に「信仰の自由宣言」（the Declaration of Indulgence）を布告する。これは，宗教を理由とする刑事罰の執行をすべて停止するという大胆なものであったが，その根拠は，国王の法停止権という国王大権であった。しかし，これは完全な失策であった。なぜなら，旧教徒への弾圧を排除して「ドーヴァの密約」で彼が約した彼の旧教への「改宗」の「代替」ということにもならず，これによって国民が国王の支持にまわることもなかったからである。かえって非国教徒を勢いづかせ，さらに庶民院の強硬な反対にもあって，彼は，この「宣言」を撤回するという屈辱的な結果となった[24]。

---

[22] 浜林・前掲注20，64-65頁。ロックの「寛容論」については，1689年のA Letter concerning Toleration および，かの Two Treatises of Government, 1690 とともに出版時期を含めて多くの研究があるところである。ここでは，第3章3で言及した松浦高嶺が，Church-State 体制の廃棄から Government-Civil Society への再編成におけるロック理論の意義を分析していて興味深い。第3章注24の松浦の『論集』51頁以下参照。

[23] Holdsworth, op.cit., p.180. note 6, トレヴェリアン，前掲邦訳書17頁。

[24] Ibid., pp.180 et seq. および浜林・前掲注20，74頁以下参照。

第 5 章　名誉革命と名誉革命体制の再定位　　　　　　　　　　277

## 3　ハイポリティクスの「制度化」

　チャールズ 2 世の旧教［復帰］の路線は，クラレンドンなき「クラレンドン法典」の弾圧法規の執行によって，再び「革命前夜」を思わせる事態をもたらしていく。その象徴的存在は，旧教徒であることを宣言したヨーク公であった。ロックの「保護者」（伯の侍医かつ秘書）として知られるシャフツベリー伯（1st Earl of Shaftsbury, Anthony Ashley Cooper; 1621-1683）は，権謀術策に長けた——オポチュニスト的——したたかな政治家で，ジョン・ロック（1632-1704）はその侍医かつ秘書であった。王政復古の際はさきのモンクに協力した功労者で，復古王政の当初，枢密院議員，1672 年には伯爵に叙せられ大法官となる。1673 年頃からは「カントリ党」（Country Party）を結成してそのリーダーとなって，大蔵卿のダンビー伯（1st Earl of Danby, Thomas Osborne; 1632-1712）が率いる「宮廷党」（Court Party）の批判勢力を糾合する。いずれの「党」も近代的政党のようなものではなく，多様な利害で結合した派閥のようなものであったが，ピューリタン革命時の，とくにレヴェラ - ズの運動の影響もあって「大衆」の「動員」のためのパンフレットやコーヒーハウスの利用が際立っていた。シャフツベリーのグリーン・リボン・クラブや「宮廷党」による政府が動員した大衆運動などによって，王政復古後，鳴りを潜めていた民衆の運動が昂揚してきたのである。

　こうした状況のもとで，1675 年に 1 シリングで売り出された「高貴な士から（地方の友人へ）の手紙」（A Letter from a Person of Quality to his Friend in theCountry）が急速に普及した。

　このパンフレットは，先の「法人（自治体）法」等の「クラレンドン法典」の批判に入る前に，審議中の「審査法案」に言及する。そして，これらを推進した監督制教会（国教会）と「古き騎士議会」は「この王国のあらゆる権限および役職を飲み込み，享受せんと欲しているのであり」，もしもこのようなことが許されるなら，「（国教会への服従を誓う）宣誓を受けた教会の統治を，変更不能のものとし，黙示的にせよ，神権によるものと意図したことになるのであって，……これはすなわち，王（Crown）に報いるに，その統治を人定法（human law）によって拘束され制限されるものとするのではなく，絶対的にして専断的なものと宣言し，監督制と同様，君主に神権（jure divine）を付与するものにほかならない。彼らはこれを確保するために，教会もしくは国家に関して変更する権限を議会から剝奪し，それをただ宮廷と教会が心砕いている財源を確保するための単なる道具にとどめようとするのである。しかしこのような試みは，いかにそれが必要であ

ろうとも，犯罪であり偽証にほかならないのである」と断じている[25]。

　政府はこれを発禁・焼却処分にして執筆者を逮捕しようとしたが，特定できなかった。しかし，もっとも疑わしいのはロックとされ，逮捕される可能性もあった。しかし，病気のためフランスの滞在していたため逃れることができた[26]。

　このパンフレットが，ダンビー派とシャフツベリー派の激しい言論戦を導き，その流れでロバート・フィルマーの『パトリアーカ』，ロックの『統治二論』（第1章7参照）（1690年出版），Algernon Sidney の『統治論』（Discourses concerning Government）（遺稿集として1698年に出版）等が出版されたのである。シドニーは，ジェフリーズ裁判官の残虐かつ不公正な裁判で冤罪であるにもかかわらず処刑された共和主義者であった。

　チャールズ2世の「長期議会」と言われた「騎士議会」は，1679年にチャールズ2世によって解散された。大蔵卿のダンビーに対しての庶民院の弾劾決議が貴族院で否決されるという事態にいたったからである。この間，国王とヨーク公をフランス側に引きつけるには，シャフツベリーらの「野党」の勢力を強めることが得策と考えたフランスのルイ14世の策略と野党への買収工作が効を奏したと言われる[27]。総選挙は，革命期を彷彿させるような民衆運動の昂揚を伴って激しく戦われ，「カントリ党」に分類される勢力が圧勝した。庶民院は直ちにダンビーの弾劾法案を可決し，貴族院も僅少差でこれを可決し，ダンビー伯はロンドン塔に送られ失脚する。シャフツベリーの次の目標は，ヨーク公の追放である。79年，ヨーク公の王位継承権を剝奪する法案が庶民院で可決されると，国王はこの議会をわずか4ヶ月で解散してしまう。この短い議会の最大の成果は，「人身保護法」(the Habeas Corpus Act, 1679; 31 Car.2, c.2) である[28]。

　先の通り，チャールズ2世には庶子のモンマス公がいたが，シャフツベリーは，彼を正当な王位継承者として擁立する計画を立てる。チャールズ2世は，これを認めず一時モンマス公を国外に追放するが，シャフツベリーが呼び返し，翌年の1680年に再開された庶民院に第2次「排斥法案」（Exclusion Bill）が提出され，わずか9日の審議で可決する。おもしろいことにこの法案は，「本法に含まれる

---

[25] http://en.wikisource.org/wiki/A_Letter_from_a_Person_of_Quality_to_His_Friend_in_the_Country で全文読むことができる。
[26] 以上の点は，浜林・前掲注20，105-112頁参照。
[27] Holdsworth, op.cit. p.188 et seq. 浜林。
[28] 浜林・前掲注20，121頁以下。人身保護法についてはなお後述するが，貴族院で採決時に故意に数え違いがなされたというエピソード（同書126頁）があったくらい，かろうじて成立した。そしてその後，強力な役割を演じていく。

いかなる条項も，ジェームズすなわちヨーク公以外の法定相続による継承権のあるべきところの（should have inherited）いかなる者も，前記のこの王国および属領の帝冠（Imperial Crown）を，ジェームズすなわちヨーク公の自然の死亡の場合 (in the same case the said James, Duke of York were naturally dead) におけるように，受け継ぎ継承していくことを不能とするように解釈されてはならないものとする」としていることである[29]。王位継承権は，ヨーク公が排除されればジェームズの娘のメアリとアンということになるはずで，モンマスの可能性は明示的に排除されることになる。当初案にはこの文言はなかったから，モンマス公の継承の可能性はあった，このように，ここにはすでに，モンマス派と，オレンジ派の対立が現れていた。

79年のモンマスの帰国は，民衆によって熱狂的な歓迎を受けたという。第二次「排斥法案」も貴族院で否決されるが，81年，チャールズ2世はまたも議会を解散する。選挙の結果は「野党」勝利であるが，チャールズはオックスフォードで議会を開催することにし，オックスフォードは騒然となる。またも総選挙となるが，この頃から選挙において選挙民が候補者に対し「指示」（instruction）と言われる要求を出し，当選後の行動をとりつけるという「公約」の手法が普及していった。オックスフォード議会にまたも排斥法が提出されるが，今度は審議に入らずまたも議会は解散させられる。

シャフツベリーはその後も，ロンドン市を拠点として抵抗するが，挫折してオランダに亡命し1683年に死去する。チャールズ2世も，1685年に死去し，結局，ヨーク公がジェームズ2世として即位する。シャフツベリーとチャールズ2世の抗争は，トーリー対ウィッグと言う「二大政党」を，ハイポリティクスともいうべき権力闘争の舞台に引き出したことにあろう。

## 4 「法の沈黙」

ジェームズ（ジェームズ2世，スコットランドではジェームズ7世）の即位は，シャフツベリーが担いだモンマス公にとって王位継承のチャンスとなった。また，チャールズ2世のことに晩年の旧教回帰の政策は，ピューリタン革命時の民衆の運動を再び覚醒しつつあるように思われた。チャールズ2世の晩年に繰り返された国王暗殺等の謀略的事件に乗じて，ダンビーの追放に成功し一連の事件にも加

---

29　the Exclusion Bill, in W.C.Costin & J.Steven Watson, The Law and Working of the Constitution, Documents vol.1, 1660-1783, Adam & Charles Black.London, 1952, p.183.

担したとされるシャフツベリー[30]に担がれていたため、オランダに亡命していた新教徒のモンマス公は、スコットランドの貴族の9代アーガイル伯(Archibald Campbell, 9th Earl of Argyll;1629-1685)の助勢も受ける前提で蜂起するが、アーガイル軍は早々に鎮圧され、モンマス公の単独の蜂起となった。モンマスは、1685年6月イングランド西南部のLymeに上陸後、ライ・ハウス事件の首謀者の一人とされるロバート・ファーガソン(Ferguson)が起草した宣言を発した。それはオッグによれば、「モンマス公こそが正当な王位継承者であり、ジェームズはロンドン大火[31]の元凶で兄王の毒殺者である」といった格調の低い文体の「けばけばしい」ものであった。ただウィッグ的な綱領も述べられていて、王位継承は議会の決定によって決せられるべきこと、議会の毎年開催、裁判官の身分保障、議会の同意なき常備軍の禁止、プロテスタントに対する寛容などがそれであった。モン

---

[30] 1678年に、「カトリックの陰謀」(Popish Plot)、続いて「粉桶陰謀」(Meal-tub Plot)(1679)、「ライ・ハウス事件」(Rye House Plot-1683)という一連の謀略的事件が起こった。背景にはシャフツベリーのウィッグ派とダンビーのトーリー派の権力抗争があった。これら一連の事件で、ハリファックス等の「オレンジ派」に対し、モンマス公の王位継承を画策したシャフツベリーの影が見える。ちなみにハリファックスは、First Marquess of Halifax (1633-1695; George Saville)でトーリー、ウィッグのいずれとも距離を置いたが、常時権力の中枢におり、自らTrimmer(日和見主義者)と称した。しかし、ジェームズ2世の「信仰の自由宣言」(1687年)に対し「非国教徒への手紙」(Letter to a Dissenter)を書き、またジェームズの逃亡後のオレンジ公の招致にも重要な役割を演じ、シャフツベリーの「排斥法案」にも当初は協力していた。シャフツベリーの評価は難しいが、モンマス公を熱狂的に支持したのはウィッグ上層部のジェントリーではなく、小商人、ヨーマン層、農業労働者、織布工、採石工夫等の賃金労働者等で、レヴェラーズにほぼ重なる階層であったと言われることも興味深い。これは、名誉革命が、ジェントリー等の支配層によって遂行され、ピューリタン革命期のような民衆の姿が稀薄であったことにも関係していたのであろう。つまり、シャフツベリーの権力喪失とともに、この部分の勢力も失われていったという問題である。モンマスの反乱は、その最後の残光であった。こういう観察について、モートン著、鈴木・荒川・浜林訳『イングランド人民の歴史』未来社、1972年参照。また、浜林『名誉革命史(上)』150頁以下が示唆に富む。

[31] 1666年9月2日にロンドンブリッジに近いPudding Laneのパン屋から出火し、シティのほぼ全域のみでなく市壁外にも拡がった大火で、セントポール大聖堂も焼失した。復興に際し、OxfordのSheldonian Theatreなどの設計で名高い、後に王立協会(Royal Society)の会長となったレン(Sir Christopher Wren)が大規模な都市計画を立案して指導に当たるが、計画は実現されず、セントポール等の再建にその手腕が発揮された。この大火の原因をめぐっては、クロムウェルの残党による放火(9月2日はクロムウェルの死の前日である。第5章1参照)という風評からやがてフランスと結びついたカトリックの陰謀というように変転し、来る名誉革命に結びつく国民感情の醸成に関わる世論操作があったとされている。

マスを熱狂的に迎えたのは，サマーセットやドーセットから馳せ参じた手に鎌をもった小農たちで，「騎馬隊」は荷車に「騎乗」するといったもので，軍隊の体をなさなかったようである。それでも7,000人に達し，ブリストルに近づいた頃には反乱軍の昂揚は，頂点に達していた。しかし，ジェントリの階層はほとんど加勢せず，モンマスには，チャールズ2世のもとで最高司令官として活躍した当時の面影はなく，敵軍の突撃におののき退却するように，剛胆な指揮官と言うには遠く及ばなかった。1685年7月にSedgemoreで国王軍に夜襲をかけたが，沼地に足を取られて総崩れとなって失敗し，「モンマスの反乱」はあえなく終焉してしまう。この反乱が，織布工やサマセット南西のMendip丘陵の石灰採掘工，その低地部の食肉加工等の手工業者を含んでいたが，全体として反カトリックの貧困層を「プロテスタント王モンマス」が率いるという構図で，イングランド全体にわたるものとは言えなかった。オッグがこの点に，「反啓蒙主義」の浸透，ピューリタン革命の反動というべき民衆の精神の後退を見ていることは，重要と思われる[32]　オランダで親密な関係にあったオレンジ公が，この反乱に加担せず，反乱軍の主要勢力であった下層の民衆の「自滅」を導いたのは，後の「名誉革命」の舞台を整えるという意味もあった。

　反乱への報復はすさまじいものであった。セッジムアの戦いとその後の追撃で多くの反乱者たちが虐殺され，モンマス公も処刑された。ウィッグ史観歴史家の元祖，マコーリー（前述1, 264頁以下参照）は，「庶民に愛されたモンマス」は，決して死なず，自らすすんで身代わりになった公によく似た者の犠牲で生き延び，人びとの苦難のとき，モンマス王となって現れると伝承された，と言っている[33]。実際，『イギリス国民の誕生』の著者のリンダ・コリーは，1829年の「カトリック解放法」（Catholic Emancipation Act）の制定前の28-29年のイングランド西部の民衆の同法案に対する反対運動が，モンマスの反乱を想起して奮い立ったプロテスタントたちによって激しく展開された，と言っている[34]。

---

32　名誉革命への歴史過程についての研究として，トレヴェリアンや浜林のもののほかに，Ogg.D., England in the Reigns of James II and William III, Oxford University Press, 1955, 1st Oxford ed, 1969 という定評ある作品がある。モンマスの反乱，その「反啓蒙」的傾向については，同書の145-149頁参照。

33　Macaulay, T.B., The History of England from the Accession of James II, vol.1, 1848, Chapter4; http://archive.org/stream/historyofenglan01maca#page/n5/mode/2up, pp564-565.

34　Colley, L., Britons; Forging the Nations 1707-1837, Yale University Press, 1992（邦訳書，川北監訳，名古屋大学出版会，2000年，346頁）。1829年法で，旧教徒の庶民院議員，高級官職（大法官，摂政等は除く）の資格が認められた。ただし，1871年の「大学審査法」

ジェフリーズ（Jeffreys, George, Ist Baron of Wem; 1645-1689）は，歴史家マコーリーらによって，残忍にして無知かつ泥酔の裁判官として描かれ，モンマスの反乱などのこの時期の一連の反逆事件を一手に引き受けた史上最悪の裁判官と言われる。ケンブリッジ大学に在学後，法学院を経て1668年，24歳にしてバリスタ資格を得，34歳でロンドン市裁判官（Recorder），39歳でイングランド首席裁判官，1685年のジェームズ２世（スコットランドでは７世）の即位後，男爵になり，1685年，モンマスの反乱に関わる一連の「血の巡回裁判」Bloody Assizes をサマセットシャー等に赴いて断行し，功によって大法官に任じられた。シュロップシャー，レスターシャー，バッキンガムシャーに広大な所領を有したが，カントリジェントルマンに典型的な田舎の所領暮らしを好まず，ほとんどロンドン・ロイヤーとして生涯をおくった。この法律家は，ジェームズのケント公時代の法律顧問であり，最後までジェームズ２世と行動をともにしている[35]。

「血の巡回裁判」の最初の事件で，ジェフリーズは，顔なじみの負傷した新教の牧師ヒックス等を匿ったという理由で反逆罪に問われた70歳の難聴の Lady Alice Lisle の公判で，彼の威圧的な訴訟指揮ぶりを「遺憾なく」発揮した。アリスは，顔なじみの牧師が負傷して助けを求めて来たのに応じただけであった。この牧師が反乱に加わったのさえ知らなかった，と主張した。決定的なことは，アリスの公判が始まっても，牧師の有罪決定がなされていなかったことである。陪審員の１人がこの点をついた。これに対してジェフリーズは「この牧師が反乱軍のなかで負傷し，その傷がもとでアリスの家で死亡したのと同じことであって，彼の有罪決定の前か後には関係なく，彼女は反逆の罪を犯したのである」と応じ，長老派の連中は嘘で固め泣き言を言ってだますが，恐ろしい共謀者どもに他ならないのだ，と言って陪審の即座の有罪評決を求めた。反逆者を援助したというアリスの罪の構成要件の立証を欠いてもよいとする乱暴な「法の判断」であったが，陪審は威圧され，アリスは火刑に処せられた。当時は巡回裁判が終わると直ちに刑は執行された。アリスの裁判についてはスティーヴン（Sir J.Stephen）がその History of Criminal Law in England, i.413 において，「違法な判決」と非難したように，ジェフリーズのピューリタンに対する激しい敵意を示すものであった。ロックと同様に，フィルマーの王権神授説を論駁した，共和主義の政治家，シドニー

---

（University Test Act）までは，オックスフォード，ケンブリッジ大学等の入学資格は認められなかった。

[35] Glassey, L.K.J., Politics and the Appointment of Justices of the Peace 1675-1720, Oxford University Press, 1979, pp.67-68.

(Sidney, Algenon; 1622-1683) が「ライ・ハウス事件」に関与したとしてジェフリーズによって裁かれ，反逆罪で死刑に処せられた時も，証拠の不備を「補った」のは，ジェフリーズのこの威圧的な言明であった[36]。

「血の巡回裁判」において絞首刑もしくは火刑に処せられて死んだ者の数は正確な記録がないが，少なくとも 300 人，ジェフリーズは，恩赦を求める者から賄賂を取り，国王と山分けしたとの説さえある。死刑の宣告が重すぎるという場合には，鞭打ちその他の「生命と四肢」life and limb を危険にしない限り，つまり人命を危険な状態にしない限り (*sine periculo hominis*) 可能な様々な処刑が行われた。ジェフリーズは死刑と拷問の中間で極限までの苦痛を与える刑罰を科した[37]。さらに，死刑に代わり恩赦によって流刑があり，800 人以上を島流しとし，西インド諸島のプランターなどの奴隷として売却したと言う。オッグは，「血の巡回裁判」の残虐さは指摘されるべきであるが，「現代の目で 17 世紀を批判する

---

[36] Ogg, *op.cit. supra* note 32 at 150-151.

[37] 最近，これまで空白であったイングランド刑事裁判史についての労作が現れた。栗原眞人『一八世紀イギリスの刑事裁判』成文堂，2012 年である。同書は，社会史的観点も加えた「長い 18 世紀」についての法学の分野からの重要な貢献をしているものである。同書，33 頁以下の記述によると，18 世紀においてであるが，反逆罪によって死刑になった男性は絞首刑，女性は火刑に処せられたが，絞首刑は頸椎切断に至るものでなく，時間をかけて絞首するものであった，ということであり，火刑も点火の前に絞首されるものであった。我が国の裁判員制度の導入に当たって，裁判員が重罪事件に限って担当させられるので，絞首による死刑の宣告に加わるという問題が起こっている。裁判員の守秘義務とともに，これが裁判員を務めた市民に深刻な負担を負わせているという問題は，裁判員制度の可否以前に再検討されるべきであろう。2011 年 11 月の大阪地裁のパチンコ店放火殺人事件の裁判員裁判では，オーストリア法医学会会長のヴァルテル・ラブル博士が，絞首刑による頭部離断の問題について論じ，憲法が禁じる「残虐な刑罰」に当たらないとしたかつての「古畑鑑定」と真っ向から対立する証言を，裁判員の全員が出廷した法廷で行った（裁判員法 60 条の「審理以外の審理への立会い」）。堀川惠子「絞首刑は残虐か（上）（下）」『世界』2012 年 1 月号，2 月号所収参照。イングランドの陪審制が「合理的な疑いを越えて」という基準によって事実認定が行われることとともに，裁判官による証拠の要約というプロセスを含むことは，裁判官とバリスタの協働によるプロフェッショナルによる当事者対抗主義的構造の公判の成長の一つの帰結であり，その前提には裁判官のみによる量刑の決定という構造の維持があった（栗原・同書 298 頁以下）。その点では刑の宣告にまで裁判員の関与があり，「合理的な疑いを越える」証明がなされたかの判断まで求められる裁判員は，陪審制とは決定的に異なっていて，裁判官とバリスタ（弁護士と検察官）の協働によるべき当事者対抗の公判構造に，おさまりにくい存在になっている。司法制度改革審議会が，国民の「統治主体意識」の欠如を指摘し，国民の被疑者・被告人への「権力行使」の象徴的存在として裁判員制度を導入し，「市民感覚」によって「量刑相場」を無視した刑の宣告を行わせること，こうした「改革」を，「法の支配」と言えるのか，大いに疑問である。

のは正当でなく」，当時は，このような残虐な処罰を禁じる法が存在せず，また，統治および裁判を批判することが，文書扇動罪（seditious libel）によって極刑に処せられるために，「法が沈黙」せざるを得なかったことを考量しなければならないと指摘している。ジェフリーズは，違法な裁判や残虐な刑を恣意的に科したのではなく，当時の法に従い，その結果としていかに残忍と言われようと，全く動じず「法の文字通りの執行」を行うことが，自らの義務と考えていたというのである[38]。おそらくこの点は，名誉革命後の裁判官の「裁量」的な態度と大きくことなる点であろう[39]。周知のように，このような時期を生きたロックは，『統治二論』の著者が自分であることを生涯明かさなかったといわれているが[40]，これも「法の沈黙」をもたらす文書扇動罪等の法の故とされなければならないであろう。

## 5　封建制の「特殊構造」と民兵問題

ホールズワースは，ジェフリーズ裁判官の判決でみるべきものがあるとしたら，1684年の the East India Company v.Sandys（10 State Trials 371）であろうとしている。東インドとの排他的な交易権を国王の勅許状で付与された東インド会社の権利を許可なくして侵害したとして損害賠償を求められた被告は，このような東インド会社の権利は，独占の故に無効だと主張した。首席裁判官のジェフリーズは，外国との交易に関する法を包括的かつ仔細に検討した後，「これらの事項のすべては，万民法（Jus Gentium）の一部である普遍的な商慣習法（Universal Law Merchant）によって決せられて来たのである。そして，国家間の法とイングランドのコモン・ローはともに，外国との交易に関しての規制，制約，統治および商業は，王権固有のもの（inter jura regalia），すなわち，国王の権限の内にあって，その疑いない大権であり，現行のいかなる国会制定法といえども，これを縮減したり，統制したりすることはないとされているのである」と判決した。ホールズワースは，1606年の Bate's Case 以降の判例の展開とピューリタン革命期の長期議会の法に触れ，ジェフリーズのこの判決は，対外事項を規制する国王大権

---

38　Ogg, op.cit. supra note 32 at 151, 155.
39　ダグラス・ヘイやトムソンの研究に依拠しつつ，栗原は，前掲書で，ジェントリー支配体制である「名誉革命体制」のこうした特質を扱う。後述したい。
40　山田園子『ジョン・ロック「寛容論」の研究』淡水社，1996年参照。またマーク・ゴルディ著，山田・吉村伸夫訳『ロック政治論集』（叢書ウニベルシタス844）に『貴顕の士から手紙』という訳題で前述の5章277頁で示したパンフレットがロック著として邦訳されている。

第5章　名誉革命と名誉革命体制の再定位　　285

を広範に再措定し，革命期前へ戻すと同様な狙いをもつものであった，と論じている[41]。

　ジェームズ2世は，モンマスの反乱を機会に召集した3万と言われる強大な常備軍を維持することを望んだ。「審査法」を廃止して旧教徒を要職に就けようとした。当時，ルイ14世が，ナントの勅令を廃止してフランスの新教徒を迫害していたことも，トーリーとウィッグの対立に影響を及ぼした。オランダでは，妻のみでなく自身も，モンマスより遙かに王位継承順位が高いオレンジ公ウィリアムスが，虎視眈々と状況をうかがっていた。これは，ジェームズにとっての最大の脅威であり，フランスと接近する動機となる。名誉革命の歴史的な再定位にとって，このヨーロッパレヴェルの国際環境を，見のがすことはできない。リンダ・コリーのように，「ブリテンらしさ」Britishness の創出が，1689年に始まって1815年のワーテルロー（Waterloo）まで，英仏海峡を夾んだ両国のほぼ絶え間ない戦争状態から流出したとする歴史家がいるほどである。このライオン（イギリス）とニワトリ（フランス）の対抗から，ケルトを周辺化しつつ，異なる文化的背景をもつイギリス（ブリテン）という創られた国民国家が誕生し得たとするのが，コリーの議論である。名誉革命の存在そのものよりも，対フランス，対カトリックの一点に集中した「歴史」が重要だというわけである。実際，ドーヴァーを夾んだ対岸に，イングランド銀行が創設され，シティが生まれ，全国的な財政システムと膨大な軍事機構が少なくとも第二次世界大戦期までは維持されたのは，この対フランス関係で説得的に説明できると言うのである。名誉革命に至る歴史過

---

[41] Holdsworth, Sir W., A History of English Law, vol.VI, 1924, reprinted 1966, pp.325 *et seq*. 本書のオリジナル原稿，法時83巻11号77頁で，私は，Bate's Case の「原典」*State Trials* が Bates に関する事件としてこの事件を Bates's Case としているのに対し，多くの文献が Bate's Case つまり Bate の事件と表記しているのは誤りだと指摘した。ここに引用したホールズワースも Bates's Case としている。しかしその後，この事件の報告は元々ローフレンチで書かれており，そこでは Bate が Bates と表記されていたが，本来はこの人物は Bate であったとした詳細な研究があり，それによれば State Trial の表記は ── 明言はしていないが ── 誤っていたことになることを知った。インターネットで検索可能である。Hall, G.D.G., Bate's case and 'Lane's' reports;the Authencity of a seventeenth century legal text in *Bulletin of the John Rylands Library*, 1953 35(2)405-427 https://www.escholar.manchester.ac.uk/uk-ac-man-scw:1m2661　私の不勉強の故であるが，多くの文献には State Trials の表記が誤っているという明示的な指摘はなく，両方の表記 ── Bate's case の方が多い ── が混在している理由について書かれたテキストもないように思う。これは，ウォリック大学法学部長の John McEldowney の教示に負うが，この間，『英米法律語辞典』研究社を1人で完成させるという偉業を達成された小山貞夫とこの問題を含めて，書簡を通じてであるが，有意義な学問的交流の機会をあらためて得たことは，大きな喜びであった。

程を論じている私も，この「修正・批判学派」から派生する理論を無視することはできない[42]。

　常備軍をもつことを重要と考えたジェームズは，1685年11月のジェームズにとっては唯一の，自らが召集した議会の第2会期，結果的に彼にとって最後の議会に，常備軍の維持のための予算の要求をした。しかし，トーリーにとっても，常備軍は，国王軍を撃破したクロムウェルの「ニュー・モデル・アーミー」＝鉄騎兵の「再版」を思わせ，のめるものではなかった。イングランドでは，常備軍はこの時期まで存在さえしなかった。存在したのは，「民兵」militia であった。前述のように（第3章2末尾），ピューリタン革命前夜，国王と議会は，この民兵の徴集権をめぐって対立したのであった。

　マックス・ウェーバーは，その *Wirtschaft und Gesellschaft* の *Soziologie der Herrshaft*（邦訳書，世良晃志郎訳『支配の社会学』I，創文社）において，イギリ

---

[42] コリー・前掲邦訳書「はしがき」参照。私のこれまでの論述もそうであるが，「ハイポリティックス」に限定された「名誉革命要因論」には，言うまでもなく批判がある。ここから総じて，都市史，地方史研究を重視する歴史学の潮流が形成されるのは，自然と言える。他方，「修正・批判学派」の「宮廷」対「地方」の対立図式は，ウィッグ対トーリー，基本的に「ウィッグ革命」としての名誉革命という「ウィッグ史観」との関係を問われることになる。この結果，ヒル等のマルクス主義派が軽視したとは異なる意味で，名誉革命の画期性が否定され，変動よりも安定が，断絶よりも連続が強調されるようになる。なお，トーリーとは，1830年代に保守党（Conservative）に取って代わられるが現在でも死語ではない。この語が生まれたのは，ヨーク公，すなわち後のジェームズ2世（スコットランドでは7世）の王位継承権を剥奪する「排斥法」をめぐる政争を通じてである。法案に反対するのが「宮廷派」（Court Party），賛成するのが「地方派」（Country Party）である。宮廷派に対し，蔑称としてアイルランド語である toraidhe（無法者の意味と言われる）が反対派によって使われたのが，Tory の由来である。他方，Whig は，これも蔑称で，同じ頃「地方派」について用いられるようになり，19世紀の半ばには「自由党」（Liberal Party）という名称に変わる。スコットランド語の whiggamore（牛追い）の短縮形が語源とされ，当初は「長老派」の過激派を指していた。「排斥法」当時は，シャフツベリーを指導者とする政治的集合体について言われたが，この流れは，ピューリタン革命期の国王派に対する「議会派」に通じる。名誉革命を主導，「名誉革命体制」を樹立したとされるウィッグは，ロバート・ウォルポールの時代（1721-42年，初代首相）内閣制を築くなど全盛期を迎えるが，1760年代のジョージ3世時代に，小ピットらの「近代的」トーリー党によって主導権を奪われる。以上について，松村・富田『英米史辞典』研究社を参照した。ただし，トーリー対ウィッグでイギリス近代史を描くことには限界がある。名誉革命を現段階であえて「再論」するさいには，その「画期性」をむしろ否定する議論が，トレヴァー＝ローパー言うところの「理解するのでなく裁く」歴史への反動として有力になっていることを重視する必要がある。この点は，名誉革命の画期性をほぼ完全に否定する Clark, J.C.D., English Society 1660-1832, Cambridge University Press, 2000 という大著を扱う際に再度論じたい。

スの militia について言及し，これは国王の家産制軍隊であるというよりも，自由人の武装権にもとづくものであって，「スチュアート王朝の伝統を無視した租税要求に反抗する・偉大な革命の軍事的担い手であった」としている（世良訳，176頁）。イングランド封建制は，封土の復受封（subinfeudation）を禁じた1285年の Qia Emptores（The Statute of Westminster III; 18 Edw, 1, c.1）を契機に，いわゆる「庶子封建制」（bastard feudalism）といわれる，「レーエン制」とは区別される新たな国家体制が出現した[43]。領主と領民間の臣従関係の形成に土地の給付が不可分に結合する関係が，同法によって否定される。私はかつて，レートリッヒに依拠しつつ，こうした封建制の基底的関係の崩壊にもかかわらず，「社会的もしくは実際上の封建制」が，「大土地所有の優越」によって残され，それが，ダイシーのいわゆる「土地法のパラドックス」としてイングランド土地法における封建的土地法の残存として展開されながら，国家体制（憲法）それ自体は，治安判事の優越により封建制それ自体からは切断した形で展開した，と述べたことがある[44]。ウェーバーが述べるように，家産君主が，経済的・社会的特権層を軍事的側面で自己の陣営に引き入れ得るかは，「常備軍」との関係では，これを編成する権限とともに，編成された常備軍の指導的官僚としての地位をどこまで提供できるかにかかっている。ヘンリー8世の時代，州長官（Sheriff）の下に州単位の民兵が組織されていたのに対し，州統監（Lord Lieutenant）という役職が創られ，その統制下での民兵の臨時的徴集の制度化がなされた。このような経緯が，先の通り，ヘンリー・パーカー等によって展開された，民兵の徴集は，王権の公権事項でなくして議会の管轄事項であるとの鋭い批判論理の源泉となるのであった。

　深尾裕造がジョン・ベイカーの「コモン・ローのシステム終焉論」[45]に示唆を得て書いたすぐれた論考によれば，アングロ・サクソン法とノルマン法の雑多な

---

43　戒能『イギリス土地所有権法研究』岩波書店，1980年，64-69頁参照。同箇所で指摘したように，1086年の「ソールズベリーの誓約」に現れた国王と人民の直接関係の――建国家の枠を越えた――存在，騎士奉仕土地保有等の軍役土地保有態様の存在にもかかわらず国王が民兵組織を通じて「国民軍」を編成し得たこと，領民と領主の関係において領民はその直接の領主にではなく，国王に対してそれを負うことといったイングランド封建制の特殊構造に言及している。

44　同上書69頁注14参照。

45　これは，「われわれ」の間では有名なベイカーの「ショッキング」な議論であるが，深尾は最近まで同教授のもとで研究され，この点について重要な研究を発表した。See Baker, J.H., An Introduction to English Legal History, 4th ed., 2002, Chap.5, The End of Common-Law System (pp.90 et seq.).

混合物から形成された「王法」から，*lex terrae*，すなわち「属人法」でなく「属地法」（私の言う「国土の法」）としてのコモン・ローが分離されていく過程で基礎になったのは，巡察制度とともに，令状の使用に関連する *ius commune* であったと言う。これは，ヘンリー2世期の文献を考証したメイトランドの研究によるものであるが，合意が *lex terrae* に優位するという法原理に基づいてコモン・ローに対抗する地方的特別法が生み出されなかったのは，巡察制度の結果，地方における合意としての特別法を実現できるだけの強力な地方的裁判所が生まれなかったためである，というのがメイトランド説であった。このコンテクストで言えば，メイトランドが考証した文献で，国王御猟林の維持のための法は，「王国共通の法」でなく，国王の専権的事項であると言っているのは，必ずしも「国王大権」の存在やその優越性を主張したものとは言えず，この事項を *lex terrae* から除外するという *privilegia* への言及にすぎないことになる[46]「修正・批判学派」の雄とも言うべきクラークが「古来の国制論」を駆使して，名誉革命の「画期制」を否定する議論を行っていることへの問題点を論じるさいにも参考になる[47]。

　さて，クロムウェルのニュー・モデル・アーミーの卓越性を知っているチャールズ2世は，これを解体して，モンクのスコットランド軍と自身の近衛軍からなる軍隊を編成した。これは議会軍と国王軍の混成でもあった。この沿革は，現在のイギリス近衛兵の編成に繋がっている。すなわち，チャールズの近衛軍が現在の近衛第1連隊で Grenadier Guards であり，モンク将軍に率いられた議会軍が近衛歩兵第2連隊で Coldstream Guards であって，クロムウェルの軍隊を除外すればこれが最初の常備軍と言える。グレナディア・ガーズのグレナディアとは，手榴弾兵を意味するが，これはワーテルローの戦いでナポレオン軍の最強最精鋭と言われた皇帝の近衛手榴弾連隊を破ったことから，名付けられたと言われている。Coldstream Guards のコールドストリームは，王政復古の前夜，モンク軍がスコットランドのコールドストリームにいたが，チャールズ2世のロンドン帰還に際して，モンクに率いられて国王の護衛にあたったことに由来する。ロンドン観光の名物の衛兵交代を担うのは他にもあるが，中心はこの近衛師団であって，

---

[46] 深尾裕造「コモン・ローとは何か——国民的共同体の成立と法」『法と政治』（関西大学法政学会）62巻1号Ⅱ，2011年4月，17頁以下参照。同『イングランド法学の形成と展開』関西学院大学出版会，2017年，とくに44頁以下参照。

[47] Clark, *op.cit.supra* note 42 at 250 *et.seq.* において，クラークは，名誉革命後も王権は広範な大権を有したことを「ブラックストーンのパラドックス」として挑戦的に論じ，名誉革命による非断絶論の一つの根拠としている。

衛兵交代の要員というだけでなく，18，19世紀の主要戦争や，近時の湾岸戦争などにも派遣されている[48]。

## 6　名誉革命への「軍事的」文脈

　フランシス・ベーコンが「王座の下のライオン」と言った王のサポーター（周知のように，クックに対し彼は王党派の裁判官のトップだった）という裁判官は，ジェフリーズのみではなかったようである。というよりも，国教会の首長である国王がカトリックでありながら，その国王は同時に強大な国王大権を保有しているという矛盾に戸惑っていたと言うべきであろう。実際，1686年のGodden v. Hales（*State Trials*, xi, 1195）という「馴れ合い訴訟」（collusive action）では，旧教徒でドーバー司令官サー・エドワード・ヘイルズに対して部下のゴドゥンが起こした訴訟では，1673年の「審査法」（前述第5章2および注13）により，ヘイルズがその地位にいるためには国教会に従う等の義務を果たさなければならないが，それを行っていないため「審査法」違反の重罪となるかが争われた。これに対し，ヘイルズは，国王の開封勅許状（letters patent under the Great seal）によって，自分は審査法の適用免除を受けて免責されていると主張した。

　チャールズ2世およびジェームズ2世は，ローマ法王庁に接近する，いわゆる「ローマ化」をすすめようとしたが，ジェームズ2世には，兄王のような「政治性」はなく，カソリックに心底帰依し，そのため，「信仰の自由」を支持させるために非国教徒の自由をも認め，旧教徒のみでは維持できない王権の基盤を堅めようとしたが，これは裏目に出た。「信仰の自由」の名においてのジェームズの専制政治の本質は，迫害されていたけれども，新教派の非国教徒派に見抜かれ，ウィッグ派の微妙な構成を基底とする名誉革命の布石が打たれる結果となったのである。実際，オランダにあってウィリアムは，妻のメアリーとともに「信仰の自由」は支持できても，カソリック教徒を王の側近を含め公職に就けることは容認できないと宣言し，素早く対応している[49]。ジェームズが1687年4月に発した「信仰の自由宣言」（the Declaration of Indulgence）は，冒頭部分で宗教的寛容を祝福し，「ク

---

48　前掲注42『英米史辞典』参照。ついでにチャールズの亡命時代にオランダで編成された近衛騎馬隊は，1660年にモンク将軍の騎馬部隊の一部となって，チャールズ2世とともにロンドンに帰還したヨーク公，つまり後のジェームズ2世の護衛隊となり，これがLife Guardsの起源となった。クロムウェルの「遺産」も，Royal Horse Guardsと竜騎兵で編成されたBlues and Royalsの起源として残っており，ヘンリー王子が配属されている。常備軍の歴史は，「憲法史」のある側面を投影していて興味深い。

49　第5章注1引用のトレヴェリアン著，松村訳『イングランド革命』61頁参照。

ラレンドン法典」,「審査法」によって要求される新教徒・旧教徒のいずれの非国教徒にも課されてきたすべての誓約等の義務が停止されるとともに,個別の法の適用免除も行われるべきである。そしてそれらは,自然法によって我が国王御身に不可分に附属し,かつ固有の権能によるのである（by the law of nature is inseparably annexed to, and inherent in our royal person),と宣言している[50]。

　ホールズワースは,ジェームズが駆使した国王大権とされるものには,この「信仰の自由宣言」が典型的であるが,法の効力を一般的に停止する「法の停止権能」（suspensing power)があるとする。そして,法に従わない個人に対してその法の適用効果をなくす「法の適用免除権能」（dispending power)とがあったとするが[51],後者についての例がヘイルズ事件である。ヘイルズについては「審査法」の適用が免除され,常備軍の士官の地位を保持することができるかという「法律問題」が審理されたのであった。巡回裁判所ではヘイルズは有罪とされたが王座裁判所に上訴し,重罪適用を免れた。王座裁判所では12名の裁判官のうち一人を除き11名という多数が,王権は神授のものであるから,国王は最高の法の授与者であり,したがって制定者である者自らが,その適用免除・停止の権能も有するとした首席裁判官Herbertの意見にしたがったのである[52]。

　ロンドンの南東のブラックヒースに集結し,ロンドンでの新教徒の過激な運動を威嚇していたジェームズの常備軍では,旧教徒が積極的に徴用されるばかりか,アイルランド出身の旧教徒を軍の中枢に登用したので,庶民院で多数派を占めていたトーリー派も抵抗した。けれどもジェームズはこれを押し切り,こうして「審査法」は空文化した。ジェームズは,トーリー派が多数を占めていた議会を使って,「合法的に」常備軍を維持する最大のチャンスを自ら逃がしたことになるのであった。

　メイトランドは,「軍隊の歴史」について触れているが,封建制下,騎士奉仕保有条件のみによる「軍事力」の維持ではことにバロン（直属領主）層との軋轢が絶えず,そこで1181年の「武装法」によって,古来の「国民軍」が復活・再

---

50　第5章注29引用のCostin & Watson, vol.1, pp.344-345.
51　第5章注41引用のSir William Holdsworth, vol.VI, pp.217 *et seq*.「停止権能」の場合は,法は実質的に廃止されたと同じになるのに対し,「免除・停止」は法の個別的「廃止」と同じになる点が異なるが,これが個別事例にとどまらず「一般化」されれば両者に違いはなくなる。ジェームズの場合はその例である。なお,「恩赦の権能」（power to pardon)は,両者と異なって違法であった行為を適法とする効果は無く,有罪な者を違法なまま自由にするだけである。以上,ホールズワースの同引用箇所を参照。
52　同上,pp.223-224.

組織化された。そして，すべての者は，最も貧しい自由民といえでも，槍と兜を持つべきとされ，州ごとに組織される「国民軍」が召集されたと述べている。その後，エドワード1世期の「ウィンチェスター法」(1285年) によって，ハンドレッド毎に治安官 (constable) という選挙された役人の統制下に自由人の「国民軍」が編成されていった。けれどもこれは「警察目的」の，かの「喚呼追跡」(hue and cry) の古来の義務に結びついた住民の自治的組織を「援用」するものにほかならないが，国王の「代官」たるシェリフの下に置かれていた。国王は，この共同体を基底に置いた constable から自らの侍従武官までの「国民軍」のハイエラーキーの編成から，「軍隊」という軍事的な組織をいかに抽出するかに腐心していくことになる。その手段が，「民兵召集官任命書」(commissions of array) であり，ここから各州の軍隊を統率する後の「統監」(lord lieutenant) が生まれる。他方，「警察目的」の州の軍勢とは，「州民兵」であり，これはシェリフからの権能の剥奪の一環として，治安判事職による統制によるところとなり，シェリフの軍事的機能も失われた。

こうして，「民兵召集官任命書」による州に対する軍事的な要求と，兵士に払うべき賃金をめぐって国王と州は対立を繰り返すが，1327年の庶民院の請願は，国王に対して「自費」による場合以外に，州の境界を越える州民兵の徴集や勤務を強制するべきではないとしている。こうして，議会による「一般的同意」が無い場合には，「国防」を理由とする兵員徴集について，州の義務はないとされていくことになるのである。

チューダー絶対王政期にも，国王が「自費」でおく，要塞内の数百名程度の「国王護衛兵」(yeoman of the guard) などのほかは無く[53]，「常備軍」に相当するものが存在したことは一度もなかった。「対外戦争」のために国王が使えた手段は先の「民兵召集官任命書」のみであり，ここから国王は議会の同意がなくても民兵の強制徴募が可能という「合法的慣行」が，国王側から主張されることになるが，いずれにしても，常備軍は維持されることはなかった。「対外戦争」のためには，

---

[53] 1485年，ヘンリー7世の戴冠式に際して暗殺者からの防護のためヨーマンの子弟から弓の達人などの精鋭50名程度を集めたのが，国王・女王の身辺警護のこの護衛兵の起源だった。1743年のオーストリア継承戦争時，ジョージ2世がデッティンゲンの戦いに出陣した時までは，国王・女王が護衛兵に守られつつ自ら陣頭に立ったが，その後はそれが無くなったため，近衛兵と異なって護衛兵は，もっぱら儀礼的な存在となった。ロンドン塔にはこの一部の Yoeman Warder，通称 Beefeaters (牛肉を食べる者) が，真紅に金をあしらった護衛兵の制服を着用して観光客の人気を集めていることはよく知られている。前注42に引用の，『英米史辞典』yeoman of the guard の項を参照した。

一時的に軍隊が，先の封建的な軍役奉仕，任意の志願，前述の強制的徴募によって集められてきたのであった。メイトランドは，この「一時的軍隊」が解散されずある場所に駐屯し続ける場合，「常備軍」的なものが生まれると想定している。そして，このように居座った「一時的軍隊」が，民家への宿営を強行しようとするなどの問題を生じる。そして，兵士のなかで重度な犯罪を犯したり，「共同抗命」(mutinies)，すなわち，命令に服さず不埒な行動をしたり扇動した場合に，軍隊が留まった地の市長等に授権書による軍事裁判を行い処刑する権限を与えた1624年のジェームズ１世の命令書に言及している。このような強制が，「軍律」の担保であるとともに，一時的軍隊の解散をさせず，「常備軍」の維持の手段となったことが，「常備軍」と「共同抗命」という軍律違反との関係の生成する理由であったことが知れるのである[54]。

　そこでジェームズ２世に戻ると，当時，兵士たちの規律保持のための固有の権能が議会にあることを認め，「常備軍」を議会の制定法によって「合法的に」維持する道があったことが分かる。しかしながら，ジェームズは軍規を命令によって強制し，ことに脱走者にたいしては直ちに絞首刑にするなどした。ホールズワースによると，ジェームズのこうした行動の根拠は，ヘンリー７世・８世の時の海軍および海外での軍事行動に従事する者が脱走(desertion)した場合に重罪(felony)とする法（3 Henry 8 c.5等）であったが，これは，その後廃止されており，またイングランド国内で起きた脱走事件には適用できないはずのものであった。しかし，「卑屈な裁判官たち」は，従わない場合の罷免を恐れ，1601年のCase of Soldiers (6 *Coke, Rep.*272)を先例として脱走を重罪とする判断を維持し，ジェームズに迎合した。だが，ロンドン市裁判官(Recorder)のSir John Holt (1642-1710)は，これに抗議してレコーダー職を辞した[55]。

　名誉革命による決着（この意味について，第５章１参照）の一つの争点となる先の「共同抗命法」についても，メイトランドは興味深い分析をしている。平時における常備軍の徴集について，ジェームズは議会による同意を条件とするという制定法を獲得するチャンスを失う代わりに，軍規律に対する専断的権力を入手す

---

[54] 以上の「軍隊の歴史」については，Maitland, F.W., The Constitutional History of England, 1908, pp.275 *et seq.*（邦訳書，小山貞夫訳『イングランド憲法史』創文社，1981年，365頁以下）参照。「共同抗命」は馴染みないであろうが，「軍罰法」という訳では，単に軍規違反ではなく命令系統への反抗＝軍隊の反乱というこの後の「史実」にも通じるニュアンスが生まれないので，小山訳に従った。

[55] Sir William Holdsworth, A History of English Law, vol.VI, pp.228-229.

## 第5章　名誉革命と名誉革命体制の再定位

るとともに，軍隊維持のためにフランスに接近し，財政的援助を獲得した。ジェームズは即位の時，議会から終身の経常費の保証を得ていたから，もはや議会を必要としなかった。名誉革命の「瞬間」をジェームズ2世の1688年の12月11日（後述第6章1で述べるように12月11日はジェームズがホワイトホールを脱出した最初の逃亡の日であるが失敗し，その後，12月23日，フランスに「公然」と逃亡する）とすれば，実は，この「共同抗命法」と言われる軍律法は，ジェームズの逃亡後にジェームズをなお支援しようとして北海沿岸からロンドンに向け南下してきた軍隊が「共同抗命」の動きを示したため，ウィリアムとメアリーを共同君主として迎えた議会（後述）が，「権利章典」の法律化（後述）よりも先に，急ぎ制定したものであった。これが，1689年の「共同抗命法」（Mutiny Act 1689; 1 Will.& Mary, c.5）の背景である。同法は，「権利の章典」を受けて君主が平時に議会の承認を受けることなく常備軍を置くことを禁じるとともに，将兵の抗命（mutiny）・扇動および脱走については，恣意的・専断的な処罰でなく「軍法会議」Court-Martiallにおいて裁判され，脱走者を「合法的に」死刑にすることができるようにしたものである。それ以外の場合にあっては，当時まだこれが陪審審理を保障したものと信じられたマグナ・カルタにある「同輩による裁判」*judicium parium*[56]と王国の確立された法によらずに何人も，生命・身体を侵害されることはないという，この時代にふさわしい文言が，「注意深く」この法律の前文には書き込まれていた，とメイトランドは指摘している[57]。このようにして常備軍は，議会の統制下での軍律の維持を条件に合法化された。しかもこの法律は，制定の経緯からも分かるように急ごしらえの半年間の時限つきの法であり，したがって時限によって失効した後は，毎年この法律が議会によって更新されない限り，常備軍の存続は不能となるような「軍律中心」の常備軍の合法化を図るものであった。けれどもこれによってイギリスでは，軍隊は国会の毎年の承認が得られない限り維持できず，そして承認が得られない場合には，理論的には，軍隊は解散されるべきことになっ

---

[56]　1215年のマグナ・カルタの第39条（1225年のそれの第29条）の「同輩の合法的裁判」が陪審裁判を保障をしたものである，と17世紀の法律家（ときに我が国の法律家）によって解せられていたが，マグナ・カルタ当時には陪審制は存在していなかった。これは，マグナ・カルタの当時のバロン（直属［首位］領主）たちの同輩裁判（後の貴族たちの通常裁判所の裁判でなく1948年に廃止されるまで存在した「同輩裁判」）の要求を指したものである。戒能・広渡清吾『外国法――イギリス・ドイツの社会と法』，岩波書店，46頁以下を参照されたい。さらに，Maitland, *op.cit*., Const.History, pp.169 *et seq*; 小山訳書，226頁以下参照。

[57]　*Ibid*., pp.328 *et seq*., 小山訳書 435頁以下参照。

たのである。このような重大な憲法的改革は，ジェームズのこの時の行動に規定されていると見ることができるのである[58]。

## 7　名誉革命への「帝国」的文脈

しかし，海軍については，別の視角からの考察が必要である。1588年，エリザベス1世の治世時代，スペインのArmada＝無敵艦隊を破ったことから，イングランドの「海軍力の神話」（myth of sea-power）の故に，地方ジェントリの子弟の海軍士官への派遣や資金供出なども積極的に行われた。また，メイトランドは，王の水兵や船舶の強要にも抵抗は少なかったと言っている[59]。しかし，オッグは，「ジェントルマン司令官」'gentleman' commandersは，従者たちを引き連れた費用がかかる効率の悪いものであり，水兵徴集は決して容易ではなかったため，ニューゲイト監獄から徴用されることもあったと述べているが，この方が実態に近かったかと思われる[60]。

周知のように，「国王殺し」でヨーロッパの君主国のなかで孤立したプロテスタント国のクロムウェル共和国政権は，アイルランドの植民地化を強行するとともに，重商主義的政策を進め海軍も強化した。ことに，1650年と1651年，特に後者の「航海条例」（Ordinance——国会制定法であるための両院はあっても国王を欠いているのでこう呼ばれた）の，Navigation Acts体系によってイングランドおよびその植民地間の貿易がイングランドの船もしくは植民地の船に限定されたので，海上運送で優位していたオランダに打撃を与え，第一次蘭英戦争（1652-1654）の原因となったが，この時の海戦がイングランド「海軍」による最初のものである。

---

[58] 本章注1引用のトレヴェリアン著，松村訳『イングランド革命』54-55頁参照。このようにしてMutiny Actの毎年更新によって常備軍が維持され，1881年の「陸軍法」Army Actによって引き継がれ，そして1917年以降は「陸軍・空軍（1年限り）法（Army and Air Force [Annual] Act）1917に変わったが，毎年更新を要するという原則は変わらなかった。けれども，長い審議の後，1955年の「陸軍法」Army Actおよび「空軍法」Air Force Actによって，毎年更新制は崩れ，議会の各院の決議を要するが5年間まではそれを条件に継続，その後も5年更新法案（quinquennial armed forces bills）で延長できることになった。このシステムは極めて複雑で，ヨーロッパ人権裁判所の諸判決でも問題にされたので，2006年の軍法（Armed Forces Act）によって，陸海空の三軍について統一的な軍務関係の統合法が制定されるに至っている。以上について，小山貞夫『英米法律語辞典』（研究社）のMutiny Actの項，およびA.W.Bradley &K.D.Ewing, Constitutional & Administrative Law, 15th ed., 2011, pp329 et seq. を参照した。
[59] Maitland, Const.History, pp.280 et seq.；小山訳書『憲法史』371頁以下参照。
[60] 前掲注32引用のOgg, England in the Reigns of James II and William III, pp.327-328.

クロムウェルの「遺産」は，王政復古後の海軍の再建に継承されている。クロムウェル時代の艦隊の指揮官，General at Sea には，議会派の大佐クラスが任命されたが，チャールズ 2 世を迎えるにあたって功績があったモンク将軍は，この General at Sea の筆頭格であった。彼は，隠遁中のモンタギュー（Edward Montagu, 1st Earl of Sandwich, 1625-72）を抜擢して亡命中のチャールズを，艦隊を率いてオランダに迎えに行かせ，この功績とその後の忠誠によって，海軍は王立海軍 = Royal Navy と言われるようになった。このモンタギューの秘書で王政復古後，赤字に苦しんでいた海軍を再建したのが，『ピープスの日記』で有名なサミュエル・ピープス（Pepys, Samuel; 1632-1703）であった。

　スキナー学派の俊英，アーミテイジの「ブリテン帝国」起源論は，「共和国」のクロムウェル政権が，それにもかかわらず「帝国の膨張」の新たな起点となったという問題についての興味深い問題を提起していた。また，共和国が何故に「帝国」たり得るかについて，「自由と帝国の拡大」の相関を論じ，共和主義のイデオローグとなった，かのハリントンの「オシアナ」という「海上共和国」の構想が，この点に関して持った政治的インプリケーションの解明も行っている。権力が所有によって決まり，したがって「支配権」（*imperium*）が「領有権」（*dominium*）に由来するというハリントンの議論は，「帝国」を拡大させながら「自由」を保護するというキケロ的な「自由」と「帝国」の「和解」という「解決策」より，はるかに説得的であった。ハリントンはこの意味において，海に法を与え，地球をまたにかけて自由を輸出するといった「ブリテン帝国」の予言者となった人物であった，とアーミテイジは言う[61]。

　近代初期における国王大権を考察したケン・マクミランは，国王大権には「通常」と「非常時」ordinary and extraordinary の，つまり制限的と絶対的なそれがあり，前者は，「国土の法」（*lex terrae*）および「古来の国制」ancient constitution によって知られるとされた，と述べる[62]。確かに，サー・エドワード・クックがそうであったように，「古来の国制」は，絶対的な存在を予定する主権概念，とりわけホッブズの主権論と対抗的なものであり，「国土の法」とは，287 頁以下に引用した深尾の研究（251 頁）で考察されたように，「属地法」たるコモン・

---

61　Armitage, D., The Ideological Origins of the British Empire, Cambridge University Press, 2000（邦訳書，平田・岩井・大西・井藤訳『帝国の誕生――ブリテン帝国のイデオロギー的起源』日本経済評論社，2005 年，192-193 頁）．

62　MacMillan, K., Sovereignty and Possession in the English New World; The Legal Foundation of Empire, 1576-1640, Cambridge University Press, 2006, p.29.

ローの近代国家成立前からの存在＝「かつて常に法であったという存在」による「属人法」＝「合意による法」＝地方的慣習法の超克を含意する。私はすでに若干，市民革命前夜のヘンリー・パーカーの理論をクックと対照させつつ論じた（前述本章5および第3章2）が，古来の国制および混合政体論を通じて中世的自由の世界の形式にブルジョワ的自由の内容を潜入させようとするクック[63]の限界は，それ自体が近代的な利害との対立を生みつつあった国王大権を，国王の古来の権能としてとりあえずは一般的に認容してしまっているという限界を示さざるを得なかったのである[64]。

しかしいずれにせよ，エリザベス朝とエリザベスが独身のまま死去したあとの初期スチュアート朝（Stuart；スコットランドではStewart朝は，1603-1724）時代は，こうした大権は，制定法を侵害することはなく，「コモン・ローのルネサンス」に親和するものとされ，ボダンの主権論の言う，「慣習法」による制限を前提にするとされた。この「対内的」関係における王権への制約は，しかし，イングランド・ウェールズ・スコットランド・アイルランドの複合君主国の王権におけるインペリウムにそのまま適合するとは考えられていなかった。そこはコモン・ローの空白部分であって，エルズミア卿（Lord Ellesmere; Sir Thomas Egerton; 1540?-1617）という，ベーコンとならぶクックのライバルのエクイティ・ロイヤー（大法官にもなった）によれば，「絶対的国王大権とは，国王の嘉するところの，彼の法によって現れる（現れた）法」according to the King's pleasure [and is] revealed by his laws，すなわち"*lex coronae*"のことであるとされた。これに当然勢いづいたのはジェームズ1世（James I; 1566-1625，ジェームズ6世としてスコットランド王，エリザベスの死後ジェームズ1世としてイングランド王を兼ね，同君連合が成立）であり，国王専属の「特別大権」の存在を主張し，これに対し議会の諸自由（liberties of parliament）を対置し，国王大権のうちに「争い無き大権」indisputable prerogativesと「争いある大権」（disputable prerogatives）とがあるとして，ジェームズの一方的大権の主張を制約しようとしたのもクックであった。

ローマ的意味におけるインペリウムは，ローマとローマ市民のために働く公職者の権威を指した。しかし，ローマの成長とともに公職者の権威という制約を失い，これにともなってローマの市の内と外という境界線が廃止され，ローマ市とその植民地は単一の領土的統一体となっていく。これこそ，「ローマ帝国」・「ロー

---

[63] 戒能『イギリス土地所有権法研究』岩波書店，1980年，198頁参照。
[64] 安藤高行『17世紀イギリス憲法思想史』法律文化社，1993年，6-14頁参照。

マ人の帝国」だと，先のアーミテイジは言っている[65]。

　エリザベス朝時代から本格化する「新世界」の領有について，Simpson,A History of the Land Law に依拠しつつ，マクミランは，「驚くべきことに」そこに援用されたのはノルマン征服によって導入されたテニュア・システムであり，君主はすなわち最高の領主であり，すべての保有者は直接もしくは間接にそれぞれの封土を保有するにすぎないという「テニュアの理論」であった，と想定されていた，と言う。そして，ヘンリー7世・8世時代の制定法では，植民＝領有された土地の配分は国王の「通常の大権」事項であり，したがって，コモン・ローが管轄することができる問題とされた。Sir Mathew Hale（1609-1676，晩年はイングランド首席裁判官）は，植民地の土地の譲与は「国王の普通かつ通常の大権」による行為であるとした。深尾が言う「属地法」＝国土の法 lex terrae; the law of the land としてのコモン・ローは，イングランドの「新世界」に対しても主要法源として機能していくのである。Ken McNeil は，その Common Law Aboriginal Title（Oxford, 1989, p.135）において，「新世界における征服者としてクラウンが主権を獲得した瞬間に，当該の地域の事情が許す限り，イングランド法は新たな植民地に拡張されるのであった」と述べている。果たしてそうであったか。イングランド法とその諸制度のアメリカへの移転についてのこうした議論は，ローマ的法伝統におかまいなく，イングランドの植民者たちがコモン・ローに知られた方法を駆使して土地を要求することを意味した。より歴史的には，こうしたイングランド法およびその憲法的構造の移転が，18世紀の大きな争論をもたらし，結局，アメリカ革命を帰結させたのであったと言うのである。

　けれども，こうした見解の難点は，「新世界」はコモン・ローの管轄の外にあるという事実が考察されていないことである。ローマ法のようなドミニウムに対するインペリウムの理論を持たないコモン・ローでは，テニュアの法理によって「新世界」に拡張された領土は terra incognita（隠れ地）であって，植民地における領有は新たな取得行為でコモン・ローの関わり得ない土地であるとされた。ここで既述の15世紀のフォーテスキュウのイングランドの王権における「政治的」・「王権的」部分 dominium politicum et regale でなく「王権的」dominium regale 部分に属するとの理論が援用されることになる（第3章2末尾部分）。かくて，「新世界」においては，イングランドという「複合君主国」の多様な属領については，議会もコモン・ローも干渉できず，国王の通常の大権事項とされ

---

65　前掲注61，アーミテイジ・前掲邦訳書40-42頁参照。

たのである。

　けれども「驚くべきことに」1628年にクックは,「古来の国制論」のイデオローグであるにもかかわらず「海外でなされた行為」に関し干渉することはない」とした。このクックも関わった重要な事件があった。それが，1608年のCalvin v. Smith（Calvin's Case）である[66]。

　1603年の同君連合の結果，別個の王国であったイングランドとスコットランドはジェームズ一世（スコットランドではジェームズ6世）の下に連合することになった。スコットランド王ジェームズがイングランド王ともなった後にスコットランドで生まれた（*postnatus*）原告のRobert Calvinは，イングランドにとっては外国人であり，したがって彼はイングランド領内に彼が取得した自由土地保有権における土地に対する侵害訴訟を提起することはできないのではないか，等の争いが生じた。裁判所は原告の要求を認めた。この裁判には，ベーコン，クック，エルズミアといった当時の大裁判官たちが関わり，意見を述べており，その点でも極めて重要な事件であった。国籍法に関するこの事件の先例的意義は柳井の研究に譲り，ここではマクミランが述べるところに注目しておきたい。

　原告勝訴の理由となったのは，臣民の忠誠義務（allegiance）は，自然人としての国王に対してのものであって，政治体（political body）するものではない。そしてこの忠誠義務は，自然法に由来するのであって，スコットランドで生まれた者もイングランド人と同じようにこの自然法によって，国王への忠誠の点で生まれながら結びついているのである。エルズミアは,「アイルランド，スコットランド，ノーマンディ，ジャージーおよび他のイングランドの属領はイングランド法と区別される別々の法を有しているが，しかし主権の問題においては，何ら異なるところはないのである。なぜなら，人民が負うべき忠誠義務は，国に対してであって，コモン・ローに対するものではないからである」と述べた。

　「古来の国制」論者のクックは,「新世界」においても，土着の法は生きていること，アングロサクソンの「国土の法」（*lex terrae*）がノルマンの征服にもかかわらず生き残った場合と同じであるとして，その「面目」を保っているが，エルズミアもクックも，国王大権の領域に　複合君主国の「帝国」を委ねてしまっていたのである。国王の通常の大権でなく絶対的大権によるものとされる大権令状

---

[66] 7 Coke Rep.1a, 2 *St.Tr.*559, 77 Eng.Rep.377（Ex.Chamb.1608），田中英夫『アメリカ法の歴史上』東京大学出版会，1968年，53頁以下。柳井健一『イギリス国籍法史研究——憲法学・国民国家・帝国』日本評論社，2004年，とくに第2章は，この事件の詳細な研究であり，本稿とも問題意識が近い貴重な先駆的研究であって参考になる。

として著名な habeas corpus（身柄提出），mandamus（職務執行），quo warranto（権限開示）の諸令状や，一定の proclamation（布告），ordinance（条例ないし命令）は，国外にも適用された。それは，国王のインペリウムにもとづくものとされたからである。Calvin's Case において，クックとエルズミアは，臣民がどこに住んでいようと，国王または枢密院（privy council）およびこれを代理する大法官は，大権令状を発給して何事かを命じることができるのに対し，「コモン・ローの管理的腕」（administrative arm）であるところの「大法官府」と立法的腕（legislative arm）であるところの「国会高等裁判所」（the High Court of Parliament）は，コモン・ローが及ばない何人に対しても，訴訟を開始するためのいかなる令状も発給できないのである」とも述べている。

　ヘイル（Sir Mathew Hale）によってさらに精緻化されるこうした議論は，ブリテン帝国の膨張がイングランド国王の絶対的大権の行使のみによって遂行され，その主権行使＝インペリウムの結果として海外領土が帝国のもとにおかれる「領有」＝ドミニウムの関係を説明できても，そこには政治的共同体としての帝国の姿は全く生まれない。しかし，国王の大権のみが支配するところの当該の領土のイングランド人は，「イングランド人の生まれながらの権利」の保持者であり，クックとエルズミアが Calvin's Case で述べたように，「イングランドのクラウンに対する忠誠義務は，主権的権威に服すれども自然法とあらゆる文明国の人民のそれであるが故に，自然的エクイティの諸準則」rules of natural equity によって，国王は統御されるように拘束されているのである」，ということになるのであった[67]。ここから「帝国」の膨張とイングランド人民の権利との相克が，「帝国」の空間に広がっていく関係を読みとることができるのであるまいか[68]。

　イングランド教会による宣教という構想から，アメリカのヴァージニア植民を推奨した地理学者で聖職者のハクルート（Richard Hakluyt; 1553-1616）は，*Divers Voyages Concerning the Discovery of America*, 1582）および『主要な航海』（*The Principal Navigations, Voyages, Traffiques, and Discoveries of the English Nations*, 1589 enlarged 1589-1600）によって，プロテスタント国のイングランドの「遅ればせの」植民地建設競争への参入の基礎を築いた。それは，アリストテレスの『政治学』にも依拠し，ポリスやキヴィタスの生活を移植するための「文明化」を説くもので，イングランドに限定されてはいたが，ハクルートはこの故に，エリザ

---

[67] 以上は，MacMillan, *op.cit*., pp.31-38 のまことに魅力的な分析にほぼ全面的に依拠している。

[68] 以上は，MacMillan, *op.cit*., pp.31-38 の分析に依拠している。

ベス朝時代に起点があるブリテン帝国の思想的父祖と称される[69]。

アーミテイジは，18世紀後半のインドに基礎をおいた帝国の物語に限定された帝国史，つまり「第二帝国」のみの歴史には，ブリテンとアイルランドの歴史と帝国そのものの歴史の分離という傾向がある，要するにブリテン史とは，イングランド中心の国内史にすぎないことになるが，これは，ウィッグ的進歩史観，ウィッグ的憲政の延長にあると述べている[70]。このような批判的史観の思想の源流は，すでに19世紀中葉のケンブリッジ大の帝国史家シーリー（J R Seeley; 1834-1895）に発している。シーリーは，北米やカリブ海，ケープ植民地，オーストラリア周辺といった白人入植地を包摂したブリテン帝国の歴史によって，イングランド中心の島国的歴史を塗り替えるべきだと主張した。もっと広い意味でブリテン史を構想したのは，ブリテンが，1973年にヨーロッパ共同体への参加を決定した当時，ニュージーランドにいたポーコック（JGA Pocock）であった。彼は，ECの共通農業政策の甚大な影響を受け帝国特権の受益者の地位をもつニュージーランドにあって，ブリテン史とは，ブリテンやアイルランド，それに付随する島々やヨーロッパ大陸との間で織りなされてきたイングランド，スコットランド，アイルランドの三王国とウェールズを加えた四国民の歴史を平板に扱うものであってはならないとした。それは，地球規模で起こった現象として理解され，かつポスト帝国期のイングランドの膨張ではなく，縮小の歴史をも視野に入れたものでなければならないとするのであった[71]。すでに引き合いに出したホブソン（J A Hobson）は，19世紀以降の歴史家が帝国史に好意的でなかったのは，イングランドを連合王国の代表者としてブリテンの他の部分を無視する「イングランド史学」に由来すると論じていた。このような傾向は，帝国と教会の関係でも同様であった。統一的な帝国教会に相当するものがなかったにも関わらず，教会と帝国の関係は，イングランド国教会のみによって代表され，実際には重要であったディセンターや非国教徒の活動は無視された。

アーミテイジのヒルや，EPトムソン等への批判は，国内史と帝国史を永続的に切り離したといういささか外在的な批判にその意義があるというよりも，イギリス法史，とりわけその憲法史を国民主権と民族的同質性および領土保全という，国民国家的枠組みで語る場合に抜け落ちがちな「帝国」の視点をどう組み込むかの問題を提起していることにあるとみるべきである。結論的に言えば，イギリス

---

69　*Ibid.*, pp.49 *et seq.*
70　前掲注61のアーミテイジ，平田他訳『帝国の誕生』2頁以下および11頁以下参照。
71　同上 18-22頁参照。

第5章　名誉革命と名誉革命体制の再定位　　　301

がEC, EUとの関係で主権の制限を明示的に認める（European Communities Act 1972; 1972 c.68）までは，場合によってそれ以降も，ブリテン帝国の「遺産」であった広大な領域的「不分明」と，多様な民族を包摂する「帝国」の「幻影」が，この国の憲法の実像を掴みにくいものとし，主権中心の近代憲法構造の変容のありようを不分明にした。そうであるとすれば，名誉革命期に遡って「帝国」の形成を憲法論に再定位させる意義は大きいと言うべきであろう。

　アーミテイジによれば，「帝国」という言葉が法令上登場する最初の事例である「教会上訴法」（the Ecclesiastical Appeals Act 1532; 24 Hen.8, c.12）（第1章5.2参照）において「イングランド王国はひとつの帝国であり，それ自体で完全である」とされていたことが，名誉革命体制を築いたウィッグの国会によって信奉され，王権の独立は国家の独立の象徴とされて，帝国の伸張による憲法上の矛盾と自由との乖離は，王権の独立によって糊塗されたのである[72]。

　周辺とセンター（Peripheries and Center）という図式でブリテン帝国とアメリカ合衆国の憲法史に迫ったアメリカの歴史家のグリーンは，17世紀を通じた王権の縮減は，名誉革命によって引き起こされた変化と対比すれば，マイナーなものにすぎなかった，と言っている。革命の結果として，新たな正統説として国会による調整の原理が神聖化されたのであった。イングランドは今や，国会の権原に依存した君主を有するに至り，憲法は国会の法に基礎をおくものとされたのである。革命後の憲法の際だった特質は，第1に，いかに偽装されていようと神権的君主制は立憲的君主制に取って代わられたということであり，第2に，1689年以降，君主は国会と共存する道を学んだということであった。バークが述べたように，革命後の半世紀において，国会は，強力な主権者になったのであり，クラウンそれ自体についての制御者であるにとどまることなく，これもバークが言ったように，王の権威にある種の力能を伝導させることになるのであった。しかしながら，このような主権的国会は，1689年の時点では合理的に予測されていなかった。18世紀を通じて，ブリテンにおいては，憲法は次第に国会と同一視されていったのであり，憲法とは，国会が，それが憲法であると語ったことにほかならないということになっていった。かくて，近代の憲法（Modern Constitution）が最近発展してきたものであるということとともに，古来の国制（憲法）

---

[72] 同上12頁以下参照。「憲政の自由」と「帝国」の膨張は，アメリカ革命の危機をめぐる論争において，ウィッグ派とその後継者にとって必然的に相矛盾するとされたのであった。けれども，この矛盾を「国内政治」に組み入れることが国内政治の堕落をもたらすという嫌悪が，矛盾の顕在化を隠蔽したのであったと，アーミテイジは言っている。

(Ancient Constitution) よりそれは，無限によきものであるということが，同時代のブリテンという政治的共同体 (political nation) において，広く認識されていったのである，というようにグリーンは論じている[73]。

このようにして，名誉革命は，「帝国」の文脈においても，一定の画期をなした。しかし，国会の絶対的優位性と王権の劣位化は，「帝国」の統合という点では，きしみとなって，やがてアメリカの独立戦争へと連絡していったのである。後述したい。

## 8  名誉革命の「宗教的」文脈

1688年4月27日，ジェームズ2世は，前年の「信仰の自由宣言」（第5章6冒頭部分参照）に続く第二次の宣言を発し，同時に，次の日曜日と翌週の日曜日に教区教会を含むすべての教会でこれを読み上げるように聖職者たちに命じる枢密院を布告した。これより前の1686年，ジェームズは，「高等宗務官裁判所」(the Court of High Commission) を教会の首長としての王権に基づき復活させ[74]，その

---

[73] Greene, Jack P., Peripheries and Center; Constitutional Development in the Extended Polities of the British Empire and the United States, 1607-1788, The University of Georgia Press, 1986, pp.57-58, see also, Edmund Burke, Letter to the Sheriffs of Bristol cited at p.233 in above.

[74] 第5章注41に引用のHoldsworth, A History of English Law, vol.vi, p.198.「権利章典」でも「裁判所」という表現になっているが，実際は裁判所という名称ではなかった。第5章注32のOgg, England in the Reings of James Ⅱ, pp.175 et seq. によれば，これは，「裁判所」という表現を避けて，the Ecclesiastical Commissionとされ，裁判所としての権限はなく，巡察的な組織とされていたという。しかし，1685年11月，議会に休会を命じて以降，ジェームズは，第5章6で述べたように，議会を通じてカトリックに対する刑罰や審査法の適用を撤廃する立法手段による方法を断念し，法の適用免除権能および停止権能を国王大権として行使するという直接的手段に出る。それを背景にカトリックの官職への登用が，中央・地方両方で進み，さらには1687年5月，ケンブリッジ大学において，このCommissionが動き，カトリックの修道僧に対する学位付与を強要し，これを拒否した副総長が罷免されるに至った。次いで，1687年にはオックスフォードのモードリン・カレッジの学長人事に対してCommissionが介入し，介入に抵抗した同カレッジのフェローが追放され，同カレッジはカトリックの神学校にされてしまった。この一連の動きでジェフリーズは，Commissionは王権を代行するものであるとし，大学側は，エリザベス期からの確認事項と法に違背する求めに応じることを拒否した。ジェフリーズは，その主張を否認して，ケンブリッジの副総長を罷免するとともに，列席したフェローたちに「あなたたちも同罪である。王の命令に従うように心せよ」と言い渡したという。静かに聞いていたフェローのなかに，かのサー・アイザック・ニュートンもいた (Ogg, p.183)。こうした実際の行動が，1630年代William Laud (1573-1645) カンタベリ大主教のもとでピューリタン弾圧を断行し，長期議会でいったん廃止されることになる高等宗務官裁判所の復活と受け取られたのであ

裁判長（首席宗務官）にかのJeffreysをすえた。この「委員会」は，最初の仕事として，1686年8月4日，ロンドンの主教で枢密顧問官でもあったHenry Compton（ちなみに彼は，革命後復帰し，カンタベリ大主教職代行としてウィリアムとメアリの戴冠にもあたった）を引き出し，彼の配下の聖職者が国教会の教義と礼拝式を守り，ローマ式のそれを拒んだのに停職の処分をしなかったという理由で，彼を職務停止にした。これは，ジェームズと国教会との全面衝突を意味した[75]。この第二次信仰の自由宣言は，この延長で発せられた。

　国教会の聖職者・牧師たちは，宣言を壁に向かって朗読し，あるいは読み上げるが聞く必要ないと信徒に説教するなどして抵抗した。これに突き動かされるようにして，国教会の上層部が決起する。すなわち，Lambethにカンタベリ大主教のサンクロフト（William Sacroft; 1617-1693），Ken（Bath および Well）主教，White（Peterborough）主教，Turner（Ely）主教，Lloyd（St.Asaph）主教，Trelwaney（Bristol）主教，Lake（Chichester）主教の7人が集まり，首都管区大主教（the metropolitan），つまりサンクロフト自らが書いた連名による嘆願書が，1688年5月18日の夕刻，ジェームズの下に届けられた。

　嘆願書は，信仰自由宣言によって審査法等の法の適用免除権能（dispensing power）の行使が宣言されているが，これは違法であるため，この宣言を広く配布することは違法行為を広めることになるから，したがうことができないと嘆願するものであった。しかもこの嘆願書の写しは，すでに市中に出回っているとのリークがあった。ジェームズは驚愕し，7人の主教たちを文書扇動罪（seditious libel）で逮捕し拘禁した。

　これが有名な「7人の主教事件」（the Seven Bishops' Case, 1688; 12 St.Tr.183 cited in Costin & Watson, *The Law and Working of the Constitution, Ducuments 1660-1914*, Vol 1, 1660-1783, 2nd ed., 1961, A.and C.Black, London, pp.259 *et seq.*）である。

　6月29日にウェストミンスター・ホール[76]の王座裁判所で開始された公判は，大勢の群衆が見守る，さながら劇場のような様相を呈した。

---

る。
75　Ogg, *op.cit.*, pp.179 *et seq.*
76　現在の国会議事堂の原形は，1834年の大火のあと，1852年にゴシック様式で再建された（第二次大戦後はこの原形で再建）ものであるが，元々はウェストミンスター宮殿という王宮であった。ホールはこの中の一部であり，リチャード2世によって再建されたもので，王座裁判所が開かれた場所であり，現在でもその場所を確認できる。トマス・モアの裁判やチャールズ1世に対する裁判と処刑が行われたのもここであるが，1870年代の裁判所改革と並行して現在のRoyal Court of Justiceの建物ができるにおよび移転している。

後にメアリーとオレンジ公ウィリアムの即位に際し，忠誠を誓う宣誓を拒否する「宣誓拒否者」Nonjuror の 1 人となるサンクロフト大主教は，チャールズ 2 世とジェームズ 2 世のスチュアート王に忠誠を尽くしてきた厳格な高教会派で保守的な聖職者であったが，苦悶の表情で「私を訴追しているのはクラウンではなく，ジェームズ・スチュアート個人である」と述べた。ピーターバラーのホワイト主教は，より大胆であり，首席裁判官の Sir Robert Wright に向かって「閣下は，被告人の訴追者のように振るまい，証人たちにどのような証言をして欲しいか説示されることなきように願う」と言ってのけた。裁判官のなかで Powell 裁判官は再三発言し，まるで被告人側の弁護士のようであった。

7 人の主教たちの弁護人は，権利章典の起草者の 1 人となる後の大法官，サマーズ（Somers, John; Baron Somers, 1651-1716）らであった。彼は，前述した Godden v. Hales を引き（第 5 章 6 参照），この事件で当裁判所は「法の適用免除権能」（dispensing power）を適法としたが，本件は，法の効力を一般的に停止する王の suspensing power についてのものである，と直截に争点を提示した。

国王側代理人（訴追者）の法務次官（Solicitor General）は，この嘆願書は何であるか。国会の外で主教たちは国王に請願しているではないか。国会のいずれの院も，請願についての正当な手続を準備しており，開催の前に請願受領官が請願を受領する用意をしている。然るに主教たちは国会ではなく，いきなり国王にこの嘆願書を届けている。こんなものは請願でも何でもない。請願であるかは本件とは無関係だ（non sequitur）と述べた。

これに対し，パウエル裁判官は，「裁判長閣下。何と奇妙なご高説だ。臣民は国王陛下に対して請願する自由はなく，国会に対して請願する自由しかないとは。もしそれが法だと仰せなら，我が臣民は，何と哀れなことか」と反論した。

法務次官は怯まず，「さて諸卿よ。本件は，きわめて簡単なケースである。クック卿（Lord Coke）の判例集にある De Libellis Famosis（名誉毀損の文書の公開＝出版 publication）に当たるかの問題である。もちろん民事のそれは，事実の表明であるのか否かが争点になるが，国王もしくは政府に対するものであれば，事実であると否とに関わらず公開＝出版自体が文書名誉毀損罪（libel）に当たる。そういう問題だ」と述べた。パウエルに賛同する Holloway 裁判官はたまりかね，「私に言わせていただきたい。王は，一般的な宗教的寛容と良心の自由をこの信仰自由宣言で表明された。しかる後，王は，主教たちのこの宣言を広めるように命じられた。主教たちは，この宣言が法に反するが故に，これを広めることは宣言によって保障されている良心の自由にもとり，彼らの職務として許されない，とし

第5章　名誉革命と名誉革命体制の再定位　　　　　　　　　　　　305

て嘆願におよんだのである。彼らは，国会の開催まで待てないからこの嘆願におよんだのである。いったい他にどういう方法があったと言われるのか」と激しく抗議した。これに対し法務次官は，「申し上げよう。もし主教たちが，良心の命じるところに反するというのであれば，じっと耐え，国会が開催されるまで静かにしていれば良かったのである」と述べた。判例集，ステイト・トライアルは，このとき，ウェストミンスター・ホールではシーという非難の声が上がったと記録している。ただ，この法務次官の発言は，国王に対してひたすら服従するという国教会の教理でもある受動的服従（passive obedience）に触れたものであって，とりわけサンクロフトには痛烈な皮肉となった。

　ライト首席裁判官は，結局，王が主張する「法の適用免除権能」（実際には個別の権限行使が重なれば法の一般的停止，すなわち，法の停止権能（suspending power）と同じになる。第5章6注51参照）が「合憲」であるか否かを判断するのを避け，陪審に次のように説示した。

　「法の適用免除権能の問題は，この事件の外の問題である。それはこの請願のなかで用いられている用語に過ぎない。その問題は私の面前にないのである。私の面前にある唯一の問題は，この請願が公開＝出版 publication されたのかという事実の問題があるだけである。そしてもし，この事実について，公開＝出版があったという証明がなされたという場合は，次にこれが文書による名誉毀損罪に当たるかどうかの法の問題が立証されたかにある。陪審員諸君。私はすでに証拠の要約を行った。主教たちが王に提出したのがこの請願であるという証明がなされたと諸君が信じるのであれば，公開＝出版は充分証明されている。しかし，もし諸君が，それはこの請願ではないと信じるのであれば，主教たちに対しての告発状にある，libel（文書による名誉毀損罪）について彼らが有罪であるか否かの審理の必要はないことになる。しかし，もし諸君が，主教たちが王に提出した請願がこの請願であると信じるのであれば，libel であるか否かについて審理しなければならないことになる」。

　Holloway 裁判官は，この説示に満足できず，主教たちの嘆願の内容について正しいことが言われており，libel にあたるとは証拠に照らして言えない。ただしこれは私の意見であると述べた。ライト首席裁判官はむっとして，「卿よ。私は貴下に証拠の要約を頼んでいない。そうすることは尋常ではない」とたしなめた。パウエルは，次のように述べて締めくくった。

　「陪審員諸君。宣言は証言によって，法の適用免除にあたるとされたものである。これは，あらゆる法が撤廃もしくは完全に廃止されるに至る権能である。教会に

関わる法を王が適用免除するか，それとも何であれ，王が，他の法の適用免除するにせよ，私はそこには何らの違いも認めない。もしこのような権能が許されるのであれば，国会は存在する必要がなくなる。すべての考慮に値することがらについての立法も，国王の手中にのみあることになるからである。こういうことでよいのか。私は，神と諸君の良心に委ねたい」[77]。

パウエルの意見は，首席裁判官によって無視されたが，ライトの言明は，7人の主教たちの libel として訴追されている嘆願書が，公開＝出版されたか否かという「事実問題」とともに，この嘆願書の内容が libel に相当するかについての法律判断，すなわち，この嘆願書の公開＝出版によって人々が扇動されたのかという判断をも，陪審に委ねるという意図があったのである，と Ogg は指摘している[78]。これは，トマス・ペイン裁判の当時，自由主義者として令名をはせたフォックス（Charles James Fox; 1749-1806）の「フォックス名誉毀損法」として知られる the Libel Act 1792 を，1世紀以上も先取りする意味があった。

翌6月30日，陪審は全員一致で無罪の評決をし，7人の主教たちは釈放された。ジェームズは，パウエル裁判官と Holloway 裁判官を罷免したが，釈放された主教たちを熱狂的な喚呼で迎える民衆でロンドン中が沸きかえった。トレヴェリアンは，祝火がたかれ，窓という窓に7本ずつの蝋燭が照り輝いていたが，ロンドンの西の Hounslow Heath に駐留するジェームズの軍隊が，最も大きな歓呼の声をあげ，不吉な前兆を示したと書いている[79]。ジェームズは自らの常備軍を信用できず，アイルランドの軍を呼び寄せたことに常備軍は反発していたのであった。ジェームズの側近，無節操漢と言われた首席大臣のサンダーランドでさえ，ジェームズの強硬な態度に恐れをなし，口ではジェームズを支持しつつ，ひそかに保身策に走った。

名誉革命は，古来の国制の「復古」にすぎないと主張しているポスト・修正・批判学派の雄，クラーク（前述286頁注42末尾参照）は，ジェームズの第2次信仰自由宣言が及ぼした影響について次のように分析している。

「高教会」High Church 派は，非国教徒（Protestant Dissenters）を解放することになるとして「宣言」に反対し，「低教会」Low Church 派は，「法の適用免除権能」によってカトリックが勢いづくとして「宣言」に反対した（高教会・低教会については第6章注19参照）。しかし，ジェームズの「信仰の自由宣言」は，トーリー

---

[77] 以上は，本文引用の Costin & Watson, pp.258-268 の要約である。
[78] Ogg, D., England in the Reigns of James II and William III, p.199.
[79] 前述265頁注1引用の，松村訳『イングランド革命』74頁。

が多数派の議会においてウィッグとの連合が生じただけでなく，教会までもが，宗派の対立を越え議会のもとに統合されるという効果があった。教会が王権ではなく議会のもとにあるという構図が一時的にせよ，生じたのである。クラークは，この一次的「国民的統合」が名誉革命によって崩れ，それの「アンシャンレジーム」による再統合が帰結すると捉えるのである。しかし彼は，トレヴェリアンとともに，地方行政が「生まれながらの支配者」たるトーリー・ジェントリから，素性の知れないカトリックの「よそ者」に置き換えられるという治安判事職と都市自治体への攻撃こそ，ジェームズ失脚の最大の理由となったとしていることが注目される[80]。

　ジェームズは，ヨーク公時代に，クラレンドン伯の娘のアン・ハイドと秘密結婚し，メアリとアンという2人の娘が生まれたことは前述した（第5章2参照）。アン・ハイドの病没の後，ジェームズはイタリアのモデナ公の娘のMary of Modena（1658-1718）と結婚したが，5人の子供はいずれも夭折した。1688年6月10日，7人の主教事件の渦中，王子James Edward Stuart，後にOld Pretender（大僭称者）と言われる王子が誕生した。当時は，王子誕生の場には多くの立ち会いがあったと言われるが，ジェームズは新教徒の立ち会いをほとんど認めなかったため，ジェームズ55歳，王妃30歳の2人からの男子誕生はカトリックは奇跡と驚嘆し，新教徒からは，寝台暖房器（'warming pan'）で王妃のベッドに運ばれた偽者だという説が広まったという。ジェームズは枢密院の会議を招集し，王子誕生に立ち会ったジェフリーズらに，証言をさせた。もはやジェームズは，王子誕生さえ祝賀される人望を失ってしまっていたのである。けれども，王子誕生は，オランダにあって慎重に情勢を分析していたオレンジ公ウィリアムにとっては，自分はもとより妻であるジェームズの娘メアリーよりも先順位の王位継承者が生まれ，しかもこの不運な王子はカトリックとして育てられることが確実という事態が生じたことを意味した。

　ウィリアムは，モンマス公の反乱（第5章4参照）の二の舞を演じぬようにイギリス国内の情勢を周到に分析していたと言われる。彼は，ジェームズ軍との直接の戦闘を回避し，サンクロフト，ジェフリーズらの「悪しき側近」の責任を指弾するとともにジェームズによって停止中の議会の開催を誘導するという道筋を描く。同時に，オランダ国内で彼の出撃を容認する方向が出ることを待ち，かつ，ルイ14世のもとでヨーロッパのカトリック連合を築きオランダを侵略しようと

---

80　Clark, J.C.D., English Society 160-1832, Cambridge University Press, 2000, pp.73-75. トレヴェリアン，前掲邦訳書64頁以下参照。

するフランスに対し，プロテスタントの包囲網を着々と築くという外交にも卓越した政治家であったと言われる。

　王子誕生の直後からトーリーとウィッグの指導部7名は，1688年6月30日，Russell, Devonshire, Danby, Shrewsburry, Lumley, Compton, Henry Sidney の7名の「招請状」が水兵に変装したラッセル提督によってウィリアムに届けられた。浜林によれば，招請状には，国民は現政府の宗教・自由・財産の侵害に不満をもっており，20分の19までが変革を希望している。1年内にこの状況がさらに悪化しないか不安である。……議会によって望まれる方向に物事が進まない場合は，もっと暴力的な手段が用いられる可能性がある。閣下が必要な準備を進めるべきと判断されるなら。時機を失せずその決意をお示しいただきたい。我々はその間，準備万端整えることができると信じる」といったものであった[81]。

---

[81] 浜林正夫『イギリス名誉革命史（上）』未来社，1981年，175-176頁。

# 第6章　名誉革命の法構造

　「修正主義」の一つの特徴は，歴史が一定の法則性をもって展開するという理解への懐疑がある。ウィッグ史観にしてもマルクス主義歴史論にしても，「定向進化」の筋立ての一本道を進むという仮定を肯定する点で差異はないと批判する。この批判は，比較経済史学派のブルジョワ革命論や産業革命論についての「経済還元論」的歴史解釈という批判に最も顕著であるが，法則性と個々の具体的歴史事象の相互関連は，それでは何らの脈絡をもたないものとして描かれ得るのかという点が，まず問題になろう。法律学が，こうした論争に意味ある形で関与するのは難しい。なぜなら，市民革命あるいはブルジョワ革命は，「法律革命」であることを特色としており，法律学者が，この種の論争に有意な形で参加できるとしたら，それは具体的な法律的表象を「解釈」し，それがいかなる影響を及ぼすかを規範的に予測するということである。歴史に対する規範的な解釈は，法律学の寄与できるその特性の表現であるが，経済史学や歴史学が行う，具体的歴史事象の存在を実証することを任務としているわけではない。

　名誉革命の評価は，イギリス憲法を論じる場合 – 成文の憲法典は存在しないこの国においても必ず「憲法的法」の代表例とされる –「権利の章典」および「王位継承法」等はまさに名誉革命の成果であるとして，この章で考察される。

　名誉革命は，ジェームズ2世の国外逃亡という形で幕を閉じた。しかし，そこからが革命の正念場だった。Revolution settlement と言われる歴史過程が，名誉革命体制，しばしば「長い18世紀」と言われる時代の枠組みを作るのである。ここで従来は，ジョン・ロックとその理論が，名誉革命を「事後的に正当化」したものとして「主役」に躍り出るのであるが，ロックの『統治二論』の執筆の時期が，名誉革命後でなく，名誉革命の前であったことが実証された結果，「事後的正当化」説はその根拠を失った。それに加えて，名誉革命の自然的権利論的解釈の否定論である「修正主義」が及んでくる。さらに，イギリス史というよりも，ブローデルの「地中海世界史」に比肩する「大西洋諸島」史の一環としての「ブリテン史」と，その方法論的基底をなす「マッキャーベリアン・モーメント」で影響力があるポーコックの「商業革命」論，「徳と腐敗」のパラダイム論の席巻がある。しかし，ロックは，立法者が人民の信託を裏切った場合には市民社会の

ではなく「統治の解体」を説いている。「統治二論」は，カトリックのジェームズ2世の王位継承権を排斥するウィッグの運動を支援するために書かれたものであって，人民との契約を説く，ウィッグの枠を凌駕する急進的な書であった。ロックの統治における「信託」論を，名誉革命の後の国制に援用する際に，ホルトらの裁判官の役割が大きかった。「権利の章典」も，後の大法官サマーズの周到な起草によるものであった。表面には出ていないが，名誉革命の事後的正当化どころか，ロックの急進的すぎる「統治の解体論」を Revolution settlement にセーフランディングさせることが，「権利の章典」の役割であったのである。同様に，この章では，「王位継承法」によって，裁判官の身分保障が確立されたことに，特別の意味を見出している。裁判官の身分保障が「王位継承法」に入った理由は，司法権は「執行権」と分離されていず，執行権の一部と考えられていたという歴史的経緯に由来する。クック等が，国王と直接に対峙することになってしまうのも，司法権が執行権と分離していない，中世的国制に由来したのであって，名誉革命は裁判官の憲法上の地位をめぐる「枢密院における国王」と「議会における国王」の対立に決着をつけるという意味があった。議会の解散を大権事項とする国王と，「3年議会法」による議会側の大権との対峙は，裁判官の身分保障という形での国会と裁判所の同盟を結果として導いた。これはしかし，社会との連鎖を特質とする憲法の基盤ともなるのであって，「長い18世紀」における民衆運動を支えていくことにもなるのであった。

## 1 Revolution Settlement

オレンジ公[1]は，出撃後，西風と嵐のためいったん引き返すが，1688年11月1日，

---

[1] オランダのハーグにあるマウリッツハイス美術館（以下は，東京都美術館で2012年6月30日から9月17日まで開催された同美術館展のレア・ファン・デァ・フィンデ執筆の『展覧会図録』解説，朝日新聞社刊による）は，ハーグ近郊のデルフトの画家，ヨハネス・フェルメールの「真珠の耳飾りの少女」や，南北ネーデルランドで描かれたレンブラント，ルーベンスなどの著名な絵画を多く所蔵するが，このコレクションの基礎は，オランダ総督のオラニエ（イギリスではオレンジ）家の歴代当主の収蔵品にある。17世紀のネーデルランドは，スペインハプスブルグ帝国の支配下にあったが，神聖ローマ皇帝カール5世の後を継いだスペイン国王のフェリペ2世の激しい新教弾圧に抗議してオラニエ公（イギリスではオレンジ公）ウィレム（イギリスではウィリアム）が率いて独立のため決起し，ネーデルランド北部には「ネーデルランド七カ国連邦共和国」という，それぞれの州の独立性の高い共和国が樹立された。その最高機関は州と都市の代表者による「全国議会」とされたが，海軍と陸軍は「総督」の指揮下に置かれた。オレンジ公ウィリアムの曾祖父が，この初代総督のオラニエ公つまりウィレム1世であった。オレンジ公ウィリアムは，オランダ時代，

「プロテスタントの西風」に乗り，54隻の軍艦に守られた600隻の輸送船はいったん北西のHull方向に進路をとるが，沖合で進路を変えテームズ河口方向に向かって南下した。河口には，カトリックのStricklandに代わってプロテスタントのDartmouth（First Baron of Dartmouth）指揮下の国王軍が，オレンジ公の艦隊に匹敵する艦船を編成して待機していた。Royal Navy史上の謎とされる海峡艦隊指揮官のダートマスの行動が，両軍の激突を回避させるが，実際にはオレンジ公の艦隊を指揮したArthur Herbert（後のEarl of Torrington; 1646/47-1716）が，オレンジ公に大義があるとするパンフレットをRoyal Navyの水兵たちに大量に播き，ダートマス自身もジェームズの再三の出撃命令にも王の身辺の防衛こそ優先したいとするなど，言を左右に従わなかった。こうして11月5日，ウィリアムはイングランド南西部の，イングランドのリヴィエラといわれる保養地Torbayに戦わずして上陸する。

ウィリアム軍はドイツやオランダ兵を含む「プロテスタント連合軍」であり，したがってこれは，1066年のノルマンディー公ウィリアムによる征服以来のイギリス征服だとする人もいる。実際にもこのウィリアムの侵攻は，名誉革命と言われるイギリス近代にとって最重要な出来事が，こうした国際的な背景をもったものであることを象徴していた。

ジェームズは，軍を率いてソールズベリまで来たが，オレンジ公はエクセタにとどまり，両軍はまたも直接接触せず，オレンジ公は12月14日，ウィンザーに移動する。こうして両軍はついに直接戦闘に入らなかったが，代わりにジェームズ自身による逃亡劇が展開する。

オレンジ公は，モンマス公の反乱に学び，ジェントリ層の支持を待つという態度をとり続けた。ジェームズがロンドンに引き返すと，11月27日，ハリファックス（1st Marquess of Halifax; George Saville; 1635-1695）らの貴族穏健派がジェーム

---

共和派政府によって長く総督就任を拒まれ不遇の時期を送るが，政敵デ・ウィットの死後，総督に就任し，ルイ一四世の侵略を阻み，その最大の仇敵となる。彼はダンビー伯の仲介でジェームズの娘のメアリーと結婚するが，メアリーは彼より背が高く，夫婦仲も良くなかったと言われる。マウリッツ美術館は，元々はウィレム1世の後を継いだオラニエ公マウリッツが築いた総督邸であった。このマウリッツは，スペインとの80年戦争の立役者で軍事の天才と言われた。また，オランダの東インド会社でも活躍し，日本の徳川家康から朱印状による交易を認められる「オランダ国王」とは，総督であった彼のことを指す。オレンジ公ウィリアムは，歴代の当主が余り関心を示さなかったイタリア絵画の収集にも熱心で，彼のイギリス国王即位後，イギリス王室のコレクションがオランダにかなり「流出」したと言われるが，彼の死後はこのコレクションの「継承」をめぐって紛争が起こり，多くの部分が散逸した。

ズを説得，議会の召集とカトリック教徒の公職からの排除やオレンジ公との協定などの案を迫るが，すでに多くのトーリー貴族は離反し，オレンジ公との接触を始めていた。11月21日，エクセタを発ったオレンジ公は，12月7日，Hungerford で，ジェームズから全権を委任されたというハリファックスら3人の特使と会見する。これは実は，ジェームズの偽装策で，ジェームズにははじめからオレンジ公との交渉の意図はなかったようである。

　実際，特使たちは，議会の召集と自由な選挙の確約等のジェームズの約束を伝えるが，オレンジ公は，カトリックの公職からの排除，ロンドン市の自治保障，オレンジ公の軍隊の給与の支払いの要求等を突きつけた。これらの条件はウィッグやハリファックスは受諾可能と判断したが，12月10日にこのオレンジ公の条件を聞いたジェームズは，屈辱的な条件と判断し，即答せず，翌日回答すると伝えるように命じた。その夜，ジェームズは約束の新議会召集のための令状等の書類を焼き，陸軍総司令官 Feversham 卿に軍隊の解散を命じ，12月11日の午前3時，ホワイトホール宮を脱出してフランスに船で脱出しようとした。12月10日のロンドンは，カトリックの邸宅等の焼き討ちや，名誉革命に民衆の参加はなかったというような説とは反対に，各地の反乱で大混乱に陥り，そこら中に火の手が上がっていた。ジェームズはこの時，国璽²をテームズに投げ捨てたと言われる。

---

2　国璽（Great Seal）は，アングロ・サクソン時代の最後の王の Edward the Confessor が，重要な公文書等に用いた印章に起源があり，大法官または国璽尚書（Keeper of the Great Seal）によって管理された国家の第一位の印章。これに対し，国璽の押印権限を授権するためまたは国璽を必要としない重要文書に用いられる王の印章を王璽（Privy Seal）という。国璽については，大法官の常任職である国璽尚書が大法官と別に特別に任命されることがあって両役職は区別されていたところ，1561年の法律（5Eliz.1, c.18）によって，両者は同一の役職であると規定された。大法官はしたがって国王が国璽を交付してその保管を命じることのみによって任ぜられる役職となるとともに，令状もしくは開封勅書を授与されることなくして王国においてもっとも影響力がある役人となり，国王その他の重要な公文書に押印される国璽の管理者とされた。大法官という官名とその裁判所である「大法官府裁判所」（the court of chancery）に関わる *cancellaria*（カンセラリア）とは，国王の開封勅書が法に反して誤って下付されたときにこれを抹消すること（cancelling），したがってその権限の最高点を示すとされているが，これは，ローマの諸皇帝の宮廷では――イギリスだけでなく――共通に知られていたものであった。しかし，やがて司教管区の裁判所について用いられるようになりつつ，ローマ帝国の崩壊後もチャンセラーは諸王国に継承されていたと見られる。しかしイギリスでは大法官は，古くからの慣行で，貴族院議長，*ex officio* の枢密院顧問官であり，かつ「国王の良心の保管者」となり，それ故，王の設立よる病院やカレッジの巡察者（visitor），国王の教会牧師職の推任権者（patron），未成年者（infants）や精神欠陥者（idiots），精神異常者（lunatics）の「一般的後見人」（the general guardian）であり，かつ王国のすべての公益信託（charitable uses, trusts）についての一般

ジェームズの逃亡はたちまち全国に知れ渡り、ジェームズを乗せた小舟は漁夫たちに発見されてしまう。ジェームズを警護していたかの Godden v. Hales 事件（前述289頁参照）の Sir Edward Hales は、両手に拳銃をかざし、ジェームズの拘束を阻もうとした。ジェームズは「暴力はやめよ」とこれを制止して漁夫たちを買収しようとするが、ヘイルズはなおも抵抗しようとしたため船に火が放たれた。驚き騒ぐヘイルズに向かってジェームズは、「これしきりの炎と煙に耐えられないで、何で（天国に入る前の——筆者注）煉獄の火に耐えられようか」とたしなめたと言う。結局、ジェームズは拘束され、ロンドンに連れ戻される。貴族院はジェームズの奪還を Fevesham 司令官に命じ、ジェームズは12月16日の日曜日にロンドンに帰還した。この時、静かな笑みを浮かべるジェームズを迎えた民衆のなかには、王が回心し、無政府状態のロンドンに秩序が取り戻されるであろうと考える者が多くいたと言われる。

ジェームズとともに、大法官ジェフリーズも水兵に変装して脱出しようとしたが、Wapping で発見され、リンチにあう寸前、自ら求めてロンドン塔に幽閉され、後にそこで獄死した。それ以前、ロンドンの無政府状態を理由に、12月11日、ロンドンのギルドホールに貴族たちがあつまり、緊急の委員会が設置された。この委員会は、すでにオレンジ公待望論で一致しつつあり、最後までジェームズの王位にこだわっていたハリファックスもこれに同調する。貴族たち支配層は、群衆の決起におびえ、彼らの財産の安全を優先させたことは明らかであった。ジェームズの逃走失敗は、こうしてオレンジ公にさらに有利な条件をもたらすことになった。彼はジェームズのホワイトホール入城の前に、テームズ川を下らせてロチェスターに住まわされることにしている。この段階では、ジェームズは国王であり、オレンジ公の地位は不明であった。したがって、ジェームズには交渉の最後のチャンスがあった。しかし、12月23日、ジェームズは水兵たちに担がれてカレーに近い漁村から、妻と生まれたばかりの幼児が待つ、ルイ14世が用意した St.Germains の亡命先に向かったのである[3]。

---

　的監督権を有する役職になるとともに、これらの権限をすべて、大法官裁判所においてその司法的資格において行使することになったのである（Sir W.Blackstone, Commentaries, Book 3 Ch.4, p.45）。内田力蔵『著作集　第4巻』195-197頁参照。

[3]　以上の経緯については、Ogg, D., England in the Regns of James II and William III, pp.214-221, 第5章1注1引用のトレヴェリアン、邦訳書『イングランド革命』77頁以下の第5章注20の浜林『名誉革命史（上）』172頁以下を参照した。この三つは立場が異なっている。「ウィッグ史観」、つまり「通説的」なトレヴェリアンが1688年の一連の経過についてトーリ対ウィッグの図式で説明することは当然であるが、浜林は「国際的文脈」

「名誉革命」と称せられる革命劇のハイライトは，以上に尽きないさまざまなディテールがあるというものの，より重要な問題は，通常「革命の決着」(the Revolution Settlement) と言われるジェームズ「逃亡後」の体制再構築の内容とそれの評価の問題である。

12月18日，ロンドンに入ったオレンジ公は，ジェームズ「逃亡」の12月23日，貴族と，ジェームズが召集することがなかったため（即位後ジェームズは直ちに議会を召集，1685年4月の総選挙でトーリー派が圧勝した結果，自己に有利になったはずの議会を彼は，1685年11月に休会にしてしまう）チャールズ2世時代の庶民院議員でロンドンにいる者，ロンドン市の市長，長老参事会員（aldermen）を召集した。ロンドン市は，ウィリアム招請の拠点であり，後に彼を歓迎するレセプションをギルドホールで行ったほど，オレンジ公即位までを支える役割を果たしていたからである。オレンジ公が召集した会議体についてメートランドは，これは，「国王でなく，国王と公言していない人」によって召集された「全く非正規な集会」a quite irregular assembly であると法律家はみなすほかない，と述べている。

この集会は，12月26日に会合し，オレンジ公に対して，王国の諸身分からなる「仮議会（国民協議会）」(convention) を召集するように助言した。この助言にしたがってオレンジ公は，1689年1月22日の仮議会に貴族は来るように，州と自治都市は代表を送るように，と求めた。庶民院はこの月，選挙を行った。この後，仮議会は会合を持った。そして，1月25日，庶民院は，国王ジェームズ二世が，国王と人民との間の原始契約（original contract）を破ることにより，王国の憲法を覆そうと努め，かつ，イエズス会士および他の邪悪な人々の助言により基本的諸法（fundamental laws）を破り，さらに自ら王国外に退き，かくて統治を退いた（abdicate）旨と，そのことによって王位は空位（vacant）となっている旨を決議した。後述のように，ここで「退いた」とは，ダンビーが率いる貴族院トーリー派への妥協であり，「空位となった」とは，王権が神に由来する故に，国会

---

とともに「リリブレロ」（*Lillibullero*）」（松村＝富田編『英米史辞典』等によると，これは，もともとは1640年頃にアイルランドの旧教徒が新教徒支配に抗して起こした叛乱時に流行した意味不明の歌で，名誉革命時，カトリックとジェームズの圧政を風刺する歌として大流行し，ヘンリー・パーセルが作曲，ピューリタン革命期の議会派でオレンジ公の軍に合流したウィッグ貴族のWharlton (Thomas, 1st Marquess of Wharlton; 1648-1716) が替え歌を作詞し，現在でもBBCのWorld Serviceのタイトル曲等にも用いられている歌（http://www.youtube.com/watch?v = A0yIDXP7nbM&feature = related）なども引いて，民衆運動とそれに対しての支配層の恐怖を，名誉革命の重要な要素として分析していることが，現在もなお意味を持っているように思われる。

や仮議会の助けによらず，常に誰かに（この場合はメアリーに）賦与されなければならないとする，ダンビーらの神授説を否定する，ウィッグ派への妥協を含意していた。

　貴族院は，若干躊躇した後，2月12日，この決議に同意した。「空位」となったという文言を認めることは，先の通り，王権神授の主張が否定される意味があり，また，ウィリアムがメアリーと対等の立場で王位継承者となることを意味した。それ故，次いでウィリアムとメアリーが国王および女王であると布告されるべきとする決議がなされた。2月13日に両院は，ウィリアムとメアリーに伺候し，権利宣言（the Declaration of Rights）を伴った形で王位（crown）を2人に奉呈した。王位は受納された。仮議会は，1660年の先例に従い，正式の召集令状を欠くにもかかわらず，自らをイングランドの国会であると宣言する国会制定法を可決した。この仮議会たる国会は，こうして正規の国会となって，1690年初めまで解散されず，権利宣言を組み入れた権利章典（the Bill of Rights）を含む多くの重要な国会制定法を可決した。「仮議会」後の新しい国会は，1690年3月22日に会合を持ったが，これはもちろん，国王と女王の令状によって適正に召集されたものであった。同国会は制定法によって，王と女王は，国王と女王の地位にあり，また仮議会によって制定された制定法は，王国の法および制定法であったし，現在もそうであると改めて宣言したのである[4]。

　メートランドは，以上の経過を前提に「革命が存在しなかったと論じることは，いかなる法律家にとっても極めて難しい」とする。革命の遂行主体は，できるだけ合法的な手続によるものとするために正当化に腐心するのは当然だが，そのことからジェームズの逃亡を，abdicate と表現した。このような法律用語は当時存在しなかったようであり，これに対する日本語表記も，「放棄」「退位」とまちまちである。第5章2注16で言及したエドワード8世の場合にも abdicate が用いられたが，国璽をテームズに捨てたというジェームズの行為は，「自発的退位」とは言えまい。実際，ジェームズ自身そしてジャコバイトのジェームズ復位の試みが，その後も繰り返された。

　スコットランドでも「仮議会」が開かれ，イングランドの「権利宣言」に相当する「権利要求」（Claims of Right）を条件にオレンジ公とメアリーの即位を認めたが，「権利要求」においては，ジェームズは「王位に対する権利を没収された」

---

[4] Maitland, F.W., The Constitutional History of England, 1908, Cambridge University Press, reprinted 1950, pp.283-284（小山貞夫訳『イングランド憲法史』，創文社，1981年，376-377頁参照）。

forfeited the crown という表現になっていた。イングランドの場合より，明確な表現であった[5]。

　エイルマーによれば，ジェームズの「逃亡」後の処理について，「仮議会」のトーリー右派の High Tories は，王位は空位とはなっておらず，ジェームズの生まれたばかりの王子のためにウィリアムもしくはウィリアムとメアリーが共同で摂政になればよく，ジェームズが国教会制の維持を誓約すれば彼自身が復位すればいいとした。このグループは少数であったが，ウィリアムとメアリーが共同君主として即位するさいに忠誠の誓約を拒否する Nonjuror（宣誓拒否者）となる者たちで，これには前述のように（第5章8），サンクロフト大主教はじめ高教会派の約400名の聖職者が含まれていた。彼らが受動的服従（passive obedience）という国教会の原則にしたがった故であって，ジェームズもしくはその王子の復位を求めるジャコバイトとは異なる。

　第2のグループは，ダンビー伯（第5章3参照）に代表されるトーリー穏健派で，ジェームズが去ったことによってその幼児の王子も王位継承権を失い，空位となった王位は自動的にメアリーに継承されたとするものであった。この立場では，

---

[5] *Ibid.*, p.284. スコットランドでは，国教徒にあたる部分が弱く，長老派の貴族とジェントリに主導権があった。スコットランドの仮議会は，ジェームズの正当性を支持するジャコバイトの参加を得ておらず，ハイランドの名門，ダンディは「仮議会」を脱退して蜂起し，これを迎え撃った議会軍が敗北した。しかし，ダンディ戦死後，長老派農民軍を率いたキャメロン派などの長老派が台頭，ジャコバイトの蜂起は押さえられた。しかし，その後も氏族間の対立が続き，ウィリアムとメアリーへの忠誠誓約をめぐって，ウィリアムの了承のもとにグレンコーの虐殺と言われる事件がおき，スコットランドにおける「名誉革命」は氏族間の対立による流血とジャコバイト弾圧の様相を呈した。これは，クロムウェルに始まる土地収奪を合法化する1662年の「アイルランド土地法」（Irish Act of Settlement）に象徴されるような植民地化に対し，1689年のいわゆる「愛国議会」が，制定法によって土地の奪還をはかっていたアイルランドとは対照的であった。しかし，アイルランドでも，こうした解放闘争の動きとともに，フランス軍の支援を受けたジェームズが，1689年3月，アイルランドに上陸し，王位奪還をねらった。ここに，「アイルランド革命」と呼ばれる「解放闘争」と，ジェームズによる反革命が結合する可能性が生じた。そこで，1690年6月，ウィリアムは，大軍を率いて自ら出陣し，ボイン河の戦闘（the Battle of the Boyne）でジェームズ軍は撃破される。そこで，ジェームズはまたもフランスに亡命する。アイルランド軍はその後も，サースフィールドによって再結集され，ウィリアムの帰国後も徹底抗戦を続けたが，マールバラ（チャーチル）卿（1st Duke of Marlborough, John Churchill, 1650-1722）指揮下の軍隊によってフランスとの交通を遮断されてついに敗れ，リメリック条約（Treaty of Limerick）によってアイルランドの土地収奪は，その「完成」を迎える。以上はまさに，アイルランドにおける「名誉革命体制」の実現を意味したのである。かくて，スコットランドとアイルランドは異なった背景のもとで，名誉革命後の抵抗運動の火種となっていくのである。以上について，浜林・前掲注3（上）221頁以下を参照した。

男系の継承を優先する王位継承準則を崩すことになるが，その正当化の理由は，将来の「大僭称者」となる王子は偽者であるとするか，メアリーの継承を補強するために男系で王位継承権1人でもある夫のオレンジ公ウィリアムを女王夫君（Prince Consort）とするというものであった。この案に「仮議会」の庶民院は乗らなかったが，貴族院では多数意見であった。しかし，ウィリアムはこの案にも摂政となる案にも断固拒絶の態度を示し，軍を引き連れてオランダに帰国すると迫った。ウィリアムのこの態度の背景には，ピューリタン革命時，レヴェラーズに属したJohn Wildmanが亡命先から帰国し，君主制を廃して共和制に移行することを主張するなど民衆のラジカルな運動が高揚し，そのなかにはウィリアムの即位を支持するものだけでなく，君主制廃棄や「新マグナカルタ」を要求するものもあって，自らの即位を急ぐことが必要という判断があったとも言われている。

穏健なウィッグ派は，ジェームズの逃亡によって王位は空位となったのであり，ウィリアムとメアリーは自身の資格で共同して国王および女王となると宣言すべきであり，王位は国会によって両人に奉呈されるべきとするものであった。この段階でウィッグにも属さず「日和見主義者」(the Trimmer)と自称する前述のハリファックス（1st Marquess of Halifax, Geoge Savill; 1639-95）が指導力を発揮した。彼は，1660年の王政復古の場合と異なり，ウィリアムとメアリーの即位には前提条件が満たされる必要があるとした。それは，ウィッグの主張でもあった君主と臣下の関係は契約的なものであるとする主張に応じるものであった。かくて，国王に対して要求すべき項目の検討がなされることとなった。この委員会で前述のサマーズ（第5章8参照）が重要な役割を果たした。貴族院では，この「契約」条項が問題になったが，裁判官の意見で，コモン・ローにおいてこれを論じることはできないので，国会によって決すべきとされたので，こうして合意された先の「権利宣言」は，国会制定法によって法とされるべきことになった。かくて，1689年2月13日，両院議員が列席するホワイトホール宮において，まず「権利宣言」が読み上げられ，ハリファックスが，「仮議会」の名においてこの宣言を条件にウィリアムとメアリーが共同君主として王位に就くように奏上がなされ，両人がこれを受諾することによって，革命の一応の決着が実現したのである[6]。

---

6　Aylmer, G.E., The Struggle for the Constitution-England in the 17th Century, Blandford Press, London, 4th ed., 1975, pp.217 et seq. Ogg, op.cit. supra note 3 at 225 et seq. ウィッグ的解釈によって名誉革命は，「ウィッグ革命」とされ，将来の進歩の起点（マコーリー），抜きん出た自由にして進歩的な憲法原理の確立とその輸出可能性の実現（トレヴェリアン）と高く評価された。それにもかかわらず，以上に見たように，トーリー派はダンビーの復活にも示されるように，決して弱体ではなかったことに注意したい。

## 2 「権利章典」の歴史的性格

　Revolution Settlement は，以上の名誉革命の決着とその経緯確認を示す基本文書によって立つ体制（レジーム）をも意味する。「権利宣言」は，「臣民の権利および自由を宣言し，王位継承を定める国会制定法」An Act declareing the Rights and Liberties of the Subject and Setleing the Succession of the Crowne, 1 Will.& Mar., Sess.2, c.2），通称 the Bill of Rights, 1689 すなわち「権利章典」という法律になった。全文は 13 条からなる。

　長文の第 1 条は，冒頭で，ジェームズ 2 世とその顧問官・裁判官・廷臣の法と自由を破壊する行為を具体的に 12 項目にわたって列挙している。

　これに続いてジェームズ 2 世が，統治を退いた（abdicate）旨と，そのことによって王位は空位（vacant）となっている旨を述べ，オレンジ公は，「聖俗の貴族および庶民中の主だった人々の助言により」，聖俗の貴族，多くの州，市，大学，自治邑（borough）および 5 港（cinque port - イングランド南東海岸にあるドーヴァーなどの特権を有する 5 港）に，書状を送り，かれらの「宗教，自由および自由が破壊にさらされることが二度と無きように，それらを確立するために，1688 年 1 月 22 日（旧暦）にウェストミンスターに召集され開催される国会に，彼らを代表して出席する権限を有すべき人々を選出するように伝える書簡に基づく選挙がなされた」，とある。

　この結果，聖俗の貴族および庶民は，「わが国民の完全かつ自由なる代表」として，先の「仮議会（国民協議会）」を構成し，先の目的達成のために，「彼らの Rights 祖先が同様の場合にそうしたように，かれらの古来の自由と権利（their auntient Rights and Liberties）を擁護し主張するため次のように宣言する」とし，以下の諸条項を要求した。

　すなわち，冒頭には，国会の同意無くして国王が「法の適用免除権能」（dispensing power）と法の効力の「停止権能」（suspending power）を行使することは許されないことが掲げられている。それに続き，「宗務官裁判所」（Court of Commissioners）の設置のための授権状と裁判所は違法であり，さらに，国王の大権の名において国会が認めたところと異なる時期および態様で，王の使用に供される金銭を徴収することは違法であるとする。そして，国王に請願することは臣民の権利であり，請願したことを理由に収監もしくは訴追するのは違法であるとする。また，国会の同意なくして平時に常備軍を徴集・維持することは，法に反していること，新教徒である臣民は，状況に応じ法の許す限りの自衛のため武器を

所持できること，国会議員の選挙は自由であるべきこと，国会における言論・討議または議事手続は，国会以外のいかなる裁判所，またはその他の場所において，非難され，問題とされてはならないこと，過大な保釈金・過大な罰金や残虐な刑罰を科してはならないこと，陪審員は正当な方法で選ばれなければならず，大逆罪の審理においては，自由土地保有権者が陪審員として審理にあたるべきこと，有罪の決定や判決が出される前に，その者に課されるべき罰金や没収に関し，権利の賦与や約束をすることは違法であること，一切の不平を救済するため，また法の修正・強化・保全のため，国会はしばしば開かれなければならない，とした。

オレンジ公は，これらの権利を是正・救済することについて，すでに宣言を行っているので[7]，「これまでのその解放の業を完成し，ここに主張された諸権利・自由の侵害から前記の聖俗の貴族，庶民を擁護するであろうことに全幅の信頼（intire Confidence）をおいて，次のように決議する」とした。

「オレンジ公および女公であるウィリアムとメアリーは，イングランド，フランス，アイルランド，およびそれに属する諸領地の国王および女王となり，かれらの在世中，およびその一方が死亡した場合には他の一方の在世中，前記の諸王国および諸領地の王冠および王位（Crowne and Royall Dignity）を保有するものとし，そのように宣言される。王権（Regall Power）は，公および女公双方の在世中は，公および女公の名において，オレンジ公が単独かつ完全に行使するものとし，公および女公ののちは，前記の王冠および王位は，女公の自然血族たる直系卑属の相続人に伝えられ，そのような直系卑属がない場合には，デンマークのアン女公（メアリーの妹）およびその直系卑属の相続人に，またこのような直系卑属がない場合には，前記オレンジ公の自然血族たる直系卑属の相続人に伝えられるものとする。聖俗の貴族および庶民は，公および女公が以上のことを受諾されるよう懇請する」[8]。

---

[7] 浜林・前掲注3（上）178頁以下によれば，ウィリアムは，イギリスへの出撃直前の1688年9月30日に「宣言」を発し，「プロテスタントの宗教とこの王国の法と自由の護持」に出撃の意図があり，そのために「自由にして合法的議会を召集すること」以外の目的はないと述べていた。これによって，オレンジ公はジェームズ2世に代わることの正当性に言及していたことになるが，これはすでに神授説的王権から，議会による王権への移行に彼自身が合意しているものと受け止められ，トーリー，ウィッグの両派が合意できる「土地所有中心主義的」統治構造確定への布石が打たれていたことになろう。後述の論点と関わるが，市民革命と18世紀の「地方の自律性」という18世紀の統治構造の連関について，戒能『土地法のパラドックス』，ことに114頁以下を参照されたい。

[8] 前出303頁にあるCostin & Watson, pp.67-74（高木八尺・末延三次・宮沢俊義編『人権宣言集』1957年，岩波文庫，78-89頁に田中英夫訳がある）。

「権利章典」には，裁判官の身分保障に関する規定がない。実は，「権利宣言」を準備するための委員会（前述1末尾参照）をリードした後の大法官（1693-1700在職）ジョン・サマーズは，権利宣言・権利章典に入らなかった事項を含め，26項目におよぶ「一般的事項」を起草していたのである。大法官の伝記を書いたキャンベル卿は，サマーズと彼の党派（ウィッグ）こそが，「古来の統治構造（国制）と諸権利」を確保することを優先させ，世襲的な王制からの最小限の逸脱にとどめ，一世紀後のフランス革命の「盲目的熱狂」とは対照的な「中庸と確固不抜性」を示すこの革命の終熄に，大いに貢献したのであると「絶賛」している[9]。

26項目のうち，「権利章典」にないもっとも重要な項目は，第18項である。それは内田訳に依拠すると次のようである。

「裁判官の嘱任状（judges' Commissions）は，その良好な行動をするかぎり（Quamdiu se bene gesserint）について発せられ，また，その俸給は，確定され，既定のものとされて，ただ公的財政収入（the public revenue）からのみ支払われるものとされ，さらに，裁判官は，正当な法過程による（by due course of law）ほか，罷免されることも，その役職の遂行を停止されることもないこと」[10]。これは，既述の1701年の「王位継承法」第3条の規定を彷彿させる。というよりも，まさにそのものと言ってもいいであろう（第3章2参照）。

「権利章典」に入れられなかったサマーズらの「重要な項目」には，他に，次のようなものがあった。すなわち，「民兵（militia）に関する諸国会制定法は，臣民にとって有害である」（第5項）。「同一の国会があまり長く継続することは，防止されるべきこと」（第11項），「市，大学，町，法人格を有する市邑および植民地は，権限開示令状（quo warrantos）および委棄（surrenders）に対して保障

---

9 「われわれの宗教，法律および諸々の自由をより確保するために考慮されることが絶対的に必要である事柄の一般的な項目を報告する」（to bring in general heads of such things as were absolutely necessary to be considered for the better securing our religion, law, and liberties.）。この26項目についてはLord Cambell, Lives of the Lord Chancellors, vol.IV, pp.94-5に，全文の引用があるが，その紹介と翻訳が内田力蔵によって行われている。『著作集 第4巻』信山社，2007年，300-303頁参照。
10 同上書298頁。なお，「権利章典」に含まれることになる「権利宣言」の最初の草案には，「国会両院の要請書に基づき，裁判官を罷免することは合法的でありうるものとする」という「継承法」そのものに相当する規定が存在したと言う。Stevens, R., The English Judges; Their Role in the Changing Constitution, Hart Publishing, Oxford, 2002, p.5. なお「要請書」addressは，実質的にpetition（請願）と同義であるが国会のそれであるため，格式の高さを表したもののようである。内田・同書304頁。

され，かつ，その古来の権利に復せしめられるべきこと」(第13項)[11]，「王家 (royal family) の何人も，ローマ教徒 (Papist) と結婚してはならないこと」(第14項)，「この国土のすべての王および女王は，その王の権威の行使を始めるときにあたり，国民の新教ならびに，法律および自由 (the Protestant religion, and the laws and liberties of the nation) を維持することについて宣誓をなすべきこと，また，戴冠式宣誓 (coronation oath) は復活されるべきこと」(第15項)，「新教徒がその宗教を信仰するについての自由 (the liberty of Protestants in the exercise of their religion) につき，ならびに，公的な礼拝 (public worship) にかんして，すべての新教徒をできるだけ統一することにつき，効果的な規定が設けられるべきこと」(第16項)，「大法官庁裁判所およびその他の裁判所 (the Chancery and other courts of justices)，ならびに，役職の手数料 (the fees of office) は，規制されるべきこと」(第23項)，「役職の売買 (the buying and selling of offices) に対しては，効果的な規定を設けるようにすること」(第24項)，等である。

1689-1724年の間，イングランドの上級裁判所の裁判官の85パーセントは国会議員であり，92パーセントは役人などの官職保有者であったと言われる。そのうち，普通裁判官は41パーセントが議員であり，52パーセントが役人でもあった。また，トーリーが有力であった1702-14年にはトーリー派の，たとえばThomas Trevorが人民訴訟裁判所の首席裁判官に任命され，ウィッグが有力だった1705-1710年には，女王座裁判所の首席裁判官にSir Thomas Parkerが任命された。これを裁判官の独立に対する干渉という意識は無かったとされる[12]。国王が代わればその国王が任命した上級裁判官は退任するというのが慣例であり，「権利章典」の制定が急がれるなか，ジェームズが任命した12人の裁判官が全員罷

---

11 権限開示令状は，「いかなる権限において」その権限を行使したかをその役職，特権を有するものに対して発せられ，多くその役職，特権を剥奪するために用いられた。とくにチャールズ2世は，ロンドン市との抗争でこれを用いた。国王のこの令状発給を拒んだために罷免された上級裁判官がいたのに対し，Scroggs, Jeffreysなどが任命した裁判官のなかには，先のライト首席裁判官のように能力が無い粗野な人物が数多くいたとホールズワースは言っている。Holdsworth, History of English Law, vi, pp.506 et seq.

12 Ibid., pp.10-11.「国王のもとで有給の役職に就く者 (person who has office or place of profit under the King) または国王から恩給を受けている者は，庶民議員となることができない」という規定は，「王位継承法」の第3条6項にあるが，これは裁判官にも適用されると見るべきことについて，内田・前掲注9，303-304頁参照。この規定はアン女王のもとで一時廃止され，実際に，裁判官が庶民院議員を兼ねることが無くなったことは，1873年の「裁判所法」第9条で確認できるのであり，逆にそれまでは，裁判官が庶民議員を兼ねることがあったということになる。この点も，内田・同書303-304頁参照。

免されるのに特別の手続は必要とされなかった[13]。

先に述べた「7人の主教事件」(第5章8参照)でジェームズの怒りを買ったRichard HollowayとJames Powellが罷免されたことは前述したが,この裁判の陪審に対し主教たちを有罪に誘導するような説示をした首席裁判官のWrightは,名誉革命政府によって捕らえられ,ロンドン塔に幽閉された後,ニューゲートの普通獄に移され,そこで監獄熱で死亡し,処刑された他の重罪人と一緒に埋められた。

上記の「重要事項」の第23項に出てくる「役職の手数料」とは裁判所における手数料のことであるが,これが恣意的なものであったことが想像される。第24項の役職の売買は,裁判所の役職についても行われていたのであり[14],有名な例としては首席裁判官から大法官にもなった前述のParkerすなわちLord Macclesfield (1666-1732) があげられる。彼は,大法官裁判所の主務官 (Masters) の役職を1500ポンドないし5000ポンドで売ったという。それを理由に庶民院で弾劾され,革命後罷免された最初で唯一の裁判官となった[15]。

裁判官の独立の問題について,「王位継承法」のみで論じることに批判的な見解を示したのは,内田力蔵であった。内田は,同法によって「宣言的に」規定された裁判官の地位の独立とその保障の要請が,それに含まれる職位の保持と俸給の確保との2つの側面について,その後における国会の立法過程を通して,どのようにして実現されたのか,また,どの程度にまで実定法と実際的な制度の裏打ちを受けることになったかという問題を設定した。そして,緻密な手法で国会制定法を解読した。この作業は「イギリスの政治,法律の研究者」でさえ避けてきたことである,と強烈に問題を提起したのであった。そして,実はこの裁判官の独立と司法権の近代化という問題は,「イギリスの政治・経済・社会にかかわっているために,たんに形式的に立法の変遷をあとづける作業」では限界があると

---

13 *Ibid.*, p.5.
14 名誉革命後の中央の「執行府」が,court(宮廷)から登場したか,国王または国会制定法により創設された官職か,不分明でミックスした状態にありつつ,そこには公金や公的サービスの観念は欠如していたこと,そして官職も,「官職保有」(tenure of office) の観念を残し,一定の義務を果たす代わりに国王のシビル・リストから支払われる手数料や年金を受け取る封建的財産権といった性格を有していたとし,官職保有者自身によって保有官職が下降的に付与されていくことによるヒエラルヒー構造が現れたことを,岡田章宏は的確に分析している(岡田「近代イギリス地方自治制度の形成」桜井書店,2005年54-55頁)。
15 内田・前掲注9,299-303頁参照。

しつつ，この問題の構造的な性格に注意を促した。実際，職位と俸給の面において，「現代的裁判官制度」が，充分に定着するまでには，名誉革命から19世紀の前半に至る130年要しているこの問題は，「光栄革命によって実現され確保されたなどと，言い切れるほど単純なことがらでなかったのである」とした[16]。

実は，ダイシーの「憲法」論には，このような構造的分析がなされるべき視点があった。すなわち，クックの「古来の国制（憲法）」論を「過去の諸権利に訴える」という「好古趣味」と難じ，このような法的擬制の上に立って発展を遂げたイギリス憲法の進歩を消去する有害な法的思考法として排除した（第5章1参照）。そして，ブラックストーンの「古来の慣習とコモン・ローによる権利」とその自然法論の「奇妙な結合」を，「言葉と思想の双方のどうしようもない混乱」と断じた(Study of the Laws of the Constitution, 8th ed.p.7)。しかし，何故にこのような「奇妙な結合」が生じたかの考察の必要性という問題意識の醸成は，これによって遮断された。彼の「憲法論」の起点であり土台にある「名誉革命体制の憲法」とは，こうした意味で「法的」憲法であり得たが，これを変動せしめる政治・経済・社会のダイナミズムは捨象される。「政治的憲法」論の出現する構造は，こうして「法的憲法」論に内在するとともに，ダイシーが遮断した「奇妙な結合」を，「政治的憲法」論において解明することを理論的に要請することになった，と言うべきであろう。したがって両者の対抗を区分するのみで，その対抗を生み出すイギリス憲法の史的構造の解明を忘れては，イギリス憲法の「実像」には迫れない，と私は考えているのである。

### 3 「王位継承法」と裁判官

「権利章典」に盛り込まれなかった裁判官の独立に関する規定が，1701年の「王位継承法」に入ったのは，司法権の確立というコンテクストからではなく，王権と議会の関係と王権から分離されつつあった「執行権」の変化からの帰結であった。名誉革命期にあった基本的対抗関係は，「議会における国王」と「枢密院における国王」であって，司法権に相当するコモン・ロー裁判所は，王権による「法の執行」の機関であり，それ故に王権が独立に登場してくる国王大権とその行使をめぐる対抗軸においては，コモン・ロー裁判所の独立を主張する裁判官はしばしば，国王との直接対峙を不可避とされた。ここに中世的国制論にコミットしたコモン・ロー裁判官の存在の意義が，再定位される必然性が生じた。

---

[16] 内田・前掲注9，327頁以下。内田の仕事は，この問題意識に貫かれていたと言ってよいだろう。『著作集』1巻および4巻がとりわけ重要である。

権利章典に最初に生じた危機は，何よりも執行権を託されたウィリアム3世の「執行権」の行使に対する「議会における国王」の掣肘であった。ウィリアムは決して議会に従属的な王でなく，その権限を縦横に行使することにおいて，スチュアートの先王たちと劣るところがなかった。けれどもトレヴェリアンが鋭く言及したように，「ウィリアムが即位して最初に行った行政行為は，全裁判官に対して良好な行動をするかぎり」罷免しないとして，新王の即位によって全裁判官がいったん罷免されるという慣行に従わない行動をとったことであった。言うまでもなくジェームズとその側近との際だった違いを示すためであった[17]。「王位継承法」によって規定された「良好な行動」をする限り，裁判官の身分が保障されるというルールの提唱者は，ほかならない国王であったのである。

同時に，ウィリアムは，ピューリタン革命期のレヴェラーズの残党，ワイルドマンといった「共和主義者」をも含め，主要にはウィッグ，しかしトーリーからもダンビー伯らを起用して「行政府」＝内閣を組織し，自らがそのトップに座った[18]。そして，東インド会社から賄賂を受け取ったとして庶民院で弾劾されたダンビー伯が失脚してからは，スペイン語の junta（会議）に由来する *Junto* が，国王側近有力者会議として登場した。これには，オックスフォード伯のエドワード・ラッセル（1694年以降，海軍長官），ハリファックス伯のチャールズ・モンタギュー（Chancellor of Exchequer, 1697年以降 first commissioner of the Treasury で，史上初めての内閣の閣僚というべき役職者），1693年以降，大法官となるサマーズ卿，等のメンバーが加わっていたが，サマーズを通じて「交易植民地委員会」Board of Trade and Plantation）等にジョン・ロックおよび貨幣改鋳という重要な事業を行うことになる造幣局（Royal Mint）にサー・アイザック・ニュートンが加わっ

---

17　トレヴェリアン・第5章注1引用の『イングランド革命』邦訳書138頁。
18　浜林・前掲注3（下）277頁以下に「内閣制」の萌芽がチャールズ2世の時代から見られたと指摘がある。ことにウィリアムは各行政部門の長の任命権を譲らず，「首席大臣」格の大蔵卿は任命せず自らが指揮をしたため，国王自身が首席大臣であると言われた。しかし，彼は在位期間の3分の1は軍を率いて海外に遠征していたので，1694年以降は「内閣会議」cabinet council が国王不在時にも開催できることとされ，さらに，メアリーの死後の95年からはこのメンバーから複数の「国王代理」Lords Justices が置かれるようになった。そしてウィリアムの死後，アン女王の時代に大蔵卿に代わって「首席大臣」prime minister が置かれるようになったが，「首相」の公的制度化はよく知られているように，Sir Robert Walpole（First Earl of Oxford; 1676-1745）が，1721年から1742年，大蔵卿（Treasurer, Lord [High] Treasurer）廃止後の「大蔵委員会」Lords Commissioners of the Treasury の第一卿（First Lord of Treasury）として，ウィッグ党首として内政の統括を行うようになってからのことである。

ていたことが注目される。

　王権への国会の制約にもかかわらず，枢密院のスクリーンを通じて，「執行権」がウィリアムの「親政」によって突出するのを阻んだのは，ほかならない名誉革命の決着 revolution settlement の枠組であった。

　第1に，ウィリアム2世は，法律の効力の否定や，その効力の停止のみならず，拒否権を否定された。「権利章典」の効果であるが，国王の議会選挙への介入や，チャールズ2世やジェームズ2世によってしばしばなされた議会の議事過程への干渉は不能になった。1641年の「3年議会法」（Triennial Act）というピューリタン革命期の長期議会の法が，王政復古後，1664年法によって，再制定されたが，これは，3年以上にわたる議会の開催の中断や中止を抑制しようとしたものであって，議員の任期について規定したものでない。しかも同法は，チャールズ2世およびジェームズ2世によって再三無視された。権利章典も，「権利宣言」の第13項で「国会はしばしば開催されなければならない」と規定しているのみで，議員の任期については規定していない。ようやく1694年に「3年議会法」が成立したが，ウィリアム3世は，大権事項としてこの法案に拒否権を行使しようとした。

　議会側も1689年に，議会の解散後10ヶ月と21日間，国王の召集状が出されない場合は，大法官が貴族院を召集し，それがなされない場合は，貴族院自身が参集できるとした。また，大法官が，各ボロー，カウンティ毎に選挙の実施をシェリフに命じる令状を発給し，シェリフがこれに応じない場合は，自由土地保有権者が「選挙管理シェリフ」を選び，自ら選挙を実施するという法案を審議した。これは国会召集に関する限り，王権を排除可能とする画期的な法案であったが，成立しなかった。ウィリアムは主として軍事的指揮権を失うことを恐れて，この頃から周辺の助言を求めるようになったと言われる。とくに，先の1694年法案については，サー・ウィリアム・テンプルに相談し，「枢密院中心」論や内閣の組織化に熱心になったと言われる[19]。したがって，ようやく1694年法（the Triennial Act, 1694; 6 & 7 Will. & Mar.c.2）が成立したことは，権利章典の重要な補足

---

[19] Ogg, D., England in the Reigns of James II and William III, pp.387 *et seq.*, pp.490 *et seq.* Sir William Temple (1629-99) は，ジョナサン・スイフトの庇護者としても知られる政治家・文筆家でダンビー伯の意を受けてジェームズの娘のメアリー（後のメアリー2世）とオレニエ公ヴィレム（ウィリアム3世）の結婚を成立された。チャールズ2世の顧問として「枢密院」の強化を提唱したが失敗する。松村・富田『英米史辞典』737-738頁参照。ただし，同辞典では，1681年に彼は政界を引退したとされているが，オッグは，ウィリアム3世時代にも重要な役割を果たしたとしている。

となった。

　第2は，1698年の「王室経費法」the Civil List Act で，国王の在位期間中の経常収入を毎年の議決に代えて議会が保障するという法の成立である。これによって，国王の支出の必要に応じて議会が課税を認めるという中世的な財政システムから，一定額の収入を国王に保障するとともに，議会が項目毎にチェックするという近代的な予算システムへの移行が可能になった。ただし，この段階の「王室経費」は，軍事費を除く行政経費を含んでおり，civil government に関する「民政費」とも言うべきもので，国家の役人および国王の使用人の俸給，王の私的経費なども含む雑多なものであり，裁判官の俸給も含まれていた。1701年の「王位継承法」は，第3条において裁判官の俸給が「確定的」なものでなければならないと規定したが（第2章2「王位継承法」第3条の箇所），それはこの「王室経費」から出されたものであった。したがって，これを「王室経費」から分離することが必要とされるようになっていく。内田の先の研究は，1787年の法律（27 Geo.3, c.13）によって創設された「統合基金」Consolidated Fund から裁判官の俸給の増額部分等が支払われる方向に進み，1832年法（2 & 3 Will.4, c.16）という統合法によって，コモン・ロー上級裁判所のすべての裁判官の俸給について，王室経費に依存することが全面的に中止され，すべて統合基金から支払われることとされ，1873年および1875年の裁判所法でそれが確認されるまでを克明に分析したものであった[20]。

　第3に，常備軍の維持については，Mutiny Acts を毎年更新するという形で議会の統制の下におかれた点は前述した（第5章6）が，フランスのジェームズに対する支援は止まらず，1701年にジェームズが没すると，ルイ14世はその子のフランシス・エドワードをジェームズ3世としてイギリス国王に「即位」させた。また，スペイン王カルロス2世が世継ぎなくして没した直後，ルイ14世は，スペイン全領土の領有を企図したため，1702年スペイン継承戦争が起き，1714年まで続いた。この戦争の開始直後，重要な事件が起きた。1702年2月21日，ロンドンの西のケンジントンからハンプトン宮殿への帰路，ウィリアム3世が，モグラ塚に躓いた馬から落馬し急死したのである。「権利章典」によって共同君主であったメアリーの妹がアン女王として即位するが[21]，ウィリアム自らが指揮官

---

[20] 内田・前掲注9，315-329頁。なお，浜林・前掲注3，268頁以下も参照。
[21] 1700年にアンの唯一の子のグロスター伯が11歳で死亡した。ウィリアム3世とメアリーには子がなく，メアリーは1694年に死去していた。そのため，アンが死亡すればアンとは異母弟のフランシス・エドワード（ジェームズ3世）への王位継承の可能性が生じる。

であった軍隊は，一時失脚していたマールバラ（第6章1注5参照）に委ねられた。ジョン・チャーチルすなわちマールバラ公は，オランダ，オーストリアとの連合軍最高司令官としてヨーロッパの各地で最強と言われたフランス軍を次々に撃破していった。

この対仏戦争の戦費を賄ったのは，1694年にスコットランドの実業家のパターソン（Paterson, William, 1658-1719）と，前述のJuntoの一員であった初代ハリファックス伯によって創設されたイングランド銀行とその国債であった。1689年の「権利章典」より先に成立したMutiny Actsの更新は行われていなかったが，1703年の「徴兵法」（Recruiting Act）によって教区の役人による強制的な徴兵が行われるようになった。この軍隊，イングランド銀行・国債・貨幣の改鋳，そして租税制度の短期間の確立が[22]，「財政・軍事国家」と言われる名誉革命体制の基盤をなしたことについては，なお後述する。いずれにせよ，絶対王政のもとでの租税・金融政策をとっていたフランスとの決定的な差異が，こうした財政・金融政策に

---

そこで国会は，ジェームズ1世の孫娘のハノーヴァー選挙侯・公爵の未亡人のソフィアに王位を継承させるものとして「王位継承法」を制定した。この法律は，ウィリアムとメアリーの即位の際の「戴冠式宣誓」が「プロテスタント改革宗教」の護持を求めていたのに対し，「法律によって国教とされたイングランド教会と霊的交渉をもたなければならない」と規定している。前者は，イングランド国教会以外のプロテスタント諸派の宗教が法によって選択されうるという解釈を可能とするとの論議があったからと言われる。当時，ウィッグとウィリアム3世の連合に対し，「策略家ボブ」と称された有能な政治家ロバート・ハーリー（Harley, R., 1st Earl of Oxford; 1661-1724）をリーダーとするトーリー新派が有力になりつつあったことの影響，とオッグは分析する。Ogg. *op.cit.*, pp.467 *et seq.*「王位継承法」には，「国王のもとに有給の官職保有者」「年金を受ける者」を庶民院議員資格から外すと言う条項があった。また，枢密院の固有事項を固守するというJuntoのようなインフォーマルな決定システムを否定する条項があったが，これらは，1705年の法律で廃止されている。しかし，メートランドが指摘するように，戴冠式宣誓の変化（see 1 Will & Mar., c.6）で重要なのは，「人民が選ぶ法」*leges quas vulgus clegerit* という句に代わって，国王が「議会で同意された制定法」the statutes in parliament agreed on およびイングランドの法と慣習法とによって統治すると宣誓し，「古来の法や国制」ancient laws and constitutions というような当時の時点で知られていない法によって統治するのではないとした点である。これは，微妙な表現ながら，「古来の国制」のような過去の分明ならざる法ではなく，「議会における国王」の制定する法による統治を認めさせ，「国会主権」を確立した，名誉革命の成果を端的に表現しているのである。前掲注4引用のMaitland, the Constitutional History, pp.285 et seq. 小山訳378頁以下。

[22] この点のもっとも魅力的な問題提起者はブリュアである。Brewer. J., The Sinews of Power: War, Money, and the English State, 1688-1783, Unwin Hyman, 1989（邦訳書，大久保圭子訳『財政＝軍事国家の衝撃──戦争・カネ・イギリス国家』名古屋大学出版会，2003年）。

あったことは否定しがたいのである。

　ポーコックの「マッキャヴェリアン・モーメント」は，名誉革命の前後からの国債の形成が社会全体に与えたインパクトを重視するとともに，この時期のイングランドの政治思想史研究に方法論的な転回をもたらしたとされる。1690年以降の「財政金融革命」(financial revolution) は，国債発行が国会を通して牽制された国家によって支えられているという構造を生み出し，国の繁栄が体制の安定，政府活動の拡大，戦争の遂行と結びついた。イングランド銀行が国債引受機関として創出され，人びとは政治的安定に投資する。このメカニズムは，投資が利子を生む限り投資自体によって強化されるという循環によって支えられる。それが常備軍の拡大と官僚制の維持を可能にし，パトロネイジ（恩顧制）の温床となった。ポーコックは，こうした信用の増大とそれがもたらした社会変動の根本的要因に関心をもった。このコンテクストで，名誉革命の思想家とされたロックとその社会契約論の影響は相対化される。ウィリアム3世の招請は，ブリテンを予期しない国際力学に放り込んだ。オランダとの同盟と対フランスとの関係でのこの国の国際政治力学における位置の変化は，常備軍の必要を迫り，商業・貿易が国政において占める比重を増加させた。

　ポーコックのこうした主張には，〈徳〉と〈富〉の価値の相克という基本的価値の対抗関係へのコミットメントがある。「商業革命」を経て物質的な豊かさを享受するようになった18世紀のイングランド社会において，〈徳〉の価値を高く掲げる共和主義と，〈富〉との間の激しい不協和音が生じたという歴史認識がある。商業社会の成長に不可避的に随伴する先のパトロネイジ，公信用，軍事力の専門化が，統治者と被治者を腐敗させないかが，最大の問題になるのである。

　彼は，政治思想が展開される際の不連続的な語彙について，法学的語彙とシヴィックな語彙をあげ，前者は，人間を自然的権利の所有者と描き，統治権力は権利の創造物であって，権利を保護するための手段にすぎないと定義する。これに対し，シヴィックな語彙においては，政治は権利を保護するための単なる手段でもなく，必要悪でもなく，人間は公共的な決定に参加している時にもっとも人間的となり得ると捉え，政治は主体的な存在となる。したがって，私生活への埋没，公共を装う私的な支配への埋没は，自律と自己完成の機会の喪失を意味し，〈徳〉の実現の可能性の喪失，すなわち〈腐敗〉(corruption) と定義されるのである。

　ポーコックは，このようにして，〈腐敗〉は，権利の問題ではなく，抵抗権を主張してもしたがってそれは，解決できない問題であるとして，法中心のパラダ

## 第6章 名誉革命の法構造

イムから「徳と腐敗のパラダイム」への移行を分析する。これに対し，「共和主義」とともに，それを超えるべきもの，すなわち，シヴィック・ヒューマニズムを方法的概念として導入しようとしたのである[23]。

第4に，「王位継承法」の眼目の裁判官の身分保障に関して同法は，「前記の王位継承者の限定が，前述のようにその効力を生じた後は，裁判官の任命は，罪過のなきかぎり続くものとしてなされるべきであり，その俸給は，定額とし不動のものとする。しかし，国会の両院の奏上にもとづいて裁判官を罷免することは合法的である」（田中英夫訳，高木八束ほか編『人権宣言集』，岩波文庫，95頁）と短く規定するのみであった。

名誉革命は，裁判官の資質に「近代的なニーズにこたえうる思想と対話能力」を要求する時代を到来させたが，この条件にあう裁判官は数少なかった，とホールズワースは言う。彼がそうした条件を文句なしに満たした裁判官としてあげたのが，1642年生まれの首席裁判官ホルト Sir John Holt (1642-1710) である。チャールズ2世の治世時代後半から活躍した裁判官であるが，重要な反逆罪事件でジェフリーズらとしばしば対立した。ウィリアムとメアリーを共同君主として迎える際の「仮議会」の議員であり，ジェームズの国外逃亡が abdication であるか desertion であるかの論争（第6章1参照）に法律的な助言も行っている。ロックの政治哲学理論を検討したガフは，このときのホルトの議論を紹介している。「イングランドのコモン・ローと国内法において，また，その共通の理解において，deed（証書）によらない放棄という明白な act（[法律的] 行為）がある。というのは，政府も為政者も信託のもとにあり，その信託に反するいかなる行動も，それが外形的行為による放棄でなくとも，信託違反となるためである。また信託をされた者は，それに違反する行為を行った場合には，信託の違反者となることは，明文がなくても，行動と行為によって信託違反と宣言されるのである。とくにその行為が信託と一致しないものであるなら，これは信託違反となるのである。なぜなら，理性あるいは分別を持った人間が，信託に全く反する行動をとり続けるならば，それこそ，信託の大なる違反を表明すること以外のなにものでもないからである」と述べたのである[24]。

---

[23] 田中秀夫・山脇直司編『共和主義の思想空間——シヴィック・ヒューマニズムの可能性』名古屋大学出版会，2006年所収の，村井明彦論文，中澤信彦論文に依拠した。

[24] Gough, J.W., John Lock's Political Philosophy, 1973, Oxford University（邦訳書，宮下輝雄訳『ジョン・ロックの政治哲学』人間の科学社，1976年，181-182頁). ただし，訳文は法律的な概念にそくしていないと思われるため改訳した。

ホルトが執拗にこだわった，信託の概念の社会的基盤を含めて，考察する必要があろう。

[Box]「党首討論」(Prime Minister's Questions; PMQs)

Prime Minister's Questions (PMQs) は，日本では「党首討論」になっているようだが，重大な誤訳である。

これはイギリスでは，首相に対し与野党の一般議員が開催中の庶民院で質問できること，およびそのための時間帯のことで，水曜の正午から午後12時半頃まで行われ，必ずテレビ中継される。首相はいかなる質問にも答えなければならない。「ご飯答弁」のようなはぐらかしは許されない。視聴率は5割強に達すると言われるが，「真面目にみているかは疑問」ともされる。しかし概ね，これは，イギリス議会の誇るべき伝統と考えられているようである。

日本の党首討論に相当するものは，イギリスのウエストミンスターでのPrime Minister's Question の一部に過ぎない。上記のように議員が与野党を問わず一問一答方式で首相に質問できる時間の中で，野党の第一党の党首は，一問でなく関連があれば複数回質問し討論できる（「6問ルール」）特別の権利を有するとされるため，首相と女王陛下の反対党 Her Majesty's Opposition の野党第一党の党首が「討論」するように見えるので，これを「党首討論」と思ったのであろうが，あくまでも Prime Minister's Questions Time なので，首相は答えなければならないのである。答えずに自己の見解を述べるだけで時間を潰す某首相のようなことは許されない。

質問は所定のテーブルに3日前までに出され，抽選および議長の判断で質問番号を付した当日の「オーダーペーパー」(議事目録）に掲げられるが議長に指名されても質問を提出した議員は内容を読み上げることはできず，補充質問を許されるのみである。その場での発言も，議長の「目をひけば」(catch the eye) 許される。この時間帯で多くの議員が座席から起立する光景が見られるのは，このためである。首相には，提出されている質問の内容についてブリーフィングはあるが，そのどれが質問されるかは分からない。

ブレア元首相は Prime Minister's Question Time を盛り上げるパフォーマンスで人気があったが，水曜日の朝食は喉を通らなかったと述懐している。

# 第7章　近代憲法史と土地所有権法の連鎖

　本章は，ロックの「信託論」の検討から始めている。信託という概念を通じて，自然権的政治権力論を中世的政治思想に優位させるロックの意図は，権力は人民に存し，為政者はそれを寄託されているだけだとすることにあった。ジェームズ2世の政治を国王と人民の間に存する契約違反とするウィッグ派の立場は，「統治の解体」によって，権力は人民に復帰するというロックの主張とは相容れなかった。それは，現在の議会を否定することになるからであり，そのため王権の信託違反のみを名誉革命の理由とすることによって，混合政体は失われないとする矛盾を肯定したのであった。ロックの統治解体論は，ピューリタン革命期のローソンの主張を継承するものであったが，古来の国制を否定した点でロックはローソンを否定したのであった。ロックの言う「国家」とは，キヴィタスないしはコモンウェルスを構想することであって，「政治的共同体」のことであった。ロックの「信託論」をも視野に入れたメイトランドの「信託論」は，憲法論としても重要である。コモンウェルスがイギリスの国家を表象する概念となり得なかったのは，ピューリタン革命の結果としてのクロムウェルの樹立した国家がコモンウェルスと称したからである。メイトランドは，国家の概念の欠如を補い，それの代行をしたのが Crown であると論じた。国会主権原理を抽出したダイシーは，議会を選挙民の受託者とするオースティンを批判したが，ブラックストーンを，アナクロニズムと批判したダイシーには，歴史分析が欠如していた。ダイシーの憲法論に，人民と国会が主権についてどのように関係するのかの「国家論」が欠如していたことは，イギリス憲法学の最大の隘路であった。

　メイトランドのアプローチは，これと対照的である。キーワードは，フォーク・ローである。ベーゼラーによって「法曹法」に対比されたフォーク・ローは，エールリッヒの「生ける法」に相当するが，端的に言って，「ゲルマン世界」から外部化され放逐された法の復権を含意する。メイトランドは，これを中世の自治邑における支配構造と住民の間の「共同性」との対抗に援用する。1835年の都市法人法にいたる近代的地方自治の形成という憲法史上の課題は，かくて，都市の特権的市民層と住民の間での「共同性」の解体あるいは再編の過程としてダイナミックに描かれていく。この問題をより全面的に考察するために，かの「囲い込

み」の憲法的インプリケーションを検討する。イギリスの入会権はわが国のそれと異なって，総有的要素は皆無で，「個別性」を特色とするとされている。実際，囲い込みは土地所有関係の変革であり，「開放耕地制」は解体され，同時に入会権の消滅をもたらしたとされている。

イングランドの景観は，オープン・スペースと緑地＝グリーンによって形づけられている。そこに至る歴史過程は，「工業化」ないしは「産業化」といわれる過程での土地所有の構造変化によって規定されている。この変化は，農業の側面では資本主義的農業経営による生産性向上とされる。しかし，最近の研究が捉えつつあるのは，土地の私有制の顕著な発現としての囲い込みは，言われるほど急激なものではなかったとする「修正学派」の主張とともに，農民サイドのしたたかな共同性の再建があったことへの着目である。ニーソンは，これを「コモナー理論」として提起し，師であるEPトムソンは，ブルデューの「ハビトゥス」の概念によって共同権・入会権という「慣習」が，「地域限定」のものとしてではなく，一定の様式をもったものとして整序されていくという独自の「慣習法論」を提起している。これはしかし，想像上のものではなく，入会権をめぐる訴訟で，コモン・ローの裁判官がこれを採用した。このことを囲い込みによって消滅した「帰結概念」としての入会権が，「歴史概念」としては復活＝存続するという「慣習法」の創造的な定義を導いたものとして論じた。

フォレストという国王あるいは貴族の狩猟目的のための指定地域については「フォレスト法圏」という独自の法圏が存在する。このフォレストが，ナショナル・トラストの創設者たちの運動の拠点となっていく。入会地保全から発した運動は，都市の労働者の住宅問題へと拡大していき，やがて土地の公共性を前提とした都市関係法の改革にいたるのである。

### 1 「政治的信託」論

ホルト裁判官は，ジェームズの国外逃亡が abdication であるか desertion であるかの論争に関わって次のように述べた。

「イングランドのコモン・ローとローマ法においてともに，また，その共通の理解において，deed（証書）によらない放棄という明示の act（［法律的］行為）というものがある。というのは，……政府も為政者も信託のもとにあるのであって，信託に反するいかなる行為でもこれを行えば，それが方式を備えた証書による放棄でなくとも，信託の放棄となるからである。さらに，信託をされた者が，

第7章　近代憲法史と土地所有権法の連鎖　　　333

それに反する行為を行った場合には，書面でなくても行動と行為によって，信託違反の明白な宣言をなすものであり，信託を拒否したとされるからである。……とくにその行為が信託と一致しないものであるなら，これは信託破壊とみなされるのである。なぜなら，理性あるいは分別を持った人間が，信託に全く反する行動をとり続けるならば，それこそ，信託の大なる違反を宣言すること以外のなにものでもないからである」[1]。

　ホルトがここで言及している「信託」について，ガフ（Gough, J.W.）は，メイトランドを引いて，「18世紀中に，〈すべての政治的権力は信託である〉というのが常套句となった」と述べた。

　メイトランドがギールケ（Otto v.Gierke; 1841-1921）の大著（*Das Deutsche Genossenschaftsrecht*, Bd.I-IV, Berlin 1868-1913）中の第3巻にある「中世の政治理論」の英訳につけた序文（Maitland, F.W., *Translator's Introduction to Political Theories of the Middle Age by Otto von Gierke*；邦訳書，森泉章監訳『団体法論序説』1995年，日本評論社）は，イングランドにおいて団体が実在人として存在しているにもかかわらず，信託の形を取らざるを得なかったことを論証した著名な作品である。このガフが引用した部分で，メイトランドは「それは今ではあまりにありふれた決まり文句であるので，われわれはほとんどこの文句について熟慮したことはない」。けれども，これは有用であったとし，「国王の権力に適用されたことで，それは，神授王権と国家宗教によってぷっつり切れる点にまで無理に張りつめられていたイングランドの政治形態における王権の弦を，緩やかに緩めた。王権を国民のための受託者とすることのほうが，大いに簡単でなおさらイングランド的だった」と書いている（同，訳書87頁）。

　ホルトの主観的意図はともかく，ここで言っている王による「信託違反」とは，神が王に与えた信託についてであるのか，人民が王に与えた信託についてであるのかが示されていない，という重大な問題を孕んでいる。

　ロックを引き合いに出すと，彼はその『統治二論』において，立法権力が共同社会の最高の権力であると説くとともに，その権力はしかし無制限なものではなく，社会の「公共善に限定される」のであって，「宣言された法による支配を受けようとする人びととの信託を伴う」一定の目的のために行動するものにほかならないとしていた（第135, 136節，加藤節訳，岩波文庫版，454-457頁）。しかし，ロッ

---

[1] Gough, J.W., *John Lock's Political Philosophy*, 2ⁿᵈ ed.1973, Oxford University, p.175（邦訳書，宮下輝雄訳『ジョン・ロックの政治哲学』人間の科学社，1976年，181-182頁。ただし，若干改訳した）。

クが信託違反を論じるのは、「統治の解体」を論じる第19章においてである。立法者が、人民の固有権（プロパティ）を奪い、また破壊しようとするとき、あるいは人民を従属状態に追いやろうとするとき、すなわち立法部が人民の生命、自由、資産に対する絶対的な権力を握ろうとし、あるいは他の誰かの手におこうとする場合には、いつでも、立法部はこの信託違反によって、権力を喪失し、人民にその権力が復帰するのであるとする。そしてこれは、「最高の執行権者についてもあてはまる」とする。「最高の執行権者は、立法部に関わり、法の最高の執行に関わるという二重の信託を受けている」のであるから、自分自身の恣意的な意思を社会の法として打ち立てようとする場合には、この二重の信託に違反しているのだ、と述べるのである（222節、加藤訳、560-561頁）言うまでもなく、この言明は、イギリス国王を念頭においている。

ガフは、ロックの立法部への信託と、明らかにイングランドの国王を想定していると思われる王と執行部への信託が、政治的信託論の二つの支流に由来するとして、両者の分離の可能性をロックの信託論に見ようとした。すなわち、前者は、ロックのプロパティ論と一体の自然権的政治権力に関してのものであり、後者は、神の法または自然法に対する実定法の従属という意味で、中世の政治思想に繋がるのである。しかし、ガフは、人民主権の台頭にしたがって信託は、神や自然法に対するものでなく、人民に対する支配者の責任の表現形式に代わったのであるとして、ピューリタン革命期に信託の観念の転機を見る。そこでは、社会の基礎が個々人の間の協定（agreement）または「協約」（compact）、要するに「契約」にあるとするミルトンのように、ロックに先立って権力が人民のうちにある故に、権力は為政者に寄託（entrust）もしくは信託されている関係にあるという思想が普及した。ピューリタン革命後も、トーリーはウィッグ的「原始契約」を否認するが、国王の恣意的支配を肯定できない以上、王権は神権に由来するとするのでもなければ、信託の違反としてこれを非難するほかなく、したがってトーリーにおいても、信託を、ピューリタン革命の思想として一方的に否定するわけにはいかなくなっていたのである。ガフは、ホルトの先の「信託」論は、こうした「政治的信託」論を、意識的に「法的信託」論に組み替えることによって、トーリーの政治的信託論への嫌悪を除去する意図があったと示唆している[2]。

ホルトは、1689年に王座裁判所の首席裁判官に選任され、サマーズ（第5章8参照）に代わって国璽尚書のオッファーを受けるが、大法官を兼ねるこのような

---

2　*Ibid.*, pp.164 *et seq.*；邦訳書173頁以下参照。

高位の役職はその任にあらずとこれを辞退し，ウィリアム3世の死後，首席裁判官に再任され，1710年に死去するまでその任にあった。彼は，刑事事件では反逆罪の被告人に弁護人を必須とするなど，刑事訴訟手続の近代化を進め，マンスフィールド卿に先立つ商事法改革，奴隷制に対するマンスフィールド卿の有名な判決であるサマセット事件（391-397頁参照）を先取りする，「コモン・ローにおいては何人も他者に対するプロパティを持つことはできない」とする判決をするなど，名誉革命後の司法権の存在意義を格段に高めたと，ホールズワースに絶賛されていることを注記しておく[3]。

　メイトランドが，こうした政治的信託論（ガフの言う，plotitical trusteeship）を法的信託の単なる隠喩（メタファー）としたことは著名である。それにもかかわらず彼は，法人擬制説の権威，言い換えれば，ギールケに対してのサヴィニーを，「自由と特権」あるいは，「自治の権利の主体」でもない，「公法学上」国家機構のなかのほとんど一つの歯車にしかなりえないものとして，「団体」を遇するのが，彼がいう法人だと述べた。そして，「かつて国家を貪り食おうと望んだ法律の範疇のなかで最も貪欲なもの」である「契約」の観念で，株式会社について組合を強く連想させる存在として対応しようとし，株式会社の実在性を否認する当時のイングランドの状態を，「ロースクールが隆盛を極め，最高裁判所が多数あって，理論の必要性がイングランドにおけるよりも繁要なアメリカ」と対照させて見せた。アメリカにおいては契約によって結びつけられた人びとに対して，擬制を払拭して「実体」を求め，法人擬制説を克服しようとしている理論があるのに，イングランドではまさにその逆を行くものとして，団体の実在性が否定される。その権威としてサヴィニー，あるいは，ギールケによって，サヴィニー主義と一括されてしまう傾向にあるローマ法学者一般が存在していると難じた（前掲，『団体法論序説』，63-68，70頁参照）。

　実際，「法的信託」の場合には，信託設定者，受託者，受益者の三当事者が必要であるのに，政治的信託においては，誰が信託の設定者であるのか。神授説的王権論では，それは神であろう。人民主権論的「信託論」であれば，人民は信託の受益者であるとともに信託設定者でもあることを要しよう。信託違反があった場合，人民の権力は，受託者にその信託違反を主張できるからである。

　ここでメイトランドが，神授王権と国王を首長とする国教会の関係を持ちだしていることに注目したい。これまで見たように，ジェームズ2世は，国教会の首

---

[3] Holdsworth, A History of English law, vol.VI, pp.516-522, pp.264-265.

長であるのにもかかわらず，カトリックの教義を強制し，国教会と対峙し，神授王権を主張して，「仮議会」が難じたように，「国王と人民との間の原始契約を破ることにより，王国の慣習を覆そうと」し，「基本的諸法を破った」のである（第6章1，1689年1月25日仮議会決議参照）。「神授王権と国家宗教によってぷっつり切れる点にまで無理に張りつめられていた」という状態が，名誉革命前夜の状態であった。ウィッグ的な「原始契約」論からすれば，こうした状態は，まさに「憲法の瞬間」であるべきであったはずである。しかし，名誉革命は，ピューリタン革命期のレヴェラーズの運動にあったような憲法の制定というベクトルに向かうのではなく，代わって「信託」という法的テクニックの世界を出現させていくのである[4]。

イングランドのコモン・ローにおける「契約」概念が，アメリカの建国期の国家概念の形成に大きな影響を与えたとするオックスフォード大学のPooleは，ヘンリー8世時代の国会は，立法活動が旺盛であり，これによって，裁判所との機能分化が明確に生じたと述べ，後述の「ユース法」の例を挙げている。またPooleは，トレスパス訴訟における *vi et armis*（暴力侵害）という私法的な損害賠償訴訟が，*conra pacem domin regis*（国土の平和違反侵害）として構成されることによる，私法的訴訟から公法的な効果の発生というコモン・ローの特質を上げている。アメリカにおける個人主義に基礎をおいた国家形成に，イングランドコモン・ローは想像を超えた作用を果たしたという，その初期の歴史を語っているのである[5]。名誉革命のrevolution settlementのありかたと関係するが，「原始契約」という観念が使われても，「契約」は，憲法的には，メイトランドの言うメタファー以上のものとされなかったことに，アメリカとの決定的な違いがあった。ホルト裁判官の「信託論」も，人民との「原始契約」を前提にしたロック的「信託論」と異なっており，だからそれは，私的土地所有権の拡張手段としての「法的信託」と調和可能であったのである。

実際，土地法の側面では，絶対王政下の「ユース法」（the Statute of Uses 1535,

---

[4] メイトランドの信託に関する名論文のTrust and Corporationのすぐれた邦訳書；森泉章監訳『信託と法人』が，信託の多彩な機能を論じている。なお，Harris, R., Industrizing English Law; Entrepreneurship and Organization, 1720-1844, Cambridge University Press, 2000は，R.Scott, A.B.Dubois以来の株式会社形成史と言っていいが，メイトランド・テーゼと対照的に信託中心史でなく，株式会社中心史とも言える対照的な分析を示している。

[5] Poole, J.R., Contract and Consent: Representation and the Jury in Anglo-American Legal History, University of Virginia Press, 2010, pp.14, 61.

グレゴリオ暦では1536年)の制定は，ユース受益者（cestui que use）の権利を，自由土地保有権 freehold に対する封建的諸負担を回避できない，したがって seisin を伴うコモン・ロー上の権利とするという法理を導いたが，これと矛盾するユースがこの先に設定されれば，最初のユース設定は無効になるとされた。しかし，「ユース法」の解釈によるコモン・ロー裁判所の介入はそこまでであり，それと矛盾するとされた第二のユース設定による受益権は，エクイティ裁判所（大法官府裁判所）によって，bona fide purchaser（善意有償の第三者）でない者との関係では，完全に保護されるエクイティ上の権利と見なされるようになった。従来はこのようなユースは，「二重ユース」use upon use による「ユース法」の脱法という意図的な行為とされていたが，そのような「ユース法」の制定者（ヘンリー8世）の主観的意図を無効とするような「策謀」を意味しなかったと分析されるようになった。つまり，設定者の意図した通りの権利設定が，こうしてコモン・ロー裁判所とエクイティ裁判所の結果における協働により，認められていくようになったのである。かくて，元々「ユース法」が適用されない能動ユース（active use）とともに，契約によらない trust という財産権設定方法を通じたエクイティ上の権利が，多様に「創作」可能になった。こうして，自由土地保有権という封建的土地所有の中核的な権利の私的土地所有権化が実現され，土地所有権の自由は，全面的に「開花」していく。信託という私法的な法的テクニックは，私的土地所有権の社会的な機能を発揮させるための不可欠の法的手段として，一気に普及していくことになったのである[6]。

このようにユースは，封建的土地法の胎内から発生しながら，かえってそれを掘り崩し，私的土地所有権を確立していく手段に転化していくのである。それとともに大事なのは，1601年の「公益ユース法」(the Statute of Charitable Uses）による，驚くほど多様な「公益」目的への財産権の動員という真逆な方向の発生である。「救貧法」と同じ年に制定された同法は，教区・市・町などの富裕な人びとが，特定の慈善目的のために設定する信託であるが，1660年頃にはイングランドおよびウェールズに1万以上存在したと言われる。

同法には，「公益」の例示条項がある[7]。土地，動産，金銭の将来の誤用を予防

---

6 「ユース法」の作用については，主に SFC Milsom 説による説明であるが，なお後述するつもりである。この私的土地所有権の確立と「ユース法」の関係については，さしあたり，戒能『イギリス土地所有権法研究』95頁以下参照。
7 海原文雄『英米信託法論』有信堂，1998年，50-51頁参照。1601年法の前文によると，以下のような目的が公益ユース（信託）の事項とされている。①老齢，労働不能の人びと

するという目的があったとは言え，とりわけ名誉革命後のイングランド社会を彩る，近代の特質とされるチャリティとこれを担う多様な団体の展開が，同法を起点として際立ってくるという問題である。イギリスのチャリティについての研究は，新自由主義的市場経済主導のグローバリズムに対する対抗軸を歴史に求めるという関心から近年盛んである。そして，「福祉複合体」などの概念さえ生まれているが，これは同時に，イギリス市民革命の構造から生じた統治システムと深く関連していた面がある。フランス革命と対照的に，イングランド革命は，貴族的大土地所有と結びついた官職保有とパトロネジによる末端までの垂直的統合と，「地方の自律性」に担保された集権国家という二律背反の統治体制を帰結させた。「地方自治」は，解体されず，チャリティに補完され，「地方の自律性」を担保した。そして，こうして生じた所有の階層的秩序が，労働力の側面にも貫徹していき，労働者の階級としての確立を妨げる「身分的」関係を生み出したが，福音主義の浸透によって，それは固定化されると共に，普遍的平等主義のチャリティ文化にも，それは伝導していくのである[8]。

## 2　統治の解体論と「フォーク・ロー」

先に言及したロックの『統治二論』の執筆時期が，名誉革命後ではなく革命前であったことを「証拠」（第1章7注59）として，この革命のインテレクチュアルなコンテクストにおいてロックを「傍系化」する「修正・批判学派」の潮流に対して，ロックを「復権」させようとした愛敬浩二の研究があった。このディテールをきわめる研究の内容に立ち入る余裕はないが，愛敬が，ロックの政治権力論に，近代立憲主義思想と定義するのに相応しい特殊に歴史的な内容があることを示すため，その統治解体論あるいは抵抗権論に影響を与えたと思われる，ジョージ・ローソンの著作を上げていることに言及したい[9]。ローソンについては，愛敬以前にもすぐれた研究がある[10]。

---

　　や貧民の救済②病気かつ傷痍の兵士，無給の教師，大学生の扶養③橋梁，市門，港，舗道，教会堂，防波堤，公道，公水路の修理④孤児の教育および処遇⑤矯正院に対する救助・貯蓄・維持⑥貧困女子の婚姻⑦若年の手職人，工匠および衰弱者の養育・救助・救済⑦囚人または捕虜の救済もしくは身請⑧税金未納の困窮住民の救済または身請。

8　金澤周作『チャリティとイギリス近代』京都大学学術出版会，2008年，戒能『土地法のパラドックス』，金子勝『市場と制度の政治経済学』東京大学出版会，1997年等を参照。

9　愛敬浩二『近代立憲主義の原像 - ジョン・ロック政治思想と現代憲法学』日本評論社，2003年，190頁以下参照。

10　今中比呂志『英国革命と近代政治原理──ジョージ・ローソン研究』大明堂，2000年，

第7章　近代憲法史と土地所有権法の連鎖　　339

　1642年，ピューリタン革命が開始した年は，国教会の一聖職者であったローソンは，忘れられた政治思想家であった。彼が現代に蘇ったのは，今中によれば，Maclean, A.H., George Lawson and John Locke (in The Cambridge Historical Journal, 9, 1947-49) という1949年の論文によってである。マクリーンは，リチャード・バクスター (Baxter, R.1615-91)[11] というピューリタン革命期の聖職者が，「私の知っている人びとのなかで，もっとも有能な人」と評したローソンの『聖俗政治論』(Politica Scra & Civilis: or, A Modell of Civil and Ecclesiasticall Government, London, 1660 reprinted Condren.C.ed, Cambridge University Press, 1992)，および，An Examination of the Political Part of Mr.Hobbs and his Liviasthan, London, 1657 が，ロックの政治思想に強い影響を与えたと言うのである。ロックに限らず，この時代の思想家がヨーロッパレベルの交流をしていたことを，この際，前提にすべきであろう。とりわけロックの場合，その亡命時代が彼の思想の形成期にだぶっていたと見ることが重要であろう[12]。

　ロックは，オランダ亡命中に，ロッテルダムのクエーカーの貿易商人であるベンジャミン・ファーリー家の私設の図書館を自由に利用できたが，その蔵書のなかに，ローソンの『聖俗政治論』や『ホッブズのリヴァイアサンの検討』などの著書があった。ローソンが，1642年のピューリタン革命の勃発となった国王と議会の衝突について，これによって政府（統治）は解体されても，「人民は自由な本源的状態，つまり，イングランドにおいては議会ではなく，40の州の共同

---

　　同『イギリス革命政治思想史研究』お茶の水書房，1977年，安藤高行『17世紀イギリス憲法思想史』法律文化社，1993年。
11　本書補論の戒能「市民革命論は『消滅』したのか」で，バクスター「評価」をめぐるウェーバーとトーニーの対立的評価に言及した。越智武臣は，「禁欲と資本主義の精神」との関係についてバクスターを「もっとも成功した牧会者」とするウェーバーに対して，それは，「氷の河にしばし馥郁と香ってはいたが，やがて実を結ばずして果てた」とするトーニーとを対比し，両者は，「宗教と資本主義精神との関連」以上に，「資本主義の起源はもとより，近代」についての見方を全然異にしていると述べ，大塚久雄の「資本主義の起源論」を批判している。私のこの論文は，大塚久雄の晩年の変化と共に，越智の先駆的主張について論じているので参照されたい。
12　第5章3で述べたシャフツベリー伯の庇護のもとで，侍従，秘書，家庭教師として1667年1681年頃まで仕えたロック（1632年生まれ）は，この「地方派（Country Party）＝ウィッグ派」の巨頭のもとで，その影響も受けつつ青年期を過ごし，1681年，伯が失脚してからオランダに亡命を余儀なくされ，オランダでオレニエ公ウィレム，すなわち後のウィリアム3世の知遇を受ける。1665-66年はドイツにおり，75－79年は病気でフランスにおり，「排斥法案」運動の頃には，影響力があるパンフレットの執筆者として逮捕される寸前まで行ったが難を免れている。前述第5章6。

体に戻る」としたことについて[13]、ロックのとりわけ、『統治二論』第19章で、「統治の解体」を論じていることとの関係が、様々に論じられてきた。愛敬は、ローソンとロックには共通性より対立があり、とりわけ、古来の国制論との断絶と抵抗権において、ローソンはロック理論の先駆者とは必ずしも言えないと論じるものであった。

アメリカの政治学者のジュリアン・フランクリンは、ロックの統治（政府）解体論を含む政治理論は、1679年から1681年までに形成されたとして、その間、フィルマー（Sir Robert Filmer; 1588-1653, *Patriarcha or the Natural Power of King's Asserted* は、彼が国王派に属し従軍していたピューリタン革命期の初期に書かれた）、ハントン（Philip Hunton; 1600-1682, *A Treatise of Monarchy*, London, 1643）、ティレル（James Tyrrell; 1642-1718, *Patriarcha non Monarcha*, 1681）らによる混合政体に関する論述に精通するに至ったと述べている。ジェームズ2世の逃亡によって王位継承者がともかくも存在するのに、王権は世襲ではなく古来の慣行に戻って人民の選立によるであるべきかについて、国会の両院はジレンマに陥った。法律家のアトウッド（William Atwood; 1650-1712, *The Fundamental Constitution of the English Government*, London, 1690）は、「一定条件下で選立的」（elective sub mode）としたが、それは、両院によって新王を「選べる状態であるとき」ということであって、それではジェームズの後の王位継承者を何故にすべて合法的に排除できるのかが説明不能であった。ロックは、ウィッグ派からの孤立を意味する「政府解体」論によって、人民への権力の復帰を論じた。愛敬が言うように、これは、「統治制度の外部に」主権的存在としての「人民」を「抵抗権発動の主体」として設定することによって、この問題を「解決」することを意味した[14]。

ウィッグ派は、現存の議会と異なる憲法制定権力を人民に認めることを拒否するために、先のように信託違反を認めつつ、論理的に一貫しない選択を行ったのである。つまり、国王の排斥と王位継承の順位を法によって変更することを認めつつ、自らの権力の正当性を担保するために、議会と王は別々に存在可能であり、王の違法性を除去すれば、結局は、混合政体は存続可能になるというジレンマから脱却できないままに終わったのである[15]。

---

13　今中・前掲注10『英国革命と近代政治原理』98頁以下参照。
14　愛敬・前掲注9、200頁。
15　Franklin, J.H., *John Locke and the Theory of Sovereignty; Mixed Monarchy and the Right of Resistance in the Political Thought of the English Revolution*, Cambridge University Press, 1978（邦訳書、フランクリン著、今中比呂志、渡辺有二訳『ジョン・ロックと主権理論』

第 7 章　近代憲法史と土地所有権法の連鎖　　　　　　　　　　　341

　ローソンは，先のように，「統治の解体」によって権力は「共同体」に復帰すると言っている。ロックのように，統治機構の外にある人民に復帰するとせず，*civitas*，すなわち，*respublica* ＝ *commonwealth*（国家）ではなく「共同体」に復帰するという主権の移動を説明するために，彼は，主権を，personal majesty と real majesty に区分する。フランクリンによれば，この観念を彼は，ドイツの自然法学者のアルトゥジウス（Johannes Arthusius）に負っている。ローソンは，組織された政治的共同体の前提条件は，近隣の諸家族相互，おそらくは「近接した場所」における近隣相互の自然的結合であるとする。神意にしたがう共同生活から正規の政治共同体が生まれるとするから，「自由かつ慎重な合意」によるのだ，と言っても，ロックのような諸個人の結合とは異なるものとなる。personal majesty と real majesty という区分は，主権を所有と用益の関係に区分する国家論から生じている。しかし，村上淳一によれば，アルトゥジウスの国家論では，主権はフォルクのみのもので，主権を行使する者は「統治者」（Majestrat, Majesty）であるが，主権の所有と用益の主体は全体としてのフォルクであり，主権の行使を委ねられた者が欠けた場合には，フォルクはこれを取り戻し新たに委任するとされた[16]。ローソンは，主権自体の所有と用益の区分を論じるのであるから，有機体としての精神であり霊魂とされるフォルクの主権の不可分を論じているアルトゥジウスとは異なることになる。フランクリンはしたがって，17 世紀の最初の 25 年間に所有の意味が修正されて，絶対主義的王政を前提として人民に帰属する「現実的支配権」real majesty と，君主の権力の限定的な性格を指す「人格的支配権」personal majesty という区分が生まれたとする。しかし，ローソンの両概念は，用語は同じでも全く新しいものであって，「現実的支配権」とは，国家を最初に設立した共同体の現実的支配権ないしは制憲権力のことであるとされている。そして，共同体が存続する限りこれは，失われることも譲渡されることもなく，統治形態がどのようなものであっても，公共的福祉に役立つという条件でなければ正当に権限を付与されることもないのであり，それが「現実的支配権」に暗黙で留保されているのであるとした。したがって統治権力は，常に人格的であり通常的権力にすぎないのである。したがって，この人格的もしくは通常的権力が侵犯された場合には，服従義務は終了し，その場合，すべての権威は共同体に戻り，共同体は統治者のみならず統治形態をも変更する権利をもつ。現実的支配権は，国家を形成・廃止・変更・改革する資格をもつ。これが，ローソンの理

---

　　お茶の水書房，1980 年，111 頁以下参照）．
　16　村上淳一『ゲルマン法史における自由と誠実』東京大学出版会，1980 年，142 頁以下参照。

論である。

　ローソンは，ロックとはしたがって，対立的であり，混合政体における国王の独立性と制憲権力の実在を調和させようとしたということになる[17]。

〈補注〉倉持孝司の教示によれば，キャメロン＝クレッグの連立政権は，ヨーロッパ人権条約の国内法化にすぎない 1998 年「人権法」を廃止もしくはそれと並立的に連合王国固有の成文憲法典としての「人権法」を制定すべきかについて国会の委員会に付託し，2012 年 12 月 18 日にその報告書と付属文書を答申された。Commission on Bill of Rights, A UK Bill of Rights?-The Choice Before Us 2vols.（Ministry of Justice H.P. からダウンロード可能。http://www.justice.gov.uk）。

　この委員会は，枢密院議長で副首相の Nick Clegg に提出された。委員長は，Sir Leigh Lewis である。この委員会は，2011 年 3 月 18 日，政府の提案で国会が設置したものである。一部の委員の反対があり，成文憲法典（成文権利章典）の制定という提案はなされていないが，強く制定の方向に向かって検討を続けるという趣旨の報告書であった[18]。

　ロックは，「国家」に言及している有名な箇所で，「ここで，私が，政治的共同体という言葉によって意味しているのは，民主制その他の統治の形態のことではなく，ラテン人がキヴィタス（civitas）という言葉で表現した独立の共同体のことであると理解していただかなければならない。われわれの言葉で，これにもっともよく当てはまる用語はコモンウェルスであって，これは，コミュニティとかシティとかいった言葉では表現しえない人間の社会を表すのに最適のものである。なぜなら，一つの統治のなかに従属的なコミュニティが存在することもありうるし，また，われわれの間で言うシティは，コモンウェルスとはまったく異なった概念に他ならないからである。従って，私は，曖昧さを避けるために，このコモンウェルスという言葉を，拝察するにかつて国王ジェイムズ 1 世が用い，私自身もそれが真正の語義だと考える意味で使うことをどうかお許しいただきたいと思う」（『統治二論』，岩波文庫，加藤節訳，133, 449-450 頁）と言っている。

---

17　フランクリン・前掲注 15 邦訳書 86-94 頁参照。
18　倉持孝司「イギリスにおける『憲法』と『憲法問題』のあり方・再考」，2012 年 12 月 16 日，早稲田大学で行われた「近代イギリス法研究会」（代表，戒能，幹事，岡田章宏，メンバーは『現代イギリス法事典』新世社の執筆メンバーと私の早稲田大学在職中の旧大学院ゼミ生等）で行われた報告。

第7章　近代憲法史と土地所有権法の連鎖　　　　　　　　　　343

　メイトランドは，エリザベス1世の時代に女王は，その大臣たちに，「イングランド国家の」(de Respublica Anglorum)あるいは英語で「イングランド国家の」(of the Commonwealth of England)と示すことを許しており，君主と国家は両立できていたと述べている。「次の世紀」に起こったことが，コモンウェルスを「非合法」のタームに変え[19]，国家に相当することばを失ったため，Crownという「ロンドン塔の宝石館」にある主体，つまり王冠[20]が，国家に相当する「最大限のものを作りだした」がすべては不可能で，例えば，「王冠は必ずしも期限を守る支

---

19　第4章2参照。1649年のチャールズ1世の処刑後，ランプ議会は「共和国」＝コモンウェルス宣言を行っている。「統治章典」でもこのタームが用いられているので，広義のコモンウェルスとは，1649年の王政廃止からチャールズ2世による王政復古の「空位期間」を言う。狭義には，王政廃止からクロムウェルのプロテクター政府成立までの時期を言う。いずれにしても，君主制の側からすれば，コモンウェルスは君主を排除した特定の国制を言うもので，国家と称し得ぬものとされることになった。

20　1953年6月2日のエリザベス2世の戴冠式で用いられた王冠は，聖エドワード王冠といい，そのオリジナルは，ノルマン征服前のサクソン系の最後の国王 Edward the Confessor（エドワード懺悔王）の王冠 St.Edward's Crown で，ノルマン征服王ウィリアム1世の戴冠式にも用いられた。ノルマンディー公ウィリアムはフランス名が Guillaume（ギョーム）であるが，子がなかったエドワードと遠い縁戚関係があり，エドワードから王位継承を約束されていたと称してこの「征服」を，正当な王位継承であると演じるために，自らのイングランド国王戴冠式にこの聖エドワードの王冠を用いたと言われる。革命時に，クロムウェルによって破壊されたが，チャールズ2世の戴冠式のために1661年に再制作されエリザベス1世が所有していた真珠とで構成されるようになった。これは重すぎるため，大英帝国王冠（Imperial Sate Crown）が，ヴィクトリア女王等の戴冠式で用いられた。エリザベス2世は戴冠式では聖エドワード王冠を用いたが，戴冠式後ウェストミンスター寺院を出るときおよび国会の開会式ではこの王冠を用いている。なお，戴冠式の時に王が座る椅子も同様に King Edward's Chair であるが，王が座る部分の下にスクーンという歴代のスコットランド王が戴冠式の際に座ったと言われる石が置かれていた。これは，愛国の英雄，ウォーレスらの抵抗を破ってスコットランドを征服したエドワード1世が奪ってきたものと言われ，征服の象徴とされてきた。第5章2注16で言及したジョージ6世が，吃音を克服する姿を描いた映画『キングススピーチ』に，ジェフリー・ラッシュが演じる言語療法士ライオネル・ローグが平気で腰掛け，コリン・ファース演じるジョージ6世が激怒する場面が出てくるが，それがこの椅子である。1996年ブレア首相によってこの石は，スコットランドに返還された。なお，St.Edward's Crown は，図版化されて英連邦王国や政府機関，裁判所等において王権を象徴するものとして用いられている（但し，2005年に創設された「連合王国最高裁判所」の場合には，イングランド・ウェールズ・スコットランド・北アイルランドを象徴するバラ，ラッパ水仙，アザミ，シャムロック（四つ葉のクローバ）の四つの花をかたどったロゴの上に示されている）。「第二のアフリカの星」という大きなダイヤモンドがはめこまれた大英帝国王冠は，第一のアフリカの星と言われる530カラットもあるダイヤモンドがはめこまれた王しゃくなどとともに，ロンドン塔の宝石館に飾られている。

払人」ではないため，国債（National Debt）は王冠ではなく「国民」（the Public）が負担する，と関連の国会制定諸法は定めている，と述べた。そして，この「国民」（Public）とは，実は Respublica つまり国家の意味のタームから「ある身分高貴なる人物」すなわち「国王の感情を慮って」その第一音節を欠落させた Public に由来したとする。

　メイトランドはさらに，金銭を支払う義務を負う「受動的主体」としての「国民」と，税を支払う義務を負う「能動的主体」である「国民」と，「王冠」との関係は，整然とした理論を持たない。それにもかかわらず，支払い期日には「国民の誠実さ」に期待する者たちは，国債の年間配当金を受ける。それが可能なのは，おそらく，王冠と国民とは相互に信託受託者とされるからであろう。また，おそらく，国民，国家，そして王冠の間には今日では大きな相違はないからであろう。「というのも，われわれは法律学の領域を離れて政治・国制理論の領域に入っていくときにはじめて，信託の十分な働きを評価するからである」と言っている。実際，年金支払いに関して，1887年のPensions（Colonial Service）Act第8条が，「永続的国家の行政事務」「女王陛下の永続的行政事務」「王冠の永続的行政事務」という表現は同じ意味を有すると宣言した。前述の「政治的信託」論が普及した18世紀には，「女王陛下の国務大臣の1人がイングランドの信託概念を大規模に操作し，女王陛下の政府は，『全帝国』のための受託者である」と言っている。

　重要なのは，これに続き，彼は，ロックの『統治二論』の後編，142, 1491について言及して，「信託と信託違反について多くのことが言及されている」けれども，「信託の履行強制を求める受益者は，必ずしも委託者でもなく創設者でもないし，普通そうでないので，ロックの著作のようなものへの信託についての議論の導入は，政府の契約的理論における弱点のいくつかを包み隠すことに役立つ」と述べていることである（以上，森泉監訳『団体法論序説』，86-87頁，注46-48の訳の104-105頁参照）。

　メイトランド自身のロック解釈も興味深い問題であるが，「統治の形態は最高権力であり立法権力がどこに置かれるかによって決まるもの」とするロックの有名な記述（『二論』132）に続くこの箇所について，「契約的理論における弱点」を信託論が「包み隠す」と論じていることに，すでに一定の示唆があろう。中世的「契約」論を用いつつ，実質は，最高権力すなわち主権が帰属する立法権力＝議会による信託違反があった場合には，人民がそれを追求するであろうというロックの含意を，見抜いていると考えられるからである。メイトランドはしかし，信託の理論によって，国家という団体が一定の意思を有して活動しているという事

実が隠蔽されていくことを許容していない。そのことは，何よりも，国家＝コモンウェルスである者のためにイングランド人によって「酷使」されている信託および王冠＝クラウンに対しては，古い思想の何らかの革新による克服が必要とする彼の示唆（前掲『団体法序説』，森泉訳書，85-86 頁）から，推察できると考える。

樋口陽一は，イギリスの公法学者のなかで異彩を放つラフリンについて，ルソー的意味における一般意思の求めるところの法を追求する国法諸原理の探求者（「外的に自律的な国家の法」の探求者というべきか）と評価し[21]，長谷部恭男もまた，「通常の法の支配」のみを対象とするイングランド法学の故に，革命期にあれだけ隆盛を極めた「基本法」の追求が忘れ去られたかのような世界で，ある程度評価しうる存在としてラフリンを上げている[22]。これは，ダイシー憲法理論を座標軸として論じられてきたわが国の「イギリス法・憲法研究」の射程を拡げる重要な指摘と言うべきである[23]。憲法思想の歴史研究の再構成の重要性を再定位しつつ，ロックの政治思想に近代立憲主義の原像というべき社会的共同の枠組構築の可能性を求めた愛敬浩二のロック研究[24]にも，これは，通底する観点と言えよう。

樋口が，「国法学」の意味またはその原論としての意義について，「歴史的文脈に拘束されることなく」イギリスにせよ，フランスにせよ，権利保障の課題は，「議会中心主義という統治構造のあり方」のなかに，「いわば吸収されていた」というとき，「政治から公法学の分離を標榜する法実証主義の学風」と「闘う」ラフリンの眼目がよく「代弁」されているように思われる。いずれにせよ，ラフリンがドイツの *Staatrecht* を意識しつつ，ブリテンの public law が，「規範主義の機能主義のたかまりゆく緊張関係のなかで発展」する可能性を論じていることは，この意味で重要であると考える[25]。

---

21 樋口陽一「『ルソーの立憲主義』をめぐって——『社会契約論』を副題『国法諸原理』に即して読む」杉原・樋口・森編『戦後法学と憲法——歴史・現状・展望』日本評論社，2012 年，44-45 頁。
22 長谷部恭男「書評・Martin Loughlin, foundations of Public Law」国家学会雑誌 124 巻 11=12 号，2011 年，972-977 頁。
23 「成文憲法典」の制定に向けた動きはしばしば繰り返されている「基本法」渇望の表現ではあるし，1998 年の「人権法」の施行以降，イギリスの法学界で盛んな「公法」「私法」論もその流れに位置づけられる面もあるが，public law ＝国法と直ちに観念され得ないコモン・ロー的法観念と制度があることも事実である。このことを意識しつつ，私の「長い旅」も続いているとさしあたり述べておきたい。
24 愛敬浩二『近代立憲主義思想の原像——ジョン・ロック政治思想と現代憲法学』日本評論社，2003 年，とくに序章参照。
25 樋口『国法学；人権原論』有斐閣，2004 年，1-3 頁。Loughlin, M., Fondations of Public

さて、メイトランドは、ヨーロッパ近世史を中世史から切り離す緊密に関係する運動ないし要因として、周知の 3R、すなわちルネサンス・宗教改革に加えた「法の継受」について述べる。すなわち、ローマ法の継受がドイツにおいては「無抵抗」で進められたのに対し、イギリスではこれが進められることがなかったとした。1901 年の論争的な講演をベースにしたこの書物、および我々がいま扱っているギールケの著書の英訳書の序文（前掲『団体法論序説』）のなかで、彼は、その理由を、近世ドイツのローマ法研究における卓越性からは想像もできないくらいに、この 15・6 世紀の大変動期のドイツは、「ローマ法に無知かつ無学」であり、その法はフォーク・ロー（folk law; 民衆法）の域を超えていなかったのに対し、イギリスでは早期の司法の集権化と 4 つの Inns of Court を中心とした法曹法（jurist law）・学識法・教授法の確立の故に、コモン・ローのローマ法による置き換えの危機は回避されたとした [26]。

ラフリンは、「ブリテンの制度において、統治構造上の了解を探求するためには、政府の諸官職の設置に関する諸準則の分析などでなく、国家の統治構造（constitution of the state）自体の究明を要する。そして統治構造上の了解を探求するには、実定法の諸準則の分析のみならず、*droit politique* の必要性についての正しき理解を要する。後者の国制の基本に関しての区別は、バジョットの「尊厳的部分」と「実効的部分」の区分に例示されているとおりであり、前者の諸準則の区別に関しては、メイトランドが'法曹法'と'民衆法'とを区分している。この二つの概念の結合の仕方が複雑とされるのは、彼の所謂、'法的思弁'に、法律家が果敢に深く立ち入れないことを意味していると主張していることに、惹かれる。実際、この国制および実定法上の諸準則という二つの区別とも、明確に理解されていないのである。その原因は、指揮者のいないオーケストラのように、総体としてのシステムのなかでの意味が理解されていてはじめて、それぞれの要素がその意味や機能を引き出されるのにかかわらず、法律家たちは、それらの相対的な関係のロジックだけに頼っていることにある。ブリテンの制度は、相互的な緊張関係で統治の諸制度が維持されてきた、一連の統治構造上の慣行を通じて作動す

---

　　Law, Oxford University Press, 2010, pp.163-164.
26　Maitland, F.W., English Law and the Renaissance, *The Rede Lecture* for 1901, Cambridge University Press, 1901; および同『団体法論序説』、前掲邦訳書、30 頁以下参照。この論文に敬意を払いつつ、メイトランド以後の研究の発展について言及している重要な論文に注意。Baker, J.H., English Law and the Renaissance, *Cambridge Law Journal*, 44(1), March 1983, pp.46-61.

第 7 章　近代憲法史と土地所有権法の連鎖　　347

るのである」と述べている[27]。

　ラフリンは，メイトランドのこの「法曹法」と「民衆法」に度々言及するが，その意図は必ずしも明瞭でない。メイトランドは，この概念をドイツのゲルマニストのベーゼラー（G.Beseler）に負っている[28]。その Township and Borough という有名な著書で，彼は，ケンブリッジ市を中心に都市法団体による土地の所有と入会権の関係，およびそれと，都市の市民と住民の階層的な関係という興味深い問題に迫っている。ロマニストの「完全な支配」というローマ法的所有権観念に対する所有権への内的・倫理的制約を説くゲルマニストであるベーゼラーは，エールリッヒの「生ける法」の理論の先駆をなす「民衆の法」を説いた。メイトランドは，この理論を基礎に，中世共同体に孕まれている「法団体性」（corporateness）と「共同性」（commonness）との矛盾と，都市法団体の萌芽的「公的性質」と入会権の私権としての性質との対抗関係を論じ，1835 年の「都市法人法」（the Municipal Corporation Act, 1835; 5 & 6 Wm.4, c.76）の歴史的な性格を照射した[29]。そればかりでなく，彼の「コミュナリティ」に対するこだわりは，中世前的世界を現代に持ち込むアナクロニズムでなく，私有制にも関わらず何故に入会権が消滅しなかったのか，すなわち，ハーディンが言った私有制のないための「コモンズの悲劇」という理論の破綻を示していること，さらに，1835 年法を地方自治の近代的進化としてのみ捉えることの一面性を示唆する意義があったように思う[30]。

---

27　Loughlin, M., Fondations of Public Law, Oxford University Press, 2010, p.272.
28　戒能通孝『法律講話』慈学社複刻版，2011 年（初版は 1952 年）223 頁参照。
29　Maitland, F.W., Township and Borough, The Ford Lectures 1897, Cambridge University Press, 1964, pp.14 et seq. 平松紘の『イギリス環境法の基礎研究——コモンズの史的変容とオープンスペースの展開』敬文堂，1995 年，とくに，71 頁の注 57 の指摘が重要である。Hardin, G., The Tragedy of Commons, Science, Dec.1968, vol.162 No.3859, pp.1243-1248 という有名な論文は，「共有の放牧地」というイングランドのコモンズの一類型を前提に「悲劇」を論じていたが，イングランドの歴史的実在としてのそれは，イングランドの中世のマナー的土地保有制度を前提とした農民の保有財産の個別性を特質とした入会地での自然的産物を取得する収益権（profit à prendre）であったことを誤認した上での議論である。この点，平松・同書，7 頁以下参照。また戒能『土地法のパラドックス』504 頁以下参照。
30　ここで補注的に言っておきたい。2009 年 11 月 14 日に早稲田大学グローバル COE〈企業法制と法創造研究所〉と比較法研究所他共催で行われた「比較法の新時代」という国際シンポの論点の一つが，ヨーロッパ民法典構想に関わるヨーロッパ市民社会論（Hugh Collins）と「共通ルールの段階的アプローチ論」（Reinhald Zimmermann）と——あえて単純化すると——の論争であった。これに関連して「法制史と比較法の接合」というツィマーマン理論の評価をめぐる議論があった。これについて，「総括役」のブレーメン大学名誉教授 Rolf Knipper の次の印象的な発言は，私のここでの「こだわり」の意味を代弁してくれている。

それでは、「フォーク・ロー」とは、何を指しているのか。『法と革命』の著者、バーマンは、その大著の第１章を「西欧法伝統の背景；フォーク・ロー」としている[31]。マナーの起源をめぐっても、ロマニステンとゲルマニステンの論争があったが、メイトランドはローマのヴィラではなく、アングロ・サクソンの自由村落共同体がその自由性と共同性を失って、農奴の地位に転落する者が生まれる過程から、封建的土地所有とマナー体制が成立すると捉えている[32]。これを、ゲルマンのマルク共同体（Markgenossenschaft）の変質過程と捉えるマウラーの学説を引いて、村上淳一は、イングランドにおいては、「マルク裁判権または農耕裁判権」と公権力は全面的または部分的に一体をなしており、しかもこの公権力と一体たり得る古来の農耕共同体が、イングランドの場合、長期間存続したことが、イングランドの都市をドイツ・フランス・イタリアの都市と区別する特徴、すなわち、公権力が大部分、都市参事会にあるという特徴が生じた、という重要な指摘を行っている[33]。入会地の囲い込みとともに大きな問題になる開放耕地＝オープン・フィールド・システムがどこから来たかについても論争があるが、メイトランドの学説はユニークである。彼は、当時の通説的な見解であったスタブズ理論を否定して、ゲルマン民族の土地方式は、ストリップ（地条）の一つ一つまで徹底的な平等主義であったが、イングランドにそれが到達するまでに共同耕作の痕跡は消え、入会権も保有権も、共同的な権原でなく、個別権原に由来するものと観念されることになったとする[34]。

　メイトランドの「民衆法」のノスタルジアは、したがって封建制導入前のアングロサクソンの「平等社会」とそこでの「共同性」であることは明らかである。

---

　「ツィマーマン先生であろうと、コリンズ先生であろうと、当時のギールケ教授であろうと、歴史を語っています。構成的歴史を語っています。しかし彼らは、歴史を過去の物語としては語ってはいないのです。歴史は決して過去のストーリーではないのです。歴史学は、建設のためのアプローチであり、これはわれわれの現在と将来に対する最善の回答を発見する手段なのです」（上村・石田・戒能編『法創造の比較法学』日本評論社、2010年、350頁）。

31　Berman, H., Law and Revolution; The Formation of the Western Legal Tradition, Harvard University Press, 1983, p.49 et seq.（邦訳書、宮島直機訳『法と革命Ⅰ』中央大学出版部、2011年、59頁以下）。

32　新井嘉之作『イギリス農村社会経済史』御茶の水書房、1959年、18頁。

33　村上淳一『ゲルマン法史における自由と誠実』東京大学出版会、1980年、100頁。

34　新井・前掲注32、59-60頁、Orwin, C.S. & C.S.Orwin, The Openfields, 2$^{nd}$ ed.1954（邦訳書、三澤嶽郎訳『オープン・フィールド――イギリス村落共同体の研究』御茶の水書房、1980年、19頁以下参照）。

## 3 共同体と「行政」の関係の問題性格

　バーマンはメイトランドの「民衆法」への傾倒に，メイトランドの「平等社会」願望があると見ているように思われる。ヨーロッパ社会のアイデンティティの形成を肯定する場合にも，その起源は当然ことながら問題になる。いまわれわれの議論の関係で言えば，11世紀末から12世紀初めに「突如として変わってしまったヨーロッパ」〈メイトランドの言説〉の生成は，裁判所，法制度，法律家，法制度，法文献そして「法の科学」science of law の出現によるのであった。1075年のグレゴリウス7世の教皇革命による「ゲルマン世界」の外部化である。イギリスでは，トマス・ベケットの死が，これに対する王権の「反抗」を象徴した。

　ヨーロッパからのフォーク・ローの駆逐は，このように進むが，教会法の体系化に「世俗法」はいわば「分節化」しつつ形成されていく。都市法，王国法，商慣習法，封建法，荘園法等にである。かつて，「包括的」であったゲルマン法は，「外部化」する。しかし決して死滅したわけではない。

　ヨーロッパのアイデンティティは，5-11世紀に存在した，「キリスト教世界」*populous christanus* に淵源があるのか。いかに「野蛮」で洗練されていなくても，ゲルマン法は捨て去られていなかった。とすれば，19世紀の法典論争において，ゲルマン法の世界に回帰して，「野蛮人の法律」と言われようと，「ローマ人の法」の対抗法が提唱されても不思議ではない。

　フォーク・ローが，このような「イデオロギー化」したゲルマンの法であるのであれば，厳密な歴史的実在概念と言いがたい。再びメイトランドによれば，「成文法が登場してくるまでは，裁判はまるでドラマのように演じられていた。正義は華麗に演出される必要があった。……19世紀のドイツの言語学者グリム Jacob Grimm も，抽象的な法概念で体系化された19世紀の法制度と違って，ゲルマン法は感情に訴えること（sensuous element）が必要であったと書いている。法律が詩の形で書かれていたのは，法律の内容を覚え易くするためでもあった」。ゲルマン法のいまひとつの特徴は，親族・部族との強い結合であった。部族の「民会」は，親族と同じ役割である，「平和 frith（Friede）の維持」を担った。部族において全員が「正義」の実現に協力するとされたのである。フォーク・ローにおいてフランクとならぶアングロサクソンの法では，「外へ，外へ Out! Out! と呼び上げる，scream, hue and cry」のは，犯人追跡を部族民のすべての義務とするところから来るのであった。重罪を犯した犯人を「法外追放を受けた者」outlawry と言うのは，本当に外へ追い出されるの意味であり，言葉を交わすことすら許され

メイトランドの場合，ことに住民入会権を否定する法理，すなわち，「居住権」から「財産権」（property）への置換による，下層農民への衝撃をモチーフに，中世共同体の村法（by-laws, bye-laws）を語るため，フォーク・ローたる「村法」は，それの発展段階が示されていないという欠点がある。彼は，14世紀以降の村法が，組織化され，領主直営地経営の崩壊に対応した村落共同体の自治的な組織形成を論じていない。これは，彼が，村法の初期的形態をマナー組織崩壊前の「開放耕地制度」の段階に求め，共同体規制を必要としない点に「村法」そしてフォーク・ローの「自律性」を認めようとしているからである[36]。

　入会権が，共同的＝総有的権利（communal rights）であるか，メイトランドが言うように，「個別的権利」individual or several rights）であるかについても，争いがある。従来，前者は，ヴィノグラドフ（Paul Gavrilovich Vinogradoff）説，後者はメイトランド説であるが，これは対立ではなく，歴史的起源はcommunalであったことをメイトランドが否定しているわけではなく，進展した段階の性質を論じたと解すべきであろう[37]。

　さて，いずれにしても，メイトランドの「フォーク・ロー」が，法曹法に対比されるのは，集団人の人格性に関わる彼のコミットがあったからである。すなわち，彼の主張によれば，ギールケは「高度に尊重すべき一連の権威に暗に支持されており，しかも立法府と裁判所が他の諸理論を適用すると自ら認めたときには，自己矛盾あるいは明白な不正に陥ると，彼は主張して，適用可能な近代法のすみずみまで，彼の論拠を詳細に論じている。……そして議論がときどき，『ドイツ中世』への愛着と古代ローマに対する不信を示すけれども，それは他の議論とはっきり異なる現代的長所を主張する」。そしてここからはいささか「我田引水」的であるが，諸教会，修道院，ゲルマニストが明らかにした村落共同体，発展と衰退のなかにあるマナー，township〈村〉，カウンティとハンドレッド，ギルド，法曹学院，「戦争を行う会社」〈東インド会社のこと〉，ロイズコーヒーハウス，友愛教会，労働組合，クラブ，証券取引所，等々をあげる有名な記述に続けて，「ギールケ博士の目にとまった以上に豊かな，調査すべき豊富な集団の生活」がイング

---

35　Berman, op.cit., p.58 *et seq.*（邦訳書Ⅰ，70頁以下参照）．
36　Maitland, *op.cit.*, pp.25 *et seq.* メイトランドが村法の初期的形態と組織的形態を区別していないという批判は，すでに赤沢計真『イギリス中世社会構造論』青木書店，1975年，76頁で指摘されている．
37　新井・前掲注32，60頁参照．

ランド歴史に存在すると述べた。イングランド人には，構成員の複多性と組織体の単一性を識別することに腐心するが，ギールケによって，中世後期の自治邑 (borough) は，長い歴史の結節点となって，「一方の手を後方は村落共同体へと伸ばし，もう一方の手を前方は自由に形成されるあらゆる種類の会社へと手を伸ばす」結果，「自治邑」は，現存している自治邑市民の総計と対比可能になった，と述べる[38]。Max Weber, Wirtshaft und Gesellschaft, Kapitel IX の邦訳書，世良晃志郎訳『都市の類型学』創文社，1965年，164-165頁

　ノルマン征服後の地方社会で，アングロサクソン的な地方組織であるシャイアやハンドレッドが王権の伸張に伴って自律性を失っていくのに対し，自治邑が自律した地位を獲得していくのは，マックス・ウェーバーが言うように，「イングランドの諸都市が，本質的に経済に関心を向けた Körperschaft になっていた」ためであり，この市場経済との関係において「完全に定型的に独占的ギルドの形成という形をとった」のである[39]。しかし，岡田章宏が分析しているように，14世紀末に，カノン法の法人観念が導入され，国王の勅許状によって，自治邑に法人格が付与されるようになったけれども，この自治邑に発する都市法人が，19世紀の都市法人に発展したものではない。それは，地方の公的な行政主体として住民全体の「公共性」を担うのとは反対に，こうした「地域性」とは切断された，自然人とアナロジーされるギルドの指導的構成員の特殊＝私的利益を担ったのにすぎなかったのである[40]。

　メイトランドの観察は，したがって，先にケンブリッジ市の法団体性と共同体性の関係と述べたように，ギールケ的総有説にのっとり，入会権を市民的用益権 (burgerliche Nutzungen) として構成することによって，入会権者を都市法団体の財産を利用する都市法人の一員と位置づけるものであった[41]。

　ケンブリッジ市は，自治邑であった。それはしたがって，メイトランドがギールケに傾倒した理由であるところの「法人」である。けれどもこの法人は，自生したものではない。国王の勅許状によって，いわば「上から」法人となったにすぎない。その「団体性」は，中世的村落共同体に「手を伸ばし」，他方では，「会

---

38　メイトランド・前掲注26邦訳書，『団体法論序説』70-72頁。
39　Max Weber, Wirtshaft und Gesellschaft, Kapitel IX の邦訳書，世良晃志郎訳『都市の類型学』創文社，1965年，164-165頁。
40　岡田章宏『近代イギリス地方自治制度の形成』桜井書店，2005年，99-107頁。
41　Maitland, *supra* note, 29 at195-196，平松・前掲注29，42頁参照。

社」の法理に心を奪われている。

　トマス・ヒル・グリーンの「前期オックスフォード学派」に始まり，Bosanquet らの後期オックスフォード学派まで（前述第 1 章 6.1, 165 頁）の理想主義的自由主義の知的世界のなかで，メイトランドは，ラスキなどにも影響を与えた多元主義の源流にあり[42]，また Henry Sidgwick（1838-1900）のもとで功利主義哲学にも導かれている。1888 年に Sidgwick 等の推挙で，Downing College[43] のイングランド法教授となり，1906 年に死去するまで，その職にあった。

　近年，メイトランドの法人に関する理論は，中世から近代の地方自治と会社の歴史を対比し，鳥瞰するスケールの大きなものであったことから，「公共圏」論の観点でもあらためて注目されている[44]。しかし，私は，彼のフォーク・ローの

---

[42] Loughlin, M., Public Law and Legal Theory, Oxford University Press, 1992, pp.171 et seq. またメイトランドはダイシーと対照的に「王座裁判所の判例集の最近の号を取り上げればその大半は行政法に関わるものであることが分かる」という立場であった（ibid., p.166）。それは，彼が，国家の概念に拘ったからである。

[43] ダウニング・カレッジは，1800 年，サー・ジョージ・ダウニングの遺贈を得て，1800 年，国王の勅許状によって創設され，地代収入に支えられていたカレッジであるが，19 世紀末の農業不況でその土地の一部を売却せざるを得なくなり，メイトランドもその「当事者」となる。このことにも触れた，森泉章監訳（青嶋敏，大野秀夫，金城秀樹，関口裕紀子，武藤隆厚協力）によるメイトランド法人・信託論「3 部作」，すなわち，『信託と法人』（1988 年邦訳刊行，以下同じ），『法人論』（1989 年），『団体法序論』（1995 年）（いずれも日本評論社刊）の訳業は，翻訳にとどまらず訳者注も豊富で貴重である。メイトランドについては，その『法人論』24 頁以下の訳者注ほか P&M（F.Pollock and Maitland, F.W., The History of English Law before the Time of Edward I, 2 vols, 1895, reprinted SFC Milsom ed., Cambridge University Press, 1968 は，非常に有名な名著であるので，しばしば P&M と引用される）に付された Milsom 序文等による。前述第 5 章 1 注 3 で触れている歴史家グリーンの妻の「ケンジントン・スクエア 14 番地」のクラブに集った 1 人の HLF Fisher は，メイトランドの妻の Florence Henrietta Fisher の兄であり，メイトランドの有名な Collected Papers の編者であった。そして，Florence は，同じく「ケンジントン・スクエア 14 番地」のクラブの常連でベアトリス・ウエッブの友人でもあった Sir Leslie Stephen の姪（レスリーの娘がヴァージニア・ウルフ）であり，メイトランド夫妻はレスリーと隣り合わせに住んでいた。メイトランドが Florence と会ったのもレスリーの家であった。森泉訳注によれば，メイトランドは，不遇時代にポロックとレスリーによって創設された Sunday Tramps というクラブに通い，そこで多くの友人を得たそうである。ヴィノグラドフとの親交もこのクラブでの出会いに始まった。こうした「クラブ」による知的公共圏の形成も，メイトランドに限らずこの時代キラ星のように現れ，メイトランドの時代とともに急速に凋落していくのである。法学者を刺激する高尚な知的公共圏が，このようにヴィクトリア朝の末期に形成され，メイトランドといえどもその世界の一員にほかならなかったことを知っておく必要はあろう。

[44] McLean, J., Searching for the State in British Legal Thought; Competing Conceptions of

議論に示されるような「共同体」論と,「近代」を媒介していく個人と自生的「団体」との関係を物語る,つまり,イギリス近代の特有の構造を語っているように見える,彼の思想のやや屈折した魅力に注目している。

　マクリーン（Janet McLean）は,19世紀のイングランドおよびドイツにおける地方政府改革それ自体に,ギールケもメイトランドも直接の影響を及ぼさなかったが,メイトランドの地方政府に「道徳的人格」を求める主張は,彼の「自由主義」観と関係しているとした[45]。オックスフォード大学のベィリオールカッレジ出身のベィリオール・マン（第4章2参照）で, *Political Thought in England from Herbert Spencer to To-day: 1848-1914*（1915）（邦訳書,堀豊彦・杣正夫訳『イギリス政治思想——Hスペンサーから1914年』（岩波現代叢書,1954年）の著者のSir Ernest Barker（1874-1960）は,ダイシーとメイトランドを対比して,ダイシーは「われわれに新しい方向に導くという点においてよりも,むしろわれわれがすでに立っているところを示す」のに対し,メイトランドは「新しい方向に導く」という点に特色があるとした。そして,国家と結社の関係においても,結社は,創設のための国家による独立の法的行為があったか否かに関係なく,社会的承認のなかに,すでに存在しているものと捉えるべきとする,いわば「団体的個人主義」の時代に適合していたのではないか,と示唆している（同,150-156頁）。

　信託が,任意的アソシエーションの展開を法的に可能にしていたことを観察したメイトランドであるが,時代は,1832年に続き,67年,84年の選挙法の改正および1835年の「都市法人法」を画期とする地方政府の民主化と,ジョイントストック方式の会社の発展を経た時期である。それは,土地所有エリートからミドルクラスの起業家への政治的経済的権力の移行,両者を産業の推進力として,同等のスキルと技術と事業を駆動させることが要求される時代の到来を意味した。けれども,都市法人は,民主化されていくほど「逆説的にも」,その自律性を支えた機構によってよりも,国会制定法による委任的立法にますます依存していく傾向を強めていった,とマクリーンは言う[46]。国家による認証による法人は,メ

---

the Public Sphere, Cambridge University Press, 2012, pp.90 *et seq*. 彼女は,クラウンをめぐる論議において,Hermann Kantorowiczとメイトランド,ラフリンを同じくクラウン概念から国家概念に迫った論者といっているが,カントロヴィッツは「人間化」,メイトランドは「民主化」,ラフリンは「責任化」というアプローチをクラウン概念について行っているとする点は,興味深い。*Ibid*., pp.6-7.

45　*Ibid*., pp.100-101.
46　*Ibid*., pp.101 *et seq* and pp.105 *et seq*. いずれにしても,「地方行政」が,*ad hoc*な「公共事業」のためのprivate acts（個別的＝私的国会制定法）の付与という形でなされてきた

イトランドには勅許による法人都市，自治邑がだぶってイメージされることになるであろう。

　ケンブリッジ市という自治邑を考察したメイトランドは，入会権を題材にして，自治邑が何故に入会権の主体たり得るかを考察するとともに，入会紛争を分析し，都市法団体の支配構造と入会権利者間の対立を析出している。中世市において入会権はその物質的な基礎となっていることは，上層市民によって入会権が掌握されていたケンブリッジやコヴェントリのような「大都市」だけでなく，法人格を持っていない小都市や市場町（market town）においても，マナー的支配と独立している場合には同様であったのである。

　私はすでに，ピューリタン革命をめぐる論争において，マルクス主義を標榜するクリストファー・ヒル等にたいするいわゆる「修正・批判学派」の「包囲網」について言及した。そして，わが国においても，「比較（西欧）経済史学派」によって，「封建制から資本主義への移行過程」において「ブルジョワ革命」画期となった，という歴史解釈も成り立ち得ず，したがって革命論は「消滅」したとされている歴史学界の状況を紹介した（前述した第3章3および4参照）。残念ながら法学界ではかつては旺盛であった歴史学への関心は，稀薄化しており，こうした問題が顧みられることは，ほとんどない。

　ヒルの「ブルジョワ革命論」が，ブルジョワ一辺倒から「マスターレスマン」と言われる下層の人びとの急進主義に注目する方向に転じて行くのと並行するようにして，革命の抽象的性格規定をめぐった「堂々巡り」の状態から，例えば，A.Everitt と JS Morill による「州共同体学派」説のような地方を重視した「内乱」の構造の解明がなされ，歴史のあらたな地平が開拓されていった。グランド・セオリー面でことに重要なのは，封建制の社会構造の内部・その胎内に，資本主義が出現し，それが次第に拡大・発展していくというマルクス主義の伝統的な捉え方を，「新スミス派マルクス主義」neo-Smithian Marxism として批判した Robert Brenner の，*Agrarian Class Structure and Economic Development in Pre-Industrial Europe*）およびそれをめぐる論争であった[47]。

---

　「前史」の故に，1835年法以降に定着する地方行政のあり方も，今度は公的一般国会制定法（public general act）による「権限付与」によってなされるようになり，これが裁判所の *urtra vires* 法理による「管轄権」統制という形の「行政法」を集積させていく要因になるのであった。Ibid., 105 *et seq.*

[47] 馬場・小野塚編『西洋経済史学』65頁以下。また，岩井・指編『イギリス史の新潮流』92-93頁，同124-5頁に引用の「ブレナー論争」をまとめた T.H.Aston & CHE Philpin (eds)〈The Brenner Debate; Agrarian Class Structure and Economicb Development in Pre-Industri-

他方では，サースクのように，農業地域での牧羊・耕作地帯（王党派）と，森林・牧畜地帯（議会派）の社会構造の差異を重視する研究や，人口増加による食糧危機・貧困問題への対応と農民層分解の水準との対比による大塚史学の再構成（常行敏夫，大西晴樹）や，農業改良の面での convertible husbandry（常行は「穀草式農業」と言う。）や農民的囲い込みなどの改良，つまり市民革命に先行した農民層の分解を重視する椎名重明説など，修正主義に対する「比較経済史学派」の鋭い反論，もしくはその内在的批判派の登場もあって，「市民革命論消滅」といった流れは，必ずしも主流ではなくなっている（補論「市民革命論は〈消滅〉したのか」参照）。

柄谷行人は，「交換様式から社会構成体の歴史を見直すことによって，現在の資本＝ネイション＝国家を超える展望を開こう」とする「企て」を行うとした壮大な構想の新著のなかで，「農業の起源は農村ではなく，さまざまな共同体から事物や情報が集積し，技術者が集まる都市にある」と述べている。建築ジャーナリストのジェーン・ジェイコブに依拠したものであるとするが，彼は，それを「原都市」（proto-city）と言う。

しかし，共同体間の交易を可能にする場であって，農業がその中で始まって後背地に拡がる，そのような場である都市とは，国家＝原都市，つまり，原都市にして実に国家なのであると言う。そして，彼女もまた，アダム・スミスとともに始まった古典経済学の偏見に毒されている。経済が政治（国家）から独立して存在すると考える，この見方は，資本主義社会において成立するイデオロギーにすぎない。国家はたんに経済過程によって規定される上部構造ではない。後進資本主義国においてはいうまでもなく，イギリスにおいても，重商主義的な国家の主導性なしにマニュファクチャーも産業革命もありえなかった。産業革命は世界市場を前提とし，また，世界市場の覇権を争う国家の主導によって起こった，とたたみかけている[48]。

---

al Europe, Cambridge University Press, 1985.
[48] 柄谷行人『世界史の構造』岩波書店，2010年，93-94頁。樋口陽一は，東日本大震災と福島の原発事故を契機とする危機に対しての憲法および法の「無力化」という論調が支配する現代に，チャレンジしようとする憲法学者の共同研究の書の緒論にあたる論文，「〈危機〉への知の対応」（奥平・樋口編『危機の憲法学』弘文堂，2013年，1-13頁）で，本書に触れている。すなわち，かつて「資本主義」と呼ばれていたものが，その後，「市場経済」と称されるようになった。資本主義はもともと，他のものによって取って代わられるべき「生産関係」という文脈によって使われていたが，「市場経済」は，永遠のものであるべきであり，またあり得るという含意で，しばしば資本主義に代えて，そのように呼ばれるようになった。この状況に対し，柄谷は，生産様式でなく交換様式という逆の脈絡で，社会構成体の歴史を捉え直そうとする。「交換様式」というキー概念によれば，「資本主義」も

イギリスはじめ西欧の封建制において特筆すべきは、自由都市（共同体）の存在であった。自由都市は、商品交換様式の原理で形成されたが、同時にそれは、「誓約共同体」であり、したがって、資本主義的利益追求にドライブする一方、それによって生じる経済的格差に対し、相互扶助的な共同体を回復しようとするドライブがある。他方、封建制は、主君と家臣の双務的契約関係によって成り立っていた。それは、農奴制を伴った。けれども「恐怖に強要された契約」の関係にあった自営農民と領主の関係が、単なる借地の関係になるにつれ、領主と農奴の関係も双務的・契約的なものとなった。農民は、共同体を形成し、三圃制などの共同体的規制があった。これは領主によって強制されたからではなく、農業生産の性質上必要だったからである。契約的・互酬的関係におけるレーエン封建制を特質とするゲルマン的封建制にあっては、「所有権」が曖昧なままのアジア的共同体や、私有地は各戸に分割所有されたものの、公有地が権力者によって勝手に利用されていた古典古代的共同体とは基本的に異なって、所有権が明確になっていた（柄谷、180-183 頁）。

「囲い込み」と言われるイギリスにおける農業の資本主義化の推進力とされた農民からの「共同地」の収奪と言われた現象は、もともとは、「共同地」は領主の所有物であったことに発していたのである。

椎名重明は、最新作において、「封建領主たる貴族的大土地所有者たちは、13世紀のマートン法以来、土地改良を我が物とする"approvement"の法理に則り、農民の入会権を排除し、コモンズ commons をマナーの荒蕪地 manorial waste として来た。17世紀の市民革命（イギリス革命）は、絶対王政の反囲い込み法 Depopulation Acts を事実上廃止し、18～19世紀の議会エンクロウジャーは、コモンズを消滅の危機へと追いやった」と述べている[49]。

---

4 つのタイプのうち「商品交換」という標識によって捉えられる一つということになる。そして、その克服の方向が探求されるべきものということになる（同論文、11 頁注 32 参照）。柄谷のこの理論は、「市場経済」は永遠のものたり得ないことと、「生産様式」でなく「交換様式」というキー概念で「経済的下部構造」を捉え、その歴史を語りうるとするものであるから、歴史段階毎の歴史的類型を析出して憲法現象を比較する樋口の方法にも通底することになろう。私は、「人間関係が生じない」歴史は、「静止的、第三者的、傍観的」であり、したがって例えば、「イギリス型」「フランス型」「ドイツ型」等の「類型」を論じる場合にも、それが人間の力によって動かし得ないものなのか論じない歴史学は、静止的・傍観者のそれであると書いていた戒能通孝の主張（慈学社版『近世の成立と神権説』168頁および「解説」参照）にも通じるところがあると思っている。

49 椎名『カリタスとアモール——隣人愛と自己愛』御茶の水書房、2013 年、243-244 頁。

## 4 都市の「自治」とコモンズ

　平松紘の先駆的研究で指摘されていたように，自治邑のような都市法人において都市共同体は，構成員が自由人たる都市民＝burgess (burgher, burgis) と「庶民」＝commonalty もしくは「住民」＝inhabitants に階層化されていたのであり，法人たる自治邑が入会権を所有もしくは管理するということは，「都市民」が「住民」を排除してこれを行使することを意味した。ところが，メイトランド的な「生ける法」たるフォーク・ローの存在が立証されれば，ここには，都市特権市民層の団体的入会権と生ける法の共同体的慣行との葛藤が生まれる。

　都市と言っても一律ではなく[50]，「特権都市」たる自治邑起源のそれは，せい

---

[50] 第6章1注4のメイトランド『憲法史』，小山訳，72頁が言うように，「1835年法以前いかなる時期においても，イングランド全体を通じて自治都市は同一であった」ことはないのである。なお，Corfield, Penelope J., The Impact of English Towns 1700-1800, Oxford University Press, 1982 (邦訳書，坂巻・松塚訳『イギリス都市の衝撃 1700-1800年』三嶺書店，1989年，4-10頁) 参照。イングランドとウェールズの全人口は，1700年から1800年の間に約500万から900万以上に増え，18世紀の末までに，250万以上の人びと，人口の約30パーセントが人口2500人以上の都市に住んでいた。その1世紀前には，都市人口は100万人弱，全人口の20パーセント以下であった。しかし，現代の都市をイメージしてはならない。もともと都市 town，古い英語の tun とは，囲い込まれた場所・地片を意味したが，小さくても核を持った密集した定住地であった。そして，地方行政における独立した権利や特権を持つ定住地という意味を獲得するようになり，17, 8世紀には近代的意味を持って，一定の規模と政治的自律性をもった定住地を指すようになる。一方，「村落」village は，14世紀末以来の言葉として，より小さな場所について用いられるようになったが，両者の区別は曖昧であった。サー・ウィリアム・ブラックストーンは，『釈義』(1765-1769) (坂巻＝松塚訳では『論評』という適切でない訳になっている) において，「都市 town もしくは都邑 vill という言葉は，確かに時代と用語法の変化によって今やその下にいくつかの種類の，主教 (司教) 座聖堂都市 (city)，特権都市 (自治邑；borough) そして一般都市 (common towns) を含めた総称的言葉となった。シティは，主教座聖堂を持つ法人化された都市で，司教封であった都市をいうが，ウェストミンスターのように司教 (主教) 管区 (bishoprick) が廃止された後にも，大規模な都市について用いられる。バラは，法人化されている場合とそうでない場合もあるが，国会に都市民 (burgess) を送り出す都市と考えられている。このほかにも，サー・エドワード・クックによれば，シティでもバラでもない8803もあるという都市があり，それには市場開設権を有するものと，有さないものとがあるが，両方とも法の上では均しく都市とされている。parliamentary borough は，議会に代表を送る町であって必ずしも法人化されているとは限らなかった。単なる market town (市場町) も，また必ずしも法人化されていなかったが，少なくとも形式上は，規則的に週市が開催される場所であった。しかし，これらの週市のいくつかは機能しなくなっている」(Blackstone, Commentaries, I, pp.110 et seq. [section 4, Countries subject to the Laws of England] によって，上記は一部改訳してある)。しかしコーフィールドは，この

ぜい5000人ほどの住民のなかでたかだか数十名の者がその役職をも所有権と考え,「団体の財産にたいして」あたかも個人がその所有権を行使しているのと同様な権利を行使しているにすぎなかった。1835年法によって,緩慢にではあるが,メイトランドが「トーリーのダイニングクラブ」と呼んだ「都市法人」の閉鎖性と執行機関の特権は除去されていくのである[51]。

けれども,都市住民総体のコミュニティと自治邑内の都市民＝自由人が参事会を介して行使した統治権限,とりわけ法人財産の管理や都市民の公共目的のための支出の問題は,彼らの「共同性」とは区別される「公共」目的の問題として扱われるように,直ちに転換されることにはならなかった。メイトランドは以下のように述べている。有名な箇所であるので,長いが引用する。

「1835年に国会が,都市法人を掌握したときには,彼らの収入は,都市の住民の公共の便益（the pubic benefits of the towns）のために費消されるべきだと教えたのである。共同（common）ではなく「公共の利益」のために,である。common という言葉が用いられたら,住民たちがその収入を自分たちの間で分けてしまわないとも限らない。しかもその言葉は,われわれに中世を想記させるものである。自治邑においてでさえ,コモンの鐘が邑の共同の土地,共同の街路そして共同の緑地からコモン・ホールに響き渡り,そしてコモン・ホールでは,彼らの共同地をリースに出すために,団体印を用意した集会が開かれ,そして礼金が共同の櫃に払い込まれる。すべてが共同だが,公共のものは何一つとしてないのである。イングランドでは,res publica（公共のもの）にあたる言葉は,commonwealth である。パブリックハウスは,かつては共同の旅籠（common inn）であった。しかし,共同の,とは一体何だろう。一部分は私のもので他の部分はあなたのもの,そう考える気にさせられる。

村民の *universitas*（集団的共同体）における放牧地にたいし,純粋にして束縛のない所有権というものを想定してみよう。この場合に彼らのコミュニティの観念は,単一の放牧権を,彼らの共同体の集会によって意のままにするということ

---

ような法的・制度的な観点だけでは不十分であって,都市的な定住地でありながら,以上のどれにも分類できないような,例えば「イングランド最大の村落」と言われたマンチェスターのような,法人格も議会に代表を送るようなこともないところがあったと言う。したがって,「都市は,非農耕的な経済的機能に基礎を置き,特有の社会的・文化的な同一性をもった,一定規模のすべての定住地を含めて考えるべき」としている（邦訳書,8-11頁）。

[51] この過程の制度的な面を中心に克明にすぐれた分析を行っているのが,岡田章宏『近代イギリスの地方自治制度研究』である。私は若干,異なる視角からこの過程への「前史」を扱っている。

第7章　近代憲法史と土地所有権法の連鎖　　359

で実現されることになるのであろうか。けれども，すべての耕作民にとって，このような放牧権は不可欠のものであるから，そのような集団的共同体に帰属するそうした所有権が表示されることになれば，彼らをつなぎ合わせてきた絆を破壊することになるだろう」[52]。

　メイトランドの「イングランド入会権」概念が，「個別性の法理」を基本とし，中世のマナー的土地所有制度の確立にともなう農民の保有財産（tenement）の個別性，つまり各々の個別の領主と農民の封建的土地所有関係に準じて，家屋あるいは耕地に対しての保有権に付随する個別的な権利として入会権を理解するものであることについては，先に若干述べた（前述，第7章3，351頁）。理論的に想定されたマナー構造に対応した入会権の説明を，ブラックストーン（Blackstone, W.）の入会権の説明に見出すことができる。彼はその『釈義』の第2巻第3章「無体相続不動産権」（incorporeal hereditaments）において，「入会権（common, or right of common）をこの財産権のカテゴリーに包摂し，「入会権とは，人が，他の人の土地に対して有する，採取の権利（profit）であり，これには彼の家畜に草を食ますこと，魚類を捕獲すること，芝（turf）を掘り出すこと，樹木を切取ること等の種類が含まれる」とのべている[53]。

　このように入会権は，有体不動産権ではなく，無体の権利であり，入会地での自然産物を取得する収益権（profit à prendre）としての世襲的な放牧・採取権である。故平松紘は，次のように述べていた。

　「かくして筆者は，イギリスにおける狭義でのコモンズである入会権を，〈一人またはそれ以上の者が，他人の土地で自然に産出する物の一部を採取または利用する世襲的な権利〉と定義づける。したがって，イングランド法における入会権法理は基本的に〈個別性〉によって説明され，〈総有性〉〈共有性〉によって捉えられるべきでない。土地所有制度が〈総有〉のかたちをとった原始的な段階にその淵源を求め，入会権を村落の一体性と共同所有にもとづく総有的権利であるとするヴィノグラドフ説は，入会権の法的権原の部分でなく，その背後にある共同体慣行のレベルでの問題となる。すなわち，法理上の〈個別的〉入会権と実際上の〈共同体的〉入会慣行を区別することが肝要となるのである。同時に強調しておきたいことは，〈個別性〉の法理によって入会権が入会地の消滅とともに解体することが合法とされる一方，他方では，入会慣行に潜む共同体的性格がイングランド特有の入会権の構造と変容の基底となったことである」。そして，彼の考

---

52　前掲注29, Township and Borough, pp.32-33.
53　Blackstone, ii, pp.32-33.

察の目的について,「入会権の,〈個別性〉法理が果たした歴史的意味を再検討しつつ, 中世・近世の」入会における〈共同体的〉入会慣行の意義を探求することにある。その作業は, 共同体的入会慣行が, 法・判例における〈個別性〉法理と矛盾しつつ, いかに収斂されあるいは機動力をもったのか, その過程を実証的に見直すことにある」と締めくくっている[54]。

実は, このイングランドにおける入会権についての,「個別性」と「共同性」(「共有性」) の関係の問題が, 今日, コモンズ論として論じられている問題にも少なからず影響を及ぼしているように思える。すでに多岐にわたる論点を簇生させているように思えるこの論争的な課題にここでは立ち入らないが, 平松の上記の整理では言及されていない問題について論じておきたい。

平松の結論は[55], ―彼が「環境法の基礎理論」として, イングランドのコモンズの「解体」という「帰結」をその後のその「オープンスペース」としての開放という―入会地が収奪され私権の乱雑な収奪対象となった日本とあまりに対照的な―「歴史的転換」を導き出し,「囲い込み」というコモンズの消滅に至る「歴史過程」を捨象したという特質をもっていると考える。このコモンズについての「帰結概念」は, 必ずしもその歴史過程における概念と同じではない。平松自身, メイトランド説とヴィノグラドフ説を対立するものとしてでなく, イングランドにおける入会権・コモンズの構造と変容の基底にあったと述べていたことを想起したい。その限りでは彼も,「過程概念」としてのコモンズには, 何らかの集団的・共同体的関係が付着していたとしていたのである。

「コモンズ」という社会諸科学で横断的に用いられるようになった概念を, 法学, ことに法社会学において強固に維持されてきた村落共同体または共同地と総有の概念から開放し,「最広義」には「社会の共通関心」と定義して,「法の対象範囲の確定基準に用い, 法主体が何らかの要求の適合性資格として措定し, 他者の理解を得る戦略と作法のための論理操作の主題とする」という「企画趣旨」に, 池田恒男は, 疑問があるとした。法社会学会の「コモンズと法」という共同研究によせたすぐれた論考によってであり, 私もその主張に賛成する。その上で,「最

---

54 平松『環境法の基礎研究』17-19頁。そこで引用されているP&M, ヴィノグラドフについても同箇所を参照されたい。私の『土地法のパラドックス』504頁以下にマナー構造と入会権の関係について詳述した記述があるので参照されたい。

55 戒能『土地法のパラドックス』所収の「入会地とオープン・スペース」も平松とほぼ同様の結論に至っているが, 私は,「入会地保全の観念は, 必ずしも旧入会利用関係を含めた中世型農業構造を凍結しこれを従前どおりに維持することを意味しない。……土地の公共的性格に対してのより高次の認識が形成されてきた」のだと述べている (同書, 503頁)。

広義」における「共通関心」にまで「拡大」されたもともとの英語のコモンズがかりに、「これまで〈共有地〉あるいは〈共有財産〉と訳されることが多かった」イングランド・ウェールズにおけるコモンズのことを指すのであるとすれば、これはミスリーディングである、と付言している。そこには、日本法の入会権に比定した権利者相互の関係は何ら存在せず、ゲルマン・日本法にいう「人法的性質」を帯びないものであるので、これを「入会権」と訳すこと自体が誤りであり、「特定の多数者が一定の土地の所有権を制限して一定形態の利用を許される世襲的権利を準共有する状態」であると「大まかにいえる」としている[56]。これは、平松の「帰結概念」としてのコモンズを援用したものであろうが、平松と異なって、「過程概念」としてのコモンズは「帰結概念」としてのそれには、まったく含まれないということになるのであるまいか。

　ポロックは、イングランドに広々と拡がる地所と邸宅と狩猟園、原野と牧場、森林と荒蕪地、その遙か彼方に藪とヒースの荒野におおわれた広々とした丘陵が続く眺望が目に浮かぶような美しい筆致で、次のように書いている。「そこでは多くの人びとがその地方と村の慣習に従って、多くの家畜を放牧する権利と彼らの居住のために芝生と藪を刈る権利、その他同等の権利を有している。そのような権利はつい最近まで、土地保有の完全に封建的な理論に適合するように、イングランドの法書によって次のように説明されていた。すなわち、そのような諸権利は、荘園の領主によって彼の保有者に譲与されたか、黙諾と慣行によって領主の領域内で生長したと……けれども、概して真の歴史は全く別の方向にある。入会権 rights of common を行使した人びとは、ずっと過去に遡りさえすれば分かるように、領主の権原よりはるかに古い時代の権原によって入会権を行使しているのである」[57]。

　実は、この問題は、コモンズのみの問題ではなく、私がここで論じている都市法人の「近代化」と先の信託の関係、さらに行政の関係も含む、イギリス近代の構造と法の「重層的構造」に関わるのである。

## 5　入会地と緑地――公衆への開放

「農業の歴史はおよそ人間の歴史である」という名言で始まる名著、『イギリス

---

[56] 池田恒男「コミュニティー、アソシエィション、コモンズ」『コモンズと法』（法社会学73号）119頁以下。
[57] Pollock, F., The Land Laws, London Macmillan, 1883, pp.5 et seq., （邦訳書、平松紘監訳『イギリス土地法――その法理と歴史』日本評論社、1980年、5頁以下）。

農業発達史』を書いたオーウィン（C.S.Orwin）には，ノッティンガムシャーのシャーウッドの森の東端にあるラックストン（Laxton）に関する詳細な研究『オープン・フィールド』がある。いずれも，三澤嶽郎の名訳で知られる[58]。オーウィンが不満を持ったのは，囲い込みによってオープン・フィールドは消滅したと論じられながら，オープン・フィールドそれ自体については「ごく僅かの研究しか出版されていない」からであった。ラックストンのオープン・フィールドは1640年以来，ピアポンド家の所有となって，現在まで基本的に維持されてきた。同家の記録保管室には地図・証文・文書の膨大なコレクションが所蔵されている。ラックストンの人びとは，オープン・フィールドの囲い込みの後に，州会（county council）が農村の就業者に経済的前進への踏み石として提供した小保有地（small holdings）[59]というような「近代的入植政策」がどのようなものであるにせよ，オープン・フィールドが与えていた機会に置き換わりうるものではないと知っていた。教区のなかに創り出された少数の囲い込まれた農場を占有している大農でさえ，オープン・フィールドは，彼らの十分に役立っているが，インクロージャーは彼らの共同体に最善の利益に反するであろう，という意見を強く持っていた。

　オーウィンによれば，オープン・フィールドの教区の一つの長所は，その統治組織から生じる。オープン・フィールドの管理は，純粋な民主制である。なぜならどの人も，遅かれ早かれ，それに対して個人的責任を負うからである。土地占有者の間のこのような相互依存が存在する農業方式は，多数の利益のために個人に対してその決定を強制する権限を持つ強力な統治機関の下においてのみ，可能であった。このような統治機関が，マナー裁判所である，とされる。

　この裁判所は，すべての小作人と自由土地保有者で構成されていて，それによって任命される「耕地陪審員」（field jury）は，マナーの慣行の遵守と，時折裁判所

---

[58] Orwin, C.S., A History of English Farming, Thoman Nelson & Sons, Edinburgh, 1949（邦訳書，三澤嶽郎訳『イギリス農業発達史』御茶の水書房，1978年，1頁参照）. C.S.Orwin & C.S.Orwin, The Open Fields, Oxford University Press, 1954（邦訳書，チャールズ・S・オーウィン，クリスタベル・S・オーウィン著，三澤訳『オープン・フィールド；イギリス村落共同体の研究』，御茶の水書房，1980年）. チャールズ・ステュアート・オーウィンは，South Eastern Agricultural College，現在のWye College卒業後，土地管理人を経てリンカーンシャーの約3万エーカーの大農場経営に従事し，第一次大戦の直前，オックスフォード大学に新設されたThe Agricultural Economic Research Instituteの初代所長になり，『オープン・フィールド』により学位を授与された。オープン・フィールドに関する法制的・政治的側面からの分析に不満をもって，村落共同体論の再構成を「農民たちの知恵と努力」の観点から明らかにしようとした。

[59] 小保有地については，戒能『土地法のパラドックス』481頁以下参照。

によって定められる規制とに責任をもつ。耕地でさまよう家畜を差押え，その所有者に罰金を科すことにも，裁判所と住民は責任を負っていた。もっと前には，貧民の救済や公道の補修なども各人が自発的にやっていたが，現在は，もっと大きな統治機関に融合されるようになった。しかしラックストンの人びとは，他のすべてのところではインクロージャーの過程で失われて終わった何ものかを保有している。公道や入会地の蚕食をめぐった争い，境界や水路の清掃，合意された農耕方式の遵守は，共同体とマナー裁判所によって決着をつけられたのである，と彼は分析した[60]。

　ラックストンに残されたオープン・フィールド以外は，19世紀の初期までには囲い込みによって消え去り，個別化された土地所有に転換されたことになる。

　囲込みは，マナーの起源については論争があっても[61]，「マナー機構の残存物」を一掃し，これを私的＝個別的土地所有関係に解体させるということを意味したことは確かであろう。囲込み（Inclosure）の法的意味は，オープン・フィールド（以下では，通常の「開放耕地」）と言う。この「開放耕地上のストリップ＝地条を統合すること，および，一時的（限定）入会地および入会地（commonable and common lands）上の入会権を消滅させ，これを各自の持分の割合に応じて配分すること」，ということになるのであって，必ずしも一定の土地区画を柵等によって囲込む（enclose）ということをその本質的意味とするものではない[62]。

---

[60] 同『オープン・フィールド』，邦訳書270頁以下。オープン・フィールドは，イギリスの封建制度と必然的に関係していない。これは「囲い込まれない耕地」，「囲い込まれない地条（ストリップ）として村落民に割当られる村落共同体の土地」を意味し，その発生の時期は封建制度の確立前に遡る。それが存在した地域は，広くヨーロッパに及び，アジアにも存在したと言われる。オープン・フィールドが，中世イギリスの封建制度の物的基礎であったとしても，それは偶然的なものであった（同書，訳者あとがき参照）。

[61] 大陸における封建的土地所有の成立過程について，これを古代ローマのラティフンディウム起源とするものと，ゲルマンのマルク共同体の変質過程とみる立場の対立があるが，イギリスでは，ローマの土地保有制度がアングロサクソンの植民の基礎とされ，マナー制度がその社会の基盤とされたのか，それとも，アングロサクソン社会の自由村落共同体に起源があったのかの対立となる。シーボームによって説かれた前者にオーエンは従って，これを「復活」させたとされる。これに対してヴィノグラドフおよびメイトランドは，マルク共同体の変質過程においてマナーおよび封建的土地所有の起源を論じる点で，「ロマニステン」と対立する。我が国における入会理論において，中田薫の「総有論」にたいして，戒能通孝が，「生活共同体」としての村とその成員による入会地への用益権的権利行使を入会権の核心ととらえ，ドイツ総有学説の観念的援用を批判したこととも関わる。後述したい。

[62] Royal Commission on Common Land 1955-1958, Cmnd 462（1958）所収，Jennings, I., Some Legal Problems 参照。なお，以下は戒能『土地法のパラドックス』500-522頁の叙述

比較的最近のわが国の経済史研究家のなかでも，囲い込みをめぐる論争にすぐれた分析を加えているのが，重富公生である。重富はその著書の「序言」で，ヨークシャー東部のある Flamborough で，ローン・ボーリング競技場拡張のため，豊かな野生の生垣を引き抜き撤去するという教区当局の計画に対し，当地の一退職教員が，この計画に反対し，2年間の反対運動の結果，ハル市のカウンティ・コート（重富訳では「州法廷」）が，この教員の訴えを認め，計画は挫折したことを書いている。この教員は，「アマチュア法律家」として同種の訴訟でも勝ってきたが，この事件ではこの地方の 1765 年の囲い込み法で，囲い込み対象地は生垣をしつらえ，この生垣を永久に保全することを義務づけていることを根拠としたのであった。裁判官は「当該の国会制定法がただ古いからといって，また当時の庶民院は普通選挙によって選出された議員からなっていないからといって，裁判所はその効力を勝手に廃棄することはできない」とするのであった。重富は，この囲い込みの結果として発生した排他的所有権を象徴し，かつては，村落の住民たちが自由に木の枝を折り，枯れ葉をあつめ，泥炭等を採取した入会権が奪われたことを示す生垣は，19 世紀半ば以降，オープン・スペース運動やナショナル・トラストの運動などで開放を求められるようになったが，この事例は，その生垣が自然資源の保全に役立ったという，歴史の巡り合わせであったと述べている[63]。

　ポロックの「入会権」論は，先の「民有地」にその起源を求める傾向がある。入会地とならぶ共同地に「緑地」がある。village greens, town greens と呼ばれる。この緑地は，どこにでもあるレクリエーションのための共同地なので，きわめて最近までその起源を研究する者が少なく，したがって入会地と緑地の違いについても定説がないようである。緑地と入会地について大著を書いたデンマンらは，「village greens（村落緑地）とは，イングランドの農村の共同体生活の損なわれることなく残された詩のようなシンボル」と表現している。彼らによれば，「それは，本質的にアングロ・サクソン起源であり，その共同体の核をなすものであった」。したがってそれは，「ウェールズやイングランドの西部などのケルト人の入植がなされたところにはほとんど見出せないのである」。ただ，Peninsula Gower や Pembrokeshire の一部で「ウェールズの彼方にある小イングランド」と呼ばれて

---

と重なるところがある。

63　重富公生『イギリス議会エンクロージャー研究』勁草書房，1999 年，3 頁参照。ただしこの分析は，過去に確定した囲い込みの効果を後に「無効」とする意味を含むと思われるから，そのようなことはどうして可能かについて，当該事件の記録による分析が必要と思われる。それまではこの評価は留保したい。

いる地域は別であると言う。それは，家畜の保護のため，村落中心部を放牧地として夜間でも家畜を入れておくようにして，敵の侵入から防衛したことに起源がある[64]。先の注5）で言及した王立委員会報告書は，緑地を入会地として登録するように勧告した。緑地上に入会権が存在する場合や，囲い込み裁定書などに緑地として明記されるなど，緑地は公衆一般に開放されたものではなく，マナー慣習などによってレクリエーションやスポーツのための場所として，地盤の所有権とは関わらない住民の権利とされてきた土地であああった。これが，公衆一般のスポーツやレクリエーションの権利を保障するオープン・スペースと観念されるためには，この権利の「地方性」locality という限界が，乗り越えられる必要があった。

　この点で，先の王立委員会報告書が「画期的」であった[65]。同報告書は，「われわれは，イングランドおよびウェールズにおいて管理に委ねられずに最後まで残った土地としての入会地が，公益のために保全されるべきであるとの結論に達した。その公益には，公衆の立入のためのより広範な便宜の創出とその土地の生産能力の増進とが含まれる。われわれの勧告は，これらの原則を遂行するために立案される」（para.404）。つまり，入会地の権利者に限定された権利から，公衆一般への権利への劇的な転換であった。

　その勧告の具体的な内容は，第1に，入会地と緑地の法的地位の確認とそのような土地が存在する所有権と入会権の登記制度の確立である。第2は，公衆による入会地の享受および保全と適正利用のための管理改良計画の推進である。登記制度については，この計画の推進の不可欠な予備措置であるとした。実際，入会地と緑地は，それに対してコモン・ロー上の所有権である「現有の絶対的単純不動産権」fee simple absolute in possession と，存続期間が21年以上の「絶対的定期不動産権」term of years absolute を有すると主張する者に対し，一定期間内に，申立を行わせることとし，地方政府単位の登録簿を作成させることにしたのである。前提に，1925年の「土地登記法」によって，入会権は登記簿上に登記がな

---

64　Denmann, D.R., Roberts.R.A & H.J.F.Smith, Commons and Village Greens, Leonard Hill. London, 1967. pp.202 *et seq.* 360頁注5，4に引用の平松『イギリス環境法の基礎研究』第4章の「『緑地』の展開」は，わが国のもっとも包括的かつ詳細な「緑地」研究であろう。平松によれば，「緑地」の起源については，この「家畜防衛説」のほか，ノルマン征服後の定住化による村落形成がその境界に沿ってなされたという「ノルマン村落起源説」，14世紀半ばの領主層による市場町形成にともなって緑地市場として形成されたとみる「市場起源説」の諸説があるという（同書210-219頁）。

65　前掲注62参照。

くても，所有権等に優先する「乗り越え権」overriding interest とされている点が，注意されなくてはならない。

このようにして成立したのが，1965年の「入会地登記法」（the Commons Registration Act 1965）である。そして，同法の第22条は，入会地と緑地の概念的な区別を行いながら，両者の差異を事実上「曖昧化」する方策をとったように思われる。第22条は，「町または村落緑地」について，「国会制定法によりもしくはそれに基づいて，ある地域（locality）の住民の運動もしくはレクリエーションのために割り当てられてきた土地，または，ある地域の住民が合法的な競技もしくは娯楽を楽しむ慣習上の権利を有する土地，または，ある地域の住民が少なくとも20年間権利としてこれらの競技もしくは娯楽を楽しんできた土地を言う」と定義している。しかし，マナー領主，教区会，地方自治体等がそれらの土地の所有主体と前提にされているほかは，緑地の沿革には特別の言及はない[66]。この登記法は，入会地の保全という面と，それの消滅の促進という面を持つ[67]。

問題のlocalityの意味をめぐっては，いくつかの判例で論じられているが，最も画期的なのは，*New Windsor Corporation v. Miller* [1975] 1 Ch.380 における，当時の記録長官デニング卿の判決である。「その locality が確実なもの（certain）である限り，それで十分である」として，慣習の地域的な存在が明確であれば，その住民のみでなく公衆の普遍的なレクリエーション権が成立するのだとしたのである[68]。

### 6　「歴史概念」としてのコモンズ

ノルマンの征服以前のアングロ・サクソン社会に遡り，「私有地」たるブックランド（Bókland, book-land）の譲与の歴史からイングランド土地法史を語るポロックは，P & Mの「共著者」に相応しく（本章3前注43参照），入会地の起源に繊細であった。アングロ・サクソン社会は，自由農民層の村落共同体を社会的単位とした部族社会であった。ここから，「封建化」がどうして進行していったかは大きなテーマであるが，ここではポロックにしたがって，「自由な私的所有権」は，決して最初から存在していたものでなく，folkland という民間の慣行が支配する

---

[66]　黒木三郎＝青嶋敏「イギリスの1965年入会地登録法」早稲田大学『比較法学』第14巻2号142-205頁，特に青嶋の「解説」参照。

[67]　平松・前掲注29に引用の『基礎研究』171頁以下参照。

[68]　See Ubhi, N., & B. Denyer-Green, Law of Commons and of Town and Village Grrens, Jordan, Bristol, 2nd ed., 2006. pp.157-158.

「民有地」に対して、「教会、すなわちローマ的ものの見方から持ち込まれた」のであって、王の成文の特許状 charter ないし地権書によって保有される土地を意味したと考えたい。彼の旧説では、人民権ないし慣習法によって保有される土地を意味する民有地とは、「公有地」ager publicus つまり、公共の諸目的のため人民によって保有される土地であって、私人に帰属し得ないという Allen に依拠した理解をしていたが、P ＆ M の刊行を経てこの見解を修正したようであり、第3版では、メイトランド説によっているようである。すなわち、ポロックも民有地の私権化を認め、集団に帰属するとされた common land もあったが、これを corporate body（ローマ法的な法人）に帰属しているとみることはできず、民有地から私有地が分離されるとともに、この共有地の土地の譲与ということも内容として含まれることになったと見ているのである。しかしポロックも（当然メイトランドも）こうした「私有化」は近代的な意味のそれではなく、「賢人会」の決定を含む慣習による制約を前提としていたと考えていた。いずれにしても、王によって付与された「私有地」は、ノルマン征服後も事実上の権原に基づき途切れることなく存続し、新たに創設されることはなかったが、封建的な授与に取って代わられることになり、その証拠として「特許状」が不完全なものであれ、残された。

これに対し、民有地に関しては、賢人会の同意を得て王によって処分できるとされた土地は、すべて王の土地となったのであり、王が人民に代わって保有管理するものと、王個人に属する土地の区別もなくなっていったが、ノルマンの征服によって国王の手中にあった財産のすべては、剥奪や没収によって国王に帰属した物と一体化され、それらすべてが国王の土地 Terra Regis として、ドゥムズディ・ブックという検地帳に記載された。その頃までには、賢人会の同意も形骸化してしまっていた。問題の共有権に服する民有地＝フォークランドに関しては、記録は乏しいけれども、旧来の方法や慣習によって占有され使用され続けられてきたという諸々の慣例や制度の残存そのものが、こうした共同体的慣習にしたがったままの土地と推論される最良の証拠になって、ポロックの当時において、共同耕地（commonable fields）、「開放耕地」（open fields）、「混交耕地」（intermixed fields）、ラマス地（Lammas Lands）として、その存在が知られていた[69]。

---

69 　前掲注 57 の Pollock, Land Laws, 3rd. ed. 邦訳書 32 頁以下、および、Land Laws, 1st ed., Macmillan, 1883, pp.20 et seq. 第3版では、邦訳書20頁以下にあるように、アレン説は、ヴィノグラドフによって「立派でもっともらしい説明」ではあるけれども、疑問とされたと述べている。なお、新井嘉之作『イギリス農村社会経済史』、お茶の水書房、1959年、17頁

わが国におけるコモンズ論は，周知のように，法学における「総有論」と，非・法学系の「総有論」の対照的な理解との対立を基軸に展開しているところがある。けれども，法学系の議論の前提には，共同体が経済外的強制の支柱であるか，反対にそれへの抵抗の拠点たり得るかをめぐる対立的な見解があることは，あまり紹介されていないように思われる。これは，イギリスにおいても同様な面がある。しばしば対立的に理解されるメイトランドとヴィノグラドフの理論は，マナー体制の確立によって，領主権に服する構造が支配したとするブラックストーン説を抜きに語れない。ノルマン征服によってアングロ・サクソン時代のセインが領主にとってかわられると同時に，典型的なマナー体制が確立するとみるブラックストーンの「入会権論」が，以後の「入会権」の論議を規定していったと思われる。しかし，ポロックが言うように，領主権の確立に伴い，「入会権およびそれに類似するすべての権利は，特定の隣人の慣習のもとで分割されていない入会地の昔からの利用と享受から，あるいは領主層が旧来の慣習を模倣して彼らの下級保有者たちへ実際に授与した利用と享受から生じる（とされるようになった）。こうして，ポロックの時代には，「旧来の共有地は，一方では，現在イングランドに存在しているか，あるいは，最近まで存在していた共同耕作制の残存物としてあらわれ，他方では，入会権等としてあらわれる」と述べるのである[70]。

さて，ブラックストーンは，入会権「前史」に拘ることなく，典型的なマナー体制を想定して，入会権の説明を，その『釈義』の第2巻第3章「無体法定相続産」（incorporeal hereditaments）において行っている。すなわち，「入会権（common, or right of common）とは，何よりもまず「無体法定相続産」なのである。「入会権とは人が，他の人の土地に対して有する採取の権利（profit）であり，これには彼の家畜に草を食ますこと，魚類を捕獲すること，芝（turf）を掘り出すこと，

---

以下参照。新井は，この対立を，大陸における封建的土地所有の成立過程に関して，これを古代ローマのラティフンディウムとの直接的連続において把握しようとする「ロマニスト」の立場と，これを古代ゲルマンのマルク共同体の変質過程において把握しようとする立場との一般的対立の「英国史的対立」として，これを捉えるとともに，古代ゲルマンにおける原始的土地の総有制の問題を，一般に，人類の歴史は私有財産制をもってそれを開始したとみるか，総有制をもってこれを開始したとみるかという「根本的問題」を提起している（同書18頁参照）。

70 ポロック・前掲注57邦訳書『イギリス土地法』39頁参照。トーニーがそのAgrarian Problems in the 16$^{th}$ Century, 1912 において「共同地および入会権は，たんなる余分なものないしは便益ではなく，農耕体制をまったからしめるための不可欠の部分であり，それを取り除いたならば村落生活の全機構が崩壊してしまうような輪留（linchpin）であった」と述べている（pp.238-9）が，重要な視点である。新井・前掲書40頁参照。

樹木を切取ること等の種類が含まれる」と言う（Blackstone, W., Commentaries on the Laws of England, 1765, Book II, pp.32-33）。その整理によればこれには，放牧入会権（common of pasture），漁撈・泥炭採取・採木の入会権（common of piscary, of turbary, and of esters）が，存在する[71]。

「放牧入会権」は，その地盤の所有権（property of the soil）が一般的に領主に属する荒蕪地（waste grounds）上，あるいは開放耕地・採草地（common pasture, meadow）上に行使される。荒蕪地（waste）の地盤所有権はマナー領主にあり，開放耕地・採草地の場合と異なって，ここには農民の個別的保有権は存在しえない。これに対して開放耕地および採草地は，耕作期間中もしくは採草期間中は農民の個別的保有権に服し，収穫後もしくは採草期間終了後は，耕地・採草地内に保有権を有する農民が相互に他の保有地を共同放牧地として利用しうるという意味での入会地となるのである。したがって荒蕪地入会権と区別されて後者を——入会利用が時間的に「限定」されているという意味で——「限定入会地」（commonable land）と呼ぶことがある。

1289年の「不動産権譲渡法」（the Statute of Quia Emptores）によって，復授封を伴うマナー譲渡が禁じられた結果，同法以降にはマナー領主から「自由保有地」として耕地を保有すると主張する者は，それは同法前に付与されたということを証明する必要が生じた。このことは，放牧入会権との関係でも重要であった。ことに，「自由保有地」付随の放牧入会権は，同法以前からのものと推定されるという基準ともなる。

ブラックストーンは，「放牧入会権」には，耕地付随自由保有入会権（common appendant），耕地付随特別設定入会権（common appurtenant），純設定入会権（common in gross），「隣接地入会権」（common because of vicinage）の4つのタイプがあるとする（Blackstone, op. cit., Book II, pp.33-34）。common appendant とは，領主が農民に対しマナー内の土地を譲与したさいに，その耕作の必要上「マナー荒蕪地および他の者の土地」に対する放牧権を，その保有地に当然に付随する権

---

71 キャンベルの現代的分類では，家畜放牧の頭数制限ある，放牧入会権（common of pasture）（レイクディストリクト，ペナイン山脈地帯，ウェールズ），豚による森林地産出物採取権（pannage）（イングランドの Weald 地方，すなわちケント・サセックス・ハンプシャー等のイングランド南部），採木入会権（estovers），泥炭採取入会権（turbary），漁撈入会権（piscary）〔この入会権は，海（sea）もしくは潮のある河川（tidal rivers）には及ばない。それらは特定人の入会権の対象となりえず，一般公衆に開放されている〕，土壌入会権（common in the soil）があげられている（Campbell, I, A Guide to the Law of Commons1973, pp.8-9）。

利として認めたことに由来する。これに対して common appurtenant とは，このような土地保有態様（tenure）と何らのかかわりなく，また耕作の必要性に原因した「一般的権利」（general rights）ではなく，領主権によって付加されたものである。すなわち，特別の設定行為や，時効取得（prescription）または超記憶的慣習（immemorial usage）によってその根拠を立証しうる「特別の譲与もしくは合意」にもとづく入会権である[72]。マナー内に土地を保有しない者が，権利譲渡または時効取得によって家畜を一定数，放牧する権利を得る場合がある。これが，「純設定入会地」common in gross (or at large) であって，耕地に何らの保有権を有さない者でも取得しうる彼およびその法定相続人に譲与された純粋に「別個の相続不動産権」（separate inheritance）である。また common because of vicinage とは，隣接する町区（township）住民が相互に他の町区の入会地に入会う権利である。

後述の「マートン法」との関係で，特に問題になるのは，「放牧しうる入会地」「放牧しうる入会地」（pasturable common）と，そこに「入会しうる家畜」（commonable beasts）の関係である。それには，stint の準則がある場合と，全くない場合（common sans nombre）があった。この準則，すなわち，「頭数制限」準則は，common appendant の場合には，耕作に必要なという意味で，一般的に家畜の種類が限定され〔通常牡馬（horse）牡牛（ox）牝牛（caw）羊〕，かつその頭数も休耕中（すなわち冬期）その保有地からの収穫量に応じて飼養されうるだけの頭数というように限定される。これに対して common appurtenant 場合には，この耕作上当然に必要とされる家畜以外の種類および数の「入会しうる家畜」がそれの設定のさいの文言，時効，および慣習によって認められるのである。すなわちこれについては，コモン・ロー上の画一的準則は存在しない。しかし，通常の場合，その頭数は，各入会権者がその保有地により，冬期飼養しうるだけの数という準則により，すなわち「起臥の準則」（rule of lavant et couchant）により，決定される。なお，領主の場合，1年のうち，一定期間の期間限定的放牧権（stint or

---

[72] common appendant, appurtenant の差異は，前者が法的には1189年（すなわちリチャード1世即位の年，これ以前からの慣習が，法的意味における「超記憶的慣習」とされる）前に耕地であった「自由保有地」のみに随伴する権利であるとされたこと，さらに1289年の「不動産権譲渡法」（the Stature of Quia Emptores）（1289年）により，土地の復授封を伴うマナー譲渡が事実上禁止された結果として〈脚注23〉，マナー荒無地に，この入会権を有すると主張する者は，同法前にマナー領主から耕地を譲与されたことを証明しなければならなくなったという純法理論的建前からして，次第にその重要性を失うのに対し，後者は謄本保有権（copyhold）にも付随しうる入会権としてその重要性を増したことに認められると考える。

limited right of pasture）を行使できた。この場合の stint とは，「期間制限」の意味である。このような stint の権利は，入会権とは別個な「無体法定相続産でなく，有体法定相続産（corporeal hereditament）である」（see Jowitt's Dictionary of English Law, Sweet & Maxwell, 2010, stint の項参照）。

　開放耕地に自由土地保有権（freehold）の地条（strip）を有する者は，'owner of the soil'（地盤所有権者）であるが，謄本保有権者が有する地条は，マナー領主がこれを所有する。しかし謄本保有権者の保有権は，マナー慣習に基礎をおくものであり，そしてそれが領主の恣意を阻止していく結果，謄本保有権者もまたこの地条におけるその保有権を根拠として，開放耕地における収穫後開放耕地全体にその家畜を放牧しうる権利を有するに至る。それにもかかわらずなお，マナー領主が謄本保有権者に割当てられた地条の所有権者であるという建前は，その狩猟権（sporting rights）や鉱物採取権（mineral rights）等の行使にあたり重要な意味を持つ[73]。

　ブラックストーン説を中心とした以上の「共同地」と「入会権」の説明は，ノルマン征服前の開放耕地制や入会権の存在を消去するけれども，ポロックが述べたように，総じて封建制に由来する「所有権論」が，その存在を隠蔽してきたとも言えるのである[74]。

　封建法の優越の契機になったのが，共同荒蕪地に対しての耕作の拡張問題であった。荒蕪地に対して最も利害関係があったのは，未だ謄本保有権の段階に達していない，したがって法的権利が主張できないvillainつまり農奴であった。ヴィ

---

[73] Royal Commission on Common Land 1955-1958 by429 Jennings, Some Legsl Problems, pp.168-169。

[74] 前述368頁以降参照。ポロックは，「民有地」を継承しているのが「謄本保有権」だと考えていた。これは，「いったい，自由な村落共同体はかつて存在したのであろうか」という，ゲルマニスト的熱意の，アングロ・サクソンの文書を軽視する「ブラックストーン流派」への批判の表明であり，「共同耕地」common fieldの耕作に関する「高度に人為的制度」が存在したことを実証しようとする彼の問題意識の表明でもある。おそらく彼は，マナー裁判所に関して，自由保有者の「自由保有者裁判所」court baronと農奴保有者の「慣習的裁判所」customary courtの区別と，それより古い「民衆裁判所」popular courtとの直接の関係はなく，封建制起源のハンドレッド・コートとの対抗においてそれが生じたことを理解し，「マルクの集会」markmootからの発展ではなかったことを記すことによって，「自由な村落共同体」または総有村とフォークローとが，連続的に中世村落に流れ込んだものではないと確信することになったのであろう。彼の講座の前任者のメインのVillage Communityの強烈な影響とともに，この時期のメイトランド－ヴィノグラドフ－ポロック－メインの理論的な関係は今なお重要で興味深いと思われる。以上の点，ポロック『イギリス土地法』邦訳遺書，補遺「荘園の起源」（211頁以下参照）。

ノグラドフは，マルク説の立場から，放牧入会権について，どの土地を休耕とするか，耕作物のローテーションを含めて荒蕪地の利用方法と，開放耕作地および牧草地の割合の決定，さらに放牧地に送る家畜の頭数制限は，村落共同体で決定されたが，それは自由保有農のみによってであった。そして，荒蕪地の「開発」approvement について，領主とこの自由保有農のいずれが権利を有するかは争いのあるところであったが，ヘンリー3世の時代，「マートン法」(the Statute of Merton, 1236; 30 Hen 3, c.4)，後に the Commons Act, 1236 と言われる，続いて，ウェストミンスター第二法律の一部をなした the Commons Act, 1285 により，マナー領主が自由土地保有権者の入会権（appendant, appurtenant を問わず）の存在するマナー荒無地を囲込む権利を制定法上有することが，明確にされた。マナー領主は「彼が入会地に対して権利を有する者のために十分な入会地を残している限り，彼の欲するだけの面積の荒蕪地を囲込むことができ……そしてこの囲込みが正当化されるときにはそれは，古来の表現では「改良」(improving) と同義に用いられた「開発」(approving) がなされたと，法的には呼ばれるのである」(Blackstone, op. cit., Book Ⅱ, p.34)。

つまり「マートン法」によって，自由保有農は，保有地から牧草地に自由な通行ができると裁判官が認めるならば，領主はマナー荒蕪地を開墾し，囲い込むことができるとされ，こうして自由保有地に付随する放牧入会権は，領主の侵害を「新侵奪不動産占有回復訴訟」*assize of novel disseisin* による以外には争う道を失った。1285年法は，領主の「開発」の権利を，領主とそのテナントの関係にない隣接する近隣のテナントの有する「耕地付随特別設定入会権」(common appurtenant) にも拡張したものである[75]。

ヴィノグラドフは，ここでも——Bracton を引いてであるが——どの程度の頭数の家畜の放牧頭数のための入会地が残されていればいいのかは，地方的な慣習，つまり共同体の決定によったとしている。実際，農奴も決して無抵抗ではなかったのであろう。ヴィノグラドフは，農奴は，「奴隷ではない。それはマグナ・カルタにおいても認められた自由土地保有農であった」としていることは有名であるが，身分的な「奴隷」と保有権の性質は区別されるべきである。

入会権とこれらの保有農民の関係を考察する必要がある。

---

[75] Vinogradoff, Sir P., Villainage in England, Oxford at the Clarendon Press, 1968, pp, 273 *et seq.* & pp.419 *et seq.* 室田武・三俣学『入会林野とコモンズ』日本評論社，2004年，第4章は，Halsbury's Laws of England に依拠した経済学者による本格的なイングランド・ウェールズのコモンズ研究である。「マートン法」についても，103-105頁に詳しい。

ヴィノグラドフは，ここでも——Bractonを引いてであるが，「マートン法」によってもコモン・ローは——どの程度の頭数の家畜の放牧のための入会地が残されていればいいのかは，地方的な慣習，つまり共同体の決定によったとしている。実際，農奴も決して無抵抗ではなかったのであろう。ヴィノグラドフは，農奴は，「奴隷ではない。それはマグナ・カルタにおいても認められた自由土地保有農であった」と論証しようとしているが，身分的な「奴隷」と保有権の性質は区別されるべきである [76]。

先のオーウィンは，開放耕地制は，耕作農民の共同体によって作られたものであって，土地は作付けと放牧の交代方式で利用され，相並んで「ランド」（land）を鋤起こすプラウの活動（プラウ農業 plough farming）が行われるため，各人はまったく自然に同じ農業方式に従うことから生まれた，と述べている。この散在して占有された「ランド」，「畝と鋤溝」（ridge-and-furrow）と「鋤残し畝」（balk）は，今日でも，第二次囲い込みの痕跡とともに，開放耕地制の名残をとどめるイングランドの農村風景に刻み込まれている。実際，共同体の人びとは，定住地に隣接する作業地で１日のプラウ作業に着手し，作業が完了すると各人はまとまった一群の耕地ではなく，多数の細いストリップ（地条）から成る播種の準備が整った土地を持つことになるが，その各々は，隣人のストリップによって区別されるだけである。ストリップは，１日の作業，つまり，雄牛がプラウを引いて１日に耕す面積の基準となるが，それは，鋤溝の長さを言うファーロング（*furlong*）（これは，転じて，ストリップの一群によって形成された農地の団地つまり，「耕圃」を意味する場合がある）で測られ，220ヤード，幅その10分の1の面積がエーカーという面積単位となるが，マナー記録では「エーカー」は，ストリップの尺度というより，１日の作業量の尺度とされていた。ラックストンの教区では，ドゥームズディブックにプラウ６台分の土地があると記載があったが，耕作地が拡張されると，ストリップの形で土地が配分されていたことが分かる。水溝（water-furrow）で区別されるランドは，鋤起こされた穀物畑または放牧耕地のストリップの一つ

---

[76] Vinogradoff, Sir P., Villainage in England: Essays in English Mediaeval History, 1892, eprinted, 1968, Oxford at the Clarendon Press, p.273 & pp.419 *et seq*. これに対して，ポロックは，前掲注57引用の『土地法』，邦訳書219頁以下の補遺Dで，土地の保有態様と保有者の人格的＝身分的な地位とは必ずしも対応しておらず，農奴，後の謄本保有農が人格的には領主に従属しない自由保有であることはしばしばであったとしてヴィノグラドフを批判している。これに対するヴィノグラドフの反論は，*ibid*., p.45 note 1参照。なお，アングロサクソン期の奴隷制から農奴制の移行，つまり，原始→奴隷→封建という移行過程があったとする点について，新井・前掲注69『イギリス農村社会経済史』27-28頁参照。

であるが，農民の保有地の耕地部分は，したがって，ファーロングの中で隣人たちのストリップの間に混在していたのであり，耕地が新参者を加えて——彼らもプラウあるいは家畜を共同作業に付け加えることによって配分にあずかることができる——拡張されていって，初期のイングランドでは多くの場合，平均 30 エーカーという 1 ヴァーゲイト (virgate) に達すると，大面積で占有されることになるが，さらに荒れ地の開拓を行うかが協議された。しかし，囲い込みの過程にあったような，土地を区分し配分するようなことは起こらなかったし，各人の生存のために必要な配分としては，遠近や耕地のよさが様々なストリップが混在した配分となるので，もっとも公平であると考えられていたという。

　耕作の手順としては，毎年，土地を半分しか生産的用途にあてない「二圃式」から，「三圃式」が一般的になっていく。かくて，耕地の三分の一は休閑とされ，三分の一については，十分な収穫を上げるには長い生育期間を要する小麦やライ麦の種が秋に播かれ，三分の一は数ヶ月で収穫できる大麦，えん麦，春作インゲン等の種が春に播かれた。開放耕地の農民の家畜はすべて，鋤起こされない教区の共同荒蕪地に頭数制限もなしに放牧された。耕地が拡張され荒蕪地が浸食されていくと，「頭数制限」が加わった。共同荒蕪地は入会地として，燃料源ともされるのであって，はりえにしだ (gorse) の採取などが行われていた。家畜を維持するために，耕地に家畜を放牧する慣習が生じても自然である。しかしこの場合，小麦の収穫後，次の春播き穀物の準備のために，小麦の刈株が鋤起こされるまでのごく短い期間しか，放牧は許されなかった。そこで，鋤起こされていない土地の中で草が生育した土地が，共同体的統制 (communal control) 方式で採草地として村落の農民たちに割り当てられるようになった。つまり，耕地でのストリップの割り当てに似た形で，採草地の割り当てがなされていたという。この割り当て分を，ドール (dole) と言う。割り当ては，くじ引き (lot) でも行われた。採草地は乾草作物が収穫された後に「共同利用できる」(commonable) ようになるのであって（したがって「季節的入会地」である），「放牧割り当て」(quota of grazing) 分，牧草地でも家畜が放牧できるようになった。この権利の発生期日は，ラマス (Lammas) つまり 8 月 1 日の「ラマス祭」＝ Feast of the First Fruits の日ということになっていた。森林地，藪，野草地の開拓の結果である開放耕地による農業システムは，季節を通じ作業を分散させるというすぐれた農法であった。休閑地での秋の播種の後に，冬を迎えるまでには収穫と刈株の鋤起こし，そして春の播種が続き，その後，穀物の収穫によって農業の年度が終わるまで，休閑地の耕作と乾草づくりとが農民の仕事となった。冬の飼料の確保は大変で，備蓄が

乏しくなると家畜の一部は屠殺され，塩漬け肉に加工された。いずれにしても，家畜はこの方式に適合するように飼育され，入会地と採草地の二番草とは，収穫後のオープン・フィールドの刈株によって補充されて，夏および秋の維持飼料となり，他方，入会地の草が生育し始めるまで，農民によって備蓄された乾草とわらが，冬の間の家畜の飼料となる。この開放耕地制は，封建制に先立って土地保有の歴史とともに始まり，囲い込みが終了するまで何世紀にもわたって維持されてきたのである[77]。共同放牧の権利が存在する限り，1人の穀物の収穫が終わっても，まだ収穫がすまない者が残っている限り，新しい作物の栽培は不可能でもあった。したがって，新作物への転換がオープン・フィールドの厳格性によって妨げられたことは，否定できないところであるが，開放耕地制が合理性を欠くとは必ずしも言えないと，オーウィンは考えていた。

オーウィンによれば，教区全域にわたって散在する土地を占有していれば，成長した子供たちへの彼のストリップの配分は，囲い込まれた耕地の場合より容易であったという。同じことは，サースクによっても指摘された。彼女は，後世の研究者は，しばしば開放耕地制を自分たちより聡明でない過去の人びとを哀れむような狭隘な視野で分析しがちであると戒め，持ち分の分割化や分割相続などの事情が共同耕地農民の存続と，ストリップの分散に関係があったと示唆している[78]。

18世紀のイングランドの農村は，現在の景観と異なっていた。東部の諸州では，大規模な排水工事が遂行され，大部分のオープン・フィールドは囲い込まれていた。しかし，オープンフィールドの耕地と結びついた共同放牧地は，囲い込み法の適用を免れ，依然として開放されていた。18世紀が後半となると，産業人口の急激な増大から，食糧需要が高まり，オープン・フィールドと結びついた共同まぐさ地（the grass commons）が囲い込まれ，次に，荒蕪地や林地の囲い込みが行われた。前者は，村落共同体の特定の階級と特定数の家畜のために権利とされ，

---

[77] 椎名，後述の『イギリス産業革命期の農業構造』63-86頁に詳細に言及されているように，開放耕地制と言っても一様ではなく，また，16世紀後半には開放耕地内の保有地を農民が個別的に「レイ」ley（一時的草地）にする形が一般化する。17世紀後半から産業革命期にかけて，開放耕地制の制約を脱した自由な土地利用が一般化し，第二次囲い込みに先立って共同体全体としての改良農業への適応と共同体の協議と村議定書によるものからある程度の個々人の勝手を許容する開放耕地制の変形（modify）が生じ，1773年の「開放耕地の改良に関する法」（13Geo.Ⅲ, c.81）のような関係当事者の四分の三（あるいは土地の四分の三）の合意による開放耕地制の変更を許容する国会制定法さえ制定されるに至る。椎名のこの「農民的土地改良」を重視する理論は，常行らの「大塚理論」の再定位を追求する「比較経済史学派」の新潮流に影響を与えていることについて，前述第3章4参照。

[78] このことについて，重富・前掲注63『議会エンクロージャー』84頁を参照されたい。

厳格に管理されていたが，囲い込みのための法案が国会に提出されると，「囲い込み委員」の面前で，彼らの入会権を主張しなければならず，囲い込みの裁定によって権利を認められると，割当地を与えられるか，権利を否認された。村落共同体の最も貧しい人びとは，何の保障も得られなかった。これが，「議会インクロージャー」である[79]。

オーウィンの研究で，後述の重要な論点と関わって紹介しておきたいことがもう１つある。それは，「農業労働者」についてである。

本格的には，かのE.P.トムソン（第２章2-4を参照）を参照すべきであるが，「農民的視点」に立つオーウィンの所論も捨てがたい。彼によれば，イングランドの農業労働者の数については，19世紀以前の記録はないとのことである。中世はその数は少なく，*Canterbury Tales* で著名な中世の詩人チョーサー（Geoffrey Chauser, 1340?-1400）が言及していた Plowman は，「農夫」ではあるが農業労働者ではなかった。*The Vision of Piers Plowman* を書いたラングランド（William Langland, 1330?-1400?）の「農夫ピアーズ」も，開放耕地の借地人または自由保有農（freeholder）であったろう。ラックストンにも，1653年にまったく土地を占有していない農民は７人だけであり，そのうち１人は農地を占有しないのが通例の粉屋だった。やはり，囲い込み以降に農業労働者が出現したのである。都市の産業における場合と同様に，農村でも都市の「工場法」に対応するものとして「移動労働者法」（Gangs Acts）が登場し，婦人子供の雇用の監督にあたった。「現在」（オーウィンの当時，1949年前後）では，産業庁（Industry Boards）によるものから，「農業賃金庁」による農業労働者への賃金率の固定化への遅ればせの干渉が見られる。農業労働者の数は，19世紀の半ばまでの囲い込みによって最大に達した。その頃までに農業労働者は，２つの階級に分かれることになった。

１つは，年季奉公契約で働く男女の農業使用人（farm servant）である。彼らは，農場で食事と住居を無料で与えられ，賃金として年決めで一時払いの現金を支給された。もう１つは，日雇い労働者（day labourer）である。彼らは特定の住居をもたず，雇い主に求められるままに，その日その日を働くのである。男は，主に農場の家畜を扱った。すなわち車引き，馬車ひき，馬丁，羊飼い，牛飼い等である。ほかにあらゆる農作業に従事し休日はなかった。女性の農場使用人は主に酪農に従事した。搾乳，豚鶏の世話でこちらも休日はなかった。女性の日雇い労働者は，請負業者のもとに「移動労働隊」（gangs）として組織化されていた。場合

---

[79] 以上は，前掲注58『オープン・フィールド』邦訳書61-78，84-92頁を参照した。

によっては雇い主と同程度の暮らしぶりをすることもあった農業使用人と比べて日雇いは，劣悪な待遇であった。

　ミッドランドや北部イングランドでは農業使用人は20世紀まで存続していて，その変形として，農舎の代わりに「付属小屋」（tied cottages）と呼ばれる農場の小屋に家賃なしで暮らし，賄いの代わりに賃金の一部の「おしきせ」（perquisites）を現物支給され，ほかに賃金相当額の三分の一くらいを馬鈴薯や牛乳等でもらう羊飼い等がいた。こうしたタイド・コッテジャーは，見かけの従属性にもかかわらず，農場の名声，飼育される家畜の評判に誇りを持っていたという。1860-70年代の農業の繁栄期の「高度集約農業」の時代には，農業使用人の食事や雇用を管理する農業管理人（farm bailiff）や人夫頭（foreman）が現れ，使用人を年期雇用する業に当たった。年決め，半年決めで働く農業使用人は，結局のところ開放耕地の時代には共同耕地におけるいくつかのストリップの占有，数頭の家畜の放牧権，荒蕪地における燃料の採取権を，囲い込みによって失ったのであり，彼らが手にする貨幣収入は，それらに見合うものでは全くなかったのである。

　18世紀の終わりの高物価と低賃金とに特徴づけられた時期の農業労働者階級の惨めさは，救貧法による補助を導くが，農場への脱穀機等の機械の導入に対する労働者の打ち壊しに始まる暴動へと発展していった，とオーウインは述べている。1872年のウォリックシャーの農業労働者の運動に始まる運動のわずか2ヶ月後に，レミントンで，全国農業労働者組合（National Congress of Agricultural Labourers' Union）の創設大会が開かれたのであった[80]。

## 7　コモナー理論

　イングランド史もしくはイングランド農業史上，もっとも著名な事件のひとつである「囲い込み」については，「産業革命」論とならぶ「農業革命」論とも重なって数々の論争と実作が生み出されてきた。岡田与好が，高橋幸八郎編の『産業革命の研究』の冒頭の「序論」で，A・トインビー＝ハモンド夫妻の系列の古典的な産業革命「伝説」に対するJ・クラパム学派の「新見解」による批判に触れたのは，1965年のことであった。岡田は，1920年代に顕在化した両派の対立は，資本主義の本質把握の仕方に関わるものとし，トインビーらの「悲観論」に対して，楽観論的・数量的研究の発展は，内容豊かな歴史過程についての「われわれの理解の断片化」を生み出している，と警告を発した。そして，西欧的資本主義

---

80　オーウィン・前掲注58『イギリス農業発達史』邦訳書110-122頁参照。

の世界的成長過程としての画期的諸道標として,「産業革命」論の概念を「コールマンあるいはロストウのように非歴史的に拡げるよりも,……固有の歴史的意義を,工業化の全世界的進展の特殊現代的諸条件と特質との関連において再吟味することこそが必要とされている」と鋭く指摘したのであった[81]。「囲い込み」に対するトインビー,ハモンド夫妻らの古典学説的「悲観説」に対して,クラパム学派の系列においては,「囲い込み」の結果としての開放耕地と入会権の除去が生産性の向上にプラスに作用したと描かれた。また,「悲観説」が説いたように,「囲い込み」は,一気呵成に進行したのでなく,農業改良として,徐々に進行したものであるとする「連続説」をとった。囲い込みによる小農の没落と大量の労働予備軍が生み出されたとする「悲観説」が,こうして,数量的な実証によって次々と否定されていった。つまり,「悲観説」によって指摘されたような社会的矛盾の激化など,存在しなかったとする,「産業革命」論の否定論と同様な言説が優勢となったのである。

わが国においは,資本主義の発達史としての産業革命論はある程度進展を示したが,農業革命論の関係はほぼ空白だった。この空白状態を一気に埋めたのが,椎名重明の研究であった[82]。州のレベルの調査報告書,議会文書や,政府統計,さらには農書,地租査定簿,囲い込み裁定書,村議定書,マナー裁判所の記録なども読み込んだ,原史料を駆使した椎名重明の研究は,実証の力によって,「悲観説」を基本的に裏付けるとともに,議会インクロージャーによる大借地経営と大土地所有の照応関係の創出というイギリスにおける「近代的土地所有」の確立過程を豊かに実証し,「楽観説」の登場の余地を喪失させたと言えよう[83]。椎名の研究の特質として,農民の保有権の法的形態が分析されるというトーニー来の伝統とサースクらの農業経営論の摂取があり,法律学にも強い影響をあたえた。こうして,「所有関係の資本主義的変革を前提とする労働手段そのものの変革」(岡田・前掲「序説」18頁参照)の「画期」とされる「産業革命」と同様に,「農業革命」の所有論的な意味づけが,明確に与えられることになった。すなわち,市民革命期以降,1700年から1850年にかけて進行する「第2次囲い込み」と,15世紀の

---

[81] 岡田「序論・産業革命論の変遷」高橋編『産業革命の研究』岩波書店,1965年,1-51頁,なお,岡田の「市民革命」論に対する「修正・批判学派」からの批判に対する「比較経済史学派」を代表する「反批判」についても,前述第4章1および2を参照されたい。

[82] 小野塚知二「産業革命——イギリス」馬場・小野塚編『西洋経済史学』東京大学出版会,2001年,131頁参照。

[83] 椎名重明『イギリス産業革命期の農業構造』御茶の水書房,1962年。

第7章　近代憲法史と土地所有権法の連鎖　　379

最後の3分の1期に始まり，ほとんど全16世紀にわたって持続する「第1次囲い込み」を区別し，前者に，大借地経営と大土地所有の照応関係という「土地所有関係の資本主義的変革」をもたらした歴史過程という意味を付与したのである。

先の重富の研究は，この椎名の定義にも依拠しつつ，「農業革命」について，次のような「基準」を提起している。

　A　土地制度上の変革

一般に"agrarian revolution"と呼ばれる。内容的に区別すれば，

　　$a_1$；土地からの労働力の分離（＝資本の「本源的蓄積」の一側面）

　　$a_2$；土地所有権の近代化

椎名によれば，これは，土地所有の経済的自己実現過程の近代化，および，法律的な土地所有権の近代化に分けられる。これは資本制地代の成立を指標とする近代的土地所有と法律的にもそれが実現する「近代的土地所有権」に区分されうるであろう。

　B　技術的変革

一般に"agricultural revolution"と呼ばれる。内容的には

　　$b_1$　資本主義的農業経営の成立

　　$b_2$　狭義の農業技術の変革（土地の用途転換も含む）

この基準によれば，「悲観説」はおおむね，Aの$a_1$か，せいぜい資本制地代の成立＝「3分割制」にもっぱら比重を置くものということになる。重富は，産業革命期と議会インクロージャーの照応関係をもっぱらとするこの立場は，Bをほぼ無視した「産業革命」論の補充のための「農業革命」論になってしまっていると批判している。ミンゲイに代表される「囲い込み」研究の権威も，「楽観説」的な「生産性上昇」説を採りつつも，「囲い込み論」的な農業革命論の域を出ていないと，重富は観察する。重富が注目するのは，ABのいずれをも，「生産性向上」を是とする点では，対立よりもむしろ一致する「アグレイリアン・ファンダメンタリズム」と批判し，総じて，この「生産性オリエンテーテド」指向を，現代まで通じるイギリス農業の問題点として論じる，一見，「折衷的」なアレン（Allen, R.C.）の研究である。重富の紹介に依拠してこれを見ると，アレンは，結局，16，17世紀の「ヨーマン型革命」[84]と，18世紀の「地主型革命」というまっ

---

[84] ヨーマン yoeman およびそのラテン語形の *valettus* あるいはフランス語形の *valet* は，サー・ジョン・フォーテスキュウ（前述第3章2）が，1460年代後半に「イングランドには年額100ポンド以上も消費できる様々なヨーマンがいる」とし，16世紀にトマス・スミスが，ヨーマンを「年収40シリングの自由保有農」（主教ラティマーは，年収数ポンドの

たく異なる「農業革命」があったとし，小農的農民による耕作改良と増産が，否定され，「地主型革命」による，土地併合＝大規模化として，地主自らの利害の拡張を図ったのが，第2の農業革命であり，それが，「第2次囲い込み」の本質であったとする。言い換えれば，「ヨーマン型」革命の頓挫した理由に着目しつつ，基本的に農業の在り方という，根本問題を意識しつつ「ヨーマン型」の否定を農業のあり方としては「退歩」と見ていると思われる。もしこのように評価できるとすれば，この見解は，今日，戦後農地改革の成果を「規範化」したとも言える「耕作者主義」を，株式会社という自然人でなく法人による農地取得に可能性を開くことによって放棄した，日本における2009年の農地法改正の動向を念頭におけば，共感できる問題意識である[85]。

「現代」のイングランドの農村における状況を反映した「共同体の崩壊過程」

---

定期借地農（リースホルダーとする）としたように，富裕な土地保有者を指す用法が登場するが，14世紀の間に今日でも国王衛士（yeomen of guard）に見られるように，家政上の用語として宮廷内もしくは領主の家政上の重要な地位として生み出され，それが地方社会へと拡がって，ジェントルマン身分との関係で異なる歴史を持つにもかかわらず，イングランド農村社会の階層性を表す用語となっていった。社会経済史学上はそれほど厳密でなくても，市民革命の主体を巡って独立自営農民＝ヨーマンを基軸とするいわゆる「大塚史学」と，ジェントルマンまたはジェントリとする批判派の対抗を示すタームにもなっていく。法制史学上の厳密な検討については，J＝C＝ホウルト著，城戸毅監訳『中世イギリスの法と社会』刀水書房，1993年，150頁以下参照。

[85] 重富・前掲注63『議会エンクロージャー研究』27頁および40頁以下参照。周知のように，大塚久雄は，「中産的生産者層」の両極分解にもとづく資本主義形成論という独自の影響力のある理論を説いた。その階層農業での存在形態は，謄本保有農の上層，自由保有農の中から生まれるヨーマンという独立不羈の自営農民層であり，封建的諸規制から自らを解放して自立化すると想定された。そして都市のギルド規制の及ばない半農半工の小親方層が，「農村の織元」として資本主義的進化を担っていくと把握された。大塚は，ピューリタニズムの世俗的禁欲と資本主義的営利追求の結合という「エートス」論によって，市民革命論にも一定の展望を与えたが，当時から越智武臣のジェントリによるイギリス近代の形成という解釈と対立し，その後のジェントリ資本論等の台頭によって，支持を失っていく。しかし，大塚および高橋幸八郎等によって指導された「比較経済史学派」の「再生」は，注目されるべきものであり，この点は第4章において詳述したので参照されたい。ここで重富の研究を引証してアレンの見解を紹介したのは，私の一定の「仮説」によっている。「近代的土地所有権」の「典型的」成立を巡って論じられてきたイギリス農地関係法が，近年にいたって大きく変容しつつあることの「起点」を，ほかならない19世紀末葉の「近代的土地所有権」の確立の時期に求めたいというのが，私の最近の問題意識であるので，後述したいが，さしあたり，清水誠先生追悼記念論集『日本社会と市民法学』日本評論社，2013年所収の拙稿「イギリス農業借地法の新展開──ポスト・『近代的土地所有権』論のために」を参照されたい。

への関心が生み出されるなかで，囲い込みの害悪の側面に研究の重点が移行していく。こういう状況の中で，1993年，女性研究者のジャネット・ニースンの画期的研究が現れた。

ニースンの『コモナー』は，第2章2-4等で言及したE.P.トムソンの社会史の方法，とりわけその「モラル・エコノミー」の理論の影響を受けている。トムソンが，ニースンの研究を高く評価し，その著書の序文で，「18世紀の農業および社会の歴史についての理解を一変させるであろう」と書いたように[86]，ニースンは，主にミッドランドのノサンプトンシャーにおける議会囲い込みの研究から開始し，囲い込み前の共同地での共同権について，その実際の意味を探求するという方法をとっている。「共同権経済（common-right economy）が与える暮らしが劣っているのは，それが原始的だからだとその批判者は論じる。現代的な農業の観念がこれに次いで，土地を共同で分かち合うという観念が野蛮だと言う。こうした考え方が，共同権経済を破壊していったと彼女は論じる。「共同権経済」は，入会権についての広い捉え方を前提にしている。これを表すのが，彼女の「コモナー」という概念である。

ノサンプトンシャーにおいて，耕地，芝地，一時的草地（ley）のいずれであれ，開放耕地に対して土地を持っていた者は，どのように小さな土地の場合でも，家畜の放牧権を持っていたが，そのような共同権者を，landed commonersと呼ぶ。イングランドではこのようなコモナーがどれくらい存在したかについて，ニースンは，18世紀の後半のノサンプトンシャーの村落の最大で68パーセント最小で16パーセント，平均で37パーセントがこのコモナーであり，土地税からみるともっとこの比率は高くなると見積もっている。

第2が，cottage commonersである。フェンと呼ばれる沼沢地では，家畜を飼育し狩猟などによって土地をあまり持たなくても生活できることもあって，小屋住みと言われる定住農民が多く見られた。ライトソンの研究にしばしば登場する小屋住は，4エーカーの土地のない小屋の建設を禁じる法と関わっていた。このため定住する小屋住は土地を保有するのが普通であり，逆に土地のない貧民の流入は，救貧税負担を増大させるため回避しつつ，一時に大量の労働力を必要とする時にこれを緩和するなど，市民革命前の貧民の増大に対処すべき治安判事層の手腕の「見せ所」ともなる問題であったが，当面の問題である第2次囲い込みの際にも，小屋住みへの土地配分はもっとも問題となるところであった[87]。ニース

---

86 Thompson, E.P., Customs in Common, 1991, reprinted Merlin Press ed., 2010, xi *et seq*.
87 Wrightson, K., English Society 1580-1680, Hutchinson, 1982（邦訳書，中野忠訳『イギリ

ンは，コッテージとは，小屋，旅籠，農舎，他の建物のみならず建物のあった土地の占有者も，放牧権を付与されていたという。このような小屋の権利を持たず，居住する権利しか有さない場合には，10から12エーカーの共同耕地を占有していることが，家畜に牧草を与えるために必要な条件とされた。囲い込みに際して，コッテージ・コモナーの扱いは，低い評価となっていたことは事実であるが，小屋の数よりもコテージ・コモナーの数が上回る場合があり，これはコテージ・コモナーの権利が分割可能と考えられ，実際にそのように取引されていたからであると述べている。

第3が，土地なしのコモナー（landless commone rs）である。これは前2者が，囲い込みの前夜のイングランド農村人口の半分を占めていた残りの半分であるから，実は重要な層であった。トムソンは，1816年にコベットが一般大衆向けに創刊した『ポリティカル・レジスター』で，「労働者階級」という用語でなく「ジャーニーマンとレイバラー」という用語で呼びかけていたと書いているが[88]，ニースンは，レイバラーとアーティザンとトレイドマンをこの層に入れている[89]。

だが，ニースンは，ランドレスの人びとの囲い込み阻止のための絶望的な抵抗を再評価しようとしているのであろうか。その点について，ニースンは次のように述べている。

「コモナーは，レイバラーではない。彼らを弁護する者も批判する者も，この点は一致している。コモナーのある者は賃金を得ているレイバラーであることがあるが，しかしそれに依存していない，それから独立しているのである。彼らの土地およびその共同権が，彼らに一つの生活様式 a way of life を与える」のであり，それは，囲い込みによって，そうなったような，農業労働者，下請け（outworker），小保有者（small holders）の場合と違うのである。コモナーを正確に定義することは難しいが，しかし重要なのである。「そこで私は，躊躇しながらであるが，彼らは小農（peasants）であると呼ぶ。この言葉の価値は，それが過去との連続性，つまり，開放耕地制における土地の占有とそこでの権利とに連続性を持っている

---

ス社会史 1580-1680』ルブロポート，1991年，209，256，285頁参照）．
[88] Thompson, E.P., The Making of the English Working Class, 1963, Vintage edition, 1966, p.234（邦訳書，市橋秀夫・芳賀健一訳『イングランド労働者階級の形成』青弓社，2003年，277頁）．
[89] Neeson, J.M., Commoners; Common Right, Enclosure and Social Change in England, 1700-1820, Cambridge University Press, 1993, pp.59-71. なお，ニースンの common right は，開放耕地制の共同体的な耕地の占有と入会権の関係を含む総体的な観念であるので，「入会権」では狭すぎるので「共同権」と訳した。

ということが強調され得ることにある」[90]。

この提起を受けてさらに展開しよう。

## 8 共同の象徴としての共同権・入会権

ニースンが，あえて上げた「古風」な小農という範疇は，囲い込みという歴史事実の解釈を豊富化した。それは，「囲い込み悲観説」が軽視した開放耕地農業の持続性を支えたコモナーたちの日常的生活スタイルと，それと一体の「共同権」common right のための「共同的規制」common regulation を体現する存在であったのである。生物学者のギャレット・ハーディン（Garrett Hardin; 1915-2003）の「コモンズの悲劇」（The Tragedy of the Commons, Science 162（1968），pp.1243-1248）は，「共同放牧地」は誰の所有にも属さないため，それぞれが競って家畜を放牧するため過剰となり，結局，枯渇し再生不能になるであろうとした。これまで述べてきた「開放耕地」のもとでの放牧家畜の頭数制限などの規制の存在を無視もしくは知らなかったものと思われるが，人口増加と共有的資源の関係を単純なスキームで論じたこともあって，数頁の短い論文であったが——ということもあって——驚異的に普及した[91]。

---

[90] Ibid., p.297.

[91] 周知のように，この論文を契機に，共有資源管理，資源ディレンマから「ゲーム理論」に至る経済学者の理論から，「囚人のディレンマ」，公共財を含む社会的ディレンマの領域の社会心理学研究まで多様な広がりをもった国際的な論争＝研究が展開した。しかし，ハーディン自身は，多くの進化論者が近年まで持っていた立場，すなわち利己的戦略は，常に互助的であったり協力的であったりする戦略よりも多くの利益を得，競争を通じて利己的戦略以外のあらゆる戦略を駆逐するという立場とよく似た立場であったと思われる。その後，全米研究評議会（National Research Council）がメリーランド州アナポリスで開催した1985年のアナポリス会議を画期として，commons, common-pool resources, common property regimes 等の理論的用語の整理が試みられた。「共有財産」というような用語は，利用者を排除するのと対極の性質を持つ自然資源に対して用いられるのは適切でないという理由から，common-pool resources という語が採用されたが，これでは，資源の特性（共同で蓄える）は表現できても管理のありかたが表現されていないということで common property resources も用いられた。けれども，両方とも CPR と略称できるためさらに混乱が続く。ノーベル賞学者の E.Ostrom（1933-2012）が，いくつかの共同体レベルでの資源のガバナンスから「コモンプールの資源維持の8つの原理」を構築して以来，これが主流となりつつある。また「コモンズ」は，日常的な用語と理解され，様々な資源や設備を指すと同時に，「何らかの共同所有もしくは共同利用の側面をもつ所有制度」ともされるので，私が述べてきた「入会権」「共同権」とは重なる面もあるがもっと広義でもあるので，以下でも以上の「コモンプール論」的コモンズとは異なる主張と理解しておいていただきたい。以上の点は，全米研究評議会編，茂木・三俣・泉監訳『コモンズのドラマ——持続可能な

遅くても1750年までには小農は消滅したとする「通説」に対し，ニースンは，19世紀の前半まで小農と入会地は存続していたとして「通説」の誤りを指摘する。しかしこの通説批判は，単純に小農の消滅の時期を争っているだけのものではない。囲い込みによって小農は必然的に排除されていったわけではなく，囲い込みのもたらす経済変化，具体的には酪農産物の全国市場に参入することによって貨幣収入を増やし，そのhousehold economyを守るなどの「自衛策」を講じていたという事実など，一揆的な刹那的抵抗運動にとどまらない主体的な抵抗を示したという側面を指摘しようとしているのである。とくに，男女分業の促進によって女性労働の需要の長期的減少傾向が示され，家族経営がより賃金依存となって，労働市場へとそれが放出される契機となったことや，逆に，囲い込みの際のわずかな土地割当が，賃金収入を補うことになって，労働のみに依存する労働者の生活を守り，とくに女性の従属を緩和させる意味をもったことなどが，ニースンに続く研究によって明らかにされていった。そして，例えば，スネル（Snell.K.D.M, *Annals of the Labouring Poor*, Cambridge, 1985）の研究に見られるような，当時の農民の富裕階級に対する精神的な独立を実証する研究へと発展していったのである[92]。

入会権および開放耕地制下の「共同権」を核にした17世紀以来の小農という難民が，「一時の難民キャンプ」に逃れたのであって，18世紀の現在では，小屋住農となって彼ら小農は，ひたすら消滅を待っている……。オーソドックスな囲い込み史が描く18世紀のコモナーというこのような小農の姿では，「彼らに本当は何が起こり，そしてその共同権が消滅した時に，実際に何が起きたのかも誤解され続けるであろう」と，ニースンは述べている[93]。

したがって，彼女の言う「小農」とは，第1に，土地を所有もしくは占有していて，それで生計を立てている者たちである。しかし，それのみで十分な生計が立つわけではない。その保有地からの収入はしばしば小さなものであるだけでなく，地租，十分の一税等によって目減りするため，彼らは何世代，何十年となく，アーティザンであったり，労賃のために働き，あるいは共同権のランドレスな使用者でさえあったが，それでも小農という農業者であった者たちを言う。第2に，収穫期などの農繁期に例外的に労賃を払って他人を雇う場合もあるが，それも友

---

資源管理論の15年』知泉書館，2012年，第1章，第2章を参照。
92　重富・前掲注63『議会エンクロージャー研究』115-116頁参照。また，Neeson, *supra note* 89 pp.329 *et seq.* 参照。
93　*Ibid.*, p.299.

第7章　近代憲法史と土地所有権法の連鎖　　385

人であったり身寄りであったりであって，原則は自ら働く者たちである。第三に，共同耕地の小農である彼らは，「共同の文化」common culture を分有している者たちである。その共同権が，慣習的な行動，合同の農業的な慣行（practice），互助，そしてときに，政治的な連帯の感情を支えていたとするのである[94]。

　ニーソンの研究を高く評価する E.P. トムソンは，慣習・法・共同権（入会権）の関係について，重要な分析を行っている。「法と農業的な慣行の間に，我々は，慣習（custom）を発見する。慣習自体が，インターフェイスである。それは，praxis であり，かつ法でもあると考えうるのである。慣習の原型は，praxis の平面にある。謄本保有についての 17 世紀末の論考において，それは，「それについての慣習が，一般的には，一般人のなかで育てられ，錬磨されるものであるために，一般的な慣習上の権利（*Vulgares Consuetudines*）と解されることになった」ことを我々は知っている。つまりそれは，サー・エドワード・クックの 1641 年の言説によれば，共通慣行（common usage）と，「記憶を超える時間」（time out of mind）という 2 つの柱（two pillars）から識別できるものである。トムソンは，これを定式化して，「custom（慣習）とは，地方的，すなわち，*lex loci*（地方的な法）であり，コモン・ローとの関係では「地方性」という点で例外に位置づけられるものであるとして，例えば，末子が単独相続するという末子相続（*Borough English*）慣習を適例とする。その特徴は，土地に付着したものであって人に付帯するものでないことである[95]。

　共同権・入会権を含む農業上の慣習は，状況的なるもの（ambience）であるということであって，フランスの社会学者ブルデュー（Pierre Bourdieu）(1930-2002) の "*habitus*" という概念が有用である。ブルデューのハビトゥスとは，社会的に獲得された性向の総体で，各人は暗黙裏に受け継いだ一定の性向を繰り返すと期待される慣習的行動を決定づけられているとする概念である。これはしたがって，一定の集団の行動・知覚・判断のあり方を生み出す要因を説明する概念である。トムソンは，この「ハビトゥス」の概念によって，慣例や規範，制裁といった法や隣人間のプレシャーさえもが，後の行動を自動的に決定し各人の行動を内的に導出していくという農業上の慣習の特性を説明しようとしている。こうした観察は，ニーソンが再定位した，共同権や入会権が，土地に付帯する慣習によりながら，その土地とはおよそ地域的に離れ，ばらばらで多様でありながら，数世紀もそうした慣習が存続するだけでなく，一定の様式をもつものとして整序されてい

---

[94] *Ibid*., pp.299-300.
[95] Thompson, E.P., Customs in Common, 1991 (reprinted 2010), Merlin Press. pp.97-98.

くという，不思議な特性を持っている理由を，説明することができるように思われる[96]。

　ミドランドの小農経営では，囲い込み前，小農の間の共同は不可欠で，そこでは共同放牧地を分かち合い，いろいろのところに点在する耕地について共同の規約が作られていた。毎年，春と秋に農民たちは休耕とする耕地を決め，季節的入会地に家畜を放牧するための頭数制限の条例を策定した。彼らは，病気の家畜を隔離し，水路を清掃し，他人の耕地を不法侵奪する者を罰した。条例を強行するために役人を選び，条例に違反した者を略式で裁判し，罰金を科すなどして制裁した。陪審員たちは，ほとんどがコモナーであった。小保有者に対しても考慮がなされ，家畜を食ませる権利はだいたい与えられていた。頭数制限が強化された場合などには，陪審員たちは，多く家畜を持っているグループへの割当分を減らし，小保有者への配分を減らさないようにした。ウォリックシャーのある村では，自分のものではない，どの鋤残し畝（ボーク）にも，荷車やカートを乗り入れることが禁じられていた。どの教区でも，1年に1度は，聖書の祈祷書が読み上げられ，地の恵みへの感謝が神に捧げられ，「隣人の土地の目印を動かす者は呪われよ。アーメン」という言葉で祈りが終えられていた。共同耕地の村落では，民主的なコミュニティが自律的におだやかに維持されてきたわけではない。経済的・政治的な変動は，開放耕地の農民たちに影響を与え，その利害を対立させた。囲い込み前にすでに，大土地を所有する者が，経営の改良で小所有者たちを圧倒し始めており，家畜を多く蓄えていった。しかし大事なことは，それでも彼らは，小保有者たちや小屋住農の共同放牧地への権利を否定することはなかったことである。地主たちも，1年の間に年地代を2度も3度も，またその額を倍増するようなことはしなかった。すべては，「囲い込み」で一変したのである」(Neeson, 319-320)[97]。

　トーニーの弟子でありながら最大の批判者であったケリッジ（第3章5）は，コモン・ローが慣習（custom）の「合理性」reasonable というタームによって，領主の意思を制約するという解釈を，「合理性」は「非合理性」とともに，まやかしの技法であり，合理性がないという理由で反対の主張が封じられていたのが事実であると批判した。トムソンは，しかしそれは，コモン・ローのフィールドに百家争鳴の論議を呼び込む入口であったことは疑いないとし，共同地の使用権をめぐって多くの法的論議を巻き起こしたランドマーク的な事件として，サー・

---

96　*Ibid*., pp.102-103.
97　以下，本文中に Neeson および Thompson の前掲書と該当頁数を引用する。

エドワード・クックの判例集に登場する，Gateward's Case（1607）を引いている（Thompson, 129-131）。

　*Gateward's Case*（4 Jas Ⅰ），6 Co Rep 59B, ER 77, pp.344-346; *Smith v Gateward*（*Gatewood*）（*1607*）*Cro.Jac.152, ER 79, p.133*（以下は，Cro.Jac. による）。

　この事件は，リンカンシャーHorsingtonにある囲い地（*claus*）を侵害したとして，原告のRobert Smithが，被告であるStephen Gateward（Gatewoodとも綴る，以下同じ。）に対して，*quare clasum fregit*（何故に汝，垣を破りしか）という土地に対する不法侵奪（trespass *quare clasum fregit*）訴訟を起こしたものである。これに対し被告のGatewardは，自分が住むStixwoldは，当該の囲い地に隣接する古来の村（*antiqua ville*）であり，そのすべての住民は，この村に居住しているという理由で1年中いつでも（*quodque infra candem villam habetur, & a toto tempore*）Horsingtonの放牧入会権（com' pastur'）を有するという慣習的習わし（*habebatur consuetudo*）が古くから存在していると抗弁した。

　人民間訴訟裁判所（Common Pleas）の裁判官は，全員一致で次のように判示した。第1に，入会権は，耕地付随自由保有入会権（common appendant），耕地付随特別設定入会権（common appurtenant），純設定入会権（in gross）（前二者と異なり，耕地の保有権に関わりなく設定によって取得される入会権），隣接地入会権（by reason of vicinage）（隣接する住民が相互に他の村落の入会地に入り合う場合の入会権）の4つしか存在せず，「居住による入会権」（common *ratione commorant' &resident'*）というようなものは存在しない。第2に，家屋について，何らの不動産権または権利を有さない者が存在する場合もあるが，その者が，（単に居住と住まいを根拠に）その家屋に関連する入会権を有するようなことがあり得るのであろうか？第3に，そのような入会権は，たとえあり得たとしても，一時的なものであり，まったく不確定なものであって，その者の居住の間だけのものにすぎず，したがって，一定の存続の確実性もなく継続性もない慣習によるものであるが故に，法が許容することはないのである。第4に，このような入会権は，入会権の性質と特性に反している。なぜなら，あらゆる入会権は，停止または消滅すべき場合があるのに対し，かかる入会権は，人に付随するものであるために，人がこれを放棄し移転させることがあっても，新たな居住者が次の居住者としてこれを取得するからである。第5に，法がこのような入会権を認めれば，法によって訴権および救済が与えられることになるが，もし住民であるとして権利を主張する者がいても，（すでに訴権は先住の者にあるので）そもそも訴権はないことになる。第6に，住民

(inhabitants) および「居住者」(residents) という言葉は，単純封土権者 (tenant in fee simple)，「生涯封土権者」，「定期賃借権者」，「強制管理令状（による判決債権）による保有権者」(tenant by elegit)，任意保有権者および土地に対する権利を有さない者を含むが，このうち時効取得できる者は，単純封土権者のみであり，他の封土権者・保有権者は，単純封土権者の名においてでなければ時効取得できず，最後の者は，何ら時効取得の権利はない。第 7 に，このような入会権（慣習）が認められることになれば，「荒蕪地」に対する「改良」(improvement) は，どの荒蕪地でもなし得ないことになる。なぜなら，「生涯封土権者」，「定期賃借権者」，任意保有権者，「強制管理令状（による判決債権）による保有権者」，交易法上の指定市場での債務証書 (statute-staple)，商人法上の捺印金銭債務証書 (statute-merchant)，によって領主の荒蕪地に入会権を有し，かかる時効取得が許されるとすれば，（領主の改良権は行使できないことになるので）不都合であろう。第八に，世襲の謄本保有権者，生涯権の謄本保有権者は，マナー領主の直営地に入会権をマナー慣習により持ち，かつ，家屋に対して慣習上の権利を持ち，かつ，領主の荒蕪地に入会権を持つこともあるが，このような場合に謄本保有権者が領主の名において時効取得することは，できない。なぜなら，領主が自己の土地に対して入会権を主張することはできないからである。

この判例について分析した平松の先駆的研究によれば，この判例は，エリザベス 1 世治世下における領主＝大土地所有者主導の大規模開発によって入会地が精力的に囲い込まれた 16 世紀後半から 17 世紀の社会状況を反映してものだとされている。そして，その抑圧が，住民入会権の否定にあり，入会権は，一定地域の住民といった「権利の共同関係」を意味せず，個々の領主と入会権者＝農民の封建的土地保有関係に準じて，家屋あるいは耕地の保有権に付随する個別的権利として入会権が構成されるとされることも，この判例によって確立したとしている[98]。私の理解もこれまで述べてきたように基本的にこの見解と同様であるが，

---

[98] 平松『環境法の基礎研究』19-22 頁参照。判例の紹介についても同箇所を参照した。平松は，第 4 と第 7 は，地盤の消耗性に対する危惧を暗示しているとする。前述 5 後半で，緑地について言及したが，緑地で数年にもわたって行われてきた慣習的レクリエーション権を一定の地域の特定の住民の緑地に対する権利として認めるとき，直ちにこの Gateward's Case との関係が問題となる。そこでも言及したデニング卿の判決は，「地域性」の明確な存在があれば，公衆の普遍的な権利が成立するという，いわば，「地域性」を公共性に擬制する意義があるが，Gateward's Case のこの住民の特定性を強調した視点が，「地域性」の明確性から「公共性」の擬制というロジックを引き出していくさいの，伏線となっていることに，注目すべきだろう。平松・同書 237 頁の指摘も同趣旨と考える。前掲注 29。

ニースンが述べているように、このような説明によって、小農の抵抗は描けるのか。「帰結概念」としての入会権は、「歴史概念」としての入会権と同じではなく、長い歴史過程を通じて現に存続してきた以上、それを定義づけることは可能であって、必要なことではないのか。入会権の特性からして、歴史的に実在していたものを消去し、「帰結概念」のみによってこれを説明することは正しくないと考える。

ニースンは、Gateward's Case は、「入会権の取得資格であった居住を排除し、これをプロパティに置き換えた」と端的に表現した（Neeson, p.93）。トムスンは、この判例の効果は、住民のすべてにあった権利を、「通行権」right of way に変えるという意味があったが、それは決して些細な変化でなく、「改良」の文言について、この判例とその後の判例によって、入会権は所有に劣ることが明確にされた意味は大きかったと見る。つまりこれ以降、利用権が居住者から切り離されるという解釈がもたらされることになり、小保有者のように共同体において土地も家屋も有さない者が排除される結果になったこと、言い換えれば、共同体の一体性の崩壊が、この判例によってもたらされた結果であると述べている（Thompson, 134-135）。それにもかかわらず、入会権を基礎づける超記憶時代に遡及する慣習自体は、村落の条例（by-laws）によって、18世紀どころか19世紀まで否定されなかったとして、1766年の王座裁判所の事件を上げている。

この事件は、バークシャーで、落ち穂拾いをした者が投獄されたというものであるが、マンスフィールド首席裁判官は、「被告の行為は、定期賃借権がある、あるいは落ち穂拾いの入会権があるという装いのもとでなされた、窃盗にほかならない」と判示した。1788年に人民間訴訟裁判所で、サフォークのティムワースの囲い地で農民の John Houghton の妻の Mary Houghton が落ち穂拾いをしたところ、不法侵害（trespass）で訴えられた事件の裁判が行われたが、Gateward's Case は先例とされずに、落ち穂拾いの慣習が「王国のコモン・ローの一部」であるかが争われることになった。Loughborough 卿は、この慣習がコモン・ローによるとすれば、絶対的な享受を保障する所有権の性質に反することになるほか、そのような権利の拡張は際限ないものになるとして、これを否定した。また、これがコモン・ローの一部であるという主張については、「政治経済学」に依拠し、「このような権利を認めることは、資源を減少させる結果となって、借地農（ファーマー）[99] の利益の不足となり、それによって彼が教区で負担する救貧税の納入額

---

[99] 1875年の夏、イギリスを訪れたドイツの農芸科学者のマックス・フェスカの訪英記が邦訳されているが、時期的に大不況が深刻化しつつあったことからも興味深い（Max Fesca,

は減ることになる。こうして秋に被告が主張する権利を行使した結果として、被告は春には救貧のための施しを失い、飢餓に陥るであろう」と判示した。

　トムソンは、判例集 English Report に登場する事件は、以上のような貧農または貧民自身が領主や地主を訴えるものではなく、Gateward's Case で排除されていった階層とその入会権喪失の実際が不明であるが、19世紀になると、小保有者、小屋住農、小コモナーが有力な慈善家等の助力で、領主や地主を訴え、裁判所で争う事例が現れるようになった、としている。

　その代表的事例が、1865 年 11 月、72 歳のトム・ウィリンゲール（Willingale）という小農が 2 人の息子とともに柵を壊して枝を伐採し、冬の薪のために近隣の住民に配り、これが悪意の不法侵害（malicious trespass）になるとして訴えられた事件である。この事件を記録しているショウ＝ルフューヴィル（Shaw-Lefevre）（George John, 1st Baron Eversley; 1831-1928）は、1865 年 7 月、インナーテンプルにある彼のバリスタ事務所で、「コモンズ保全協会」the Commons Preservation Society 創立をはかった。これには、自由党と急進派エリートが参加した。その中には、J.S.Mill、勅撰弁護士 C.E.Pollock、刑務所改革と奴隷制廃止運動（1833 年の「奴隷制廃止法」以降もアフリカで運動を展開）を指導した Sir T.Forwell Buxton の息子たち、『トム・ブラウンの学校生活』で有名な Thomas Hughes（バリスタで裁判官でもあった）などがいた。囲い込みの支持者であったミルは、当時、ウェストミンスター選出の庶民院議員であり、イースト・バーナムの農民を見て、入会権を失った農民の悲惨さを知り、入会権の私有化に深い疑念を持ってこの会合に参加し、以後入会地保全運動に熱心に取り組むのであった[100]。

　ウィリンゲールは、この団体とそのメンバーの弁護士たちの強力な支援を得て闘い、大法官裁判所に領主のジョン・ウィテッカー・メイトランドを訴えた。しかし、1870 年にジョンが死去し、訴訟は取り下げられてしまう。訴訟は、ロン

---

*Landwirtchaftliche Studien in England und Scotland*, Göttingen, 1879；邦訳書、椎名重明・津谷好人訳『イギリス農業論』、御茶の水書房、1982 年。フェスカは、イギリス（イングランド）では、土地所有者は貴族出身であろうとなかろうと、landlord と呼ばれ、実際的な農業者（借地農）の場合は貴族出身でない土地所有者の場合は farmer と呼ばれていると述べている点は、興味深い（邦訳書 27 頁注(2)参照）。

[100] Murphy, G., Founders of National Trust, 1987；邦訳書、四元忠博訳『ナショナル・トラストの誕生』緑風出版、1992 年。1866 年の「首都圏入会地法」は、ショウ＝ルフェーヴルが提案した画期的な法律で、チャリング・クロスから半径 15 マイル内の囲い込みを全面的に禁止するものであった。戒能『土地法のパラドックス』519-520 頁。ことに、1866 年法が 1887 年の「入会地法」で拡大されたことについて参照されたい。

ドン市（Corporation of London）に引き継がれ，1879 年にロンドン市による買い取りが確定したときには，5000 人から 6000 人もの人々が松明を持って行進して喜び合った。しかも，ウィリンゲールの息子は，小さな土地を保有しつつ入会権を行使し続け，入会権存在の「象徴」としてこの地で農業を続けた。

トムソンは，1788 年の入会権否定の事例は，「場所の（地域）法」*lex loci* を否定したのではないから，「条例」またはマナー慣習でそのような権利が認められていれば，権利は消滅したとは言えないとする。囲い込みによって，秋の収穫期の落ち穂拾いなどの入会権の行使が物理的に不能になれば，権利の消滅と言うことになるかも知れないが，Peter King の研究で明らかになったように，働く女性たちの抵抗が続き，入会権消滅を結論づけることはできなかったと述べている。入会権の入口ともいうべき荒蕪地上の放牧入会権を金銭相当額で置き換えようとしても，「残っている慣行を再現させようとする村落のこだまが，あらゆるところから反響してくる」と，トムソンは述べるのである（Thompson; 139-145）[101]。

## 9 フォレストの「開放」

平松紘は，「フォレスト法圏」というアングロ・サクソン期起源の法圏を問題にした。フォレストは，森林と考えると間違う。これは，国王あるいは貴族の狩猟目的のため，具体的には鹿や狩猟鳥獣の「保護」を目的とした指定地域をいう。したがって王領地である「御料林」であるが，貴族領の場合，チェイス（Chase）と言う。ノルマン征服によって，ウィリアムは，広大な土地を御料林とした。エセックスの御料林の一部をなすエッピングフォレストは，現在は，ロンドンの最も貴重なレクリエーション地となっているが，かつては王領地だったのである。

---

[101]　「地域性」の明確な存在があれば，公衆の普遍的な権利が成立するという，いわば，「地域性」を公共性に擬制する意義があるが，Gateward's Case のこの住民の特定性を強調した視点が，「地域性」の明確性から「公共性」の擬制というロジックを引き出していくさいの，伏線となっていることに，注目すべきだろう。

　　法律時報 85 巻 9 号では，「共同所有・集団の権利の構造と訴訟」という特集が組まれている。興味深くかつ力作揃いの重要な特集である。ただ，西欧由来の「近代的所有権」が，日本の慣習法由来の入会権に優越していくことに対しての，生産の局面からの入会理論の再構成，あるいは，「西洋の資本主義諸国においては，入会権のような前近代的権利の解体の過程を完了している」とする「入会権の解体」理論への正面からの対峙という，いずれも戒能通孝が，「小繋事件」を通じて提起した法社会学的課題についても，「入会権論の現代的意義」という観点では，望蜀ながら，注目してほしかった。この点，不二出版から刊行された DVD 資料集『小繋事件裁判資料集』2013 年，『別冊』所収，畑穣・楜澤能生「解説」参照。

北のエッピングからウォンステッドまで半月状に伸びた 6,000 エーカーもの広大な土地である。そこには，所々に家畜を追い込むための森林を切り開いた道があったが，それが，ハイキングを楽しむ人々のための格好な通路になっている。これで国王たちの狩猟の権利と，放牧入会権，採木入会権（estovers）等の対立が推察できる。

　フォレスト創設は afforestation，解除を disaforestation と言うが，フォレスト指定がなされるとフォレスト法が適用され，コモン・ローは及ばない。しかし，実際は並存していたと言う。したがって，フォレスト法の適用の実際は，フォレスト法廷（forest courts）等の記録を確かめる以外ない。平松の研究は，この困難な課題に取り組んだものである。主要には鹿（deer or vernon）の殺生，芝の窃取，御料林への侵害行為を罰するための裁判所で，管理人（justice of forest）とその配下による裁判が行われた。これは，直属領主のバロン層と争いが起きやすく，マグナ・カルタの一部には「フォレスト憲章」が含まれ，1217 年に「フォレスト憲章」として独立の憲章となったほどである[102]。名誉革命以降，「フォレスト法廷」は，ほとんど利用されなくなったが，1817 年まで廃止されていない。国王または領主の狩猟権を意味する forest は，無体法定相続産とされ，19 世紀初頭まで続いた。正式に両者が廃止されるのは，1971 年のことであった。

　ロンドンという巨大都市を散策する楽しみは，あちこちにある「公園」を発見することにあろう。これが，「ノルマン征服」の「遺産」などと言ったら，嫌われてしまうだろうが，必ずしも偽りではない。サー・エドワード・クックは，フォレストの起源をノルマン征服によるフランクの制度の「クヌート法」（1016 年）にあるという説を否定し，その文言を虚偽とした。そして，彼のマグナ・カルタ解釈を彷彿させるように，「自由人はすべて狩猟権を有する」とした（4 Institute 320）。かのメイトランドも，P & M（352 頁注 43 参照）において，フォレスト・ローに触れるところはほとんどない。そして，「この王国のコモン・ローと対照をなす，国王のたんなる意思と望みから生み出されただけのフォレスト・ロー」（P&M, 177）と一言，コモン・ローと対比する。

　パークは，狩猟園であった。専制的王ヘンリー8世は，狩猟者としても抜群であり，1554 年の布告で，ウェストミンスター宮殿からセントジャイルズ，イズリントン，ハイゲイト，ハムステッドヒース一帯をフォレストと指定して，自分

---

[102] McKechnie, W.S., Magna Carta; A Commentary on the Great Charter of King John., 2nd ed. 邦訳書，禿氏好文訳『マッケクニ著，マグナ・カルタ』ミネルヴァ書房，1999 年，558 頁以下，150 頁も参照。

以外の者が狩猟をすることを禁じた。ここからいかにして,「公園」が生まれることができたのか。

## 10 フォレスト法による「逆転」の展開

エッピング・フォレストは,王国の最大のフォレストであるエセックス・フォレストの一部で,Waltham Forest ともいう。ワルタム・フォレストは,中世は,Barking 修道院を中心として7つのマナーに属していた Hainault フォレスト(約17,000エーカー)と,ワルタム大修道院を中心として19のマナーに属していたエッピング・フォレスト(約43,000エーカー)という荒蕪地からなっていた。Hainault では,溝による境界が村ごとの割り振りを可能にしていたが,エッピング・フォレスト部分は,溝による境界がないことから,「フォレスト」のシンボルである王冠を模した刻印が押されて家畜が放牧され,数村の混じり合った「隣接地(数村)入会地(common because of vicinage)に似た入会形態となっていた。しかしこれは,アングロサクソン期の「民有地」に淵源があるものであり,マナー領主権とは異次元のものであった(第7章5)。この点が,後に大きな問題となる。エッピングは,修道院解散によって国王の所有地になるが,漸次譲渡されていって私有地になり,土地所有者と入会権者による放牧入会権と,国王の樹木権(vert),鹿狩猟権(venison)等の「フォレスト権」が,錯綜していくことになる。

ロンドン市が,ここに介在してきたことによって,上記の関係にさらに複雑な利害が絡んでくる。つまり,以上のような地盤所有と入会権の関係に包摂されない「オープンスペース」という公共的な土地の観念を標榜する「コモンズ保全協会」というアクターが,ロンドン市の主張の後ろ盾になることによって,入会権が,公衆へのオープンスペースの獲得を裏付ける法的構成の核心的な部分となっていくことである。これを探るための格好の素材が,次の判例である。

*Commissioners of Sewers v.Glase* (1874), L.R.19 Eq.134

この事件は,両当事者についた弁護士の顔ぶれからも,その重大性が推測される[103]。原告は,ロンドン市の排水管理委員会であるが,実際には,ロンドン市が,

---

[103] 原告側には,Manistry, Q.C; Joshua Williams, Q.C.; W.R.Fisher がついてバリスタとして法廷弁論に立ち,ソリシタとして Horne および Hunter が加わった。被告の W.B.Glasse; A.A.Collyer-Bristow; C.W.H.Sotheby, C.H.Lake 等の側には,Southgate, Q.C.; Henry Mathews, Q.C.; Nalder がついた。Williams は,Principles of the Law of Real Property, H.Sweet, London, 1871 という著書もある土地法の大家である。なお,この事件は王領地が

「公共性」の主張主体として,「排水委員会」の形で登場してきたとみていいであろう。すなわち,王権とマナー領主権と住民の入会権の競合関係にあって,王権の撤退,とりわけ国会制定法による「フォレスト解除」(前述9参照)後のマナー領主による,「マートン法」に基づく「開発」権の行使=囲い込みによって,都市近郊の未利用地が私的に独占されていくことに対し,都市住民の圧力に押され,ロンドン市が登場してきたのである。

入会権を,原告側の主張の核心部分としたのは,「コモンズ保全協会」の顧問弁護士のロバート・ハンター (Sir Robert Hunter; 1844-1913) だった。ハンターは,ロンドンのユニヴァーシティ・カレッジで論理学と道徳哲学を学び,首席で卒業した文学士であったが,父のすすめでロンドンのソリシタ事務所の見習い(articled clerk)となった。「入会地保全協会」の懸賞論文に応募し,入賞したことで,転機が訪れた。24歳で協会の顧問弁護士になったハンターは,協会の会合で,生涯の友となるケンブリッジ大学の政治経済学教授のヘンリー・フォウセット (H. Fawcett) と出会う。2人は,協会を通じて,1859年から1869年の10年間でほぼ26万エーカーの入会地が合法的に,つまり,毎年26,000エーカーに及ぶ組織的な囲い込みがなされていくことをほぼ終息させた。

フォウセットは,25歳の時,狩猟中の事故で失明したが,仲間の声を頼りに歩行を楽しみ,冬は凍った沼地をスケートで走破し,ますます森林と農業を愛する人となった。自由党の議員となる前にケンブリッジ大学の教授となったが,フォウセットの講義録は,農業労働者が喪失したものこそが,自給的な農業システムであり,現代風に言えば「持続的な農業」を効率性に名によって破壊した結果として生まれたのが,彼らであった,と論じる画期的なものであった[104]。

エッピング・フォレストに残った土地について行われた大規模な囲い込みは,貴族で聖職者の the Reverend Johan Whittaker Maitland によって行われた。住民にわずかばかりの土地が保留されたが,王領地が買い取られたことで,囲い込み

---

かかわるため法務長官(Attorney General)の Sir R.Baggallay が陪席した。

[104] コモンズ保全協会や後述のナショナルトラストに関わった人物について活写する好著,Graham Murphy, Founders of the National Trust, 1987, C.Helm Publishers, London, 1987 の復刻本である2002年刊行の National Trust 版がある。本書の邦訳書,マーフィ著,四元忠博訳『ナショナル・トラストの誕生』緑風出版,1992年参照。フォウセットについて,Murphy, National Trust ed., pp.36 *et seq*., 邦訳書,51頁以下参照。同書,第2章がハンターの章で多く参照した。マーフィーは,マンチェスター大学教授であるとともに,リヴァプールのユニタリアン教会の牧師であり,農業労働者の経験もある人物で,奴隷制廃止論者のウィリアム・ロスコーの伝記の著者でもあった(邦訳書,「訳者あとがき」参照)。

委員会の手続きを必要とせずに囲い込めるというのがこの領主の主張であった。つまり，買い取った土地を柵で「囲い込む」ことが，囲い込みということになるのであった。「囲い込み」とは，必ずしも土地を物理的に囲い込みということでなく，開放耕地と入会地の「交換・分合」を伴う法的手続きのことを言うが（前述とくに363頁参照），王領地というマナーと関わりのない土地を取得したのであるから，そのまま私有地として柵で囲い込むことができるというのが，この領主の論理であった。これに対抗するには，王領地すなわち御料林に対する入会権者の存在を立証しなければならない。その1人ウィリンゲールに，領主を訴え，大法官裁判所に訴状を提出するようにすすめたのも，ハンターであった。エッピング・フォレスト問題は，総選挙の争点の一つとなり，1868年に首相となった自由党のグラッドストーンは，売れていない王領地を建設省管轄に移し，自治体の公園とする用意があると示そうとした。ハンターとフォウセットは，それは欺瞞的だと批判し，囲い込みの即座の停止を求めた。さらに，庶民院議員であったフォウセットは，女王に請願書を送り，王領地のこれ以上の売却によって，囲い込みが進行することがないように求めた[105]。グラッドストーンは，エッピング・フォ

---

[105] 1882年5月，ヴィクトリア女王は，2人の王女（ビアトリスとルイーズ）を伴って無蓋の馬車でエッピングを訪れ，「公衆がいつでも使用し楽しむように，エッピング・フォレストを献呈する」と宣言するパフォーマンスを行った。Ibid., p.45. 邦訳書，66頁。女王とアルバート公の四女，ルイーズ= Louise Caroline Alberta は，スコットランドのアーガイル公爵の子，ローン侯爵（後のアーガイル侯爵）と結婚し，ローンがカナダ総督になるとカナダに移住した。ルイーズは美しく，自ら絵画・彫刻をする一流の芸術家でもあったため，カナダで人気を博したが，1880年に事故で重傷を負って帰国していた。国王が人気取りのために御料林を開放することはしばしば行われた。「第2のハイド・パーク」と言われる「リージェント・パーク」は，ジョージ5世（1865-1936）が「摂政」（regent;regency）時代に，ヘンリー8世以来の猟場として使われていたウェストミンスター北方のメリルボーン（Marylebone）御料地を公園として整備したものである。有名なハイド・パークは1630-1640年の間に「公園」となったと言われるが，一時「私有化」されたりした。ピューリタン革命の共和制時代には，ハイド・パーク，ホワイト・ホール，ハンプトン・コート，ウェストミンスター，ウインザー宮殿もそのパーク（猟園）も共和国政府によって「共和国国民」に開放されたが，王政復古によってほぼ旧に復した。クロムウェルは「スポーツ」を愛好する典型的イギリス人で，ハイドパークを囲む「ザ・リング」と言われる環状道路を6頭立ての馬車で疾走することを望んだ。プロテクター時代のある日，彼は，自ら馬車を御したいと言いだし，猛烈な速度で疾走したが，制御不能になって馬車の外に投げ出され，おまけに綱具が足に絡まって，しばらく引きずられた。しかし，折から訪問中のオランダ大使の証言では，直ぐに回復し，何事もなかったようであったと言う。Steen Eiler Rasmussen, 1934; 邦訳書，ラスムッセン著，兼田啓一訳『ロンドン物語』中公美術出版，1987年，172-174, 90-92頁参照。なお，ラスムッセンによると，イギリス人のいう「スポーツ」は，必ずしも肉体的鍛錬を意味せず，例えばチェスもスポーツというように，精神的な鍛錬を

レストの囲い込み禁止法案を準備したが，ハンターたちは，これは事実上の囲い込み促進法案だと言って反対した。庶民院では，J.S. ミルが，法案は「保全協会」の理念に反するとして修正法案を準備した。かくて，政府は敗北し，王立委員会の設置で問題の解決にあたらなければならいないことになった。

こうした経緯から，ハンターたちは，エッピングの救出には，訴訟の結論が出る前に死去してしまったウィリンゲールに代わる，確固とした信念を持った「不死の存在」を求めることになる。そこでハンターは，王領地の管理の記録を調べ上げ，Wanstead マナーにある Little Ilford という 200 エーカーばかりの王領地が，ロンドン市によって墓地と農地の敷地のために買い上げられていたことをつきとめた。それは元々王領地であって，それには先のように放牧入会権が行使されていたということになる。ハンターは，この土地以外にもマナー領主に売り払われた王領地は，同様に入会権が付着しているものであることを発見した。そこで，ハンターは，「私有化」された土地が領主たちによって柵で本当に囲い込まれてしまう前に，彼らが買い上げ，現に占有している土地は彼らの権利よりも古い放牧入会権がついているものであるから，勝手に柵を設けることはできないことを，この訴訟で明らかにするという戦法に切り変えたのである。つまり，「囲い込み」の差し止め請求である。エッピングに土地をもつ領主たちが訴訟に巻き込まれたのは，こうした理由からであった。

被告の弁護団は，ワルタム・フォレストのうち，Hainault フォレストは，フォレスト指定解除になっており，王領地の譲渡に際してもこうした放牧入会権を留保する旨の取り決めもないことから，原告の主張は根拠がないと主張した。そして他の土地についても，原告主張のような「超記憶時代から」from time immemorial フォレストの荒蕪地に入会権が行使されてきたものとは認められないと抗弁した（L.R.19 Eq., 139-141)[106]。

創設されて間もない高等法院大法官部の記録長官，ジェッセルは，次のように判示した。

「非常に長い時間が費やされてきた。本件を弁論する弁護士たちの手元にある

---

も意味し，「元気でいる」（keep fit) という意味だという。ロンドンを語る上に，スポーツを無視できず，それが社会改良の重要なキーワードにもなっていくのは，このようなスポーツ概念を念頭に置くと理解が容易になろう。同邦訳書 69 頁以下参照。

[106] この事件の紹介については，Murphy, op.cit., pp.41 et seq. 邦訳書 60 頁以下。および，平松『イギリス環境法の基礎研究』191 頁以下を参照したが，両書ともこの判例自体を分析したものではないので，以下の分析は，判例集自体による。

膨大な量の書類に照らせば，どれくらいの時間が余計だったなどとは言うべきであるまい。しかし，大変な費用が訴訟費用としてすでにかかっており，私は本件について関わりがあったという限りにおいてであるが，適正に支払われたもう少々少ない費用で，この事件の争点を決定することが，私には可能と思えるのが，いささか残念なところである。

さて，私には，本件の問題は非常に平易で明確であるように思われる。原告の申立を成立させるために必要とされる立証の方法は，コモン・ローおよびエクイティの私たちのどの裁判所でも，よく知られ，また長年にわたって用いられてきたものにかなっている。

原告の主張はもしそのように言って良ければ，非常に単純なものである。原告は，この国の一定の地区に元々は60,000エーカーに及ぶ〈大なる荒蕪地〉the great wasteが存在したと主張している。この〈大荒蕪地〉の全体が，常に完全に継続してきたのかは，明確ではない。しかし，私はたぶん継続してきたと想像する。ともかく，エッピングの大荒蕪地の全体が，継続してきたということは，かなり明確であったと想像する。Heinaultの荒蕪地が，継続的なものであったのか否かについては，私が心証を得るほどには立証されていない。つまり，Heinaultの荒蕪地については，エッピングと同程度までには，また同様の詳細さでは審問がなされていないということである。ここで私がエッピングと言ったのは，エッピングの森の残った部分を指している。また，Heinaultとは，〈フォレスト指定解除〉になった〈Heinaultフォレスト〉を意味している。この二つは，二つあわせて時にthe Forest of Essexと呼ばれ，また時に，the Forest of Walthamと呼ばれ，さらに時にはthe Epping Forestと呼ばれたのである。

Heinaultは，本件には関係がない。なぜなら，Heinaultの荒蕪地は，囲い込まれてしまっており，本件の対象ではなくなっているからである。

現在の訴訟事件における対象は，the Forest of Eppingの荒蕪地である。これらの荒蕪地は，現時点では，4,000エーカー近くに及ぶ大きな区画で，この事件の争論過程で，〈大荒蕪地〉"the Great Waste"と呼ばれている部分と，それから離れた地片からなる。しかしこの地片の大きな方は，〈大荒蕪地〉の一部であったことは間違いないと思われる。……

原告は，手短に言うと，フォレスト内の土地の所有者または占有者は，起伏の準則（*levant and couchant*）にしたがって一定頭数の「入会しうる家畜」（commonable beasts）のために，「耕地付随特別設定入会権」（rights of common appurtenant）を，この国における，囲い込み前は6,000エーカーの土地，現在は4,000エー

カーのフォレストの荒蕪地に対して有していると主張する。彼らは，この訴訟で，彼ら自身および他のすべての者のために，当該の土地の所有者に対し，入会権を確立しようとするのである。そして彼らは，この入会権は彼らの土地〈付随の通常の特別設定入会地〉(the ordinary common appurtenant to their land)であると言っている。それは，いろいろのしかたで制限はされている。第1に，2種類の家畜，すなわち病気でない牛馬であること，フォレストの慣習によって制限され，その1つは，1年に1ヶ月の〈柵の月〉(fence month)にはいかなる放牧入会も不可 (no commoning)であること，もう1つは，すべてフォレスト内の土地であることから，国王が彼の鹿をフォレストに入れることができ，したがって，入会権者たちは彼の鹿が養われることを妨げてはならないという，今一つの制限があるのである。けれども以上のような制限をのぞけば，彼らの入会権は通常の〈耕地付随特別設定入会権〉と異なるところはない。

　それではどのようにして，これを証明できるのか。これについては，老齢の男を召喚し，彼が，60年とそれを超える期間，この入会権を行使してきたと証言できれば，これを証明できたことになるのである」(*L.R.19 Eq., 148-150*)。

　ジェッセル記録長官は，放牧入会のための家畜の寄せ (turn out) の場が，マナーの特定の地であって，教区の間で境界を越えた家畜の寄せ集めがなされてはならないという，被告側から主張された制約の存在を否定する (*ibid*., pp.153-154)。教区ごとに住民によって選任された村役人 (reeve) が1年の特定の通告された日に，王冠の入った刻印を押す場所に家畜は寄せ集められるが，それは，教区の境界にまたがって住民の便宜に決められてきたという証言を採用して，「教区の住民は，特定の教区の入会地というように考えていたという痕跡はない。入会目的のためにある地区 (district) を同定して特定の荒蕪地が示される」ことがあっても，それは，フォレスト入会地 (某教区) という意味なのであって，フォレスト名でなく教区名を冠して教区の入会地と呼ばれることはなかった」と重要な判定を行っている (*ibid*., 151-152)。この判例の先例的な意味について，ハリスとライアンは，入会権の帰属は，「土地保有条件 (テニュア) でなく，関連地域 (ローカリィティ) に依拠する」という準則を生み出していることにある，と述べている[107]。

　ジェッセルは，エッピングの荒蕪地が，マナーとの関係を前提とした「隣接地 (数村) 入会地(common *because of vicinage*)」であるという被告の主張も却けた。「も

---

[107] Harris, B. & G.Ryan, An Outline of the Law relating to Common Land and Public Access to the Countryside, Sweet & Maxwell, 1967, p.20. この関連で，デニング判決 (366頁を参照)，を参照されたい。

し，A，B，Cという3つの入会地を持つ村が隣接し合っているときに，BがAとCの間に挟まっている場合には，Bは，AとCのいずれにも隣接地相互入会権を持つが，AはCとの間では隣接地相互入会権を持たない。もしこれが法であるとすれば，この並びの両極にある教区は，隣接相互入会権を持たないことになり，隣接地入会権は決定的に欠点がある。しかしそれだけではない。隣接地入会権は，自身の入会権を狭めるだけでなく，隣接地の入会権も圧縮するものである。そのため，教区の外で家畜の寄せ集めをしようと争うことになり，被告の主張におけるように，マナーに関してではなく，数個の教区の間での隣接地入会が行われることになるのであって，これがまた，隣接地入会を不都合ならしめている」(Ibid., 160-161)。

平松が言うように，隣接地入会権が適当とされなかったのは，フォレストが，アングロサクソンの「民有地」＝ *folk land* の辺境地に設定されたマナー前の存在であったという歴史的由来と関係していると思われる。ジェッセルも，フォレスト設定の解除やその後の変化にもかかわらず，フォレストともに「民有地」起源のフォレスト入会権も「不変」であったと言う。これは，「民有地」＝公有地説というポロックの旧説（前述5参照）に近い考え方であるが，平松は，ポロック説のショウ＝ルフェーヴル等への影響も含めて，これに関して論じている[108]。

実際，ジェッセルは，フォレストのマナー領主への譲与によってフォレストは変容するのかについて次のように論じている。「法的記憶の時代から現在まで，フォレストはその範囲が変わったことはない」。記録は古くはジョン王の書き入れのあるもの，エリザベス女王のそれもある。その後，〈長期議会〉（さまざまな介入で性格は大きく変わったが，国王によって解散されることが不能になったため，形式的には1641年11月3日から1660年3月16日まで続いたピューリタン革命期の議会。第5章2参照）は，毎会期ごとにフォレストの境界はこれこれだと規定していたが，将来的にはこうだとは規定したことがない。これらのことから，フォレスト自体が変更されたことはないと考えられるべきである。確かに，エッピングのいろいろの部分が〈フォレスト指定解除〉されてきた。これは，国会制定法の文言にもとづき，国王がその「フォレスト権」を売却したということを意味する。したがって，フォレストを購入した者は，そのようなフォレスト権が存在した土地の所有者となったことを意味するが，その土地についてはもはやフォレスト権は消えているという以上のことを意味しない。国会制定法も，フォレスト指定解除以上に

---

[108] 平松・前掲注106, 290, 304-395, 326-328, 354-355頁参照。

ついて規定していず，入会権者たちの入会権まで消滅したとはしていないのである」(*ibid.*, 156-158)。

ジェッセルは，前述のように，マナーを基礎とした「隣接地入会権」の存在を否定しつつ，ニースンのコモナーとほぼ同様の意味で，小屋住を含む教区住民の「共同性」に着眼して，ここにフォレスト法の弛緩もしくは解除後の入会慣行の「再生」を期待したかのように読める。ハンターらは，入会地の保全を囲い込み差し止めのかたちで追求したが，ジェッセルはこれを十分に肯定しつつ，「帰結概念」としては「消滅」過程にあった入会権を，マナーではなく教区の「住民」における「共同性」に着目して「歴史概念」としてのコモンズとして，再生させようとしたのではないか[109]。

自分の入会権を個人的な利益とのみ考えず，囲い込みの阻止の運動に寄与するようにこれを主張する public-spirited Commoners を，ハンターは求め，その役割をロンドン市という自治体に期待した。ショウ＝ルフェーヴルにおいても，封建的土地保有＝テニュアに付随する個別的＝孤立的権利者としての入会権者であることを超える役割を，コモナーたちに強く求める傾向があった[110]。

以上述べたように，入会権は，ハンターたちにとって，「入会地保全」を超える「オープン・スペース」を獲得するための，法的構成に豊富な素材を与えるものとなった。クックによって「虚偽の法」とされた「フォレスト・ロー」は，その抑圧的な内容にもかかわらず，王の狩猟権との並立を許されたという限りにおいて，マナーを超越する入会権のカテゴリーを導出した。したがってそれは皮肉なことに，専制的起源を有するにもかかわらず，これまで述べてきた入会地と開

---

[109] Holdsworth, A History of English Law, vol.1. p.350, pp.465 et seq. ホールズワースは，1873-75年「裁判所法」による改革の成果を実効化させることにおいて，ジェッセルはきわめて重要な存在であったと述べている。とくに陪審制によらない，大法官裁判所によるエクイティを，コモン・ローの関係にソフト・ランディングさせていく能力に長けたジェッセルの存在の大きさを，次のように表現している。「サー・ジョージ・ジェッセルは，学識深いエクイティ・ロイヤーであったが，同時に鋭い陪審のマインドを備えていた。彼は，エクイティの諸原則をコモンセンスの基準のように扱った。彼の影響は，後の裁判官に感じとられたことであろう」(p.350)。

[110] 平松・前掲注106，324頁以下参照。ショウ＝ルフェヴルすなわちエヴァスレイ卿は，1831年生まれ，名著，Commons, Forests and Footpaths, 1910 でも知られるインナーテンプル所属のバリスタで，自由党の社会改革派への転換に寄与したリベラルな議員。グラッドストーン内閣の時代，建設局長官として，歴史的建造物の保護にあたったほか，コモンズ保全協会の変わらぬリーダーであった。1866年の「首都圏入会地法」はじめ囲い込み禁止の諸法の起草・制定に寄与した，この時代を代表する卓越した政治家であったが，ナショナル・トラストについては後述のように，当初，懐疑的であった。

放耕地における保有権，それの封建的土地保有体制への組み込みとは全く無関係に，入会権を保障する源泉となったのである。こうして，御料林たる王領地は，すべて入会地として構成されるという可能性が生まれた。しかも，この入会権の主張は，遡及的に効力を生じ，マナー領主たちが行った過去の囲い込みの違法性を示し，それに対する異議申立を可能にする，とハンターたちは考えた。かくて，「コモンズ保全協会」によって切り開かれた入会地のオープンスペース化という，イングランドの農業法制と都市法制の画期的な連携が出現していくことになる。

## 11　労働者住宅問題との接合

　銀行家にして，穀物商であり，ケンブリッジで行われた巡回裁判で羊を盗んだ罪でイギリス最後の絞首刑に処せられることになった男の死刑延期を嘆願するために，ケンブリッジまで駆けつけるユニテリアン（Unitarian）の父とすぐれた教育者の母のもとに生まれたオクタヴィア・ヒル（Octavia Hill; 1838-1912）は，父の破産で貧しい少女時代を過ごした。母のキャロラインの感化で「貧民学校」（Ragged School）の世話をするようになり，ここで労働者の居住環境の劣悪さに衝撃を受ける。破産後，オクタヴィアの一家は，ロンドンのフィンチレイに住んだが，近くにはハムステッド・ヒースの南側に連なるスイス・コッテジ，パーラメントヒルの牧草地が拡がっていた。しかし，そこには，入会権は存在していなかった。彼女はこの牧草地を保存するためには，大衆から寄付を集め，土地を丸ごと買い取る以外ないという彼女の信念を「コモンズ保全協会」を訪ねて語った。応対したのが，ロバート・ハンターであった。

　オクタヴィアは，画家を志して，『近代画家論』(Modern Portraiters)で有名な，ジョン・ラスキン（John Ruskin; 1819-1900）を訪ねた。ラスキンの書斎でターナーの絵に出会うが，ラスキンはミレーらの「ラッファエル前派」を称揚する一方，芸術と社会の退廃を憂える厭世観に浸っていた。オクタヴィアにはもっぱら名画の模写を勧めた。ラスキンは，労働者学校の教師なども務め，ヒルとは一時良好な関係を築く。彼は，父の莫大な財産を相続し，オクタヴィアがメリルボーンで最も荒廃した住宅を買い上げ，これを修復する計画を語ったのに応じ，これに資金援助をした。これがオクタヴィアによる「住宅改良計画」の開始を告げるものであった。彼女のやり方は，独特であった。建築業者，測量士，掃除人，不動産業者のチームを率いて，彼女が改良箇所を具体的に指示し，指示は直ちに実行され

た[111]。1909 年の「住宅・都市計画法」というイギリスの都市農村計画法の先駆をなす法律には、いくつかの基礎があるが、その一つの、1868-82 年の「職人および労働者居住家屋改良法」[112]は、1876 年の総選挙で勝利したトーリー＝ディズレイリ内閣の内務大臣、リチャード・クロスとオクタヴィアの共同によるものであった。

彼女は、改良した住宅に住む労働者に家賃の滞納を一切認めず、「施しを伴わない貧民の救済の重要性」(The Importance of Aiding the Poor without Almsgiving) という彼女の論文の通り、賃金の低さを問題にせずに、「働く意思」を強制して自立させるのが当然と考えていた。ラスキンは、オクタヴィアの計画が持つ「資本主義的な基礎」(the capitalist basis of schemes) に疑問を感じ、先の牧草地の購入のための資金援助を断った[113]。

オクタヴィアの姉のミランダも、住宅問題に取り組んでいたが、ある日、労働者住宅環境を美化し、戸外にたくさんの小公園を造るという「美化普及協会」(Society for the Diffusion of Beauty) 設立計画を語った。オクタヴィアは、姉の案をエッセイにまとめ、「国民健康協会」(National Health Society) の講演で初めてこの計画を公開した。聴衆の中に、マイル・エンドにある大学セッツルメントのトインビー・ホールの館長で牧師のサミュエル・バーネットがいて、自らの教会の裏地の美化を提案し、付近の Drury Lane なども候補に挙げられた。1878 年に「カール協会」(the Kyrle Society) が設立されるまでにそれほど時間はかからなかった。

カール協会のカールとは、名誉革命後に登場した詩人の Alexander Pope（1688-1744）が、故郷の街に公園を遺贈した慈善家のジョン・カールを称えていることに因んだものである。オクタヴィアが会計担当、ハンターが無給の法律顧問となった。2 人は、安く手に入れることができる土地をリストアップすることから始めたが、多くは墓地で、移転さえすれば、ほぼ無償で「オープンスペース」が設定できた。「オープンスペース部」はほかに、病人や貧しい家庭に草木や花を定期的に届ける活動もした。いまひとつの部は、コミュニティホールのためのパフォーマンスの準備にあたった[114]。

この協会には、ウィリアム・モリス（W.Morris; 1834-1896）も加わっている。

---

111　Murphy・前掲注 100 chapter 3、邦訳書、72 頁以下参照。
112　戒能『土地法のパラドックス』573-574 頁参照。
113　Murphy・前掲注 100.（邦訳書、81 頁以下）。
114　Murphy・前掲注 100.（邦訳書 95 頁以下参照）。

彼の部が，第三部門で，公共のホールや病室をフレスコ画や標語で飾った。

　1877年に「ロンドン自治（オープンスペース）法」が成立し，1881年に拡張されて，地方政府によるオープンスペースの購入と所有がコモンズ保全協会のますます重要な方針となった。オクタヴィアは協会の外で，コモンズ保全協会との接合を指導した。そして，カール協会のオープンスペース部は，「コモンズ保全協会」に協力しなければならないが，「カール協会には，コモンズ保全協会よりも大きな仕事がある。それは，〈保全〉preservation と同様に，寄付や購入，そして美化を考える（encourage gift and purchase）」こと，また，「入会地と同様に私有地とも関わらなければならないことである」と，1879年5月9日付の手紙に書いている。

　これが，ナショナル・トラストへと結びついていくのである。

## 12　湖水地方をめぐる攻防

　ハンターとオクタヴィアの運動は[115]，首都圏を中心とした囲い込みに対する抵抗運動が中心であったが，オクタヴィアが抱える住宅問題は，当時の都市問題の中心的なものであり，当然，入会地保全運動の範囲を超えていた。同様に，大きな問題は，鉄道ブームであった。

　ロンドンのウォータールー駅から南西6キロほどいったところにあるクラッパム・インジャンクションから放射状に伸びた鉄道線路の敷設は，1850年代から開始され，ワンズワース・コモンを分断してしまった。ロンドン・ブライトン鉄道のため，バンステッド・コモンの丘陵地に鉄道を通す計画が，囲い込み委員会

---

[115] 前掲注106の平松『基礎研究』338-345頁は，オクタヴィアのオープンスペースの考え方に，「コモンズ保全協会」のそれとアメニティの理念において共通するところがあるものの，オクタヴィアには，貧民市民のフェロウッシップを基盤とした地域民によるコモンズの共有という理念があったとし，ナショナル・トラストの，とくに豪壮な歴史的建物の保存という観念は，彼女の思想からは直接には生まれなかったという，彼女の苦悩に言及していて重要である。この意味では，ナショナル・トラストの設立の一つの母体となった「保全協会」が，1899年に「入会地・フートパス（畦道）保全協会」，1949年に「コモンズ・オープンスペース・フートパス協会」，1982年に「オープンスペース協会」として名称を変えながらも存続し，狭義のコモンズ，すなわち入会権という「私的権利」から，自由にアクセスできる（したがって「アクセス権」中心の）公的権利が成り立つオープンスペースとしてのアクセス権という，広義のコモンズの保全と獲得の団体として，存続したことは自然であった。都市開発上の要件とされる，限定された空間を「オープンスペース」と呼ぶわが国の用法は，この理念と異なる（同書317-318頁参照）。しばしば，ナショナル・トラストの土地に対するアクセスが，オープンスペース協会から要求されることには，こうした背景がある。

によって簡単に許可された。ショウ＝ルフェヴルは，この鉄道敷設のための private acts（個別法律）の提案者は，計画が入会地に及ぼす影響を公示しなければならないという規則を成立させた。湖水地方（lake district）というイングランド有数の美しい田園地帯への鉄道の敷設は，1840年代には始まっていた。ワーズワース（William Wordsworth; 1770-1850）の『湖水地方の案内』（Guide to the Lakes, 1810-1835間，版を重ねる）で，この地域は‘ワーズワース・カウントリ’とさえ呼ばれるようになった。しかし，銅や鉛，スレートの採掘のため美しい渓谷は，見にくく変貌していった。イギリス最大の湖で，湖水地方の入口にあるウィンダミア湖の北岸の村，Ambleside からケジックへとこの鉄道を延長する計画に立ち向かったのが，いち早くワーズワースであり，それを引き継いだのがラスキンであった[116]。

1851年9月18日，ロンドンの西部のレディングの北東にある Shiplake on Thames の古い牧師館で，牧師の息子として生まれたローンズリィ（Hardwicke Rawnsley）は，この牧師館周辺の美しい田園風景に囲まれて育った。詩作に勝れて早くから才能を現していたが，レスター近くのアッピンガムのパブリック・スクールからオックスフォードのベィリオール・カレッジに進学した。かの，トーニー，グリーン，経済史家で，セツルメント運動のトインビー・ホールの設立者

---

[116] 小池滋『英国鉄道物語』晶文社，1979年，46頁。ロマン派詩人ワーズワースは，1844年，この鉄道計画に反対し，次のように詩作した。「なんじ，美しき自然のロマンスよ，平和を主張せよ。もし人間の心が死に絶えるとも，吹きわたる風よ，語れ。奔流よ，なんじらの強き絶え間なき声で，暴虐に抗議せよ。」（同書46頁）。ラスキンは，1870年代の終わり頃，ウィンダミア湖に近いブラントウッドに家を持ち，抗議運動に加わったが，ローンズリィがたちまち運動のリーダーになる。1844年全英国路線延長は2148マイル，1844-48年間に，9400マイルの新線建設許可の私法律が国会で成立している。鉄道株はブームになり，ワーズワースも鉄道株を保有していたと言われる。ヨークの服地屋徒弟から身を起こしたジョージ・ハドソンは，ミドランド鉄道という最大の鉄道会社を造り，「鉄道王」と呼ばれたが，同社の金を着服する事件を起こし失脚する（同書45-58頁）。鉄道は，この時代の社会を捉えるのに格好の素材である。後述の「ジャマイカ事件」のキーパーソンであるカーライル（前述5章1参照）は，カルヴィン派プロテスタントとして，失脚したハドソンの銅像を立てる話がたち消えたことについて，「機関車にまたがり札束を握ったハドソンの像こそ，この時代にふさわしい英雄として，ハイドパーク・コーナーの戦勝記念アーチの脇にウエリントンの銅像と並べるのがいい」と皮肉たっぷりなコメントをした。『クリスマス・キャロル』の，スクルージに当時の「成り上がり中産階級」を代表させたディケンズも，鉄道を登場させたのは『ピクウィック・ペーパーズ』が最初であると言われており，『ドンビー父子』で，車輪がレールの継ぎ目を刻むスタッカートのような名文で，「無慈悲な怪物，〈死〉の後を追うが如くに」とスクルージ同様の実業家ドンビーの運命を，疾走する汽車に託して描写している（同書64-76頁参照）。

のトインビー,そして学寮長となったクリストファー・ヒルのカレッジであって,しばしば言及した。そして彼の指導教授の1人が,トマス・ヒル・グリーンだった。ラスキンは,すでに美術教授となって,多くの学生に影響を与えていた。例えば,現在は戸外プールになっているオックスフォードの Hinksey 付近の道路補修の修理人は,貧しいが故にこの過酷な労働に従事せざるを得ない住民たちであるから,手伝うようにと説得した。これに応じた学生には,前述のトインビー,オスカー・ワイルド,アルフレッド・ミルナー[117],それにもちろんローンズリィがいた。父と祖父の後を継いで聖職につくことを決意した彼は,ロンドンのソーホーで貧しい人たちのためのホステルで働いたが,そこでオクタヴィアに出会い,彼女の事業に共感し,深くコミットした。あまりに働きすぎて病気になってしまった彼を,療養のためウィンダミアに近い療養所に世話したのも,オクタヴィアであった。回復すると,ブリストルで布教活動にあたるが,ブリストルの教区の衛生状態と貧困は想像を絶するものがあった。ここでも彼の闘争的姿勢は変わらず,教区の指導部とあわず,結局,解雇された。しかし,彼は,1877年末に,カーライル大聖堂に職を得て(だから,Canon Rawnsley とも呼ばれる),オクタヴィアの友人のフレッチャー家のエディスと結婚し,そこから彼とエディスのエネルギッシュな旅行が始まる。2人は,ラクダの背に乗ってピラミッドを訪ね,近東と聖地,さらにギリシャまで旅した。彼は生涯,旅を好み,ロシア,そして,ナショナル・トラストの移動大使として,アメリカにも行っている。

　ベアトリクス・ポッター(Helen Beatrix Potter; 1866-1943)(ウェッブ夫妻の妻は,ベアトリス・ポッターである)は,湖水地方の豪壮なレイ・カースルに一家で滞在中の1882年の夏,ローンズリィと出会った。昆虫,植物,小動物と遊んだ彼の幼年時代は,同じ孤独な少女時代を送ったポッターと全く重なっていた。当時,

---

[117] Milner(Alfred Milner, 1854-1925)は,ドイツで生まれ,チュービンゲンで教育を受けたこともあって,オックスフォード卒業後,ジャーナリスト等を経て南アフリカ植民地に高等弁務官・総督として赴任すると,Kindergarten と呼ばれたオックスフォード大出身の理想に燃えた青年たちを率いて,その「理想」である,植民地の教化に乗り出した。これが,オランダ系住民(ブール人;Boers)の反発を買い,第二次ボーア戦争の要因の一つとなったとも言われる。木畑洋一は,いちはやく国民国家を作り出した例と考えられてきた「イギリス」が,実は,スコットランド,ウェールズというイングランドと異質なエスニックな条件をもった自立した地域から成っているにもかかわらず,「イギリス人」(British)としてのアイデンティティを持ち得たのは,「帝国」の存在によるところが大きかったと述べている。「帝国主義国」とその支配下の地域の人々との関係についての,この帝国意識の「共時的構造」という問題提起は,実はナショナル・トラストの分析にとっても有効であろう。木畑『イギリス帝国と帝国主義』有志舎,2008年,55頁以下参照。

女性は学会で報告できないことになっていて，やむなく叔父が報告したベアトリクスの論文は，後年，彼女が有名になったため，リンネ協会が謝罪したほど優れたもので，彼女は，植物に精通していた。ローンズリィは，彼女に湖水地方の環境汚染について語った。そして，彼女が絵本作家として，The Tale of Peter Rabbit（1902），The Tailor of Gloucester（1903），The Tale of the Flopsy Bunnies（1908），最後の作品のThe Tale of Little Pig Robinson（1930）など20冊を超える絵本を次々と出版したのは，ローンズリィの助言があったからであった。絵本からの収入と，両親の遺産をあわせ裕福な老後を過ごしたポッターは，ウィンダミア湖西方の，ニア・ソーリー村に定住し，近隣の農場を購入し，死後，この4000エーカーもの土地をすべて，ナショナル・トラストに遺贈することになる[118]。

Thirlmere（サールミア）という湖水地方の美しい湖を堰き止め，巨大な貯水池を造ろうというマンチェスター市のひどい計画に対して，「サールミアを守る会」がつくられた。オクタヴィアは，ハンターをロンドンから呼び，計画阻止の法廷闘争を試みようとしたが，ハンターは，「守る会」の本音が，できるだけ高い補償金を得ようとすることにあると知って激怒し，協力を拒んだ。サールミア湖周辺，ケジックを中心に，鉄道計画が次々に押し寄せ，ローンズリィは意を決して，庶民院の特別委員会に乗り込んで証言し，2つの鉄道法案を廃案に追い込んだ。彼の雄弁は圧倒的で，この時に，後のナショナル・トラストの協力者となる議員・鉄道貴族が現れたと言われる。そして彼は今や，「湖水地方の番人」（Defender of the Lakes）となった[119]。この頃，彼は，オックスフォード大学の詩学教授のマッシュー・アーノルド（Arnold, M.; 1822-1888）の支持を得るようになる。アーノルド家は，ワーズワースの湖水地方の住処の近くに別荘を持ち，両家は，友人同士であった。アーノルドは，ワーズワースらのロマン派第1世代を批判的に継承する第2世代の代表的な詩人・思想家で，ラスキンなどとも共通する近代批判の影響力のある人物であった。

## 13　ナショナル・トラストの誕生

ジェームズ・ブライス（James Brice; 1838-1922）は，オックスフォードのローマ法教授であったが，1884年には「コモンズ保全協会」会長となった。彼は，トルコにある「ノアの箱舟」にまつわる伝説（箱舟がたどり着いた山という）の「アララト山」を登山したことでも知られる登山家・旅行家であった。自由党の議員

---

[118] Murphy, Founders of National Trust, pp.74 et seq.（邦訳書112頁以下参照）。
[119] Ibid., pp.83 et.seq.（邦訳書，126頁以下参照）。

時代の 1884 年，彼は，「山岳アクセス法案」（Access to Mountains Bill）を推進した。この年に，「ナショナル・フートパス保全協会」が創立されている。法案は却下されたが，入会地の囲い込みによって，美しい景観地を歩くという大衆の歩行の権利が失われていくという，新たな観点が，コモンズ保全運動に付与された意味は大きかった。1885 年，湖水地方の地主たちが，大衆のフートパスの権利の行使に対し，これをトレスパスとして阻止しようと動き出した。1887 年夏，ローンズリィは，地主たちが錠をかけた扉を壊し，有刺鉄線を張りめぐらしている土地を突破して土地に入り込んで歩く，「通行権」行使の運動を始めた。ローンズリィの直接の指導はなかったようであるが，1887 年 8 月から 9 月，観光に訪れた人々も含めて 2000 人以上と言われるデモ隊が，錠を壊し鉄線を取り除きながら整然と歩行した[120]。

オープン・スペース協会とランブラーズ・アソシエーションが共同編集した本がある[121]が，それによると，

「公的通行権（public right of way）とは，公衆のすべてが，通過の権利（right of passage）を有している道への権利である。いったん，かかる公的通行権が存在するようになると，そのままになるのであって，消滅することはない。これを，〈once a highway, always a highway〉と表現する。それは，自然的な原因による，例えば断崖の頂や河岸の小道が浸食によって消滅するとか，適正な法の過程によってしか，消滅することはないという意味である」と言う。したがって，このような「公的通行権」がある土地が，「公道」（high way）と呼ばれ，この点が私的な「地役権」（easement）と異なるのである。footpath とは，「徒歩のみで歩く畦道」であり，bridleway という徒歩と乗馬で通行する権利と区別される。後者は道幅について，2 人の歩行者か騎乗者が通行できる 5 フィート（約 1.5 メートル）幅とされているところもある。right of ramble または way（漫歩または通行権）と right of roam（stay）（歩き回る，または，とどまる権利）は区別される[122]。

---

[120] *Ibid.*, pp.91 *et seq.*（邦訳書，139 頁以下）．フートパス協会の 8 名がカーライルの巡回裁判（Assize）で裁判されたが，和解が成立，争点となっていた通行権が確認されている（*ibid.*, p.95, 邦訳書 145 頁）．

[121] P.Clayden & J.Trevelyan, Rights of Way; A Guide to Law and Practice, Commons, Open Spaces and Footpaths Preservation Society and Ramblers' Association. このような運動団体のガイドブックは，運動に参加して拘束された人たちへの救済方法も書かれたもので，オープンスペース運動が自然保護というよりも，アメニティを求める積極的権利主張の運動であることを実感する．

[122] 平松・前掲『基礎研究』393 頁によると，right of way（ramble）は原野横断の場合は 1

通行権はどのように生じるか。一般には「推定による設定」（presumed dedication）による。これは、征服王権である王権による土地の奪取と、その後の領主権の支配の狭間で、民衆がそれにもかかわらず「歩き続けた」という事実の重みに由来する。もちろん「ノルマンの軛」がいつまでも続いたわけではないが、かつてここは、「民衆が歩き続けてきた」とされれば、反証できない限り、「推定による通行権の設定」があると見なされるのである。
私の言う「近代的土地所有権」の法的内容をなす「継承財産設定」は、「通行権」を排除するのに「有効」であった。その証書の存在が、「歩行権」を否定できた。それではどれくらいの期間が必要かについても、長く時間がかかったが、1932年に20年であると国会制定法で定まった（High Way Act）[123]。

19世紀末の農業大不況で農村人口が減り、前述した鉄道網の展開で、この「公的通行権」の必要性が低下したことが、逆に、地主の反転攻勢を強めたのである。入会地の場合は、事情はいささか複雑である。入会地盤の所有者と入会権者の関係があり、かつ、入会地の遊休化が進むからである。しかし、1925年の「財産法」の第193、194条によって、入会地へのアクセス権が、裁判所の介入を含めて公衆一般へと付与されるという画期的な帰結が生まれた[124]。

先に述べたGateward's Caseが、入会地周辺住民の入会権を否定したのに対して、ダンスという「スポーツ権」[125] を認めた判例がある。*Abbot v. Weekly*, 1 Lev.176

---

メートル、原野の境界の場合は、それぞれ最低が1.5メートル、乗馬道（horseway）の場合は、各々、2メートル、3メートルで、後者は土地所有者の許可、アクセス合意、アクセス命令で包括的に与えられる通行権であるという。同書391頁以下も参照。

[123] Clayden & Trevelyan, *op.cit.*, pp.13-14, 117, 25-26. こうしたイギリスの誇るべきpublic right of way について、労働党政権下のCountryside and Rights of Way Act 2000 が、1949年12月16日の時点でfootpathsまたはbridlewayとして登録されていない場合、2026年1月1日までに登録が完了しなければ、その日をもって一定の例外を除き消滅するものとした。それまでにpublic right of way として使用されてきたということを公図等において証明・記載できれば存続できるが、そのためには費用がかかる調査や古文書等の提出が必要であり、手つかずのまま消滅するものが多いと言われている。Open Spaces Society が日本からの支援も求めて必死に活動している。http://www.oss.org.uk

[124] 戒能『土地法のパラドックス』501-502頁参照。

[125] イギリスで民衆の「ダンス」の代表は、「メイディ」でのそれであろう。メイ・ディは、長くて暗い冬が終わり、春が到来したことを寿ぐ古くからのお祭りで、5月初旬、メイ・クイーンを選んでパレードしてから、村の入会地や緑地にメイ・ポールという柱を立て、その周りで「モリス・ダンス」やキス・ダンスをする村の大切な祭りを言う。メイ・クイーンをマリアンと呼ぶが、ロビン・フッド伝説に登場するロビン・フッドの恋人がマリアンなのも、おそらくこの民衆の祭りから来たのであろう。

(1665), 83 ER, 357 である[126]。

　これは，「緑地」に関わる事案である。すなわち，領主の自由保有地である囲い地に，住民たちがダンスという「リクリエーション」のために一年中いつでも立ち入る権利が時効によって取得された，またはそのような慣習的な権利が超記憶時代から存在すると主張したのに対し，領主側は，Gateward's Case におけるように，住民が地役権を時効によって取得することもあり得るが，それは，教会に通う場合のような必要性がある場合であって，ダンスのような遊びのためでは，必要性の要件がない。かりにそうした権利が有効であるとしても，それは，慣習によるべきで時効によるべきではない，と主張した。裁判所は，住民がこのようなリクリエーションの権利を持つことは必要であり，そのような慣習は有効な慣習であるとして，住民を勝訴させた。この判例と Gateward's Case は，後者では住民団体が入会権の主体となることを否定しているのに対し，この判例は，住民団体が「スポーツ権」の主体であると認めるという，対立関係にあるように見える。しかし，先に述べたように，Gateward's Case によって確立されたとされる入会権の「個別性」という「帰結概念」は，入会権の「共同性」という「歴史概念」と矛盾＝対立の関係にあるのでなく，オヴァーラップする関係にあるとみる私の立場（前述8参照）からすれば，そのように見る必要はない。すなわち，入会権の「共同性」という「歴史概念」的側面が表出したと解することができよう[127]。

　しばしば言及してきたが，入会権における慣習の重要性は言うまでもないが，裁判所は慣習についてどのような立場にたってきたかについて，アレンの古典的名著から引用しておこう。

　「慣習（custom）とは，自己充足的（self-sufficient）かつ自己正当化的（self-justified）な法であって，……イングランドの裁判所においてある慣習が，十分な証拠によっ

---

[126] See, Hunter, R., ThePreservation of Open Spaces, and of Footpaths, and Other Rights of Way, Eyre and Spottiswoode, 1886, digital Cambridge University Press ed., 2011, p.177.

[127] 平松は，両判例は，全く逆の関係にあるとする。その上で，裁判所がこの事件における「住民の特定性」とレクリエーション活動の「特定性」を認識して，Gateward's Case における入会権の個別＝特定性を「用心深く判断した」とする。つまり，そこでなされる「活動」との相関で，「土地に対する消耗」の程度が，スポーツの場合には低いので，これを認めても土地の持続可能性があるといった裁判所の深慮が及んでいたからと推察する。平松，前掲書，228-230頁参照。しかし，「地盤消耗」に至るか否かは，住民の慣習の内容として含まれているとみるべきであり，裁判所は，その意味での「慣習」を前提にして判断するのであって，慣習の内容まで判断するのではないと思われる。慣習がそれ自体として「地方＝地域の法」とする349頁で言及したトムソンの「慣習論」が示唆的である。

て，それが存在していて，かつ遵守されてきているということが立証されれば，裁判所の役割は，それが有効な法（operative law）であるとたんに宣言することにあるに過ぎない。換言すれば，慣習は，その固有の妥当性を裁判所の権威から引き出すのではないのである。したがって，裁判所の'強制力の付与'（sanction）は，創設的（constitutive）であるというよりは，むしろ宣言的である。けれども，慣習が，強制力を付与されるには，慣習が一定の基準を満たさなければならない。ここにおいて，それが実際に存在していること，そして，有効であるという基準によっていく傾向がある」。さらに言う。「第1に，すべての慣習は，ある基本的な観点で，国土の通常法の例外となるのである。第2に，「すべての慣習は，適用の限定が存する」と言う。このように，アレンによれば，コモン・ロー自体も慣習によるものであるが，それがイングランド全体の慣習とされるが故に，慣習とはされないのであって，結局，慣習とは，「地方的変型」local variations, トムソンがいう lex loci（地方的＝地域的な法；場所の法）ということになる。しかし重要なのは，裁判所は，慣習法が一定のテスト（基準）によってその存在が立証されさえすれば，それを法として認めるのであって，それ以上の干渉はできないという点である[128]。

さて，オクタヴィア等が都市の貧しい人々の住環境の劣悪さを気遣ったのは，フレッシュエアーさえ期待できない恐ろしいほどの過密問題の故であった。ましてやスポーツなどのスペースはない。

ロンドンという都市[129]にとって，シティと言われる「旧市」の履歴は，オー

---

[128] Allen, C.K., Law in the Action., Clarendon Press, 7th ed, 1964, p.130.
[129] 歴史書でも「ロンドン」は，大雑把に使われることがある。しかし，若干述べておく必要がある。紀元後1世紀頃，ローマ人が，大陸ともブリテンともつながり，大型船も着岸可能なロンディニウム（沼地のある砦と言う意味のようである）というテームズ北岸地域の要衝の地に居住地をつくった。そして，現在あるものより，若干下流になるテームズに築いた橋（これがロンドン橋，現在のそれは，1831年に築かれ，何回か改修され，1968年新築された）とその周りの土地に城壁を築き，門（ゲイト）を設け，商人の街として発展した地域が，ロンドン発祥の地である。ロンディニウムは，その後変遷を重ねるが，ローマの「植民市」（コロニア）であったコルチェスターやヨーク等と異なり，国全体の組織や法体系からも超然としていたと言われる。これが，自治都市の現在のシティの原型となっていく。しかし，ノルマン征服王朝のウィリアム1世がエドワード懺悔王（前述第7章2注19参照）によって築かれたウェストミンスター宮殿で統治を開始してからは，宮殿周辺のウェストミンスター地区が政治の中心地となって，元々のロンドンと「ライバル関係」になる。その中間に，テンプルなどの法律家のセンターがある。Hibert, C., London; The Biography of a City, 1969（邦訳書，横田徳爾訳『ロンドン―ある都市の伝記』朝日イブニングニュース社，1983年，12頁以下参照）．したがって，以下では，ロンドンのシティと

プンスペースの問題についても，興味深い関係がある。

　スポーツは，ロンドン市民にとっては，人間としてのあたり前の権利であった。しかし旧市内は城壁と修道院とその所有地で囲まれ，市民が行くことができる土地は，沼地ばかりの空き地であった。1415年に「ムア・ゲート」が開かれ，旧市からこの空き地のムアフィールズへ直接行けることになった。市民たちは，そこで弓術をはじめあらゆるスポーツを楽しんだ。この権利は時効によって取得されたもので，その土地の権利者であった長期のリースフォルダーたちも，容認するほかなかった。ロンドン市自治体が，危険な射手たちを規制したり，囲い込み地の所有者が，柵で囲ってスポーツができないようにすることもあったが，市民たちは「自力救済」が許されると考えていたようである。実際，囲い込み地の柵が壊され，大暴動になった例さえある。こうしたムアフィールズをめぐる争いは，1601年，地主の姉妹が「Walks（散歩園）を市民のために遺贈する」としたことで，最終的に結着を見た。こうしたスポーツに加わったのは，ウェストミンスター宮殿の廷臣たち，4つのInns of Court（法学院）の学生たち，そして旧市内の若者たちであった。

　ムアフィールズはその後，スポーツや競技をする場所や，上流階級の人たちの散歩園として整備されていった。法学院の学生たちは，それぞれの院のそばの草地を，散歩やスポーツを楽しむ共同地として管理するのに熱心であった。なかでも「リンカーンズインフィールド」は，ムアフィールズにならって整備され，市民にも開放された。しかし問題が起こった。ある男が，リンカーンズインの草地を歩行する人々を襲う計画をたて，凶器を隠しているという事件が起こり，法学院の学生たちは，国王と枢密院の助力を仰がなければならないことになった。さしもの法学生たちも，フォレストが名目化していたのにもかかわらず，国王の権限をこうした形で顕在化させてしまうことになった。この一帯は，国王のフォレストだったのである（前述第7章9参照）。1617年には，ある男が，リンカーンズフィールドを含めた土地に住宅を建て，国王チャールズ1世に地代を払うという請願を行い，許可された。法学院側は，この建設の中止を求め，結局問題は，オリヴァー・クロムウェルの時代に引き継がれ，彼の中止布告が出たが，結着を見なかった。結局，法学生たちの執拗な要求に，工事を委託された者が，住宅の美観を良くすること，草地を整地して散歩園とすることを約束して，リンカーンズフィールドは維持されることになった。

---

　その外側を含むロンドンを区別するため，前者を，旧市，旧市内と言う場合がある。

グレイズインの「散歩園」は、もっと早くつくられた。すなわち、後の大法官、フランシスコ・ベーコンがグレイズインの会計官であった1600年頃、散歩園がつくられ、ムアフィールドの手本となった。当時のグレイズインからは、ハムステッドやハイゲートまで見渡すことができ、遊歩場（プロムナード）が、ことに有名になった[130]。

何度か火事で焼失して立て替えられているが、16世紀頃には、セントポール大聖堂の中央通廊は、「全王国最大の遊歩道」であった。ロンドン大火で周りの本屋とともに失われて、ニュースやゴシップを求めた人々のたまり場は、コーヒーショップに引き継がれることになったという[131]。

貴族たちは、ロンドンで家を買うときもカントリ・ハウス＝領主館風の邸宅を好んだ。しかし、大都市ロンドンには、彼らが求めるような広大な空間は多くはない。そこで「コヴェントガーデン・ピアッツァ」をつくったフランシス・ラッセル、すなわちベッドフォード伯爵（後に公爵）が先鞭をつけたと言われるが、広い四角形の広場のまわりに品格のある同一の様式の建物を建てるという方式が生み出された。これが、スクエアと呼ばれるものである。ラッセル家はヘンリー8世とチューダー朝への忠誠の見返りに、「修道院の庭」の意味のコヴェントガーデンを下賜されていたのである。スクエアは流行となった。サウサムプトン伯爵のブルームズベリスクエアも、成功例であった。しかし、多くの場合、貴族が再開発する前の土地は、劣悪な状態のため、旧市街とウェストミンスターの間にあるアデルフィ再開発は、テームズの衛生状態が悪く悪臭を放つので、ほとんどただ同然で入手された土地の上に展開した。ベッドフォード公爵の不動産部は、土地と建物は一体の不動産権であることを利用して、99年の長期の定期不動産権を賃貸し、期限が切れると土地上の建物を含めて土地を回収してしまい、その上でより短期の賃借権で賃貸するなどした。このため、当初の再開発の姿は徐々に消えてしまい、ロンドン大学の施設やホテルが入り込んでしまった。それでも、緑地を囲んだスクエアは住民専用に残され、一定の住環境は保たれたが、商品を運ぶ車が入れない、などの問題を起こしている[132]。

オクタビアが、苦闘している住環境問題は、このような貴族や中産階級のオープンスペース問題とは異次元であった。それは、エドウィン・チャドウィック

---

130 ラスムッセン・前掲注105 邦訳書69-86頁参照。
131 Mitchell, R.J., & M.D.R.Leys, A History of London Life, 1988（邦訳書、松村赳訳『ロンドン庶民生活史』みすず書房、1971年、92-93頁）。
132 ラスムッセン・前掲注105（邦訳書、第9章参照）。

(Sir Edwin Chadwick; 1800-1900) の Public Health Act の世界であるが，オクタビアは，こうした公的介入による解決は望まなかった。1905年，彼女は，救貧法に関する王立委員会の委員となるが，ベアトリス・ウェッブらとは意見が合うことがなかった[133]。

法的紛争を一手に引き受けたハントが，「コモンズ保全協会」にせよ，彼が関わる団体に，土地強制取得のための手段がないということに，不満を抱いたことは当然であり，貧しい人々にオープンスペースを提供したいオクタビアに，その点で反論はあり得ない状態の中で，「ナショナル・トラスト」結成へと向かう。ハンターの提案は，株式会社の設立であった。オクタビアは，趣旨に全面的賛成であるが，会社という名称は営利を目的にするように思え，それよりは，慈善的な性格が表現できるもの，つまり「町や地方の人々のためのオープンスペースを受け入れ所有し，そして購買するための」トラストではどうでしょうか，と返信している。ハンターは，この返信の上欄に，鉛筆書きで National Trust? R.H. と書き入れた[134]。

なぜ National なのか。なぜ Trust なのか。

ラスキンは，ターナー（Turner, Joseph M.W., : 775-1851）の庇護者であった。ターナーは貧しい理髪師の息子として生まれたが，ほとんど独学で画家となった。そして，若くして王立美術院の会員となっている。一つ年下のコンスタブルは，その26年後である。ターナーのパトロンであったラスキンの助力があったのかもしれない。しかし，ラスキンによってつくられたターナーのイメージは，実際のターナーとは違っていると言われる。それは，ラスキンが所蔵したと言われる「奴隷船」という水彩画の評価をめぐって論じられた。

この絵画は，Zong（オランダ語で，英語の care の意味）という奴隷船が，暴風雨のなかで，伝染病で死亡した奴隷や死にかけた奴隷を船員たちが海に投げ入れている様子を描いたものである。奴隷船の船長が「積み荷」にかけた保険金を確保するため，そう命じたのである。凄惨な絵である。けれども，燃え上がるように赤く染まった空と，それを写す海のコントラストの中で，消えゆくような船の描写は，幻想的でさえあり，まさにターナーのものである。

ロンドン大学の Adam Gearey, Wayne Morrison と，サリー大学の Robert Jago が書いた The Politics of the Common Law（Routledge-Cavendish, 2009）が，この絵に対するラスキンの美文調の批評と，ターナー自身のことばを対照している

---

[133] Murphy, *supra note* 100, p.116（邦訳書，183頁）．
[134] *Ibid.*, p.102（邦訳書，158-159頁）．

(pp.66-68)。この事件はリバプールに戻って保険金請求事件となり，かの名裁判官マンスフィールド卿の法廷で扱われた．マンスフィールドは，陪審へ説示した。「これは確かに非常に衝撃的である。しかし，争点は，積み荷の馬を残りの馬を救うために船から捨てる緊急避難の absolute necessity が満たされるかということである」と。ターナーは，「希望，希望，狂気の希望よ！汝の商品はいずこにある」と書いた。これは，ターナーの奴隷取引に対する強いメッセージを暗示していると言えよう。

　エリック・ウィリアムズ（Williams, E., 1911-1981）は，カリブ海にあるイギリス自治領であったトリニダード・トバコの独立を指導し，1962年共和国の成立と同時に初代首相となり，亡くなるまでその地位にあった。彼が首相在任中に書いた British Historians and the West Indies は，「ウィリアムズテーゼ」として，イギリスの歴史学界を震撼させ，タブーのようになっている。この二つの重い問題を扱い，トラストとナショナルの関係を論じてみよう。

# 第8章　イギリス近代と多元的社会の法構造

　イギリス憲法史が，植民地帝国としてのイギリスを念頭においで書かれた例は少ない。最近の研究において，イギリスの奴隷制に焦点を置いて書かれたものを例にしつつ，ターナーの奴隷船という絵画と，ターナーの庇護者で急進的な自由主義思想で知られるラスキンを絡ませつつ，「ジャマイカ事件」についてのJSミルの誠実な活動を描いてみた。ミルの前には，アダム・スミスが，アメリカの独立革命を支持するとともに，奴隷貿易の理論的批判者として活動していた。奴隷解放運動のリーダーは，言うまでもなく，ウィルバーフォース卿であるが，グランヴィル・シャープというその同盟者の一連の活動のうち，サマセット事件は，マンスフィールド卿の法廷における事件であり，ジャマイカ事件と同様に，名誉革命によって確立されたとされる人権の司法的保障の実例を示すものであった。ターナーの奴隷船のモデルになった事件では，マンスフィールド卿は，奴隷を馬と同様の商品として扱い，保険金の支払い基準を示すだけであった。他方，サマセット事件では，ヘイビアス・コーパス令状で奴隷を解放している。ジャマイカ事件では国論が二分され，カーライル，ミル，ラスキン等々の当時の代表的なエリートたちの意見は割れた。しかし，奴隷制の問題を雇用関係法という角度から検討する必要や，プランテーションに依拠した独占貿易業者に対する産業資本家たちからの攻撃という産業構造の変化と，労使関係の構造的変容という角度からも奴隷貿易の衰亡は，考察される必要がある。その関連で「近代雇用契約法」の生成をめぐる論争と最近の研究成果による論争基軸の変化を扱っている。労働法上の論争的な課題であるが，労働者権は社会法的権利であり，それは「市民法的」契約の法理からは生まれず，労働者の団結権の確立によってしか生まれなかったとするのが，従来の通説である。しかしこれは，イギリスにおける奴隷制廃止問題が論議された当時における雇用契約における労働者権の「市民法的」性格を止揚するのでなく，むしろそれを前提にして成立すると考えられるべきである。これも，奴隷制と当時の児童等に対する劣悪な雇用状態が併存していたことと無関係ではなかったのである。名誉革命体制は，農民層の分解が強制的に進む体制でもある。そこで「小経営」の解体と言われる過程，および救貧法についての新研究を踏まえて，地域社会のレベルでの相互扶助的なシステム，「福祉複合体」と

いう問題提起を扱っている。いわゆる資本の原始的蓄積論では，小経営の解体によって，産業予備軍としての賃労働者の発生が抽出されるが，最近の研究では友愛協会などの組織が，労働組合運動とは別に結成され，それによって社会のなかにさまざまなフォーラムが形成されて工場労働者を含む住民の公共圏が形作られたとしている。

名誉革命体制は，租税国家であり，議会は立法機関であると同時に，社会のなかの利害集団を吸収しそれを組織化する，社会のマネジメント機関となっていく。これ自体が，議会を通じた有権的な公共圏の形成を意味した。そこでこれらの社会内の「団体」的編成を媒介した法制度として重視されなければならないのが信託制度であるという問題になる。

イングランド銀行という独立性が高い法人に対し，植民地貿易の投機的な収益を当て込んだ「法人」が，急激に形成されてくる。これを煽ったのが，国債引き受けの見返りに与えられる貿易独占権等であり，そうした会社は，国家から与えられるこうした「バブル」を見越して株価を釣り上げるという根無し草のような存在であった。これが「南海泡沫事件」である。イギリスの株式会社法制は，この事件の発生要因の克服からその本来の展開を始めなければならなかったのである。しかしながらこうした法人としての団体は，信託を通じて活動していた「法人格なき信託」によって代替されていたのであり，ここにイギリスでは法人擬制説が有力になる理由があった。

そこで最後に，信託が，社会のさまざまな団体的な要素を法律的に支えていた諸相を明らかにすることになる。それは，統治構造との関係では，国家それ自体の法的な定義の問題として，再びメートランド説の検討ということになる。また，信託の社会的機能という点では，名誉革命体制がジェントルマンという支配層の地方における支配の方式であるパトロネージと相関する故に，先の租税・財政システムにおける信託の援用の具体像が解明されるべきことになる。それらを「公益信託」として捉える場合，それではこのような，信託の構成要素としての，設定者・受託者・受益者の関係を具備せず，一方は収益に，他方は，元本すなわち有機的な存在としての信託財産そのものに，すなわち，収益と元本を分離しつつ，信託目的において両者を統合するという信託の活用が，何に由来したのかが問題になる。そのことについて，最近の1535年（1536年という説もある）の「ユース法」についての従来の通説を乗り越えた学説が登場したことに言及している。

以上のように，イギリス憲法は，社会との連鎖において形成され，逆に社会からのインパクトによって変化していったのであり，そこには公式の法ではない，

インフォーマルで慣習的な法が大きな役割を果たしていた。この研究は，したがって，公式の憲法的機関のみが前提でなく，社会における規範的なものの発生に着目しているのであって，したがって例えば，入会権における「歴史概念」と「帰結概念」のように，通常，憲法の問題とはされない問題が，社会の基本構造に関わったものとして，取り出されているのである。

## 1 イギリスの奴隷制

### 1.1 「奴隷船」

　ロンドン大学の Adam Gearey, Wayne Morrison と，サリー大学の Robert Jago がイギリスの植民地支配を全面に出して分析した現代コモン・ロー史のなかで，この絵に対するラスキンの美文調の批評と，ターナー自身のことばを対照させている[1]。この事件は，船がリヴァプールに戻ってから，1783 年 3 月，保険金請求事件となり，ロンドンのギルドホールの，かの名裁判官マンスフィールド卿の法廷で扱われた。船主に有利な判決が出たが，保険会社側はこれを不服として王座裁判所に上訴したため，そこで再びマンスフィールド卿が登場することになる。他方，奴隷解放運動のリーダーであった後述のサマセット事件の立役者であるグランヴィル・シャープ（Granville Sharp; 1735-1813）は，この事件を，船長ら乗組員の謀殺罪（murder）の案件として訴追できないか検討を始めるが，証拠が揃わず断念している。王座裁判所首席裁判官マンスフィールドは，陪審に説示し，「これは確かに非常に衝撃的である。しかし，争点は，積荷の馬を残りの馬を救うために船から捨てる緊急避難 absolute necessity の条件が満たされるかというのと同様のことである」と述べた。マンスフィールドは，この事件を，海上運送保険契約における保険金請求要件基準を定立するためのものと扱い[2]，「Zong 事件に

---

[1] The Politics of the Common Law (Routledge-Cavendish), 2009, pp.66-68.

[2] 1781 年，Zong の船長の Collingwood は，乗組員と残りの「積荷」である奴隷を飲料不足から守るためと称して，病気の奴隷を海中に投げ込むことを命じた。奴隷は逃亡を防ぐため，2 人ずつ足首のところを鎖でつながれた状態であった。周囲の海には巨大なサメが群がっていた。生きている奴隷を海中に「投棄」すればその損害を補填するための保険金が支払われるが，奴隷が船上で病気によって「自然死」すれば乗組員の責任となって，保険金は支払われない。絶望的な状態で自殺も絶えなかったようであるが，これも「自然死」と見なされ，保険金は支払われなかった。つまり，当時のヨーロッパの海上運送保険に関する法では，奴隷が病死という「自然死」をした場合には，保険金は払われないことになっていた。こうしてこの奴隷船では，船長以下乗組員と船主の利益を最大限にするため，130 人もの奴隷が海中に「投棄」された。馬を運送する場合にも，飲料水不足が往々起きたが，残りの積荷の馬を守るため，積荷の一部の馬を海中に投棄することがあったが，マ

おける，船長および乗組員の判断は［奴隷を乗客ではなくではなく］貨物として扱ったものであり，それは同時に，「人倫的なものに訴えることがない，法的な相関性に成功例を示したのであった」との Geary らの皮肉で痛烈な批判をあびている[3]。

ターナーは，「希望，希望，狂気の希望よ！汝の取引市場はいずこにある」と書いた。これは，ターナーの奴隷取引に対する強いメッセージを暗示していると言えよう。ターナーのこの絵が展示されたのは，1840 年で，アメリカの奴隷制に対し，イギリスでは奴隷制が廃止されているとしてこれを祝い，アメリカを批判する奴隷制についての国際会議が開かれた年であって，奴隷制廃止運動に彼が共感していたことは明らかであった。

西インド諸島のジャマイカ島は，1494 年コロンブスによって発見されてから，スペインの植民地であったが，1670 年のマドリッド条約でイギリス領となった。ジャマイカでは，黒人奴隷を使用するプランテーション経営による砂糖きびが主な産業であり，それはアフリカからの黒人奴隷を大量に必要としていた。そのため，イギリスは，西アフリカ向けに，工業製品を輸出しつつ，そこで奴隷を獲得してこれを西インド諸島・ジャマイカに「運送」し，運送先では砂糖を輸入して，これを本国に運んだ。「大西洋の三角貿易」（Atlantic Triangle）が，これである。西インド諸島の奴隷制に対する反対運動は，17 世紀後半から続いていたが，1776 年に，アダム・スミスの『国富論』が，アメリカの独立戦争と同年に刊行されたことに象徴されるように，当時の重商主義体制の批判として，奴隷制が理論的に批判されていたという事実を忘れてはならない。この点，奴隷制に対する

---

ンスフィールドはそうした「慣行」に言及したのである。著者たちは，Murphy（1997; 116 とあるが書名不明，『ナショナル・トラストの誕生』の著者のマーフィー・前掲注 100 参照）と同一か不明。この書は第 2 版が出たようであるが初版には多くの誤植がある）の言葉（「コモン・ローとは，それらの固有の配列で，ものごとが観察される，特定の場における問題についてのある判断にほかならない」）を紹介し，『奴隷船』を描いたターナーは，「法廷による可視化の可能性は［絵画と異なって］事件の構造化の結果に限界づけられているということを暗示したのである」と述べている。以上では，マンスフィールドの先の説示を，単純に「人種差別論者」として断罪するということの問題性とともに，総じて，コモン・ローの技術的な進化と，「人倫的」要素がない法の存在への傾斜に対する著者たちの批判的見解が，ターナーという天才的画家の特定の作品を通して展開されていて，この書物の中でも際だった部分となっている（Ibid., pp.60-68）。

[3] Ibid., p.65. なお，この Zong とマンスフィールド判決については，最近，栗原眞人による第一次資料による研究がなされ，法制史学会近畿部会または同学会の学会誌等に公表される予定と聞く。

第 8 章　イギリス近代と多元的社会の法構造　　419

　法律的な批判を，通常，マスフィールド卿のサマセット事件（Somerset v.Stewart [1772] 98 Eng.Rep.）における判決（後述）で代表させ，法的には「決着済み」のように扱う法史にも，疑問が抱かれなければならない。

　実にスミスこそ，奴隷制に対するもっとも理論的な批判者であった。毛利健三は，アダム・スミスを，ネオ・リベラリズムとグローバリズムの始祖と扱う思想界の潮流に対して，スミスの「市場論」は，「自然的自由の体系」を基本概念とする社会と世界秩序の形成という対抗理論を含んでいたのにもかかわらず，この重要な側面をそぎ落としているとして，通俗的なスミス理解を論駁しているが，その現代的意義は大きい[4]。エリック・ウィリアムズ（Williams, E., 1911-1981）は，カリブ海にあるイギリス自治領であったトリニダード・トバコの独立を指導し，1962年共和国の成立と同時に初代首相となり，亡くなるまでその地位にあった。彼が首相在任中に書いた British Historians and the West Indie（邦訳書，田中浩訳『帝国主義と知識人——イギリスの歴史家たちと西インド』，岩波書店，1979年）は，「ウィリアムズ・テーゼ」として，イギリスの歴史学界を震撼させ，タブーのようになっている。

　けれども，ウィリアムズの主張は，決して「イデオロギー批判」にとどまるものではない。彼は，スミスの『道徳感情論』における黒人に対する深い尊敬の念を引いて，スミスの国際人としての広い視野と，彼に若干先立つデビッド・ヒュームの黒人蔑視とを対照させている。イギリスが早期に奴隷制を廃止したのは，「同胞兄弟」（man and a brother）[5]の博愛精神のみによるものではなく，砂糖がドイツ

---

[4]　毛利健三『古典経済学の地平——理論・時代・背景』ミネルヴァ書房，2008年，とくに第1章参照。ネオ・リベラリズムおよびグローバリズムに対する対抗軸を法律学の面で構築できるとすれば，私はイギリスの「近代」に関して縷々述べてきた市民革命期の基本的な対抗軸——それは決して時期的に革命期に限定されるものではない——を現代に対照させることから導かれるものではないかと思っている。いずれにしても，私は，「イギリス憲法の実像」を表層的な面でとらえるのではなく，重層的な構造としてとらえつつ，歴史通観的な対抗軸を見出すことによって，「イギリス的型」を析出したいのである。

[5]　「われも同胞兄弟にあらずや」は，奴隷廃止協会の標語である。チャールズ・ディケンズは，後期の作品の『荒凉館』（ちくま文庫に小池滋訳がある）において，主人公のエスタ・サマソンが Home であることを失った，「望遠鏡的博愛」（telescopic philanthropy——どこかに慈善を施すところはないかと探し回り，身近にある貧困や不幸を顧みない慈善事業）に熱中するミセス・ジュリビーを批判的に描き，この暗い長大小説を，エスタと医師である彼女の最愛の夫であるウッドコートとの，つつましいチャリティ活動に一種の希望を託して終える。こうした含意から，19世紀中葉のイギリスにおける女性と慈善運動との関わり，公と私の関わりをみることができる。この点はなお，後述したい（see Bleak House, 1853, Penguin Books, 1971, p.236）。

からの輸入などで，ヨーロッパで「自給」可能となって，先の「三角貿易」の意味が失われたほか，国内の他産業からの非難が生じたからであると述べ，イギリス的知性のプライドを傷つけたとされ，激しい反発をかったのであるが，こうした分析は，スミスの重商主義体制批判として，すでに存在していたのである。

　ターナーは，奴隷廃止運動において先のグランヴィル・シャープと並ぶリーダーのトマス・クラークソン（Thomas Clarkson; 1760-1846）の The History of the Slave Trade を読み，衝撃を受けてこの絵を描いたと言われる。この2人とマコーリー（Zachary Maculey; 1768-1838）の議会外の運動と，国会でのウィルバーフォース（William Wilberforth; 1759-1833）[6] を中心とした院内活動とが一緒になって，当時のピット首相（小ピット，Pitt, William [the Youger]; 1759-1801）の支持も得て，1807年，植民地との間での奴隷貿易に関し，「1808年1月1日以降，これを廃止，禁止し，非合法とする」法律の制定を実現させた。しかしその後も，アフリカ黒人奴隷の密貿易は続き，「奴隷解放法（Slavery Abolition Act）」が制定されたのは，ウィルバーフォースの死の直後の1833年8月のことであった。けれども，1833年法は，1834年8月1日に6歳以下の子供とその日以後に生まれた子供を自由とすると規定していたが，その他の奴隷については，農業奴隷である *Pedials*（土地隷属者）

---

[6] 彼はケンブリッジ大在学中からの小ピットの親友であった。イングランド国教会の *Evangelicals* つまり福音派で，人道主義的な社会改革を説くそれのクラッパム派（ウェストミンスターに遠くないクラッパム・コモンズの牧師であったジョン・ヴェンを中心に集まった国教会の福音派のことを言う）のリーダーで，庶民議員となってピットを支持する雄弁な政治家でもあった。1787年，クラッパム派を中心に「奴隷貿易廃止協会」（Society of the Abolition of the Slave Trade）を結成し，粘り強い運動を生涯続けた。2006年の，マイケル・アプテッド監督，ヨアン・グリフィス主演のイギリス映画『アメイジング・グレイス』は，彼の奴隷貿易廃止運動を描いたもので，映画のタイトルになっている名曲が，彼の師であるアルバート・フィニー扮するジョン・ニュートンの作詞によるものであったという逸話によったものであった。同じ奴隷貿易を描いたアメリカの『アミスタッド』という1997年のスティーヴン・スピルバーク監督作品（これは，スペイン船のラ・アミスタッドを舞台にしたもので，アフリカ西海岸のシェラレオネから拉致された奴隷が船中で反乱を起こし，殺人罪としてアメリカで裁判され，最後はアンソニー・ホプキンス扮する元大統領のアダムズ等の弁護で解放されるという実話を映画化したもの）がある。両方とも奴隷は人間としてではなく物として扱われていた点を主題としている。しかし，前者のイギリス映画には，『アミスタッド』のような，残虐な奴隷船の光景が出てこないのは，当時の「三角貿易」において，奴隷の姿は奴隷船が出港するリヴァプール等にも見られなかったという「解釈」によるのかも知れない。しかし先の保険会社の例で言えば，コーヒーショップでしかなかったロイズ社は，奴隷と奴隷船の保険で儲け，また，逃亡奴隷の返還所であったことや，リヴァプールの税関の赤い煉瓦は，奴隷の血で作られたのだという風評は，長く消えなかったのである。

第 8 章　イギリス近代と多元的社会の法構造　　421

については 6 年間，農業以外の奴隷については 4 年間，徒弟として無償で旧奴隷主のために働いてはじめて自由になるとしていた。本国の植民地省は，旧奴隷主の違法行為を取り締まるとして官吏を派遣し，奴隷解放に伴う奴隷所有者の損害を補償するために，2000 万ポンドの基金を用意していた。

### 1.2　ジャマイカ事件

　1865 年 10 月，英領ジャマイカ島の東部にあるモラント・ベイで，黒人の反乱が起こり，白人十数人が殺害された。エア総督（Edward John Eyre; 1815-1901）は，戒厳令を発して反乱を鎮圧し，軍法会議によって多数の現地人を処刑した。この詳細が本国に伝えられると，1865 年 12 月，J.S. ミルをリーダーとする「ジャマイカ委員会」（Jamaica Committee）が結成され，エアの行き過ぎを糾弾する動きが起こったが，これに対して，1866 年 8 月，「エア擁護・援助基金委員会」（Eyre Defence and Aid Fund Committee）が結成された。そのリーダーは，1839 年の *Chartism* や，1843 年の『過去と現在』（*Past and Present*）で有名な，カーライル（Thomas Carlyle; 1795-1881）であった[7]。

　この対立は，まさに国論を二分する[8]。ウェストミンスター選出の庶民院議員であり，「コモンズ保全協会」のため国会で運動していたミルは，庶民院議員であったチャールズ・バックストーン初代委員長の妥協的な指導に反対する 1846 年の穀物法廃止の立役者のブライト（Bright, John; 1811-1889）らに押されて，1866 年 7 月，「ジャマイカ委員会」の委員長となった。ブライトは，マンチェスター学派のリーダーであり，徹底的な反戦主義者で，かつ，1867 年の第二次選挙法改正の成立を牽引した人物であった。ミルは，委員長就任にあたって，エアを刑事訴追することを公約し，以来何度も挫折しながらこの公約の実現のため苦闘する。この 1866 年は，ラッセル自由党内閣からダービー保守党内閣に 6 月に政権が移行した年であるが，ラッセル内閣の蔵相がグラッドストーン，ダービー内閣の蔵

---

[7]　この事件とミルの感動的な活躍を活写する山下重一『J.S. ミルとジャマイカ事件』お茶の水書房，1998 年，11 頁以下参照。以下の分析についても主に同書を参照した。

[8]　ウィリアムズ，邦訳書『帝国主義と知識人』193-4 頁によると，「ジャマイカ委員会」側には，自然科学者が多く，ダーウィン，ハクスリ，スペンサー，ライエル，大学教授の多くで，歴史学のゴールドウィン・スミス，A.V. ダイシー，ヘンリ・フォウセット，T.H. グリーン，ソラルド・ロジャーズ，フレデリック・ハリソン，トマス・ヒューズ，ジョン・ブライト，教育立法のエドモンド・ベルズ，そしてミル。「エア派」には，カーライル，ラスキン，テニソン，キングズリ，ディケンズ，科学者の中で，ティンダル，地質学者のマーチソン，植物学者のフッカーと知識人は分裂した。

相がディズレリであった。ミルは政権移行後の庶民院で，早速，エアの行為についてディズレリ蔵相を問い詰め，両者の間で論戦が繰り広げられている。以後のミルの誠実な活動とともに特筆されるべきは，彼を支援した法律家たちの豪華な顔ぶれである[9]。

エア総督は，国教会の牧師の子で，オーストラリアにおいて牧羊業で産をなし，ジャマイカにやってきたが，その最大の敵が，スコットランド人と黒人女性の間で生まれた非国教会のバプティスト派のゴードン（Gordon, George William, 1820-1865）であった。モラント・ベイの治安判事であったゴードンは，エアに罷免されるが抵抗をやめず，黒人宣教師のボーグルらが奴隷解放後の農民の土地の権利を擁護しようとして反乱を起こしたのに対し，これに加担したとされて，現場にいなかったのにもかかわらず逮捕され，エアが発した戒厳令下の軍法会議にかけられ，短時間の裁判で死刑判決が出され，数日のうちに死刑が執行された。ミルは，委員長就任の翌年の1月に，「コモンズ保全協会」の盟友，当時同じ庶民院議員のヘンリー・フォウセット（前述第7章10）に手紙を書き，この年の課題は，選挙法改正法案の実現とジャマイカ事件であろうと共闘を呼びかけている。委員会の法律顧問の1人となったのが，刑事法学者でメインの後を継いだインド評議会の委員であり裁判官で法典化運動でも名高い Sir James Fitzjames Stephen（1829-94）であった。

エアによる「戒厳令」発布とその下での軍法会議による権利停止については，労働組合の法的権利擁護に尽くしたバリスタの Frederic Harrison がその違法性を追求した。「権利の請願」（1672年，第7-9条）によって，「何人も，マグナカルタおよび国土の法が定めるところに反して，生命または肢体を裁判によって奪われることはない」「いかなる種類の犯罪人でもこの王国の慣習または国会制定法によって確立されたこの陛下の王国の法によるのでなければ，人を死刑に処してはならない」とされているのにもかかわらず，「軍法の定める簡易な手続きと順序によって，このような犯罪人の審理と有罪の宣告を行い」死刑を執行した。これは，「権利の請願」違反（第7条）であり[10]，総督による「戒厳令」によって「戦争状態」であることが宣言されても，それは政府が政府と公衆を護るため実力を行使するためのものであって，権利としての国土の法を停止することも，それを超越することも許されるものではない。したがって，官吏であるか否かを問わず，

---

9　山下・前掲注7，86頁以下参照。
10　岩波文庫『人権宣言集』55頁以下（田中英夫訳）参照。ここで「国土の法」（田中訳では「国法」）と訳した理由については195頁注20参照。

そのすべての行為について，責任を免除されるものではなく，これはジャマイカ法でも認められているところであるとして，モラント・ベイの軍法会議の裁判長のブランド海軍中尉とモラント・ベイの司令官のネルソン陸軍大佐によるゴードンに対する死刑の執行は，殺人罪にほかならない，とした。ミルは，スティーヴンらによって，先ず，ブランドとネルソンを首都警察裁判所に告発した。そして事件は，中央刑事裁判所，通称オールド・ベイリに移送される[11]。

中央刑事裁判所は，1832年の「選挙法改正」に始まる憲法上の改革のうねりにおける「司法分野のきっかけ」として，1834年の法律（4 & 5 Will.4, c.36）でつくられた。オールド・ベイリの呼称はこれによって廃止されたが，目隠しされていない正義の女神像が立つ建物（1907年再築）とともに，現在でも通称として廃れていない[12]。

中央刑事裁判所では，ブランドとネルソンを起訴すべきかについて「大陪審」が召集されたが，裁判長はイングランド女王王座裁判所首席裁判官のコウバーン（Sir Alexander James Edmund Cockburn）（1802-1880）[13]であり，彼が大陪審に行っ

---

[11] ハリソンの主張は，『デイリ・ニューズ』の1866年11-12月に連載されたものであるが，山下・前掲注7，130頁以下に詳細な紹介がある。1867年2月の「首都警察裁判所」への「告訴」に際してのスティーヴンの主張の詳細も，139頁以下に詳細に分析されている。ここで付言すべきは，当時，イングランドには「検察制度」は無く「私人」であるミルたちが訴追を弁護士の助けをかりて行っていることである。1985年の「犯罪の訴追に関する法律」the Prosecution of Offences Actによって一定の事件の訴追を行う「公訴局」Crown Prosecution Servicesが設置された。その長には一定の重要な刑事事件の訴追に当たっていた「公訴局長官」Director of Public Prosecutionsがあてられ，その下に「公訴官」Crown Prosecutorがおかれることになったが，これはバリスタおよびソリシタから選ばれ，ほとんど警察によって開始される訴追を引き継ぐ（時に打ち切る。ただし警察と公訴局のあるべき関係については種々の議論がある）役割を担うが，日本の検察制度のように公訴権を独占するものでなく，「私人訴追」private prosecutionという，犯罪を知った市民が誰でも刑事訴追を行うことができるという伝統が否定されたわけではないので，これによって公訴権を独占する検察官制度ができたと見るのは正しくない。

[12] 内田力蔵『著作集 第4巻』552頁以下参照。オールド・ベイリの研究としては何よりも，栗原眞人『18世紀イギリスの刑事裁判』成文堂，2012年参照。ロンドン市の城壁の外壁（ベイリ）にあった所在地の通り名からこの名がついた。1839年の「警察裁判所法」によって設置された「警察裁判所」は，治安判事の面前での陪審によらない裁判を主要とし，オールド・ベイリの重罪裁判と審理方式を異にした。栗原の研究は，ロンドンという自治都市の自治を支えたパターナリズムと，国家＝中央政府統轄下の刑事司法の相克に着目した，歴史＝実証的研究であることに，その特質がある。同書381頁以下参照。

[13] コウバーンと読む。1874年，「1873-75年最高裁判所法」による司法制度の大改革で生まれた「高等法院」の女王座部首席裁判官の資格で「イングランド首席裁判官」（Lord Chief Justice of England）となり，死去するまでその地位にあった。この役職名自体は，17

た説示 (charge) は，この事件のハイライトで歴史残る名説示として知られている[14]。前述のウィリアムズの British Historians and the West Indies も，このコウバーンについて言及しているが，その評価は低く，その名前さえ言及されていない[15]。

けれどもこの説示[16]は，まさに画期的なものであった。彼は先ず，ジャマイカ島の歴史に言及し，これは，「定住植民地」(settled colony) であり，したがってそこに住むイギリス人は，本国のイギリス臣民が享受しているのと同等の国王大権に対抗する権利と自由を持つ」とした。この前提から，戒厳令は，先のハリソンやスティーヴン同様に，国家的危機に際し，戦争状態の存在を宣言して政府が防衛のために実力を行使することを承認するものであるが，権利としての国土の法を停止するものではないとした。すなわち，戒厳令下の軍法会議は戦争状態において外敵を殺すのとは異なって，戦争状態が終結したのちに行われたのであるから，反乱の鎮圧を目的としてではない。それにもかかわらず，人々を大逆罪として裁判を行った。これは，ヘンリー7世の前例以外には存在しない違法なものであるとした。そして，ハリソンが引証した「権利の請願」を引いて，この法律以降，イングランドにおいて国王大権の発動としての戒厳令は布告されたことは無かったと論じた。彼によれば，「戒厳令」とは，戦時の危急に対する特殊な法

---

世紀以来，非公式に用いられていたので新設ではない。なお，バリスタとしての弁護士時代に，精神障害を理由に無罪判決を勝ち取り，M'Naugten Rule を生み出したのも彼である。田中英夫編『英米法辞典』東京大学出版会，1991 年，930 頁参照。

14 この有名なコウバーンの説示は，原資料（注16））によって山下・前掲注7に詳細に紹介されている。同書164頁以下。ただし，コクバーンはコウバーンと読むのであり，「最高法院長」という訳語も適切でない。拙著『土地法のパラドックス』189頁以下に書いたが，2005年の「憲法改革法」によって新設された「最高裁判所」に，従来の「最高裁長官」的な地位でもあった「大法官」に代わり「三権」の内の司法権のトップとしての最高裁判所長官という役職が生まれたが，その初代にはイングランド首席裁判官のフィリップ卿が就任している。いずれにしても，コウバーンの当時は「最高裁院長」は存在していないのでこれは誤訳である。

15 訳書230-231頁。この訳書も「最高裁長官」としている。ウィリアムズは，「セイロン事件」について，コウバーンが法務総裁として「戒厳令」を合法としたことを低い評価の理由とするようである。また，それによる名声の「失地回復」のために，コウバーンイングランド首席裁判官がその資格で，オールド・ベイリの一刑事事件にすぎない正式起訴をするか否かを評決をするための大陪審に対して説示を行うという，「イギリスの慣例からみて，きわめて異例な」介入を行ったとみているようである。

16 Charge of the Lord Chief Justice of England to the Grand Jury at the Central Court in the Case of the Queen against Nelson and Brand, revised and corrected by the Lord Chief Justice, with Occasional Notes, edited by Frederic Cockburn, 2nd edition, 1867. 山下・前掲注7，164頁以下に抄訳あり。

であり，これを招来させる「戦時」と「平時」を区別する基準は，通常裁判所の裁判が行われるか否かにある。そして，ゴードンを戒厳令下になかったキングストンから戒厳令下にあったモラント・ベイに連行して軍法会議にかけたのは，軍法会議においても正規の裁判手続きが踏まれるべきことを侵害した著しい権力の濫用であって，許しがたいことであると非難する。それとともに，このような違法な裁判によるゴードンの有罪決定については，私自身が証拠を再度精査して審理すべきであるという結論に達したと述べ，戒厳令の法的な根拠がないこと，かりにあったとしても，それは，「善意に」bona fide 行使されたものではないとした。そして最後に，大陪審に対し，「あなた方は，採用された証拠が，自らの義務を誠実に遂行している裁判所によって，死刑に相当する犯罪を行ったと認められるのに十分なものであったかを，判断するように求められているのだ」と述べた。しかも彼は，ゴードン有罪の決め手となった証拠書を採用した軍事法廷に対し，「あらゆる手続きの原則からの想像しうる最も悲しむべき逸脱であった」と断じたのである[17]。

　6時間及んだ説示に対して，大陪審は no bill，つまり不起訴決定を行った。不起訴決定があってもコウバーンの説示の影響は，絶大であり，庶民院では，アイルランドに対する「戒厳令」の布告を未然に阻止するため，コウバーン説示に従う「戒厳令違法決議」の提案がなされ，その後撤回されるなどの争論となった。これに対し，カーライルは，コウバーンの説示を「憂うべき退廃」と痛罵した。

　ミルは，ネルソン，ブランドとは別に，シュロップ州に居住していたエアを，マーケット・ドレイトンの小治安判事裁判所（Market Drayton Petty Session）で訴追するが，訴追は却下された。そこで，ミル他の「ジャマイカ委員会」は，法務総裁に訴えて，エアを総督時代の不法行為で訴えるとともに，なおも殺人罪で訴追しようとする。ミルは，こうして，ついに執拗な訴訟は逆効果であると言う主任弁護士のスティーヴンと対立し，スティーヴンが辞任するなど，窮地に陥るが，それでも彼がエア訴追をやめないのは「一連の残虐な犯罪に対する争いは，今しなければならないのあって，これを放棄することは，我々自身も犯罪の加担者になってしまうから」という理由によるのであった。

　一連のミルの訴追の運動は，スティーヴンに代わって主任弁護士となるラッセル自由党内閣の法務次官であった，ロバート・コリアー（Robert Collier; 1817-86）によって引き継がれ，1868年6月2日，「植民地総督法違反事件」として女王王

---

[17] 山下・前掲注7, 164-171 頁参照。

座部裁判所で審理された。裁判長はブラックバーン（Blackburn）である。この事件は，エア側の弁護士フィンラーソンによって記録された「分量だけは多いが，論旨に一貫性がない」（ウィリアムズの言）最初の訴追とともに，一書にまとめられていて，インターネットで参照できる[18]。

ブラックバーンは，エアが戒厳令を布告し，その下で多くの人々を処刑する等の事実をそのまま前提とした上で，本国でなくジャマイカ法という法域が異なるところで総督が行った行為について，エアが当時おかれた立場に自らをおいた場合に「あなた方はどう判断されるか」という観察が必要だと，巧みな「誘導」ともみえる「説示」で，ミル側のいう法の正しき理解を全く否定することなく，結果的にエアを擁護する，いかにもブラックバーンらしい論理で，エアを無罪とするとともに，ミルの面目も保ったのであった[19]。

さて，奴隷制についてに戻るが，当時のイギリスで奴隷がどのように「経済的に」規定されていたかを見なければならないであろう。イギリスに奴隷制がなかったなどとは言えないことは明らかであるが，しかし，アフリカからの黒人奴隷が最初から「輸入」されていたのではない。Balbadosは，西インド諸島に流刑される意味の造語と言われるが，アイルランド征服で投獄されたアイルランド人などが送られていた。モンマスの反乱を「血の巡回裁判」で残虐に処断した，かのジェフリーズ（前述5章4参照）は，砂糖きびプランテーションに送る流刑者を増やすため，スリやコソ泥のたぐいまでをも流刑にしようとした，ブリストルの富裕な商人や市長の「重商主義的」考え方を真っ向から否定し，「お前たちこそ，ニューゲートに送ってやるぞ」と言ったのだという「解釈」もある。この悪名轟く裁判官も無視できないくらい，囚人，とくにアイルランドの貧困者，子供を奴隷にする「白人奴隷」化が横行していたのであった[20]。

ブラックストーンの「諸個人の絶対的権利」と，国家および社会の形成の後に

---

[18] The Queen v.Edward John Eyre, The Court of Queen's Bench for his Crime and Misdemeanours alleged to have been commited by him in his Office of as Governor of Jamaica and the Charge of Mr.Justice Blackburn by W.H.Finlason, Barrister at Law, 1898, Chapman and Stevens & Sons/http://books.google.co.jp/books?id=BsANAAAAQAAJ&printsec=frontcover&dq=Queen+v+Edward+John+Eyre&hl=ja&sa=X&ei=2Hk0UpuvCYbCkgXWgoAg&ved=0CDEQ6AEwAA#v=onepage&q=Queen%20v%20Edward%20John%20Eyre&f=false

[19] 山下・前掲注7，201頁以下参照。

[20] エリック・ウィリアムズのいまひとつの名著，Capitalism and Slavery, North Carolina Press, 1944, 1994（邦訳書，山本伸訳『資本主義と奴隷制——経済史から見た黒人奴隷制の発生と崩壊』明石書店，2004年，40-45頁参照）。

生じる「相対的権利」の区別については前に述べた（第2章4-6参照）。そこでも言及したように、パウンドの「関係理論」に相当する治者と被治者，夫と妻，親と子，などの個人の関係に付帯する個人の権利が，この「相対的権利」である。しかし，より重要なのは，「絶対的権利」を補完する「補助的・従位的権利」（auxiliary, subordinate rights），具体的には国会の構成や権能，国王大権の制限，裁判所への提訴権，請願の権利，より重要な―ロックの抵抗権を想定した―武器携行権など，要するに統治構造の全体が，「個人の安全の権利」，「個人的自由の権利」，「私的財産権の権利」というこの「絶対的権利」を保障しているという重層的な権利論が，ブラックストーンのそれの特質である（第3章6参照）。しかし，このすぐれた権利論が，「関係論」的に示唆された「相対的権利」とどのような関係するかは，彼の理論を精緻に分析した内田力蔵論文[21]でも明確ではないように思われる。サーヴァントのカテゴリーに奴隷を包摂できるかという問題は，実は，イギリスの労使関係にかかわる重要な問題であったのである。

### 1.3 サマセット事件

1786年8月1日金曜日付，カンタベリ大主教あての手紙で，グランヴィル・シャープは，ジョナサン・ストロングなる奴隷がバルバドス送りになるところ逃亡したとの友人からの知らせを受けて，ヘイビアス・コーパス（人身保護令状）（writ of *habeas corpus ad subjiciendum*）を申請したという事実を伝えている。これは，奴隷の拘束からの解放をコモン・ロー裁判所が認めていたという事実を例証するものであった。言うまでもなく，ヘイビアス・コーパス令状は，すべての審理に先立って審査されるべきものであって，これほど，人権論的な観点からコモン・ローの特質を体現するものとして語られたものはない。

それは，1771年から1772年にかけて王座裁判所で争われたサマセット事件の結果であると理解されている。

サマセット事件，すなわち，*Somerset v. Stewart* (1772), 98 Eng.Rep.499とは，ヴァージニア植民地で奴隷としてサマセットを購入した奴隷主のスチュワートが，逃亡したサマセットを捕まえて鎖につなぎ，ジャマイカに向けて出航する奴隷船の船長に奴隷として売却しようとしたところ，サマセットの知人が人身保護令状の発給を王座裁判所に求めたものであった。先に引用した，Gearyらのコモン・ロー史によれば，この事件は，サマセットに対する人身保護令状の発給を認める

---

[21] 内田『著作集　第3巻』信山社，2006年，16-17頁参照。また前述第7章1参照。

べきかの，いわば手続き事件であって，奴隷制の可否を争うものではなかった。しかし，シャープらの活躍の背景には，広がりつつあった奴隷制反対運動があり，首席裁判官マンスフィールドは，したがって，事件を純粋に手続き案件として処理するのに困難を感じていたというのが実情であったのであろう。そこで，マンスフィールドは，サマセットの名付け親の Elizabeth Cade にサマセットを「購入」し，奴隷主のスチュアートにはサマセットを解放するように要請したという。しかし両人ともそれを拒み，法廷での決着を希望した。マンスフィールドはいささか怒気をこめて，「さらば正義を下そう。たとえ天が落ちようとも」(Fiat justicia, ruat coelum) と言った。シャープはサマセットのために弁護士を探した。1772年6月22日のマンスフィールドの判決の結論部は，以下のようであった。

「この問題についての判決に続くであろう，不快や結果に動かされる恐れを我々は感じている。しかし，当法廷の裁判官全員は，我々の面前にある唯一の問題とは，人身保護令状の事件にとって通常の，事件を王座裁判所の全裁判官の面前の議論にまで延引する以前に，第一印象に素直にしたがって，この案件についても判決をするのでよいと考えている点で，非常に明確に，意見を一つにしている。当該の訴訟事件は，逃亡し，イングランドにいる間ずっと，その主人への奉仕から逃れ，主人の下に戻る意図はなく，奴隷として主人に仕えることを拒んでいる者を，それにも関わらず，その主人の命によって［奴隷船に］乗せるために彼をなお，再拘束し，この王国の外に出し，売却しなければならないのか，という問題である。自治領における制定法規は，それが執行されるべき王国の法からその権威を引き出されるべきものである。外国人は，この国では，その者の国で執行されているいかなる法の権威をもってしても，収監することはできない。奴隷に対しての奴隷主の権限は，あらゆる国で異なっていて，多かれ少なかれ制限的であったり，その逆に拡張的であったりするのであって，したがって，それを行使することについては，それが執行される場所の法によって規制されるほかないのである。奴隷の地位についての状況が，このような性格であればこそ，自然的であれ政治的であれ，推論や推測によって導く原理によって裁判所が解決しようとしても，解決にはならないのであって，実定法による解決以外にない。けれども，実定法も，その源流を，いかなる国のいかなる時期にそれを求めるかもどのようにでも辿れるだけでなく，その時期，理由および権限のすべてについて痕跡が絶えたあとの実定法が，ただ，超記憶的な慣行として保存されているのに過ぎないこともあるのである。然るに，ここに係争中の権限すなわち，奴隷たる奉仕を放棄した理由で，その奴隷主が力を用いてその奴隷を海外に売り飛ばすために船に

第 8 章　イギリス近代と多元的社会の法構造　　　429

乗せるような権限は，どのような理由においてであれ，この王国の法によっては許容され，もしくは承認されてはいるとは考えられないのである。そうであるとすれば［これと異なる実定法の根拠がない限り］，サマセットは解放されなければならない」[22]。

　サマセット側の代理人である Hargrave は，奴隷を定義して，奴隷主の権限は奴隷の身体，財産，四肢におよび，奴隷の労働による獲得物のみならず，どのような絶対的な者であろうと最初の奴隷主から，譲り受けた奴隷主にその権限は移り，こうして奴隷のこのような身分は，どのような移転があっても，奴隷主から奴隷主へ，奴隷の父から子へと継続的に承継される，と述べた。そして，グロティウス，プーフェンドルフ等を援用し，戦争によって捕虜となった者を奴隷とする事実があったことを彼らも認めている。けれども，ロックは，契約によっても，自らを奴隷とすることには絶対的に反対している[23]。実際，奴隷とは，契約によらないものであり，仮に契約だとしても，完全に約因を欠いており，契約と考えることはできない。そしてこのような人道に反する奴隷という制度は，ヨーロッパでは廃止されつつあったところ，新大陸の発見後，復活を遂げることになり，イングランドにも導入されていたが，コモン・ローは，その起源から発して，ずっと継続してきた長い慣行の故に，奴隷制とその復活には反対している。イングランド国内ではしたがって，奴隷は禁止されているが，例外は隷農身分 (villeinage) である。これには，［人的非自由身分として領主に隷属する態様の］*villein in*

---

[22] Gearey *et al.*, The Politics of the Common Law, pp.47 *et seq.*; *Somerset v.Stewart* (1772), Loft, 1, 98 Eng.Rep.499;The Case of James Somerset, Howell's *State Trials*, Vol.20, cc.2-28. この判例の報告はいずれも正確でなく (see, 98 Eng.Rep.499)，それも一つの原因となって解釈が分かれていることについて，経済史学者の森建資が詳細に分析している。同『雇用関係の生成』木鐸社，1988 年，323-329 頁参照。

[23] ロック，加藤節訳『完訳，統治二論』後篇 23．政治権力は，ロックの言うプロパティ，つまり固有権の主体として同質の人間によって構成される「政治社会」(political or civil society) の権力であり，絶対的なものである。ロックはその点で，夫と妻，父と子，主と家僕の間の権力と固有権を保全する権力との決定的な差異を強調した。オイコス的権力関係は家父長であり自由民として政治に参加する公民の人的共同体としての「政治社会」の基礎であるが，固有権を信託された政治権力は絶対的なものである。そして，征服者と捕虜，絶対君主と臣民の間の権力の絶対的性格と政治権力のそれとを区別するものは，固有権の侵害の排除という正統性の有無に求めるのである。この関係で，ロックが，政治権力の上記の特質を述べている箇所で，政治的共同体の支配者と家族の父親の権力との相違に言及しつつ，「奴隷船の船長」と奴隷の関係に触れているのは，アリストテレスのオイコス的権力関係では説明できない奴隷に対する支配関係が意識されていたからであろう。以上は，後篇 2 および訳者注(7)参照。

*gross*（人的隷農）と，［人にではなくマナーないし土地に付着している場合の］*villein regardant*（土地付随隷農）とがある。しかし隷農といえども，イングランドのどこにおいても，あらたに発生することはないのであって，それが存在するとしたら，時効によってであるとみるほかない。かくて〈イングランド法では，たとえ契約によってであれ，何人も自己を他人に生涯仕えるように自らを拘束し，他人の処分に自らを委ね，自らの財産の処分権をも喪失させるような行為を許容されることがあると言うのは，きわめて疑わしい〉のである。…昔，星室裁判所に係属したロシア奴隷の事件で，ある人が，裁判官たちに，イングランドには，一体奴隷とされる者を拘束するような慣行が存在するのかと言う質問書を提出したのに答えなかったことについて，議会が裁判官たちを罰したことがあった[24]。これ以外にないことはないが，奴隷に関する事件は，きわめて少ない。そのなかでも，首席裁判官であったホルト卿は，「イングランドに入国する途端に，奴隷は自由となる」と判決したし（前述第7章1参照），奴隷に対し，財産を遺贈した *Stanley and Harvey* 事件で，ノッティンガム卿は，奴隷に有利な判決を行っている。以上が，サマセット側の代理人である Hargrave の弁論として記録されたものである[25]。

　この事件についての Geary らの分析は巧みである。奴隷制の適法性は，当時のヴァージニア法では認められていた。しかしイングランド法では，奴隷主の権限を支持するような法は存在していないが，実定法が積極的にそれを支持しているなら，別であるということになっていた。マンスフィールドが法廷外での解決を考えたのは，実定法の扱いが異なっているため，実定法間の関係をめぐって司法的判断を越える問題に巻き込まれることを懸念したほか，この事件での正義を彼自身の正義の観念に置き換えることを望まなかったことにもあったと推測される。そこで，実体的判断を行って，彼の正義の観念を表明するのでなく，法の適正過程，すなわち，デュープロセスに判断の射程を求め，そこでの法の役割は手続的公正の担保にあるとすることによって，実定法上，奴隷制が許容されているかの判断を避けたのである。サマセットの代理人とりわけ上記の Hargrave がマ

---

[24] この反対に，Cartwright's Case (1569), 2 Rushworth, 468 は，革命期のリルバーンの裁判でも援用された著名なものであるが，ロシア奴隷を鞭打ったことで訴えられたカートライトが奴隷に対する鞭打ちは適法としたのに対し，裁判官は「イングランドの空気は奴隷が吸うには清浄すぎる」と判決したことで著名で，サマセット事件でもシャープが援用している。森・前掲注22，324頁以下参照。

[25] 前掲注22，98 Eng.Rep.499-501 を参照。

ンスフィールド卿を引き込もうとした「大きな物語」の世界は，こうして巧みに「手続的公正」の問題に置換された。その上でマンスフィールドは「人身保護令状を発給すべき理由」の問題に Hargrave たちを巻き込み，「奴隷を奴隷であるが故に拘束する理由は，実定法か長年の慣行」の有無の問題に限定されるとして，奴隷制についての「大きな物語」である，ナラティヴの展開の余地を封じてしまったのである。

　この分析は，サマセット事件のマンスフィールド卿の判決が，奴隷制の適法性を否認したものかそうでないかをめぐる長年の論争を「終息」させる意図をもつとも言えるであろう[26]。

　経済史学者の森建資は，近代イギリスの雇用関係の法が，最初から私的当事者間の「自由な」合意として展開されたものでなく，身分的・階層的な観念によって規律され，「身分」や「地位」の原理によって彩られていたことを，「主従法」law of master and servant の歴史的分析によって明らかにした。森のこのような方法からすると，ブラックストーンの「相対的権利」，すなわち，「国家および社会形成の後」における人々の多様な結合関係から生じる，夫と妻，親と子，などの関係に並ぶマスターとサーヴァントの関係を規律する法の「近代化」を，「契約自由」の観点から論じることは，一面的ということになる。産業革命期の雇用関係は，夫婦や親子関係などの家族関係と同型の関係であってもそこから離脱しない限り，「工場内」秩序に対する国家の干渉は，生成しない。けれども雇用関係は，〈身分として表示される支配＝従属の一定の関係に入ることを意味し，したがってこれを「自由意思的契約」として説明することはできない。雇用関係の「近代化」の歴史過程を分析するためには，社会と密接に結びついているイギリス法，とりわけコモン・ロー分析を通じた社会構造の変化が解明される必要がある〉。森はそこで，賃労働者と奴隷の差異を区分する「知的伝統」の視点からその雇用関係の「近代化」の達成度を観察するという分析を行う。すなわち，奴隷を「自由な賃労働者」と対立する存在として扱うのは，森によれば，賃労働者の雇用状態が奴隷のそれ以下に押し下げられることを恐れた「知的伝統」が確立されつつあったからであって，サマセット事件は，このような思潮を確固たるものにしたのである，とされる。したがって森の理解からすれば，ブラックストーンが，マスターとサーヴァントとの関係を分析しつつ，奴隷はイギリスには存在しないとしてサーヴァントの範疇にそれが入り込むことを最初から遮断し，家内奉

---

26　Gearey et al., *supra*. note 22., p.55.

公人や日雇などの雇用労働者に限定しようとしたのも、この思潮に適合するものであったと言うことになるのであろう。これは明らかに、ブラックストーンに「好意的」分析であるが、森が重要視した法と社会構造の関係は、「知的伝統」の内容を示さなければ明確にはならない。

　雇用関係の諸類型から奴隷を排除しつつ、その状態を自由な賃労働者という当時の、確立しつつあった労働およびその担い手に影響が及ばないようにした「知的伝統」とは何を意味するか。それは明らかに、イギリスの産業構造の変化と関係していた。したがって、奴隷制の廃止も、奴隷貿易によっていた独占の排撃の一環であり、ウィルバーフォースらの人道主義のみによるものではなかった。前述のエリック・ウィリアムズ（前第8章1冒頭部分参照）は、首相の小ピットが、ウィルバーフォースを支援して奴隷貿易に反対したのは、人道主義的なものはもとよりあったが、政治的には、西インド諸島における自国のプランテーションに依拠した独占に見切りをつけ、インドの綿花と砂糖に目を移したためであるとしている。すなわち、西インド諸島のプランテーションと比較して圧倒的に大規模なフランスの植民地のサント・ドミンゴのプランターたちの砂糖生産との競争を断念し、インドにシフトしつつ、国際的な奴隷貿易の廃止のキャンペーンにより、イギリスの奴隷船に依存していたフランスの砂糖生産の拠点であるサント・ドミンゴを破滅させるという政策的な意図によるものでもあった[27]。

　経済史学者としてもすぐれていたウィリアムズは、西インド諸島、カリブ海の独占主義者たちが直面しなければならなかったのは、ピットのこの動きの背景にあったすさまじい産業の拡大であった、と書いている。それまでは、穀物が独占の王とすれば、砂糖はその女王であった。これを終焉させた砂糖の優遇関税に対する攻撃は、1812年の東インド会社の独占、1846年の穀物法への攻撃と基本的に同じものであり、「反穀物法連盟」は、「反奴隷制協会」と「正義の原理」を共有していた。かくて保護貿易論者は、自由貿易論者の攻撃で後退を余儀なくされたが、両者は植民地の維持という点では「暗黙の盟約」を結んでいた。「雄弁と詭弁の両方の才に恵まれた帝国の政治家」であるグラッドストーンは、奴隷の生産した砂糖から「自由労働力」によって生産された砂糖を保護するという名目で、インドの砂糖の保護関税を正当化しようとしたのである[28]。

---

27　前掲注20の邦訳書『資本主義と奴隷制』217-223頁参照。
28　同上書210-213頁。グラッドストーンのライバルのディズレリ（Benjamin Disraeli）は、その小説『シビル』（Cybil or Two Nations）、——言うまでもなく当時のイギリスの「二つの国民」への分裂を叙述した（これは、エンゲルスの『イングランドにおける労働者階級

ウィリアムズの産業革命の分析もすぐれている。彼は、1833 年までに技術革新を完遂したイギリスの工業部門は一つもなく、古い型の組織が至るところに残っていたと書いた。織機は一般に手動であり、家内生産も残っていた。19 世紀初めの工業部門の蒸気利用は、全般的でも広範囲でもなかった。綿織物工業はすぐれて資本主義的であったが、工業化の勢いに乗ってイギリスが世界に君臨していくために「帝国」とその植民地の役割は、不可欠であったのである[29]。

## 2 雇用契約法の歴史的分析と「労働契約論争」

労働法学者の石田眞は、労働法学上の重要な概念である「労働契約」と「雇用契約」に関する峻別説と同一説について、片岡曻の先駆的研究[30]を批判的に検証し、片岡が提起した峻別説の根拠とされるイギリスにおける近代雇用契約法史の把握方法に疑念を提示した[31]。片岡は、コモン・ロー上の「主従法」が、労働に対する経済外的強制を体現した「労働者条例や徒弟条例等の前期的立法」と同一の原理に立脚する制定法たる「主従法」に反発して、17 世紀以降、「自由」の原理に依拠する度合いを強めながら、19 世紀になって一般の契約法の適用による近代雇用契約法として独自の近代雇用契約法が形成されると把握した。つまり、コモン・ローの進化によって「前期的立法」たる制定法が克服されたという歴史把握から出発した。そして、このような封建的な性格を残した法が、市民的自由の原理を第一次的なものとする「雇用契約法」に転換し、それがさらに、団結の法認を基礎とした「解放立法」の成立を画期として現代的な「労働契約」に転化すると把握し、「労働契約」と「雇用契約」は原理的に異なるものとしたのである。こうして、〈民法的な雇用契約における自由の原理が、労働者の団結の法認を通じて労働者の生存権の確保という観点から修正を余儀なくされ、それの浸透を受けるところに成り立つものが「労働契約」である〉と捉えられることになった。

---

の状態』と同じ年の 1844 年に出版された）——という作品において、イングランドのような商業国は、半世紀もすれば国益は変転し、新しい権力階級が形成されるのであると言って、彼が支持していた西インド諸島の保護貿易を首相としての彼が平気で廃棄する理由を、「そっけなく」記している。同 210 頁参照。こうして西インド諸島における独占の基礎を失った元奴隷所有者たちは、他国の奴隷貿易との競争に敗れてはならないと喧伝しながら、反転、「皮肉にも」彼らこそ、「人道主義のたいまつを高く掲げ」、1849 年にはジャマイカで大規模な奴隷制廃止を求める大衆運動をリードしたのであった（258 頁）。

29　同上 190 頁以下参照。
30　片岡曻『英国労働法理論史』有斐閣、1956 年。
31　石田眞『近代雇用契約法の形成〔補正版〕』日本評論社、1995 年、とくに、295 頁以下の「補論」が重要である。

これは，著名な「社会法」理論の出発点ともなった重要な歴史把握であり理論である。

これに対して石田は，制定法たる主従法が，市民革命・産業革命を経て19世紀にまで存続し，しかもそれが死文と言うにはほど遠く実効性を伴って，1875年の「共謀罪および財産保護法」Conspiracy and Protection of Property Act 等によって廃止されるまで存続したという歴史実証作業から，制定法たる主従法を，「前期的立法」と考えるのには無理があること，「前期的立法」と性格づけられるのは，労働者の契約履行を刑罰で強制することにその理由が求められ，これを「経済外的強制」を意味するものとされたのであるが，契約締結の自由を前提としつつ，なおも「経済外的」強制を指摘することに整合性があるのか，等の疑問を提起した。ここには，先の森建資と同様に，主従＝労使の関係における身分的＝階層的秩序の反映が想定され，雇用契約が契約の自由で完結しないところに，雇用契約の内在的特性を見いだす視点があった，と見ることもできるであろう。

そして，「峻別説」の歴史認識に修正を求めて，石田は，以下のような「近代雇用契約法形成の二段階論」を提起した。それによると，契約締結の自由を前提としながら契約履行過程への国家の刑事法的介入を伴う段階の雇用契約法が，第一段階である。この段階は，「前期的立法」の段階と異なって，契約の自由を前提にするが，契約の履行への国家干渉を伴う点で「第二段階」と異なる。「第二段階」は，契約の履行過程への国家干渉が姿を消して，雇用契約法の完全民事法化が実現する段階である。それは，イギリスについては，前述の通り1875年の，民事法である「使用者・労働者法」とコモン・ロー上の主従法が，雇用契約関係法のすべての過程を規律するに至る雇用契約法の段階ということになる。石田は，このような歴史認識から，片岡説にあるような「峻別説」は，以上における第二段階の雇用契約法を言っていると考えられるが，問題は，第一段階から第二段階への転換とされることは，「峻別説」が言うのと異なって，異なる段階としてではなく，「団結の法認を基礎とする解放立法」とともに実現したと捉えるべきではないのかということにあるとした。つまり，従来，市民法原理と，それの止揚と考えられていた「団結の法認を基礎とする解放立法」とは，段階的に異なるものとして確立したのではなく，雇用契約関係が「平等な」人格者間の「自由な契約関係」として成立するという近代的雇用契約法の形成には，「団結の法認を基礎とする解放立法」と内的な関連があったと捉えるべきだとしたのである。そして，もしそのように捉えられるとすれば，「峻別説」の雇用契約法に展開についての歴史認識は誤っていたことになるとまで述べている。

イギリスの雇用契約の法史にそくして言えば，請負契約と区別される工場制の下での従属労働を対象とした雇用契約の概念は，片岡説と反対に，制定法である「主従法」の展開の中で形成されたのであって，コモン・ローの「主従法」によってもたらされたものではなかったと言うのである。具体的には，18世紀から19世紀初頭にかけての初期の「主従法」は，請負型の契約も含む労務供給契約を対象にしていたが，1823年の「主従法」によって，請負型の労務供給契約は排除され，従属労働を対象とする雇用契約規制法に形態変化したという。ここで，工場制の展開は，家内工業的性格を残しており，労働力の調達にも請負ないしは監督者的労働者を媒介とする間接的雇用形態が多かったとされる点は，先のウィリアムズの指摘とも整合する[32]。

石田は，現代の雇用契約法の起点となる近代雇用契約法は，前述の1875年の労働法の諸改革，すなわち，「共謀罪および財産保護法」および「使用者・労働者法」（Employer and Workman Act）の成立による制定法たる主従法の崩壊によってであるとして，前述の歴史認識を示したのであった。

しかし，最近，この石田の理解にも関わる，すぐれて実証的な研究が現れた。以下は石田の教示によるが[33]，「労働契約論争」については，門外漢の私が論じる資格はない。ただ，石田の紹介によれば，このディーキン等の研究では，イギリスにおける雇用契約法の近代化は，19世紀の産業革命の産物ではなく，団体交渉の展開，企業の垂直的な統合といった展開を経た福祉国家の産物として捉えられており，19世紀末の労働法の諸改革による，民事法化された近代雇用契約法の形成とされた時期は，石田が言うように「近代雇用契約法」の確立期ではなく，その一階梯に過ぎなかったとされている点には注目しておきたい。実は，このように述べつつ，ディーキンらは，「歴史的観点」からすると，雇用契約（employmentent contract）について，たとえその「一元的モデル」（unitary model）を求めても，所詮，それは，「未確定的」（contingent）なものであって，多様である労働関係に人為的とされるような押しつけをして生まれた一つの「構築物」

---

32 この点は，後述の小生産者層の「消滅」過程における「労働者像」とも関わって重要であるが，間接的雇用形態の実態について，石田・前掲書の1823年法の分析が興味深い。特に83頁以下参照。

33 Deakin, S. & F.Wilkinson, The Law of the Lobour Market; Industliarization, Employement, and Legal Evolution, Oxford University Press, 2005，この書についての石田の研究が重要である。石田「イギリスにおける雇用関係の『契約化』と契約関係の起源」西谷敏古稀記念論集『労働法と現代法の理論（下）』〈根本＝奥田＝緒方＝米津編〉，日本評論社，2013年，253-281頁参照。

（construction）に過ぎないものとみるべきものであるとして，一元的＝普遍モデルの想定自体を相対化している[34]ことが，私自身も興味をひかれる点である。

このこととの関連で，渡辺洋三が労働法学に対して「法社会学」の視点「欠如」を批判して開始された有名な論争に触れておきたい。実はこの点は，石田が渡辺の追悼論集に寄せた論文で言及している問題でもあった。渡辺は言う。〈労働者の権利は，歴史的社会的存在としての労働者が，自己の生活要求を，私的商品所有者としての形態をつうじ，したがって等価交換＝ギヴエンドテイクの原則にしたがって実現するための権利である。これは，本来商品として生産されたものではない労働力を商品化することによって，そしてそれによってのみ，ほかならぬ他の歴史的社会構成体と自己を区別しうる指標をもちうる資本主義社会においてはじめて歴史的意味をもつ労働力商品の，まぎれなき資本主義的特質を反映した法的イデオロギーである。労働力商品という意味は，二重の規定を受ける。まず第1に，労働力が「商品」であるという意味であり，第2に「労働力」が商品であるという意味である。前者は，資本主義社会の労働力が，他の歴史社会における商品とは異なることを意味し，後者は，資本主義社会の労働力が，資本主義社会の他の商品と異なることを意味する。法的イデオロギーとして前者は，財産原理を生み出し，後者は，労働法原理を生み出す。この労働力商品の二重の意味を正確に把握するところから資本主義労働法の認識は出発する」。これに対して石田は，1944年のILOのフィラデルフィア宣言にある「労働は商品ではない」という原則に触れ，あたかも商品であるように労働が買い叩かれ，摩滅させられている状況の中でこの宣言の現代的意味が見直されていることを紹介し，〈労働は商品でないという原則は，労働力が商品として労働市場で取引されることを受け入れた上で，労働者は商品ではなく，取引される労働力も特殊な商品であることを示そうとしたのがこの原則である〉と規定した。渡辺が，労働力商品という観点から財産＝民法原理と労働法原理を区別していることについて，近代民法が「労働」をモノ＝商品として扱う方に圧倒的な重点を置き，労働に内在する「ヒト＝人間・人格の側面を覆い隠していたのではないかと指摘する。そして，ジョン・ヒックスおよびこれに依拠した法制史学の水林彪の理論を援用して，〈市場の論理が侵入し植民地化した〉ことの表現が，動産の商品化に続く17世紀の土地の商品化の時代，さらに18世紀から19世紀にかけての労働力の商品化の時代と捉えられるとすれば，労働市場という市場の土地商品化に続く市場の段階において

---

[34] Deakin & Wilkinson, op.cit., p.105, 石田・前掲注33, 281頁参照.

は，本来商品化に馴染まない領域に市場の論理が侵入したものと解すべきではないか。したがって，そこにおける労働法は，労働市場にとって外在的なものと解すべきでなく，労働法は相互に関連する慣行や法規範がそのなかに組み込まれた複雑な労働市場に元々埋め込まれたものというべきであり，〈それなしに労働市場が市場として成り立たないという意味で内在的な制度〉と考えるべきとした[35]。

　石田のこの見解は，先のディーキンらの研究と「相補」的な関係にあるとみるべきであろうか。

　いずれにしても石田理論は，歴史認識の差異を意味する以上に，労働法理論における「市民法」と「社会法」の対比の意味をこの限りでは失わせ，両者を原理的に相容れないものとしてではなく，相補的な関係にあるものとする，法学全体の「市民法ルネッサンス」とも呼応した理論であるとも言えるだろう。もっとも，石田自身が，前述のイギリスの研究者による雇用契約の起源を含むすぐれた研究に触発されて，この論争をさらに発展させようとしているところであるから，以上にとどめ，労働法学界の論議をしばらく見守ることにしたい[36]。

　私は，再三引照してきたように，イギリスにおける労働者階級の形成過程とは，

---

[35] 渡辺の引用を含めて，石田「〈労働は商品でない〉とは何か」渡辺洋三追悼論集『日本社会と法律学——歴史，現状，展望』日本評論社，2009年，645-657頁参照。同書703頁以下に収められた西谷敏「労働法・法社会学論争の教えるもの」も参照。水林報告については，上村達男ほか「新しい法律学の創造を目指す横断的シンポジウム」季刊『企業と法創造』1巻4号（2005年5月，早稲田大学21世紀COE企業法制と法創造総合研究所刊）19頁，インターネットで参照可能（http://www.win-cls.sakura.ne.jp/pdf/4/02.pdf）。ヒックス（John R.Hicks, A Theory of Economic History, Oxford University Press, 1969）については，邦訳書，新保博・渡辺文夫訳『経済史の理論』講談社学術文庫，174頁参照。

[36] 森・前掲注(22)60頁以下は，我が国の労働法学理論批判でもある。「マルクス主義労働法学」は，「民法にいう労務に服することの対価としての賃金と，経済学における労働力の対価としての賃金という二つの把握を併存」させた「副産物」として，労働法は民法と異なって，賃金は労働力の対価として捉えられなければならないとされ，労働力取引は債権的関係でありながら，そこには資本家の指揮命令が「所有権移転」の物権的な要素として隠されていることを明るみに出せるはずであった。それにもかかわらず，労働力の売買を所有権の移転と捉えることは，労働者を「期間の限定された奴隷である」と捉えるベンタムの把握とどう違うかという疑問を起こさざるを得ない理論状況をつくった。労働者と肉体的に不可分の労働力が，社会的に分離されうると捉える労働力商品なる概念がもたらした重荷である。雇用契約による債権的労働関係とそこでの従属労働との法的関係を問うことなく，団結権法認以前の雇用契約の段階での支配従属関係を法的関係の外側におく「生存権理論」で，労働契約に基づく労働関係において，多くの権利義務関係が契約外的契機によって規範的・定型的に定まっていくという事実に対抗できるのか疑問であるとした。この批判は，石田の批判とも通底するところがあろう。

小生産者層の消滅の延長に展開したとする E.P. トムソンの理論から出発する必要があると考えている。

　この点では，すでに，「囲い込み」研究史に一定の転換をもたらした，ニースンの「コモナーの理論」に言及して，囲い込み最盛期とされる 19 世紀の前半においてさえ，「小農」範疇が消滅の歴史過程において決して無力であったわけではなく，レイバラーとは区別されるコモナーという階層を維持し続けてことに触れた（第 7 章 7 および 8）。また，ナショナル・トラストの先駆をなす「コモンズ保全協会」の運動の一環として展開されたハンターらの訴訟活動においても，フォレストにおける入会地保全運動が示したように，消滅過程にあったはずの入会権について，教区住民の「共同性」に着目して，歴史概念としての入会権（共同体の存在を前提とする入会権）を再生させるような裁判官の動きが見られたことを紹介した（第 7 章 10 のジェッセル記録長官）。このいずれも，イギリスの入会権の特質とされる「個別性」（帰結概念としての，すなわち共同体の崩壊を前提とした入会権）が，農民集団が，入会地の地盤に対する「総有」＝実在的総合人による抽象的単一体としての維持という形態をとって存在していなくても，「生活共同体」としての農民の共同性とその用益権的権利行使が認められれば，「歴史概念」としての入会権が「再生」するという，入会権の重層的な性格を表現したものと考えられるのであるまいか。コモナーの理論も小農の存続の観察も，農民の共同性の喪失後，農民集団がもっぱら解体されたと見るのではなく，そこにいかなる団体的な契機が現れたか否かの考察の重要性を示唆するものと見るべきであろう。これらとの関係において，私は，現代的な意義とともに，我が国における入会理論の，中田薫説と，末弘厳太郎＝戒能通孝の理論的対抗を考察するとともに，戒能通孝が強調した行政村，すなわち統治単位としての村ではなく，「生活共同体」としての村の権利主体説の意義について後述するとしたが，これは，近時のニースンや E.P. トムソンの「コモナー理論」との類似性を指摘しておきたかったからである [37]。

---

[37]　第 7 章 5 注 61 参照。なお，戒能通孝の入会理論と川島武宜のそれの「差異」については，さしあたり，私の『土地法のパラドックス』528 頁以下を参照されたい。また，上谷均「入会団体における団体意思――全員一致原則との関係を中心に」『修道法学』28 巻 2 号（2006），同「共同体的所有の法的構成に関する一考察」『民商法雑誌』90 巻 2，3 号（1984），中村忠「入会権の帰属主体とその法的構造についての学説史的考察」『高崎経済大学論集』51 巻 4 号（2009）［この論文は，学説史の整理を簡明に行っていて参考になるが，物権法・入会権の専門的研究であるにもかかわらず，末弘がすべて末広になっているという混線が生じている］，楜澤能生，名和田是彦「地域中間集団の法社会学」利谷・吉井・水林編『法

## 3 救貧法とヴォランタリズム

### 3.1 小経営の「終焉」と救貧法

　産業革命と小経営の終焉の関係を分析した武居良明の古典的研究は，1970年代の初頭に刊行されている。彼は，マンチェスターを含むランカシャー東南部が産業革命とともに急速な工業立地となり，1788年から18世紀終末期にかけて，「手職工の黄金時代」を迎えるが，19世紀に入ると暗転し，1817年には「大多数の手職工は極貧状態にある」と報ぜられるほどの「小経営の終焉」の典型的状況に陥るというドラスティックな過程を克明に分析した。けれども，そこで彼が注目したのは，小生産者層の急進主義であった。そこには，マックス・ウェーバーが官僚制の弊害を論じて「死んだ機械と手を結んだ未来の隷従の容器」と呼んだような小生産者たちの工場に対する「就労嫌悪感」が析出されるとした。武居の研究は，いわゆる「原蓄論」の実証の一環であったが，その矛先は，「現代」に向けられ，「生産者的主体」たる「市民」を欠いた「市民運動」・「市民社会なき自治体運動」の批判的克服が課題とされていた。

　実際，この賃労働の範疇的形成史は，先のようにE.P.トムソンの場合には，「労働者階級の形成史」を意味した。トムソンが言う形成＝makingの歴史とは，「労働者が闘争のなかで自ら成し遂げ作りだしたことを物語る」という意味であり，そこにおける階級とは，労働者が他者との関係において「共通の経験」としてつかみ取ったものであって，決してあたかも歴史法則の貫徹のように予め運命づけられたものとして，措定されたものではなかった[38]。武居は，この反＝資本主義的小生産者的「エートス」には，イギリス国民の「体内に骨肉化」された部分があると言い，ルフェーブルにならってこのエートスを，「自由な市民の自発的結合によって構成された市民社会」への展望と解し，現代的＝都市問題的課題を論じるさいにも，これが「質差」をもちつつも継承されていると把握しようとして

---

における近代と現代』日本評論社，1993年所収，不二出版『小繫事件裁判資料集』（DVD版），『別冊』所収の解説（畑穣・榀澤能生）参照。これらは，入会権の「総有的性質」をめぐる論争に関わるものであるが，「入会権の解体」という方向に対して，「生産者的」入会主体の視点から入会権の「共同的性格」を現代的に再構成する問題意識が共有されている。法的性格を異にするイギリスの入会権の歴史とその法的変容を参照するのも，このような問題意識によるべきであろう。

38　戒能『土地法のパラドックス』12頁以下参照。

いたのである[39]。

　大塚久雄の「中産的生産者層」の両極分解論（第3章4参照）は，武居の「小経営の終焉」論の前提になっていたと思われるが，市民革命の担い手が中産的生産者層とする「ブルジョワ革命」の存在を否定し，地主＝ジェントルマンの支配が存続したとする「修正・批判学派」との対立という論争をこえ，「ミドリングソート」（middling sort）[40]という，独自の意識・文化・役割をもった階層が，17世紀半ばに形成され，政治的にも大きな役割を果たしていたとする研究が現れた[41]。このバリーとブルックスを中心とした研究は，16-18世紀のイングランドにはジェントルマンという階級のみが存在したにすぎなく，ノン・ジェントルマンとは，ジェントルマンの家父長的支配を受けるばらばらな存在にすぎなかったとするピーター・ラスレットらの「ケンブリッジ学派」の「一階級社会論」と，ジェントルマンと民衆文化の相互作用を重視する，E.P.トムソンの「二階級社会論」の対抗に有力な批判的視点を加えたのである。

　川田昇の研究では，「封建遺制ともいうべき〈後見〉の概念のなかに包摂され」埋没していた「親権」が，コモン・ロー上の父親の絶対的後見の権利という段階から，父母の平等化を介して親権の行使が子のための福祉への配慮を要求されるに至る，1925年の「未成年者後見法」（Guardianship of Infants Act）までの「近代的親権」観念の形成過程が分析されていた。エリザベス救貧法以降の救貧法の展

---

[39] 武居『産業革命と小経営の終焉』未来社，1971年，「前書き」参照。

[40] C.Hillの'industrial sort of people'は，彼のSociety and Puritanism in Pre-revolutionary England（London, 1964）で用いられているが，Neale, R.S., Class in EnglishHistory, 1650-1850（Nowjersey, 1981）は，革命期前夜のイギリスは，'neither feudal nor industrial-capitalist, neither classless nor multi-class'（「封建的でもなく産業資本主義的でもなく，無階級的でもなく多階級的でもない」）社会であったとしてこれを批判している。いずれにしても前資本主義社会に「資本家的中産者階層」が存在するはずもなかったから，大塚久雄やヒルの概念ではmiddling sortを理解できないが，'sort'に注目するアプローチには一定の意義があろう。すなわち，クロムウェルのプロクター政権が樹立されて召集された最初の議会でクロムウェルが「貴族，ジェントルマン，ヨーマン，これらを区別することこそ必要だ」と述べたと言われることに象徴されるように，当時の「序列と位階」の「古来からの」牢固たる階層秩序を揺れ動かすという意図で，elusiveなタームであるsortが，16世紀末頃から使われるようになり，以降これが定着したということのもつ意味が重要なのである。See French, H.R., The Search for the 'Middle Sort of People' in England, 1600-1800, The Historical Journal, 43, 1 (2000), pp.277-293.

[41] J.Barry & C.Brooks (eds.), The Middling Sort of People; Culture, Society and Politics in England, 1550-1800, McMillan, 1994（邦訳書，山本正監訳『イギリスのミドリング・ソート――中流層をとおしてみた近世社会』昭和堂，1998年）。

開は，国家の家族関係の把握のあり方として分析されているのであるが[42]，救貧法体系は，家族という社会の基礎的単位を規定するものであって，「憲法の実像」を探求しているこの考察でも，全く重要である。

　ミドリング・ソートと，「中産的生産者層」の間には段階的な差異があったとされるが，ミドリング・ソートという階層のアイデンティティである自発的結社との関係は，ギルドや教区，都市自治体等々に多様に及んだ。そして，「家族」との関係では「徒弟制」が重要である。1601年の「エリザベス救貧法」（Poor Relief Act; 43 Eliz.1, c.2）は，1948年の救貧法の廃止まで基本枠組みを維持された法である。同法は，貧民に対する就労強制を原則とし，親が子を扶養できない場合には，児童に対し徒弟制をアナロジーする「教区徒弟制度」（parish apprenticeship）によって，貧民の家族的結合を無視して，児童への職業訓練と就労強制を行ったのである。教区間の雇用状態の差異は，農村人口の移動の要因になりつつあったが，1662年の「定住法」（Settlement Act; 13&14 Car. II, c.12）によって，農村から流出する人口の強行的阻止がなされていた。「囲い込み」が，農民からの土地の収奪による，産業予備軍＝賃労働者層の原始的蓄積過程を意味したとする「原蓄論」からすれば，しばしばワークハウスと言われる「救貧院」における救済の名の労働強制と，未囲い込み農村＝「開放村落」への土地を失った農民の流入を防ぐ「定住法」を柱とする「救貧法体系」が重要であった。それは，資本主義的蓄積の装置であると捉えられていた。こうして，市民革命にもかかわらず，否，その成果の延長に，この教区徒弟制度と貧民への就労強制は維持されたと考えられたのである。

　この枠組みの「永続化」に資したのは，人道主義的なジェントリと言われたトマス・ギルバートによる「ギルバート法」（Guilbert Act 1782; 22 Geo. III, c.83）[43]で

---

[42] 川田昇『イギリス親権法史』一粒社，1997年，「はじめに」参照。

[43] 正式には，Relief of the Poor Actである。同法の提案者であるギルバートは，庶民院議員として長い経歴がある政治家であるが，ほぼ同時代にリヴァプールの保険業者にトマス・ギルバートという人物がいた。417頁以下で言及したZong号事件のZongの保険は，このギルバートによるものであった。この事件が刑事事件になったことには，保険業者を含むリヴァプールの商人たちへのシャープ（彼は，ヨーク大主教の孫であった）らの憤りがあったが，元奴隷のOlaudah Equianoの影響もあった。エクイアノは，メソディストの伝道師となってアメリカにも渡り伝道活動をし，奴隷制を告発していた。その奴隷制廃止を論じる自伝的書物は，婦人参政権運動のウルストンクラフト（Mary Wollstonecraft; 1759-1797, 無政府主義者の思想家のウィリアム・ゴドウィンの妻である）にも影響を与えたという。児島秀樹「英国奴隷制度廃止の物語（その2）」『明星大学経済学研究紀要』39巻2号103-114頁参照。

あった。同法は，労働能力がある貧民とそうでない貧民を分け，後者を，「救貧院」（poor house）に収容するとともに，前者の「働く能力と意思がありながら職を得ることができない者」に対しては，仕事や雇用を斡旋することとした。そして，1795 年には，バークシャーのスピーナムランドにおける治安判事の会同において，パンの価格と扶養家族数にスライドさせて賃金の補助率を定め，低賃金のため窮乏する労働者家族を救済する Speenhamland system が決議され，これによってギルバート法が補完された[44]。この救貧院と「院外」救済を柱とする「ギルバート=スピーナムランド制」には，「中間層」や，先の middling sort を基盤とした任意団体によって動態的に地域社会を再構築する自生的な動きが伴っていた。ことに，7 歳未満の児童を家族の保護の下におくというギルバート法によって再構築された家族の共同性，その外側に地域社会の共同性があり，慈善団体，相互扶助組織，ヴォランタリー組織，教会の織りなす「福祉複合体」（mixed economy of welfare）が形成されていた。

「福祉複合体」は，ギルバート=スピーナムランド制との断絶の上に行われた 1834 年の「救貧法」改革にも関わらず存在し続けたというのが，救貧法制の歴史の最近のとらえ方になっている。この概念は，1980 年代から提唱されるようになったと言われる。「国家」だけでなく，「中間団体」によって構成される福祉の供給主体の多元性を強調し，とりわけヴォランタリズムとして分類される領域が重視される。言うまでもなく，範型を創出したとされるイギリスの「福祉国家」が，サッチャー政権下での徹底的な「脱福祉国家化」とプライヴァタイゼーションの推進によって解体されたことに対する問題意識が，こうした研究方法の「転換」の背後にある。そうした「現状」の肯定の方向ではなく，その打破とオルタナティヴの模索という意味においてである[45]。

さきのディーキンらは，「雇用契約」の発生史についても論じている。それによれば，賃労働者の発生は，1750 年代まで，農村部，都市部で緩慢なプロセスとして長期にわたって緩慢に展開したのであった。しかし，ジェントリによる土地独占のために 1750 年以降，農村では，多くの農民が土地を失い，通常，未婚

---

[44] Holdsworth, A History of English Law の「現代版」を目指すシリーズが刊行されているが，W.R.Cornish & G.de N.Clark, Law and Society in England, 1750-1950（1989）の改訂の意味もある巻が刊行されている。Cornish, Stuart Anderson, Raymond Cocks, Michael Lobban, P.Polden, K.Smith, The Oxford History of the Laws of England, volume XIII（1820-1914：Fields of Development, pp.472 et seq. また，川田・前掲注 42, 40 頁以下参照。

[45] 望田幸男=村岡健次監修『近代ヨーロッパの探求』15 巻（福祉，高田実=中野智世編）ミネルヴァ書房，2012 年の序章（高田実），第 1 章（長谷川貴彦）を参照。

第8章　イギリス近代と多元的社会の法構造　　　443

の年期雇用の servants あるいは週雇い，日雇いのレイバラーというかたちで，賃労働に依存する階層が，増えていった。これは，「定住法」の運用と密接に関連づけられて論じられている[46]。

### 3.2　「定住法」と「自由なる」賃労働者＝「産業予備軍」の形成

　経済史学者の山之内靖は，「定住法」について，資本のための賃労働の創出という基本原理を貫徹させているはずの救貧法体制が，他方で「定住法」によって，労働力の移動を制約されるのは「解きがたい謎」とウェッブ夫妻が指摘していたことに触れている。そしてこの「謎」は，資本のための「産業予備軍」の形成，すなわち原始蓄積という特定の歴史段階における資本の労働政策という観点から解くことができると述べた[47]。

　先の1662年の「定住法」についてディーキンらは，賃金に依存する階層が急激に増え，救貧税負担が重くなったことが，同法の制定の理由であったとした。そして同法は，「治安判事（複数）に対して，教区外から入り込んだ者であって，他の教区がその者の救済負担を負うべき場合，40日以内に，当該の教区にその者を送り返す権限を付与」するものであったが，この権限は機能的には，労働力移動の促進と統制の両面性を有したと指摘している[48]。石田は，当時，〈期間の定めのない雇用契約〉は，1年間の〈期間の定めのある契約〉とみなすという「年期雇用の推定原則」があり，子供を持たない未婚者が，どの教区や町区でも1年

---

[46] 前掲注33のDeakin & Wilkinson, pp.44-45. また，同，石田眞『近代雇用契約法の形成』60頁以下参照。石田は，ディーキンより早く，「初期主従法」，とくに1747年法，1765年法と「労働者」の多様な存在形態の関係を解明している。石田もディーキンらも，「主従法」の適用対象に，一定の「奉公人」（サーヴァント），「労働者」（workmen），職人（石田は「雇職人」とする。ギルドは，親方，職人，徒弟の階層制を有したが，親方の世襲化に伴い職人〈Journeymen〉が下請け化したことを表現するための訳であろう）および，以上とは区別されるレイバラーと「その他のレイバラー」が含まれるとする，1747年法の文言について注目している。そして，「その他のレイバラー」のなかに，農業以外の産業部門の者が含まれるとして，従属的雇用関係のすべてに同法が適用される（ただし，上位のランクの被用者，事務員等は除く——ibid., p.65）とした「主従法」についての画期的判例として，Lowther v.Earl of Radnor（1806）, 8 East Rep.287, 103Eng. Rep.287と，とりわけエレンバラ卿の判決をあげている。この判例によって，「上位の地位にある者を除き主従法は，およそすべてのサーヴァントとレイバラーに適用されるようになった」のである。Deakin & Wilkinson, *op.cit.*, p.65, 石田・同60頁以下参照。

[47] 山之内靖『イギリス産業革命の史的分析』青木書店，1966年（1975年4刷版），314頁以下参照。

[48] Deakin & Wilkinson, *supra. note* 33., p.116-117.

間雇用関係にあったことによって定住権を獲得することになるため，教区間の争いが頻発し，しかも，どの教区に貧民救済責任があるのかが「果てしない訴訟」で争われたと述べている[49]。

ディーキンらによれば，1692年の「定住法」では，より労働力移動＝調整のシステムとして同法を機能させたいとする意図が明瞭になり，例えば，救貧税の納税，徒弟契約の締結という事情，また，前述の「年期雇用の推定原則」による未婚の若い労働者への定住の自動的許可（1692年法の効果）[50]等によって，労働者の移動は柔軟になされていたとし，農業労働者に普遍的であった「年期雇用」が「工業」部門へ波及するとともに，救貧法による規制的側面は，定住法の運用の面で緩和されていたと指摘した。そして，救貧法と「定住法」へのアプローチが，統合的に把握されていなかった従来の研究への批判的見地を示している[51]。とくに，このような傾向に促進要因となったのは，アティアの画期的研究によって明らかにされた「契約の自由の興隆」であるが，矢崎光圀が述べたように，そこには，「ベネヴォレント・パターナリズム」（Benevolent Paternalis）の含意があったように思えるのである[52]。

### 3.3 友愛協会

武居は，ギルバート＝スピーナムランド制を「消滅」過程にあった小経営＝過渡的諸階層の窮乏化と政治的急進化への対応策と捉えるとともに，支配層によるその他の対応策として，友愛協会（friendly society）と，ベンタムの「倹約銀行」

---

49 石田・前掲注33, 133頁以下参照。
50 この点，同上154頁参照。
51 Deakin & Wilkinson, *supra. note* 33., p.117-118.
52 Deakinらも引用する（*ibid.*, p.41）Atiyah, P.S., The Rise and Fall of Freedom of Contract, Oxford Clarendon Press, 1979）。これに対する批判が，F.H.Buckley (ed.), The Fall and Rise of Freedom of Contract, Durham, NC: Duke University Press, 1999）。両書のタイトルが，ギボン由来のものであるほか，いかにも「イギリス的」ユーモアもあって面白い。アティアのこの書物については1983年9月に立命館大学末川記念館等を会場にインターカレッジのファカルティセミナーが著者をまじえて行われた。「ベネヴォレント・パターナリズム」とは，矢崎が，このセミナーのさい，名誉革命から18世紀末までのパターナリズムの歴史的特性を示すものとしてアティアの著書から「抽出」した概念であるが，著者もこれに同意しており，このセミナーの直接の成果でもあった。この点について，矢崎『日常生活の法構造』みすず書房，1987年，100頁以下参照。なお，このセミナーの後，阪大の矢崎ゼミを中心にアティアのこの著書の検討が続けられ，その成果は，『阪大法学』に連載された。矢崎光圀監修，法文化研究会「イギリス契約法史の一潮流──アティアの近著に依拠して」阪大法学第125号（1982年）以下参照。

frugality bank の着想によると思われる,「貯蓄銀行」saving bank の存在があったことを指摘している。後者は，1817 年の「貯蓄銀行設立促進法」(Act to encourage the Establishment of Banks for Savings) の制定となって,「慈善的」なものから「一般貯蓄銀行」a general saving bank へと発展していく。これに対し，工業化の進展に反対し，小経営の終焉と農民貧民への強い同情心をもったウィリアム・コベット (Cobbett, W.: 1762-1835) は，「貯蓄銀行バブル」と呼んで，厳しい非難を浴びせた。彼によれば，これは，利息と称するトリックによって，労働者，手工業者，貧民からなけなしの金を集め，富者たちのもうけと国債同様に致富の手段を提供し，救貧税負担のがれと，貧者たちへの「自助」の強制を求めるのと同様だということになるのであった[53]。

友愛協会は，マルサスのギルバート＝スピーナムランド制に対する批判によって，あらためて脚光を浴び，工場労働者の間の互助組織として労働組合の起源と捉えられる傾向があった。武居は，1872 年の「友愛協会ならびに慈善施設協会調査のための王立委員会」Royal Commission appointed to inquire into Friendly and Benefit Building Societies を分析して，18 世紀末から 19 世紀初期にかけての労働組合の揺籃期，とりわけ，団結禁止法 (Combination Acts 1749, 1757, 1799-1800etc.) の施行下において友愛協会は，工業労働者のための組織という性格が強かったが，1810 年のマンチェスターの紡織工のストライキの際，工場周辺の店舗が寄付をして労働者を支援したように，工場労働者を中心とした「地域的組織」としての友愛協会が，都市，村落，農村に多数存在したという事実を指摘していた[54]。

友愛協会が，会員の疾病や死亡時の諸費用の保障や会員相互間の親睦を図り，自助＝自治組織として機能していたことは，救貧行政と重なるところがあるため，これに目をつけて支配層は，救貧行政の肩代わりを友愛協会に求めたりした。ギルバート＝スピーナムランド制は，たんに救貧事業に関連したのでなく，それ自体がすぐれて治安維持法制でもあったのである。したがって友愛協会に，そうした機能は期待できないどころか，それは労働組合と一緒になって，雇用主＝資本に対する抵抗組織に転化する可能性を潜在的に持ち続けていた。団結禁止法が 1824 年に廃止されてからも同様であった。"トルパドルの殉難者たち" *Tolpuddle Matyrs* の悲劇によって，それは証明された。

労働組合の初期の運動で，ロバート・オーエンの指導で結成された「全国労働

---

53 武居・前掲注 39, 204 頁以下参照。
54 同上 189 頁以下参照。

組合大連合」Grand National Consolidated Trade Union の支部をドーセットシャーのトルパドル村に住む6人の農業労働者が組織した運動があった。その目的は，組織化の困難な農業労働者を労働組合に入れるため，この村のなかの友愛協会として彼らを組織し，それを上記の「大連合」の支部とする企てがなされた。しかし，友愛協会の組合員に扇動を目的とした誓約を強要したことは犯罪であるとされ，6人には7年の流刑が宣告された。労働組合と市民は抗議運動を展開し，当時のメルバーン首相に請願書を提出したが受け取りを拒否され，6人はオーストラリアに流された（1836年恩赦）[55]。

金屋平三の該博な著書に多く引用されている *Tadmor, Naomi, Family and Freinds in Eighteen Century England-Household, Kinship, and Patronage*, Cambridge University Press, 2001 によれば，17，18世紀の friend の多様な用法との関係において，「友情」（friendship）は公的＝政治生活の空間において好んで用いられたが，元々は friend が，親族関係から保護＝庇護の関係，雇用者と被用者の関係にまで非親族的関係を含めて幅広く用いられていたことと，これは関係があるとした。初期近代のイングランドでは，拡大的な家族の紐帯は限定的で，「個人主義的家族」「核家族世帯」が普遍的だったとする Macfarlane, Wrightson らの見解が有力であった。この friend という概念は，family の核家族的関係を際立たせるよりも，それが非親族的関係にも切れ目なくつながっているものとする，relation, kin などの用語とともに広く用いられたようであり，「友愛協会」は，共同生活を彩る宗教的・精神的紐帯とともに，議会・憲政改革運動の Society for the Friends of the People（人民の友の会）のような，すぐれて政治的な団体に用いられたのと同様に「政治的」な，友情による紐帯の意味を含んだのである[56]。

友愛協会は，「基金積立」型と「収益分配」型に大きく区分される。運営方式で全国的な組織と地方的組織に分かれるが，独立の地方組織は，19世紀から20世紀に設立されたが，発起人は多くの場合，基金運用の受託者か上層部のジェントルマンたちであり，労働者や職人，小店主などは，系列系の地方支部に属した。友愛協会の起源は，中世まで遡らす説もあるが，フランスのユグノー亡命者が

---

55　武居・前掲注39，193頁。
56　金屋平三『17世紀イングランドの家族と政治思想』晃洋書房，2004年，170頁以下。初期のチュートン語および古代英語では，元来 *freond* は，親族（kinsman），または部族民（tribesman）を指示するのに使われたが，18世紀のイングランドでは，重要な親族用語として用いられるとともに，親交や好意という観念で特徴づけられる広範囲な関係を指示するためにも用いられるように進化した（同172頁）。

1687年にロンドンに設立したのが起源だとされる。友愛協会と産業革命の関係は，工場制との関係から直接的に関係があるとされるのが通説であるが，産業革命論の変遷もあって，工場制度と手工業とが親和的な関係があったものも抽出され，友愛会もそのミックスに浸透していったと見る考えが有力である。

## 4　アソシエーション

### 4.1　マンチェスターとロンドン

武居は，「自治都市」incorporated bourough, municipal corporation のように「閉鎖性」がなく，自治体でさえなかった「開放都市」マンチェスターが，産業革命の「心臓部」として鼓動し始めた 18 世紀後半以降の「都市改革運動」について，興味深い分析を行っている。武居によれば，「前貸人・小経営者」層の消滅と，「工場主・工場労働者階級の興隆」という「独立中生産者層」の「両極分解」がその前段階であった。都市改革運動は，特権的「自治都市」の場合と異なって，特権市民＝自由人に対する非自由人という市民同士の対抗としてでなく，地主と市民の対抗というかたちで推移した。地主層が，「資本家的土地所有」へと向かうのではなく，領主権力の収奪的行使というかたちで介入してくることになったのである。実際，マンチェスターの自治都市法人化（Incorporate Your Borough!）を提唱したコブデン（Richard Cobden; 1804-65）は，商人・製造業者・卸商人たちが，マナー領主権力から逃れるために「郊外」（out-township）に流出していると非難している。けれども，1835 年の「都市法人法」の下における「自治都市法人化」に際しては，コブデン流のウィッグ派的利害に追随することを拒む小経営者や工場労働者を逆に排除する方向になった。それは，当時の庶民院議員の選挙権問題と同様であった。チャーチスト運動は，総じてこのようなコンテクストで発生した。労働者・小生産者層の「都市政治への進出を未然に防止する」方向になり，都市環境の改良運動はむしろ後退しさえした[57]。

---

[57]　武居・前掲注 39，233 頁以下参照。1835 年の「都市法人法」Municipal Corporation Act は，附則に掲げられた 178 の都市に限定されて適用されたが，地方の意思によって国王への請願というかたちで徐々にその適用対象が拡がるという構造をもっていた。また岡田章宏，『近代イギリス地方自治制度の形成』，169 頁以下を参照。マンチェスターでは，治安判事の任命や市場税の徴収権を独占する地主 Sir Oswcald Mosley の「リート裁判所」Court Leet（マナー刑事裁判所と区別不能な領主の私的裁判所，武居は「都市裁判所」と訳している）のみが常設の「行政機関」であり，到底，急激に増加する住民のための都市整備は不可能であった。そこで，多くの開放都市と同様に，マンチェスターの場合にも，国会の個別法律（private acts）によって設置された各種「改良委員会」による都市改良が遂行さ

一方，「ジェントルマン資本主義」論に依拠する竹内幸雄は，イングランド中部のダービーシャーの州都ダービーが，ロンドンとマンチェスターの間にあって，アークライトの綿工場，温泉保養地のマトロック，デヴォンシャー公爵の大邸宅のチャッツワース[58]を，ダウエント川に沿って一望する地点に位置しているという景観を彷彿させながら，この地域が，「ジェントルマン資本主義」と「産業資本主義」の結節点であったと述べている。竹内によれば，「ジェントルマン資本主義」とは，「非産業的資本主義」のことであり，製造業の変化を中心に論じられてきた産業革命の要因論に対して，海外商業から生み出された富を重視しつつ，イギリス社会の例外性・特異性を強調する理論である[59]。

　マンチェスターは，雨が似合う街である。雨は，綿に適度の湿り気を与え，産業革命の街に適したと言われる。一時，スラム化した地区が再開発され，新市街には高層の建物が並ぶ。それと対照的な赤煉瓦造り（赤煉瓦も産業革命期に「大量生産」された）の旧市街では，運河が美しい風景を演出する。運河と同時に鉄道は重要であって，現在でも市内には路面電車，郊外には蒸気機関車が走っている。日本の香川選手もいるマンチェスター＝ユナイテドというフットボールの強豪チーム（サッカーは，1863年にロンドンに結成されたフットボール・アソシエーションという「固有名詞」の略称にすぎず，マンチェスターでは使わない）は，鉄道労働者の組合に起源がある。エンゲルスの『イギリスにおける労働者階級の状態』は，ロンドンとマンチェスターについて書かれている。

　産業革命期のイギリスの綿紡績業の発展を経営史的な観点で分析する必要を説

---

　　れた。しかし，住民内部の対立から改革は進まず，ブライトは焦燥感に駆られていたという。
[58] チャッツワース宮殿は，ウォーリック城，モルバラ公家の宮殿でウィンストン・チャーチルの生地として知られる Blenheim Palace の庭園などで知られる造園家，Lancelot Brown 設計のイギリス式の風景庭園があるので有名。Capability Brown とあだ名があるこの造園家は，それまでの幾何学的なフォーマル・ガーデン（ハンプトン宮殿が代表的）を覆し，村ごと移動（ミルトン・アバスが代表的）させることも厭わず，「見渡す限りの景観」を庭園大改造で造り出した。ジェントリ・土地貴族たちの所有観念をヴィジュアル化することに成功したと言ってよく，彼によってイングランドの景観が一変したとされる。この宮殿は，オースティン原作の「Pride & Prejudice」という映画でも使われた階段状の滝（カスケード）がある445ヘクタールもの広大なカントリー・ハウスである。オレニエ公ウィリアムスのイギリスへの帰還に際して兵を挙げ，その即位に功績があった William Cavendish（1st Duke of Devonshire; 1641-1707）がダービー伯爵であった当時，デヴォンシャー公爵に叙せられた後に，今の場所にチャッツワース宮殿を再建した。デヴォンシャー公家の宮殿であるにもかかわらず，デヴォンシャーにでなくダービーにその宮殿があるのは，こうした経緯による。
[59] 『イギリス人の帝国——商業，金融そして博愛』ミネルヴァ書房，2000年，1頁以下参照。

いた中川敬一郎は，アメリカの近代綿業の生成過程と比べるとイギリスのそれは，「進化的」evolutionary であり，熟練ミュール綿紡工を中心に前産業革命的企業体制・経営組織が 19 世紀にまで引き継がれたと主張した。「工場制」のシンボルとされるアークライト工場も労働者層の獲得に困難があり，僻遠の農村地帯の渓流にそって建設されたため，水利権の問題[60]や労働力不足に悩まされていた。トインビー（第 4 章 2 注 6）参照）の言う工場制度に先行する domestic industry の存在は，単純に家内工業の優位を示すものではなかった。つまり，機械の採用のみが「産業革命」を意味せず，また，家内工業のなかに産業資本の胎動があったことに注意すべきだと言うのである。しかもそれは，資本家的組織である問屋制度という「外部的」経営に規定されたものであった。そして，ランカシャーの綿糸のためのマンチェスター取引所やリヴァプールの綿花商人が海外市場組織につながっていたことによって，イギリス綿業の「小生産者的発展」が，世界市場との関連において実現したのだ，と中川は強調した[61]。

すでに私は，1690 年以降の「財政金融革命」によって推進されたブリュア（ブルーワ）のいわゆる「軍事＝財政国家」について触れた（第 5 章 3 参照）。

1960 年代後半に，ディクソン（Dickson, P.G.M.）は，名誉革命から 7 年戦争までの戦争に終始した時期における「財政革命」を論じた。膨張する戦費調達のための赤字財政政策と長期公債制度等による財政革新による変化の大きさを強調したのである。ブリュア（Jphn Brewer）は，これに対し，名誉革命からアメリカ独立戦争終了時までのイギリスの国家を「財政・軍事国家」（fiscal-military state）と

---

60 アークライト工場の水利権をめぐる問題について，戒能『土地法のパラドックス』541 頁以下参照。

61 中川敬一郎『イギリス経営史』東京大学出版会，1986 年，64-89 頁，143 頁以下を特に参照した。産業革命先進国のイギリスの綿業の技術は，ナポレオン戦争のためにヨーロッパ大陸への輸出が妨げられ，かわりにイギリスの綿製品の買い付けに，商人たちがマンチェスターに送りこまれた。ロンドンの大銀行家となったネイザン・ロスチャイルドもその一人で，1798 年頃フランクフルトからランカシャーの綿の買い付けのために乗り込んできたのである。ロンドンの大規模な綿布業者たちもマンチェスターにウェアハウスを開設し，高級品の大消費地ロンドンと両方に拠点を置くようになっていった（同書，163 頁）。フリードリッヒ・エンゲルスもイギリスに来た当時は，マンチェスターの商社マンであった。ランカシャー地方では，中世的特権都市（corporate town）の発展の余地はなく，大陸諸国はもとよりイギリスでも比類のない，産業的自由と産業的個人主義が開花した（同書 11 頁）。しかし，熟練労働者として「実地経験がある人びと」（practical man）である工場主層が成功をおさめると，「ジェントリ化」（gentrification）し，ヴィクトリア朝後半の時代風潮を代表するマッシュー・アーノルド，ジョン・ラスキン，トマス・カーライル，チャールズ・ディケンズ，そして J.S. ミルの反産業主義に同化していく。中川・同書 279 頁以下も参照）。

規定した。この時期の変化は，ディクソンが言ったような「純経済的」な側面のみに限定されない，産業革命に匹敵するほどのより広範なものであって，国家的ないしは行政的な「革命」であったと言う。すなわち，ルイ14世のフランスとの対抗のなかで，「大きな政府」の形成が促されたが，ルイの「普遍的な君主制」(universal monarchy) への対抗心は強く，国内の常備軍増強と政府の強大化に反対する勢力を無視できなかった。そのため，国制レベルでは議会の同意による統治の正当性の調達のため，立憲主義はかえって強化された。この所論は，アダム・スミスの「重商主義政策」批判への反批判を含んでいた。国王大権の「専権事項」としての植民地獲得とその支配に直接的な発言権を及ぼせない商工業者たちは，「帝国」の形成に直接的に関与するのでなく，それは，ジェントリ主導で遂行されたとみる。この議論は，ケインとホプキンズ (P.J.Cain & A.G.Hopkins) の「ジェントルマン資本主義」論や，ウォーラスティン (Wallerstein, I.) の世界システム論とも連関していた。

### 4.2 租税と統治の構造

マルクスは，『資本論』において，「植民制度，国債制度，近代的な租税制度および保護制度」を，資本の原始的蓄積のための諸契機を「体系的に総括」するものとした。ブリュアが言ったように，ヨーロッパの「辺境」にあったブリテンが，この時期，リンダ・コリーのいわゆる「イギリス（ブリテン）国民と国家の誕生」を一気に進めていくのであるが，それは，フランスとの対抗を基軸に展開していく（第5章5参照）とする。フランスの売官制を極力模倣せず，議会の監視を通じて行政府をコントロールするオランダに近いパターンにソフトランディングする財政手法の導入が，その起点にあった。しかしながら，「議会は国家組織の一部としての性格を強め，人民の代議体としての性格は薄れていく」ばかりであった。そのこともあって「政治論争の場は社会的領域に広がった」と彼は言う。印刷出版のインフラ整備がこれを後押ししたが，立法府内部にもこれを推進する利害集団が台頭してきた。国家自身が，その生みの親だったのである。立法案件の周囲に様々な事業団体や法人団体が群がり，かくして政府の介入が，「市民社会における新しい社会組織形態を産み落としたのである」[62]。権力の外に形成された言論や組織から公共圏が成立するプロセスは，ハーバーマスの「公共圏」論以来のものであるが，ブリュアは，議会を「公的フォーラム」と位置づけ，議会の

---

[62] 以上，Brewer, J., War, Money, and the English State, 1688-1783（邦訳書，36頁，254頁）参照。

監視機能と行政府の情報公開やアカウンタビリティを持ち出し，政府の正統性がそれによって保証されなければならなかったというダイナミックな過程を描き出している[63]。実際このことは，名誉革命体制が，議会と公共圏，とりわけ議会と「世論」との接合の体制である点を表現しているのである。それは，言うまでもなく，名誉革命の直接の成果であった。

　ブラックストーンは，1660年法による「後見裁判所」の廃止とその代替としての「消費税」の導入を，「市民的財産権にとってマグナ・カルタ以上の収穫」と評した（前述271頁参照）。実際，名誉革命による「国会における国王」King in Parliament 主権の確立の実質的意義は，1660年法の延長で，国王の大権的課税の道を遮断し，すべての収入は租税から構成されるという租税国家への移行を確定するということにあった。すでに，「王室経費法」による，中世的財政システムから「近代的予算システム」への移行について言及した（第6章3参照）。ここでさらに述べると具体的には，税法・行政法学者の福家俊朗が言うように，金銭法案（money bill）と呼ばれる立法形式によって，国王の公務たる統治活動から受ける利益を見定めつつ，それに充てる限りでの私的歳入の賦課徴収を個別に「公的」なものとして承認するという方法の確立である。国会，とりわけ国民代表議会となっていく庶民院が，国王から統治権限を剥奪し完全に掌握するまでにはさらに2世紀近くを要することになるが，その間，必要最小限の公務の承認という手続は，政府活動の限定＝小さな政府の維持ということと，国王の私的歳入の抑制を担保することになる。このようにして私的歳入を議会が個別に「公的」なものとして承認することになるが，それがすなわち国会制定法による「目的税」の創設を意味する。同時にそれによって，公務の統制がなされることになった。財政のあり方が，行政を統制するという機能をもつのは，以上の故である[64]。

---

[63] 同上書，邦訳第5章，第8章以下。邦訳書の「訳者あとがき」は，名誉革命後の体制を，「宮廷対地方」の対立と捉える所論に対し，ブリュアは，名誉革命後の「地方」イデオロギー＝ネオ・ハリントン主義を，「信用体系に基づく重商主義社会の形成に対する伝統的市民＝政治国民としての土地所有者層の反応」として位置づけたポーコックの"マッキャベリアン・モメント"説を下地にしているとする。軍事優先の戦時体制と財政プロフェッショナル集団の結合に対するアマチュア的「生まれながらの支配者」による権威的政治秩序の対抗が，「財政・軍事国家」の基底にあるとみるブリュアの国制史的分析は，政治史に規範的関係を導入するユニークなものであった。「訳者あとがき」266頁以下。ブリュア，同邦訳書162頁参照。

[64] 福家俊朗の一連の労作，『現代租税法の原理——転換期におけるその歴史的位相』，日本評論社，1995年，1頁以下，および『現代財政の公共性と法——財政と行政の相互規定性の法的位相』信山社，2001年，281-283頁を参照した。福家は，ネオリベラリズム政策へ

ピューリタン革命後の王政復古から18世紀中葉にかけて財政システムは，さらに変質を遂げていった。ここで重要なのは，アマチュアリズムを特徴とするシステムから，専門的国家役人による国費徴収を本質とする租税運営体制が構築されていったことである。その中核は，大蔵省の支出統制権限の強化である。また，国家財政全体についての財務スキルや知識の大蔵省への集中である。国王の通常収入源の中心は関税，消費税（アルコール飲料や国内生産品にかかる税），炉税（一世帯がもつ炉に応じて累進課税される財産税，但しこれは，名誉革命後，人民の「奴隷状態」の象徴だとして国会制定法で廃止された）である。一時は歳入確保のため，徴収業務の請負が行われたが，大蔵省の統制権確立とともに，州長官（シェリフ）や治安判事，地方ジェントリが仕切るシステムから，国家の徴税官によって徴収されるかたちに移行していった。ちなみに，最も有名な消費税役人は，若い頃のトマス・ペインであった[65]。土地税は，1688年から1692年まで税収総額の42パーセントを占めた。浜林が言うように，これは，名誉革命後に恒常化・定型化したものである。1693年の法律で定められた「地租」とは，「月割査定税」(monthly assessment)であって，州ごとの査定でなく，地代収入に比例して課税される「ポンド・レイト」方式（同法では1ポンドあたり1シリング）によるものとなった。けれどもこれは，地域間不均衡を生み出すということで，州別割当制に戻ってしまった。その機能は，大地主に有利に働き，また地代額によるため借地農がいったん支払って地主にはその分を控除した地代を支払うという地主に転嫁する方式となるのが，一般的になった[66]。フランス革命とその後のナポレオン戦争期になると，所得税が導入される。しかしそれまでは，直接徴税の土地税に重点が置かれていた。これは，徴税役人を通じた「行政」の関与を減らし，逆に地方ジェントリの差配による「自治」を強めるという議会側の戦略であったとブリュアは言う。けれども，戦費の調達のために，間接税へシフトし，中央のコントロール，つまり国王のサーヴァント＝国王の役人集団へ徴税業務への依存が高まってくる。こうして，土地税は「凋落」していった。間接税を返済基金とする長期の国債が誕生し，この傾向は，もはや決定的なものとなっていく[67]。

---

　の鋭い批判的視角から，イギリスを範型として，近代から現代までについての租税法原理論の構築に精力的に取り組んでいる。
65　ブリュア・前掲注62 邦訳書102頁以下参照。
66　浜林正夫『イギリス名誉革命史（下）』未来社，1983年，353-355頁参照。
67　ブリュア・前掲注62 邦訳書102-109頁参照。

第 8 章　イギリス近代と多元的社会の法構造　　　453

[Box] 68 **単純な歴史論批判**　　名誉革命によって権力を得たジェントリとその地方支配が，パトロネージを通じて貫徹していくといった「修正・批判学派」の「ジェントリ支配」論はあまりに単純で，このような租税・国債を通じた「国家」の「社会」（＝「民間公共社会」）に対する干渉の側面の分析が稀薄であった。国家官僚組織の発展と，それを促していく「名誉革命体制」における国際的契機の重要性が，指摘されるだけでは十分でなく，その国内的契機，とりわけ，法制的な諸相が明らかにされる必要がある。例えば，長期の国債の導入を支えるイングランド銀行の設立と，これに対抗するトーリー派の土地銀行の失敗，さらに南海の泡沫（South Sea Bubble）と言われる株式会社生成史にかかわる重要な事件の背景と，そこにおける法制上の問題の解明が必須である。それは総じて，法人論の歴史と信託の関連問題と関わる。

　とくに最近，比較法学における「混合法」論のチャンピオンと言ってもよい，ドイツの Reinhard Zimmermann が主導していると思われる，信託および，信託とエクイティの関係をめぐる，メイトランドへのチャレンジングな学説展開を無視できないのである。そして，これをイングランド側で受けて立つ，かのジョン・ベイカーと，同じケンブリッジの新鋭，David Jonson との間での，コモン・ローと大陸法の比較研究に関わる重要問題についての論争である。これらは，小論で，当然扱われるべき対象となった。

　そして，独立後のアメリカと，イギリスの資本主義的発展のかたちの差異が，この総じてアソシエーションの問題に収斂していくと思われる点である。この当初から想定していた信託を含む，アソシエーションに関わる法制が，「イギリス憲法の実像」に関わる点を論じる必要がある。

### 4.3　アソシエーションをめぐる論争的状況

　マックス・ウェーバーは，以下のように言う（世良訳『法社会学』225 頁以下）。フランス革命は，いっさいのコーポレーション形成を破壊しただけでなく，きわめて限定された目的のためのものをのぞき，社団形成をも，社団の自律一般をも破壊した。このような過去との断絶は，イギリスにはない。もっともイギリスでも，16 世紀以来，最初は都市について，機関および機関行為の概念が展開し

---

68　私の当初の構想を超えて，最近惹起しているこのような論争的状況を論じる力は私にはないが，それにも関わらず全く素通りはできない。そのため，以下では，これまでの論述と以下の論述を関係づける短文をこのように［Box］として適宜，挿入するようにし，「結論」方向に誘導していくことにしたい。

始めていた。その際，ローマの *corpus* の概念を利用した *body politic* の概念が生じた。それによって，ツンフトや地方団体を法人の類型に入れ，訴訟上・契約上の独立の可能性を認めたけれども，コーポレーションは財産法的には，個々人のための「受託者」に過ぎないのであり，コーポレーションに対する個々人の請求権は，エクイティにしたがって行使されるべきものとされていた。ようやく18世紀終わりになって，きわめてためらいがちに，会社（companies）のために株式の譲渡を許し，その効果として，コーポレーションの債務に対する株主の責任は，消滅するものとした。ブラックストーンにおいてはじめて，ローマ法を援用することによって，コーポレーションの財産と私的財産との真の区別が行われることになった（なお，後述465頁以下参照）。

　団体に法人格を認める必要がないという状態は，死手による財産取得禁止法＝「死手法」によって強化された。教会，修道院，その他の宗教的財団への土地寄進は，あたかも財産が死者のもとにあるかのように動かないことになる結果，1217年のマグナカルタに始まり，1279年の「死手法」（Statute of *Mortmain*）などによって禁止された。これが，*use* という信託に発展していく土地の移転方法を生み出す要因となった。「死手法」という土地移転の禁止法の適用免除が，特別の特権付与によってのみ獲得されるというフォミュラが，土地移転のみでなく，一般の権限の創設の方式にも拡張されていくことになった。かくて，諸都市に対する15世紀の特権付与は，都市の法人化を意味するものであったが，同時に「死手法」の重圧からの解放をも意味した。しかし，このためにかえって，法人化の特権付与は，身分制的法形成の領域から脱せない結果となってしまった。かくて，あらゆる支配権力は，一定の大権や特権の複合体とみなされることになった。逆に，明示的に認められ限定された範囲を超えて行われた法的行為は，「権限踰越」 *ultra vires* の故をもって特権剥奪の処分に付せられることになったのである。

　この「特権の特別の付与」という「特許主義」から外れた団体は，信託を利用することによって法人格を得ているのと同等の活動ができた。これは有名な"メートランド・テーゼ"であり，その「信託論」の核心部分である。

　メートランドの信託のイギリス「固有論」に対しては，近時，有力な批判が展開していること，そしてその内容は，解明する必要があると考えている。

　前にも検討したハロルド・バーマンは，ウェーバーの『プロテスタントの倫理と資本主義の精神』を批判して，17世紀末から18世紀初めにかけてのイギリス法が前提にする社会は，個人主義ではなく「共同体主義」communitarianismであったと述べている。1692年に設立の「ロンドン商人会社」（Company of Mertchants

第 8 章　イギリス近代と多元的社会の法構造　　455

of London）を例示して，これは私益を追求するのでなく「公共の利益」public causes の実現を標榜していると言う。つまり，グリーンランドとの商取引がイギリスに利益をもたらす。そこで，外国の支配下に置かれたグリーンランドを取り戻すために，多くの人々の協力体制を築くことを設立の目的とするのが，この「会社」であったと言う。また，17 世紀末のイギリス経済界が「共同体精神」に溢れていたことは，1694 年に対仏戦争に必要な戦費を調達するために設立された「イングランド銀行」Bank of England の場合についても言えるとする。1694 年の「イングランド銀行法」Bank of England Act（5 & 6 William & Mary c.20）は，出資を受けつける「委員会」commissioners が，国王によって任命されるものとする。また，国王には，出資者（subscribers and contributors）とその法定相続人・譲受人（Heirs, sccessorsr assins）を「まとめて一つの政治体とし，かつ法人化する incorporate to be one body politick and corporate」権限があると規定している。その上で，株式保有者（shareholders）は，「イングランドの福祉に彼らの共同の利益（collective interests）を合致させることを求められた」いたのである。こうして，およそ 1300 人の人々が，対仏戦争のために 120 万ポンドを出資したが，関税収入からの政府の補助金によってその融資が担保されていたおかげで，配当を得ていた。出資者は，有力な商人や地主ジェントリ＝土地貴族であり，その多くは議員であった。「経営者会同」Court of Directors の最初の構成員は 21 名で，そのうち 6 人はロンドン市長になっている。「経営者会同」は毎週，「株主総会」General Court は，年 2 回開かれ，「会社の状態を査察し，出資額に応じて配当を定める」と規定していた，と以上のように，バーマンは論じていた[69]。

　イングランド銀行が，1696 年の「土地銀行法」を成立させたトーリーに対するウィッグの組織であったことは明らかであった[70]。イングランド銀行法案は，貴族院では紛糾した。ジョン・ロックでさえ，この銀行による流通貨幣の独占を

---

[69] Law and Revolution, II (The Transformation of English Civil and Economic Law), Harvard University Press Paper Back ed., Part I chap.5（邦訳書，宮島直機訳『法と革命 II』中央大学出版会，376 頁以下）．なお，この労作である訳書は，訳者自身が厳密に言えば訳書でなく，「訳者なりに読み取った結果にすぎない」とされているので訳文は同じではない。

[70] ただし，ロックの「利子・貨幣論」を読むと，「継承財産設定」によって得られる一年だけの「安心感」に安住して，トレイド（産業）の衰退をかえりみない country gentleman が非難されている。Locke, J., Some Considerations of the Lowering of Interest, and Raiting the Value of Money, London, 1692（邦訳書，田中正司，竹本洋訳『利子・貨幣論』東京大学出版会，1978 年，84 頁）．この点，次注も参照。

憂慮した[71]。1708 年には，6 人以上の共同出資の株式組織の銀行の設立は禁止する法ができた。これによって，地方に競争相手になるような銀行は設立不能になった。しかし，イングランド銀行の銀行券が法定紙幣とされたのは，銀行券が金との兌換を義務づけられた1810 年代の金本位制の導入以降のことであった。十分な金が準備できない銀行が危機に瀕し，破産直前になったため，1844 年の「銀行特許法」Bank Charter Act によって，「イングランド銀行」の銀行券のみが法定紙幣にされ，ここに，銀行の発券機能が，その貸付ものとなった。1921 年に，ついに，他の銀行の発券権が禁止され，こうしてイングランド銀行の銀行券が唯一の紙幣となったのである[72]。

さて，イングランド銀行の確立の前史は，「政争」に彩られていた。国璽をテームズに投げ捨て，フランスに亡命したジェームズ2世の子，フランシス・エドワードが，王位継承権を主張して反乱を起こしたのである。アン女王の没後，1714

---

[71] ロックは，同上邦訳書98-99頁において，「利用可能な現金が今日ほとんどすべてロンドンに向かって流れ，比較的ごくわずか人に独占されている現在の潮流のもとでは，経験のあさい人や現金に不足している人々」が困らないようにすることが必要であり，「貨幣がトレイドの差し迫った必要に応じてイングランドの」地方において起業せんとするいっそう多数の人々に，もっと平等に配分されているべきであるとする。所有権観念を所有権＝固有権の主体の独立を介した「市民社会」原理へと「転回」せしめたロックは，労働による所有の原理に課せられた自然法的制約を解除して富の蓄積と所有の不平等を前提に，貨幣と交換だけでなく分業による生産力の上昇をも構想する「経済学」にも到達していた。『利子・貨幣論』に収録された諸論文は，このことを示すと訳者たちは述べている（「訳者解説」16-21頁参照）。『世俗権力論』（1660年），『自然法論』（1662-64年）とほぼ同時期に，アシュリ（シャフツベリ卿）とその党派のために準備され，当時有力だったSir Josiah Child の「法定利子率引き下げ論」批判として，これらの諸論文の草稿に当たるものが，1668年当時完成していたという背景があったようである（同「解説」6頁以下参照）。

[72] 浜林・前掲注66，344頁以下および，松村＝富田『英米史辞典』研究社，2000年，53頁参照。イングランドとウェールズではこのような展開を辿っても，スコットランドは同じようにはいかない。1695年にエディンバラに設立された「スコットランド銀行」Bank of Scotland は，イングランド銀行に対応する株式組織の銀行であったが，その銀行業務の独占権は，21年間であったため，1727年に期限切れになった。しかし，1704年に1ポンド紙幣を発行しており，1701年に，「連合法」によって，イングランドとの合邦が決まったが，イングランド銀行による独占権はスコットランドに及ばなかったため，1727年に「王立スコットランド銀行」Royal Bank of Scotland ができ，ほかにも株式組織の銀行が設立された。そのため，スコットランド銀行はスコットランド唯一の発券銀行にも中央銀行にもならず，現在でもスコットランドでは，The Royal Bank of Scotland, Bank of Scotland, Clydesdale Bank（クレデユデール銀行）の銀行券が使われている。これらはスコットランドでのみ通用し，イングランドではイングランド銀行券に交換してもらわなければ使えない。『英米史辞典』などを参照した。

年にハノーヴァー家のジョージ1世が,「王位継承法」の規定にしたがって即位したのに対し,後に「老僭王」(Old Pretender) と言われたエドワードは,ルイ14世と機をうかがっていた。

この間,「王位継承法」を認めなかったスコットランド議会が,1703年に「保障法」Act of Security を制定し,アン女王の後のイングランドの君主は,スコットランドの宗教と貿易の自由を保障しない限り,スコットランドの君主としては承認されないと規定し,アンにそれへの同意を迫った。その結果,1603年,スコットランド王のジェームズ6世がジェームズ1世としてイングランド王となって以来の同君連合の解体の危機が生じた。スペイン継承戦争の最中にあったイングランドは,スコットランドを敵側に回すことを避けるため,スコットランドとの連合協議に入るように画策した。連合に反対であったスコットランドの大貴族,ハミルトン公爵 (Hamilton, James Douglas, 4th Duke of; 1658-1712) の,突然の［豹変］(volte face) もあって,1706 (グレゴリオ暦では1707) 年の「連合（合邦）法」Union with Sotland Act が成立し,エディンバラの議会はウェストミンスターの議会に統合され,両国は関税障壁のない「一つの交易,課税制度,植民地への同等の権利」を有する基本的に「単一国家」（したがって「連合」は実際は正確ではない）となった。ただし,法制度と,長老制による教会制度について,スコットランドの独立性は維持された。この連合協議で,スコットランド側が強く主張していたのが「連邦制」(federal union) である。今年,9月の住民投票で,1998年の「スコットランド法」によるエディンバラの議会の復活と権限委譲にとどまらず,スコットランドの連合王国からの離脱＝独立が問われることになっていた（第1編冒頭を参照）。

さて,1708年3月,エドワードはフランス軍を引き連れダンケルクを出航し,フォース湾に上陸を試みたが,スコットランド貴族の連合軍は揃わず,イングランド艦隊の反撃を受けてダンケルクに引き返した。それでもアンが死去してジョージ1世が即位した1714年から1715年,イングランド各地でジャコバイトの反乱が起こり,1715年には「暴動法」Riot Act が成立する。それに先だって,アンの下で政権を狙ったトーリーのボリングブルック (Bolingbroke, Henry St. John, 1st Viscount; 1678-1751) が,ウィッグとの対抗のためエドワードを擁立する画策をしたが,ジョージ1世の即位でこれは失敗に終わった。逆に反逆罪で訴えられフランスに亡命し,エドワードの国務卿となる。このような展開のなかで,1715年9月にフランス国王のルイ14世が死去すると,1716年1月,スコットランドのパースで戴冠式を行うというエドワードの布告は,イングランドとの連合

を推進していたスコットランド貴族のアーガイル卿 (Argyll, Archibald Campbell, 3rd Duke of; 1682-1761) らの軍に破られ，エドワードは王位継承の望みを断ち切られた。そして，イタリアにのがれ，以降も散発的にジャコバイトの反乱に利用されたが，イングランド国内の反政府運動とは結びつくことはなかった。ウィッグを率いるロバート・ウォルポール (Walpole, Sir Robert, 1st Earl of Oxford; 1676-1745) が，大赦を得て亡命先のフランスから帰国したボリングブルックが率いるトーリーに勝って，完全に権力を掌握するのは，南海泡沫事件以降のことであった[73]。

### 4.4 南海泡沫事件

南海泡沫事件 (South Sea Bubble) とは，1711年に設立された「南海会社」(South Sea Company) という貿易独占を目的とした「株式会社」の株価高騰・破綻と，それに纏わった投機ブームの発生と落着に至る一連の事件を言う。「バブル経済」等の語源にもなったようである[74]。

---

[73] 以上の，ジャコバイトの反乱ほかについて主に，浜林・前掲注66，370頁以下を参照した。

[74] 従来の「経済史」のパラダイムに果敢にチャレンジする小野塚知二『経済史―いまを知り，未来を生きるために』(2018年，有斐閣) は本書では取り入れることができなかったが，画期的な著作である。南海泡沫事件については，同書の335頁触れられている。そこで小野塚は，中小の自営業者やさらに労働者に対しても，出資者となる機会を与えるのが，株式という制度であるとし，労働者が自ら生産協同組合を設立することで，賃労働者から出資者＝「資本家」になることによって労資対立の解消が期待されたとし，資本主義のいわば「社会的インフラ」として両者を位置づけているのである。本書の17頁以下で述べた「現代資本主義」においては，この意味での資本主義は消失している。株式会社制度と証券取引市場の関係について前者の自由の極大化と後者の規制の極小化を鋭く批判する「人民資本主義」的上村達男のプロジェクトにも通じる視点である。小野塚の理論は，イギリス資本主義の「先進性」という議論にポメランツ (Pomeranz, Kenneth) の『大分岐』(川北監訳，名古屋大学出版会，2015年) の統計情報を駆使するヨーロッパ世界とアジアを中心とするそれ以外の世界の比較の視点をも参照したものである。そこにおいて，資源を中心とした資本主義の発展条件という資源賦与条件を導入しているのであるが，これも現代に直結する問題意識であろう。

　本書の方法は，小野塚と当然異なるが，イギリス法についての既存の了解について，法と社会の接点を考察する方法を導入していることと関係する。イギリス社会と法の関係はミラーのような投射の関係にない。何よりも法は，社会の変化を直ちに反映せず，逆に法が社会的関係を変動させることがある。戦後日本の社会が準拠基準とした「イギリス社会」との関係においても，法は必ずしもそうではなかった。けれどもイギリス憲法については「法の支配」という理念的な枠組みにおいて「突出した」準拠基準とされた。この場合，法は社会関係を変動させるものとして設計された。しかし，そこでは，イギリス社会の近代的特性は考察されていなかった。すぐれて階級的な社会という視点は欠落していた。現在では，逆にイギリス社会の分析と法の関係は連関していない。このため，「イギリス法」

「南海会社」は，1711年，トーリーの大蔵卿のハーリ（Harley, Robert, 1st Duke of Oxford; 1661-1724）の提唱で設立された。同社は，947万ポンド余の基金未設定の国債を引き受け，その見返りに，スペインから獲得した奴隷貿易を含む貿易独占権を，国債の利子等に相当するものとして毎年与えられるとされた特許会社である。国会制定法がその根拠であって国王の専権的な勅許状によったものではない。
　けれども，スペイン継承戦争の最中にあって交戦中のスペインの貿易自体が「バブル」であり，実際には，貿易ではなく国債引受けの金融機関として，失敗した土地銀行に替え，ウィッグに握られていたイングランド銀行に対するトーリーの信用基金たらんとしたものであった。しかし，この会社は，皇太子，国王が総裁となってトーリー政権下で地位を高め，1720年，「南海計画」を国会に提案し，イングランド銀行，東インド会社の計画に競り勝って，一気に超巨大金融機関として出現する勢いであった。
　南海泡沫事件について，多くの研究があるが，投機的事件であることが強調されていても，この事件がその後の歴史過程に及ぼした影響は，必ずしも整合的に捉えられていないように思われる。例えば，「南海計画」において，公債整理事業に参画した「南海会社」が，政府から支払われる膨大な利子によって一気に金融市場を制覇する巨大株式会社へと拡大される……。このような構想が，トーリーの政策として何故に受容されたのかは，直ちに理解しがたい。この点で，経済史学者の山之内靖が，株式企業の発展の本来的構成要素として，資本調達市場の展開を必須のものとするという理論的視角から，この事件を，師である大塚久雄の名著，『株式会社発生史論』[75]の「到達点」の延長に展開していることを想起しておきたい。
　山之内靖は，〈株式会社の成立は，経済的基礎過程，なかんずく産業資本の蓄積過程といかなる関連に立つか〉という問題視角から，この事件を重視した[76]。イングランド銀行が手を出さなかった「南海会社」の「妙手」は，公債と株式の転換方式が，相互に時価で評価されるというものであった。例えば，株価が額面

---

　　ないし「イギリス憲法」は，細分化された制度の集合にすぎないように考察される。小野塚は，イギリスの古典的自由主義の社会設計を自由で自立した能動的主体による社会を求めるものとする。それが，「強制」という自由主義とは敵対的な転換で終焉を迎え，それに代わって「介入的自由主義」が展開するとしている（419頁以下）。本書で貧困の問題と「壊れたイギリス社会」の考察を指摘しているのはそれ故でもある。総じて「生活」の視点を加えたイギリス法史の問題である。

[75]　『大塚久雄著作集　第1巻』岩波書店，1969年所収。
[76]　山之内靖『イギリス産業革命期の史的研究』青木書店，1966年。

100ポンドにつき市場価格が200ポンドなら、200ポンドの公債が会社の100ポンドの株式と「等価」として交換されることになる。株式の発行許可数はこの交換額に応じるとされるので、この交換で会社は200ポンド分の株式を発行できることになり、交換によっても100ポンドの株式、時価にして200ポンドが手元に残ることになる。しかし、これが「持続可能性」を持つためには、株価が上昇を続ける必要がある。つまり、自らの労働にもとづく利益の追求ではなく、投機差額という架空の富の追求に依存することになる。これに対してイングランド銀行の場合は、両者の転換比率を一定額に固定するものであった。「バブル」の破綻で多くの自殺者を生んだ「南海会社」と異なり、イングランド銀行は、長期年金の場合についても、例えば100ポンドごとに1700ポンドという一定額のイングランド銀行の株式を提供するものであった。「古代ローマ神殿」のように、「バブル」に対してもこの原則を維持して微動だにしなかったイングランド銀行は、当時からウォールポール派の牙城であった。

　山之内が言うように、資本として機能すべき資金部分の株式を通じた動員は、価値の実体的担い手である貨幣の動員という形態をとらねばならない。このことは「自明の理」のはずであった。ところが、「南海会社」の方式は、株式を通じて動員されるのが貨幣でなく、たんなる定額利子付き証券にすぎない公債であるから、それ自体は貨幣資本のように生産資本、商品資本さらに再び貨幣資本へと形態変換を遂げながら、価値増殖・利潤形成・利潤実現のプロセスを経ることができるようなものではない。生産・流通過程を経ずして最初から、株式と公債の市場価格の価格差から投機的差益を取得するという投機を見込んだものである[77]。

　バブルの崩壊の発端は、「南海会社」が、国債を株式に転換する事業から始めるよりも先に、300万ポンドもの増資をし、しかも株価の値上がりを見越して、一般公募を始めたことにあった。このため、人々が同社の株式購入に殺到し、「南海会社」の株価は高騰し続けた。しかもこれによって沸騰した投機ブームに便乗するように、諸々の「法人格なき株式会社」設立ブームが起きた。当時、何らか

---

[77] 山之内・同書259頁以下。山之内の分析には、大塚の場合には明瞭でなかった産業資本対前期的＝商業資本の対抗という図式を超える「原始的蓄積国家」の経済過程への介入の政策体系分析がある。したがって、1719-20年の投機ブームが、大塚が言うような「投機的商業資本」という「消滅しゆべき存在」の地盤消失過程としてではなく、「産業的株式会社」設立という基盤――それ自体は不退転の――という一般条件のなかで生じたものとして把握されている。同書261-262頁。大塚・前掲書520-521頁を対比されたい。ちなみに大塚も山之内も、「法人格なき株式会社」を論じるについても、信託論がないのは不思議である。

の「公共事業」が都市部のインフラ整備等に必要であったことは間違いなく，下水道整備等の，まともな起業も現れたが，多くは例えば，「永久に回り続ける車輪製造会社」，「何を作っているか不明だが必ず儲かる会社」のような詐欺的会社であり，それがさらに，爆発的に増殖していく有様だった[78]。

かくて，1720年に「バブル法」Bubble Act（6 Geo.1, c.18; An Act to restrain the extravagant and unwarrantable practice of raising money by voluntary subscriptions for carrying on project dangerous to the trade and subjects of this Kingdom）が制定された。同法は，「株式によって公衆の資金を動員」し，かつ「株券を市場に流通させる」ことは，「公的不法妨害」common or public nuisance の罪に問われ罰せられる（科料，罰金，体刑を課される）とし，およそ法人格のない joint stock company の設立自体を禁ずるものであった。同法は，実際には「泡沫会社」を駆逐し，「南海会社」の生き残りを図った法だったのであるが，1720年だけで同社の株価は額面の10倍から一気に元に戻るなど，乱降下し，破産者や自殺者が出る騒動となった。そこで，ノーフォークの郷里に隠遁していたウォルポールが呼び返され，王室関係に累が及ばないよう（そのため「スクリナー」とあだ名された）事件処理と国家財政の建て直し・信用回復に手腕を発揮する[79]。彼が，大蔵第一卿となり，1742年までの「ウォルポールの平和」といわれる安定政権を築くことになったが，大蔵第一卿が「首相」とされる慣例は，このようにして彼の時代に築かれた。

### 4.5　株式会社生成史

大塚久雄の古典的研究『株式会社発生史論』（初版，1938年，有斐閣）は，大塚の最初の著作であるが，特許会社である「東インド会社」（大塚は「イギリス（新）東インド会社」English Company trading into the East India という 1698 年に法人化された joint stock company と特定している）を，近代株式会社の起源とした。そして，「泡沫事件」当時，投機熱に便乗するようにして簇生した特許状なき擬似 joint stock company は，近代的株式会社への発展の契機を有さない「泡沫」と規定した[80]。しかし，大塚のこの著書と同じ年に刊行された Armand Budington Dubois は，以降，法人化の道を断たれた経営者たちは，partnership として扱われながら the

---

78　浜林・前掲注66, 390-392頁参照。
79　山之内・前掲注76, 272頁以下，浜林・前掲注66, 396頁以下参照。
80　大塚・同書24頁以下は，(i)全社員の有限責任制　(ii)会社機関の存在　(iii)譲渡自由な等額株式制　(iv)確定資本金制と永続性を，株式会社発生の「決定的指標（クリテリウム）」とする。

uncorporated association を設立し，活動を続けたことを分析していた[81]。日本でも，本間輝雄『イギリス近代株式会社形成史論』（春秋社，1963 年）は，大塚の研究には見られない信託を駆使した法人格なき joint stock company が活動を続け，それが近代株式会社の起源となったとしている。

　しかし，ここで注意しなければならないのは，大塚が，近代株式会社の源流を古きコメンダから合資会社制度が成立していた中世末のイタリアの諸都市に求めた，その「起源論」の理念的インプリケーションである。彼は，「株式会社」において，少数の中心的機能資本家団，すなわち「大株主」の手にこれが独占されて，彼らが企業を「支配」する。「一般株主」は，単に出資して受動的に利潤の配当にあずかる「持分資本家群」にすぎないものとなる。中心的機能資本家団は，合資会社における「無限責任的人的支配」と異なって，「株主総会」等の会社機関のなかにその「企業支配」の形態を埋没させ内在化させて，これによって企業全体を支配する。「人的支配形態」に対しこれを「物的支配形態」と名付け得よう，とする。かくて，株式会社において社員の個人性なるものが全く「団体性」の中に吸収されるという外形（現象形態）が生じる。これが，いわゆる株式会社の「法人性」*Rechtsperson*, *corporation* の問題に外ならない，と言っていることに着目しなければならない。大塚の「会社形態史」の理論的抽出が，このように，「株式会社の形態変化」に対しての批判理論＝理念型とつねに対照されていることを忘れると，「いかに資料を推積し，シェーマを抽出してもそれは無意味に終わる外はあるまい」という，大塚からの批判を受けることになろう[82]。

---

[81] Dubois (Sometime Cutting Traveling Fellow, Columbia University), The English Business Company after the Bubble Act, 1720-1800 (New York, 1938), pp.28 *et seq.* Corn Factors of London の例では，穀物取引を行うための問屋グループが法律家に deed of trust を起草させて会社を設立し，「バブル法」に抵触がないように何度もこれを改訂したことが分析されている。結局，信託によることになったが，設立証書には，"made and created One Body Politic and Corporate" という法人化のための "マジックワード" だけは入れないように注意された。こうして，parnership と corporation のハイブリッドという "*sui generis*" joint-stock associations が，共通の社章と販売可能な株券を発行できる存在として現れ，エクイティ裁判所や官吏によって許容されていったのである，としている。see, pp.40-41)。

[82] 大塚・前掲書 17-21 頁。なお，大塚にも依拠する上村達男『会社法改革――公開株式会社法の構想』岩波書店，2002 年，とくに 6 頁以下参照。上村の「公開株式会社法の理論モデル」は，アメリカの「人民資本主義」people's capitalism が目指すところであるとして，証券市場・市民社会・企業社会を結びつけた，証券市場と公開株式会社法制の結合理論を提唱するものであるが，これは明らかに大塚の（ウェーバー的）理念型論であろう。なお，上村「資本市場・企業法制における法継受の意味について」，早稲田大学比較法研究所編『比較と歴史のなかの日本法学』成文堂，2008 年，469 頁以下，尾崎安央のコメントも参照。

近時，The Oxford History of the Laws of England XII 1820-1914; Private Law (W.Cornish, R.Cocks, M.Lobban, P.Polden, K.Smith), 2010（この浩瀚なシリーズにも言及したかったが別の機会とする）で Company Law の部分を書いたマイケル・ロバーン（Micheal Lobban）は，「バブル法」前後の歴史を踏まえて，1856-62 年を近代株式会社法制確立期としている（pp.629 *et seq*.）。この点では大塚の理解は，一面的であった，ということになろう。しかし，その理由が重要である。

大塚は，「1720 年以降，〈特許状〉によって設立された joint-stock company 以外での，株式会社の一般的展開の傾向は全く阻止されてしまった。なぜならかかる古き型の投機的商業資本の集中はいまや近代的産業資本の一般的展開の前に遅かれ早かれ存在の意義を失って消失していくべきものであり，かくて客観的条件が欠けていたからである。ただ，大産業の出現の偉大なる時期たる産業革命までの原始的蓄積の機能の最後のひとふしを果たすべく残された少数の joint-stock company のみ，〈特許設立〉によって株式会社形態を与えられ，そしてこれらが一九世紀までこの〈会社企業の最高形態〉を持ち越したのである」（大塚・前掲書，620 頁）と述べた。これに対して前述のように，本間は，「合名会社」というべき partnership の形態をとりながら「法人格のない会社」（unincorporated association）が，信託を駆使することによって「特許設立による少数の joint-stock company」に伍して，結社設立の自由を主張して，近代株式会社法制の基礎を築いたのだ，としている（本間・前掲書，序説参照）。

大塚の場合には，名誉革命体制の〈ブルジョワ的〉側面を支えた産業資本が，特許会社の「民主化」を推進したと捉えられ，産業資本―前期的商業資本という二項対立スキームによる説明となっていた。「イギリス東インド会社」が，オランダ東インド会社と異なる近代的「民主型」株式会社となり得たのは，イギリスにおける株式会社が，封建的・ギルド的カンパニー制の廃棄によってではなくその外枠に固着していたいわゆる joint-stock company の変形によって生じたことによる。すなわち，それは，「全社員の有限責任制」と，社員総会を備えた近代的「民主型」に移行したと捉えられ，市民革命の帰結とされている。それは，産業資本家たちによって，前期的商業資本家層を基本的に排除して，「本質上，自己の要求するレジームとしての民主制」を実現した。すなわち，設立当初より 1640 年頃までにいたる東インド会社は，専制的な構成を転換し，ピューリタン革命開始とともに「近代株式会社」の起源というにふさわしいものとなった，と言うのである（大塚・前掲書 490-492 頁）。

「バブル法」の適用下で，イギリスでは，法人化による実業化の道は途絶えて

いたが，アメリカでは独立後の1780年代，business corporations が，1830年代まで急激に生成・発展した。イギリスの国王大権であった法人化という自らの対立物である権限を，独立後の各州が競って行使したのは，「不可解」ではある。しかし，Pauline Maier によれば，Oscar & Mary F.Handlin の1945年の古典的研究が明らかにしたように，法人化の要因を，有限責任に求めるとすれば，当時，そのような仕組みは未確立であった。私的・公的法人というアメリカの法人制度の特徴である区分と一律な制度は，19世紀の法学者の考案にすぎない。いずれも，当時の法人化ブームの説明にはなっていない。逆説的なことに，革命に勝利した独立革命の歓喜と熱狂が，法人化ブームをよんだのである。マサチューセッツ州における法人化の並外れた迅速さは，ベイ植民地がそれ自体一つの法人とされてその下に法人をおけないはずであるにもかかわらず，議会がいくつかの機関に権限を与え，さらに議会の条例なしに法人化を可能にする一般諸条例に関する法を制定したことにみられるように，同州が法人という技術に精通していたことと無関係ではない。かくて例えば，一定の共有地や，タウンシップが存在しない地区の管理の仕組みにまで，法人化の技法が使われ，ただちに実施されていった。それらは，結社・組織化・共同努力といったピューリタン的精神の顕在化とも考えられる。つまり，アレクシス・ド・トクヴィルが言ったように，「アメリカ人はその年齢・階層・思想の如何を問わず，絶えず団体をつくる。通商の会社や産業の会社に誰もが属しているばかりでなく，これと異なる種類のものがなお無数に存在する。……その後，私はイギリスを旅行した。この国からアメリカ人はその法制の幾何かとその慣習の大半とを受け継いだのであるが，そこでは，このように不断に，また巧みに，結社の利用がなされているようには到底みえなかった」。

　イギリスのような「貴族制の社会においては，……富と権力とを備えた人々」が，「あたかも一個の恒久的・強制的な結社の長となっており，この結社を構成する人々はすべて，彼に服従させられ，彼の計画に協力させられている」。これに対してアメリカのような「民主的な国民においては，すべての人が独立で，また弱体である。1人の力ではほとんど何ごともなし得ず，またその中の誰一人として，同胞に対して自分に協力させるだけの力を持っていない。互いに自由に援け合うことを学ばなければ，彼らは皆無力に陥る」。

　トクヴィルは，結社を結成してプールするというニューイングランドの習慣が全国的なものとなったアメリカでは，人々が絶えず結社を結成するが，それは「彼らの社会に関連していた」のであると言う。すなわち，「市民は独立しつつも弱い立場にあり，互いに自発的に援け合うことを学ばなければ無力な烏合の衆」に

なってしまうと洞察していたのである[83]。

　イギリス（イングランド）での法人化は,「法人擬制説」によるのであって,結社の自由の欠如の表明にほかならなかった。個人の主体性を表現する契約や代理の法理は,サー・エドワード・クックや,サー・ウィリアム・ブラックストーンによる「法人擬制説」の完成期には成熟していなかった。

　けれども,カノン法の影響のもとに,法人の観念がイギリスに取り入れられたのちにも,「擬制された法人格」は,団体の権利・義務の規律,つまり社会関係の法的規律を可能にするための技術とされることはあっても,国家を説明するための理論,または,法人格自身の理念的ないし理論的な洞察をもとめるものとはならなかった。ラフリンについて言及したように,「国家」に関する理論の欠如は,現時点でも変化がない。

　しかし,ドイツ的な有機体的法人観念と異なり,例えば,aggregate corporation（集合法人）, corporation sole（単独法人）の概念のように,公的関係を私法的関係に取り入れるような柔軟な構成をとり,法人の関係を近代的な個人法的関係,さらには法人の内外関係を財産法的関係として,近代的個人法原理に同化しうる可能性を包摂するものであった。法人擬制説においては,「実在説」の場合に容易にその法人性を認めうる古来の団体に関しても,「時効」prescription による法人格の取得という法理が用いられたが,これは,すなわち,イギリスの公式の法人論の柔軟性を示すものでもあった。しかも,法人格の得喪は,ヨーロッパ大陸法におけるような絶対権の取得・喪失といったものとしてでなく,grant の推定という証拠法上の問題とされた。このことは,ことに絶対王政の胎内に成長した個人法的関係に擬制説が整合する理由ともなった。アメリカ独立期の *de facto* corporation の法理の,淵源ともなっているのである[84]。

　法人擬制説がイギリスに導入された要因は,以上のように,イギリス社会の歴史的特質に由来する面があったが,いま一つ,特許主義との関係がある。

---

83　P.Maier, The Revolutionary Origins of American Corporation, The William and Mary Quarterly 3rd Series, vol.50, No.1 (Jan, 1993), pp.51-84（邦訳，高嶋正晴訳「独立革命期におけるアメリカ的法人の革命的諸源（上）」『立命館産業社会論集』36巻4号, 2001年3月, 161頁以下参照）。トクヴィルの引用部分については，トクヴィル著，岩永健吉郎・松本礼二訳『アメリカにおけるデモクラシー』研究社，1972年，105頁以下によった。

84　これらの詳細は，別の機会に論じる。「古典的」研究として，夭折した富山康吉のすぐれた研究，「法人と信託についての一考察」『立命館法学』4=5号合併号，1952年, 144頁以下参照。また，海原文雄「英法に於ける法人論の系譜」『法制史研究』7号, 182-209頁，1956年，大野秀夫「メイトランドの法人論」『法制史研究』40号，1990年，参照。

市民革命の要因の一つに，絶対王制下の団体設立における特許主義への反発があった。これは君主への献上金との対価的関係があるものとされ，「擬制説」はここでは，法人の権利能力は公権によって付与された power であるとする concession theory と表裏の関係にあった。しかし，「時効」によるものを含む「擬制説的」法人が近代的なものに純化していくためには，絶対主義的機能からの脱却が必要であった。そこに登場したのが，「信託」である。

「特許主義」によって，団体設立の自由を奪われた団体や目的財産に対して，信託は，受託者に管理を強制することによって，法人を設立した場合と同様の利益を享受させることを可能にした。しかし，特許主義自体はこのことによって，かえって残ることになった。株式会社が法人となれないのは，営利追求が「公益」と言えないとすることにもあったが，「信託」によれば，国家と関わらなくても，多数の人々が彼ら自身の利益を目指し共同することが可能になる。

ハリスは，17世紀後半から18世紀初期のこれらの「法人格なき団体」は，複雑な法的関係を含んでいたが，以下のように整理できるという。第1に，共同事業を営もうとする人々が各自一定の財産を拠出し，それらを受託者に委託し，受託者はそれを全員のために管理・運用する。ここにはいろいろのステージがあるが，組合契約による拠出の合意，設立証書（deed of settlement）による運用の合意など，組合，代理，信託，契約の複合であって，どれか一つによって規律されることはない。第2に，株式の自由譲渡，出資額による利益の配分は「バブル法」の制約のもとで，設立証書で，代理や信託契約などを用いて取り決められ，かくて，組合，契約，信託というコモン・ローとエクイティの複合として「法人格なき団体」は，当時の「法の実体でなく形式にこだわる法制」を「下から」変容させていったのであると述べた[85]。

ここで重要なのは，エクイティ裁判所を通じて，信託設定者の指定する目的のために信託財産を管理することを強制される信託受託者が，コモン・ロー上の権利を有し，信託受益者の権利はエクイティ上の権利となり，信託は，総じて，この受託者と受益者の契約法的関係を超える法的関係によって支えられる制度となることである。

近時，fiduciary relationship（信認関係）の理論的体系化によって，コモン・ローとエクイティの「二元性」を特質とすると言われる広義の（エクイティも含む概念としての）コモン・ローの再定位を求める立場がある。また，エクイティが，

---

[85] Harris, R., Industrializing English Law: Entrepreneuship and Business Organization, 1720-1844, Cambridge University Press, 2000, pp.140-141.

現代にも決定的な影響を有するのは，信託を通じて，土地の capital 部分と income 部分を分離させて別々に帰属先を定めるという手法，これに関連する trust fund の形成によるところが大きい。それは，信託が土地法の必要から生まれたことと同様に，土地法の法理がイギリス現代法にもきわめて大きな影響を及ぼしていることを示すものである。これらについて，終章で論じたい。

### [Box] 所有権論と信託論

　日本法社会学会は，久々に"グランド・セオリー"を扱い，昨年，青山学院大学で全体シンポ〈新しい所有権法の理論〉を開催している。尾崎一郎企画委員長を筆頭に，棚澤能生，上村達男，加藤雅信，水林彪，松村良之という同学会の現在のエース級選手を報告者，コメンテーターとし，佐藤岩夫，飯田高を司会とする画期的企画（関連企画として，吉田克己，棚橋明日香，小島妙子による〈身体・所有・自由〉）を実現した。そこで主要な検証の対象とされたのが，川島武宜『所有権法の理論』である[86]。この中で，上村達男が，私的所有権，契約，人格を商品というモノに還元する技術的構成の「行き着くところ」として，特殊資本制的信用の諸形態（商業信用，有価証券，銀行信用）と，法人による所有と株主による所有の分裂形態としての大株主の専制支配の媒介者たる株式会社制度と，独占資本・金融資本・持株会社というかたちの「資本としての所有権の極大化」を指摘している。棚澤の言う「個体の自己獲得＝個体的所有」の全社会的回復という「持続可能社会への転換期の所有権論」の基底的論理を，上村はその「人間の学としての会社法学」において参照しようとする。水林は，あらゆるものを商品化する資本主義社会において，各人が排他的に支配する名義を所有権として並列するだけで，その内的関連が消し去られた an sich な所有権論を批判する。そして，「経済的諸関係の総体およびこれを媒介とする法的諸形態の考察」，それらをもう一度

---

[86] 日本法社会学会編『新しい所有権法の理論』（法社会学第 80 号）2014 年参照。この企画の提唱者である尾崎は，『所有権法の理論』は，封建遺制と封建イデオロギーを克服した自由で平等で主体的な個人の契約関係からなる近代社会の構想という，社会モデルを規範的に主張する側面と，社会変動における史的発展法則に沿った来るべき姿の提示という側面の二面が「渾然一体」となった理論として把握する。そして，川島「近代的所有権」論の規範的モデルたる絶対性を基軸とするその「観念的構成」がいわば暴走して，規範モデルとしても歴史モデルとしても，破綻しているとして清算的に廃棄するのでなく，歴史発展法則の呪縛から「いったん解放し，個人化，社会構造の液状化，市場・貨幣経済の拡大深化など」の現代社会の文脈における「暫定的な普遍性」に立脚した「批判理論」として，これを「捉え返す」という問題意識を表明している。同書 1-9 頁，「企画趣旨」参照。

並列された所有権の姿として「転倒的に現象してくる次第として叙述する」という水林の「新しい所有権論」の「構図」もまた，現代所有権論における「人間」の回復という意味で，楜澤・上村と通底していると言えるであろう。以上の問題意識の「起源」は，所有権の観念性と絶対性を基軸とする川島「近代所有権論」が，その「観念的構成」の故に，近代的所有権の暴走を阻む志向性をもった所有権論の構築に成功していなかったという，批判思想にある。しかも論者たちによればそれは，川島「所有権論」において，「資本としての所有権論」，具体的には株式会社法制と信用並びに資本取引市場法制への考察の稀薄さとして，別言すれば，規範理論と法則理論との乖離として，深刻なかたちで現れていた。

この問題は，前述のように，大塚久雄がその初期の作品で重視していた「理念型」と関係している。大塚と川島の間での問題意識の共有と，その方法的親和性に，いまさらながら驚かされる。

加藤雅信は，上記の3人とやや観点を異にするが，不当利得法についての自らの「箱庭説」に言及しつつ，「財貨移転を基礎とする法律」は，あらゆる法分野に存在し，民法・商法・行政法等の「陽の体系」に「一対一に対応するかたちの陰の体系」が「不当利得法」として存在していると述べ，その「法体系投影理論」に言及している。川島の「近代的所有権」論における所有権の「私的性質・観念性・絶対性」に「慣習法的権利状況」を反映する歴史論，とりわけ，所有権の発生史が欠落しているのは，体系の故か，「経験法学的」方法の故かという重要な問題を提起しているのに，それ以上の展開はない。以下では，コモン・ロー的な観点で見た場合に，この最近魅力を感じた"グランド・セオリー"に何らかの付加ができるかを中心に論じてみたい。

## 5 信託と統治構造論の問題性格

メイトランドの信託と法人についての理論には，信託の技術的な説明（記述的法理論）にとどまらないロマンがある。日本ではメイトランドに魅了された民法学者の森泉章とその門下の人々によって，翻訳を含めて膨大な研究がなされていて，本章でもしばしば引用させていただいた（前述第7章3注43等参照）。

私の関心は，メイトランドの「多元主義」者の側面にある。彼は，ラフリンが批判してやまない「国家論なき法学」の対極的存在でありうるはずであった[87]。

---

87 Loughlin, M,, The Functional Style in Public Law, 55 *University of Toronto Law Journal*, 361（2005）（邦訳，小川祐之訳「機能主義様式公法学(1)(2)」『比較法学』（早稲田大学比較法研究所）第45巻2号，3号所収（2011）。この論文は，ドイツ的「国法学」に相当

第8章　イギリス近代と多元的社会の法構造　　469

　メイトランドは，ケンブリッジ大学の街，ケンブリッジ市という「自治邑」と株式会社の「近代化」に着眼している。そして，「自治邑」は，一方の手を後方の古い村落共同体に伸ばすとともに，他方の手を前方の自由に結成されるあらゆる種類の会社へと伸ばすと述べた。これは，実際にはギルドに掌握された特権的市民の支配からの離脱を含む「都市法人」の形成と，株式会社の「準則主義」による自由設立を展望する含意であった。しかし，メイトランドから見れば，ギールケ的「法人実在説」のイングランドにおける受容は，法人格の付与主体，すなわち王権の存在の故に，不可能であり，法人は，「擬制説」的にしか機能しなかった。実際，1835年の「都市法人法」以降の地方政府の「民主化」も，国会制定法の「権限付与」と，そのコロラリーとしての *ultra virses*（権限踰越）[88] 法理に

するPublic Law原理論を構築しようというラフリンが，ダイシーの古典的自由主義の憲法理論に対抗する「機能主義様式公法学」を19世紀末期以降の政治思想との相関で捉え，理想主義・社会進化論・プラグマティズム・多元主義という潮流に沿って，1920年代以降のLSE（London School of Economics）におけるラスキを中心とした公法学の機能主義的学派を包括的に捉える野心的研究である。このなかで，ラフリンは，ラスキとメイトランドの関係に触れている。ラスキは，メイトランドにしたがって実在としての団体的人格を認めつつ懐疑を抱く。すなわち，「メイトランドという魅惑の魔法によって編まれた危険な筆力」によって，国家の超越的性格を批判しながら，かかる集団，アソシエーションが，個々人を道具として扱うことを批判しなければならないというジレンマに陥る。そして，機能主義者の中には「協同関係」（協同組合運動）の模索に向かう人々も現れるなど，ラスキとその周辺の人々の思想を辿ることを通じ，この時期のLSE機能主義の重要な特徴を描いている（邦訳(2) 157頁以下参照）。なお，姫野学郎「エドゥアール・ランベールの比較法 - 法の〈社会化〉と〈国際化〉」，『國學院法学』51巻4号所収（2011）110頁以下は，Rabelのもとで研究を開始したW.Friedman，その友人のOtto Kahnfreundらの亡命ドイツ人と，これを受け容れた，Laski, Gutteridge, W.A.Robsonらの改革者たちが，LSEにおいて，1930年代に機能主義比較法の「劇的」な形成を示したこと，また，20年代には低いプレステージでしかなかったイギリスの法学教授たちがSociety of Public Teachers of Lawを設立していたこと，そして，1950年代にはLSE（その発信源がModern Law Review）を拠点とした「社会法的思想」が展開するが，それにも，かかる「共同作業」の成果が反映していたことを指摘している。これは，ラフリンとの整合性も示していて，興味深いところである。関連して，前述111頁以下も参照されたい。晩年のフリードマン（コロンビア大学教授時代に強盗に襲われ，非業に死を遂げる）については，とくにその「現代的」意義のある国際法理論への寄与について，佐分春夫「W・フリードマンの国際法の構造変化把握」『法時』50巻3号，小畑郁「世界公共圏の構築としての〈国際法の重層化〉；後期ウォルフガング・フリードマンの法プロジェクト」『世界法学会年報』20号2001年参照。

88　McLean, p.105によれば，ポロック（F.Pollock）は，*ultra vires* の導入は，アメリカ憲法のconstitutionan limitationsの援用と言うべきものであって，メイトランドのGenossenschaftとしての団体の団体的性格が1835年の都市法人法に性格に写し取られていないことを示していると指摘した。なお，メイトランドは，彼の言うpartnershipは，Genossen-

よる統制，を予定した「地方自治体」の形成を意味したが，その結果としての自律性の喪失（メイトランド風に言えば，moral personality の喪失）と映じたであろう。また，1862 年「会社法」による株式会社設立についての「準則主義」も，教会なり登記所に行き，国家によって「婚姻を創設される」のと同様に，法人も国家によって「創設」してもらうという意味となり，信託のもとでの自由な結社と比べれば，それは，「非法人的結社」の「降伏文書」を意味している[89]。このように，メイトランドの評価は，いずれについても高くなかった[90]。

メイトランドの「法人としての王冠」The Crown as Corporation は，憲法学的に言えば，国家の観念を欠落させている近代イギリスにおいて，その代わりにあまりにも多く，「国家」の代用にさせられてきた王冠概念の「インフレ現象」に，皮肉な観察を加えた論文である[91]。

メイトランドはロックを意識していた。しかし，ロックの信託論は，政治的信託論であって法的信託論でないとしていた。法的信託論であれば，信託設定者，受託者，受益者が特定されなければならない。革命期において，国王と人民の間でのウィッグ的な「原始契約」論の主張と，神授説的な王権論が対峙しているとき，個人主義に基礎をおいた契約説的な国家形成論では，完結できず，そこで信託論が，「メタファー」として援用された。

「名誉革命」の法的性格以前に，ジェームズ 2 世の国外逃亡という事件は，ピューリタン革命を経たイングランドにおいて，神授王権と国家宗教（イングランド国教会）とが対立し，これによって王権と人民の間が極限まで張り詰めた状況となっ

---

schaft の正確な表現でなく，むしろ Fellowship（仲間的団体）というべきとする。彼によればこの概念は，キケロによるものであって，実際彼は，「市民社会」の起源は，「社会契約」もしくは「組合契約」であるべきで，そうした市民の組合的結合による団体が多元的に連合し，国家もそうした団体の一つに過ぎないと考えていたようである。次注の邦訳書『団体法序説』65 頁以下参照。

[89] 森泉監訳『団体法序説』89 頁以下参照。また，アメリカにおける自発的結社をめぐる状況をイギリスと対比する高橋和男「自発的結社と株式会社—歴史的経路依存の視点から」岡田泰男・須藤功編『アメリカ経済史の新潮流』慶應義塾大学出版会，2003 年，98 頁以下参照。

[90] McLean, op.cit., pp.94 *et seq.* は，メイトランドにあった self-government の理念は，ヴィクトリア期の respectability 文化の一般的な側面を代表していたとするが，一方で *Salmon v.Salmon* [1897] AC22 (HL) の判示にあるような有限責任制に隠れて責任を免れた「一人会社」の例のような利潤本位への批判があった。この点，461 頁以下で触れた大塚の理念型とも関係する。メイトランドの場合，fellowship および，国会制定法でなくコモン・ローが，その「団体論」の法的基礎であった（McLean, p.94）。

[91] 森泉監訳『法人論』114 頁以下参照。

た結果でもあった。そこでは，王権による信託違反であるのみならず，人民との契約の侵害という二重の侵害が問題となるはずであった。言うまでもなく，ロックの「統治の解体」が論じられるのは，「共同社会の最高権力である立法権力」が，人民の固有権（プロパティ）を奪い破壊し，人民を隷属状態に追いやろうとするとき，言い換えれば，人民の生命・自由・資産に対する絶対的な権力を握ろうとするという信託違反があったときに生じる。そして，立法部に関わるとともに立法部の法の最高の執行者である君主が同様の行動をとった場合には，それは，立法部と人民に対しての「二重の信託違反」となり，同様に，「統治の解体」が生じるのであるとしていた。しかしながら，イングランドの場合には，アメリカと異なって，このコンテクストにおいて「憲法の瞬間」は生じなかった（前述第7章1，336頁）。ピューリタン革命期のレヴェラーズの人民主権原理による新憲法の制定のような動きは，名誉革命においては生じなかったのである。

メイトランドは，先の「王冠論文」において，ピューリタン革命の政権が，自らをコモンウェルスと称し，国王の存在しない「国家」をリパブリックと称した結果，ロックが「政治的共同体」の意味のコモンウェルスも，リパブリックも，正式の国家を指す用語として使用することは不可能になったと，この歴史的経緯について説明している。メイトランドが「共和主義者」だと短絡するわけではないが, state, nation, commonwealth, public と「国家」に相当すべき概念を並べ,「the Public の概念は有益であるかも知れない」と述べながら，この Public とは,「ある身分貴き人物の感情を慮って，その第一音節を欠落させた"*Respublica*"という語に酷似していた」とも述べた。つまり，これには国王は含まれていないと示唆したのである。また，国債は，National Debt であるが，これは王冠ではなく，Public ＝公共，つまり人民＝国民が負担するのである。「国民の誠実さ」があればこそ，国債の年間配当金の受領者は安泰なのである。ここには，王冠と人民＝国民が相互に信託受託者という了解が存するのであり，人民＝国民，国家，そして王冠の間には大きな相違はないと言う。したがって「信託」は，法律学の領域を離れた政治・国制の領域に入ったときにはじめて，十分な働きをするのである，と彼は捉えていた。

ラフリンは，グリーンに代表される理想主義者たちが，イングランド的経験主義，スコットランドの哲学とともにドイツの観念論の各伝統を「ブレンド」し，古典的自由主義が批判したコレクティヴィズムに対し，それに道徳的正当化を加えたとした。それにもかかわらず，コレクティヴィズムと，その具体的な展開であった20世紀初頭の社会政策に対し，彼らがむしろ否定的であった要因として，

「法学が脆弱」であったことをあげている。具体的には,「社会的権利」についての視座が稀薄であり,そのため法実証主義が法学者を支配することが可能となり,ドイツ的国法学 (*Staatsrechtslehre*) と同様のものが,この時期活性化しないことになったと言っている。「実証主義者に染みこんだメンタリティと,イングランド政治思想におけるヘーゲル的観念に対する根深い不信があるにちがいない,と私は疑っている」とも述べている[92]。

## 6 信託の社会的機能

それでは,信託とは何であるか。

New Cultural History を標榜するサセックスおよびケンブリッジ（出身はオックスフォード）大学のピーター・バーク (Peter Burke) は,C.Hill の弟子の Keith Thomas の門下であるが,微視的社会史には批判的であり,M・ウェ-バーの「理念型」のモデルが必要と考えている。来日の経験もあることから,かの「忠臣蔵」について,この物語が日本人にアピールするのは,徳川時代の基本的な社会的諸規範の間に潜在的な対立があったことを劇的に示すからであったと言う。主君の仇討ちをすることは法律を破ることであったが,しかしそれは,サムライの間にあった名誉についての非公式の規範体系に合致し,サムライ以外の民衆にもそれは,共有されていた。そこで浪人たちは主君と同様の儀礼的な自殺を命じられるとともに,その記憶に対しての永遠のリスペクトが払われることになった。けれどもバークは,このように微視的な歴史を語ることは,それだけでは,「収穫逓減の法則」[93] から自由でないとする。

「新しい歴史学」におけるポスト・モダーン的志向,あるいはグローバリゼーション論の一部に見られる,人類が掴み取った「近代概念」やそれをめぐる理論的な考察を軽蔑するような傾向への批判を含む主張である。バークは,微視的な無自覚的な検出モデルは,その実践者の小さなコミュニティから検出されたものが,マクロ的な歴史的傾向とどのように結びつくかを,明示する必要があると言って

---

[92] ラフリン・前掲論文,小川訳(2) 129 頁以下,とくに,138-139 頁参照。309 頁注 21 に引用の樋口陽一論文参照。

[93] 土地への資本と労働の追加的投資は,農業上の知識や技術水準が不変の場合,土地の制限性のために,一定点（最高収穫点）を超えると,逓減的割合でしか生産物を増加し得ないという法則をいう。Burke, P., History and Social Theory, 2$^{nd}$ ed., Polity Press, 2005（邦訳書,佐藤公彦訳『歴史学と社会理論〔第 2 版〕』慶應義塾大学出版会,2009 年,310 頁の訳注参照）。

いる[94]。

　前述したが，バリーとブルックスによる the middling sort of people（中間の類い＝中流層）は，旧来のギルドや都市自治体を引き継ぐ形で新たな結社を結成していったとされる。それは，近世イングランド社会（16世紀から18世紀）という像に新たなイメージを加えた。わが国ではおそらく，大塚史学の「独立生産者層」と，ジェントルマンおよび擬似ジェントルマンの支配という越智，村岡，川北の「ジェントリ支配論」の対抗の中間に入る理論のように受け取られよう。

　けれども私は，これは，バークがいう，コミュニティについての集団的アイデンティティとその政治的機能の分析というべきだと思う。その点で，権力と政治文化の関係を明らかにする，パトロンとクライアント，その系としてのパトロネージと「腐敗」，政治的な感情や観念の伝承である「政治の社会化」political socislization という問題であり，さらに，「市民社会」とその概念を「公共圏」＝ public shere（Öffentlichkeit）という場の概念として言説空間化したハーバーマス理論の影響と見てもいいように思う[95]。

　財政学・経済学者の金子勝は，先のメイトランドの「政治的信託論」に近いかたちで，名誉革命体制を支えた大法官府裁判所とエクイティの重要な機能について論じていた。1689年に王座裁判所の首席裁判官に選任されたホルトが，ジェームズ2世の国外逃亡について，契約説によらず「法的信託違反」としたことに触れた（第7章1）。金子は，人民主権説における社会契約論を排除するため，国会と政府を受託者とし，財産（土地）所有者を受益者とする「信託」の適用によって名誉革命体制は樹立されたと言っている。名誉革命体制は，人民主権を排除した国王を頂点とする垂直的な財産権秩序という集権的構造と，「地方の自律性」と，それに基づく議会主権という「分権国家」志向という対極的な構造の微妙なバランスの上に成り立つ国家体制であったと言うのである。この垂直的統合の手段となるのが，王室財政と国家財政の未分離，「国会主権」と言いながら財政統制への議会協賛権の不徹底という実態であった。なぜならここから，王室は，パトロネージと裁量権を操作し，それによって王権に義務を負う官職保有者とその官職の私有財産化が生じ，かくて，封建的臣従関係を基礎にした秩序を，私有財産権に基づく権威的秩序に転換することが可能になったからである，と言う[96]。

---

[94] 同上，訳書60-61頁，および「訳者あとがき」参照。なお，バークは，池上英子『名誉と順応――サムライ精神の歴史社会学』森本醇訳，NTT出版の英文原著に依拠している。
[95] 同上，訳書82頁以下参照。
[96] 金子勝『市場と制度の政治経済学』東京大学出版会，1997年，57-65頁参照。なお，金

金子の「信託論」は、「公共信託」論を踏まえているようである。バリーとブルックスの研究でも、都市の結社における「垂直的」位相と、その成員間の「水平的」位相を結合させたのが「信託」であったという記述がある[97]。

いずれもきわめて示唆的であるが、信託の法的内容・構成についての具体的な説明は、いずれにもない。

**[Box] 信託研究の深化**　イギリス近代において信託が果たした作用の重要性は、ここに垣間見たように多くの論者が指摘していることである。けれどもその多くは、「比喩的」なレベルにとどまっているように思われる。それはある意味でやむを得ないことで、実は信託とは多義的なものである。しかも、現代では信託はコモン・ロー（エクイティを含む広義のそれ）に固有のものであるか（エクイティなき信託！）を含めて様々な論争が展開しているほどである。いずれにせよ、信託は、ここまで扱ってきた主として18世紀までの時期以降において、どのような機能を果たしたかについて分析が必要である[98]。

「信託」研究は深化しており、当然のことながら信託の成立をめぐるメイトランド説も揺らいでいる。先の森泉グループは、『イギリス信託法原理の研究——F.W. メイトランドの所説を通して』（学陽書房、1992年）を発表しているが、その「総論」は、メイトランド説の要約としても、通説的見解としてもすぐれている。

## 6.1　イングランド信託法の特色

信託は、中世のユースを起源とする。ローマ法の *Fiducia* に基づく信託法論が19世紀末のパンデクテン法学の末期に生成し、この *Fiducia, Trehand* の観念によって信託行為を理解するドイツ的「目的超越説」的立場は、英米信託法を

---

子は、大法官府主事を中心とした、公会計調査委員会での議会・政府＝受託者、臣民＝信託委託者という論理での「公金」に関する「公共信託」、同様に公債受託者＝政府、公債所有者＝受益者という論理での「公共信託」、官職所有者の私的権利の制約としての「受託者」義務など、信託法理の援用があったとする（同書63頁参照）。

[97]　バリー・ブルックス訳書『イギリスのミドリング・ソート』128頁参照。

[98]　「ジェントルマン資本主義」の論者が名誉革命から第一次世界大戦期までを「ジェントルマン資本主義」という概念で捉えようとした時代（この点、P.J.Cain & A.G.Hopkins, The Political Economy of British Expansion Overseas, 1750 ほかの論文を集成した邦訳書、竹内幸雄・秋田茂『ジェントルマン資本主義と大英帝国』岩波書店、1994年〈訳者解説もすぐれている〉を参照）までを、ここまでと同様な叙述方法で分析する予定であった。しかし、私の能力不足とにより果たせないことになった。以下では、その際の基本的モチーフを論証抜きで示すことになるが、お許しいただきたいと思う。

第8章　イギリス近代と多元的社会の法構造　　475

母法とするわが国の大正11年の信託法以降も影響がある。しかし、メイトランドの時代は彼とギールケの有名な交流が示す通り、信託はイングランド法固有のものとする学説が通説的であった。しかし近時、私が依拠してきたこのメイトランド説についても、「揺らぎ」が生じている[99]。

---

[99] Equity に関する近作で2つの作品を紹介する。1つは、J.Baker の後任の Downing Professor である S.Worthington, Equity, 2$^{nd}$ ed.Oxford, 2006 である。Worthington は、common law と equity の二元論を否定する論客であり、イングランド法の独自性を緩めることによってヨーロッパ法の統合に向かう流れに親和的な方向を目指しているように見える。彼女は、ベンタムにしたがって、プロパティを「関係性」で捉えると主張している点（同書、52頁以下）は、ことに興味深い。前述の法社会学会のシンポ（前述の［Box］）で、コメント役の松村良之が、川島の所有権はすぐれて法律技術的な存在であって「思考経済上の短縮用語」であったことを強調し、これは、彼の経験法学の影響でなく、1960年の民法教科書ですでに言われていたと指摘しているのは興味深い（『新しい所有権法の理論』125頁注20）。川島に対する批判者でもある木庭顕の「モンスター論」についてはすでに触れておいた（第3章5注43, 249頁）。川島の近代的所有権論は、Worthington の意味での「関係性」が見られず、イングランド法の所有権概念はこの枠組みではおそらく把握できないであろう。もう1つが、ウォーリック大学の Gary Watt, Equity Stirring: The Story of Justice Beyond Law, Hart Publishing, 2009 である。これは Worthington と好対照であって、エクイティの固有性とその特性を物語風の魅力的な文体で説き明かしている。このワットの著書は、Law and Humanities 誌の主幹であるだけに、文学の援用がみごとで、ことに、ディケンズの『荒涼館』の使い方がすばらしい。Charles Dickens の後期の最高傑作と言われているこの小説は、「継承財産設定」をめぐる訴訟であるジャンディス対ジャンディス事件を背景的に用いながら、ヴィクトリア後期の貧困や女性に対する差別などの問題を描いている。バーナード・ショーは、『リトル・ドリッド』を書いたディケンズを「マルクス以上に危険」と言ったそうであるが、そのディケンズもジャマイカ事件（第8章1）ではカーライルに同調してしまった。さて、「荒涼館」とは、この事件の当事者のひとりであるジョン・ジャンディスが、事件によってすっかり荒れ果てた館を父のトムから引き取って再建した「荒涼館」ならぬ輝かしく明るい建物のことである。これに対して、ロンドンにあるチェスニ・ウォールドは、サー・レスター・デッドロック（バロネット）とレディ・デッドロックという破綻した夫妻が住む陰鬱な屋敷である。当時の大法官裁判所の腐敗ぶりと見せかけの「エクイティ」……。大法官の鷹揚な姿の描写、最強の弁護士タルキングホーン、これに執拗に追及されるレディ・デッドロック、ウェールズの名門出身の青年医師アラン・ウッドコートの好人物ぶり、ジョンの被後見人のリチャード、そして、主人公の Esther Summersun（真夏の太陽！）（ワットのこのテキストの第9章が The Equity of Ester Summersun!?）の一人称による「語り」と作者と思われる三人称の「語り」で、様々な人物と風景が交錯・連鎖し織りなすように続き、やがて Lady Deadlock の秘密が明らかに……。この展開が二項対立形式で描かれる。これが法における形式的正義とエクイティ……。正式婚姻と許されない結婚、嫡子と庶子、ヴィクトリア時代の貴族支配とブルジョワジー・民衆の対立、労働者階級は階級としては描かれていないがトムオールアロンズのような政治によって見捨てられた貧民住宅やジョーのような浮浪者の悪事は悪事と言えるかなどと畳みかける……。霧のロンドン、陽光の田舎を対照させ、そして不幸な生い立ちながら美徳、

ケンブリッジ大学のジョーンズ（Neil G.Jones）は，use は広義においては to the use of の用法におけるように on behalf of または for the benefit of の意味で，7世紀ないしは8世紀に *ad opus* という用語で表現されていたものであると言う。これは，エクイティと関係なく存在した。しかしそれは，chattel すなわち人的財産（動産）または金銭についてのものであった。Freehold，なかんずく単純封土権 fee simple についての狭義 use は，土地の収益（profits of the land）を取得する権能（authority）を意味した。それは，大法官府裁判所による，つまりエクイティの trust とは区別されるものであって，エクイティの生成に先立って存在したものであった。1536年の Statute of Uses は，封建的諸負担を回避するために自由土地保有者がその土地の seisin を B のユースのために（to the use of B）移転することによってその負担を免れるというユース慣行を封殺するために，たとえそのような移転があってもユース受益者たる B に seisin があるとみなす，つまり B のユース付きの受益権がコモン・ロー上のシーズンを伴った権利に転換されるとしたものであった。ここまでは，通説的な説明であるが，ジョーンズは，St *German's Doctor and Students* 等を引証して，ユース法の前後に，自由土地保有権の権利の内容が，2つの要素に分離していたと述べる。すなわち，possession と use に，である。possession は，当該の土地を物理的に占有するというよりも，その土地に対する権原を意味した。これに対して use は，土地の収益を取得する権利であった。ユース慣行によって seisin, possession と use に分離されていたものを再び結合させる（転換する）のが，「ユース法」であった。ただすべての use がそうなったのではない。占有とユースを分離したままとされるのは，ユース付き譲受人（受託者）に履行すべき任務があった場合である（能動ユース）。自由土地保有権以外の土地に設定されたユースと，「二重ユース」の場合についても，ユースと占有は分離されたままであった。不動産賃借権（リースホールド）については，不明な点はあったが，「ユース法」による「転換」はされなかったようである。

　「二重ユース」は，従来は，ユース受益権が「転換」されることによってユースの意味が失われるのを，二重にユース設定をすることによってユースを復活させたものとされ，この二重ユースが信託になったと説明されていた。しかし，ジョーンズは，*Tyrrel's Case* 等の二重ユースと言われる事件を検討し，〈ユース

---

それのヴィクトリア期のキーワードである義務や Home を体現したような美しいエスタが物語を語り，それを作者が三人称で引き取るという巧妙な構成に，Equity Stirring のアイデアを得たと思うワットの語りは，なかなかに読み応えがある。

からユースが発生することはない〉という理由で第二のユースは無効になるという「二重ユース」の物語は，あまりに法の外形にとらわれた議論であって，土地の譲渡の真の意図を隠すためのものもあったことが分析されていないとした。自由土地保有権の所有権について，占有とユースが分離された状態を，結合するという「ユース法」の狙いは，この分離がなされたままでいると，ユースからユースを引き出せないという状態を固定することになって，実現不能になる。それでは，明示されたユースと真の意図である黙示のユースの間に抵触と矛盾があるという場合に，黙示のユースに当事者の真の意図があると見られる場合に大法官府裁判所は，どう判断するか。後者の，未転換の第二のユースについて，信託として執行されうるかという問題が生じたらどうであるかという状態である。そして大法官府裁判所の答えはイエスというのが，二重ユースの事件には示されていると言う。そして彼は，「二重ユース」の形式における信託は，1623年までには一般的になったと述べたのである[100]。

このような前提において，ジョーンズは「信託とはなにか」という講演で次のように述べている（ここでジョーンズが論じる信託は，非公益信託である）。

信託の本質は，資産（assets）が一定の受益者の利益のためにのみ，または，唯一ある目的のためにのみ供されているということにある。受託者は，資産に対するコモン・ロー上の権原を持っているが，単に資産に対する管理者に過ぎない。その結果，信託資産は，受託者の個人的資産からは分離されていなければならない。資産は，信託基金（trust fund）を構成する場合がある。大法官裁判所が，信託受益者の権利を強固に保護する論理は，1つは良心の有責性（guilty of conscience），いま1つが，推定悪意の理論（doctrine of constructive notice）である。信託は，人と人との信頼が一個の権利になるということに基礎を置くが，信託の存在にもかかわらず，その信託資産が善意有償の第三者に取得された場合に受益者が何らの救済手段を与えられなければ，受益権は意味をなさない。そこで大法官裁判所では，信託資産が金銭に姿を変えても，その金銭が信託資産を構成するとされれば，受益者の権利はたんに債権的なものでなく，それは一定の「物権的」

---

[100] Jones, N.G., Uses, Trusts, and a Path to Privity, *Cambridge Law Journal*, 56 (1), March, 1997, 175-200, esp.at pp.176-178. ジョーンズは，来日し，セミナーが開かれ，その講演（一部は病気で来日不能のため講演通訳予定者が代読）等が邦訳されている。Stelios Tofaris の講演等とともに，「連続講演・シンポジウム〈物権と信託──イングランド法制史と比較法制史〉」として，『立教法学』88号，2013年，201-296頁に収録されている。邦訳は，溜屋勝之，髙友希子，深尾裕造。以上は，ジョーンズ講演の 272-260（横組みの）頁参照。

な性質を備えることになる。受益者のためにこのように構成される信託資産を「信託基金」と言う。この基金は、継続的に売却され、元の物は代替物に代わることもありうる。信託受益者（複数人であり得る）や信託によって促進されるべき目的が、信託には必ず存在していなければならない。信託の設定者（同時に信託受益者であることも、受益者の1人であることもある）によってこの信託の目的が定められるが、設定者はいったん信託が設定されれば設定時に規定された限りのものを除き、設定者は信託関係から脱落する。信託受益者は、コモン・ロー上の権限をもっているがそれは、受益者の信認に基づく権利である。この「信認関係の法理」(fiduciary relationship) は、〈受認者の地位にある者は、その地位を利用して利益を得てはならない。そのため、その者は、自己の利益と義務とが相反する立場においてはならない〉という大法官裁判所の不動の原理とされるものであるが、これは、コモン・ロー上の法律関係にも適用されるとして大法官裁判所の管轄権拡大にも用いられた論理であった[101]。その意味で、代理人と本人、会社の取締役と会社の関係、組合における組合員の相互関係等にも、この関係は存在するとされるので信託に固有ではないが、信託受託者にはもっとも包括的に法的な義務が課されている。受託者が、信託財産を奪った場合、受益者はその者を訴え、信託基金を補塡するように求めることができる。さらに信託資産が他人に移転されてしまった場合には、その資産またはその資産が他の物に転換された場合はその物について、その第三者が信託違反があったことを推定的に知って、かつ無償で入手した場合、受益者には特定履行によってその物を取り戻す権利が与えられる。

　このような近代イングランドの信託の確定像が描ける。このような信託基金上の受益者の権利は、信託受託者の資産所有権に加算されたものか、それともそれから控除されたものと考えるべきか。

　ジョーンズは、先のユースの歴史的展開についての見解をここに援用する。すなわち、ユースと占有権が区別され分離されるようになると、ある者が、他人に seisin の封土公開譲渡 (livery of seisin) を行いつつ、自分自身にユースを留めることも可能になる。実際、ユースがシーズンから分離されても受益者がシーズンを保持している例が多かった。上記の場合、そのユースの留保は、譲渡した相手方が自分のユースのために良心に基づき保有する、ということになっていなければならない。「ユース法」の適用問題は、こうしたシチュエーションで生じたの

---

[101] この重要な法理についての貴重な研究、植田淳『英米法における信認関係の法理』晃洋書房、1997年、6頁以下参照。

である。ユース受益権の付いた譲受人によって国王の収入減を奪われることを阻止するために，ユース法は，占有権をユース譲受人から受益者に移し，それによって占有権とユースを以前の受益者の手中に統合し，ユースを終焉せしめたのである。能動的ユースの場合は，受託者は占有権とユースの双方を有していないとその義務が果たせないのでユース法は適用されずにいた。ただ受託者は，受益者のために双方を持っているとされたのである。こうしてみると，受益者の権利は絶対的所有権から控除された部分というよりも，それに加算されたものと考えられることになる。信託が存在する場合の土地の所有権は，受益権によって接ぎ木されたものと見ると説明が付く。絶対的所有者は，当該の不動産についてのコモン・ロー上のすべての権利を持っているが，信託に基づく受益者の権利という法＝エクイティが課した義務を課されている。しかし，この場合の受益者の権利は，コモン・ロー上の不動産権から掘り出されたものではなく，それに接ぎ木されたのである[102]。

## 7　信託と国家

1660 年頃に慈善目的の信託が，イングランド・ウェールズに 1 万以上存在したと言われる。ジェントリによる「地方の自律的支配」がある一方，他方で中央には，官職保有とパトロネージによって，社会が垂直的に統合される集権国家の仕組みが存在していた。この二律背反の統治構造は，こうした「民間の信託」によって結合されていた。「名誉革命体制」は，このような決して民主的ではない国家と，信託によって結合された社会の多元的な部分集団からなる社会という関係を特質としていた。charitable trust とは，「公益信託」として把握しうるものであり，信託法における「公」と「私」の関係は，さしあたり，チャリティを目的とする信託の普及から形成されていったのである[103]。メイトランドは，したがって，公益信託の形成過程は，私的信託における「信託受益者の消失」(evanescence of cestui que trust) の「段階的過程」と捉えていた。この過程で，エクイティ上の所有者は存在しなくなる。信託目的の受益者が存在しなければ，設定の目的のみが残ることになる。かくて，目的の遂行が，信託受益者の地位に取っ

---

[102] 同上所収の深尾裕造訳「信託とは何か」256-248 頁，および前述の森泉編著『イギリス信託法原理の研究』8-10 頁による。

[103] 岡田章宏「2006 年チャリティ法の歴史的位相とその制度」（榊原秀訓編『行政サービス提供主体の多様化と行政法——イギリスモデルの構造と展開』日本評論社，2012 年）54 頁以下参照。

て代わる。もっとも，目的は設定後時間がたつにつれ，次第に不分明になっていく。そこに，エクイティの法理である *Cy-Près* ＝ as near as possible（シプレ；可及的近似則）が登場し，信託設定者である遺言者が「一般的公益目的」を明示している限り，設定時の信託目的が実行不能になっても，できるだけそれに類似する目的のために，当該の遺贈財産を活用する（遺贈基金の場合には公益信託になることが多い）という方向となる。この法理は，信託のみについてのものではないが，私的信託が裁判所によって「公益」へと誘導されるものとして，機能することになる。このような形での私的信託から公益信託への移行は，先に述べた 1601 年の「公益ユース法」（337 頁）の頃にすでに相当な規模に達していた。ドイツにおける「財団」(*Stiftung*) や「営造物」(*Anstalt*) に機能的に類似する「公益信託」は，しかし，ドイツの場合と異なる。目的財産が付与される主体は，永続的な支点たり得る法人ではなく個人である。ドイツ法の従属財団（*unselbstständige Striftungen*）における受託者（*Treuhänder; Fiduziar*）と，イングランドの信託における受託者は異なる。メイトランドが，公益信託の受託者が──便宜的に，法人を受託者とすることが一般的であることを認めつつ──イングランドでは，法人でなく自然人を受託者とすると論じたのは，理念的な理由があったためと思われる。良心に基礎をおく，エクイティ裁判所によって担保されていることを，信託の不可欠の要件と見たからであろう[104]。

[104] 474 頁［Box］で言及した，森泉編著『イギリス信託法原理の研究』第 5 章参照。四宮和夫が戦後間もなくの 1958 年に刊行した画期的な『信託法』（鴻常夫『社債法』と合本，有斐閣，法律学全集）の「はしがき」が，信託は英米法で育成された制度であって「大陸法系に属するわが私法のなかでは，水に浮かぶ油」のような「異質的存在」としたのが有名である。しかし現代では，当のイングランドについても，Richard Helmholz & Reinhard Zimmermann (eds.), *Itinera Fiduciae*; Trust and Treuhand in Historical Perspective, Duncker & Humblot, Berlin, 1998 等のようなインパクトのある研究が現れ，転換が起こっているように思える。同書の編者の 1 人であるツイマーマンは，若い頃，南アフリカで研究職に就き，そこでローマ・ダッチ・ローと，コモン・ローの接触による法系の形成を知り，現在，いわば「混合法系論」のチャンピオン的な存在として活躍している。ツイマーマンと彼を含む比較法の理論をめぐる白熱の国際シンポの記録について，石田眞・上村達男・戒能編『法創造の比較法学──先端的課題への挑戦』日本評論社，2010 年，224-388 頁参照。また，同書所収，小川浩三「R・ツイマーマンの比較法学とローマ法学」および同報告への藤岡康宏，戒能のコメントも参照（同書 151-180 頁）。前記の編著の序文（ibid., pp.27-34）で，ツイマーマンらは，歴史法学の巨頭，ギールケが，メイトランドに「私はあなた方の信託の諸法がよく分からない」と言った──メイトランドはこれを数回援用している──というストーリーが独り歩きしたとする。そして，サー・フランシスコ・ベーコンを引き，「イングランドのユースはローマ法血筋のものである」とし，教会法とローマ法が安住しえた大法官裁判所が信託法を発展させたのに過ぎず，信託がローマ法に起源

第 8 章　イギリス近代と多元的社会の法構造　　　481

　チャリティすなわち公益信託は，法人に関する法を含み込まず，むしろそれとの関係を「絶ちながら発展した」と，岡田章宏は，先の論文で指摘している。法人に自然人に期待される良心が存在するかの問題が，もちろん存在した。しかしそれ以上に，チャリティというイギリス近代の特性が，法人とされて「国家化」されることに対して，社会の側の抵抗があったと見るべきであろう。メイトランドは，「非法人的団体」の信託による"擬似法人"を支持していたが，団体性の実体のないものまでが，国家の何らかの介入によって法人となることには，強く抵抗した。また，岩波講座『政治哲学』でも，メイトランドの「法人実在説」へのコミットと，当時の一元的国家観への彼の対決姿勢があらためて「再論」され

---

があることは疑いないと述べている。さらに，若き O.W.Holmes, Jr. の The Common Law (1st ed.1881) が，初期ゲルマン法の *salman* にユースの起源を求めるベゼラーに依拠したゲルマンのザルマン起源説を取っていたことを強調する。そして，メイトランドはこれらのドイツの学説を知らなかったはずがないにもかかわらず，ローマ法起源説が唱える *fidei-commissum*（信託遺贈）あるいは *Fiducia* に基づく信認関係を基礎とするローマ法の信託法論とイングランドの信託の融合可能性の模索に関心がなかった。これは，「孤立主義」——ドイツ側にもあった——に由来したとしている。以上の批判については，森泉前掲書，29頁以下を参照すると，メイトランド説の単純化に過ぎる面もあるように思える。ただ，現代のイングランド法制史学は，前号で言及したように「孤立主義」から脱却しつつある。「混合法系」の研究について言えば，南アフリカまで行かなくてもスコットランド法の研究によって，イングランド法研究はより豊かになり得るはずである（ステアー・ソサエティ編，平松・角田・戒能編訳『スコットランド法史』，名古屋大学出版会，1990年は，20巻もの叢書のなかの1冊の，そのごく部分の訳にすぎない）。近々，国際功利主義学会のキーノートスピーカーとして初来日する Michael Lobban の Editor's Introduction to Lord Kames, Principles of Equity, Liberty Fund, reprinted 2014 は，スコットランドでは，イングランドにおけるようにコモン・ローとエクイティの裁判所が分かれておらず，スコットランド高等民事裁判所（Court of Session）が，両者を，しかもエクイティについてはこの裁判所のみが上級裁判所として，エクイティをも取り扱うことができたため，エクイティはより改革的であったと指摘している。スコットランド啓蒙期を代表するケイムズ卿は，マンスフィールド卿を崇拝し，また両者の交友関係がマンスフィールド卿による当時のコモン・ロー改革へと連動していった点をも解明している。スコットランドは，したがって，大法官裁判所のようなエクイティ専属の裁判所を有さなかったけれども，エクイティが存在しなかったわけではない。スコットランドの信託を「エクイティなき世界における信託——大陸法国における信託受容のあり方に関する比較研究」（瀬々敦子，『信託法研究』38号，2013年）の事例とする（著者の意図は異なるようであるが）のは，したがって誤解を招く。なお，スコットランドの信託について，渡辺宏之「スコットランドにおける〈信託〉の法概念」，早稲田大学『比較法学』39巻3号，およびマリウス・デヴァール／ロードリック・バイズリー著，渡辺訳「スコットランド・南アフリカにおける信託(1)」『早稲田法学』83巻2号，311頁以下参照。2人が引用しているエディンバラ大学の Gretton, G.L による Trusts Without Equity, 49 Int'l & Comp.L.Q.67 (2002) 等の多数の著作の検討も必要。

ていて，興味深い[105]。

「ポスト福祉国家」のもとでは，チャリティは，「新自由主義的効率原理」によって，国家の側から選別＝再編されていく。「税制」という国家の「最強の」誘導手法によって，その本来的自律＝独立性を失っていくこともある。岡田は，2006年までのチャリティ法体系を分析して，以上のように述べている。ロバート・パットナムの市民社会研究が，アメリカのリベラル派の間で人気がある。これは，イタリア各地で地域社会の協力と信頼という強い規範と慣行が国家の干渉を受けず発展しているという，やや理想化された地方政治論が受け容れられたからだと，『ポスト・デモクラシー』を書いたコリン・クラウチは言っている[106]。これはまさに，トクヴィルが建国期のアメリカについて観察したことである（前述第8章4.5, 464頁参照）。アメリカが，かつての「結社」型社会から，分断された社会に転じたことが示されている。

イギリスでは，国家に対して社会の方に公共的に機能する領域が先行的に存在し，自律的団体や組織によって地方自治体や国家に相当する役割が担われていた。それが次第に国家の側に吸収され，あるいは国家の部分として再定義されていった。地方政府でさえ，そうであった。問題は，こうして肥大化していく国家について，それが何であるかでさえ定義されないままに，いわば便宜的にCrownの概念が使われ，クラウンのインフレ現象という状況さえ生じたことである。ローマ法学者のPeter Stein門下のJ.W.F.Allisonは，ラスキが「国家（ステイト）を訴えることなんてできない。なぜなら，訴えようにも国家など，ここには存在していないからである」と1919年に述べたことに言及している。アリソンの目指すところは，フランス法を参照した「行政法理論」の確立であって，その方向性は，ラフリン風に言えば「純粋公法学」public lawの確立論に近い。例えば *A Trojan Horse*（トロイの木馬）の章での分析など，秀逸である[107]。

---

[105] 同講座第4巻『国家と社会』所収の，早川誠「多元的国家論——伝統と革新による自由の実現」86頁以下参照。

[106] Crouch, C., Post Democracy, Polity Press（邦訳書，近藤隆文訳『ポスト・デモクラシー』青灯社，2007年，28頁）．なお，1990年代後半明らかになる先進諸国における「企業モデル」による政策規制というクラウチの分析について，愛敬浩二が，『立憲主義の復権と憲法理論』日本評論社，2012年，29頁以下で的確なコメントをしている。

[107] Allison, A Continental Distinction in the Common Law; A Historical and Comparative Perspective on English Public Law, Clarendon Press, Oxford, 1996, pp.72 *et seq*.「行政法」の発生が，国家によって付与された権限を越えた場合の司法介入（*ultra vires*）から発した結果，そのような権限付与の内容自体に及ばない司法介入ということになり，「司法消極主義」が必然化したとも言っている（*ibid*., p.183）．『土地法のパラドックス』221-224頁

## 第8章 イギリス近代と多元的社会の法構造

　メイトランドが，ローマ法系の「信託遺贈」に関心を示さなかったのは，[Box 3]で示唆したように「遺言法」の成立（1540年）により[108]，遺言に代わる土地の生前処分の方法としてユースを用いる必要性がほぼ失われ，能動的ユースとされる多様な信託的移転方法が発展したことに，彼の関心が向いていたためとも考えられる。実際，市民革命後の封建的土地所有のフォーミュラの部分的廃棄によって[109]，目的のための信託設定が多彩に展開していったこと，それが，名誉革命体制の展開を支えた「民間信託」たる「公益信託」に発展していったことに，「多元主義者」の彼が壮大な「社会的実験」（social experimentation）を見たかったのは，自然であったように思われる。

　現代における信託活用の「社会的実験」は，東西ドイツの統一に際して設立された「信託公社」（Treuhandanstalt）による再私有化の一連のプロセスであろう。社会主義的所有権に包摂された土地・企業・施設・財産を包括的に例外なく私有化する手法であるが，この再私有化が優先原則とされた理由と旧東欧諸国のなかでドイツにおいてのみ，何故にこのような手法が可能であったのか，その理由とその具体的プロセスについて，広渡清吾のすぐれた研究を参照されたい[110]。

　信託をめぐる国家と社会の関係をイギリス法史として解明した研究は，日本に

---

も参照。高柳信一の「市民的行政法理論」の評価との関連も重要であろう。なお，愛敬の「歴史的憲法」批判は，一面的であるように思われる。アリソンのメイトランド批判は，ほぼジョン・ベイカーの「受け売り」であるが，そのベイカーの批判は，メイトランドの「なぜイングランド法史は書かれなかったか」への批判であって，「メイトランド理論」全体への批判ではない。また，ベイカーは愛敬の分類で言うと，「法的憲法」論になるのであろうか。「マグナカルタ800周年」のようであるが，ベイカーは，コモン・ローには最初から「自由」が組み込まれていたわけでなく，裁判官とその思考回路を理解する同程度の学識ある専門家の間で，コモン・ローの外にある諸決定が組み入れられ，「自由を支持」する覆し得ない法となったと言う（Baker, J., Personal Liberty under the Common Law, 1200-1600, in Davis, R.W., Ed., The Origin of Modern Freedom in the West, Stanford University Press, 1995, pp.201-202）。日本の論争状況にイギリスの憲法学界の論争の積極的意味を論争誘発的に紹介する貢献を高く評価するが，制度的背景も歴史も異なる両者を立憲主義派と民主主義派というようにパラレルに比較することに危惧を覚える。『近代立憲主義の原像』のような精緻さと各論者の主張のディテールに踏み込んで下さるように期待したい。Allison, English Historical Constitution, 2007, pp.33, et seq. は，グリフィスの「政治的憲法」論の両様にとれる複雑な含意を指摘している。実際，スカーマン，ヘイルシャム等の司法の巨頭を相手にしていた彼の議論がここまでエンラージされてきたこと自体に，私は興味を覚える。

108　戒能『イギリス土地所有権法研究』92頁以下等参照。
109　同上178頁以下等参照。
110　広渡清吾『統一ドイツの法変動——統一の一つの決算』有信堂，1996年，72頁以下参照。

存在しているのであろうか。以下，レジュメ風に述べておきたい。

　前述のように，ポーコックの「マッキァヴェッリアン・モーメント」は，名誉革命に前後する国債の形成が社会全体に与えたインパクトに着目し，イングランド政治思想史研究に方法論的転換をもたらした。「財政軍事国家」によってヨーロッパ大陸の端に浮かぶ小さな島が，世界強国として，世界制覇に乗り出す起点にある「帝国史」的文脈の開拓に，それは通じたのである。「商業革命」の背後での富と徳の葛藤，シヴィック・ヒューマニズムと「共和主義」の相関の分析は，ロックの抽象度の高いプロパティと自由を基軸とした名誉革命像を変容させた。先の Oxford のシリーズでは，private trust について書いた Stuart Anderson が，Trusts as Property という興味深い分析をしている（Oxford History of the Laws of England, vol.XII, pp.246 et seq.）。

　アンダーソンが示唆するように，プロパティの観念が変遷していった（ポーコックの動産！）という問題である。先に「ユース法」前後の「占有」と「ユース」の分離に触れた。これとレベルを異にする物的財産つまりは不動産と人的財産＝動産との峻別のレベルがある。信託が，両財産権の混合体を構成することを可能にした。1660 年の王政復古後の封建的土地保有関係の部分的な廃棄にもかかわらず，この両財産権の峻別自体に変化がなかったことは，保有権の不徹底な変革よりも意味が大きかった。メイトランドの『エクイティ』は，両財産権の峻別が維持された結果として，「転換」conversion の法理が生じたとしている。この指摘は，このコンテクストで見ると重要であろう。「転換の法理」とは，Equity looks upon that as done which ought to be done（エクイティは，なされるべきものであったことは，なされているものとみなす）ということである。メイトランドは，無遺言相続において物的財産と人的財産の法定相続準則が，前者は長子単独相続，後者が均分相続というように，異なっているため，どのような不都合が起こるかについて言う。遺言者が土地を売却し，その売却金（proceeds）投資することにより，投資された資金から妻の生存中は収益金（income）から一定額を彼女に毎年支払い，その土地自体，つまり元本（capital）は，その息子のために信託において保有するように遺贈した。ところが，受託者が信託に違反してこの土地の売却を行わなかった。そうしているうちに，妻が生存中，息子が死亡して遺言を残さなかったらどうなるか。もし息子に法定相続人がいてこの土地の権利であるエクイティ上の単純不動産権の相続を主張すると，妻はどうなるのか。メイトランドはここで，1897 年の「土地移転法」によって，物的財産権も人的財産権と同様に，遺言者の人格代表者（personal representative）＝遺産管理人にいったん帰

属し，コモン・ロー上は法定相続人である長男が被相続人を「代表の権利」によって直接的に相続することが否定されたことに言及している。この両財産権の合一を妨げている長子相続およびこれを基礎とした「貴族的遺言相続主義」，つまり継承財産設定による貴族・ジェントリの土地の家系固定化による独占に，彼は批判的であったが，この法はこれを打破する方向を示した[111]。

上記の事例では，相続財産が土地のままであれば息子の法定相続人に行くことになる。しかし，裁判所は，「転換の法理」によって，土地は受託者に売却が指示された時点で，土地でなく金銭になったものとみなし，受託者の信託違反があっても受益者の権利は侵害されてはならないとしたのである。この「転換の法理」は，上の事例では妻の受益権を侵害しないという一定の合理性がある解決に結びついている。けれども，アンダーソンが述べているように，受託者に一定の裁量を与え，土地であれ金銭であれ，金融証券であれ，これらを包括的に管理し投資するという「金融資本」，水林が言う「現代的所有」の法的手法ともなる[112]。1882年の「継承財産設定地法」によって，現有の生涯権者である通常，長男に，継承財産たる基本財産（funds）を受託者と協働しつつ他の基本財産，つまり例えば土地を，公債，株券等の金融証券等に転換し移動していく——物上代位（real subrogation）などを含む——巧妙なしくみが保障された。ローマ法学者のローソンは，1925年の「財産立法」は，以上をより確実にするために，この観念的実体とされる基本財産と，随時それに組み入れられる特定物の所有権の区別を，イングランドの財産権法の礎石（cornerstone of property law）としたとまで述べている。ローソンは，さらにローマ法の *usufruct* が援用されて，夫婦共同財産（community property system）における婚姻時の財産（capital）と婚姻中の収入（income）との関係についての法的構成がなされていると指摘する[113]。継承財産設定のシステムが流動化されたのち登場した「売却信託」は，大土地所有の崩壊後の「資産の有価証券化」（a portfolio of assets）による「大土地所有の国」の変貌のキーを握っ

---

[111] Maitland, F.W., Equity; A Course of Lectures, 1909 reprinted 1969 ed., Cambridge University Press, pp.277 *et seq*.1897年法については，戒能・前掲『土地所有権法研究』，357頁以下参照。

[112] 467頁以下に引用の日本法社会学会誌80号所収，水林彪「近現代所有権法論の構図」参照。

[113] Lawson, F.H., A Common Lawyer Looks at the Civil Law, Greenwood Press, 1955, pp.187, *et seq*.（邦訳書，小堀・真田・長内訳『英米法とヨーロッパ大陸法』日本比較法研究所，226頁以下参照（ただし，「物権法」という訳語にはしたがっていない））．1882年法について，戒能・前掲『土地所有権法研究』，440頁以下参照。

ていった[114]。つまり，法制度的には，単純に貴族的大土地所有が崩壊したとは言いがたいのである。しかし，実際問題としては，1882年法の前から土地は富裕層の魅力的な投資対象ではなくなっていた。現代では，この傾向はより強まっている。ポール・マカトニーが，スコットランドに大規模な土地を買ったことが，話題になったくらいである。

ところで，ノルマン征服時のDomesday Bookにつぐ19世紀末のNew Domesdayと言われる調査とそれをベースに書かれたBateman[115]以降，土地所有権関係の全国レベルの調査はなかった。しかし，土地登記がほぼ全国を網羅しているため，それらを基礎に連合王国レベルの調査をしたジャーナリストのKevin Carhill's Who owns Britain, Canon Gates Book, 2001がある。しかしCarhillは，それを完璧に行うことはできないと述べている。なぜなら，大土地所有者の間ではさまざまな法技術で土地は細分化され，場合によって海外の土地に「化けて」おり，ある家系の資産を捕捉するのは登記を見ても困難——参照の手数料を払うだけでも大変——であったと述懐している。ところで彼のロンドンについての調査で，2001年4月の時点であるが，ロンドンの最大の地主は女王では実はなく[116]，Gerald Grosvenorすなわち，第6代ウェストミンスター公爵だった。1894年7月16日，ハイドパークを眺めるウェストミンスター公爵（祖先）の邸宅であるグロヴナーハウスで，ナショナル・トラストの初会式のための臨時評議会があり，ローンズリィが開会の挨拶をし，オクタヴィアが創立の決議案を提案したのであった。「会社」ではあるが非営利のため，Ltd.は付さないと合意された。ナショナル・トラストの初代総裁が，ウェストミンスター公爵である[117]。

1890年代には475.6エーカーあったグロヴナーの公爵の所領には，ロンドンのオックスフォード・ストリート，ボンド・ストリートに近接するグロヴナー・スクエアがある。そしてそこには，アメリカ大使館がある。公爵は，999年の長期のリースホールドで貸しており，その地代は，何と年額1ポンドであった。さすがにアメリカ側から1900年代に，100万ポンド年地代を支払うようになった。グロヴナーの土地は，他でも125年以上の長期のリースが多い（Kevin Carhillに

---

114 戒能「イギリス農業借地法の新展開」広渡＝浅倉＝今村編『日本社会と市民法学——清水誠先生追悼記念論集』日本評論社，2013年，280頁，287頁以下を参照されたい。
115 同上286頁参照。
116 Land Registration Act 2002, s.79によって，女王直属地（Her Majesty's demesne land）について任意登記ができることになった。全土がすべて国王に帰属するという封建的土地法の法理の残滓と矛盾することになった。
117 四元忠博『ナショナル・トラストの軌跡』緑風出版，2003年，55頁参照。

よる。とくに pp.148 et seq.）。

19世紀末にこの長期リースの問題が，ことに期限切れが近くなると地主が維持管理を怠るようになるため，「都市問題」の発生の一要因となり，政府がその対策として「不動産賃借権解放法」を制定し，賃借権は不動産復帰権という地主の権利の強制買い取りで単純不動産権となって，地主の権利は消滅するという画期的な改革が行われた。同法のシステムはその後も継承され，1967年に改正法が制定された[118]。このあたりは，『土地法のパラドックス』に詳しい（475頁以下）。
James v UK（1986）8 EHRR23,（1995）20 EHRR 403 [119] は，「解放法」についてウェストミンスター公爵側が，同法は，「ヨーロッパ人権条約」の第1プロトコールにおいて保障された「財産権」を「剥奪」(deprivation) したものであり，補償金が支払われるべきとして訴えたものである。イギリス国内の裁判所ではウェストミンスター公爵側が勝訴したが，「解放」によって地代支払いを免除されることになった住民側がヨーロッパ人権裁判所に訴えたのである。この判例には，イングランド土地法と人権裁判所の「接近」が含意されている。土地所有権レベルにも，ヨーロッパ人権条約と人権法の影響は顕著である。

[Box]　ナショナル・トラストはチャリティか？

前述第7章13　377頁で，ナショナル・トラストについて，会社法の「会社」とするというハンターの提案に疑問を呈したオクタヴィアの手紙に，ハンターがNational Trust のNTとメモ書きしたまで述べた。オクタヴィアの意見を生かしてナショナル・トラストとして，しかし，非営利の「会社」として発足したこのトラストのその後の発展は，目覚ましいものであった。これを「信託の要素を加

---

[118]　大野武「イギリス定期借地制度の異本問題と現代的展開(1)(2)」『民商法雑誌』120巻4=5号，6号，1999年参照。

[119]　cited in Maudley & Burn's Land Law, Cases and Materials, p.292-296, Rook, D., Blackstone's Human Rights Series, Property Law & Human Rights, pp.312-319. この措置は都市の土地の control of use のための regulation であり，所有者側がたとえ所有地の一部を制約されることになってもすべてを失うわけではないので，deprivition (confiscation) には当たらないとする。また，「評価の余地」については，イギリス政府のとった措置は，当該社会について直接的知見を有する者のそれとして，ヨーロッパ裁判所の裁判官が公益にかなうかについて判断するより，より適切な判断となるとした。かくて，ウェストミンスター公爵側に政府が補償金を払わなくてもプロトコール違反にはならないとしたのである。この判例について田島裕『エクイティの法理』信山社，2013年，39頁以下参照。この裁判で，ある裁判官は，ウェストミンスター公爵はノルマンの侵略者の末裔であり，その土地所有権の主張には根拠がないと述べたという（同書40頁注36参照）。

味した特殊法人」，すなわち，「公益信託と公益法人の混合形態」とする田中實（「ナショナル・トラストについて」『信託』134号20頁以下）に対し，信託性を否定し，「実体はあくまでも特殊法人」であるが，法人として設立されながら，本来の目的実現のために「受託者的機能」(trusteeship) を中心に信託的に運営されてきた組織，とする海原文雄説（同「イギリスのナショナル・トラスト法」『ジュリスト』797号，同『英米信託法の諸問題上』信山社，1993年所収）の論争がある。海原が言うように，設立時から醸成されたイギリス独特の信託意識によるものと見て，法形態を模倣することに意味はなく，むしろ private act によって創設されて以降も，チャリティ委員会の下にありつつ，国会制定法によって，次々に付加された国家的保護で特権化していった特有の——そのままの模倣は不可能な——組織と見る方がいいようである。資産がイングランドに集中していたにもかかわらず，「ブリティッシュネス」強化によるマルチ・ナショナリズムの統合を，過去の歴史の共有によって作り出すという，エリートたちの思想があった。ナショナル・トラストには，このような19世紀末葉のナショナリズムの再編と重なり合うところがあったと考えることもできる（水野祥子「ナショナル・トラスト」指昭博編『〈イギリス〉であること』刀水書房，1999年，186頁以下参照）。その「特権化」とは，保存管理する資産を「譲渡不能」とする，保有財産の管理・保護のための規則制定権，入場料徴収権，「美しいまたは歴史的に重要な土地や建物を国民の利益のために永久に保存する」という創設時の1907法にある目的に加えて，建築学的・美術的に重要な建物とその周辺の環境保護に加え，建物内部の家具や絵画の保存と公衆への公開，1937年法によって導入された契約による保全制度である「保存誓約」(covenant)，寄贈遺贈された資産についての非課税，寄贈者がテナントとして寄贈後の資産に住み続けることができること，1973年に課税免除，すなわち，相続税と贈与税およびそれらに代わって導入された「資本移転税」の免除，等々の特権付与で，まさに国家的に支えられている団体である点が重要（それらの個々の措置をわが国でも取り入れることは可能）であろう。このような特権を背景に，「ネプチューン計画」による美しい海岸線の買い取りを行い，1965-1973年までに151万マイルの自然海岸を買い取った（これらについて，木原啓吉『ナショナル・トラスト』，三省堂，新版，1998年，51-56頁，83頁以下参照）。

# 終章　車輪は一回転して

　アティアの，契約の自由の盛衰を論じた名著は，the Wheel come full circle という終章で終わっている[120]。故矢崎光圀の秀逸な表現によれば，ヴィクトリア朝イングランドの，経済的には市場の拡大と価値の多様化，政治的にはデモクラシー，思想的には自由主義，個人主義の時代への移行を扱っても，アティアには「誰がために鐘は鳴る」[121]，つまり相互性への目配りがある。「鐘は死者の霊を慰めるためでなく，各人のため，村落共同体メンバー各自のために鳴る。shared feeling, shared morality である。近代化の過程で，これが次第に分解する。「財産と教養ある人」the educated and property owners を重要な担い手としながら，近代社会は一見，自由で独立の諸個人から成る社会へと転化すると方向づけたうえで，かたわらに例の相互性が目に見えない形で潜在し，ときにはパターナリズムの支えとなるように見えるのである。アティアがここで引くのは，J.S. ミルの「慣習は強者に対する弱者のもっとも有力な保護者である」と言う言葉である。

　車輪が一回転し，「現代イギリス憲法の実像」に戻るべきだろう。私も19世紀の「土地法のパラドックス」の延長にそれに取り組むつもりでいた[122]。しかし，

---

120　Atiyah, The Rise and Fall, pp.716 *et seq*.

121　同様の表現が，メイトランドによってもなされたことを，想起される読者もおられよう。358 頁参照。「誰がために鐘は鳴る」は，ジェームズ1世（スコットランド王としてジェームズ6世）の下で王室付き牧師となった John Donne（1572-1631）の詩にあることばで，スペイン戦争を題材にした有名な Hemingway, E., For Whom the Bell Tolls, 1940 でも使われた。アティアは，ミルを引用した箇所でも述べているように（Atiyah, pp.76 *et seq*.），アフリカやアジアの共同体でイングランド中世にも一般的であった「村落共同体」における，内において互酬的＝相互扶助的で，外に対しては強固な抵抗的慣習の解体にもかかわらず，それが，「ベネヴォレント・パターナリズム」に継承されている面を重視する。このある時期にドミナントであった思潮が次の時代に一気に消え失せるのでなく，新興の思潮と混じり合い絡み合って展開するという「螺旋モデル」が，アティアの法の近代化に関する複眼的考察視角を特徴づけている。しかしこのような方法は，憲法的法現象を分析する本稿の場合にも，援用したいところであり，実際，私のこれまでの考察でも，これは意識してきた点である。なお，矢崎光圀『日常生活の法構造』みすず書房，1987 年，100-111 頁，262 頁以下参照。

122　中村民雄，Book Review，『土地法のパラドックス』法時 82 巻 9 号 108 頁以下参照。この書評は私の主張したかったことを，その中心部分の土地法研究分をのぞいて論評された優れた書評である。しかし，私が実際に同書で論じたことと，無視できない混線を生じて

ここで終わらなければならない。

　愛敬による現代イギリス憲法研究の整理を参照すると，憲法学が，隣接科学へのコミットを際立たせているように思える。しかし，その意味するところが，歴史科学的研究から離脱した「憲法哲学」へのシフトであるとするなら，疑問に思う。愛敬が支持している「樋口理論」とは，比較憲法の方法論のレベルから「理念型」を語る理論に移行していると考える。樋口が，「段階」と「型」の歴史科学認識によって「型」への働きかけを堅持する魅力的な理論家であること，愛敬が言うとおりと思う。そのために必要な比較史研究を樋口に求めるのでなく，若い世代がやって，彼の理論を乗り越えていけばいいのである。私も，愛敬らにそれを期待している。「理念型」とは，随所で述べたように，事実の語りとしての歴史の祖述と同じではない。もし歴史学の研究の進化によって示された「事実」が，歴史の語りであり，法律学の理論もその変化にしたがって変更を迫られるという関係にあるのであれば，法律学における「理念型」の語りとは，何なのだろうか。また，本書で随所に述べたように，法律学の規範的性格は，歴史事実とされることについて，固有にコミットする力を有すべきと考える。それが「学際的」研究についての，法律学の役割ではないであろうか。本書で究明したかったもっとも重要なことの一つである。

　コモン・ローが制定法によってその自足的展開を封じられていったとき，これを「設計主義」に対する非設計主義の敗北と言った保守主義者がいた。J. ウォルドロンが注視したマイケル・オークショットである。意図的に作り上げられたも

---

いる部分がある。20世紀後半以降の「現代イギリス憲法」について「土地法基盤性」で解けるなどと，私は同書のどこにも書いていない。これを無理に，「土地法の切り口から20世紀後半以降」についても語る「歴史研究」を提唱しているように「脚色」し，そのようなhistory = his (Kaino's) story たる「中世以来の土地付随物統治体制」という「歴史分析」で，現代イギリスの憲法の「EU 基盤性」解明できず，そのような「歴史研究」は，「木に縁りて魚を求むの類いである」と述べるのは，いささかアンフェアではあるまいか。ちなみにこのことば（もうちょっと巧みなそれ）の主は，ｄ̇ｅ̇ｉ̇ｓ̇ｈ̇ｉ̇ではなく，「行政法」の存在とその必要性を説くほか，対極的な方法で「イギリス憲法史」を書いたメイトランドである。アラン・マクファーレンの『資本主義の文化』（常行・堀江訳，岩波書店，1992年）は，「時の経過の中での〈新しさ〉と〈本来的な性質〉の両方を〈多事〉であるにもかかわらず，〈継続的な〉歴史をもった一つの制度として，描き出していく。このような方法は，奇妙な逆説によって，物事が同じであり続けながらしかも変化することを認める柔軟性を，我々に示してくれる（同邦訳書，212頁）」と評している。マクファーレンが言う，メイトランドの「絶妙なバランス感」の現れであって，単にアナクロニズムではない。なお私が law of the land をあえて「国土の法」と訳している理由については，第3章231頁，第5章295頁以下を参照されたい。

のの方が，長い年月を通じて成長したものより優れているとみなされるようになったとき，社会の枠組みの生成と発展に対する信念が失われ，法は社会問題解決の技術にすぎないものと考えられるようになったというのである[123]。

憲法学者の元山健は，「市民的自由」というコモン・ローの自由の観念が，「無限の自由の主体」としての人間という，人間観を土台にしていると論じている[124]。倉持孝司は，「禁止の欠如」という市民的自由の無限の領域が，無限に制限される矛盾と，1998年「人権法」の関係を，「非イギリス的」と「イギリス的」保障方式の「妥協」と述べている[125]。「憲法が保障する権利」のイギリス特有の形成についての奥平の言説，すなわちそういう権利が定義されていなくても，伝統的歴史的遺産として社会文化のなかに浸透していて人々の意識の深奥に埋め込まれていること，そうであればこそ，奥平の表現をかりれば，議会主権と言っても単純に多数決で決することを意味せず，こうした権利を尊重・配慮した立法を行い，政策決定をする。裁判所は議会追随主義でなく，「議会主権の間隙を縫いながらコモン・ローに貫流する『権利』を，司法特有の技術と論理を駆使して保護してきた」という「イギリスの独自性」の言説に，一回転して戻る必要は，この国を論じる場合，否定されてはならないのであるまいか[126]。イギリス的特殊性と保障方式は，螺旋的に推移していくものであり復古の連続と同じではない。

「イギリス憲法の実像」は，こうした設計主義と非設計主義の対立と妥協の繰り返しであったとも言えるのであるまいか。

---

[123] Waldron, J., The Dignity of Legislation, Cambridge University Press, 1999 (邦訳書，長谷部・愛敬・谷口訳『立法の復権——議会主義の政治哲学』岩波書店，2003年，20-21頁参照).
[124] 元山健『イギリス憲法の原理』日本評論社，1999年，68頁以下参照。
[125] 倉持孝司『イギリスにおける市民的自由の法構造』，日本評論社，2001年，14頁参照。倉持は，近時の「市民」概念の変容とシティズンシップの関係を論じている（46頁以下）。これは，重要である。Bernard Crick は，その『デモクラシー』（邦訳書，添谷・金田訳，岩波書店，2004年，180頁以下参照）で，「よき統治に必要不可欠な要素」としての「デモクラシー」と言って，デモクラシー概念を批判的に検討している。ポピュリスト型デモクラシーを排除した「公民的共和主義」に向かって教育を重視する彼のシティズンシップ論の実践は，大きな影響を及ぼしている。「ヨーロッパ派」と言っても，注2で言及した国際シンポに出席した Hugh Collins のように，「下からのヨーロッパ市民社会」「民法典」を主張する論者があり，欧州委員会主導の動きに距離を置いている（前掲『法創造の比較法学』271頁以下参照）。
[126] 奥平康弘『憲法Ⅲ——憲法が保障する権利』有斐閣，1993年，12-13頁参照。

**補論**

# 市民革命論は「消滅」したのか
── 憲法史研究の方法によせて ──

## 1 はじめに

　杉原泰雄と樋口陽一の間で行われた論争は，憲法学に疎い私にも興味深いものであった[1]。長谷川正安を追悼する本書が，この2人を含む編者の編集によることは，全くの偶然であるが，一定の意義づけが必要にも思う。

　周知のように，長谷川は，戦後間もない時期に展開された法社会学論争，法の解釈論争，判例研究の方法論争，その後時を経て1960年代末から70年代にかけて行われた「現代法論争」の何れにも主体的にコミットし，強力に論争をリードしていった。けれども，晩年は，歴史学の方法の変化に真っ向から対決しようとされなかったように感じる。

　もちろん，1976-1980年に刊行された『マルクス主義法学講座』全8巻，および，その姉妹版であり，フランス革命200周年（名誉革命300周年）企画として長谷川が主導した『講座・革命と法』全3巻は，長谷川等の渾身の共同事業であるが，別の機会に触れたように，ここでは起こるべく期待された論争は，起こらなかった[2]。とりわけ，「ブルジョワ革命」論において，主権論と人権論の相関のような問題は，歴史学の修正主義においては，ほとんど問題にされていないことなど，法律学の立場からの発言があってしかるべきであった。また，ナシオン主権とプープル主権の関係など，革命期の複雑な階級構造との対照で，考える必要があったように思われる。後述したい。

---

[1] 尾高朝雄の「ノモス主権論」を批判した宮沢俊義の主権論が，杉原・樋口論争とどのような関係にあるのかについては，私の能力を超える問題であるが，杉原が宮沢においては明確でなかった主権の「権力的契機」と「正当性的契機」を区別し，前者にシフトする形で「国民（ナシオン）主権」と「人民（プープル主権）」とを峻別し，「人民主権」の観点から歴史的展望をもった解釈論を主張したことは，その発展であったと思える。これは，フランス革命とその後の歴史の展開を意識する理論であったと言えよう。杉原は，最新の著書で，「社会国家」・「文化国家」の観点から公教育の人権論による再構築をはかっている（杉原『憲法と公教育』頸草書房，2011年）。樋口は，個人の国家に対する，人権の主権に対する優位を主張し，主権を権力の正当性の所在の問題としてとらえ，解釈論・立法論の側面で主権観念を援用することに懐疑的である点で，杉原説と対照的である。樋口は，市民革命によって身分制秩序が解体され，集権的国家が創出されるための一回限りの出番をもったものとして国民主権を捉える。こうして，中間団体から力ずくで解放して析出された人権主体としての個人が，たんなる拘束の欠如としての自由ではなく，理性的自己決定のための規範創造的自由による公共空間の形成へと向かうという展望を描きだし，その個人主義的憲法観を共和主義の方向に微妙に拡張しているように思われる。

[2] 日本評論社法律編集部編『〈戦後変形期〉への警鐘――長谷川正安・渡辺洋三，法律時報巻頭言1975-1998』日本評論社，2011年）所収の私の「序論」参照。

長谷川には，1953年に法学理論篇の1冊として書かれ，1984年に杉原泰雄の「解説」を付して，三省堂の「現代法学者選集」の1冊として復刻された『フランス革命と憲法』という憲法史研究がある。この復刊に付された長谷川自身の「序に代えて」によると，この研究は，「法社会学論争」に参加した長谷川の方法論を具体化する機会として，戒能通孝からすすめられて実現されたということである。そして，長谷川にはこの著書の改訂のほか，「近代憲法」の成立史を書くという壮大な計画があったことがわかる。

　もとより長谷川には，イギリス憲法史研究家としての業績もある。とりわけ長谷川が，ダイシーとともに，否それ以上に，ベンタムに注目したのは，戒能通孝がベンタムについて，「イギリス・ブルジョワジーの要求を体現するものとして『自由』への理念を押し進め，フランス革命のイギリス版を実現するために，その主流的影響を与えた」と，1952年の時点で述べていた（『法律講話』，慈学社復刻版，2011年，205頁）こととも関係し，資本主義法体系の先駆的な姿をベンタムの体系に求めようとしたためではないかと思われる。長谷川が，成文憲法典が存在しないイギリス憲法の歴史研究とは，「現行憲法の解釈それ自体が，憲法史の叙述とならざるを得ない」特殊な事情があるため，「ただ歴史があつかわれていることだけで，その『歴史性』が，十分検討に耐える水準にあるもの」と考えるべきでないとしているのは——「政治的憲法」論に近いという以上に——，ダイシーの国会主権論を「歴史的に」支えるイギリス「ブルジョワ革命」とそれによって確立された議会中心主義の権力機構による，法形成原理の確立を重視したことから導かれたと思われる。これはまた，行為規範と裁判規範の「二元論」という「法社会学」学派の主張を否定し，「社会構成体のトータルな把握のなかで法をとらえる」という，長谷川の「法社会学論争」当時の理論からくるものであろう。長谷川のロック研究は，その後に現れた愛敬浩二等の研究で乗り越えられていると思われるが，ロックを君主制に対抗する議会権力論者として描く点では，後に述べる修正主義学派の歴史論とも対抗し得る内容を持っていたように思われる（前掲の『フランス革命と憲法』復刻版への長谷川の『序に代えて』を主に参照）。

　長谷川のこうした方法は，先の「期待された論争」にかかわる問題提起を促すはずと思われた。残念ながらそれが実現されなかったことを多少意識しつつ，長谷川等が依拠した，高橋幸八郎に代表される比較（西欧）経済史学派の通説的見解の現在的再定位を目指したい。かつての「通説」がほぼ全面的に否定されたと言われている歴史学の状況について，イギリス法の近代史との関係で若干の考察を試みたい。もとより，これは，膨大な対象を扱わなければならないものである

が，本稿はこれを，階級の理論の観点で省察するために，歴史学に学ぶ点を，抽出しようとするものである[3]。

## 2　法の歴史理論と市民法論の交錯

広渡清吾は，民主主義科学者協会法律部会（以下，「民科」と言う）の「現代法論」の「原点」にあると思われる1960年代後半から70年代にかけての現代法の「総体的」分析，または国家独占主義法としての現代法論，および，藤田勇『法と経済の一般理論』[日本評論社，1974年]や，渡辺洋三『現代法の構造』[岩波書店，1975年]について，これらが，資本主義法という普遍的発展段階モデルと，個別具体的なナショナルな法としての日本法の二つのシェーマを基礎にしていたと分析する。そして一般モデルと個別モデルの比較の意義を認めつつも，同一の歴史段階に固有性があることに注目し，これを一般的段階論にフィードバックして比較するという比較論を提起する。広渡が当時所属していた東大社研の「現代日本社会」の共同研究のモチーフであった「企業社会」論が，ここには色濃く投影されている[4]。

この固有性から日本を軸に作られた比較法社会論は，「企業社会論的現代資本主義法」論ともいうべきシャープな方法を生み出していった（広渡，同書，V章）。「企業社会論」をいち早く提起したインパクトの強い渡辺治の議論があり，これは，「新福祉国家論」の提唱におよんでいるが，彼の議論は，広渡の「市民法」傾斜を「共有」していない。

広渡のこの日本社会分析から発展したのが，グローバリゼーションを組み込んだ市民社会論である。ヨーロッパとりわけEUとの関係で論じられている国境を越える「憲法論」あるいは市民社会論には，主権国家を前提としないところで展望される法理論という特質があり，「未来的」志向がある。

そして，一般的段階論のレベルを，日本の固有性に降ろして展開される，その「市民法論」は，戦後市民法学の流れを再検討する方向へと動き，ここに従来あまり論じられてこなかった広中俊雄，原島重義，来栖三郎の民法理論と法的判断論といったコモンロー圏では Juris-prudence ＝法的賢慮あるいは法的擬制論までも取り込んだ「市民法論」が構築されつつある。これは広渡だけでなく，民科

---

[3]　第3章3以下において，いわゆる「修正主義学派」の歴史理論を扱っているが，本補論はこれを踏まえつつ「階級」論にそくして論じるための前提的考察を行おうとするものである。

[4]　広渡清吾『比較法社会論研究』日本評論社，2009年，39-46頁。

の共同研究の成果ともいうべきであって，法の歴史的分析の「衰退」に比して「市民法論」の豊富な陣容と射程には，高い評価が与えられるべきであろう。ここには，「公共圏論」で，「市民社会」論を説くという方法的特質が認められる[5]。しかし，渡辺洋三の「現代法論」が有した，法現象の諸相への批判的分析が稀薄化していないであろうか。一般論と現状分析論の媒介の問題でもある。

　この流れと相対的に独自な水林彪の「国制論」的比較法史論がある[6]。資本主義法分析としての現代法論は，権利義務の関係というような西欧法的な構成を持たない非西欧社会分析のためには有効なツールとならないと早くから疑問を提起していた水林は，それだけにいっそう，フランス近代を中心とした西欧法モデルの構築に情熱を傾け，とりわけ「土地の商品化」という比較可能な基軸から「未だ資本主義化していない」段階としての「近代社会」と資本主義社会を対置させ，渡辺洋三が後年説いた「市民社会」と「資本主義社会」，「市民法」と「ブルジョワ法」論とも親和的な議論を展開している。水林の仕事は，「憲法と民法」の視角から樋口理論とも響き合うかたちで，「全法体系の根本法としての民法典」という問題提起に発展し，ここから，国家と社会の二元論を批判し，民法典を経済的利益の次元ではなく，自己決定的＝自律的な政治社会としての市民社会の基底にあるものとして捉えるという理論が生まれ，憲法理論にもインパクトを与えている[7]。しかしこれは，法史論であるのか，「解釈論的法学理論」であるのか。も

---

[5] 吉田克己が言うように，民科の現代法論は「総体的把握」に特徴がある。それは，「法現象の歴史的分析」による，「現代法」の歴史段階を解明するという方法的特質を有するが，実定法の解釈に役立つか否かの視点を欠きがちであった（吉田，「巻頭言――現代法の総体的把握と国際的理論潮流」『法の科学』42号 2011年参照）。しかし，吉田が言う「法のパラダイム」転換や，「基準としての力」論，さらに吉田が開拓した「市民的公共性」論は，国際的な文脈においても我が国と共時的であるという問題は，実定法解釈の問題というレベルとは別に，「総体的把握」の意味内容にそくして，それ自体として検討されるべき問題であるように思われる。法の基礎にある社会関係のグローバルなレベルでの変容をもたらす新自由主義と切り結ぶ対抗的言説の構築と同時に，社会関係の変動に対する展望的な視点をも，歴史的考察によって獲得するということに，「総体的把握」論の意味があったはずだからである。いずれにせよ，「総体的把握」論のこの特質が失われるとき，現代はメタ理論的な同時代的な現象として，歴史過程を捨象するものとして把握されることにならないか。木下智史・本秀紀「民主的自己統治の可能性と民主主義理論」法律時報臨増，『改憲・改革と法』［民科編，2008年4月］の問題提起をも参照されたい。

[6] 同『国制と法の歴史理論9』創文社，2010年。

[7] 水林「近代民法の本源的性格」『民法研究』5号 2008年。山元一「憲法理論における自由の構造転換の可能性(1)――共和主義憲法理論のためのひとつの覚書」長谷部恭男・中島徹編『憲法理論を求めて――奥平憲法学の継承と展開』日本評論社，2009年，31頁以下参照。

とよりこれは，法の歴史の研究方法論とその目的にかかわり，水林の方法の独自性と評価されるべきだろう。いずれにせよ，法と歴史の関係についての，かなり基本的な問題が，ここにはあるように思われる。遅塚忠躬の渾身の遺作，『史学概論』[東京大学出版会，2010年]は，歴史学とは何かという根本問題を，隣接諸科学（法律学との関係を当然含む）との関係で論じているが，「類型設定」における「近代法」論への高い評価があるけれども，歴史学にとっての法学的類型論の意味という問題への言及はない[8]。

　樋口陽一の最近の議論は，前近代と近代の両分法に，より強い傾斜が見られる。「差異論者」ないし文化多元主義に対し，批判的普遍論者としての自らの立場を維持しようとする。こうして，樋口は，最近では，加藤周一の「雑種文化論」の論評という形を取って，普遍的近代への包囲網に対抗しようとしている。すなわち，西欧的近代が析出した個人という観念を否定して，ジャンル＝ジェンダーの差異を強調し，人為の意思によって創設された個人を「自然」に回帰させ，「人欲の解放」を求める世界に移行するという，ポスト・モダーンの思想的潮流を拒絶する断固とした主張を繰り返して，ポスト・モダーンの席巻に対抗しようとしている[9]。

　樋口の比較憲法論は，歴史段階毎の歴史的類型を析出して憲法現象を比較するという歴史的分析――その一方での機能分析――を特質としていたが，近時は，近代市民革命期のフランスが，比較のより核心的な基軸になっている。しかし，樋口の意図は，文化多元主義や新自由主義さらにはポスト・モダーンの包囲網の渦中にあって，西欧近代の普遍性にコミットし続けることによって，非西欧世界の日本における普遍の受容の可能性を極限まで追求し，法学の立場から，思想世界において切り結ぼうとすることにあると思われる。したがってその歴史論は，歴史的実証を越えた思想的営為にあることに，その独自性がある。樋口が描くフランスモデルが，たとえばイギリスには適用できないとか，フランスモデルの歴史的実態は中間団体排除モデルとはいえなかったなどの批判は，したがって，それのみでは，意味を持たない。しかし，この現代における対抗軸として研ぎ澄まされて措定されたフランス近代が，逆に固定的なイメージとなって，近代の複雑

---

8　たとえば，同書276頁以下。戒能通孝『近世の成立と神権説（複刻版）』慈学社，2012年は，「類型論」は，類型の静態的な記述のために意味があるのでなく，これがなぜ形成され克服できるのか否かを考察するために意味があるのだ，と論じている（同書の「解説」参照））。

9　前述第3章4注25及び第3章以下参照。

な，したがって豊穣でダイナミックな歴史が，著しく「禁欲的」に捉えられる結果となっているように思われる。修正主義学派の歴史学から学ぶべきは，西欧的近代の相対化というレトリックにあるというよりも，相対化された近代の豊富な史的事実にある。階級論の再定位は，「言語論的旋回」と言われる段階から文化史的段階に移行しつつあるが，本稿はその端緒的な部分を扱うことになろう。

長谷川が，名古屋大学時代の学部ゼミで長くテーマとしていたのは，ダイシーの憲法論であった。ダイシーは，19世紀の憲法のデモクラティックな性格と，土地法の「貴族主義的」・非デモクラティックな性格という非対称を「土地法のパラドックス」と表現した。実際，この土地法の改革は一九世紀を通じた連綿たる改革課題となり，ようやく1925年の一連の物的財産権法 law of property の体系的な国会制定法による改革によって，ダイシーが言った意味での「パラドックスの終焉」は，一応，達成されることになる。

この問題は，長谷川のイギリス憲法史の世界にはおそらく入っていなかったであろう。しかし，長谷川が言う「イングランド憲法史」の固有性は，この問題を避けては論じられないはずである。修正主義学派の「ブルジョワ革命」否定論は，フランス大革命を対象にしていたが，イギリス革命についてのマルクス主義学派の登場に及んで，イギリスの「ピューリタン革命」についての宗教対立史ないしは国制史的な，または，進歩史観的（ウィッグ史観——マコーレーこそ，最初の「イギリス革命論者」であった）解釈は，一掃され，その逆に，保守的＝トーリー史観からの「反撃」が，激しく展開した。

ダイシーだけでなく，19世紀末葉のイギリスの法学界は，ダイシー同様に憲法を規定する土地法の構造に強い批判的な精神でのぞんでいた。憲法は物的財産権法＝土地法のアペンディクスに他ならないという「現代的な」（中世的な「遺制」というようなアナクロニズムの批判とは反対の）批判は，法制史家のメートランドのものであったし，ポロックにいたっては土地囲い込み後の「惨状」を克服しようとして，入会地（共有地の訳は厳密に言えば誤訳である）のオープンスペース化の運動に携わっていた。ベンタミズムの政治的な影響力が強烈であった時代が去ったこの時代のイギリス法学は，学問のための学問に変貌した（先の戒能通孝『法律講話』，慈学社版，211頁参照）とはいえ，学問に沈潜した理論的な論争と「テキスト伝統」と言われる——法学部の「創設ラッシュ」との関係もあって——学者による「法の体系化」が，憲法以外の法領域でも進められたのである[10]。

---

10　第Ⅱ編第1章163頁以下参照。

イギリス急進主義は，名誉革命後の民衆運動の一貫した特徴となって，19世紀の70年代80年代の労働運動を凌駕していたし，後述の，Tichborne case という1871年前後の奇妙な事件では，マグナ・カルタと「国土の法」(law of the land[11]) は，民衆の力強いスローガンであったのである。「古来の国制論」は，憲法典が存在せず，「名誉革命体制」の確立過程に参加することがなかった民衆のレベルでは，度々復活するのであった。そしてそのこと自体が，憲法論の一の問題であった。この急進主義の「伝統」は，ダイシーの「憲法的法」の定義と国会主権論によって憲法的法のレベルで除外され，コレクティヴィズム論によって，政治過程に回収されることになるが，それによってダイシーの憲法論（ダイシー憲法論は彼の著書，『法と世論』と一体であり，またバジョットの「補完」を受ける構造になっていた）がそのまま生き残れたわけではない。ロンドン大学 LSE のマーティン・ラフリンが言うように，1998年の「人権法」の如何に関わらず，樋口の言う「憲法制定権力論」の論議は不可避となり，ダイシー理論の根底にある名誉革命の相対化が，ますます進む状況にあると考えられる[12]。

2010年に出版した私の『土地法のパラドックス──イギリス法研究，歴史と展開』〔日本評論社〕の主題の一つは，「パラドックス」がなぜ生まれ，かくも長期に持続したのかという問題を，「法の歴史」的分析の対象とすることであった。つまり，ダイシーが事実としてそのまま前提にしている「パラドックス」は，彼の「憲法」のパラドックスに由来するのではないのか，という問題である。彼の「憲法」が，土地法のパラドックスの基盤に立っている限り，彼自身がこのパラドックスの生成理由を説明することはないはずである。かくて，私の『土地法のパラ

---

11 このタームの歴史的意義については，第Ⅱ編第5章5等参照。
12 Loughlin, M. Constitutional Power Subverted; From English Constitutional Argument to British Constitutional Practice, in Loughlin & N.Walker eds., The Paradox of Constitution: Constituent Power and Constitutional Form, Oxford, 2007 レヴェラーズに発する急進主義の憲法制定権力論が「統治の術」によって不可視化されていく。このような観察から，ラフリンの場合には，「公法」と政治の再建という理論に向かうように思われる。憲法制定権力論の「起源」についてさしあたり，第Ⅱ編第2章3。また，Loughlin, M., Foundations of Public Law, Oxford, pp.221 et seq. ラフリンのダイシー理論との関係は，ダイシーの規範主義に対しての批判理論を「機能主義様式」として「一括」する彼の方法によってみるほかない。もとより彼はダイシー批判者であるが，ダイシーが古典的自由主義論者であって社会的平等を憲法論の問題としてあつかわず，これを立法に「潜入」させる「機能主義者」を批判していることには，一定の意味を認めている。このような問題についてラフリン，小川祐之訳「機能主義様式の公法学(1)」『比較法学』第45巻2号，2011年所収，163頁以下参照。

ドックス』の主題は，私の前著『イギリス土地所有権法研究』［岩波書店，1980 年］の延長に，名誉革命以降の統治構造とそれを支えた社会構造分析に置かれることになる。とりわけ，19 世紀の土地所有権法改革や，入会権，オープンスペース，それらを指導する土地公有論が，——私が「名誉革命体制」をそのように捉えようとした（ロック的「議会中心主義」はこれと矛盾するものではなかったが[13]）——「司法国家制」との関連で分析されることになる（『パラドックス』97-368 頁，437-576 頁）。

　岡田章宏の書評（『法の科学』42 号所収，2011 年）は，この試みを，「ダイシー自身というよりは，むしろその理論を受容しつづけたこの国（イギリス）の社会とそこで運用された法の本質的性格にこそ向けられていた」と的確に分析している。私には，ダイシーの理論の「イデオロギー批判」のような，ステレオタイプな研究の意図はない。所有関係と統治構造の関係の「全体的考察」を意図したのであり，そうしなくては，イギリス「憲法の実像」は把握できないと考えているのである。

　ダイシーの憲法論に長谷川が拘ったのは，彼の法学方法論とも関係があるように感じている。成文憲法典を有さないイギリスについて，「憲法論」を展開するには戦後直後という時期において拠るべき数少ない基準の一つという意味で理解できるが，長谷川法学方法論における法現象の把握方法としての，法意識・法規範・法制度の法の「要素説」が，ダイシーの『法と世論』，あるいは，国会主権，法の支配，憲法的習律の三大原理と親和性があったからではないかと思われる。

---

[13]　ロックの「立法権」legistlative power，「執行権」executive power「連合権」federative power という「三権」に司法権はない。「ピューリタン革命」が示したように対立は王権と議会のあいだにあり，絶対王政は裁判所も含むものとして，議会に対峙しようとした。この関係を打破する上に重要だったのは，王権を議会の下に置くとともに，裁判官の身分保障を「王位継承法」という王権の継承を定める国会制定法によって定めたことであった。このように，「名誉革命」は，ロックの立法権力論に照応しているだけでなく，国内法の執行という意味での「司法権」を王権から切り離し「独立」させる帰結をもたらした。「連合権」は，社会の対外事項にかかわる公益的事項の管理を意味し，法に覊束されない裁量的作用を意味すると思われる。したがって「執行権」には，裁判手続によって相対立する主張に基づく争訟を解決する（adjudication）という作用において同様と観念される司法権と行政権の両者に相当するものが含まれると思われる。これに加え，「名誉革命体制」の根幹は，「地方の自律性」にあり，それを支える治安判事職のジェントリ層による独占にあった。この中央と地方の権力基盤の同質性とその間のフェデレーティヴな作用を基底とし，法の執行が，コモン・ロー裁判所の下で展開される「名誉革命体制」の統治構造を，私は，「司法国家制」と呼んでいる。戒能『土地法のパラドックス』第 2 章第 1 節参照。またロックについては，鵜飼信成『行政法の歴史的展開』有斐閣，1953 年，64 頁以下参照。

ポスト・ダイシーのイギリスの憲法理論を，とりわけ 1998 年に成立し，2000 年から施行された「人権法」Human Rights Act 1998 以降の理論状況を念頭に，国会主権中心主義＝「政治的憲法」＝「民主主義」対「司法権優越主義」＝「立憲主義」ないし「法的憲法」論の対抗で論じる現代的イギリス憲法論（代表的には愛敬浩二）は，イギリスにおける憲法論議を我が国の憲法学の論争世界に引き入れたという点で有効であった。ただしダイシー的「憲法」を国会主権から人民主権への原理的転換によって「新憲法典」に置き換えるというボグダナーの主張にあるように，「立憲主義」における憲法の意義自体が一致していないイギリスについては，我が国における理論的な対抗をそのままこの枠組みに置き換えることは，いささか困難なところがあるように思われる[14]。

## 3  市民革命論の再定位

妻のリンダ・コリーとともに現代イギリスの歴史学界のリーダーである，D. キャナダインは，イギリス近代史を「階級」と「階級闘争」によって説明する「向かうところ敵のない」解釈は，1970 年代末まで通説にとどまっていたが，現在ではイギリスの若い世代の歴史家の間で誰もこれを支持するものはないと書いている[15]。イギリス市民革命を「ブルジョワ革命」と規定したクリストファー・ヒルが，その「ブルジョワ革命論」を事実上「撤回」し，この革命が支配階級内の争いとする「宮廷」対「地方」という論敵であったトレヴァ＝ローパーの図式を受け入れた（The Century of Revolution, 1603-1714, 1961）ことから，「ブルジョワ革命論」は，その創設者自らによって「幕引き」されたと言われているようである[16]。

---

[14] 「法の支配」については，我が国の司法の歴史的構造とイギリスの相違を無視して論じることはできないように思われる。司法権の構造とともに，クリアすべきは，「自由の構造」についての，「コモン・ロー論」があるように思えるからである。この点については，あしあたり，第 2 章 1 以下。

[15] Cannadine, D., Class in Britain, 1988（邦訳書，平田雅博・吉田正広訳『イギリスの階級社会』日本経済評論社，2008 年，819 頁）．マルクス主義。

[16] ヒルがトレヴァ＝ローパー説を受け入れたという意識はヒル自身にはないと思われる。というのは，ヒルは，革命期の経済的利害の対立のレベルのみで革命を捉えていず，プロテスタンティズムが近代科学や思想，さらには文学にも及ぼした影響をも視野に入れた「全体史」を目指したのであり，その点ではできるだけ多様な視角を歓迎したと言えなくもないからである。「全体史」という点ではローパーも同様であり，ヒル批判の修正主義学派の 1970 年代の批判には，「革命」（ローパーは晩年このタームを使っている）を支配層の頂点部分の争い＝ハイポリティクスの結果に過ぎないとみて，歴史の深層を見ない受容不

ヒルについてのこうした「解釈」は，ヒルの柔軟性に由来するとも言えるが，論争の陣営の双方が，「ブルジョワ革命」論の根拠であるブルジョワの規定性に拘ったために，革命の複合的な要因を理解しようとする傾向が稀薄になっていたことも関係しているように思われる。したがって，ヒルが，封建貴族とブルジョアジーの二項対立図式を「仮説的」なものと当初から留保していたことは，あまり注意されていない。ヒルは，次に，新しい資本主義的な商人と農業経営者の利害と，これに対立する小農民，手工業者，職人の利害を注視し，旧勢力を含む三つの階級の抗争としてイギリス革命を描いた。さらに彼は，「急進的ピューリタニズム」の存在に着目して，革命の考察を深化・拡大していった。しかしこれらのことは，革命の性格規定を曖昧にし，「ブルジョワ革命」論自体を放棄したもの，と批判された。ヒルは，革命の原因よりその帰結に，次第に力点を移動させていったが，これもまた，「ブルジョワなきブルジョワ革命」論を説いていると批判されることになった。

ヒルは，1972年の「ひっくり返った世界」(The World Turned Upside Down, 1972, reprinted penguin ed.1991) において，一定の「質的転換」を見せる。高橋幸八郎への献呈論文集に，彼はこの書物のエッセンスを寄稿し，イギリス革命は，「ジェントリの土地所有や，主教・牧師の思想によって論じられ，革命戦争を実際に戦った一般民衆について語られることは殆どない」と述べ，下層階級の急進主義の担い手である「マスターレスマン」について注目した。この視点は，その後のイギリス史を語るうえでも重要であった。このヒルの「転換」をいち早く日本に紹介したのは，比較経済史学派のリーダーの岡田与好であった[17]。

イギリス革命をブルジョワ革命と論じる従来の「通説」を批判する修正主義学派は，革命の直接の担い手がブルジョワジーでなかったことや，革命のような意図して起こった事実はないとするが，ヒルのように，担い手や意図にかかわらず，結果としてこれは，「ブルジョワ革命」であったとされると，この論争は噛み合うことは不可能になる。しかし，ヒルは，イギリス革命のもう一つの側面に気づくことによって，彼の直接の先駆者たるトーニーの急進主義思想とピューリタニズムの関係を説く議論を支持していくことになる。トーニーがそうであったように，マックス・ウェーバーのピューリタニズムの禁欲の精神と興隆するブルジョ

---

能の傾向があると批判している。岩井淳・大西晴樹『イギリス革命論の軌跡 ― ヒルとトレヴァー=ローパー』蒼天社，2005年，14-15頁参照。
17　岡田与好編『近代革命の研究（上）』東京大学出版会，1973年所収のヒルの「イギリス革命の急進思想」の岡田訳 339-353頁参照。

ワジーのエートスとの照応関係とは反対の,「独立でもなく不羈でもない」,下層の階級の人々の急進主義と,ピューリタニズムの関係に,ヒルは回帰していくのである。これは,イギリス革命ののち,名誉革命後の急進主義や,革命後ほぼ二世紀を経て勃興する後年のイギリス社会主義思想との関連の問題でもある。トーニーが強調したように,イギリス革命には,敗北しつつもその伝統が継承され,後年の急進主義の担い手たちに影響を与え,彼らの運動のために,霊感が求められ続けた思想と運動があったのである。

トーニーは「ジェントリの興隆」論によってトレヴァー゠ローパーと論戦を繰りひろげたこともあって,中産的生産者層の近代的両極分解の起点として革命を位置づける「ブルジョワ革命論」の指導的論者とされる[18]。のみならず,中産的生産者層と禁欲的プロテスタンティズムおよび資本主義の精神との関連という内容を持った大塚久雄の資本主義発生史研究と,親和する関係にあったとされるのが一般的である。

けれども,トーニーの理論は,大塚と必ずしも同じではなかった。この前提にあるウエーバーの資本主義論であるが,これは,大塚によって後年,力点が移動されたように,結論においてむしろ,「反資本主義的」である。資本主義化が進められるにつれて生まれるのが,「心の貧しさ」の拡がりであるという,大塚の「意味喪失の時代」という表現が適切と思われる悲観的見通しを,ウェーバーは述べていた。「勝ち誇った資本主義」が,次第に「禁欲の支援」から解放されていくと「予測」されていたのである。

大塚によればウェーバーは,資本主義の初期においては企業家のみでなく,労働者にも内面化していく「経営」Betrieb,すなわち人間行動を駆り立てるエートスが,資本主義の精神を作り上げていくと論じた。しかし,資本主義の爛熟期には,社会全体が大経営体のような様相を呈し,官僚制的支配が至るところに根を張って社会全体を覆い尽くし,管理社会化という現象が現れてくると解していた。この結果,最後に現れるのは,「精神のない専門人,心情のない享楽人」であるが,「これら精神の無なるもの」は,それにもかかわらず「人類がかつて到達しなかった段階に到達し得たことを自負するであろう」と喝破していたのである[19]。トー

---

18 第Ⅱ編第1章6.3以降参照。
19 大塚久雄「もう一つの貧しさについて」(『大塚久雄著作集 第13巻』岩波書店,1986年,68頁以下参照。マックス・ウェーバー著,梶山力・大塚訳『プロテスタンティズムの倫理と資本主義の精神(下)』岩波文庫,1962年,第2章,2参照。

ニーが見たのも，この側面でのウェーバーであった[20]。

　トーニーとウェーバーの違いを早い段階で指摘していたのは，越智武臣であったように思われる。越智は，ウェーバーの資本主義の精神の転換の問題には触れていないが，大塚の「禁欲」の概念によるピューリタニズムの「一義的」規定では，こうした「概念化」できない広範な影の部分が，取り逃がされてしまう。したがって，賛成できないと述べていた。ジェントリへと上昇転化する独立自営農民＝ヨーマンリーの成功物語の典型とされた，バクスターの例を引いて，トーニーが述べた評価を，彼は，ウェーバー＝大塚の解釈に対置させている。トーニーは言う。「バクスターが彫琢したキリスト教道徳の規範は，巧緻でありかつ真摯なものであった。だが，それらは遠い肥沃な平野から鳥がついばんできて，氷河のうえに落とした種にも似ていた。それらは氷の河にしばしば馥郁として香っていたが，やがて実を結ばずして果てたのである[21]」。

　近年の比較経済史学においては，ピューリタニズムが中産階級に受容されたのは，イギリスに鋭く現れた貧困問題の解決のためであり，彼らは民衆文化の抑圧によって下層民に社会的規律をおしつけようとした。これに対して絶対王政は，「遊戯教書」の布告にみられるように，家父長的支配の存続のために民衆文化を容認していった。ピューリタン革命は，ピューリタン的生活様式と民衆的生活様式の相対立する価値規範・文化の相克と展望された（常行敏夫『市民革命前夜のイギリス社会』，［岩波書店，1990年］）。常行は，封建制と初期資本主義的関係の対立という比較経済史学派の基本的なシェーマを維持しつつ，この対立の顕在化の契機として食糧危機・貧困問題などをあげ，「通説」に修正を施しているのであろう。大塚についても，後年の「意味喪失の時代」という主張を含むものとして，ウェーバー＝大塚説を再定位している。

　先に述べたヒルの「転換」の関連では，大西晴樹『イギリス革命のセクト運動』［増補改訂版，御茶の水書房，2000年］が，修正主義学派の「ハイポリティックス志向」を批判し，ピューリタン・セクトの反律法主義・アルミニウス主義を「反革命的」な流れと位置づけられてきたのと反対に，下層の民衆の革命的エネルギーの要因として分析する。これは，運動論的な革命の再定位である。

　ヒルが傾倒したディガーズのウインスタンリーの「自由の法」と「神的コモン

---

20　前掲注18参照。
21　越智武臣「近代化問題とイギリス史研究」柴田三千雄・松浦高嶺編『近代イギリス史の再検討』御茶の水書房，1972年，11頁，ウェーバーの評価はまるで反対で「バクスターは，歴史上牧会者としてもっとも成功した一人」ということになる。

ウェルス」の主張は，クロムウエルに影響を与えたが，プロテクター政権には反映されなかった。

　17世紀危機論争におけるホブズボウムの封建的生産様式の内部的矛盾に危機の要因を求める理論を批判し，人口圧による資源・食糧・エネルギー危機としてこれを「経済成長パターン」論で説明して，従来の「一国史的」史観を覆したのが，川北稔であった。彼は，革命の争点そのものを認めず，それは，ジェントリのヘゲモニーの確認を意味したにすぎないと論じ，比較経済史学派を震撼させたと言われる（同『工業化の歴史的前提――帝国とジェントルマン』[岩波書店，1983年]）。人口圧の危機から免れたイギリスは，王政復古以降の商業革命と植民地帝国形成に転換していったとするが，この商業的発展と貿易に関わった商人たちを彼は，「擬似ジェントリ」と呼び，やがて「ジェントルマン資本主義論」の構築に向かう[22]。

## 4　おわりに

　サッチャー政権期の労働党は，新自由主義への政策的オルタナティブを失い，保守党に安定的な政権基盤を提供することになった。この時期の労働党左派の中に。新たな戦略が練られつつあったが，その理論的到達点を示すエルネスト・ラクロウとシャンタル・ムフの理論［訳書，山崎カオル・石澤武訳『ポスト・マルクス主義と政治』[大村書店，1992年]]は，階級を基盤とした近代の民主主義闘争を，性・人種・地域などの多様な差異にもとづくアイデンティティがもたらす敵対性をめぐる民主主義闘争として再解釈しようとした。この多文化主義的な政治戦略は，ニューレーバーにもちこまれ，イングランド南部の中間層の獲得を目指す党綱領第四条の公有化条項の修正を含む党の路線転換がなされた。この「新しい民主主義」の戦略が，1997年総選挙におけるブレア労働党の圧勝をもたらした。

　イギリスではポスト構造主義的系譜の「言語論的旋回」と言われるアプローチがあるが，これは，サッチャーリズムについてスチュアート・ホールによって適用された。ホールは，サッチャーリズムは，伝統的な国家・国民・家族・法と秩序などを強調する新保守主義と，市場や自由などを唱導する新自由主義からなる異質なイデオロギーの混成体として現れる権威主義的ポピュリズムであるとした。現代イギリスが抱える失業・移民・家族の解体・民族紛争などの労働者階級という言語に収まり切らない社会層による下からの規律化要求を背景とするヘゲモ

---

[22] 馬場哲・小野塚知二編『西洋経済史学』東京大学出版会。2001年，60-76頁の「市民革命―イギリス」の分析を参照（唐澤達之執筆）。

ニー・プロジェクトと捉えたのである[23]。

　ホブズボウム，E.P. トムソン，クリストファー・ヒル等による「階級」と「階級意識」分析は，「労働者階級の政治」に照応していたが，これは，「民衆の政治」(popular politics) 分析に移行したと言われる。前述の Tichborne case を分析したローハン・マックウィリアムは，貴族の一家による「善良にして誠実なイギリス人」弾圧だとして民衆のあいだにあっという間に拡がったこの運動に，「言語論的」分析の方法を改良して適用する。この事件が，キニーリ弁護士による法廷闘争で，マグナ・カルタにシンボライズされた「護憲運動」となり，さらに，愛国主義・共和主義，また女性の権利，所得税の廃止，等々の要求も含めて，「急進主義」の「民衆の政治」にこれらの要求が溶かし込まれていく。チャーチズムと社会主義運動勃興の狭間に生まれたこうした「急進主義」は，労働者「階級」の「階級闘争」という旧説では説明できないと言うのである[24]。

　「階級」にかわるものとしての「言語論的旋回」は，しかし，それ自体が独立しても何も明らかにできないであろう。「公共圏」論のレベルで最近では「福祉複合体」の理論のようにこの分析は。貧困に立ち向かう民衆の自助組織としての友愛組合などの「共同性」を支えた古い組織の析出などに移りつつある。また，近代への移行が，孤立した「強い個人」を支え，そうした個人の析出を助ける「中間団体」との関係において遂行されたことを明らかにすることによって，新自由主義政策に対抗しようとする問題意識も見られる。

　エレン・ウッドは，そうした歴史貫通的な要素による歴史叙述が，資本主義的な関係の特異性を曖昧にすると警告している[25]。

　[階級論] の再定位については別の機会に述べることにして，ひとまず筆をおく。

　　＊この補論は，杉原・樋口・森編『戦後法学と憲法』日本評論社，2012 年に寄稿されたものである。

---

23　ステッドマン・ジョーンズ著，長谷川貴彦訳『階級という言葉——イングランド労働者階級の政治社会史 1832-1982 年』刀水書房，2010 年，「訳者解題」，272 頁以下を参照。
24　同著，松塚俊三訳『19 世紀イギリスの民衆と政治文化』昭和堂，2004 年，「訳者解説」参照。
25　平子友長・中村好孝訳『資本主義の起源』こぶし書房，2001 年，93 頁以下参照。

# 和文・事項索引

## あ　行

愛敬浩二…………… x,29,140,182,203,
　　　　　　　　　338,340,345,503
アイルランド共和国…………………12
アイルランド自由国………………267
アーガイル卿………………………458
アーサー王伝説……………………113
芦部信喜……………………………203
アースキン，トーマス… 199,200,201,213
アソシエーション…………………453
アダムズとジェファーソンの論争… 197
新しい権利（スカーマン）…………71
アーチャー，ヘンリー……………260
厚い法の支配…………………………56
アッカーマン………………………147
アティア……………………………489
アーデンの森………………………247
アトウッド…………………………340
アトキン卿…………………………191
アトーニー法学院…………………224
アトリー，クレメント………………4
アーノルド，トマス………………267
アーノルド，マッシュー………267,406
アービン大法官………………………87
アマチュアリズム…………………452
アミスタッド………………………420
アーミテイジ……… 161,295,297,300
アムステルダム条約………………100
アメイジング・グレイス…………420
争いある大権………………………296
争い無き大権………………………296

アリソン……………………55,158,483
アルトゥジウス……………………341
アルビオン…………………108,112,162
アルメニウス………………………274
アレン………………………………409
アングロサクソン社会の自由村落共
　同体………………………………363
アン女王………………………………64
アンダーソン………………………484
安藤高行………………… 229,230,339
飯田高………………………………467
イェリネック………………………210
「異形」の立憲主義…………………203
イギリス急進主義…………………501
「イギリス憲法」という概念 …………26
イギリス憲法の基本原理…………130
イギリス憲法の否定者……………197
イギリス国籍法（1914）……………111
イギリス国籍法（1948）………111,112
イギリス近衛兵の編成……………288
「イギリス」の意味……………………26
イギリスの海外領土………………161
イギリスの株式会社法制…………416
イギリスの急進主義における共和主
　義・立憲主義……………………188
生ける法………………………347,357
移行論争……………………………241
石田眞………………… 240,433-437,480
移送令状………………………………44
一元的モデル………………………435
五つの巨悪（ベヴァリッジ）………76

一般干拓法 275
一般都市 357
「イデオロギー化」したゲルマンの法 349
伊藤正己 27
移動労働隊 376
今井宏 242
今中比呂志 338
移民政策 100
EUレファレンダム（国民投票）法（2015） 114
入会権 275, 348
イングランド銀行 416, 455, 456
イングランド銀行法（1694） 455
イングランド入会権 359
イングランドの自由の最後の木 200
インペリウム 144, 296
ヴィクトリア 395
ウィグモア 249
「ウィッグ革命」としての名誉革命 286
ウィッグ史観 251, 286
ウィッグ対トーリー 286
ウィッグと狩猟者たち 205
ウィナー 172, 180
ヴィノグラドフ 350, 372
ウィリアム3世 273, 325
ウィリアムズ, エリック 414, 419
ウィリアム, マック 205
ウィリアム＆メアリー 319
ウィルキンソン＆ピケット xix
ウィルクス＆リバティ 194
ウィルソン 69, 171
ウィルソン労働党政府 171
ウィルバーフォース卿 415, 420
ウィンザー, エドワード 272

ウィンスタンリー, ジェラード 244
ウインスタンリーの「自由の法」 506
ウインドラッシュ世代 6
ウェイド（サー・ウィリアム） 93
植木献 193
ウェストミンスター宮 265
ウェストミンスター公爵 486
ウェストミンスター第二法 245
ウェストミンスター法（1931） 160
ウェストミンスター・モデル 30
ウエッブ, シドニー 167
ウェッブ夫妻 74, 149, 268
ウェッブ, ベアトリス 169, 413
ウェーバー, マックス 16, 175, 251, 256, 286, 351, 453, 504
上村達男 240, 244, 437, 458, 462, 467, 480
ウェンズベリの不合理性 57
ヴェンナー, トマス 274
ヴォヴェル 233
ウォード, ハンフリ夫人 267
ウォーラスティン 450
ウォルドロン 55
ウォルポール, ロバート 286, 458
宇沢弘文 19
薄い法の支配 56
内田力蔵 26, 39, 207, 322, 423, 427
内村鑑三 265
ウッド, エレン 22, 206, 508
ウッド, ジョン 89
海原文雄説 488
宇野弘蔵の経済学の体系理論 17
生まれながらに自由なイングランド人 195
生まれながらの自由人 201
梅川正美 163

| | | | |
|---|---|---|---|
| ウルフ卿 | 31, 84, 90, 119 | 王領植民地 | 161 |
| エア総督 | 421 | オーエン，ロバート | 445 |
| 営業の自由論争 | 76 | 大内力 | 18 |
| 英国王のスピーチ | 272, 343 | 大江泰一郎 | 151 |
| エイルマー | 316 | 「大きな社会」構想 | 107 |
| エクイティ | 26, 37, 466, 484 | 「大蔵委員会」Lords Commissioners of the Treasury の第一卿 | 324 |
| エステイト | 246 | 大蔵卿 | 324 |
| エスピア＝アンデルセン | 77 | 大沢真理 | 80 |
| エッピング・フォレスト | 391, 393, 395 | 大塚史学 | 15, 232, 253 |
| エドワード8世 | 272, 315 | 大塚＝高橋史学 | 237, 240 |
| エドワード懺悔王 | 410 | 大塚久雄 | 241, 251, 269, 459 |
| ——の王冠 | 343 | ——の資本主義発生史研究 | 505 |
| エリザベス2世 | 272 | ——の「中産的生産者層」の両極分解論 | 440 |
| エリザベス救貧法 | 441 | | |
| エルズミア卿 | 296, 298 | 大西晴樹 | 506 |
| エルトン | 235 | 岡田章宏 | 275, 322, 351, 358, 502 |
| エールリッヒ | 347 | 岡田与好 | 76, 253, 377, 504 |
| エンゲルスの『イギリスにおける労働者階級の状態』 | 448 | 小川浩三 | 148 |
| | | 奥平康弘 | 66, 139, 219, 491 |
| エンゲルス，フリードリッヒ | 449 | おくれて未完成に終わったブルジョワ革命 | 239 |
| 遠藤輝明 | 254 | | |
| エンパイアー | 144 | 尾崎一郎 | 467 |
| 王位継承法（1701） | 69, 197, 227, 228, 320 | オシアナ | 162, 295 |
| 王位の法人的な存在を単独で構成する機関としての国王 | 224 | オースティン，ジョン | 213 |
| | | オースティンの「Pride & Prejudice」 | 448 |
| オーウィン | 362, 373, 375 | オストラム，エリノア | 106 |
| 王冠（王位） | 46, 224, 343 | 尾高朝雄 | 495 |
| 王璽 | 312 | 越智武臣 | 232, 251, 339, 506 |
| 王室経費法 | 326, 451 | オッグ | 294 |
| 王による「信託違反」 | 333 | オックスフォード，ケンブリッジ大学等の入学資格 | 282 |
| 王の書記局 | 37 | | |
| 王の二つの身体 | 272 | 小野塚知二 | 15, 233, 458 |
| 王法 | 288 | 小畑郁 | 105, 469 |
| 王立アフリカ協会 | 266 | オープン・スペース | 332 |
| 王立協会 | 268 | | |

# 和文・事項索引

オープン・スペース協会……… 403, 407
オープン・フィールド………… 362, 375
オラニエ（オレンジ）公家………… 273
オランド大統領………………… 100
オリヴァー，ダウン…………… 118, 149
オールド・ベイリー…………… 201, 423
オレンジ公ウィリアム…… 307, 313-319

## か 行

カー……………………………… 74
階　級………………………… 180, 194
「階級闘争」史観……………… 201
階級の文化…………………… 201
階級論の再定位……………… 500
海　軍………………………… 294
開示手続き…………………… 39
階層概念……………………… 235
戒能通孝… xxi, 200, 240, 347, 356, 496, 499
科学としての法……………… 212
獲得社会……………………… 176, 177
核兵器廃絶運動……………… 193
革命劇のハイライト………… 314
閣僚理事会…………………… 99
隠れ地………………………… 297
囲い込み……………………… 364, 378
囲込み（Inclosure）の法的意味…… 363
家族関係司法制度（裁判）…… 50
片岡昇………………………… 433
ガタリッジ…………………… 150
ガーディアン………………… 166
加藤栄一……………………… 20
加藤周一……………………… 240, 499
加藤雅信……………………… 467, 468
ガードナー…………………… 255, 265
カナダ市民…………………… 111

金屋平三……………………… 446
金子勝………………………… 473
ガバナンス…………………… 80
カビくさい憲章……………… 178
ガフ…………………………… 333
株式会社「発生史」…………… 136
株式会社発生史論…………… 461
株式という制度……………… 458
紙のヨーロッパ……………… 100
カーライル，トーマス……… 265
柄谷行人……………………… 355, 356
仮議会（国民協議会）…… 270, 271, 314
カルヴィニズム……………… 260
カール協会…………………… 402
川北稔………………………… 234
川島武宜「近代所有権論」…… 468
川田昇………………………… 440
慣　習………………………… 409
慣習的自由土地保有………… 246
慣習と成文法の関係………… 249
カント的「世界市民権」……… 98
カントリ党…………………… 277
カントロヴィッツ…………… 353
カーン＝フロイント……… 189, 215
キヴィタス…………………… 342
議会のなかの国家…………… 231
基金学校……………………… 172
技芸としての法……………… 212
「帰結概念」としての入会権…… 389
貴顕の士から手紙…………… 284
騎士議会……………………… 270, 271
騎士的土地保有等廃止法…… 242
騎士土地保有等廃止法（1660）… 271
擬制説………………………… 469
偽装された共和制…………… 231

| | | | |
|---|---|---|---|
| 貴族院 | 261 | 行政的正義 | 50, 58 |
| 貴族院改革 | 65 | 共通の学問 | 224 |
| 貴族院憲法委員会の第19報告書 | 10 | 共通の正義 | 223 |
| 貴族院上席裁判官 | 191 | 共通旅行地域 | 13 |
| 貴族院法（1999年） | 29, 65 | 共同抗命法 | 264, 292, 293 |
| 貴族・ジェントリの価値観 | 172 | 共同体主義 | 454 |
| 貴族，ジェントルマン，ヨーマン | 268 | 共同体的統制 | 374 |
| 基底的諸権利 | 208 | 共同の文化 | 385 |
| ギデンズ，アンソニー | 21, 99 | 共謀罪および財産保護法 | 434, 435 |
| 機能社会 | 180 | 「共和国」かつ「自由な国家」 | 257 |
| 機能主義 | 130 | 共和主義 | 495 |
| 機能主義的（様式の）公法学 | 156, 184, 185 | 「居住」から「財産権」（property）への置換 | 350 |
| 機能主義比較法 | 469 | ギールケ | 333, 335 |
| 機能なき財産権 | 179 | 議論の自由および出版の自由 | 209 |
| 木畑洋一 | 161 | 緊急避難 | 417 |
| ギボン，エドワード | 199, 211 | キングズリ，メアリ | 266 |
| 「基本的人権」ということば | 207 | 銀行特許法 | 456 |
| 「基本法」fundamental law としての憲法の制定 | 202 | ギンズバーグ | 149, 163 |
| キャナダイン | 503 | 金銭に見合う価値 | 89 |
| キャメロン | 63, 91 | 金銭法案 | 451 |
| キャラハン首相 | 171 | 近代イギリス法研究会 | 163 |
| 旧　教 | 271 | 近代雇用契約法 | 415 |
| 究極の主権 | 91 | 近代雇用契約法史 | 433 |
| 旧憲法 | 145 | 近代資本主義とアソシエーションの関係 | 16 |
| 99年の長期の定期不動産権 | 412 | 近代的所有権 | 249 |
| 「宮廷」対「地方」 | 503 | 近代的土地所有 | 250, 378 |
| 宮廷党 | 277 | 近代的土地所有権 | 245 |
| 教会上訴法 | 301 | 近代のコモン・ロー法学 | 138 |
| 教　区 | 112 | 近代法論 | 251 |
| 教区主義 | 275 | 近代を構成する諸概念（構成要素） | 238 |
| 教区徒弟制度 | 441 | 空位時代 | 265 |
| 行政的規制 | 43 | 空白の時代 | 265 |
| 行政的審判所 | 50 | クック，エドワード | 35, 36, 138, 158, |

　　　　　　　　　160, 187, 221, 225, 229, 385, 465
──の「コモン・ロー主権」説… 258
「国制論」的比較法史論……………… 498
クラウチ………………………………… 482
クラウン………………………… 144, 156
クラーク（J.C.D）……………… 286, 288
クラーク，P. …………………………… 164
クラークソン，トマス………………… 420
グラッドストーン……… 61, 395, 421, 432
グラッドストーン内閣………………… 159
クラパム（学）派………………… 377, 420
グラマー・スクール……………… 46, 172
倉持孝司………………………… 98, 342, 491
クラレンドン（大法官，伯，建物）
　　　　　　　　　　　　 265, 270, 276
クラレンドン法典………………… 276, 277
グランドセオリー………………………… 21
クリスタル・パレス…………………… 173
クリストファー・ヒル…… 196, 227, 239,
　　　　　　　　242, 251, 354, 503, 508
栗原眞人………………… 283, 284, 418, 423
グリフィス……………… 141, 152, 155, 191
グリム…………………………………… 349
グリーン，アリス……………………… 266
グリーン，ジョン・リチャード 261, 266
グリーン，トマス・ヒル……… 129, 165,
　　　　　　　　　　　　　　352, 471
グリーン・リボン・クラブ…………… 277
来栖三郎………………………………… 497
楜澤能生………………………… 240, 439, 467
クレイグ………………………………… 96
グレゴリウス7世……………………… 349
グレゴリオ暦…………………………… 227
クレッグ………………………………… 63
グレナディア・ガーズ………………… 288

グレンフェル・タワー…………………… 3
クロスベンチャー………………………… 7
クロムウェル，オリヴァー 257-262, 395
──のブロンズ像……………………… 265
軍政官…………………………………… 261
軍法会議………………………………… 293
経　営…………………………………… 505
刑事（刑宣告＝量刑）法……………… 90
刑事裁判法……………………………… 90
刑事司法（裁判）制度………………… 50
刑事法院………………………………… 89
継承財産設定…………………………… 408
継承財産設定地法……………………… 485
「形成」making の語法……………… 194
形成＝makingの歴史………………… 439
契約の錯誤……………………………… 40
ケイン＆ホプキンズ…………………… 450
結社の権利……………………………… 209
ケニオン卿……………………………… 34
ケリッジ………………………… 247, 386
謙虚な請願と建議……………………… 260
権限委譲………………………………… 28
権限開示令状…………………………… 321
権限踰越………………………… 159, 454
健康・社会サービスおよび社会保障
　裁決法………………………………… 72
言語論的旋回…………………… 500, 507
現実的支配権…………………………… 341
厳粛な同盟と契約……………………… 275
ケンジントン・スクェア……………… 266
限定入会地……………………………… 369
憲法改革およびガバナンス法………… 80
憲法改革法……………………………… 63, 85
憲法が保障する権利…………… 219, 491
憲法主権………………………………… 146

| | | | |
|---|---|---|---|
| 憲法上の権利 | 208 | 高教会 High Church 派 | 306 |
| 憲法制定権力論 | 188, 501 | 「公共圏」と不可分の「公論」 | 205 |
| ——の「憲法学的」文脈 | 202 | 広教主義 | 274 |
| 憲法秩序 | 105 | 公共信託 | 474 |
| 憲法秩序化 | 105 | 公共的空間 | 269 |
| 憲法的習律 | 58 | 「後見裁判所」の廃止 | 451 |
| 憲法的制定法 | 94 | 公権事項 | 230 |
| 憲法的法律 | 64 | 講座・革命と法 | 495 |
| 「憲法的法律」と「憲法習律」の関係 | 64 | 合資会社制度 | 462 |
| 憲法によってつくられた権限 | 202 | 構造機能主義 | 194 |
| 憲法の多元的で重層的な構造 | 66 | 構造的差止 | 42 |
| 憲法問題大臣 | 32, 85 | 耕地陪審員 | 362 |
| 憲法を規定する土地法の構造 | 500 | 紅　茶 | 272 |
| 憲法をつくる権力 | 202 | 公的集会の権利 | 209 |
| 「憲法を作る権力」＝憲法制定権力 | 262 | 公的通行権 | 407 |
| 現有の絶対的単純不動産権 | 365 | 公　道 | 407 |
| 権利章典 | 69, 197, 227, 228, 315, 318 | 高等宗務官裁判所 | 302 |
| 権利章典 88 | 27 | 高等法院 | 39, 257 |
| 「権利章典」の法律化 | 293 | ——の監督的機能 | 57 |
| 権利宣言 | 318 | ——の大法官部 | 37 |
| 権利の概念中心の法の支配論 | 56 | ゴードン卿 | 199 |
| 権利の請願（1628） | 34 | ゴードン（ジャマイカ事件） | 422 |
| 権利の請願（1672） | 229, 422, 424 | コウバーン（Cockburn） | 423 |
| 権利要求 | 315 | 公平な裁判 | 200 |
| 権力の分立 | 36 | 公　法 | 70 |
| 小池滋 | 404 | ——のエクイティ | 38 |
| 公営住宅 | 4 | 公法論 | 203 |
| 公益信託 | 38, 479, 483 | 公民共和主義的市民権 | 67 |
| 公益ユース法（1601） | 337 | 公民権 | 75 |
| コヴェントガーデン・ピアッツァ | 412 | 公民的権利 | 67 |
| 航海条例 | 294 | 公　有 | 179 |
| 高貴な人より地方の友人への手紙 | 277 | 公有地 | 367 |
| 公教育の人権論による再構築 | 495 | 合理性原理 | 55 |
| 広教会 | 274 | 荒涼館 | 419, 475 |
| 高教会 | 274 | 国王衛士 | 380 |

| | | | |
|---|---|---|---|
| 国王訴追法 | 42 | 国会主権原理 | 91 |
| 国王と人民との間の原始契約 | 336 | 「国会主権」原理確立の歴史的先駆 | 257 |
| 国王とバロン（直属領主）層に共通の法 | 232 | 国会主権中心主義＝「政治的憲法」＝「民主主義」 | 503 |
| 国王の良心の保管（管理）者 | 37, 312 | 国会法 | 62 |
| 国王はいかなる権利侵害もなしえず | 42 | 国家市民権 | 98 |
| 国王評議会 | 37 | 国家＝ステイト | 112 |
| 国王陛下退位宣言法 | 272 | 国家総体は国王に優先する | 230 |
| 国債 | 344 | 国家独占資本主義〈国独資〉 | 14 |
| 国璽 | 312 | 国家の必要 | 232 |
| 国璽尚書（→大法官） | | 国家はすなわち人民 | 230 |
| 国籍法（1981） | 111 | コッテージ・コモナー | 382 |
| 穀草式農業 | 247 | 小繋事件裁判資料集 | 249 |
| 国土の法 | 231, 288, 295, 298 | 古典的ブルジョワ革命 | 239 |
| ――と国法 | 231 | ゴドウィン，ジョン | 198, 265 |
| 「国内植民地」モデル | 113 | 木庭顕 | 249, 475 |
| 国法学 | 204, 345 | コーヒーショップ | 412 |
| 国民 | 344 | コービン，ジェレミー | xiii, 23, 83 |
| ――のプリンセス | 61 | ――の「社会主義」論 | 23 |
| 国民協議会 | 227 | コーフィールド | 357 |
| 国民軍 | 291 | コブデン | 447 |
| 国民扶助法 | 71 | コーポラティズム | 27 |
| 国務会議 | 257 | コーポレーション形成 | 453 |
| 国有化（étatisation: Verstaatlichung）と社会化（socialisation; Sozialisierung） | 179 | 5マイル法 | 275 |
| | | コモナー | 381 |
| | | ――の理論 | 438 |
| 国連安保理決議 1441 号 | 59 | コモンウィール | 16 |
| 護国卿 | 259, 268 | コモンウェルス | 111, 261, 342 |
| 小島妙子 | 467 | コモンウェルス・レルム | 160 |
| 個人的自由の権利 | 209 | コモンズ | 360, 361 |
| 個人の絶対的権利 | 208, 209 | ――についての「帰結概念」 | 360 |
| 湖水地方 | 404 | ――の悲劇 | 383 |
| コソボ空爆 | 60 | コモンズ保全協会 | 390, 401, 403, 406 |
| 国会議事堂の原形 | 303 | コモン・センス | 193, 197 |
| 国会高等裁判所 | 35 | コモン・ロー | 26, 175 |

――とエクイティの融合·················38
――の「関係的」権利論···········137
――の形成の特質に着目した訳語 231
――のルネサンス················296
コモン・ロー主権説·················221
コモン・ロー上の権利の深さ·······208
コモン・ロー上の手続きに対する差
　止命令····························40
コモン・ロー制度の終焉··············31
コモン・ロー連続説·················222
小山貞夫··········31,215,246,248,285,294
雇用契約······················433,435
雇用上訴審判所······················89
古来の国制の核心部分··············133
古来の国制············221,225,264,295
古来の国制（憲法）論··············157
コリアー，ロバート················425
コリー，リンダ······263,281,285,450,503
コリンズ····························102
コレクティヴィズム··········164,190,471
コレクティヴィズム論··············501
混合政体························79,222
混合法論····························215
コンコルダット·····················119
コンスタブル（治安官）········112,413
近藤和彦·······················237,239
根本法規····························269
根本法の概念························36

## さ　行

再帰的近代化························22
最高裁院長··························424
最高裁判所······················29,53
――の設置··························82
最高裁判所法（1873）·············159

最高裁判所法（1981）第31条3項…54
財産権······························178
――の権利·························209
財産と教養ある人··················489
最初の工業国·······················171
財政革命····························449
財政金融革命·······················328
財政・軍事国家················327,450
最低限水準保障······················74
最適条件····························73
裁判員······························283
裁判官選任システムの改革··········82
裁判官の嘱任状················228,320
裁判官の政治化······················37
裁判官の政治的役割··················88
裁判官の独立と司法権の近代化······322
「裁判主義的アプローチ」あるいは
　「伝統的コモン・ロー」の法観念　214
裁判所侮辱··························42
裁判所法····························39
サヴィニー··························335
酒井重喜····························231
笹倉秀夫····························14
サースク·····················263,355,375
サッカー····························448
サッチャー······················4,65,72
サッチャー政権···············97,172,507
佐藤岩夫····························467
サマーズ，ジョン···········304,320,334
サマセット事件···········136,415,427,431
サルコジ大統領····················104
サールミア湖······················406
サロン······························268
佐分春夫····························469
サンキー裁判官····················179

産業……………………………… 170
「産業」industry という言葉 …… 170
「産業革命」という語 ………… 255
産業主義………………………… 176
サンクロフト…………………… 303
「三権」に司法権……………… 502
3年議会法……………………… 325
残余の自由……………………… 27
三和良一………………………… 20
椎名重明……………… 242, 244, 356, 378
シヴィック・ヒューマニズム…… 162
ジェッセル記録長官…………… 398
ジェニングズ…………………… 150
ジェファーソン, トマス……… 198
ジェフリーズ………………… 278-284
ジェームズ2世………………… 271, 272
ジェントリ化…………………… 449
ジェントリ論争……………… 222, 235
ジェントルマン化……………… 172
ジェントルマン資本主義… 234, 448, 450
ジェントルマン帝国………… 235, 237
資格に依拠する権利体系……… 70
四季治安判事裁判所…………… 89
時効論…………………………… 197
事後処理型裁判官……………… 31
死手法（1279）………………… 454
市場経済………………………… 355
シージン………………………… 247
私人間訴訟……………………… 47
私人当事者間の司法的裁定…… 43
ジスカール＝デスタン仏大統領… 103
自生的な法システム…………… 66
自然権理念の爆発性…………… 178
自然死…………………………… 417
事前処理型裁判官……………… 31

自然人としての当代の王……… 224
慈善団体………………………… 38
自然的エクイティの諸準則…… 299
自然的自由……………………… 209
　──の体系…………………… 419
自然的正義……………………… 35
自然法概念……………………… 35
慈善目的の信託………………… 479
自治体市民権…………………… 98
7人の主教事件……………… 303, 322
自治邑…………………………… 351
自治領（ドミニオン）……… 160, 161
執行権…………………………… 323
「執行権モデル」から「行政国家
　（administrative state）モデル」
　への移行……………………… 81
執行府…………………………… 322
「実態的」範疇………………… 235
実務的実行……………………… 57
シティ……………………… 285, 357
シティズンシップ……………… 75
シティズンシップ教育………… 68
私的土地所有権の社会的な機能… 337
シドニー, A. …………………… 282
柴田三千雄・松浦高嶺編『近代イギ
　リス史の再検討』…………… 234
渋谷浩…………………………… 260
シプレ；可及的近似則………… 480
「司法権優越主義」＝「立憲主義」な
　いし「法的憲法」論………… 503
司法審査………………………… 43
　──の申請………………… 47, 54
　──の申立…………………… 44
司法審査制……………………… 140
司法制度の現代化……………… 84

司法積極主義の肥大化に対する消極
　的評価……………………………… 204
司法的強行………………………………52
私法的訴訟から公法的な効果の発生
　というコモン・ローの特質……… 336
司法的立法……………………………… 229
司法の運営に関する（雑則）法………53
司法の独立……………………… 82, 88, 89
資本主義的市場経済…………………… 183
資本の「原始的蓄積」……………………14
市民共和主義的市民権…………………98
市民権……………………………………75
市民憲章…………………………………79
市民権論……………………………… 67, 75
市民的財産権…………………………… 271
市民的自由………………………………27
「市民的自由」の脆弱性 ……………… 209
市民的諸権利……………………………75
市民的用益権…………………………… 351
「市民法」と「社会法」……………… 437
市民法論…………………………… 251, 497
　——の豊富な陣容と射程………… 498
指名議会………………………………… 258
下山瑛二…………………………… 51, 209
社会関係資本論………………………… 107
社会契約………………………………… 172
社会憲章………………………………… 102
社会権とEU法…………………………96
社会権と市民権の関係…………………76
社会サービス国家………………………73
社会政策協定…………………………… 102
「社会成層」的な階級の捉え方 …… 194
社会的事故………………………………73
社会的市民権……………………………67
社会的諸権利……………………………75

社会的諸集団からの個人の解放を引
　き受けた国家の役割……………… 203
社会的ヨーロッパ………………11, 99, 100
社会のマネジメント機関……………… 137
社会保障上訴審判所……………………72
社会保障省法……………………………71
社会保障法………………………………72
社会民主党……………………………… 171
ジャコバイトの反乱…………………… 457
シャープ，グランヴィル…… 415, 417, 420
シャフツベリー伯……………………… 277
ジャマイカ委員会……………………… 421
ジャマイカ事件…………………… 415, 421
ジャマイカ島…………………………… 418
従位的立法………………………………28
収益金…………………………………… 484
収益権…………………………………… 359
自由主義的市民権…………………… 67, 98
修正主義………………………………… 232
修正・批判学派………… 232, 252, 263, 453
　——の歴史観……………………… 232
従属財団………………………………… 480
住宅・都市計画法（1909）…………… 402
集団的自由放任………………………… 103
集団的自由放任主義………………… 4, 97
自由党…………………………………… 286
「修道院の庭」の意味のコヴェント
　ガーデン…………………………… 412
州統監…………………………………… 287
「自由と帝国」の理論 ………………… 162
17世紀イギリス革命 ………………… 238
17世紀の危機論争 …………………… 251
「自由の木を植える」民衆の運動 … 201
自由貿易協定（FTA）…………………… 7
自由＝民主党……………………………30

州民兵……………………………………… 291
宗務官裁判所…………………………… 318
シュエール，レ・A.…………………… 82
主教（司教）座聖堂都市……………… 357
主教制……………………………………… 274
主権の「権力的契機」と「正当性的
　契機」…………………………………… 495
主権論と人権論………………………… 495
主従法…………………………… 433, 435
首席裁判官ホルト……………………… 329
首席大臣…………………………………… 324
出版の自由……………………………… 200
受動的服従……………………………… 305
狩猟法…………………………………… 62, 275
巡回裁判（所）………………………… 43, 89
純粋公法学……………………………… 482
準則による推論………………………… 212
ジョウェル………………………………… 55
上級法廷弁護士………………………… 231
証券（ストック）ジェントルマンへ
　のヘゲモニーの移動………………… 234
上向的（上昇的）廃棄………………… 242
使用者・労働者法……………………… 435
商船法……………………………………… 92
上訴制限法（1533）………………… 162
上訴法…………………………………… 144
承認のルール…………………………… 116
小　農…………………………… 382, 384
ショウ, バーナード…………………… 165
常備軍………………………… 264, 287, 291
消費税…………………………………… 271
小保有地………………………………… 362
ショウ＝ルフェーヴル……… 390, 400, 404
諸階級を横断するポピュリズム，立
　憲主義，共和主義というターム　204

職人および労働者居住家屋改良法
　（1868-82）………………………… 402
植民地諸法効力法……………………… 158
植民地総督法違反事件………………… 425
職務執行令状…………………………… 44
ジョージ1世…………………………… 457
ジョージ6世…………………………… 343
ジョージ, ヘンリー…………………… 153
庶子封建制……………………………… 287
ジョージ, ロイド……………………… 167
初代ステア子爵………………………… 214
所得税…………………………………… 452
所有関係と統治構造の関係の「全体
　的考察」……………………………… 502
所有権＝「固有権」…………………… 181
所有的個人主義……………… 181, 182, 192
ジョーンズ, N.G.……………………… 476
ジョーンズ, オーエン………………… 5
ジョンソン, サミュエル…………… 199, 200
シラーの「歓喜の歌」………………… 99
人為的理性……………………………… 158
人格的支配権…………………………… 341
人格に対する主権者…………………… 178
新救貧法………………………………… 77
人権条約5条の「自由と安全に関す
　る権利」……………………………… 90
新憲法…………………………………… 145
人権法（1998）…… 11, 28, 62, 207, 491, 501
ジンゴイズム…………………………… 166
新公共経営（NPM）の理論…………… 78
信仰の自由宣言………………………… 276
審査法………………………… 273, 285, 289
新自由主義………………… 67, 163, 164, 202
人身保護法……………………………… 278
新スミス派マルクス主義……………… 354

真正レヴェラーズ……………………… 256
信　託………………………………416, 474
　──と国家……………………………… 479
信託遺贈……………………………481, 483
信託公社………………………………… 483
信託受益者の消失……………………… 479
信託統治領……………………………… 161
信託の社会的機能……………………… 137
人定法…………………………………… 277
　──による絶対権の制限……………… 209
信認関係………………………………… 466
　──の法理………………………138, 478
審判所の「裁判所化」………………… 58
シン・フェン党……………………… 12, 60
人法的性質……………………………… 361
人民間訴訟裁判所……………………… 387
人民協定…………………………… 258, 262
人民資本主義…………………………… 462
人民主権の原理………………………… 146
審理付託………………………………… 43
親ローマ主義…………………………… 271
スイス・コッテジ……………………… 401
推定悪意の理論………………………… 477
スエズ危機……………………………… 112
末延三次………………………………… 273
スカーマン卿………………68, 69, 70, 71, 78, 141
過ぎ去ろうとしない近代……………… 236
スキナー……………………………… 21, 162
スキナー学派…………………………… 295
杉原泰雄………………………………… 495
　──と樋口陽一の間で行われた論争……………………………………… 495
スクエア………………………………… 412
スクーン………………………………… 343
スコットランド，アイルランドの植民地化…………………………………… 264
スコットランド第一首相のスタジョン……………………………………… 13
スコットランドの住民投票（レファレンダム）…………………………25, 221
スコットランドのバリスタ団………… 191
スコットランド法……………………… 58
スタンゲート子爵……………………… 170
スティーヴン…………………………… 282
スティン卿……………………………… 62
ストーリー＆チャイルズ……………… 108
ストロー外相…………………………… 103
スネル…………………………………… 384
スノーデン……………………………… 110
スポーツ…………………………… 395, 411
スミス, アダム………………136, 178, 197, 418
スミスの『道徳感情論』……………… 419
聖エドワード王冠……………………… 343
「西欧近代」の「普遍性」の擁護 … 239
聖金曜日の和平合意（ベルファースト合意）…………………………………… 60
制憲権力………………………………… 341
制限約款………………………………… 154
星座裁判所（Star Chamber），地方評議会（Provincial Council）等の廃止…………………………………… 271
性差別禁止法…………………………… 97
正式の法………………………………… 224
星室裁判所……………………………… 37
政治的共同体（キヴィタスないしコモンウェルス）……………………… 134
政治的憲法………………………… 119, 152
政治的憲法論……………………… 29, 192
政治的諸権利…………………………… 75
政治的信託論……………………… 335, 473

「政治的」と「王権的」部分の区分 231
政治的または市民的自由 209
政治的理性の形式 204
「整序的」範疇 235
精神障害者刑事法 199
精神のない専門人，心情のない享楽人 505
生存権理論 437
制定法階層性論 93
制定法的文書 8, 28
制定法のエクイティ 225
正当な，古来のかつ基本的諸権利 (just, ancient and fundamental rights) の回復 270
政府の現代化モデル 81
世界資本主義システム 243
世界市民権 98
世界人権宣言 34
世襲の貴族院議員 65
設計主義と非設計主義 491
セッジムアの戦い 281
「絶対権」のカタログ 217
絶対的定期不動産権 365
絶対的な権利の言説 178
説明責任 48
セドレー 190
世良晃志郎 351
全王国最大の遊歩道 412
前期オックスフォード学派 165, 352
選挙制度改革のためのレファレンダム 64
選挙制による専制 151
選挙制による独裁 27
宣言判決 47
全国農業労働者組合 377

セント・ジャーマン 35
セントポール大聖堂 412
セントポール等の再建 280
千年王国論 256
船舶税 230
先例拘束主義 213
1688年の「全く非正規な集会」 314
早期のブルジョワ革命 239
相対的権利 208, 217
相補的憲法 59
総有論 368
属地法 288
「属地法」＝国土の法 297
ソーシアル・キャピタル論 107
租借地 161
「訴訟開始令状」の廃止 31
租税国家 271
ソフトタイプの説明責任 86
ソブール 233
ソールズベリーの誓約 287
ソルボンヌ学派 222
村落緑地 364, 366

## た　行

ダイアナ妃 61
対案投票制 30, 63
大英帝国王冠 343
大学審査法 281
大学紛争 253
戴冠式宣誓の変化 327
大権的救済手段 54
第5王国主義 258
第5王国派 260
第3次人民協約 258
ダイシー 27, 77, 147, 189, 500

ダイシー
　──の古典的自由主義……………… 130
ダイシー憲法学…………………………… 16
大西洋の三角貿易………………………… 418
第2次「排斥法案」……………………… 278
「大廃止法」＝「EU脱退法」………… 7
大廃止法案……………………………… 115, 121
大陪審……………………………………… 43, 423
大法官……………………………… 30, 87, 312
大法官裁判所の主務官…………………… 322
大法官職…………………………………… 85
　──の廃止……………………………… 82
大法官制の廃止提案……………………… 31
大法官府裁判所…………………………… 37, 312
太陽王ルイ14世 ………………………… 263
タヴィストック・プレイス……………… 267
ダウニング・カレッジ…………………… 352
高木正道…………………………………… 181
高橋幸八郎……………………… 241, 251, 496
高橋雅人…………………………………… 240
田口富久治………………………………… 181
ダグラス…………………………………… 59
武居良明…………………………………… 439
竹内幸雄…………………………………… 448
武暢夫……………………………………… 275
多元主義…………………………………… 468
多元的国家論……………………………… 67
田島裕……………………………………… 487
他者としての近代………………………… 237
多重市民権………………………………… 98
脱商品化…………………………………… 77
脱法（旧記）……………………………… 337
ターナー……………………………… 401, 413, 418
田中英夫…………………………………… 75, 246
田中實……………………………………… 488

棚橋明日香………………………………… 467
民の声……………………………………… 231
単一給付…………………………………… 78
「段階」と「型」という方法…………… 15
炭鉱ストライキ（1984-85）…………… 170
団体的自由放任…………………………… 190
ダンビー伯………………………………… 277, 324
治安官……………………………………… 43
治安判事の四季裁判所…………………… 43
地　域……………………………………… 366
地域協会…………………………………… 109
チェンバレン…………………………… 153, 164
遅塚忠躬…………………………………… 236, 499
血の巡回裁判……………………………… 282
地方的な法………………………………… 385
地方的変型………………………………… 410
地方の自律性……………………………… 338
地方の自律的支配………………………… 479
チャヴ……………………………………… 5
チャーチスト運動……………………… 187, 202
チャーチル（→マールバラ公）
チャーチル，ウィンストン……………… 272
チャーチル，ジョン……………………… 327
チャッツワース宮殿……………………… 448
チャリティ………………………………… 481
　──とこれを担う多様な団体
　　の展開……………………………… 338
チャールズ1世………………………… 122, 257
チャールズ2世　………… 258, 263, 270, 273
　──の長期議会………………………… 270
チャールズワース………………………… 107
中央刑事裁判所…………………………… 423
中産的生産者層…………………………… 251, 441
中産的生産者の両極分解論……………… 241
中世的財政システムから近代的予算

システムへの移行……………… 264
チューダー期のコモンウェルスマン
　………………………………… 192
長期議会………………………… 270
徴兵法…………………………… 327
チョーサー……………………… 376
チルコット……………………… 83
ツィマーマン，ラインハルト… 215, 480
通行権…………………………… 389
通常の制定法…………………… 94
通俗的なスミス理解…………… 419
月割査定税……………………… 452
辻村みよ子……………………… 233, 239
都築忠七………………………… 167
常行敏夫………………………… 242, 246, 506
角田猛之………………………… 213
ディガーズ……………………… 244
帝　冠…………………………… 279
定期不動産賃借権者…………… 249
低教会…………………………… 274
ディーキン……………………… 437, 442
ディクソン……………………… 449
ディケンズ，チャールズ……… 404, 419
帝国意識………………………… 161
「帝国」という言葉 …………… 162
停止権能………………………… 318
定住植民地……………………… 424
定住法…………………………… 441
定常状態………………………… 173
ディズレリ……………………… 422
ディプロック卿………………… 53
テイラー卿……………………… 58, 90, 164
ティレル………………………… 340
デインティス…………………… 140
テクノクラートのヨーロッパ… 98

テーゼ，ウィリアムズ………… 414, 419
テーゼ，ティトマス…………… 71
テニュア………………………… 246
デニング卿……………………… 40, 191, 366
デファランス…………………… 151
転換の法理……………………… 484, 485
典型的なブルジョワ革命……… 239
「伝統的共同体の解体」と同時にコモ
　ン・ウィールの形成………… 136
テンプル・イン………………… 34
テンプル，ウィリアム………… 74
デンマン………………………… 364
ドイツ総有学説の観念的援用… 363
ドイツ的国法学………………… 472
トインビー，アーノルド……… 174, 255
トインビー＝ハモンド………… 377
トインビー・ホール…………… 174, 177, 402
同一賃金法……………………… 97
ドゥオーキン…………………… 55, 141, 212
統　監…………………………… 291
統合学校………………………… 46
統合基金………………………… 326
統合自治団体…………………… 25
当事者適格……………………… 45, 47
「党首討論」…………………… 330
統治章典………………………… 252, 262
統治構造の実定的規範にロックの理
　論を移行……………………… 210
統治構造の法…………………… 207
統治章典………………………… 259
統治二論………………………… 278
「統治の術」によって不可視化 … 501
同輩による裁判………………… 293
同輩の裁判……………………… 33
ドゥブレ，レジス……………… 15

| | |
|---|---|
| トクヴィル，アレクシス・ド | 464 |
| 徳川家康 | 311 |
| 独特の憲法 | 147 |
| 徳と腐敗のパラダイム | 329 |
| 年決め不動産権 | 245 |
| 都市法人 | 46, 358 |
| 都市法人法（1835） | 347, 469 |
| 土地税 | 452 |
| 土地登記法 | 365 |
| 土地なしのコモナー | 382 |
| 土地付随隷農 | 430 |
| 土地法のパラドックス | 287 |
| 土地問題 | 152 |
| 特許主義 | 466 |
| 特権的謄本保有 | 246 |
| 特権都市 | 357 |
| トッド，セリーナ | xvii |
| トーニー（R.H.） | 168, 173, 235, 249, 251, 506 |
| ——の急進主義思想 | 504 |
| ——の世紀 | 174, 180 |
| トムキンズ | 156 |
| トムソン | 22, 198, 300, 376, 385, 438, 439, 508 |
| トムソン，エドワード・パーマー | 188, 194, 385, 391, 409 |
| トーリー | 286 |
| トルバドルの殉難者たち | 445 |
| ドルーリ | 78 |
| 奴隷解放法（1833） | 420 |
| 奴隷制 | 426 |
| 「奴隷船」という水彩画 | 413 |
| 奴隷貿易廃止協会 | 420 |
| トレヴァー＝ローパー | 235, 252, 503 |
| トレヴァー＝ローパー理論 | 255 |
| トレヴェリアン | 264 |
| ドロール委員長 | 99 |
| トン税・ポンド税法 | 271 |

## な 行

| | |
|---|---|
| 内閣会議 | 324 |
| 内閣制の萌芽 | 324 |
| 内戦 | 264 |
| 長い18世紀 | 187 |
| 中川敬一郎 | 449 |
| 中島徹 | 240 |
| 中田薫説と，末弘厳太郎＝戒能通孝の理論的対抗 | 438 |
| 中村民雄 | 105, 489 |
| ナシオン主権とプープル主権の関係 | 495 |
| ナショナル・トラスト | 405, 487 |
| 「ナショナル・トラスト」結成 | 413 |
| ナックス | 171 |
| ナラティヴの展開の余地 | 431 |
| 名和田是彦 | 438 |
| 南海会社 | 460 |
| 南海計画 | 459 |
| 南海泡沫事件 | 416, 458 |
| 西尾敬義 | 181 |
| 西田哲学 | 213 |
| 西谷敏 | 437 |
| 二重主権論 | 190 |
| 二重ユース | 476 |
| 西ロジアン問題 | 25 |
| ニースン | 381, 438 |
| 新渡戸稲造 | 265 |
| 二宮宏之 | 237 |
| 二番煎じの「実証史学」 | 236 |
| 日本国憲法の第98条 | 211 |
| 日本と西欧という二項対立 | 237 |
| 入会慣行 | 249 |

――に潜む共同体的性格………… 359
入会権………………………………… 332
入会地登記法（1965）…………… 366
入会地のオープンスペース化……… 401
入会地へのアクセス権……………… 408
ニューサンス…………………………… 48
ニュートン, アイザック……… 302, 324
ニュートン, ジョン………………… 420
ニューレイバー………………………… 65
人間の権利…………………………… 197
沼田稲次郎……………………………… 17
ネクストステップスエイジェンシー
　………………………………… 79, 81
ネグリ………………………………… 159
ネグリジェンス………………………… 48
ネーションの形成史………………… 112
ノイバーガー卿……………………… 114
農業法………………………………… 153
農業労働者…………………………… 376
「農村の織元」対「都市の織元」…… 241
「農村の織元」＝中産者的生産者層の
　近代的両極分解…………………… 241
農夫ピアーズ………………………… 376
乗り越え権…………………………… 366
法実証主義的アプローチ…………… 214
法実証主義的傾向…………………… 164
ノルマンの軛…………………… 196, 226

## は　行

売却金………………………………… 484
売却信託………………………………… xv
陪審裁判……………………………… 293
陪審制…………………………………… 33
排斥法………………………………… 286
ハイド・パーク……………………… 395
ハイポリティクス…………… 277, 503
ハーヴェイ, デヴィッド……………… 19
パウエル裁判官……………………… 304
パウンド, ロスコウ………………… 217
パーカー, ヘンリー……… 230, 258, 296
バーカー, ロドニー…………………… 18
パーク（Park）…… 195, 198, 392, 472
白人労働者階級………………………… 5
ハクルート…………………………… 299
バーコー……………………………… 122
バジョット………… vii, 79, 148, 189, 501
橋渡し型ソーシャル・キャピタル論 107
長谷川法学方法論…………………… 502
長谷川正安…………………… 233, 495
長谷部恭男…………………… 214, 345
畑　穣………………………………… 439
末子相続……………………………… 385
パティキュラリティ………… 192, 218
ハーディ, トマス…………………… 201
ハーディン, ギャレット…… 347, 383
ハードウィック卿……………………… 45
パートナーシップ…………………… 109
ハードな政治的説明責任（hard
　political accountability）とソフト
　説明責任………………………… 86, 87
パトナム……………………………… 107
パトニ会議…………………………… 204
バトラー………………………………… 76
パトリアーカ………………………… 278
パトロネイジ（恩顧制）…… 201, 328
馬場宏二……………………………… 18
馬場哲………………………………… 233
馬場哲・小野塚知二編『西洋経済史
　学』………………………………… 241
ハーバーマス…………………………… 21

| | |
|---|---|
| ハーバーマス理論 | 473 |
| パブ（パブリックハウス） | 358 |
| パブリック・スクール | 173 |
| バブル法（1720） | 461 |
| 浜林正夫 | 255, 269, 275 |
| バーマン | 348 |
| ハミルトン公爵 | 457 |
| ハムデン | 230 |
| 原島重義 | 497 |
| パーラメントヒル | 401 |
| バリー | 180 |
| ハリソン | 170 |
| ハリファックス | 276, 311 |
| バリー＆ブルックス | 473 |
| ――の研究 | 474 |
| ハリントン | 162, 295 |
| バロン（直属［首位］領主）たちの同輩裁判 | 293 |
| ハワード | 90 |
| パンクハースト | 165 |
| 反穀物法連盟 | 432 |
| 反＝資本主義的小生産者的「エートス」 | 439 |
| ハンター | 394, 396, 400, 401, 487 |
| ハント | 413 |
| 反奴隷制協会 | 432 |
| ハンベリ，ハロルド | 138 |
| 万民法 | 284 |
| ピエール，サン | 99 |
| 比較経済史学派 | 253 |
| 比較（西欧）経済史学派 | 496 |
| 比較法社会論 | 497 |
| 東インド会社 | 461 |
| 樋口陽一 | 15, 129, 203, 239, 345, 495, 499 |
| 非主権的法定立諸権限 | 158 |
| 非正規の法 | 224 |
| ヒーター | 97, 98, 101, 112 |
| ピット，ウィリアム | 198 |
| ピット首相小ピット | 420 |
| 非独立の属領 | 161 |
| 人びとのためのヨーロッパ | 99 |
| 樋口「比較憲法」学の方法論 | 240 |
| 批判的分析が稀薄化 | 498 |
| ピープス，サミュエル | 295 |
| 秘密礼拝集会禁止法 | 275 |
| 姫野順一 | 164 |
| ヒューム，デビッド | 419 |
| ピューリタニズム | 268 |
| ピューリタン革命 | 204, 265 |
| ――の決着 | 270 |
| ピューリタン革命をブルジョワ革命と解釈することをめぐる論争 | 133 |
| ヒューワート卿 | 189 |
| 平等論からの所有へのアプローチ | 189 |
| 平井宜雄の「議論論」 | 212 |
| 平松紘 | 347, 357, 359, 388 |
| ヒル，オクタヴィア | 401, 405, 487 |
| ヒルの「転換」 | 504 |
| 比例的紛争解決 | 58 |
| 広中俊雄 | 497 |
| 広渡清吾 | 483, 497 |
| 比論による推論 | 212 |
| ビンガム卿 | 56, 95, 207 |
| 貧困からの自由 | 69 |
| ファウラー | 78 |
| ファルコナー卿 | 85, 119 |
| ファーロング | 373 |
| フィクションを実像化する営為 | 66 |
| フィッシャー | 174 |
| フィルマー，ロバート | 278, 340 |

| | |
|---|---|
| フェビアニズム | 202 |
| フェビアン協会 | 165 |
| フォウセット | 394 |
| フォークランド | 161 |
| フォークランド戦争（1982年4-6月） | 161 |
| フォーク・ロー | 134, 331, 346, 349 |
| フォックス | 199 |
| フォックス名誉毀損法 | 306 |
| フォーテスキュウ，ジョン | 35, 231, 379 |
| フォーマル・ガーデン | 448 |
| フォレスト解除 | 394 |
| フォレスト憲章 | 392 |
| フォレスト法 | 392 |
| フォレスト法圏 | 391 |
| フォレスト法廷 | 392 |
| 深尾裕造 | 31, 138, 248, 287, 296 |
| 福音主義 | 274 |
| 福音派 | 420 |
| 復受封 | 287 |
| 福祉国家 | 73, 129, 135 |
| 福祉国家論 | 76 |
| 福祉複合体 | 338, 415, 442 |
| 副長官 Lady Hale | 114 |
| 福家俊朗 | 451 |
| 不合理性 | 36 |
| 藤岡康宏 | 148 |
| 藤田勇 | 19, 233, 239, 497 |
| 藤本博史 | 181 |
| 不条理 | 36 |
| 武装法 | 291 |
| 付属小屋 | 377 |
| 負託責務履行説明責任 | 48, 80 |
| ブックランド | 366 |
| ブッシュ，ジョージ・W. | 59, 83 |
| 不適合宣言 | 28 |
| 不動産権譲渡法（1289） | 369 |
| 普遍的な君主制 | 450 |
| フュレ | 233 |
| ブライス | 406 |
| プライドのパージ | 257 |
| ブラウン－ウィルキンソン | 89 |
| ブラウン首相（党首） | 63, 64, 80, 103, 104 |
| ブラックストーン | 34, 51, 132, 187, 200, 208, 271, 451, 454, 465 |
| ——が，クックと「切断」される | 227 |
| ——の絶対的諸権利論 | 188 |
| ——の「入会権論」 | 368 |
| ——のパラドックス | 288 |
| ブラックバーン | 426 |
| フランクス委員会 | 72 |
| フランクス・レポート | 57 |
| フランクリン | 196, 340 |
| ブランケット | 84 |
| フランス革命 | 254 |
| ブランダイス判事 | 178 |
| ブリクストンで起きた都市暴動 | 161 |
| ブリッグズ | 73, 74 |
| ブリッジ卿 | 93 |
| ブリティッシュネス | 488 |
| ブリテン中心主義史観 | 145 |
| フリードマン | 469 |
| フリーマン | 149 |
| ブリュア | 449, 451, 452 |
| 「ブルジョワ革命」否定論 | 500 |
| ブルジョワ革命論 | 240, 251 |
| ブルジョワなきブルジョワ革命論 | 504 |
| ブルータス伝説 | 162 |
| ブルデュー | 135, 332, 385 |
| ブルムスベリ | 267 |

| | |
|---|---|
| ブルームズベリスクエア | 412 |
| ブレア | 59, 60, 61, 65, 103 |
| ブレア「憲法改革」 | 29 |
| ブレア労働党 | 507 |
| ブレイク | 108 |
| ブレイディみかこ | 5 |
| ブレダ宣言 | 270 |
| 「フレッシュスタート」派 | 96 |
| ブレナー論争 | 354 |
| プロテクター制 | 261 |
| プロパティ | 181 |
| フローラ | 74 |
| フローラ・グループ | 74 |
| 文化多元主義や新自由主義さらには ポスト・モダーンの包囲網 | 499 |
| ベア,マックス | 169 |
| 弊害除去解釈の準則 | 223 |
| ベイカー,ジョン | 28, 31–34, 37, 224, 247, 287, 453, 483 |
| ヘイスティングス,ウォーレン | 198 |
| ベイツ事件 | 230 |
| ヘイビアス・コーパス令状 | 69, 415, 427 |
| ヘイルシャム | 141, 151 |
| ヘイルズ(エドワード) | 289, 313 |
| ヘイル,マッシュ | 229 |
| 並列型市民権 | 98 |
| ペイン裁判 | 199 |
| ペイン,トーマス | 34, 64, 188, 193, 195–200 |
| ベヴァリッジ | 76 |
| ベヴァリッジ・モデル | 77 |
| ベヴァリッジレポート | 71 |
| ベヴァン,アナイリン | 4 |
| ベーゼラー | 347 |
| ベッドフォード伯爵(後に公爵) | 412 |
| ベネヴォレント・パターナリズム | 444 |
| ペーパーズ,ピクウィック | 404 |
| ベル委員会 | 72 |
| 変化する憲法 | 144 |
| 「辺境」モデル | 113 |
| ベンジャミン・ファーリー家 | 339 |
| 弁証主義的全体主義 | 240 |
| ヘンダーソン,アーサー | 167 |
| ベンタム,ジェレミー | 199, 213 |
| ベン,トニー | 23, 170, 171 |
| ベンの国有化白書 | 171 |
| ヘンリー8世権限 | 121 |
| ヘンリー8世条項 | 9 |
| ボーア戦争 | 165, 266 |
| 法学院 | 411 |
| 封建制から資本制への「移行論争」 | 252 |
| 封建的土地保有廃止法(1660) | 263 |
| 謀殺罪 | 417 |
| ボウザンケット(Bosanquet) | 165, 352 |
| 法社会学論争 | 496 |
| 法人格のない会社 | 463 |
| 法人擬制説 | 335 |
| 法人実在説 | 469 |
| 法人法(自治体法)(1661) | 275, 277 |
| 法曹一元論 | 213 |
| 法創造の比較法学——先端的課題への挑戦 | 240, 480 |
| 法曹法 | 347 |
| 法的憲法 | 119, 156 |
| 法的憲法観と歴史的憲法観 | 157 |
| 法的憲法論 | 29 |
| 法的信託論 | 334 |
| 法的中央集権主義 | 66 |
| 暴　徒 | 195 |
| 法と世論 | 164 |
| 法の概略的地図を描く | 216 |

| | |
|---|---|
| 法の支配（ビンガム卿）……………36 | ホール，スチュアート……………507 |
| 法の停止権能……………………290 | ホールズワース 245,270,273,276,290,329 |
| 法の適正な過程……………………32 | ボールドウィン首相………………272 |
| 法の適用免除権能…………290,318 | ホルト裁判官………………………332 |
| 法の二つの身体……………………224 | ホルト，ジョン……………………229 |
| 法の歴史的分析……………………14 | ポロック…………………………366,367 |
| 法の歴史的分析の「衰退」………498 | ポンソンビー準則…………………v,81 |
| 法のレトリック……………………206 | 本間輝雄……………………………462 |
| 法律貴族……………………………29 | |
| 補完性の原則………………………99 | **ま 行** |
| ボグダナー………………145,189,503 | マイケル・オークショット………490 |
| 保護国………………………………161 | マウラー……………………………348 |
| ポーコック…………162,225,300,328,484 | マウリッツハイス美術館…………310 |
| 保守党………………………………286 | マキァヴェッリ…………162,175,243 |
| 保障法（1703）……………………457 | マクドナルド，ジュリー…………13 |
| 補助的・従位的な諸権利…………217 | マクドナルド，ラムゼー……165,167 |
| ポステマ……………………………214 | マグナ・カルタ………31,69,221,227 |
| ポスト福祉国家……………………482 | ——の第29条…………………32 |
| ポストモダニズム…………………22 | ——の第39条………………32,232 |
| 補足給付……………………………71 | マグナ・カルタと「国土の法」……501 |
| 補足給付委員会……………………71 | マクファーソン……………181,182,184 |
| 補足給付上訴審判所………………71 | マクミラン，ケン…………………295,297 |
| 細谷雄一……………………………103 | マクリーン…………………………339,353 |
| ボダン………………………………296 | マコースラン………………………140 |
| ポッター，ベアトリス…………168,405 | マコーミック，ニール……………212 |
| ポピュリズム………………………206 | マコーリー………………264,281,420 |
| ホブズボーム……………………193,251 | マーシャル，T.H. …………………67,75 |
| ホブソン…………………………163,300 | マーシャル，アルフレッド………173 |
| ホブハウス………………………67,75,163 | マスターレスマン…………………504 |
| ホフマン卿…………………………208 | マーストリヒト条約…………101,102 |
| ポメランツ（Pomeranz, Kenneth）458 | 松井幸夫……………………………98 |
| ポラニー……………………………77 | 松浦高嶺……………………………235 |
| 保留EU法………………………12,141 | マッカイ卿…………………………87,89 |
| ボリングブルック………………202,457 | マッキァヴェッリアン・モーメント 484 |
| ボール，ジョン……………………244 | マッケルドーニ……………………91,118 |

松平光央 210
松村良之 467, 475
松本和洋 31
マーティン・ラフリン 262, 501
マートン法（1236） 244, 245, 370, 372, 394
マネー資本主義 136
マルク共同体 348
マルクス主義法学講座 239, 495
マルクスの疎外論 180
マルサス 445
マルティチュード 159
マールバラ公 4, 109, 316, 327, 448
丸山眞男 240
マンク 270
マンスフィールド卿 45, 199, 414, 415, 417, 430, 431, 481
マンスフィールド（首席裁判）官 389
マンチェスター 448
──の自治都市法人化 447
マンチェスター・ガーディアン 166
三澤嶽郎 362
水林彪 15, 140, 436, 467, 498
未成年者後見法 440
三つの円 110
ミドリング・ソート 269, 275, 441
宮沢俊義 495
ミル, ジョン・スチュアート 166, 173, 183, 390, 396, 421, 423, 425
ミルソム 224
──のブラックストーン評価 215
ミルトン 334
ミルナー 405
民事および商事裁判制度 50
民事訴訟手続規則 31
民衆法 347

──のノスタルジア 348
民主統一党 12
民兵 286
民兵召集官任命書 291
民兵条令 231
民兵徴集 231
民有地 367, 399
民有地＝フォークランド 367
ムア・ゲート 411
ムアフィールズ 411
無階級社会 236
無体相続不動産権 359
無体法定相続産 368
無敵艦隊 294
ムフ, シャンタル 131, 507
村上淳一 341, 348
メイジャー 79
メイ首相 6, 7, 120
メイ・ディ 408
メイトランド 40, 224, 288, 294, 335, 353, 357, 453, 468, 469, 480
名誉革命 187, 197, 227, 263, 502
名誉革命体制 265, 479, 502
メソディズムの復活 193
メートル法殉教者事件 93
メルケル首相 100, 104
メロッシ 218
毛利健三 73, 76, 419
黙示的廃止 94
目的超越説 474
モダニティ 237
望月礼二郎 212
元山健 491
モメンタム 23
モラル・エコノミー 381

| | |
|---|---|
| 森泉章 | 333, 336, 352 |
| モリス | 402 |
| 森建資 | 429, 431 |
| モンテスキュー | 79 |
| モンマス公 | 274, 280 |
| モンマスの反乱 | 281 |

## や 行

| | |
|---|---|
| 役職の手数料 | 322 |
| 柳井健一 | 298 |
| 矢内原忠雄 | 265 |
| 山崎勇治 | 170 |
| 山下重一 | 421 |
| 山田園子 | 284 |
| 山之内靖 | 459, 460 |
| 山元一 | 498 |
| ユーイング | 96 |
| 友愛協会 | 444 |
| 有権的な公共圏の形成 | 416 |
| ユースおよび信託のルーティン化 | 38 |
| ユース＝信託 | 263 |
| ユース法 | 336, 476 |
| 良き統治 | 45 |
| ヨーク公等 | 272 |
| 吉田克己 | 140, 467, 498 |
| ヨーマン | 379 |
| ヨーマンリー | 251 |
| ヨーロッパ委員会 | 96, 99, 101 |
| ——の「司法・内務総局」 | 100 |
| ヨーロッパ議会 | 99, 101 |
| ヨーロッパ基本権憲章 | 99 |
| ヨーロッパ共同体法（1972年） | 69, 81, 93 |
| ヨーロッパ憲法条約 | 103, 104 |
| ヨーロッパ司法裁判所 | 93, 110, 118 |
| ヨーロッパ社会憲章 | 97 |
| ヨーロッパ自由貿易連合 | 69 |
| ヨーロッパ（首脳） | 99 |
| ヨーロッパ人権条約 | 34, 36, 69, 101, 105 |
| ヨーロッパ大陸法 | 26 |
| ヨーロッパの中のイギリス | 102 |
| ヨーロッパ評議会 | 97, 101, 109 |
| ヨーロッパ理事会 | 100 |
| ヨーロッパ連合（脱退通知）法（2017） | 120 |

## ら 行

| | |
|---|---|
| ライオン（イギリス）とニワトリ（フランス）の対抗 | 285 |
| ライトソン | 180 |
| ライ・ハウス事件 | 280, 283 |
| ラスキン，ジョン | 150, 173, 401, 404, 413, 482 |
| ラスムッセン | 395 |
| ラスレット，ピーター | 180, 196 |
| ラックストン | 362 |
| ラッセル提督 | 308 |
| ラッセル，バートランド | 168 |
| ラッド内相 | 6 |
| ラティマー，ヒュー | 176, 192 |
| ラファイエット侯爵 | 198 |
| ラフバラ卿 | 200 |
| ラフリン | 129, 184, 185, 188, 192, 202, 345, 353, 465, 469, 471, 482 |
| ——が言う「公法」 | 204 |
| ラマス祭 | 374 |
| ランプ議会 | 257, 258, 259, 269, 343 |
| ランバート | 258, 270 |
| ランブラーズ・アソシエーション | 407 |
| 陸軍・空軍（一年限り）法1917 | 294 |
| リージェント・パーク | 395 |

| | |
|---|---|
| リージョン……………………… 108 | 「劣等処遇」の原則 ……………… 76 |
| リージョン制……………………… 30 | レッド・ライン………………… 104 |
| リスペクタビリティ…………… 201 | レートリッヒ…………………… 287 |
| リスボン条約……………… 91, 104, 113 | レ　ン…………………………… 280 |
| リトゥルトン…………………… 245 | レーン卿…………………………… 78 |
| リード卿…………………… 141, 191 | 連合王国のEUからの離脱と新たな |
| リトル・ドリド………………… 475 | 　パートナーシップ……………… 120 |
| 量刑相場………………………… 283 | 連合（合邦）法（1707）……… 457 |
| 良好な行動をする限り……… 228, 320 | 連合法…………………………… 274 |
| 良心の自由……………………… 209 | レントール，ウィリアム……… 122 |
| 「領有権」dominium と「支配権」 | ロイズ社………………………… 420 |
| 　imperium ……………………… 161 | ロイド卿………………………… 85 |
| 緑地＝グリーン…………… 332, 364 | 労使関係の構造的変容………… 415 |
| 緑地とロカリティ……………… 366 | 労使多元主義…………………… 103 |
| リリブレロ……………………… 314 | 労働組合…………………………… 97 |
| リルバーン，ジョン………… 227, 430 | 労働契約………………………… 433 |
| リンカーンズイン……………… 411 | 労働契約論争…………………… 435 |
| リンゼイ………………………… 193 | 労働者教育協会………………… 174 |
| 隣接地（数村）入会地……… 393, 398 | 労働者の諸階級………………… 201 |
| 倫理外交…………………………… 61 | 労働主義………………………… 202 |
| ルイ14世→太陽王……………… 285 | 労働争議および労働組合法（1927）169 |
| ルイーズ………………………… 395 | 労働法の憲法化………………… 103 |
| ルネッサンス期のイングランド…… 36 | 労働法の「第三の道」………… 103 |
| ルフェーブル…………………… 233 | 労働力商品………………… 103, 436 |
| レイ（一時的草地）…………… 375 | ローズ控訴院裁判官…………… 93 |
| 隷　農……………………………… 33 | ロスチャイルド，ネイザン…… 449 |
| 隷農身分………………………… 429 | ローソン………………………… 339 |
| 礼拝統一法……………………… 275 | ロック，ジョン…51, 181, 182, 184, 200, 209, |
| レイン卿………………………… 90 | 　277, 278, 284, 324, 339, 429, 455, 456, 484, 4 |
| レインボー大佐………………… 204 | 　96 |
| レヴェラーズ………………… 204, 227 | ──の「寛容論」……………… 276 |
| 「歴史概念」としてのコモンズ 366, 400 | ──の信託論…………………… 331 |
| 「歴史概念」としての入会権…… 389 | ──の政治的共同体…………… 342 |
| 歴史的憲法論…………………… 158 | ──の生命・自由・財産の三位一 |
| 歴史的な憲法…………………… 148 | 　体的プロパティ……………… 217 |

──の『統治二論』と権利章典との関係……………………… 134
──の「立法権」legistlative power,「執行権」executive power「連合権」federative power ………… 502
ロバーン………………………………… 187
ロビン・フッド………………………… 408
ロブソン，ウィリアム………… 150,189
ローマ条約……………………………… 103
ローリングス…………………………… 149
ローリンソン卿………………………… 84
ローンズリィ…………………………… 404
ロンディニウム………………………… 410
ロンドン自治（オープンスペース）法………………………………………… 403
ロンドン商人会社……………………… 454
ロンドン大火…………………… 280,412
ロンドン大学…………………………… 412
ロンドン通信協会……………………… 201
ロンドンという都市…………………… 410

## わ　行

ワーズワース…………………………… 404
渡辺治…………………………… 19,497
渡辺宏之………………………………… 481
渡辺洋三……………………… 233,436,437
──の"市民法＝ブルジョワ法"… 19
ワックス………………………………… 219
和平合意………………………………… 60
ワンズワース・コモン………………… 403

# 欧文・事項索引

## A

| | |
|---|---|
| abdicate | 315 |
| abdication | 332 |
| A.Briggs | 73 |
| absolute necessity | 414, 417 |
| absurdity | 36 |
| accountability | 48, 80 |
| Acquisitive Society | 176, 177 |
| Act of Uniformity, 1662 | 274, 275 |
| adjudication | 502 |
| adjudication inter parties | 43 |
| Administration of Justice (Miscellaneous Provisions) Act (1933) | 53 |
| Administrative Justice | 49, 50 |
| administrative powers | 52 |
| ager publicus | 367 |
| Agrarian Problems (Tae ney) | 368 |
| Agriculture Act | 153 |
| A.J.Taylor | 164 |
| Alexander James Edmund Cockburn | 423 |
| Alice Lisle | 282 |
| Allison, J.W.F. | 55, 482 |
| Alternative Vote system | 63 |
| An Act Declaring England To Be A Commonwealth [May 19, 1649.] | 257 |
| ancient constitution | 157, 225, 295 |
| an elective dictatorship | 151 |
| Aneurin Bevan | 4 |
| a Peculiar Constitution | 147 |
| application for judicial review | 44, 47 |
| approvement | 245 |
| Argyll | 458 |
| Armada | 294 |
| Army and Air Force [Annual] Act | 294 |
| Arnold, M. | 406 |
| Arnold Toynbee | 174 |
| artificial reason | 158 |
| Assize | 89 |
| a structural injunction | 42 |
| Atlantic Triangle | 418 |
| auxiliary subordinate rights | 217 |
| A.V.Dicey | 147 |

## B

| | |
|---|---|
| Balbados | 426 |
| Bank Charter Act (1844) | 456 |
| Bank of England Act | 455 |
| Barebone's Parliament | 269 |
| Baron Jeffreys of Wem | 229 |
| basic rights | 208 |
| bastard feudalism | 287 |
| Bateman | 486 |
| Bate's Case | 284, 285 |
| Bates's Case | 230, 285 |
| B.Bosanquet | 165 |
| Beatrice Potter | 168 |
| be made quamdiu se bene gesserint | 228 |
| Benedict Douglas | 59 |
| Betrieb | 505 |
| Bill of Rights, 1689 | 227, 315 |
| Bingham, Tom | 56, 207 |

| | |
|---|---|
| Blenheim Palace | 448 |
| Bloody Assizes | 282 |
| Blues and Royals | 289 |
| body politic | 454 |
| Bolingbroke | 457 |
| Bolingbroke, Henry St.John, 1st Viscount | 202 |
| Borough English | 385 |
| Bosanquet | 352 |
| Brexit | 110 |
| bridleway | 407 |
| British Commonwealth of Nations | 111 |
| Britishness | 80 |
| Bruce Ackerman | 147 |
| Bubble Act (1720) | 461 |
| burgerliche Nutzungen | 351 |
| business corporations | 464 |

## C

| | |
|---|---|
| cabinet council | 324 |
| Camden | 211, 231 |
| Campaign for Nuclear Disarmament: CND | 193 |
| Capability Brown | 448 |
| Cavalier Parliament | 270 |
| certiorari | 44, 48 |
| Chamberlain | 164 |
| Chancery Division | 37 |
| charitable trust | 38 |
| Charles James Fox | 199 |
| Charlesworth. L | 107 |
| Chater 88 | 140 |
| Chavs | 5 |
| Chief Justice Kenyon | 34 |
| Chilcot Inquiry | 59 |

| | |
|---|---|
| Christopher Wren | 280 |
| Citizen's Charter | 79 |
| citizenship | 75 |
| civic republic citizenship | 98 |
| civic rights | 67 |
| Civil and Commercial Justice System | 50 |
| civil government | 326 |
| Civil Law | 26 |
| Civil List Act | 326 |
| Civil Procedure Rules made under the Civil procedure Act 1997 | 31 |
| civil property | 271 |
| civil rights | 75 |
| Civil War | 264 |
| civitas | 342 |
| Claims of Right | 315 |
| Clarendon Code | 276 |
| Coldstream Guards | 288 |
| Collins, H | 102 |
| Colonial Laws Validity Act | 158 |
| commissions of array | 291 |
| committal | 43 |
| commonable land | 369 |
| common because of vicinage | 393 |
| common culture | 385 |
| common injunction | 40 |
| common learning | 224 |
| Common Pleas | 387 |
| common-pool resources | 383 |
| common right | 223 |
| Commons Preservation Society | 390 |
| Common Travel Area | 13 |
| commonwealth | 358 |
| Commonweath | 257 |
| communal control | 374 |

| | |
|---|---|
| communitarianism | 454 |
| complementary constitutionalism | 59 |
| comprehensive school | 46 |
| Conservative | 286 |
| Consolidated Fund | 326 |
| Conspiracy and Protection of Property Act (1875) | 434 |
| constable | 43 |
| constituent power | 262 |
| constituent power: pouvoir constituant | 202 |
| constituted power; pouvoir constitute | 202 |
| constitutional statute | 94 |
| Conventicle Acts | 275 |
| convention | 314 |
| Convention Parliament | 227, 270 |
| convertible husbandry | 250, 355 |
| corpus | 454 |
| cottage commoners | 381 |
| Council; Council of Ministers | 99 |
| Council of Sate | 257 |
| Country Party | 277 |
| Court Leet | 447 |
| Court-Martiall | 293 |
| Court of Chancery | 37, 312 |
| Court of High Commission | 302 |
| Court of Quarter Sessions | 89 |
| Court Party | 277 |
| Covenanters | 274 |
| Criminal Justice Act | 90 |
| Criminal Justice System | 50 |
| Criminal Lunatics Act 1800 | 199 |
| Criminal (Sentencing Act) | 90 |
| crown | 46 |
| Crown | 331 |
| Crown Colony | 161 |
| C.S.Orwin | 362 |
| custom | 410 |
| customary freehold | 246 |
| Cy-Près = as near as possible | 480 |

## D

| | |
|---|---|
| Dario Melossi | 218 |
| David Jonson | 453 |
| decaration | 47 |
| Declaratin of Breda | 270 |
| declaration | 48 |
| Declaration of Indulgence | 276 |
| deference | 151 |
| Denning | 191 |
| Department for Existing the EU, Legislating for the United Kingdom's Withdrawal from the EU, Cd 9446 (March 2017) | 8 |
| desertion | 332 |
| Diaspora | 113 |
| Dickson, P.G.M. | 449 |
| Diplock | 53 |
| discovery | 39 |
| dispending power | 290 |
| disputable prerogatives | 296 |
| Dissenters | 273 |
| Domesday Book | 486 |
| dominium politicum et regale | 231 |
| Drewry.G. | 78 |
| Duke of Monmouth | 274 |
| DUP | 12 |
| Dworkin, R. | 55 |

## E

| | |
|---|---|
| EC（EU）法（1972） | 69, 90, 91, 116-122, 301 |
| ECHR | 101 |
| ECJ | 93 |
| EC 運営条約 | 91 |
| EC の共通農業政策 | 300 |
| Edward H.Carr | 206 |
| Edward Hyde | 265 |
| Edward John Eyre | 421 |
| Edward Palmer Thompson | 194 |
| E.J.Hobsbawm | 242 |
| Ellesmere | 296 |
| Employer and Workman Act | 435 |
| employmentent contract | 435 |
| endowed schools | 172 |
| entitlement | 33 |
| E.Ostrom | 383 |
| Episcopacy | 274 |
| Equal Pay Act 1970 | 97 |
| Equity | 475 |
| equity of the statute | 225 |
| Ernest Barker | 353 |
| estate from year to year | 245 |
| European Social Charter | 97 |
| European Union Act 2011 | 91 |
| EU Withdrawal Act | 7 |
| EU 懐疑派 | 104 |
| EU 基本権憲章 | 11, 91, 99, 100, 105 |
| EU 市民 | 102 |
| EU 市民権 | 14, 99, 101 |
| EU 条約 | 91 |
| EU 脱退 | 109, 113 |
| Exclusion Bill | 278 |

## F

| | |
|---|---|
| Factortame 事件 | 92 |
| Falconor | 85 |
| Family Justice System | 50 |
| 1st Earl of Danby, Thomas Osborne | 277 |
| 1st Marquess of Halifax | 311 |
| Fawcett | 394 |
| fee simple absolute in possession | 365 |
| fidei-commissum | 481 |
| fiduciary relationship | 466, 478 |
| field jury | 362 |
| Fifth Monarchism | 260 |
| financial revolution | 328 |
| First Lord of Treasury | 324 |
| fiscal-military state | 450 |
| Fisher, F.J | 174 |
| Fleet Street Casuals case | 54 |
| folk land | 399 |
| footpath | 407 |
| formal law | 224 |
| Fortescue | 35 |
| franchise | 32 |
| franchises | 32 |
| free-born English man | 195 |
| friendly society | 444 |
| fundamenmtals | 269 |
| fundamental human rights | 207 |
| Furet | 233 |
| furlong | 373 |

## G

| | |
|---|---|
| Game Act | 275 |
| gangs | 376 |
| Gary Watt | 475 |
| G.Beseler | 347 |

| | |
|---|---|
| Geary | 430 |
| General Drainage Act | 275 |
| gentrification | 449 |
| Geoffrey Rudolph Elton | 235 |
| George John | 390 |
| George Macauley Trevelyan | 264 |
| German | 35 |
| German's Doctor and Students | 476 |
| good governance | 45 |
| Gordon, George William | 422 |
| Gough, J.W. | 333 |
| G.Postema | 214 |
| grand jury | 43 |
| Great Repeal Bill | 115 |
| Great Seal | 312 |
| Grenadier Guards | 288 |

## H

| | |
|---|---|
| habeas corpus | 299 |
| Habeas Corpus Act, 1679 | 278 |
| habitus | 385 |
| Hailsham | 151 |
| Hamilton, James Douglas, 4th Duke of | 457 |
| hard Brexit | 7 |
| hard political accountability | 86 |
| Hardwicke | 45 |
| Hardwicke Rawsnley | 404 |
| Harold Raski | 150 |
| H.C. Gutteridge | 150 |
| Helen Beatrix Potter | 405 |
| Henry Parker | 230 |
| Henry Sidgwick | 352 |
| Hewart | 189 |
| High Court of Judicature | 39 |
| High Court of Parliament | 35 |
| high way | 407 |
| Historical Constitution | 158 |
| Hoffmann | 59, 208 |
| Holdsworth, A History of English Law | 442 |
| homme と，主権主体としての市民すなわち citoyen との二律的構造 | 240 |
| Hugh Collins | 347 |
| Hugh Latimer | 176 |
| Hugh Trevor-Roper | 235, 252 |
| Hugo Grotius | 211 |
| human law | 277 |
| hung Parliament | 63 |
| Hunting Act 2004 | 62 |

## I

| | |
|---|---|
| ILO | 69 |
| ILO のフィラデルフィア宣言 | 436 |
| Imperial Crown | 279 |
| Imperial Sate Crown | 343 |
| implied repeal | 94 |
| income | 484 |
| incorporeal hereditaments | 359 |
| indisputable prerogatives | 296 |
| industrialism | 176 |
| injunction | 48 |
| Inns of Chancery | 224 |
| Inns of Court | 224, 411 |
| Institute for Public Policy Research | 148 |
| Institutions of the Law of Scotland | 214 |
| Instrument of Government | 259 |
| inter jura regalia | 284 |
| Investigatory Powers Act 2016 | 119 |
| ius commune | 288 |

Ivor Jennings ……………………… 150

## J

Jacob Grimm ……………………… 349
J.A.Hobson ………………………… 163, 300
Jamaica Committee ……………… 421
James Brice ……………………… 406
James Dalrymple, 1st Viscount Stair  214
James Fitzjames Stephen ………… 422
James Tyrrell …………………… 340
Janet McLean …………………… 353
Jeffreys, George ………………… 282
J.G.A.Pocock …………………… 243
John Baker ……………………… 28, 31
John Bercow …………………… 122
John Erskine …………………… 213
John Fortesque ………………… 231
John Holt ……………………… 229, 329
John Lambert ………………… 258
John Laws ……………………… 190
John Lilburn …………………… 227
John McEldowney ……………… 285
John Richard Green …………… 266
John Ruskin …………………… 401
John Sankey …………………… 179
John Wood ……………………… 89
joint-stock company …………… 463
Joseph Chamberlain …………… 153
Jowell, J. ……………………… 55
Jphn Brewer …………………… 449
J.S.Mill ………………………… 390
judges commissions …………… 228
judges' Commissions ………… 320
judicial enforcement ………… 52
judicial legislation …………… 229

judicium parium ……………… 293
Junto …………………………… 324
Jus Gentium …………………… 284
J.W.F.Allison ………………… 158, 482

## K

Keeper of the Great Seal ……… 312
keeper of the king's conscience  37
Ken McNeil …………………… 297
Kerridge, E …………………… 247
Kevin Carhill's Who owns Britain  486
King Edward's Chair ………… 343
King's Speech ………………… 272
Körperschaft ………………… 351

## L

labourism ……………………… 202
lake district ………………… 404
landless commoners ………… 382
Lane …………………………… 90
latitudinarianism …………… 274
law as art …………………… 212
law as a science …………… 212
law of state ………………… 231
law of the constitution …… 207
law of the land ……………… 297, 501
Laws. L.J. …………………… 93
Laxton ……………………… 362
leased territories ………… 161
legal and historical view of constitution
……………………………… 157
legal constitution ………… 156
Leonard T.Hobhouse ……… 163
lex loci ……………………… 385, 410
lex terrae …………………… 288, 295, 297, 298

| | | | |
|---|---|---|---|
| ley | 375 | middle class | 175 |
| ley farming | 250 | militia | 286 |
| liberal Imperialist, Limp | 165 | Militia Ordinance | 231 |
| Liberal Party | 286 | millennium | 256 |
| liberties | 32, 33 | mischief rule | 223 |
| liberty of conscience | 209 | modernizing government | 81 |
| Lindsay, A.D. | 193 | Modern Law Review | 150 |
| L.J. Baroness Hale | 59 | Monck or Monk | 270 |
| Lloyd | 85 | money bill | 451 |
| locality | 366 | monthly assessment | 452 |
| local variations | 410 | Morris Ginsberg | 149 |
| locus standi | 45, 47 | Munby | 59 |
| Lord Lieutenant | 287, 291 | municipal citizenship | 98 |
| Lord Reid | 141 | municipal corporation | 46 |
| Loughborough | 200 | Municipal Corporation Act, 1835 | 347 |
| Loughlin | 468 | murder | 417 |
| Louise Caroline Alberta | 395 | Mutiny Act 1689 | 293 |
| LSE | 149, 165, 173, 469, 501 | | |

## M

## N

| | | | |
|---|---|---|---|
| Mackay | 87 | National Congress of Agricultural Labourers' Union | 377 |
| Macpherson, C.B. | 181 | National Debt | 344 |
| Major-General | 261 | Nationalisation | 179 |
| mandamus | 44, 48, 299 | natural justice | 35 |
| Markgenossenschaft | 348 | Neil G.Jones | 476 |
| Martin J.Winer | 172 | neo-Smithian Marxism | 354 |
| Martin Partington | 49 | Neuberger | 114 |
| Mary Augusta Arnold | 267 | New Constitution | 145 |
| Mary Kigsley | 266 | New Domesday | 486 |
| masters | 322 | New Public Management, NPM | 78 |
| Mathew Hale | 229 | Nicolas Browne-Wilkinson | 89 |
| Maurice Dobb | 241 | no bill | 425 |
| Merchant Shipping Act 1988 | 92 | Nominated Assembly | 258 |
| Michael Howard | 90 | non-sovereign law-making powers | 158 |
| Michael Lobban | 481 | Norman-Yoke | 226 |

NPM ……………………………………… 81

## O

O.Kahn-Freund ……………………………… 190
Old Constitution ……………………… 145
Oliver (Dawn) ……………………… 149
Orange ……………………………………… 273
Order53 システム ……………………… 55
ordinance ……………………………… 299
ordinary statute ……………………… 94
Otto Kahn-Freund ………………… 150
Otto v.Gierke ……………………… 333
overriding interest ………………… 366
Owen Jones …………………………… 5
O.W.Holmes ………………………… 481
Oxford History of the Laws of England
 …………………………… 442, 463, 484

## P

parallel citizenship ……………… 98
parliamentary borough …………… 357
passive obedience ………………… 305
Paul Gavrilovich Vinogradoff ……… 350
P.Clarke ………………………………… 164
peasants ……………………………… 382
personal majesty …………………… 341
Peter Burke ………………………… 472
Petition of Right ………………… 229
Pierre Bourdieu …………………… 385
Pitt, William [the Youger] …… 198, 420
plotitical trusteeship ……………… 335
P&M ………………………………… 352
P.M.Sweezy ………………………… 241
Pocock, J. A. ……………………… 225
political constitution ……………… 152

political rights ……………………… 75
Politics of the Common Law …… 414
Polly Toynbee ……………………… 255
Ponsonby's Rule …………………… 81
Poole (J. R) ………………………… 336
possessive individualism ………… 181
practical implementation of the rule of
 law ………………………………… 57
prime minister ……………………… 324
principle of subsidiary …………… 99
principles of reasonableness …… 55
private law ………………………… 51, 52
private proceedings ……………… 47
privileged copyhold ……………… 246
privileges …………………………… 33
privilegia …………………………… 288
Privy Seal ………………………… 312
proceeds …………………………… 484
proclamation ……………………… 299
profit à prendre …………………… 359
prohibition ………………………… 48
Protectorate ……………………… 161
Public ……………………………… 344
public law ………………………… 203, 482
public opinion …………………… 149
public ownership ………………… 179
public right of way ……………… 407
public-spirited Commoners …… 400
Putnam, R.D ……………………… 107

## Q

Qia Emptores (The Statute of Westminster III; 18 Edw, 1, c.1) ……… 287
Quamdiu se bene gesserint …… 320
quarter sessions of the peace …… 43

Quentin Skinner ... 21
quo warranto ... 299

## R

Ralf Dahrendorf ... 150
Rawlinson ... 84
real majesty ... 341
reasoning by analogy ... 212
reasoning with rules ... 212
Recruiting Act ... 327
Regional Association ... 109
Reid ... 191
Reinhald Zimmermann ... 347
Reinhard Zimmermann ... 453
Report of Iraq Inquiry ... 83
res publica ... 358
restrictive covenants ... 154
retained EU law ... 12
Revolt within the Revolution ... 256, 257
revolution settlement ... 270, 325
Revolution Settlement ... 265, 310
Richard Henry Tawney ... 173
Richard Rawlings ... 149
right of association ... 209
right of freedom of discussion and the right of the press ... 209
right of personal freedom ... 209
right of property ... 209
right of public meeting ... 209
right of ramble ... 408
right of roam (stay) ... 408
right of way ... 389
rights conception ... 56
rights dependent upon eligibility ... 70
R (Miller) v The Secretary of State for Exiting the European Union, [2016] EWHC 2768 ... 113
Robert Brenner ... 354
Robert Brett Taylor ... 58
Robert Filmer ... 340
Robert Hunter ... 394
Robin Cooke ... 208
Rolf Knipper ... 347
Roman-Dutch common law ... 219
Roscoe Pound ... 217
Royal Horse Guards ... 289
royal scriptorium ... 37
Royal Society ... 268
R.S.T.Chorley ... 150
rules of good estate management ... 153
rules of good husbandry ... 153
rules of natural equity ... 299
Rye House Plot-1683 ... 280

## S

Salmon v.Salmon [1897] AC22 (HL) ... 470
Samuel Rawson Gardiner ... 265
Scottish Bar ... 191
seisin ... 247
Senior Law Lords ... 191
Serjeant ... 231
settled colony ... 424
Settlement Act ... 441
Sewel Convention ... 58
Shaw-Lefevre ... 390
sic utere tuo ut alienum non laedas ... 153
Sidney, Algenon ... 283
single payment ... 78
Slavery Abolition Act ... 420
Snell.K.D.M ... 384

| | | | |
|---|---|---|---|
| SOAS | 266 | Taylor | 90 |
| social capital | 107 | term of years absolute | 365 |
| Social Contract | 172 | terra incognita | 297 |
| social rights | 75 | territories | 161 |
| Society of the Abolition of the Slave Trade | 420 | Test Act | 273 |
| | | Thatcher, M. | 72 |
| Solemn League and Covenant | 275 | theoretical category | 235 |
| Somers, John | 304 | Thirlmere | 406 |
| South Sea Bubble | 458 | Thomas Babington Macauley | 264 |
| sovereignty of a constitution | 146 | Thomas Carlyle | 265 |
| sovereignty of the people | 146 | Thomas Clarkson | 420 |
| Speenhamland system | 442 | Thomas Erskine | 199 |
| Star Chamber | 37 | Thomas Hill Green | 165 |
| State Citizenship | 98 | Thomas Hughes | 390 |
| stationary state | 173 | Tichborne case | 508 |
| Statute of Charitable Uses | 337 | Tolpuddle Matyrs | 445 |
| Statute of Merton, 1236 | 372 | Torbay | 311 |
| Statute of Mortmain | 454 | Tory の由来 | 286 |
| Statute of Quia Emptores | 369 | town | 357 |
| Statute of Uses 1535 | 336 | town greens | 364 |
| Statute of Westminster | 160 | Treason Act 1800 | 199 |
| statutory instruments | 8, 28 | Treasurer, Lord [High] Treasurer | 324 |
| St.Edward's Crown | 343 | Treuhandanstalt | 483 |
| Stephen Sedley | 190 | Tribunals, Courts and Enforcement Act 2007 | 50 |
| Steyn | 62, 208 | | |
| Straford 伯 | 231 | Triennial Act | 325 |
| structural-functionalism | 194 | trusteeship | 161 |
| subinfeudation | 287 | Tunnage and Poundage Act | 271 |
| subordinate legislations | 28 | Turner, Joseph M.W. | 413 |
| Supplementary Benefit Appeal Tribunal | 71 | Tyrrel's Case | 476 |

## U

| | |
|---|---|
| ultimate sovereignty | 91 |
| ultra vires | 53, 159, 454 |
| unincorporated association | 463 |

## T

| | |
|---|---|
| Tale of Peter Rabbit | 406 |

suspending power ...... 290

| | |
|---|---|
| unitary model | 435 |
| unofficial law | 224 |
| unreasonableness | 36 |
| unselbstständige Striftungen | 480 |

## V

| | |
|---|---|
| value for money | 89 |
| Vernon Bogdanor | 145 |
| Vicary Gibbs | 200 |
| village | 357 |
| village greens | 364 |
| villeinage | 33, 429 |
| villein in gross | 429 |
| villein regardant | 430 |
| Vogenauer | 148 |
| vox populi | 231 |

## W

| | |
|---|---|
| Waldoron, J. | 55 |
| Walpole | 458 |
| Walter Bagehot | 148 |
| Warren Hastings | 198 |
| whiggamore（牛追い） | 286 |
| White Paper The United Kingdom's exit from and new partnership with the European Union, Cm 1417 (Febuary, 2018) | 8 |
| Wilkes and Liberty | 194 |
| William Atwood | 340 |
| William Godwin | 265 |
| William Murray（Lord Mansfield） | 229 |
| William Sacroft | 303 |
| Williams, E. | 414 |
| William Wordsworth | 404 |
| Wilson, Harold | 69 |
| W.Morris | 403 |
| Worker's Educational Association | 174 |
| world citizenship | 98 |
| W.Robson | 150 |
| Wye College | 362 |

## Y

| | |
|---|---|
| yeomen of guard | 380 |
| yoeman | 379 |
| Yoeman Warder, 通称 Beefeaters | 291 |

## Z

| | |
|---|---|
| Zachary Maculey | 420 |
| Zimmermann | 148 |
| Zong | 413, 417 |

## 判例索引

Abbot v. Weekly, 1 Lev.176（1665）, 83 ER, 357 ………………………… 408

Anisminic Ltd.v.Foreign Compensation Commission {1969} 2 AC 147 …… 191

Associated Provincial Picture Houses Ltd v.Wednesbury Corporatin [1948] 1 K.B.223 ……………………………… 57

Att-Gen.v.Merthyr Tydfil Union [1900] 1 Ch.516 ……………………………… 40

A v. Secretary of State for the Home Department [2004] UKHL 56, [2005] A.C.68; [2005] H.L.L.R.1 …………… 59

Bates's Case, (1606) 2 St.Tr.371　230, 285

Bonham's Case; 8 Co.Rep.113b, 118a, 77 ER 646, 652 …………………… 223

Calvin v.Smith（1608）…………　298, 299

Cartona v.Commission of Works [1943] 2 All E.R.560 ………………………… 53

Cartwright's Case (1569), 2 Rushworth, 468 ……………………………… 430

Case of Proclamations (1610) 12 Co.Rep.74 ……………………… 116

Commissioners of Sewers v.Glase (1874), L.R.19 Eq.134 ……………………… 393

East India Company v.Sandys（10 State Trials 371）…………………… 284

Entick v. Carrington, 19 St.Tr. 1030.1040 ………………………… 211, 216, 231

Gateward's Case（4 Jas Ⅰ）, 6 Co Rep 59B, ER 77, pp.344-346; Smith v Gateward（Gatewood）(1607) ……………………… 387, 388, 389, 409

Godden v.Hales（State Trials, xi, 1195）………………………………… 289

James v. UK (1986) 8 EHRR23, (1995) 20 EHRR 403 …………………… 487

Lord Montague v.Dudman (1751) 2 Ves.396 ………………………………… 45

Marbury v.Madison, 5US 137 (1803) … 44

McGonnell v.UK（2000）30 E, H.R.R.289 ………………………………… 85

M.v.Home Office [1993] 3 WLR 433 … 42

New Windsor Corporation v.Miller [1975] 1 Ch.380 ………………… 366

Ogden v. Folliott (1790) 3 Term Rep. 726 at 733 ……………………………… 34

O'Reilly v.Mackman [1983] 2 A.C.237 …………………………………… 54, 55

Padfield v.Minister of Agriculture, Fishiries and Food [1968] A.C.997 …… 57

Parker v.Camden Borough Council [1986] 1 Ch.162 ……………………………… 44

Pride of Derby Angling Association v. Derby Corporation [1953] Ch.149 … 41

Ridge v.Baldwin, [1964] A.C.40 (H.L.) ………………………………… 191

R（Jackson）v. Attorney General [2005] UKHL56, [2006] 1 AC 262 ………… 62

R (Miller) v. The Secretary of State for Exiting the European Union, [2016] EWHC 2768 ……………………… 113

Roach v.Garvan (1748) 1 Ves. Sen. 157 ………………………………… 34

R [The Public Law Project] v. Lord

Chancellor [2016] ………… 116
R.v. Electricity Joint Commissioners Ex p.London Electricity Joint Committee [1924] 1 K.B.171 …………………53
R.v. Home Secretary. ex p. Simms [2002] 2 AC 115, 131 ………………… 208
R.v.Inland Revenue Commissioners, Exp. National Federation of Self-Employed and Small Businesses) [1982] A.C.617, [1981] 2 All E.R.93 ………54
R.v. Secretary of State for Transport, Ex p Factortame Ltd (No2) ……… 116

Salmon v.Salmon [1897] AC22（HL）470
Secretary of State for Education v.Tameside Metropolitan Borough Council [1977] AC 1014 ……………46
Seven Bishops' Case, 1688 ………… 303
Somerset v.Stewart (1772), 98 Eng. Rep.499 ………………………… 419, 427
Thoburn v.Sunderland City Council (Metric Martyrs' case) ………………93
Thorne v. British Broadcasting Corporation [1967] 1 WLR 1104 ……………41

［Box］
1　憲法制定権力論の「憲法学的」文脈 ……………………………………… 202
2　党首討論（Prime Minister's Questions）……………………………… 330
3　単純な歴史論批判 ……………………………………… 453
4　所有論と信託論 ……………………………………… 467
5　信託研究の深化 ……………………………………… 474
6　ナショナル・トラストはチャリティか ……………………………… 487

■著者紹介

戒能通厚（かいのう・みちあつ）

　1939年東京に生まれる。東京大学法学部卒業後，同大学社会科学研究所助手，助教授，名古屋大学法学部助教授，教授，法学部長，附属図書館長を歴任，2000年4月より早稲田大学法学学術院教授，比較法研究所所長を歴任，2010年3月定年により同退職。名古屋大学名誉教授，早稲田大学名誉教授。この間，日本学術会議副会長，比較法学会，民法法律部会理事長，ロンドン大学高等法学研究所研究員・会友，ウォーリック大学法学部客員教授などを務めた。

■主要著作

『イギリス土地所有権法研究』（岩波書店，1980年），『外国法――イギリス・ドイツの社会と法』（広渡清吾と共著，岩波書店，1991年），『現代の都市法』（原田純孝，広渡清吾，吉田克己，渡辺俊一と共著，東京大学出版会，2003年），『企業・市場・市民社会の基礎法学的研究』（楜澤能生と共編著，日本評論社，2009年），『現代イギリス法事典』（編，新世社，2003年），『日本社会と法』（原田純孝，広渡清吾と共編，日本評論社，2009年），『土地法のパラドックス――イギリス法研究，歴史と展望』（日本評論社，2010年），『法創造の比較法学――先端的課題への挑戦』（上村達男，石田眞と共編著，日本評論社，2010年）。訳書にグランビル・ウィリアムズ著『イギリス法入門』（庭山英雄，松浦好治と共訳，日本評論社，1985年），ステア・ソサエティ『スコットランド法史』（平松紘，角田猛之と共訳書，名古屋大学出版会，1991年），その他論文多数。比較法研究所所長時代に『比較法と法律学』（成文堂刊）等の『比較法研究所叢書』を多数編集・出版した。

イギリス憲法〔第2版〕　　　　　　　　　　　　　　　〈法律学の森〉

　2017（平成29）年6月28日　第1版第1刷発行
　2018（平成30）年7月28日　第2版第1刷発行

著　者　戒　能　通　厚
発行者　今井　貴　稲葉文子
発行所　株式会社　信　山　社
　　　　〒113-0033　東京都文京区本郷6-2-9-102
　　　　　　　　　電　話　03-3818-1019
　　　　　　　　　F A X　03-3818-0344

Printed in Japan

© 戒能通厚，2018．印刷・製本／東洋印刷・牧製本
ISBN978-4-7972-2399-6　C3332

JCOPY 〈(社)出版者著作権管理機構 委託出版物〉

本書の無断複写は著作権法上での例外を除き禁じられています。複写される場合は，そのつど事前に，(社)出版者著作権管理機構（電話03-3513-6969，FAX03-3513-6979，e-mail:info@jcopy.or.jp）の許諾を得て下さい。また，本書を代行業者等の第三者に依頼してスキャニング等の行為によりデジタル化することは，個人の家庭内利用であっても，一切認められておりません。

『法律学の森』刊行にあたって

一八八〇年（明治一三年）、西欧列強との不平等条約改正の条件とされた西欧法体制の継受の第一弾として旧刑法・治罪法が制定されて以来、わが国の法律学は一世紀以上の歴史を重ねました。この間、明治期・大正期・第二次大戦後の法体制の変革期を越えたわが国の法律学は、高度経済成長期を迎えて急速にその内容を成熟させるにいたりました。この結果、わが国の法律学は、世界的にみても高度かつ独自の法文化の伝統を形成するにいたり、法律家の国際交流も学術レベル・実務レベルの全般にわたって盛んに行われ、世界各国の法文化と日本法文化の「接触」も深まりつつあります。

さらに近年は、法律学の対象の一層の高度化・複合化・国際化の進展にともない、法律学と法学者に対するニーズが大きく変化して、分極化・専門化と横断化は加速度的に進んでいます。このため、従来の法律学の読み替え、再構成の試みが新しい世代により推し進められているところです。まもなく二一世紀です。

そこで、私どもは、世界史的な変動のなかで新たな展開を試みつつある法学者の自由な発想と方法論の開発を支援し励まして多くの独創的な法律学の誕生を促し、もって変化の著しい時代への対応を可能ならしめることを希って、本叢書の刊行を企図いたしました。自由で開放的かつ奥深い「法律学の森」が、研究者の協力と読者の支持によって健やかに成長を遂げて形成されることを念じて、刊行を進めてまいります。

一九九四年三月

信山社一〇周年記念『法律学の森』企画委員

信山社

日本の近代経済学の父

# 福田徳三著作集

**福田徳三研究会 編**

全21巻
既刊全7巻

「経世済民の学」いま蘇る!!

〈編集担当〉

第1回配本／第10巻　社会政策と階級闘争　　　　西沢　保・森　宜人
　　　　　　　　　　　　　　　　　　　　　Ａ５変・上製・420頁　ISBN978-4-7972-8090-6

第2回配本／第17巻　復興経済の原理及若干問題　　　　清野幾久子
　　　　　　　　　　　　　　　　　　　　　Ａ５変・上製・316頁　ISBN978-4-7972-8097-5

第3回配本／第15巻　黎　明　録　　　　　　　　　　武藤秀太郎
　　　　　　　　　　　　　　　　　　　　　Ａ５変・上製・632頁　ISBN978-4-7972-8095-1

第4回配本／第16巻　暗　雲　録　　　　　　　　　　武藤秀太郎
　　　　　　　　　　　　　　　　　　　　　Ａ５変・上製・268頁　ISBN978-4-7972-8096-8

第5回配本／第3巻　国民経済講話(1)　　　　　　江夏由樹・大月康弘
　　　　　　　　　　　　　　　　　　　　　Ａ５変・上製・474頁　ISBN978-4-7972-8083-8

第6回配本／第19巻　厚生経済研究　　　　　　　　　　井上琢智
　　　　　　　　　　　　　　　　　　　　　Ａ５変・上製・730頁　ISBN978-4-7972-8099-9

第7回配本／第1巻　経済学講義　　　　　　　　　　　西沢　保
　　　　　　　　　　　　　　　　　　　　　Ａ５変・上製・640頁　ISBN978-4-7972-8081-4

信山社

◆ 法律学の未来を拓く研究雑誌 ◆

**憲法研究**　　辻村みよ子 責任編集
〔編集委員〕山元一／只野雅人／愛敬浩二／毛利透

**行政法研究**　　宇賀克也 責任編集

**民法研究**　第2集　　大村敦志 責任編集

**民法研究**　　広中俊雄 責任編集

**消費者法研究**　　河上正二 責任編集

**環境法研究**　　大塚直 責任編集

**社会保障法研究**　　岩村正彦・菊池馨実 責任編集

**法と社会研究**　　太田勝造・佐藤岩夫 責任編集

**法と哲学**　　井上達夫 責任編集

**国際法研究**　　岩沢雄司・中谷和弘 責任編集

**ジェンダー法研究**　　浅倉むつ子 責任編集

**法と経営研究**　　加賀山茂・金城亜紀 責任編集

信山社

# ✽ 内田力蔵著作集 全8巻 ✽

### 第1巻　イギリス法入門
ISBN4-88261-632-7　菊変上製箱入り　542頁
イギリス法の原理を探究した名著

### 第2巻　法改革論
ISBN4-88261-633-5　菊変上製箱入り　346頁

『法改革論』として、Ⅰ立法理論、Ⅱ法典化、Ⅲ衡平法の3部から構成される。ベンタムの立法理論、ダイシーの『法の支配』に関する所論、『法典化』に関するダイシーとオースティンの所論、メーンとイギリスの『法典化』、インドの『法典化』、イギリスにおける衡平法の地位などを収録。

### 第3巻　法思想
ISBN4-88261-634-3　菊変上製箱入り　480頁

法思想に関する内田力蔵の著作をⅠ『ブラックストーン』、Ⅱ『メーン』、Ⅲ『インド法』、Ⅳ『パウンド』、Ⅴ『書評・その他』の5部に分けて収録。

### 第4巻　司法制度
ISBN978-4-88261-635-1　菊変上製箱入り　610頁

イギリスの判事たち/セシル・イギリスの裁判官の書評/イギリスの大法官について/《裁判諸制度》裁判の独立性と公正/法廷での写真撮影禁止と裁判所侮辱罪/サドマイド裁判/言論の自由/《裁判関係諸制度》検察官制度など。近年ますます高まりつつあるイギリス法への接近のための好著。

### 第5巻　私法（上）　契約法・不法行為法・商事法
ISBN978-4-88261-636-8　菊変上製箱入り　536頁

英米の契約法と不法行為法を中心に7編の著作を収録。商事法では、インド商事法の翻訳と、アジアの経済法としてビルマとセイロン法の2編を収録。

### 第6巻　私法（下）　家族法
ISBN978-4-88261-637-5　菊変上製箱入り　376頁

英米家族法一般に関する著作3編、相続法一般に関して3編、個別的問題として嫡出推定に関するイギリス貴族院判決と子の地位に関する委員会報告を、比較婚姻法として、デンマークとアイスランド婚姻法の2編を収録。

### 第7巻　公　　法
ISBN978-4-88261-638-2　菊変上製箱入り　520頁

Ⅰ《統治機構論》では英国にに於ける法の支配や教育、委任統治領での統治組織論等に関する5編を、Ⅱ《選挙制度》他では、アメリカの選挙法を中心とした4編、Ⅲ《刑事法》では、比較法的視点や極東裁判など個別事件を取り上げた5編、Ⅳ《翻訳》には、BBCの特許状と免許協定書など3編を収録。

### 第8巻　法と市民
ISBN978-4-88261-639-9　菊変上製箱入り　600頁

Ⅰ《市民権》ではアメリカの共産党弾圧や人種問題に関する8編を、Ⅱ《個人と国家》ではイギリスにおける法と市民の関係や社会保障に関する2編、Ⅲ《翻訳》では法と市民の関係をわかりやすく俯瞰する、マックス・レイディン『法と市民（上）』等、翻訳2編を収録。内田力蔵著作集全8巻の完結となる第8巻。

信山社

## 法律学の森シリーズ
変化の激しい時代に向けた独創的体系書

戒能通厚　イギリス憲法〔第2版〕 最新刊

新　正幸　憲法訴訟論〔第2版〕

大村敦志　フランス民法

潮見佳男　新債権総論Ⅰ　民法改正対応

潮見佳男　新債権総論Ⅱ　民法改正対応

小野秀誠　債権総論

潮見佳男　契約各論Ⅰ

潮見佳男　契約各論Ⅱ（続刊）

潮見佳男　不法行為法Ⅰ〔第2版〕

潮見佳男　不法行為法Ⅱ〔第2版〕

藤原正則　不当利得法

青竹正一　新会社法〔第4版〕

泉田栄一　会社法論

芹田健太郎　国際人権法 最新刊

小宮文人　イギリス労働法

高　翔龍　韓国法〔第3版〕

豊永晋輔　原子力損害賠償法

――信山社――